V&R unipress

Joanna Smereka (Hg.)

Mittelalterliche und frühneuzeitliche Testamente im interdisziplinären Dialog

Mit einem Geleitwort von Albrecht Greule und Jörg Meier

Mit 12 Abbildungen

V&R unipress

DEUTSCH POLNISCHE WISSENSCHAFTS STIFTUNG | POLSKO NIEMIECKA FUNDACJA NA RZECZ NAUKI

Uniwersytet Jana Kochanowskiego w Kielcach

MIX
Papier aus verantwortungsvollen Quellen
FSC www.fsc.org FSC® C083411

Bibliografische Information der Deutschen Nationalbibliothek
Die Deutsche Nationalbibliothek verzeichnet diese Publikation in der Deutschen Nationalbibliografie; detaillierte bibliografische Daten sind im Internet über https://dnb.de abrufbar.

Gefördert aus Mitteln der Deutsch-Polnischen Wissenschaftsstiftung und der Jan Kochanowski Universität in Kielce.

Umschlagabbildung: Incipit liber testamentorum ex mandato dominorum consulum ad id anno Domini etc. quinquagesimo institutus, Signatur 29/33/0/1.4.9/772, Nr. 95, Archiwum Narodowe w Krakowie.
Druck und Bindung: CPI books GmbH, Birkstraße 10, D-25917 Leck
Printed in the EU.

Vandenhoeck & Ruprecht Verlage | www.vandenhoeck-ruprecht-verlage.com

ISBN 978-3-8471-1729-2 (print)
ISBN 978-3-8470-1729-5 (digital) | ISBN 978-3-7370-1729-9 (eLibrary)

Inhalt

Geleitwort zum Sammelband »Mittelalterliche und frühneuzeitliche Testamente im interdisziplinären Dialog«

Sprachwissenschaftliche Forschungen zu den Texten, die aus Anlass des Todes eines Menschen entstehen, werden spätestens seit der Tagung »Sprache des Sterbens, Sprache des Todes« in Graz 2019 unter dem Terminus »Thanatolinguistik« zusammengefasst. Darunter fallen aus unterschiedlichen Perspektiven verfasste Texte, die Sterben und Tod des Menschen betreffen. Bei der Grazer Tagung kamen Textsorten zur Sprache wie Kondolenzschreiben, das Rituale der christlichen Begräbnisfeier, Leichenpredigten, Totenzettel, Sepulkralepigramme, literarische Todesgestaltungen, Sterbenarrationen Todkranker und Tröstungen in Sozialen Medien. Der thanatologische Diskurs wurde schwerpunktmäßig aus der Sicht post mortem, aus der Sicht der Hinterbliebenen und mit dem Ziel des Gedenkens geführt, wenn man von der ganz modernen Möglichkeit, im Internet über den bevorstehenden Tod zu schreiben, absieht. Dass bei der Tagung eine Textsorte nicht zur Sprache kam, nämlich das Testament, mag zwei Gründe gehabt haben: Das Testament, insbesondere das Testament der Neuzeit, wurde nicht als direkt in den thanatologischen Diskurs fallend angesehen oder die Testament-Forschung hat seit Längerem bereits einen Schwerpunkt in der Sprachgeschichte. Gerade weil durch die deklarative Textsorte Testament jedem Menschen das Recht zusteht, prae mortem den letzten Willen zu bekunden, sollten weder neuzeitliche noch historische Testamente aus der Thanatolinguistik ausgeklammert werden. Zwar ist das Testament seit Jahren immer wieder Thema in den Printmedien; es geht dabei aber meist darum, aus juristischer Perspektive zu beraten, wie Testatoren das Testament rechtssicher verfassen, sich vor Erbschleicherei schützen und das Testament sicher aufbewahren können.

Ganz andere Themen treten in den Vordergrund, wenn man, wie das im vorliegenden Sammelband der Fall ist, spätmittelalterliche und frühneuzeitliche Testamente unter interdisziplinären historischen Sichtweisen untersucht. Die in den 16 Beiträgen zu Forschungsobjekten gemachten Testamente entstanden in dem langen Zeitraum von fünf Jahrhunderten, vom 14. bis ins 18. Jahrhundert. Nicht minder groß ist der Entstehungsraum, in dem die Testamente verfasst wurden: Vertreten sind vorwiegend Städte (Brünn/Brno, Pressburg/Bratislava,

Krakau/Karków, Stralsund, Wien, Regensburg, Olmütz/Olomouc; Genua), aber auch Landschaften und Länder (Siebenbürgen, Preußen, Polen-Litauen). Verfasst wurden die untersuchten Testamente von Bürgern, Adligen, Künstlerinnen und Künstlern, und von Persönlichkeiten wie Martin Luther. Sie dienen als Quellen für die unterschiedlichsten Forschungsthemen (materielle Kultur, Körper und Seele, Lebensgeschichte, familiäre Netzwerke, Glaubensfragen, sprachliche Gestaltung oder Personennamen). Mit der Idee, rezente Beiträge von Forscherinnen und Forschern zu frühneuzeitlichen Testamenten in einem Sammelband zu vereinen, schafft die Herausgeberin eine breite Basis, auf der historische Testamente nicht nur interdisziplinär, sondern auch diachron vergleichend untersucht werden können. Als aktives Mitglied des Internationalen Arbeitskreises für Kanzleisprachenforschung verschweigt Joanna Smereka im Vorwort zum Sammelband nicht, dass das Fehlen von Testament-Editionen eine großes Forschungshindernis darstellt. So lenkt der Sammelband die weitere Forschung nicht nur in die Richtung weiterer Analysen von Testamenten, sondern drängt auch zur Edition historischer Testamente. Als ein wichtiges Ziel künftiger Forschung zeichnet sich ab, dass die Forschungsergebnisse zur thanatolinguistischen Textsorte Testament systematisch dargestellt werden sollten.

Albrecht Greule (Regensburg) und Jörg Meier (Innsbruck und Košice)

Joanna Smereka

Testamente im interdisziplinären Dialog – ein interdisziplinäres Unterfangen

Spätmittelalterliche und frühneuzeitliche Testamente sind eine relativ gut überlieferte Textsorte. Auch wenn sie nicht immer im Original erhalten geblieben sind, also bspw. als private Urkunden, kann man testamentarische Eintragungen in den Stadtbüchern finden. Diese konnten entweder protokollartige Verschriftlichungen einer Aussage der jeweiligen testierenden Person oder Abschriften von den von Stadtbehörden vorgelegten Skizzen bzw. fertige private Dokumente sein. Sie werden unterschiedlich klassifizieren. Während Meier / Möhn (2000: 24–25) von institutionsübergreifenden Texten sprechen, ordnet sie Schmidt-Wiegand (1989: 261–283) den kanzleiexternen, innerstädtischen Urkunden zu. Die letzte Zuordnung bezieht sich zwar uneingeschränkt auf die privaten Urkunden der Bürger; es ist jedoch nicht zu verkennen, dass bei den Testamenten im Texttyp protokollartige Eintragungen der Kanzleimitarbeiter nur der Ausführer und nicht der Autor gewesen ist. Aus diesem Grund erlauben auch diese – obwohl durch den Schreiber in eine juristisch vorgeschrieben Form gebracht (*Spáčilová* 2000) – einen (obwohl meist verschleierten) Blick in das Individuelle der testierenden Person (vgl. z. B. Kaleta-Wojtasik 2016).

Als erste haben den wissenschaftlichen Wert dieser unter dem spätmittelalterlichen und frühneuzeitlichen Nachlass *alltagsnäheren Texte* (Begrifflichkeit nach Ziegler 2003 und Meier 2004) historische Mediävisten entdeckt. Zu nennen ist vor allem das Werk von Brandt (1973 / 1979): *Mittelalterliche Bürgertestamente. Neuerschlossene Quellen zur Geschichte der materiellen und geistigen Kultur.* Die Notwendigkeit, sich in der Forschung auf verschiedene Zeitzeugen zu öffnen, ist auch auf einer deutsch-englischen Tagung in Würzburg 1978 (vgl. Honemann / Ruh / Schnell / Wegstein 1979) zur Sprache gekommen. Schulze (1996) entdeckte weiter das Testament als ein mögliches Ego-Dokument.

Das von Ziegler (2003: 18) und Meier (2004: 14) bedauerte mangelnde Forschungsinteresse der Linguisten an alltagsnäheren Texten versuchten u. a. *Spáčilová* (2000) und Bieberstedt (2007) und aus dem mir bekannter polnischen

Joanna Smereka, Uniwersytet Jana Kochanowskiego w Kielcach, ORCID: 0000-0003-0035-1639.

Wissenschaftslandschaft in erster Linie Żmigrodzka (1997), Kaleta-Wojtasik (2001) und Wiktorowicz (2004) abzudecken. Die zwei Letztgenannten waren auch die Initiatoren für meine Beschäftigung mit der Textsorte Testament. Neben einer Dissertation zu den Krakauer Bürgertestamenten im Spätmittelalter (Smereka 2021) habe ich eine Reihe von Beiträgen geliefert, die auf dem von mir erhobenen und transliterierten Sprachmaterial aus Krakau beruhten. Diese Studien bezogen sich vor allem auf textlinguistische und syntaktische bzw. morphosyntaktische Fragen (siehe Bibliographie im Beitrag von Joanna Smereka zu diesem Band).

Bei der näheren Beschäftigung mit dem Untersuchungsmaterial und während meines Internships an der Universität Regensburg, wo die dortigen Historiker eine Edition der Regensburger Bürgertestamente vorbereiteten (vgl. den Beitrag von Isabell Hesse in diesem Band), wurde mir klar, dass Testamente auch wertvolles Material für interdisziplinäre Untersuchungen bieten. Deswegen habe ich Forscherinnen und Forscher mittels unterschiedlicher Verteiler vieler wissenschaftlicher Gesellschaften zur Mitarbeit an diesem Buch eingeladen. Bei der Umsetzung der Idee eines interdisziplinären Testamente-Sammelbandes haben mir Prof. Dr. Albrecht Greule (Universität Regensburg) und Prof. Dr. Jörg Meier (Universität Innsbruck) zur Seite gestanden. Ihnen und Herrn Prof. Paul Rössler, dank dem die Universität Regensburg offizieller Partner des Projekts war, gilt mein großer Dank.

Das weitgehende Fehlen von Testament-Editionen scheint für die Forschung die größte Hürde zu sein, sich mit den Testamenten zu beschäftigen, – und das zum Bedauern für die möglichen vielfältigen Erkenntnisse. Desto erfreulicher ist es, dass auf mein Call for paper zu spätmittelalterlichen und frühneuhochdeutschen Testamenten sich Forscherinnen und Forscher aus vielen Ländern gemeldet haben, die unterschiedliche wissenschaftliche Disziplinen vertreten. Jede und jeder von ihnen lieferte interessante Einblicke in die Beschäftigung mit Testamenten, und insgesamt zeigt sich ein breites und vielfältiges Spektrum dessen, was diese Textsorte als Untersuchungsmaterial zu bieten hat. Etwas mehr als ein Drittel der Beiträge ist linguistisch ausgerichtet, dann folgen Beiträge zu kulturgeschichtlichen Fragen.

Der Band wird von einem kurzen, aber aus linguistischer Perspektive wichtigen Text von **Józef Wiktorowicz** eröffnet. Wiktorowicz, dessen größter Verdienst bei der linguistischen Testamente-Forschung darin besteht, die Textsorten im Texttyp Stadtbucheintrag handlungsorientiert zu definieren, lenkt seine Aufmerksamkeit auf die Textstruktur der Krakauer Testamente und charakterisiert diese kurz. Seine bisherigen Erkenntnisse sind in der beigefügten Liste seiner früheren Studien nachzulesen. Dem Beitrag von Wiktorowicz schließt sich der Text von **Joanna Smereka** an, die eine detaillierte Analyse der Textanfänge der Krakauer Testamente bietet. Zunächst wird erläutert, was sie unter Textanfang in einer testamentarischen Stadtbucheintragung versteht; dann kommt eine semantische und syntaktische Untersuchung sowohl der Textanfänge von protokollartigen Verschriftlichungen als auch der Abschriften von Testamentskizzen. Es wird zum einen auf die Funktion des Textanfangs innerhalb der Eintragung und zum anderen auf funktionale Unterschiede der Textanfänge in beiden Varianten hingewiesen. Rein textlinguistisch verfährt **Tim Krokowski**, indem er fürstliche Testamente nach textinternen und textexternen Merkmalen anhand des in der Forschungsliteratur gängigen Mehr-Ebenen-Beschreibungsmodels untersucht. Ein Vergleich der situativen, funktionalen, inhaltlichen und formalen Aspekte der Bürgertestamente und der politischen Testamente erlaubt es ihm, die fürstlichen Testamente von diesen beiden abzugrenzen. Ein hervorragendes Beispiel, wie man Testamente auf unterschiedlichen Ebenen des Sprachsystems untersuchen kann, liefert **Peter Ernst.** Der Forscher analysiert linguistisch das Testament eines bedeutenden Barockarchitekten der Hauptstadt Österreichs, Johann Bernhard Fischer, unter Einbeziehung einer kulturgeschichtlich-semantischen Interpretation. Es zeigt sich dabei, dass sprechakttheoretische Grundsätze sich in Testamenten oft auf größere Textfragmente als einzelne Sätze beziehen. Eine hervorragend historisch, rechts- und sprachgeschichtlich untermauerte onomastische Studie bietet **Libuše Spáčilová** *dar. Die Wissenschaftlerin untersucht Anthroponyme aus drei* Olmützer Testamentsbüchern (zum Vergleich wird das Olmützer Haussteuerregister herangezogen), wobei sie sich auf Vorkommenshäufigkeit, Herkunft, Bedeutung und Morphologie konzentriert. Darüber hinaus erfährt die Leser viel über die in Böhmen rege und reichhaltige Testamente-Forschung. Eine neue Herangehensweise an das Testament Luthers versucht **Claudine Moulin.** Die Linguistin verschreibt sich der Resonanztheorie und analysiert in diesem Sinn das kulturgeschichtlich wichtige Schriftstück im Hinblick auf seine textinternen Merkmale und die objektbiographischen Gesichtspunkte Luthers. Resonanzräume sollen sowohl aus linguistischer als auch soziologischer Sicht entstehen, was im Beitrag exemplifiziert wird. Der Beitrag von Moulin bildet die Überleitung von einer linguistischen zu einer kulturgeschichtlichen Perspektive, die in den darauffolgenden Beiträgen zur Geltung kommt.

Die folgenden Texte beziehen sich vor allem auf prosopographische sowie material-, mentalitäts- und sozialgeschichtliche Fragen. **Jerzy Rajman** bietet mit seiner eingehenden inhaltlichen Analyse eines lateinischen Testaments aus dem 14. Jahrhundert ein Beispiel dafür, welche Informationen man aus dieser Quelle herauslesen kann. Das Testament kann samt anderen zeitgenössischen Dokumenten dem Forscher helfen, die Lebensgeschichte eines für die Stadtgeschichte Krakaus wichtigen Individuums zu rekonstruieren und dazu weitere prosopographische Erkenntnisse zu gewinnen. Auf die familiären und sozialen Netzwerke ausgerichtet ist die Untersuchung von **Thomas Krzenck.** Anhand von

Brünner Testamenten wird gezeigt, was man aus böhmischen und mährischen Testamenten in Bezug auf die Geschichte der einzelnen Geschlechter und ihre sozialen, politischen sowie materiellen Beziehungen erfahren kann. Auch hier wird auf die Notwendigkeit hingewiesen, noch andere Quellen heranzuziehen, wenn man ein möglichst vollständiges Bild gewinnen will.

Stephan Selzer zeigt Testamente als eine der Quellen zur Erforschung der Sachkultur. Dabei geht er von seiner konkreten Fragestellung, und zwar der Farbanwendung bzw. Farbenmode in einer bestimmten Zeit aus, und zieht Testamente aus der Hansestadt Stralsund als eine der möglichen Informationsquellen heran. Die Leser erfährt, dass trotz mannigfaltiger methodischer Schwierigkeiten, mit denen man rechnen muss, wenn man sich mit materialgeschichtlichen Fragen der Testamente-Überlieferung zuwendet, auch interessante Erkenntnisse bspw. zur Kleidung der Frauen und Männer verschiedener Sozialschichten zu Tage kommen. **Erika Mayerová** skizziert in ihrem Beitrag die testamentarische Überlieferung und die einstige Testierungstradition in der heutigen Hauptstadt der Slowakei und stellt einige Stadtschreiber aus dem ehemaligen Preßburg vor. Sie versucht, anhand vieler Zitate aus Originaltexten einen Einblick in die materielle und geistige Kultur der Preßburger Bürger zu gewährleisten.

Bożena Popiołek und **Urszula Kicińska** befassen sich zwar nicht mit deutschsprachigen Bürgertestamenten, sondern mit Testamenten, die durch polnischsprachige Adelige in der sog. Sachsenzeit der Wahlmonarchie in Polen-Litauen entstanden sind. **Popiołeks** Focus gilt den testamentarischen Donationen zugunsten der Bediensteten und der sog. Klientel sowie dem manchmal komplizierten Vertrauens- und Freundesverhältnis von ihnen und den ihnen sozial höher gestellten Gönnern. Auch der Text von **Kicińska** schreibt sich in die Tradition der Kultur- und Mentalitätsforschung ein und beweist, dass Testamente neben dem Schriftverkehr hierfür eine geeignete Quelle bilden. Die Krakauer Historikerin widmet ihre Aufmerksamkeit dem Verhältnis zwischen Stiftern / Testatoren und Lainklerus sowie anderen Geistlichen. Es wird anhand von vielen Quellenbeispielen belegt, wem was und warum vererbt wurde. Mit zum großen Teil polnischsprachigen Testamenten der Adeligen auf dem Gebiet Königlich Preußens setzen sich auch in erster Linie mentalitätsgeschichtlich **Owsiński / Paluch** auseinander. Ihre Fragestellung zielt auf die geschlechtsbedingten Unterschiede in Konfessionsaudrucksmitteln in den Testamenten. Dabei handelt es sich aber, wie die Autoren selber im Fazit feststellen, eher um stilistische Variationen.

Mit dem Quellenmaterial der in der Entstehung begriffenen Edition der Regensburger Testamente arbeitet **Isabell Hesse.** Anhand ihres beachtlichen Korpus stellt sie fest, welche Rollen in welchem Ausmaß Frauen bei der Testamentsablegung und -vollstreckung im spätmittelalterlichen Regensburg erfüllt haben. Ihre Untersuchungen untermauert sie mit rechtsgeschichtlichem und sozialgeschichtlichem Hintergrundwissen zur Stellung der Frau in dieser Reichstadt. **Thomas Pöpper** liefert einen aus mannigfaltiger Perspektive interessanten Beitrag zu dem in den Testamenten von Künstlerinnen und Künstlern Nicht-Gesagten. Ausgehend von der juristischen Andeutungstheorie, die im heutigen deutschen Recht angewendet wird, konzentriert er sich auf das Implizierte, das Unterstatement. In diesem Sinne versucht der Kunsthistoriker an das Problem heranzugehen, dass in dem Testament von Andrea Bregno, einem in Rom tätigen, bedeutenden Künstler der Frühen Neuzeit, erstaunlich wenig (oder gar nichts) an hinterlassenen künstlerischen Artefakten beschrieben und spezifiziert wurde. **Ileana-Maria Ratcu** bringt den Lesern den geschichtlichen Hintergrund der sprachlichen Vielfalt, die man unter rumänischen Akten und Urkunden des Spätmittelalters und der Frühen Neuzeit vorfindet, näher. Sie konzentriert sich – dem Leitthema des Bandes gemäß – auf die Beschreibung der darunter vorkommenden Testamente und einer dem Testament verwandten Textsorte, nämlich des Teilungsprotokolls. Die Autorin weist darauf hin, dass beide Textsorten in Rumänien eher nüchtern und informativ abgefasst sind, allerdings für eine vielfältige Erforschung geeignet sind.

Allen Autorinnen sei an dieser Stelle ein herzlicher Dank ausgesprochen. Ich danke auch der Deutsch-Polnischen Wissenschaftsstiftung für die Mitfinanzierung des Bandes und nicht zuletzt Frau Dr. Bettina Kremberg, die das Unterfangen sprachlich und technisch begleitet hat. Ich hoffe, die vielfältigen Beiträge werden dabei helfen, das Testament als eine wichtige Quelle aus dem Spätmittelalter und der Frühen Neuzeit für Forschungen unterschiedlicher Disziplinen neu zu entdecken.

Literatur

Bieberstedt, Andreas (2007): *Textstruktur, Textstrukturvariation, Textstrukturmuster. Lübecker mittelniederdeutsche Testamente des 14. und 15. Jahrhunderts.* Wien: Praesens.

Brandt, Ahasver von (1973 / 1979): *Mittelalterliche Bürgertestamente. Neuerschlossene Quellen zur Geschichte der materiellen und geistigen Kultur.* In: Friedland, Klaus / Sprandel, Rolf (Hrsg.): Lübeck, Hanse, Nordeuropa. Gedächtnisschrift für Ahasver von Brandt. Köln / Wien, S. 336–358.

Honemann, Volker, Ruh Kurt, Schnell Bernhard, Wegstein Werner (1979): *Poesie und Gebrauchsliteratur im deutschen Mittelalter. Würzburger Colloqium 1978.* Tübingen: Max Niemeyer.

Kaleta-Wojtasik, Sławomira (2016): *Formelles und Persönliches in deutschsprachigen Testamenten der Krakauer Bürger aus dem 15.–16. Jahrhundert.* In: Hünecke, Rainer/ Aehnelt, Sandra (Hrsg.): *Kanzlei und Sprachkultur. Beiträge der 8. Tagung des Ar-*

beitskreises Historische Kanzleisprachenforschung, Dresden 3. bis 5. September 2015. Wien: Praesens, S. 49–62.

Kaleta-Wojtasik, Sławomira (2001): *Mittelalterliches Testament als Textsorte. Versuch einer Untersuchung anhand deutschsprachiger Testamente der Krakauer Bürger aus dem XV. Jahrhundert.* In: Schwatz, Alexander / Luscher, Laure Abplanalp (Hrsg.): *Textallianzen am Schnittpunkt der germanistischen Disziplinen.* Bern: Peter Lang, S. 259–272.

Meier, Jörg (2004): *Städtische Kommunikation in der Frühen Neuzeit. Historische Soziopragmatik und Historische Textlinguistik.* Frankfurt/M., Berlin, Bern, Bruxelles, New York, Oxford, Wien: Lang.

Meier, Jürger / Möhn, Dieter (2000): *Die Textsorten des Mittelniederdeutschen.* In: Besch, Wolfgang / Betten, Anne / Reichmann, Oskar (Hrsg.): *Sprachgeschichte. Ein Handbuch zur Geschichte der deutschen Sprache und ihrer Erforschung*, 2. Teilband, voll. neub. u. erw. Aufl. Berlin, New York: de Gruyter, S. 1490–1477.

Schmidt-Wiegend, Ruth (1989): *Prolegomena zu einer Texttypologie des Mittelniederdeutschen.* In: Tauber, Werner (Hrsg.): *Aspekte der Germanistik. Festschrift für Hans-Friedrich Rosenfeld zum 90. Geburtstag.* Göppingen: Kümmerle, S. 261–283.

Schulze, Winfried: *Ego-Dokumente. Annährung an den Menschen in der Geschichte.* Berlin 1996.

Smereka, Joanna (2021): Textlinguistische Untersuchungen zu mittelalterlichen deutschen Testamenten von Krakauer Bürgern, Göttingen.

Spáčilová, Libuše (2000): Deutsche Testamente von Olmützer Bürgern. Wien: Praesens 2000.

Spáčilová, Libuše (2000): Die Entwicklung der Textsorte Testament in der Olmützer Stadtkanzlei in den Jahren 1416–1566. In: Elementaler, Michael (Hrsg.): *Regionalsprachen, Stadtsprachen und Institutionensprachen im historischen Prozeß.* Wien: Praesens, S. 201–222.

Wiktorowicz, Józef (2004): *Die Textsorte ›Testament‹ in der deutschen Kanzleisprache in Krakau.* In: Simmler, Franz (Hrsg.): *Textsortentypologien und Textallianzen von der Mitte des 15. bis zur Mitte des 16. Jahrhunderts. Akten zum Internationalen Kongress in Berlin 21. bis 25. Mai.* Berlin: Weidler, S. 167–176. Abgedruckt in: Wiktorowicz, Józef (Jrsg.) (2011): *Krakauer Kanzleisprache. Forschungsperspektiven und Analysemethoden.* Warszawa: Zakład Graficzny UW, S. 155–164.

Ziegler, Arne (2003): *Städtische Kommunikationspraxis im Spätmittelalter. Historische Sozialpragmatik und Historische Textlinguistik.* Berlin: Weidler.

Żmigrodzka, Bożena (1997): *Testament jako gatunek tekstu* [Testament als eine Textsorte – Übersetzung J. S.]. Katowice: Wydawnictwo Uniwersytetu Śląskiego.

Józef Wiktorowicz

Zur Textsorte ›Testament‹ in den Krakauer Stadtbüchern im 14., 15. und 16. Jahrhundert

Abstract

On the ›testament‹ text type in the Kraków city registers in the 14th–16th centuries

The article categorizes testaments and wills from the city registers of Kraków as a specific text type, with the analysis covering wills from the fourteenth to sixteenth centuries and being based on manuscripts contained in such Cracovian municipal collections as the *Acta Scabinalia*, *Acta Consularia* and *Liber testamentorum.* The article examines the structure of wills, which are generally tripartite in form; the linguistic features of the individual parts are discussed as well as what non-linguistic factors may have influenced the structure of this particular text type.

Keywords: text linguistics, text type, testament, structure of wills, textual structure of wills
Schlüsselwörter: Textlinguistik, Textsorte, Testament, Aufbau des Testaments, Textstruktur des Testaments

Die Testamente der Krakauer Bürger, die in den Stadtbüchern des 14., 15. und 16. Jahrhunderts enthalten sind, waren schon Gegenstand linguistischer und historischer Untersuchungen. Aus linguistischer Perspektive befassten sich mit den Krakauer Testamenten der Autor des vorliegenden Beitrags und Joanna Smereka, die eine Monographie mit dem Titel *Textlinguistische Untersuchungen zu mittelalterlichen deutschen Testamenten von Krakauer Bürgern* vorgelegt hat. Aus historischer Sicht befasste sich Jakub Wysmułek mit den Testamenten der Krakauer Bürger in der Arbeit *Testamenty mieszczan krakowskich (XIV–XV wiek)* [Testamente der Krakauer Bürger (14.–15. Jahrhundert) – Übersetzung: J. W.], der auf die finanzielle und soziale Situation der Testatoren sowie auf familiäre und religiöse Aspekte der Krakauer Bürger im Lichte der behandelten Testamente eingegangen ist. Aus unerklärlichen Gründen hat der Historiker Wysmułek die Testamente aus dem 16. Jahrhundert ausgeklammert.

Józef Wiktorowicz, Uniwersytet Warszawski, ORCID: 0000-0002-6360-5563.

Die Materialgrundlage der vorliegenden linguistischen Analyse der Krakauer Testamente bilden die Eintragungen in den Krakauer Stadtbüchern, die auf drei Arten von Stadtbüchern verteilt sind. Man findet die Testamente zunächst in den Schöffenbüchern (Acta Scabinalia), d. h. in den Akten des Gerichts, aber auch in den Ratsbüchern (Acta Consularia), d. h. in den Akten des Rates. Darüber hinaus gab es zwei Testamentsbücher (Liber testamentorum), die etwas später angelegt wurden. Während die ersten deutschen Testamente Ende des 14. Jahrhunderts in den Schöffenbüchern zu finden sind, findet man die deutschen Testamente im ersten Testamentsbuch (Liber testamentorum, LT 772) erst seit dem 15. Jahrhundert. Das erste Testament in deutscher Sprache stammt aus dem Jahr 1393, die letzten deutschen Testamente stammen aus dem 16. Jahrhundert (das letzte deutsche Testament wurde in das Schöffenbuch mit dem Datum 1644 eingetragen).

Die sprachliche Tätigkeit gehört zu den sozialen Handlungen, daher müssen die Testamente als Vollzug einer sozialen Handlung aufgefasst werden, die bestimmten Handlungsmustern unterliegt. Zur Realisierung einer bestimmten sozialen Handlung verwenden die Stadtschreiber konventionelle typische Formulierungsmuster, die sich im Laufe der Jahrhunderte entwickelt haben. Solche typischen Formulierungsmuster mussten die damalige Rechtsnorm widerspiegeln. Die soziale Handlung, die darauf beruht, dass ein Bürger Entscheidungen über die Aufteilung seines Vermögens nach seinem Tod trifft, führt zur Entstehung einer einheitlichen Textsorte Testament, die einige konstante sprachliche Merkmale aufweist. Ausgehend von den textexternen Merkmalen (Aufteilung des Vermögens nach dem Tod des Testators) kann man anschließend zu den textinternen Merkmalen übergehen, die für die Textsorte ›Testament‹ charakteristisch sind. Für die Testamente ist eine dreiteilige Makrostruktur charakteristisch; zu den drei Bestandteilen gehören Eingangsprotokoll, Substantia und Eschatokoll, wobei nicht alle drei Teile in jedem Testamentsexemplar auftreten müssen. Der komplexe Teil Substantia umfasst wiederum drei Teile, und zwar den Übergangsteil, den Artikelkatalog und den Ausgangsteil.

Im Eingangsprotokoll muss unbedingt das Element Intitulatio stehen, d. h. es muss der Name des Testators genannt werden, während die Invocatio, d. h. die Gottesanrufung meist fehlt: »Ich Niclos brenner goltsmed bekenne of meinem totbette [...]« (LT 772, 83); »Cristoph rotgiesser wywol etliche mossen schwach vnd krangk idoch mit gutter vornunfft wnd wolbedachtem mutte hatt seyn testament wnd ordenung seyn leczten willens [...] gemacht« (SC 10, 209); »Ich Jacob Marczincke ein goltsmidt vnnd eyn mitburger czw Crockaw mache mein lecztenn willen« (SC 18, 1139); »Meistir Wenczil der glezer keygenworticlich steende bey gesundem leybe vnd mit wolbedachtim mute hot alle seyn gut vnd farnde habe [...] Veronice seyner elichen hausfrawen ofgegeben noch seynem tode czu haben« (SC 5, 190).

Das Element Intitulatio enthält neben dem Namen obligatorisch die Angabe über den Beruf des Testators. Darüber hinaus wird in diesem Teil angegeben, dass sich der Erblasser in guter geistiger Verfassung befindet, weil dies die Voraussetzung für die Rechtsgültigkeit des Testaments ist. Gelegentlich findet man auch Angaben über die körperliche Gesundheit des Erblassers. In vielen Fällen kann aber die Intitulatio, d.h. die Nennung des Namens der Erblassers fehlen, wenn dem Text des Testaments eine lateinische Formel vorausgeht, in der der Name des Testators angegeben wird: »Johannes stoschs fecit cram consulatu et sanus testamentum […]« (LT 772, 36); »Anno Domini 1458 […] Johannes ruffifusor […] condidit testamentum et ultimam voluntatem […]« (LT 772, 51).

In solchen Fällen beginnt nach der lateinischen Einleitung der Artikelkatalog, in dem die Einzelbestimmungen genannt werden und der Stadtschreiber den Erblasser mit dem Personalpronomen *her* bezeichnet: »Czum irsten Margarette seyner elichen hausfrawen gebit her […]« (LT 772, 36). Nach der einleitenden lateinischen Formel kann im Text des Testaments auch das Personalpronomen *ich* stehen: »Czum irsten gebe ich (…) Katherine meyner elichin hawsfrawen […]« (LT 772, 80).

Gelegentlich kann auch eine Dopplung bei der Nennung des Namens des Erblassers auftreten, wenn zuerst in der lateinischen Einleitung der Name und der Beruf des Erblassers genannt werden. Anschließend stehen im Eingangsprotokoll noch einmal der Name und der Beruf des Erblassers in deutscher Sprache: »Nicolaus brener aurifaber […] in presentia dominorum […] testamentum et ultime voluntatis disposicionem condidit in hunc modum […]; »Ich Niclos brenner goltsmed bekenne of meynem totbette […]« (LT 772, 83).

Den Hauptteil des Testaments bildet die Substantia, die wiederum aus drei Teilen besteht, d.h. dem Übergangsteil, der den Eingangsprotokoll mit dem Artikelkatalog verbindet, in dem Einzelvermächtnisse an verschiedene Personen genannt werden. Dem Artikelkatalog folgt der Ausgangsteil, in dem Testamentsvollstrecker genannt werden und die Formel steht, dass der Erblasser sich das Recht vorbehält, das Testament zu widerrufen.

Der Umfang des Artikelkatalogs ist von außersprachlichen Faktoren abhängig, d.h. vom Reichtum des Erblassers und von seiner familiären Situation. So sind die Testamente der Goldschiede in der Regel umfangreich, während die Testamente der Erblasser aus anderen Berufsgruppen (z.B. Kannengießer, Rotgießer, u.a.) nicht so umfangreich sind. Die Einzelbestimmungen im Artikelkatalog beschränken sich auf einige Entscheidungen des Erblassers.

Es gibt auch Testamente, in denen der Zeitpunkt der Testamentsausstellung genannt wird: »Gegebin am donirstage nehst vor Palmen 1410 jores« (CC 427, 364).

Im Eschatokoll werden gelegentlich auch Zeugen genannt, die bei der Testamentsaufsetzung anwesend waren: »[…] vnd dobey czu geczewgnis ist gewest meister Krebis bogner vnd Jung prewsse der bogener vnd Peter bogner dy irbar lewte mitenander« (SC 6, 108).

Der Eschatokoll fehlt meist, weil der Zeitpunkt der Testamentsaufsetzung und die Zeugen im lateinischen Teil genannt werden, der dem deutschen Teil des Testaments vorausgeht.

Die meist auftretende dreiteilige Struktur der Textsorte Testament wird nicht in allen Fällen eingehalten, weil das Textexemplar eines Testaments in das Medium Stadtbuch eingebettet wird, wo dem deutschen Text sehr oft eine lateinische Einleitung vorausgeht, in der der Name des Testators, die anwesenden Zeugen und der Gesundheitszustand des Testators angegeben werden.

Joanna Smereka unterscheidet in ihrer Monographie *Textlinguistische Untersuchungen zu mittelalterlichen deutschen Testamenten von Krakauer Bürgern* zwischen verschlossenen und offenen Testamenten. Als verschlossene Testamente bezeichnet sie Testamente, »die in das entsprechende Amt eingelegt wurden mit der Bitte, sie nach dem Ableben des Testators zu öffnen.« (Smereka 2021: 81). Mit anderen Worten war der Erblasser bei der Testamentseröffnung nicht mehr zugegen, sondern nur die Vertreter des Amts und die Familienangehörigen, die die Testamentseröffnung beantragt haben. Offene Testamente wurden direkt vor dem Erblasser vor dem Schöffengericht oder vor den anderen Vertretern des Stadtrats vorgelegt und später in das Stadtbuch eingetragen. Die Unterscheidung zwischen verschlossenen und offenen Testamenten ist vom juristischen Standpunkt aus durchaus relevant, während diese Unterscheidung – unter dem textlinguistischen Gesichtspunkt – irrelevant ist, weil es im Hinblick auf textlinguistische Merkmale keine signifikanten Unterschiede zwischen verschlossenen und offenen Testamenten gibt. Außerdem wurden die Testamente der Krakauer Bürger fast ausschließlich direkt vor den Vertretern des Schöffengerichts oder des Stadtrats vorgelegt, die dann vom Stadtschreiber in das Schöffenbuch oder in das Ratsbuch eingetragen wurden.

Die Entscheidungen über die Aufteilung des Vermögens nach dem Tod eines Bürgers waren eine wichtige soziale Handlung, die in den Stadtbüchern protokolliert werden musste, um potentiellen Konflikten zwischen den Familienangehörigen vorzubeugen, deshalb waren die Textexemplare, die der Textsorte Testament zuzuordnen sind, in den Stadtbüchern sehr zahlreich vertreten. Nur die Kauf- und Verkaufsverträge von Immobilien sind noch häufiger in den Stadtbüchern zu finden. Wenn man sich die Verfasser der Testamente anschaut, die ihre Testamente vor dem Schöffengericht oder im Stadtrat vorlegten, so kann man auch einen Einblick in die finanzielle Lage der Krakauer Bürger gewinnen. Statistisch gesehen kann man eine gewisse Dominanz bestimmter wohlhabender Berufsgruppen feststellen. Als Testierer treten meist Vertreter der Berufsgruppe der Goldschmiede, Goldschläger oder Kaufleute auf, während die Vertreter der Schuster oder Maurer unter den Verfassern der Testamente eher eine Ausnahme darstellen. (vgl. auch Wysmułek 2015: 177ff). Auch die Testamente von Frauen sind ziemlich selten zu finden.

Die variable interne Struktur der Textsorte Testament ist von vielen textinternen und textexternen Faktoren abhängig. Einerseits kann die Einbettung des Textexemplars Testament in das Kommunikationsmedium Stadtbuch bewirken, dass z. B. das Eschatokoll fehlen kann, um eine sprachliche Redundanz zu vermeiden, andererseits können die textexternen äußeren Faktoren bewirken, dass z. B. der Artikelkatalog einen unterschiedlichen Umfang haben kann, oder dass die äußeren Umstände bei der Testamentsformulierung sich auf die textinternen Merkmale auswirken können.

Quellen

Consularia Cracoviensis (CC)
Liber testamentorum (LT)
Scabinalia Cracoviensis (SC)

Literaturverzeichnis (im Beitrag zitierte Werke)

Smereka, Joanna (2021): Textlinguistische Untersuchungen zu mittelalterlichen deutschen Testamenten von Krakauer Bürgern, Göttingen.

Wysmułek, Jakub (2015): Testamenty mieszczan krakowskich (XIV–XV wiek) [Die Testamente der Krakauer Bürger (14. – 15. Jahrhundert) – Übersetzung: Joanna Smereka], Warszawa.

Werke des Verfassers zur Textsorte Testament und zur Textsortenzuordnung der Stadtbucheintragungn (Auswahl)

Wiktorowicz, Józef (2007): *Die Textsorte ›Schuldbrief‹ in den Krakauer Stadtbüchern.* In: Wiesinger, Peter (Hrsg.): *Textsorten und Textallianzen vom 16. bis zum 18. Jahrhundert. Beiträge zum Internationalen Sprachwissenschaftlichen Symposium in Wien 22. bis 24. September 2005.* Berlin: Weidler, S. 51–58. Abgedruckt in: Wiktorowicz, Józef (Hrsg.) (2011): *Krakauer Kanzleisprache. Forschungsperspektiven und Analysemethoden.* Warszawa: Zakład Graficzny UW, S. 165–174.

Wiktorowicz, Józef (2004): *Die Textsorte ›Testament‹ in der deutschen Kanzleisprache in Krakau.* In: Simmler, Franz (Hrsg.): *Textsortentypologien und Textallianzen von der Mitte des 15. bis zur Mitte des 16. Jahrhunderts. Akten zum Internationalen Kongress in Berlin 21. bis 25. Mai.* Berlin: Weidler, S. 167–176. Abgedruckt in: Wiktorowicz, Józef (Hrsg.) (2011): *Krakauer Kanzleisprache. Forschungsperspektiven und Analysemethoden.* Warszawa: Zakład Graficzny UW, S. 155–164.

Wiktorowicz, Józef (2007): *Die Textsorten und Textallianzen in der deutschen Kanzleisprache in Krakau.* In: Meier, Jörg/Piirainen, Ilpo Tapani (Hrsg.): *Studien zu Textsorten und Textallianzen um 1500.* Berlin: Weidler, S. 257–286. Abgedruckt in: Wiktorowicz, Józef (Hrsg.) (2011): *Krakauer Kanzleisprache. Forschungsperspektiven und Analysemethoden.* Warszawa: Zakład Graficzny UW, S. 139–154.

Wiktorowicz, Józef (2009): *Kanzleistil als Eigenschaft sprachlicher Handlungsmuster. Anhand kanzleisprachlicher Texte aus Krakau.* In: Ernst, Peter (Hrsg.): *Kanzleistil: Entwicklung, Form, Funktion. Beiträge der 4. Tagung des Arbeitskreises Historische Kanzleisprachenforschung, Wien 24. und 25. November 2006.* Wien: Praesens, S. 249–256. Abgedruckt in: Wiktorowicz, Józef (Hrsg.) (2011): *Krakauer Kanzleisprache. Forschungsperspektiven und Analysemethoden.* Warszawa: Zakład Graficzny UW, S. 185–193.

Wiktorowicz, Józef (2016): *Kanzleistil als Eigenschaft sprachlicher Handlungsmuster.* In: Hünecke Rainer / Aehnelt Sandra (Hrsg.): *Kanzlei und Sprachkultur. Beiträge der 8. Tagung des Arbeitskreises Historische Kanzleisprachenforschung, Dresden 3. bis 5. September 2015.* Wien: Praesens, S. 97–106.

Wiktorowicz, Józef (2003): *Zur Textsortenklassifikation in der deutschen Kanzleisprache in Krakau.* In: Meier, Jörg/Ziegler, Arne (Hg.): *Aufgaben einer künftigen Kanzleisprachenforschung.* Wien: Praesens, S. 69–76. Abgedruckt in: Wiktorowicz, Józef (Hrsg.) (2011): *Krakauer Kanzleisprache. Forschungsperspektiven und Analysemethoden.* Warszawa: Zakład Graficzny UW, S. 127–138.

Joanna Smereka

Textanfänge der testamentarischen Eintragungen in den Krakauer Stadtbücher

Abstract

The incipits of testaments and wills in the city registers of Kraków

The present study seeks to determine the incipits of testaments and wills in the city registers of Kraków, their semantic and syntactic structure, and their function as part of the macrostructure of the respective text (global text). In addition, the question arises as to how such entries of a protocol-like nature without any paratexts begin. The text of the entry – like every text – must needs have a beginning, even if this cannot be distinguished per se from the overall text.

Keywords: city registers, wills, testaments, incipits, paratext

Schlüsselwörter: Stadtbuch, Testament, Textanfang, Paratext

1. Spätmittelalterliche Stadtbücher

Spätmittelalterliche Stadtbücher waren im Auftrag der Stadtbehörden von dazu bestellten Kanzleimitarbeitern geführte Aktenbücher, die oft Ansammlungen von Eintragungen gemischten Inhalts umfassten. Sie beinhalteten sowohl Dokumente wie Privilegien der Stadt bis hin zu Angelegenheiten privater Gerichtsbarkeit der Bürger (Meier / Ziegler 2001; vgl. auch Guenich 2000; Beck / Henning 2004). Im Bereich der Gerichtsbarkeit waren sie als Gedächtnisstützen gedacht und lösten infolge der Entwicklung von Rechtspflege das mündliche Zeugnis des Gerichtspersonals ab. In strittigen Fragen und bei Bedarf konnte das Gerichtspersonal auf die Aufzeichnungen zurückgreifen, da ihnen eine amtliche Beweiskraft zustand.[1] Auch wenn diese nicht selten in assertiver Form formuliert waren, war ihr Ziel – wie Ernst (2012) für die Urkunden annimmt – die Ver-

Joanna Smereka, Uniwersytet Jana Kochanowskiego w Kielcach, ORCID: 0000-0003-0035-1639.

1 Wiktorowicz (2011: 140) meint, dass im Fall der testamentarischen Eintragungen: »im Hinblick auf die tatsächlich realisierte soziale Handlung eine deklarative Textsorte vorliegt. Die meisten in den Stadtbüchern auftretenden Textsorten haben den Charakter von Rechtsakten, daher kann man in dieser Hinsicht von juristischen Textsorten sprechen«.

längerung der Gültigkeit und Verbreitung des Adressatenkreises der vorgenommenen (sozialen) Handlung, wobei sich dann ihr perlokutionärer Effekt auch an außersprachliche Rezipienten richtete (vgl. auch Smereka 2023).

2. Krakauer Testamente im Texttyp Stadtbucheintrag

Bis Ende des 15. Jahrhunderts bestanden in Krakau zwei Testamentsablegungsmodi: Entweder wurden die testamentarischen Bestimmungen vor dem Stadtrat bzw. dem Stadtgericht mündlich aufgesagt und von einem professionellen Kanzleimitarbeiter in verschriftlichter protokollartiger Form in das entsprechende Aktenbuch eingetragen oder legte die testierende Person einer dieser Behörden eine von einem privaten Schreiber verfasste Testamentsskizze (sog. Czedel, *cedula papiera*) vor, die dann nach Verlesung in das Aktenbuch abgeschrieben wurde. Möglich war aber auch, dass ein Ausschuss des Stadtrates einen bettlägerigen Testator oder eine bettlägerige Testatorin zu Hause aufsuchte, um das Testament oder die Testamentsskizze aufzunehmen (vgl. Smereka 2021: 79ff., 88ff.). Seit Ende des 15. Jahrhunderts kommen in den Krakauer Stadtbüchern auch Abschriften von Testamentsurkunden vor, die jedoch in der vorliegenden Analyse bewusst ausgelassen werden. Die Untersuchung konzentriert sich auf Testamente im Texttyp Stadtbucheintrag in der Zeitspanne von der ersten testamentarischen Eintragung auf Deutsch 1393 bis zum letzten deutschsprachigen Testament in diesem Texttyp 1532.

Die testamentarischen Eintragungen wurden aus zwei Stadtbuchreihen erhoben: den Ratsbüchern und den Gerichtsbüchern. In den Ratsbüchern (Acta Consularia, AC) kommen Testamente nur spärlich vor, nämlich 14 Protokolle und sechs Czedel. Von dem Stadtrat wurde auch ein speziell angelegtes Testamentebuch (Liber Testamentorum, LT) angelegt und geführt. Es beinhaltet 97 Protokolle und 13 Czedel. In der Reihe der Gerichtsbücher (Acta Scabinalia, SC) finden sich 86 Protokolle und 62 Czedel.

Die Testamente wurden von der Autorin des Beitrags selbst erhoben und transliteriert. Die direkte und unvermittelte Einsicht in die Originale ermöglicht die textarchitektonische makrostrukturelle Gestaltung der Texte besser nachzuvollziehen und schützt vor der Gefahr, mit in irgendeiner Weise »normalisierten« Texten arbeiten zu müssen (vgl. u. a. Norbert R. Wolf 1990: 424f.; Ziegler 2003: 16f.). Die Satzgrenzen sind wie im Frühneuhochdeutschen überhaupt in vielen Fällen nach eigenem Ermessen zu bestimmen (Reichmann / Wegera 1993: 29), wobei die Postulate der hermeneutischen Methodenlehre berücksichtigt werden müssen.[2] Die Feststellung Arne Zieglers berücksichtigend, »dass es in

2 In Smereka 2024 habe ich mich dabei nach Grabarek (1984, 237) gerichtet, der die von van de

frühneuhochdeutscher Zeit parallel eine große Zahl von funktional und regional bedingten Unterschieden, nicht nur in der Lautung und Graphie, in der Morphologie, dem Wortschatz und in der Syntax, sondern auch und gerade auf der Textebene gab« (Ziegler 2003: 12), wird in der vorliegenden Untersuchung nach den funktionalen Unterschieden auf der Textebene und der Ebene der Syntax gefragt.

3. Einführende Auxiliartexte der testamentarischen Eintragungen

Die textlinguistischen Untersuchungen gehen seit ihren Anfängen (Dressler 1972, Adamzik 2004, Sandig 2006) von dem Merkmal der Abgeschlossenheit des Textes aus. So schreibt Scherner (1996: 143, zit. nach Petkova-Kessanlis 2021: 43): »Die Abgeschlossenheit bzw. Ganzheit eines «Textes» wird seit Aristoteles immer wieder als ein wesentliches Definiens des Textbegriffs entweder implizit vorausgesetzt oder auch explizit genannt«.

Im Sinne der Auffassung des Textes als sprachlicher und kommunikativer Handlung (vgl. u. a. Heinemann / Viehweger 1991) ist der Textanfang »der Beginn des Kommunikationsprozesses zwischen Autor, Werk und Leser« (Retsch 2000: 241). Diese für literarische Texte gültige Feststellung kann für Fachtexte leicht umgewandelt werden, und zwar als Beginn des Kommunikationsprozesses zwischen Sender, Inhalt und Empfänger (Duś / Kołodziej 2017: 27). Der Textanfang hat nach Daux-Combaudon / Schneider (2021: 2) eine für den Empfänger begleitende und führende Funktion, die darauf beruht, dass bereits gespeicherte kognitive Schemata aktiviert werden und das Textverständnis unterstützen.[3]

Wo eine neue Eintragung im Stadtbuch anfängt kann man leicht an der graphischen Abgrenzung von vorhergehenden Texten erkennen. Die Frage aber, was

Velde (1971) formulierten vier Komponenten der hermeneutischen Kompetenz angibt: »1. Vorhandensein eines optimalen morphologischen Verständnisses, 2. durch Lektüre und Interpretation erworbene Textkompetenz, 3. durch extratextuale Vorkenntnisse vor allem im Bereich der Kultur-, Religions- und Rechtsgeschichte und 4. durch eine Art Ersatzkompetenz als Generalnenner für alle Idiokompetenzen der verschiedenen Textschreiber.«

3 Beide Forscherinnen – die ein dreijähriges durch die Sorbonne Nouvelle Universität initiiertes und mit der Jagiellonen Universität zu Krakau realisiertes Forschungsprojekt zu Textanfängen entwickelt haben – unterstreichen, dass es sich bei den Textanfängen um einen komplexen Untersuchungsgegenstand handelt, der durch Vielfalt der Textsorten und unterschiedliche Faktoren geprägt wird (Daux-Combaudon / Schneider (2021: 2f.). Das erwähnte Forschungsprojekt war der Anfang einer sprachwissenschaftlichen Auseinandersetzung mit Textanfängen in Textsorten mannigfaltiger Lebensbereiche, darunter auch der Texte des Alltags und der Fachwelt(en). Auf die so gewonnen und in drei Sammelbänden dargestellten Erkenntnisse wird im Folgenden bei Berücksichtigung der Spezifik des Mediums mittelalterliches Stadtbuch zurückgegriffen.

einen Textanfang bildet, ist nicht leicht zu beantworten. Während nämlich für literarische Texte das ganze »Beiwerk« (Titel, Untertitel, Paratexte) der Zwischenzone zwischen Nicht-Text und Text zugeschrieben wird (Daux-Combaudon / Schneider 2021: 2f.), da sie noch in der realen Kommunikationssituation des Autors verankert sind (Retsch 2000: 14), hat man bei den juristischen Texten mit keinem Übergang von der realen zu der fiktiven Welt zu tun. Aus diesem Grunde empfiehlt es sich, dem Ansatz von Göpferich (1995) folgend, jede Eintragung als einen Globaltext anzusehen. Globaltexte »sind Texte, die eine autonome kommunikative Funktion, d.h. eine Funktion in einem außersprachlichen Kontext, erfüllen und nicht einen Teil eines größeren textuellen Ganzen bilden« (Göpferich 1995: 57, zit. nach: Petkova-Kessanlis 2021: 46). Weiter unterscheidet die Forscherin zwischen einem Haupttext, der das Thema des Globaltextes entfaltet, und den Auxiliartexten, die »eine eigene, jedoch von der Existenz des Haupttextes direkt abhängige kommunikative Funktion (Auxiliarfunktion) [aufweisen] und […] Metainformationen zum Haupttext [liefern] oder […] das Interesse des (potentiellen) Lesers auf ihn [lenken]« (ebd.).

In die Auxiliartexte eingerechnet werden in dem untersuchten Textkorpus alle der eigentlichen Verschriftlichung der sozialen Handlung des Testierens vorausgehenden Paratexte.[4] Das sind sowohl die den Haupttext überschreibenden Supratexte (einige von diesen können in Form von Überschriften zu Präsignalen zugerechnet werden, vgl. Busse 1992: 77), als auch von dem Haupttext graphisch nicht abgesonderte Paratexte (genannt im Folgenden einfach Paratexte). In den Eintragungen mit den Czedelabschriften kommen auch manchmal dem Czedel inhärente Paratexte (genannt im Folgenden: Czedelanfänge) vor, die von weiteren von Auxiliartexten der Behörde eingerahmt werden (können).

4. Testament im Texttyp Stadtbucheintragung versus Urkundenstruktur

Nach Spáčilová (2000: 65) ist der Texttyp *Eintrag* eine verkürzte Form der Urkunde. Die Forscherin unterteilt die Testamentstexte nach der Realisierungsform des klassischen Urkundenschemas. Dieses setzt sich immer aus drei Hauptteilen zusammen: dem Eingangsprotokoll, der Substantia und dem Eschatokoll, die folgende semantische Elemente umfassen:

4 Vgl. Genette 2001. Für die Nomenklatur der Teiltexte, der Paratexte, nach der graphischen Anordnung innerhalb des Grosstexte siehe Greule / Reimann 2015.

Textteile	Elemente der Textstruktur	Inhaltsstruktur
(Überschrift*)		
Protokoll	(Invocatio)	
	Intitulatio	Benennung des Testierers
	Promulgatio	Verkündung
	Inscriptio	Adressat
Substantia	Arenga	Philosophische Betrachtung
	(Promulgatio)	(Verkündung)
	Narratio	Testierfähigkeit
		Rechtsrahmen
		Erbe
		Benennung der Textsorte
		Rechtshandlung (performative Verben)
	Dispositio	Vermächtnisse
		Pertinenzformel
		Veränderungsklausel / Herrschaftsklausel
	(Sanctio)	
Eschatokoll	Corroboratio	Besiegelung
	(Subsciptio)	(Unterschrift)
	(Datierung)	
	(Apprecatio)	
(Actum-Vermerk*)		

Tab. 1: Urkundenschema nach dem Formularbuch *Deutsche Rhetorica* Formular 1486f. XLVIIV zit. nach: Spáčilová 2000: 34ff. In Klammern stehen zusätzliche Elemente, die Klauser/Meyer 1962: 257f. zum Aufbau einer klassischen Urkunde mitrechnen (vgl. Smereka 2021: 176f.).

In der Tabelle wurden prozentual semantische Elemente aufgelistet, die in Auxiliartexten der Krakauer Bürgertestamente vorkommen. Diese beziehen sich meistens auf die soziale Handlung des Testierens (bzw. ihre Umstände) oder auf den Testator (und seine Testierfähigkeit).

Semantische Elemente	AC	LT	AS
	Aux.	Aux.	Aux.
Angabe der Rechtsgrundlage		2	
Angabe der Exekutoren		1	
Angabe der Vormunde		2	10
Angabe der Zeugen der Testamentsablegung	30	87	27
Anrede	5	1	7
Arenga	5	1	0

(Fortsetzung)

Semantische Elemente	AC	LT	AS
	Aux.	Aux.	Aux.
Benennung der Textsorte	80	94	77
Benennung des Testators	80	96	80
Bestätigung des Testaments durch Urteil bzw. Bitte darum	5	1	16
Billigung des Testaments durch Erbbefähigte		1	3
Datum des Testierens	35	95	4
Erklärung des freien Willens bei der Testamentsablegung	15	33	20
Gesundheitsklausel / geistig	15	46	45
Gesundheitsklausel / körperlich	10	24	44
Grund des Testierens	20	4	13
Hinweis auf den Testierungsmodus	50	14	41
Konkretisierung der vererbten Immobilien oder Gegenstände	20	4	4
Ort der Testamentsablegung (falls vom Rathaus abweichend)		4	
Sprache		2	
Zusätzliche Informationen (z. B. vorausgehendes Urteil über das Recht, über das erarbeitete Gut selbstständig bestimmen zu dürfen; abweichende als übliche Vormundwahl)			18

Tab. 2: Prozentuale Zusammenstellung semantischer Elemente, die in Auxiliartexten der Krakauer Bürgertestamente vorkommen

Man kann leicht feststellen, dass in den Auxiliartexten Elemente alle Bestandteile des klassischen Urkundenschemas vermischt werden können. Charakteristisch für das Protokoll ist die Benennung der testierenden Person (Intitulation); für die Substantia sind das: die Arenga, Benennung des Erbes und Benennung der Textsorte sowie die Aufzählung der Bestimmungen im Artikelkatalog mit einzelnen Vermächtnissen; für das Eschatokoll dagegen: die Datierung und die Angabe der Zeugen der sozialen Handlung (als Corroboratio). Die bei weitem häufigsten Elemente der Auxiliartexte sind die Benennung des Testators und die Benennung der Rechtshandlung des Testierens (von der dann die Textsorte ihren Namen erhielt). Der Testator wird in jeder Eintragung immer genannt (falls nicht in einem der Auxiliartexte, dann im Haupttext). Die Rechtshandlung wird im überwiegenden Teil der testamentarischen Eintragungen angeführt (zu abweichenden Fällen siehe Punkt 7). Der Zusammenstellung kann man weiter entnehmen, dass die Arenga (allgemein genannte Motive in pathetischer Art und Weise) nur in Paratexten des Rates vorkam. Für diesen Befund kann jedoch keine Erklärung geliefert werden.

5. Unterschiede in den semantischen Elementen der Auxiliartexte

Ein Teil der Unterschiede in dem Vorkommen bzw. der Vorkommenshäufigkeit einzelner semantischer Elemente in den Eintragungen ist auf das Funktionieren des jeweiligen Amtes zurückzuführen. Während das Gericht immer im Plenum gearbeitet hat und sich der Testator im Rathaus einstellte, konnte der Stadtrat mittels eines Ausschusses agieren. Deswegen werden die bei der sozialen Handlung anwesenden Zeugen (Ausschussmitglieder) viel häufiger im Liber Testamentorum als in den Acta Scabinalia angeführt. In den letzten ist – wenn auch nicht angegeben – das Gremium als solches mitgedacht. Auch die Rechtsgrundlage und der Ort der Handlung werden nur dann angeführt, wenn es zur Entsendung des Ausschusses zu einem bettlägerigen Testator kommt:

> In keginworttickeit der Ersame herren johannis clethner of dy czeit Burgirmeister Johannis borgk jorge lange vnd leonardo vngestumme gegangen off Beger vnd bete in craft vnsir privilegi vnd hantfesten yu helena Nicolai hafteryn zum karnowsker wanende welche in guttir vornunft sitczinde in yrem gemache etlicher mosse swach des leibis hat gemacht yre Testament[...] (LT772 S. 153, 30.03.1493 f.)

Weiter werden solche zusätzlichen Informationen wie das der Testamentsablegung direkt vorausgehende Urteil, über das erarbeitete Gut selbstständig bestimmen zu können, nur in der Behörde erwähnt, in der das Urteil gefällt wurde, also im Gericht: »Hannus beheme eyn Reyter fragte vmb recht Ab her mit seyne direrbten gute tuen moechte vnd lossen vnd em das czu tuen durch vns orteilich geteilit ist do gab her eyner czedel beschreben seyn testament das do also lautit [...]« (ASVII S. 83, 20.01.1450). In den Ratsbüchern konnte lediglich eine Bitte an das Gericht, das Testament anzuerkennen, festgehalten werden.

Ziemlich inkonsequent werden in allen Stadtbuchreihen Angaben zur geistigen und körperlichen Gesundheit gemacht, wobei diese Angaben Bedingungen der Testierfähigkeit waren (vgl. Smereka 2021: 301ff.). Auch das Agieren der Frauen durch Vormund wurde nicht immer verschriftlicht, auch wenn anzunehmen ist, dass dies in den meisten Fällen eine rechtliche Bedingung war (vgl. Smereka 2021: 97f.).

Dass das Datum der Testamentsablegung bei vielen der Testamente in den Gerichtsbüchern fehlt, ist wiederum auf die Art und Weise, wie die Aktenbücher der Schöffen geführt waren, zurückzuführen. Das Prinzip in dieser Stadtbuchreihe war, dass unter einem Datum die Verschriftlichungen aller vorgenommenen Handlungen durch eine Leerzeile abgehoben nacheinander folgten. Das Datum stand also erst vor der ersten Verschriftlichung, die an dem Tag in dem Buch vorgenommen wurde (Smereka 2021: 107f.).

6. Auxiliartexte, die die Textsorte benennen

Aus der obigen Zusammenstellung ist abzulesen, dass in den meisten Testamenten wenigstens der Testator und die soziale Handlung (bzw. die Textsorte als Verschriftlichung) in den Auxiliartexten genannt werden. Für die nicht nach Textsorten, sondern nach der Chronologie angeordneten Eintragungen in den mittelalterlichen Stadtbüchern, ist das eine für die zirkuläre Kommunikation in der Stadtkanzlei eine besonders günstige Lösung. Bei der Wiederfindung des Textes von einem professionellen Mitarbeiter der Kanzlei haben dann die Auxiliartexte eine führende Funktion eingenommen. In solchen Fällen wird das Thema unvermittelt aufgeworfen. Der Haupttext entwickelt dann dieses und ist in diesem Sinne rhematisch. Die semantische Formel des Testierens lautet: WER gibt WEM WAS (vgl. Żmigrodzka 1997, S. 37, Kaleta-Wojtasik 2001: 262f.), wir erfahren in Haupttext WEM WAS gegeben wurde. In den meisten Fällen kann man die rhematische Struktur an der pronominalen Wiederaufnahme des Agens erkennen, und zwar unabhängig davon, ob es sich um ein Personal- (Beispiel 1) oder ein Possessivpronomen (Beispiel 2) handelt. In einem Teil der protokollartigen Testamente steht der Haupttext in der ersten Person Präsens (Beispiel 3).

	Beispiel 1	Beispiel 2	Beispiel 3
Supratext	Jo(han)nes Stöchs fecit cora(m) Consulatu et sanus test(amentu)m f(er)ia q(ui)nta ante Heduig(is) Anno etc. Qui(n)quagesimo t(er)cio		Testamentum Michaelis Graser conditu(m) p(er) cum bona racione existentem in p(raese)ncia d(omi)norum Cuncze lange p(ro)thoconsulis Cuncze pellificis et waltkonis kezinger. Sab(a)to ante Epiphanie Anno d(omi)ni etc. l° quinto
Graphisch nicht abgehobener Paratext		Stanislaus Knoblauch der Huter wy wol schwach y doch mit guter vornunft hot zeinen leczten willen gemacht in der mosse [...]	

(Fortsetzung)

	Beispiel 1	Beispiel 2	Beispiel 3
Haupttext	Czum irsten margareth *seyner* [Hervorhebung – J. S.] elichen hausfrawen gebit her [...] (LT 772 S. 30, 11.10. 1453)	Item Heuguids *seine* [Hervorhebung – J. S.] tochter sal [...] haben [...] (ASIX S. 148, 27.10.1502)	Czum irsten gebe *ich* [Hervorhebung – J. S.] meyner elichin hawsfrawen [...] (LT 772 S. 34, 04.01.1455)

Tab. 3: Beispiele der pronominalen Wiederaufnahme des Testators

Wiktorowicz (2011a: 141) spricht davon, dass die Anfangssequenzen der Testamente in Krakauer Stadtbüchern häufig assertiv im Gegensatz zu den meistens indirekt direktiven weiteren Teilen der Eintragungen sind.[5] Man kann m.E. und in Anlehnung an die Überlegungen von Kołodziej (2021) zu Textanfängen gegenwärtiger Vertragstexte davon ausgehen, dass die die soziale Handlung (die Textsorte) benennenden Auxiliartexte der Behörde nicht nur über die vorgenommene soziale Handlung informieren, sondern auch inhärent performativ sind (Daux- Combaudon 2001: 8).[6] Besonders die Überleitungen zeugen davon, dass dann die Verschriftlichung der angesagten – nun rechtsgültigen – sozialen Handlung des Testierens folgt. Der Haupttext wird in drei Vierteln der Auxiliartexte der Behörde durch folgende kataphorische Elemente eingeführt: *also; in solcher Weise; in solchem Masse; in solcher Gestalt und Weis; als / wie hernach folget; als / wie geschrieben steht.*

Der Perfektgebrauch in den deutschsprachigen Auxiliartexten der Behörde kann auch in dem resultativen Sinne gedeutet werden, wobei die *haben-* bzw. *sein*-Konstruktionen die Gültigkeit des vergangenen Geschehens – also in diesem Fall das rechtsgültig abgelegtes Testaments – zeigen (mehr dazu Smereka 2023, vor allem 118ff.): »Margaretha Schoffynne hot gemacht yr testament allhy vor siczendem Rothe frisch vnd genesunt wesinde vnbetwungen myt wolbedochtym muthe Also Czum yrsten [...]« (LT 772 S. 99, 13.05.1472).

Die Czedelanfänge stehen dagegen in ihrer Mehrheit im Präsens, da sie vor der Behörde erst verlesen sein sollten und erst dann ggf. mit einem entsprechenden Auxiliartext der Behörde versehen werden konnten: »Ich Stano Morsteyn gesunt

5 Von indirekt direktiven Sprechakten kann man sprechen, wenn diese in der dritten Person Singular formuliert werden. Die jedoch, die in erster Person Singular stehen, sind einfach direktiv (vgl. Wiktorowicz 2011: 139f.).

6 Petkova-Kessanlis (2021: 48) weist in ihrem Beitrag darauf hin, dass Initial-Teiltexte in den wissenschaftlichen Artikeln, die als Auxiliartexte aufgefasst werden, auch losgelöst vom Haupttext erscheinen können (z.B. Abstracts, Anschriften der Autoren). In Bezug auf die Auxiliartexte der Behörde bei Testamenten ist Gleiches festzustellen. Die Auxiliartexte der Behörde, die die vorgenommene soziale Handlung benennen, ähneln der Form zeitgenössischer Regesten.

des leibes vnd frisch mit wolbedochtem mutte mache meyn testament Also Czum irsten gebe ich [...]« (ASVII S. 86, 23.01.1450).

Ein Teil der Eintragungen benennt die Textsorte aber erst im Haupttext. Somit kann man dann keinen speziellen Auxiliartext aussondern: »Dorothea wenige(n)jelgynne durch h(er)n Joh(an)es Sebinwirt den sy ir dor czu czu vormu(n)de nam hot bescheyden in testamentis weyze czum irste(n) vonfczen marg weru(n)ge czu dem heylgen leychnam czu kazmers [...]« (ASV S. 210, 25.08.1430).

7. Testamente, die die soziale Handlung nicht direkt benennen

Es gibt aber immerhin einen Teil der Testamente, die die soziale Handlung (bzw. die Textsorte deren Verschriftlichung) nicht direkt benennen. Dann kann diese entweder indirekt am Auxiliartext bzw. gleich in den ersten Zeilen des Haupttextes erkannt werden. Dies erfolgt auf der Grundlage der ablaufenden kognitiven Prozesse, die durch verwendete Formeln, die dem Testieren eigen sind, kognitive Schemata und mentale Modelle aktivieren (vgl. Daux- Combaudon / Schneider 2021: 3; Perennec 2010). Dabei kann entweder das Auftreten von semantischen Elementen helfen, die auf das Testieren hindeuten (Elemente des Skripts) – bspw. Gesundheitsklauseln (siehe Beispiel 1), Hinweis auf das Aufsagen des Testaments bzw. Vorlegen einer Testamentsskizze (Beispiel 2), das vorausgegangene Urteil in Bezug auf die Möglichkeit, frei über das erarbeitete Gut zu verfügen (Beispiel 3) – oder der in der ersten Zeile des Haupttextes auftretende Donationsakt als der konstitutive Akt jedes Testaments (Beispiel 4).[7] Nur im Liber Testamentorum kommt einmal eine Ausnahme vor und der Haupttext beginnt mit der Aufzählung der Schulden (LT772 S. 5, 24.11.1441, vgl. die unten stehende Tabelle). Da aber dieses Aktenbuch speziell für Testamente angelegt wurde und nur diese beinhaltet, fällt die Frage der Textsortenzuordnung der einzelnen Eintragungen hier weg.

7 Zum Donationsakt als konstitutivem Akt des Testaments siehe Żmigrodzka (1997: 37), Kaleta-Wojtasik (2001: 262f.). Zu den in den Testamenten vorkommenden Formeln siehe Smereka 2022.

	Beispiel 1	Beispiel 2	Beispiel 3	Beispiel 4
Supraxtext	-	-	-	[Latein: Datum und Zeugen]
Graphisch nicht abgehobener Paratext	-	komen ist Elisabeth frisin eliche tachter vnd antwurte eyne papiryne czedil dy latute von worte czu worte Also [...] (ASIV S. 136, 10.07. 1416)	-	-
Haupttext	Wolfgang bylner etlicher mossen krank wnd schwach des leibes idoch mit gutter vornunfft wnd wolbedochtem (etc.) hatt gefrogt um recht ap er mit seynem eigenen wolgewonenen gutte thun wnd lossen mag noch seynem eigen willen von Rechts wegen So ist ym durch Orteil geteilit das er das thun mag von Rechts wegen So [...] gibt er [...] (ASX S. 173, 14.05. 1516)	Ich Elisabeth frisin eliche tachter stee hy vor gehegtir bang gesunt frey mit wolbedachtem willen vnd mute vnd wedir rufe zu ewigen tagen eynen Scheppin briff [...]	Ich Peter eychler secze vnd gebe ab got ich tan mir tut Czum irsten bescheyde ich vnd gebe c margk czu sinste Steffan czum gebewde [...] (ASV, S. 129 16.08.1426)	Dy nochgeschreben gerethe hot lossin beschreiben her Mertin Streicher von irsten C gerei(n)te gulden vnd xxii gulden ist mir scholdig Stana Streicher Item xi ducatin gereit vnd Mob(e)l Vnd eyn heidnische dange. [...] (LT772 S. 5, 24.11.1441)

Tab. 4: Beispiele von Testamenten, die die soziale Handlung des Testierens nicht direkt benennen

8. Auxiliartexte in den protokollartigen Eintragungen

Obwohl Acta Consularia (AC, Ratsbücher) und Acta Scabinalia (AS, Gerichtsbücher) Bücher gemischten Inhalts waren, kommt in ihnen ein Viertel der testamentarischen Eintragungen ohne Auxiliartexte vor. Das ist in den Texten des speziell für Testamente angelegten Liber Testamentorum (LT) nicht der Fall, wo immer ein Supratext vorhanden ist, nicht selten begleitet von einem zusätzlichen Paratext. Das mag verwundern, zeugt aber von einer überdachten und ausgearbeiteten Führung des Liber Testamentorum. Während Supratexte in allen Stadtbuchreihen auf Latein verfasst wurden, ist die Sprache der Paratexte vorwiegend Deutsch.

	AC	LT	AS
Zahl der Eintragungen	14	97	86
Ohne Auxiliartexte:	4	0	28
Nur nicht abgesetzter Paratext	8	0	52
Nur Supratext	1	65	3
Supratext vor Paratext	1	32	3

Tab. 5: Zahl der protokollartigen testamentarischen Eintragungen und der jeweiligen Auxiliartexte je nach Stadtbuchreihe

8.1. Maximalstruktur der Auxiliartexte der Behörde nach Stadtbuchreihen

In der nachfolgenden Tabelle werden die Maximalstrukturen der beiden Arten von Auxiliartexten in den drei Stadtbuchreihen verzeichnet und ihre Vorkommenshäufigkeit prozentuell dargestellt.

Semantische Elemente	AC		LT		AS	
	S	P	S	P	S	P
Angabe der Rechtsgrundlage			1	3	-	2
Angabe der Exekutoren			1	-	-	-
Angabe der Vormunde			-	6	-	16
Angabe der Zeugen	50	55	71	53	17	15
Arenga	-	11	-	3	-	-
Benennung der Textsorte	100	100	78	97	83	98
Benennung des Testators	50	100	80	94	100	100
Bestätigung des Testaments durch Urteil bzw. Bitte darum			-	3	17	2
Billigung des Testaments durch Erbbefähigten			-	3	-	5

(Fortsetzung)

Semantische Elemente	AC		LT		AS	
	S	P	S	P	S	P
Datum des Testierens	50	-	94	3	-	2
Erklärung des freien Willens bei der Testamentsablegung	-	33	18	60	33	67
Gesundheitsklausel/geistig	-	33	28	69	33	89
Gesundheitsklausel/körperlich	-	22	3	41	17	87
Grund des Testierens	-	33	-	3	17	18
Hinweis auf den Testierungsmodus	50	33	2	-	-	-
Konkretisierung der vererbten Immobilien oder Gegenstände	-	33	-	9	-	7
Ort der Testamentsablegung (falls von dem Rathaus abweichend)	-	-	4	-	-	-
Zusätzliche Informationen	-	-	-	-	17	24

Tab. 6: Maximalstruktur der Auxiliartexte der Behörde nach Stadtbuchreihen (prozentuale Vorkommenshäufigkeit)

Vereinzelt kommen die pragmatisch-funktional wichtigsten (also die Textsorte und der Testator) semantischen Elemente in den beiden Auxiliartexten (S, P) bzw. im Auxiliar- und im Haupttext (H) doppelt vor.

Semantische Elemente	AC			LT			AS		
	S+P	S+H	P+H	S+P	S+H	P+H	S+P	S+H	P+H
Angabe der Zeugen				4			1		
Benennung der Textsorte	17			20					
Benennung des Testators				15	6		2		1
Erklärung des freien Willens bei der Testamentsablegung				1					
Gesundheitsklausel / geistig				3					

Tab. 7: sich wiederholende semantische Elemente in den Auxiliartexten der Behörde (prozentual)

Besonders häufig kommt es zur Verdopplung der semantischen Elemente, wenn der Globaltext der Eintragung Teiltexte in verschiedenen Sprachen (Latein, Deutsch) umfasst, also hauptsächlich in den Ratsakten. Hier folgen die Beispiele für die sich wiederholenden Informationen:

	P+H	S+H	S+P
Supratext		Anno do(m)ini millesi- mo quadringentesimo quinquagesimo octavo feria secunda proxima p(ost) lamperti In p(rese)ncia d(omi)no(rum) Thome vl protu(n)c pro Consulis Jarossy Scherley et Thome Zarwechter Nicolaus Schramme corrigiator testamen- tum suu(m) san(us) mente ac bona racione condidit in hec verba	Sab(a)to crastina sancti martini Anno domi(ni) millesimo [...] qu(in)quagesimo sep- timo Oswaldus Scho- renbrand condidit tes- tamentu(m) suu(m) sanus torpe in sesso Consulatu no(n) com- puls (- -) sa(ṇ) spon- tanea volu(n)tate
graphisch nicht abge- hobener Paratext	Der Namhafftige herr Casper Beher Ratmann der konicklichen Stadt Crake wy wol krangk wnd schwach des leibes Jdoch mit gutter vor- nunfft wnd Ordnung seynes leczten willens gemacht wnd vor- schafft In der weisen wy her noch folget [...]		Ich Oswal Schoren- brand steende alhy vor sitczendem Rote frisch und gesunt vnd mit wolbedochtim mute mache meyn testament vnd meynen lecztin willen [...] (S. 47, 12.11. 1457)
Haupttext	Ich Casper Beher wel- lend meyne hasfraw Barbare vorsehen [...] gebe ich [...] (ASX S. 143, 03.07. 1515)	Ich Niclas Schramme gebe czum irsten Ka- therine meyner elichin hawsfrawen [...] (LT 772 S. 57, 18.09.1458)	

Tab. 8: Beispiele für Konstellationen von Teiltexten mit sich wiederholenden semantischen Elementen (protokollartige Eintragungen)

9. Auxiliartexte in den Eintragungen, die eine Abschrift der Testamentsskizze beinhalten

In diesen Eintragungen können neben den Auxiliartexten der Behörde auch die den Czedelabschriften inhärenten Auxiliartexte vorkommen, die von dem jeweiligen privat beauftragten Schreiber stammen (im Folgenden als Czedelanfang, CzA, bezeichnet). In den Gerichtsbüchern ist das der Fall in ca. der Hälfte solcher Eintragungen (Warum in dem Liber Testamentorum hier eine geringere Zahl der Czedelanfänge verzeichnet wurde, ist ungewiss und mag auf einer geringeren Menge der Textexemplare liegen. Die Eintragungen mit Czedelabschriften stammen aus ähnlicher Zeit, und zwar der ersten Hälfte des 15. Jahrhunderts). Lediglich in einer Eintragung kommt nur der Czedelanfang vor, ohne von einem Auxiliartext der Behörde begleitet zu werden. Anders als im Fall der protokollartigen Eintragungen findet sich in dem untersuchten Teilkorpus kein Text mit einem der Auxiliartexte. Auch kommen die Supratexte in den Gerichtsbüchern viel häufiger als im Fall der protokollartigen Eintragungen vor. In 24 Texten steht ein Supratext vor dem Czedelanfang, was ich mir mit einer besseren Unterscheidung, was von der Behörde stammt und was dem Czedel inhärent ist, zu erklären versuche. So wie bei den protokollartigen Eintragungen sind auch in diesen Texten die Paratexte meist auf Deutsch verfasst, wobei die Sprache der Supratexte vorwiegend Latein ist. Die Czedelanfänge sind wie die untersuchten Czedel selbst auf Deutsch verfasst worden.

	AC	LT	AS
Zahl der Eintragungen	6	13	62
Ohne Auxiliartexte:	0	0	0
Nur nicht abgesetzte Paratexte:	0	0	19
Nur Supratext	1	8	1
Supratext vor Paratext	4	2	10
Nur Czedelanfang	0	0	1
Paratext + Czedelanfang	0	0	6
Supratext + Czedelanfang	1	3	24
Supra- + Paratext + Czedelanfang	0	0	1

Tab. 9: Zahl der Eintragungen, die eine Abschrift der Testamentsskizze beinhalten, und der jeweiligen Auxiliartexte je nach Stadtbuchreihe

9.1. Maximalstruktur der Auxiliartexte in Eintragungen mit Czedelabschriften

Nicht alle semantischen Elemente, die in den protokollartigen Eintragungen vorkommen, konnten auch in den Eintragungen mit den Czedelabschriften festgestellt werden (Es werden keine Exekutoren ernannt, es werden keine Angaben zur Rechtsgrundlage gemacht, auch keine Arenga kommt vor). Der Grund dafür bleibt unerschlossen, und es handelt sich wahrscheinlich um Zufall. Dagegen wird in manchen Eintragungen mit Auxiliartexten der Behörde auf Latein die Sprache der Cedula papiera genannt, wenn es sich um die deutsche Sprache handelt:

»Nicol(ai) dambraw testam(en)tum suu(m) i(n) carta papire ac manu sua p(ro)p(ri)a ydeomate teuthonico co(n)sc(ri)ptum p(resen)tauit cui(us) tenor sequi(tur) in hec v(er)ba [...]« (ASIIIS. 189, 12./18.11.1395). Die Czedelanfänge beinhalten in einem beachtlichen Teil der Texte eine an die Behörde gerichtete Anrede, was damit zu erklären ist, dass die Testamentsskizzen zum Verlesen gestimmt waren: »Ersame liben hern Ich Salomea Niclas brenners witwe gesunt des leibes vnd mit wolbedochtem mute mache meyn tetament vnd schickunge myns leczten willens also [...]« (ASVI S. 190, 30.10.1439).

Semantische Elemente	AC			LT			AS		
	S	P	Cz	S	P	Cz	S	P	Cz
Angabe der Vormunde	-	-	-	-	-	-	6	15	3
Angabe der Zeugen	-	-	-	54	2	33	64	41	6
Anrede	-	-	100	-	-	33	-	-	31
Benennung der Textsorte	100	100	100	77	100	100	89	89	91
Benennung des Testators	33	100	-	77	100	100	89	100	88
Bestätigung des Testaments durch Urteil bzw. Bitte darum	-	-	100	8	-	-	56	4	-
Billigung des Testaments durch Erbbefähigten	-	-		-	-	-	-	7	-
Datum des Testierens	100	-	-	92	-	-	14	-	-
Erklärung des freien Willens bei der Testamentsablegung	-	-	-	-	50	-	-	-	8
Gesundheitsklausel / geistig	-	-	-	31	50	-	3	15	31
Gesundheitsklausel / körperlich	-	-	-	15	100	-	6	11	34
Grund des Testierens	17	50	-	-	-	-	3	15	9
Hinweis ob mündlich oder Testamentsskizze	100	-	-	85	100	-	94	100	9
Konkretisierung der ererbten Immobilien oder Gegenstände	17	-	-	-	50	-	-	-	3

(Fortsetzung)

Semantische Elemente	AC			LT			AS		
	S	P	Cz	S	P	Cz	S	P	Cz
Ort der Testamentsablegung (falls vom Rathaus abweichend)	-	-	-	4	-	-	-	-	-
Sprache	-	-	-	15	-	-	-	22	-
Zusätzliche Informationen	-	-	-	-	-	-	25	15	3

Tab. 10: Maximalstruktur der Auxiliartexte in Eintragungen mit Czedelabschriften (prozentuale Vorkommenshäufigkeit)

Auch in den Eintragungen mit Czedelabschriften können sich die für semantisch als am wichtigsten erachteten Elemente in einzelnen Auxiliartexten der Behörde (S, P) oder in Auxiliartexten und in den Czedelanfängen (Cz) bzw. in dem Haupttext (H) wiederholen.

Semantische Elemente	AC					LT					AS				
	S + P	S + H	P + H	S + Cz	P + Cz	S + P	S + H	P + H	S + Cz	P + Cz	S + P	S + H	P + H	S + Cz	P + Cz
Angabe der Zeugen									8		5	5		2	
Benennung des Testators		17					15		15			15	18	31	8
Benennung der Textsorte	67			17			15		15		2			34	6
Hinweis auf die Form der Testamentsablegung												2		3	2

Tab. 11: sich wiederholende semantische Elemente in den Eintragungen mit Czedelabschrift (prozentual)

Die deutschen Czedelabschriften werden oft mit Auxiliartexten der Behörde auf Latein versehen. Es gilt wie bei den protokollartigen Eintragungen: Kommen Teiltexte in gemischten Sprachen vor, kommt es häufiger zur Dopplung der semantischen Elemente.

	P+CzA	P+H	S+CzA
Supratext	–	–	Oblata est in Judicum hec scedula testamentari per Paulum Apothecarum et Judiciliater more solia confirmata
Graphisch nicht abgehobener Paratext	Simon Noldener vnsir mitburger frogende ap her mit seynem dierbten vnd wolgewonnem gutte tuen vnd lossen mochte noch seynem wille ader was so recht were Do in das ortilich ausgesprochen vnd czugeteilt wart macht her seyn testament vnd leczten willen in keigenwertiger voryawortunge katherine seiner hausfrawen entwertdende das in eyner czedel geschrebin dy von worte czu worte also laute […]	Johannes phert vnsir vnsir mitburger hot seyn testament vnd schickunge seynis leczten willen hemacht das orteilich bestetigt ist vnd vns beschreben gegeben in sulchen wortin […]	
Czedelanfang	Ich Simon Noldener mitburger czu Crocow mache meyn Testament vnd meynen leczten wille ap got obir mich gebewt vnd von hynne nymmet er wenne meyne hausfrawe In sotener weyse […] (ASVIII S. 69, 16.01. 1461)		Herr Richter vnd libin hern Ich Paul Tanneman Apteker mache meyn testament vnd schckunge meyns leczten willens also […] (ASVI S. 113, 12.08. 1435)
Haupttext	Czum irsten so gebe ich vnd bescheide […]		

Tab. 12: Beispiele für Konstellationen von Teiltexten mit sich wiederholenden semantischen Elementen (Eintragungen mit Czedelabschrift), Teil 1

	S+H	S+P
Supratext	Niclaus kizeweter cedula conscriptum suum testamentum in scedula quod de verbo ad verbum sonat quod scedula judicatum confirmata	Testamentum Paternoster
Graphisch nicht abgehobener Paratext		Nicolaus Pat(er) n(oste)r frogete im recht(e)n . ap her mit seyne(m) vat(er)lichem gute tuen vnd lossen möchte noch seyne(m) . das hab(e)n wir Jm ortillich geteilt vnd ausgesprochen . des so machte her sey(n) testame(n)t vnd lecztin will(e)n noch laute eyn(er) cz[ed]il . dy her vns [ant]wert in sulch(e)n worten [...] (ASVII S. 43, 23.08.1448)
Czedelanfang		
Haupttext	Ich Niclas kysewetir allhy vor gehegtim dinge steende mit gutem willen vnd wol bedochtem mute vnd gebe of [...] (ASVI S. 306, 12.06.1444)	

Tab. 13: Beispiele für Konstellationen von Teiltexten mit sich wiederholenden semantischen Elementen (Eintragungen mit Czedelabschriften), Teil 2

10. Grundrisse der Syntax der Auxiliartexte

Berücksichtigt wurden nur die satzartigen Paratexte, die die vorgenommene soziale Handlung (das Testieren) bzw. die daraus resultierende Textsorte (das Testament) direkt benennen und auf Deutsch verfasst wurden. Es wird nach Auxiliartexten der Behörde und den Czedelanfängen der privaten Schreiber unterschieden. Dabei wird unter den Auxiliartexten der Behörde keine Einleitung in Stadtbuchreihen vorgenommen, da alle in derselben Kanzlei verfasst wurden.

Ein erster auffallender Unterschied, der sich zwischen den beiden Gruppen zeigt, ist die Länge der jeweiligen Sätze. Während die satzartigen Auxiliartexte der Behörde im Durchschnitt 34,5 Wortformen umfassen und somit vom Durchschnitt der Sätze in den Stadtbüchern Krakauer Kanzlei nicht abweichen (Wiktorowicz 2011: 94),[8] beinhalten die den Czedeln inhärenten anfänglichen

8 Nach Admoni (1990: 155) ist das eigentlich ein Zahlenbereich für die zeitgenössische Fachprosa und nicht für die Kanzleispreche als solche.

Sätze nur 19,9 Wortformen. Dieser Befund kann so gedeutet werden, dass die zweiten näher an der gemeinen Sprache sind, während die ersteren reine Produkte gebildeter Kanzleischreiber darstellen. Erst die nachfolgenden Bestimmungen, die Verschriftlichungen einer mündlichen Aussage des Testators sind, sind auch in den Protokollen kürzer. Auch der Satzbau der Sätze in beiden Teilkorpora bestätigt diese Annahme. In den Auxiliartexten der Behörde gibt es mehr zusammengesetzte Sätze (63 %) als unter den Czedelanfängen (30 %). Diese Sätze sind auch ausgebauter: Sie beinhalten im Durchschnitt 2,9 (mit Grenzwerten 2–8) Teilsätze, während die Sätze der Czedelanfänge durchschnittlich 1,78 (1–4) Teilsätze umfassen. Der Grad der Unterordnung der Teilsätze ist in beiden Teilkorpora gleich und beträgt: 1,2 (mit den Grenzwerten 1–2).

Die Syntax der Czedelanfänge weist keine Auffälligkeiten im Vergleich zum frühneuhochdeutschen Sprachgebrauch auf. Da 90 % der einleitenden satzartigen Czedelanfänge im Präsens steht und der Rest im Präteritum oder Perfekt, sind die meisten Direkt- und Hauptsätze (vgl. die Terminologie von Admoni 1990) wegen der Prädikatsstruktur rahmenunfähig. Das macht die Untersuchung der Satzrahmen- und Satzfelderbildung, der für die Erforschung der frühneuhochdeutschen Satzlehre zentralen Frage, unmöglich. Die Czedelanfänge werden hier also syntaktisch nicht weiter untersucht.

10.1. Auffälligkeiten der Syntax in den Auxiliartexten der Behörde

Die satzartigen einleitenden Auxiliartexte der Behörde sind zu 87 Prozent im Perfekt formuliert (9 % im Präsens und nur 4 % im Präteritum). Der Perfektgebrauch begünstigt eine rahmenfähige Satzstruktur, da das Prädikat in einer mehrteiligen Form vorkommt. 87 % der untersuchten Sätze sind also rahmenfähig.

Da 64 % der satzartigen Paratexte einen partiellen Satzrahmen aufweist (abgerechnet die nach dem rechten Prädikatsteil stehenden mittelfeldfähigen Nebensätze: 49 %), entspricht die Satzrahmenbildung in den Direkt- und Hauptsätzen nicht den allgemeinen frühneuhochdeutschen Tendenzen, die im 15. Jahrhundert die Vorherrschaft des vollen Rahmens vorweisen (Admoni 1967: 184ff.; Ebert 1981: 383ff.; 1986: 105ff.; Margetts 1969: 53ff.).[9] In bis zu 23 % der Direkt- und Hauptsätze stehen die beiden Prädikatsteile in einer absoluten Distanzstellung und in 13 % dieser Sätze kommt es zur Kontaktstellung beider Prädikatsteile.

9 Vgl. Wiktorowicz (2011: 96) zu der Krakauer Kanzleisprache. Zur Frage, ob die Krakauer Kanzleisprache der Stadtbücher tatsächlich rückständig war, siehe Smereka 2024.

Modernen Tendenzen und dem Sprachgebrauch der gebildeten Schichten entspricht dagegen das Vorkommen des vollen Rahmens in den Nebensätzen (87 %) (vgl. Ebert 1981: 385; Fleischer 2011: 160). Kontaktstellungen bei den Nebensätzen kommen in dem Untersuchungsmaterial gar nicht vor. Für den hohen Bildungsgrad der Verfasser und die Befolgung moderner Sprachtendenzen sprechen übrigens neben der vollen Satzrahmenbildung in den Nebensätzen auch die meist vorkommende Stellung der infiniten Verbform vor den finiten in Zwei-Verb-Cluster in den Nebensätzen (vgl. Ebert 1986: 106, Hartweg / Wegera 2005: 175): »[...] dy czu im von des Ratis wegen *gegangen sind* [Hervorhebung – J. S.]« (LT772 S. 32, 19.02.1454).

	Voller Satzrahmen	Partieller Satzrahmen	Kein Rahmen / Kontaktstellung der Praediaktsteile
Haupt- und Direktsätze	Katherina michelynne mit wolbedachtem mute und gesundem leibe *hot* ir testament und iren lecztin willen also *gemacht* [...] [Hervorhebung – J. S.] (AC 429 Pag. 54, 13.09.1452)	Ich Johannes Briger *habe* meyn Testament *gemacht* [Hervorhebung – J. S.] vor geheg-tim an dem freitage vor sinte francisci tag [...] (ASVI S. 188, 12.10.1439)	Her Paulus newburgir frisch vnd gesunt stehende vor vns *hot gemacht* [Hervorhebung – J. S.] seyn Testament vnd leczten willen [...] (LT772 S. 132, 24.07.1482)
Nebensätze	[...] *den* sy ir dorczu czu vormunden *nam* [Hervorhebung – J. S.] (ASVI S. 213, 9.09.1440)	*das* her myt seynem eygen vnd proper gute [...] *thun und lossen mag vnd vorgeben* [Hervorhebung – J. S.] noch seynem willen von Rechtes wegen [...] (ASVIII S. 577f., 21.07.1475)	-

Tab. 14: Beispiele für Satzrahmenbildung in den Direkt- und Hauptsätzen sowie in den Nebensätzen

Anders als es Wiktorowicz (2011: 94) in seiner Studie zur Syntax der Krakauer Kanzlei feststellt, dass über 98 % der Sätze in den Stadtbüchern das Prädikat an zweiter Stelle stellen, also nur ein Satzglied im Vorfeld vorkommt, stehen im Vorfeld von den meisten satzartigen Paratexten zwei und in den meisten Fällen drei Satzglieder: »*Erasmus Bandgk wy wol etlicher mossen krang wnd Schwach des leibes Idoch mit gutter vornunfft wnd wol bedacht mit guttem Ratte* [Hervorhebung – J. S.] hatt seyn Testament wnd ordenungen seynes leczten willen gemacht In der weyse [...]« (ASX S. 60, 27.03.1514); »*FFraw Anna Bartfalynne durch Johannem von Salcze iren vndirsacztin vormundin in czotin wortin* [Hervorhebung – J. S.] hat geben beschrebin [...]« (ASIV S. 100, 11.01.1415);

Am freytage vor Johan(n)is Baptiste Anno (etc) In keginwortikeit der h(er)n Nicolai Creydeler of dy czeyt Burg(er)meist(er) und Cuncze lange(n) Agnes pferdynne andirs gena(n)t Baldeneryn(n)e [Hervorhebung – J. S.] hot ir testame(n)t bey gut(er) vornu(n)ft gemacht eygintlich in solchen worten als hernoch folget [...] (LT 772 S. 59, 22. 06. 1459).

In vielen Fällen ist nicht leicht zu entscheiden, ob es sich um ein Subjekt und eine oder mehrere Modalangaben bzw. ein Subjekt mit dislozierbaren Attributen handelt. Hier werden als Beispiel zwei verschiedene Testamente eines und desselben Testators angeführt: »Her Jorge Swarcz unsers Ratamechts mitbruder *bey gesundem leibe mit wolbedochtem mute* [Hervorhebung – J. S.] hot seyn testament und schickungen seyn leczten willens vor uns gemacht und lossen beschreiben in sulcher weyse also [...]« (AC428 Pag. 365, 28.08.1436); »Der ersame her Jorge Swarcz unseris Ratmechts mitbrude hot *bey gesundem leybe und mit wolbedochtem mute* [Hervorhebung – J. S.] seyn testament und schickungen seyns leczten Willens vor uns gemacht uns lossen beschreyben also [...]« (AC428 Pag. 305, 03.09.1432).

Obwohl eine mehrfache Besetzung des Vorfeldes als eine der Formen des Varietätenspektrums keine Seltenheit im Frühneuhochdeutsch war (vgl. Reichmann / Wegera 1993: 431, 433f.) kann die große Vorkommenshäufigkeit dieses Phänomens im Untersuchungsmaterial funktional gedeutet werden. Die Tendenz zu dieser Extraposition kann dazu dienen, alle Umstände des Testierens beieinander zu halten, das Mittelfeld zu entlasten und somit die Struktur der Aussage transparenter zu machen. Das Mittelfeld umfasst sowohl in den Haupt- und Direktsätze als auch in den Nebensätzen bis zu drei Satzglieder (was zu der untersuchten Zeit ganz typisch war (vgl. Schildt 1981: 263), wobei in 93 % der Direkt- und Hauptsätze in dieser Stellung die Akkusativergänzung vorkommt, die die vorgenommene soziale Handlung benennt.

Sowohl in den Direkt- und Hauptsätzen als auch in den Nebensätzen überwiegt im Nachfeld das Vorkommen eines Satzgliedes und zwar der Modalangabe (entsprechend in 77 % und 64 % der Sätze). Diese wird meistens in Form einer Präpositionalphrase ausgedrückt. In den Direkt- und Hauptsätzen ist diese Modalangabe zugleich eine Überleitung zum Haupttext des Globaltextes. Der Haupttext nimmt also in gewissem Sinne eine Extraposition des einführenden satzartigen Auxiliartextes ein:

»Niclos Schneider wywol etlicher mossen krangk des leibes Jdoch mit gutter vornunfft wnd mit wol bedochtem mutte hat seyn testament wnd leczten willen gemacht In diser weise *Item er gibt Barbare seÿner eelich(en) hawsfrawen czehe(n) m(a)rg* [Hervorhebung – J. S.] [...]« (ASX S. 111, 1.03.1515).

Auf diese Weise entsteht eine eigenartige topologische Achse.

Die scheinbare Rückständigkeit der Syntax in den Auxiliartexten der Behörde, die sich in dem kleinen Anteil der vollen Satzrahmenbildung ausdrückt, kann hier durch eine funktionale Motiviertheit auf inhaltlicher Ebene gedeutet werden, wie Rainer Hünecke (2011: 107) es für solche angeblich erstarrten syntaktischen Verhältnisse in einem zeitgenössischen Dresdner Stadtbuch tut. Die Nachstellung soll einem inhaltlich wichtigen Satzglied eine Extraposition sichern (vgl. Admoni 1990: 157f.; Hünecke 2011: 107; auch Mikołajczyk 1998: 67f., Pittner / Berman 2008: 89; Smereka 2024: 548). Man kann auch das Konzept Hüneckes (2013) von syntaktischer Formelhaftigkeit der Stadtbücher bzw. das von Mechthild Habermann (2010) von der pragmatisch indizierten Syntax heranziehen, wie es Greul (2011) in Bezug auf die Stadtbücher aus Murau tut. Die Schablonenhaftigkeit, die daraus entsteht, macht die in einem bestimmten Kontext eingebetteten Texte übersichtlich und standardisiert (vgl. auch Smereka 2023 Ratsbücher).

11. Fazit

Frühneuhochdeutsche Testamente in den Krakauer Stadtbüchern befolgen kein Formular im heutigen juristischen Sinne. Solches wurde auch nicht über das ganze 15. Jahrhundert und bis Ende des Gebrauchs deutscher Sprache als Amtssprache in Krakau in der ersten Hälfte des 16. Jahrhunderts in der Kanzleipraxis ausgearbeitet. Nichtdestotrotz hatten die Stadtschreiber eher feste Vorstellungen von dem Textmuster der Textsorte. Muster sind – was Fix (1999: 13) betont – im Sinne der kognitiven Psychologie Möglichkeitsfelder, in denen es sowohl einige überindividuelle Handlungsorientierungen gibt als auch Ermessensspielräume. Für die Kommunikationspraxis ist das Wissen, über das alle Beteiligten gemeinsam verfügen und mit dem sie erfahrungsgemäß Verständigung herstellen können, auch für die Erkennung der Textsorten wichtig.[10] Sowohl in den abgrenzbaren Textanfängen als auch in den Textanfängen *in medias res* taucht (bis auf wenige Ausnahmen) das erkennbare Thema auf (auch wenn dies kognitiv zu erschließen ist), die Rhema-Struktur kommt nach.

Bei den Auxiliartexten der Kanzlei lässt sich ein spezifischer syntaktischer Bau beobachten, der sich von den zeitgenössischen Tendenzen der Syntax abhebt. Durch die Anordnung der den Testator und die soziale Handlung des Testierens bestimmenden Umstände im Vorfeld und durch eine Überleitungssequenz im Nachfeld, die auf die konkreten testamentarischen Bestimmungen hinweist, entsteht eine topologische Achse. Diese kann im Sinne der pragmatisch indi-

10 Ob die Kanzleimitarbeiter sich der Formularbücher beim Führen ihrer Akte bedienten, bleibt unsicher. Während Wyrozumska (1995: 100) es ausschließt, ist für Bartoszewicz (2013: 253) das Variieren zwischen den grammatischen Personen innerhalb eines Globaltextes der Eintragung ein Indiz für die Verwendung verschiedener Formularsammlungen (vgl. Smereka 2021: 43).

zierten Syntax gedeutet werden. Anders als die Auxiliartexte der Behörde zeichnen sich die Czedelanfänge durch keine Besonderheiten der Syntax der Kanzlei bzw. Fachsprache aus, da sie nicht in der Kanzlei entstanden sind, sondern in vielen Fällen von privaten Schreibern verfasst wurden, die ihre Leistungen in der Stadt angeboten haben.

Quellen

Ohne Autor (1483): Formulare und deutsch Rhetorica. Straßburg: Johann Schönsperger. Acta Consularia der Stadt Krakau (AC), Staatsarchiv Krakau.

Liber Testamentorum der Stadt Krakau (LT772), Staatsarchiv Krakau Acta Scabinalia der Stadt Krakau (AS), Staatsarchiv Krakau.

Bibliographie

Admoni, Wladimir (1967): *Der Umfang und die Gestaltungsmittel des Satzes in der deutschen Literatursprache bis zum Ende des 18. Jahrhunderts.* In: Beiträge zur Geschichte der deutschen Sprache und Literatur, Nr. 89, S. 144–199.

Admoni, Wladimir (1990): *Historische Syntax des Deutschen.* Tübingen: Niemeyer.

Adamzik, Kirstin (2004): *Textlinguistik. Eine einführende Darstellung.* Tübingen: Niemeyer.

Bartoszewicz, Agnieszka (2013): *Języki wernakularne w testamentach mieszczan krakowskich XIV–XV w.* [Die Volkssprachen in den Testamenten der Krakauer Bürger im 14.–15. Jh. – Übersetzung J. S.]. In: Kwartalik Historii Kultury Materialnej, Jg. 61, Nr. 2, S. 251–261.

Busse, Dietrich (1992): *Rechts als Text. Linguistische Untersuchungen zur Arbeit mit Sprache in einer gesellschaftlichen Institution.* Tübingen: Niemeyer.

Daux-Combaudon, Anne-Laure / Schneider Ricarda (Hrsg.) (2021): *Textanfänge: Abgrenzungs- und Definitionsfragen am Beispiel verschiedener Textsorten.* Berlin: J. B. Metzler.

Duś, Magdalena / Kołodziej, Robert / Konieczna-Serafin, Joanna (Hrsg.) (2017): *Textanfänge – Semantische Aspekte.* Frankfurt a. M.: Peter Lang.

Dressler, Wolfgang (1972): *Einführung in die Textlinguistik.* Tübingen: Niemeyer.

Ebert, Robert Peter (1986): *Historische Syntax des Deutschen II: 1300–1750.* Bern, Frankfurt am Main: Peter Lang.

Ebert, Robert Peter (1981): *Social and Stylistic Variation in The Order of Axiliary and Nonfinite Verb in Dependent Clauses in Early New high German.* In: Beiträge zur Geschichte der deutschen Sprache und Literatur, Nr. 103, S. 357–398.

Ernst, Peter (2012): Pragmatik, in: Greule, Albrecht / Meier, Jörg / Ziegler, Arne (Hrsg.): *Kanzleisprachenforschung. Ein internationales Handbuch.* Berlin / Boston: de Gruyter, S. 251–262.

Fix, Ulla (1999): *Textsorte – Textmuster – Textmustermischung.* In: Pérennec, Marie-Hélene (Hrsg.): *Textlinguistik: An- und Aussichten.* Lyon u.a.: Cahiers d'études Germaniques, S. 11–26.

Fleischer, Jürg (in Zusammenarbeit mit Oliver Schallert) (2011): *Historische Syntax des Deutschen. Eine Einführung.* Tübingen: Narr.

Genette, Gerard (2001): *Paratexte. Das Buch vom Beiwerk des Buches. Mit einem Vorwort von Harald Weinrich. Aus dem Französischen von Dieter Hornig.* Frankfurt a. M.: Suhrkamp.

Geuenich, Dieter (2000): *Was sind eigentlich Stadtbücher? Versuch einer Definition.* In: Debus, Friedhelm von (Hrsg.): *Stadtbücher als namenkundliche Quelle. Vorträge des Kolloquiums vom 18–20. September 1998.* S. 17–29. Stuttgart: Franz Steiner.

Göpferich, Susanne (1995): *Textsorten in Naturwissenschaft und Technik. Pragmatische Typologie – Kontrastierung – Translation.* Tübingen: Narr.

Grabarek, Józef (1984): *Zur Syntax der Sprache des Schöffenbuches der alten Stadt Toruń.* In: Beiträge zur Erforschung der deutschen Sprache, Nr. 4, 236–266.

Greul, Claudia (2011): *Der Schreibusus in steirischen Kanzleien an der Schwelle zum Neuhochdeutschen.* In: Braun, Christoph (Hrsg.): *Kanzleisprachen auf dem Weg zum Neuhochdeutschen.* Wien: Praesens, S. 81–95.

Greule, Albrecht / Reimann, Sandra (2015): *Basiswissen Textgrammatik.* Tübingen: UTB.

Habermann, Mechthild (2010): *Pragmatisch indizierte Syntax des Mittelhochdeutschen.* In: Ziegler, Arne (Hrsg., unter Mitarbeit von Christian Braun): *Historische Textgrammatik und Historische Syntax des Deutschen. Traditionen, Innovationen, Perspektiven,* Bd. I. Berlin: de Gruyter, S. 451–469.

Hartweg, Frédéric/Wegera, Klaus-Peter (2005): *Frühneuhochdeutsch. Eine Einführung in die deutsche Sprache des Spätmittelalters und der Frühen Neuzeit.* 2. neu bearbeitete Auflage, Tübingen: Niemeyer.

Heinemann, Wolfgang / Viehweger, Dieter (1991): *Textlinguistik. Eine Einführung.* Tübingen: Niemeyer.

Hünecke, Reiner (2013): *Geschäftsbücher um 1500. Syntax zwischen Normtrend und Formelhaftigkeit.* In: Kolbeck, Christopher / Krapp, Reinhold / Rössler, Paul (Hrsg.): *Stadtsprache(n) – Variation und Wandel. Beiträge der 30. Tagung des Internationalen Arbeitskreises Historische Stadtsprachenforschung.* Regensburg, 3.–5. Oktober 2012. Heidelberg: Winter, S. 57–70.

Hünecke, Rainer (2011): *Modernität kanzleisprachlicher Syntax, dargestellt am Beispiel des Stadtbuches von Dresden aus dem 16. Jahrhundert* In: Christoph Braun (Hg.): *Kanzleisprachen auf dem Weg zum Neuhochdeutschen.* Wien: Praesens, S. 97–112.

Kaleta-Wojtasik, Sławomira (2001): *Mittelalterliches Testament als Textsorte. Versuch einer Untersuchung anhand deutschsprachiger Testamente der Krakauer Bürger aus dem XV. Jahrhundert.* In: Schwatz, Alexander / Luscher, Laure Abplanalp (Hrsg.): *Textallianzen am Schnittpunkt der germanistischen Disziplinen.* Bern et al: Peter Lang, S. 259–272.

Klauser, Renate / Meyer, Otto (Hrsg.) (1962): *Clavis Mediaevalis. Kleines Wörterbuch der Mittelalterforschung.* Wiesbaden: Harrassowitz.

Kołodziej, Robert (2021): *Anfänge von Vertragtexten,* in: Daux-Combaudon, Anne-Laure / Schneider Ricarda (Hrsg.) (2021): *Textanfänge: Abgrenzungs- und Definitionsfragen am Beispiel verschiedener Textsorten.* Berlin: J. B. Metzler, S. 173–190.

Margetts, John (1969): *Die Satzstruktur bei Meister Eckhart.* Stuttgart: Kohlhammer.

Meier, Jörg/Zieger, Arne (2001): *Stadtbücher als Textallianzen. Eine textlinguistische Untersuchung zu einem wenig beachteten Forschungsgegenstand.* In: Schwarz, Alexander / Luscher, Laure Abplanalp (Hrsg..): *Textallianzen am Schnittpunkt der germanistischen Disziplinen.* Bern et al.: Peter Lang.

Mikołajczyk, Beata (1998): *Zur Nachfeldbesetzung im Deutschen.* In: Glottodidactica, XXV/ 1997, 63–72.

Pérennec, Marie-Hélène (2010). Onlinepublikation: *Kohärenz und Vorstellungswelt bei Textanfängen* cle.ens-lyon.fr/allemand/langue/linguistique-textuelle/koharenz-und-vor stellungswelt-bei-textanfangen [Zugriff 09.02.2024].

Pittner, Karin/Berman, Judith (2008): *Deutsche Syntax. Ein Arbeitsbuch.* Tübingen: Narr.

Reichmann, Oskar / Ebert, Robert Peter / Wegera, Klaus-Peter (Hrsg.) (1993): *Frühneuhochdeutsche Grammatik, Tübingen:* Niemeyer.

Retsch, Annette (2000): *Paratext und Textanfang.* Würzburg: Königshausen & Neumann.

Sandig, Barbara (2006): *Textstilistik des Deutschen*, 2. völlig neu bearbeitet und erweiterte Auflage. Berlin: de Gruyter.

Scherner, Maximilian (1996): *»TEXT«: Untersuchungen zur Begriffsgeschichte.* In: Archiv für Begriffsgeschichte, Nr. 39, S. 103–160.

Schildt, Joachim (1981): *Zur Ausbildung des Satzrahmens.* In: Kettmann, Gerhard / Schildt, Joachim (Hrsg.): *Zur Ausbildung der Norm der deutschen Literatursprache auf der syntaktischen Ebene (1470–1730).* Berlin: de Gruyter, S. 235–284.

Smereka, Joanna (2021): *Textlinguistische Untersuchungen zu mittelalterlichen deutschen Testamenten von Krakauer Bürgern.* Göttingen: Vandenhoeck & Ruprecht.

Smereka, Joanna (2022): *Formulierungsmuster in der spätmittelalterlichen Textsorte Testament auf dem deutschsprachigen Gebiet (Breslau) und auf der deutschen Sprachinsel (Krakau).* In: Gondek, Alina / Jurasz, Alina / Staniewski, Przemysław / Szczęk, Joanna (Hrsg..): *Aktuelle Trends in der phraseologischen und parömiologischen Forschung weltweit,* Bd. I. Hamburg: Dr. Kovač, S. 319–334.

Smereka, Joanna (2023a): *Kanzleisprachliche Syntax in mittelalterlichen Breslauer Ratsbüchern.* In: Jelitto- Piechulik, Gabriela / Jokiel, Małgorzata / Księżyk, Felicja / Pełka, Daniela (Hrsg.): Germanistische Werkstatt, Vol. 12 Opole: Wydawnictwo Uniwersytetu Opolskiego, S. 135–148.

Smereka, Joanna (2023b): *Perfektkonstruktionen in frühneuzeitlichen Stadtbucheintragungen. Sprachinseln Krakau versus Breslau.* In: Dargiewicz, Anna / Szczęk, Joanna (Hrsg.): *Wende? Wenden! – Linguistische Annäherungen,* T. 1. Göttingen: Vandenhoeck & Ruprecht, S. 109–134.

Smereka, Joanna (2024): *Deutsche Kanzleisprache im mittelalterlichen Krakau – eine syntaktisch rückständige Inselsprache? Ein konfrontativer Vergleich mit Breslau und der Forschungsliteratur.* In: Amsterdamer Beiträge zur älteren Germanistik, Nr. 83, S. 527–554.

Spáčilová, Libuše (2000): *Deutsche Testamente von Olmützer Bürgern.* Wien: Praesens.

Velde van de, Roger G. (1971): *Zur Grundlegung einer linguistischen Methodik. Gezeigt am Beispiel der altfriesischen Syntax.* München: Hueber.

Wiktorowicz, Józef (2011a): *Die Textsorten und Textallianzen in der deutschen Kanzleisprache von Krakau.* In: Wiktorowicz, Józef (Hrsg.): *Krakauer Kanzleisprache.* Warszawa: Zakład Graficzny UW, S. 139–153.

Wiktorowicz, Józef (2011b): *Zur Syntax der Krakauer Kanzleisprache.* In: Wiktorowicz, Józef: *Krakauer Kanzleisprache.* Warszawa: Zakład Graficzny UW, S. 93–102.

Wolf, Nobert R. (1990): *Über eine textlinguistische Sprachgeschichte.* In: Werber Besch (Hrsg.): *Deutsche Sprachgeschichte-Grundlagen, Methoden, Perspektiven. Festschrift für Johannes Erben zum 65. Geburtstag.* Frankfurt a. M/Bern/New York/Paris: Peter Lang, S. 421–429.

Wyrozumska, Bożena (1995): *Kancelaria miasta Krakowa w średniowieczu* [Kanzlei der Stadt Krakau im Mittelalter - Übersetzung J. S.]. Kraków: Wydawnictwo Uniwersytetu Jagiellońskiego.

Ziegler, Arne (2003): *Städtische Kommunikationspraxis im Spätmittelalter. Historische Soziopragmatik und Historische Textlinguistik.* Berlin: Weidler.

Żmigrodzka, Bożena (1997): *Testament jako gatunek tekstu* [Testament als eine Textsorte - Übersetzung J. S.]. Katowice: Wydawnictwo Uniwersytetu Śląskiego.

Tim Krokowski

Fürstliche Testamente als Variante der Textsorte Testament im Mittelalter und in der Frühen Neuzeit

Abstract

Princes' testaments as a text type variant of testaments in the Middle Ages and the Early Modern Period

This article presents princes' testaments as a variant of the text type testament, which gained great importance in the Middle Ages and the Early Modern Period and which can be distinguished relatively clear from the related text type variants citizen testament and political testament. This distinction is made at various levels of description with the help of common text-linguistic methods.

Keywords: Princes' Testaments, Middle Ages, Early Modern Period, Text Type
Schlüsselwörter: Fürstentestamente, Mittelalter, Frühe Neuzeit, Textsorte

1. Einleitung

Seit ihrem Aufkommen in der römischen Antike gehören Testamente zum kommunikativen Haushalt westlicher Gesellschaften. Es darf als weithin anerkannt gelten, dass es sich bei dieser Institution um eine eigenständige Textsorte handelt. Dies wird nicht nur durch diejenigen Forschungsbeiträge belegt, die sich zum Ziel gemacht haben, die Merkmale von *Testamenten als Textsorte* für unterschiedliche Räume und Zeiten explizit herauszuarbeiten (vgl. etwa Spáčilová 2000a, 2000b, Kaleta-Wojtasik 2001, Wiktorowicz 2004, Bieberstedt 2009, Martinák 2009, Czachur / Zimmer 2018), sondern zeigt sich auch anhand der Tatsache, dass Testamente häufig als Beispiele für bestimmte Textsortentypen bzw. -eigenschaften genannt werden. So ist bspw. bei Margot Heinemann vom Testament als einer »anerkannt juristische[n] Textsorte« (2011: 269) die Rede, bei Klaus Brinker (2000: 176, 2018: 120f.) dient das Testament als Beispiel für eine Textsorte mit deklarativer Textfunktion.

Tim Krokowski, Rheinische Friedrich-Wilhelms-Universität Bonn, ORCID: 0000-0001-5929-3221.

Die bisherigen sprachwissenschaftlichen Darstellungen legen ihren Fokus allerdings fast ausschließlich auf bürgerliche Testamente bzw. solche des niederen Adels (vgl. neben Czachur / Zimmer 2018 auch Owsiński / Paluch 2021). In dem vorliegenden Beitrag wird mit den *Fürstentestamenten* eine Variante der Textsorte Testament vorgestellt, die am Ausgang des Mittelalters und in der Frühen Neuzeit hohe Bedeutung erlangte und die sich relativ klar von den *Bürgertestamenten*, aber auch von den sogenannten *Politischen Testamenten*, bei denen es sich um Herrschaftsanleitungen eines regierenden Fürsten für seinen oder seine Nachfolger handelt, abgrenzen lässt. Die Abgrenzung wird auf Grundlage gängiger textlinguistischer Beschreibungskriterien (vgl. dazu Kap. 2) vorgenommen und anhand von Testamenten von Landesherren der großen und damit vorbildhaft wirkenden Territorien des Heiligen Römischen Reichs aus der Zeit des Übergangs vom Mittelalter zur Frühen Neuzeit exemplifiziert (Kap. 3). Anschließend werden die Ergebnisse kurz zusammengefasst (Kap. 4).

2. Theoretische Grundlagen

Kirsten Adamzik (2016: 3) zufolge kann man drei Hauptphasen in der Textlinguistik unterscheiden:

> 1. den sog. transphrastischen Ansatz, der ganz auf die sprachlichen Mittel konzentriert ist, mit Hilfe derer Sätze zu kohärenten Folgen verbunden werden; 2. den kommunikativ-pragmatischen Ansatz, der den Text nicht so sehr als (sich aus kleineren sprachlichen Einheiten aufbauende) Satzfolge sieht, sondern ihn als Ganzheit betrachtet, der eine bestimmte kommunikative Funktion zukommt; 3. den kognitivistischen Ansatz, der die Prozesse der Produktion und Rezeption von Texten in den Vordergrund stellt.

Frühe Konzeptionen zur Textsortentypologisierung entstammen der zweiten, im unmittelbaren Zusammenhang mit der sogenannten *pragmatischen Wende* entstandenen Hauptphase. Gefordert wird die eindeutige Klassifikation von Textsorten auf Grundlage eines einzigen, einheitlichen und konsequent angewandten Kriteriums (vgl. besonders Isenberg 1978). Als solches wird vielfach die Funktion eines Textes deklariert. Tatsächlich lässt sich mit der Textfunktion als Typologisierungsbasis eine weit reichende Textsortendifferenzierung erstellen (vgl. Rolf 1993), die allerdings insofern an Grenzen stößt, als sich bei Eckard Rolf »die folgenden Textsorten in derselben Subklasse (nämlich der Gruppe 38 der Assertiven) befinden: Autorenregister, Bundesligatabelle, Branchenverzeichnis, Kondolenzbuch« (Adamzik 2004: 71). Diese jedoch lassen sich in der lebensweltlichen Praxis oder auch unter Einbezug anderer Beschreibungsfaktoren nur schwerlich zusammenbringen.[1]

In neueren Arbeiten wird daher Abstand genommen von der Vorstellung nur eines Kriteriums als Klassifizierungsgrundlage zugunsten einer Mehr-Ebenen-Klassifikation. Hinsichtlich der einzelnen Beschreibungsdimensionen herrscht – bei teilweise abweichender Benennung – weitgehende Einigkeit: Es handelt sich auf textexterner Seite um situative und funktionale Aspekte, auf textinterner Seite um inhaltlich-thematische und formal-grammatische Merkmale (vgl. z. B. Heinemann 2000: 12–19, Riecke et al. 2004: 45, Gansel 2011: 32, Schwarz-Friesel / Consten 2014: 40f., Adamzik 2016: 111–113).[2] Diese vier Kriterien erscheinen auch in der ›klassischen‹ Textsortendefinition von Brinker et al. (2018: 139; Herv. im Original): »Textsorten sind **konventionell geltende Muster** für komplexe sprachliche Handlungen und lassen sich als jeweils typische Verbindungen von kontextuellen (situativen), kommunikativ-funktionalen und strukturellen (grammatischen und thematischen) Merkmalen beschreiben.«

In Bezug auf die Gewichtung der einzelnen Faktoren ist sich die Forschung uneins. Nach wie vor wird der Textfunktion oft eine Vorrangstellung eingeräumt (vgl. bes. Brinker et al. 2018: 139f.), allerdings lassen sich auch zunehmend Stimmen vernehmen, die eher ein Neben- als ein Untereinander der Beschreibungsdimensionen fordern (vgl. z.B. Adamzik 2019: 154, ähnlich bereits Adamzik 2016: 329f.). Die letztgenannte Position ist für die Analyse historischer Textsorten schon deshalb sinnvoll, weil für diese »nicht von vornherein bekannt [ist], durch welche Merkmale sie charakterisiert werden.« (Pfefferkorn 1998: 408). Im Folgenden werden aus diesem Grund wesentliche Charakteristika fürstlicher Testamente anhand von gleichberechtigt nebeneinanderstehenden situativen, funktionalen, inhaltlichen und formalen Aspekten beschrieben und dabei Gemeinsamkeiten und Unterschiede zu Bürgertestamenten und Politischen Testamenten derselben Zeit aufgezeigt.

3. Herausbildung und Abgrenzung fürstlicher Testamente

Die ›Evolution‹ (vgl. Gansel 2011: 110) der Textsortenvariante Fürstentestament vollzog sich im Wesentlichen im Laufe des 13. und 14. Jahrhunderts und stand in engem Zusammenhang mit der Entstehung und dem Ausbau der Territorialfürstentümer. Die Möglichkeit, landesherrliche Lehensrechte auf die Nachkommen zu übertragen, erforderte eine frühzeitige Absicherung dynastischer

1 Eine detaillierte Kritik der frühen Ansätze bietet Adamzik 2019: 138–143 und 151–154.

2 Vgl. auch die Übersichten in Gansel 2011: 37 und 39, Adamzik 2016: 112 und Adamzik 2019: 155.

Herrschaftsansprüche (vgl. dazu ausführlich Krokowski 2022: 59–63). Dieser Aufgabe dienten zunächst Hausordnungen und Erbverträge. Mit der Zeit jedoch wurden, u.a. durch einen erhöhten Regelungsbedarf und den Wunsch, auf zahlreichen Ebenen für Kontinuität zu sorgen, die »[v]erschiedenen und bisher in getrennten Urkundenformen enthaltene[n] Regelungen – den Tod des Herrschers betreffend – [...] in der römischen Testamentsurkunde zusammengeführt« (Richter 2009: 42).

Die ›Verbreitung‹ der Textsortenvariante ging dabei von den großen Fürstenhäusern aus. In der Kurpfalz traten fürstliche Testamente »bereits im 13. Jahrhundert in Erscheinung, im brandenburgischen Kurhaus im 14. Jahrhundert. Für das 15. Jahrhundert sind Fürstentestamente für Baden, Bayern, Sachsen und Pfalz-Zweibrücken bekannt, für das 16. Jahrhundert für eine Vielzahl weiterer Territorien.« (Krokowski 2022: 63). Die Textsortenvariante kann also für die Zeit um 1500 als etabliert angesehen werden, wenngleich sowohl die fortschreitende Rezeption des Römischen Rechts als auch die Reformation noch manche Modifikation bewirkten (vgl. unten Kap. 3.3 und Kap. 3.4). Diesen Sachverhalten wird bei der Zusammenstellung der Datengrundlage für die folgende Betrachtung Rechnung getragen, indem Testamente der Kurfürstentümer Pfalz und Brandenburg, der Herzogtümer Sachsen und Bayern sowie der Landgrafschaft Hessen zweier Zeitschnitte zugrunde gelegt werden: Je eines aus der Zeit um 1500 und je eines aus der zweiten Hälfte des 16. Jahrhunderts (vgl. Tab. 1).

Fürstentum	Fürst	Lebenszeit	Regierungszeit	Datierung des Testaments
Pfalz	Philipp	1448–1508	1476–1508	12.08.1506
	Friedrich III.	1515–1576	1559–1576	23.09.1575
Brandenburg	Albrecht Achilles	1414–1486	1470–1486	24.02.1473
	Joachim II.[3]	1505–1571	1535–1571	14.03.1562
Sachsen	Albrecht	1443–1500	1464–1500	18.02.1499
	Johann Friedrich	1503–1554	1532–1554	09.12.1553

3 Von Albrecht Achilles und Joachim II. liegen – entsprechend der oben der geschilderten Trennung verschiedener rechtlicher Anliegen in verschiedene Urkundenformen – aus den Jahren 1473 und 1485 bzw. aus dem Jahre 1562 sowohl eine »väterliche Disposition« (Caemmerer 1915: 27–43 und 71–91; ursprüngliche Funktion: Verfügung über Land und Leute) als auch ein Testament (ebd.: 45–52 und 91–105; ursprüngliche Funktion: Regelung privater Angelegenheiten wie Begräbnis oder Stiftungen) vor. Anhand dieser und anderer Fälle des brandenburgischen Kurhauses zeigt Susan Richter (2009: 43f.) den Prozess des Zusammenwachsens der Formen auf und kommt mit Blick auf Joachim II. zu dem Fazit (ebd.: 44): »Daran zeigt sich deutlich, wie eng die Gattungen der Disposition und des Testaments inzwischen beieinander lagen und wie stark sich die Inhalte beider Gattungen annäherten, was sich auch in der stetigen Bezugnahme des Testaments Joachim II. auf die Disposition zeigt.«

(Fortsetzung)

Fürstentum	Fürst	Lebenszeit	Regierungszeit	Datierung des Testaments
Bayern	Georg	1455–1503	1479–1503	14.09.1496
	Albrecht V.	1528–1579	1550–1579	11.04.1578
Hessen	Wilhelm II.	1469–1509	1493–1509	29.01.1508
	Philipp	1504–1567	1518–1567	06.04.1562

Tab. 1: Datengrundlage der Untersuchung[4]

3.1 Situative Aspekte

Zur Beschreibungsdimension *Situation* zählen mediale Aspekte, der Handlungsbereich und die raum-zeitliche Situierung des Kommunikationsakts sowie die sozialen Rollen und biografische Faktoren der Kommunizierenden (vgl. z. B. Gansel 2011: 9, Adamzik 2016: 114–172).

Fürstliche Testamente entstanden – im Gegensatz zu königlichen Testamenten im Mittelalter (vgl. Schlögl 1976, Heimann 1991) und oft auch zu bürgerlichen Testamenten dieser Zeit (vgl. z. B. Brandt 1973: 13, Ogris 1998: 156) – nicht erst am Lebensende der Erblasser, sondern häufig ›mitten im Leben‹. Durch die eine große zeitliche Nähe zwischen Sterbedatum und Zeitpunkt der Testamentsaufrichtung suggerierende Übersicht in Tab. 1 ergibt sich ein in zweierlei Hinsicht verzerrtes Bild:

Erstens handelt es sich bei den aufgeführten Schriften nur um die jeweils letztgültigen Testamente der jeweiligen Landesherren. Oft aber begegnen Berichte von früheren letztwilligen Verfügungen der Fürsten. Dies ist etwa bei Albrecht V. von Bayern (vgl. Krokowski 2022: 122f.) oder den hessischen Landgrafen Wilhelm II. (vgl. Schenk zu Schweinsberg 1876: 7–11) und Philipp (vgl. Schulze 1878: 51f.) der Fall. Die Kassation des älteren Testaments konnte in einem separaten Akt, innerhalb des neuen Testaments oder im Rahmen der Bezeugung und Besiegelung desselben erfolgen.[5] Über die letztgenannten Vorgänge geben die meist von einem kaiserlichen Notar verfassten Notariatsinstrumente Auskunft. So lässt Philipp von Hessen die beim Aufrichtungsakt Anwesenden wissen, er wolle seine beiden früheren Testamente »mündlich vnd austrüglich revocirt vnd widerruffen, derogestalt, daß sie hinfürter keine Krafft oder Exekution haben, vnd aber doch

4 Die Reihenfolge der Fürstentümer ergibt sich aus ihrer reichsrechtlichen Bedeutung. Unter »Regierungszeit« ist nur die Zeit der Herrschaft in dem entsprechenden Territorium angegeben.

5 Albrecht V. von Bayern und Philipp von Hessen wählen die Kombination der letzten beiden Vorgehensweisen (vgl. Schulze 1878: 51–53, Krokowski 2022: 122f. und 179f. [Quellenanhang]).

aus beweglichen Vrsachen zu Gedechtnus verwart werden sollen« (ebd.: 51). Kassierte frühere Testamente dienten dann nicht selten als ›Steinbruch‹ für die Erstellung der neuen Verfügungen, sodass häufig wörtliche Übernahmen ganzer Paragrafen und Passagen vorzufinden sind.

Zweitens kann für die Produktion eines fürstlichen Testaments in vielen Fällen ein erheblicher zeitlicher Vorlauf angesetzt werden. Die Arbeiten an der letztwilligen Verfügung Friedrichs III. von der Pfalz begannen mindestens vier Jahre vor Aufrichtung des Schriftstücks (vgl. Krokowski 2022: 97), für andere Testamente sind noch weit längere Entstehenszeiträume überliefert (vgl. ebd.: 65). Gründe für die erstmalige Aufrichtung letztwilliger Verfügungen waren z. B. die Geburt des ersten Sohnes oder ein bevorstehender Kriegszug, Auslöser für die Erstellung neuer Testamente z. B. Veränderungen im familiären Umfeld wie Eheschließungen oder Sterbefälle, die eine Neuordnung der Vergabe von Besitztümern nötig machten.

In beiden Fällen wurde zunächst der fürstliche Kanzler mit der Ausarbeitung eines Konzepts beauftragt, für das entweder ältere Testamente der entsprechenden Dynastie bzw. befreundeter Fürstenhäuser[6] oder frühere Testamente des Auftraggebers als Vorlage dienten und das aus mehreren Teilschriften bestehen konnte (vgl. Caemmerer 1915: 73–75). Über die Inhalte wurden umfassende Beratungen zwischen Kanzler und Fürst, aber auch mit Räten und Hoftheologen und zuweilen noch mit einem erheblich erweiterten Personenkreis[7] geführt. Aufgrund der gewichtigen Rolle des Landesherrn in diesem Prozess, von dem nicht selten auch einzelne Textteile – bei Joachim II. etwa das Glaubensbekenntnis (vgl. ebd.: 92–94 sowie Richter 2009: 71) – stammten, erscheint die Rede vom Fürsten als »geistige[m] Urheber« (ebd.: 69) legitim. Die Frage, in welchem Maße die anvisierten Adressaten der letztwilligen Verfügungen (vgl. unten) in den Produktionsprozess eingebunden wurden, lässt sich nicht allgemein beantworten. Insbesondere für die Zeit der Reformation und der Konfessionalisierung mehren sich Fälle, in denen die erbberechtigten Söhne von diesen Vorgängen ausgeschlossen wurden, insbesondere dann, wenn es sich wie bspw. bei Friedrich III. von der Pfalz und seinem Sohn Ludwig um in der Konfession abweichende Nachkommen handelte (vgl. Krokowski 2022: 95–97 und 137–145).[8]

6 So wäre es Eckhart Leisering (2002: 184) zufolge »sehr gut denkbar, daß Herzog Albrecht von Sachsen die Ordnung des brandenburgischen Kurfürsten [Albrecht Achilles, T. K.] zumindest in groben Zügen kannte.«

7 Albrecht von Sachsen führt in seinem Testament all diejenigen Ständevertreter und Räte auf, die an der Produktion der Urkunde beteiligt waren (vgl. Leisering 2002: 189).

8 Vgl. auch Hermann von Caemmerers (1915: 75) Meldung in Bezug auf die oben erwähnte Disposition Joachims II. von Brandenburg: »Die beiden Söhne Joachims II. sind, wie die Fassung des Schlusses der Urkunde zeigt, zu den mit dem Markgrafen Johann und den ›vornehmen Landräten‹ geführten Verhandlungen nicht herangezogen worden.«

Als nächster Schritt erfolgte die Reinschrift der Urkunde als pergamentenes Libell, zuweilen wurden mehrere Exemplare angefertigt. Von Fürsten eigenhändig abgefasste Testamente stellten – ganz im Gegensatz zu bürgerlichen Testamenten (vgl. z. B. Nagel 1999: 212f., Smereka 2021: 39) und auch zu Politischen Testamenten[9] – eine absolute Ausnahme dar. Das fertige Testament bzw. die fertigen Testamente wurden dann in einem stark ritualisierten Akt, zu dem Räte und andere hochrangige Vertreter geladen waren, aufgerichtet. Eine Verlesung des Dokuments erfolgte – insbesondere ab Mitte des 16. Jahrhunderts – nur in einigen wenigen Fällen, da es sich bei den Inhalten mindestens zum Teil um arkanes fürstliches Herrschaftswissen handelte. Überliefert ist eine solche z. B. für die Testamente Johann Friedrichs von Sachsen aus dem Jahre 1553 (vgl. Müller 1700: 121) und Albrechts V. von Bayern aus dem Jahre 1578 (vgl. Krokowski 2022: 122). Aus demselben Grund finden sich Unterschriften und Siegel der Adressaten auch vorrangig noch um die Jahrhundertwende, etwa bei Albrecht Achilles von Brandenburg im Jahre 1473 (vgl. Caemmerer 1915: 28), Albrecht von Sachsen im Jahre 1499 (vgl. Leisering 2002: 178 und 183) oder Philipp von der Pfalz im Jahre 1506 (vgl. Krokowski 2022: 86), weniger aber für die Zeit um 1550.[10] In einigen Fällen konnte der Testator auch einen leiblichen Eid der Söhne auf die letztwillige Verfügung verlangen (vgl. ebd.: 122 sowie Richter 2009: 166–172).[11] Neben die fürstliche Unterschrift, die der Testator zuweilen nur auf der letzten Seite, zuweilen aber auch auf jeder einzelnen Seite leistete, wurden am Ende des Dokuments die Unterschriften der zu Zeugen berufenen Räte gesetzt. Die sich allmählich durchsetzende römisch-rechtliche Testierpraxis zeigt sich – mutmaßlich vor dem Hintergrund der im Jahre 1512 erlassenen Reichsnotariatsordnung (vgl. Kunkel et al. 1968) – an der Tatsache, dass in den früheren Testamenten die in der Ordnung verlangte Siebenzahl noch nicht zwingend eingehalten wird, in den späteren Testamenten dagegen schon.

Das auf diese Art verfertigte Testament wurde verschlossen, von den Beteiligten besiegelt und anschließend nicht selten – zum einen für eine größere Rechtssicherheit, zum anderen zur Erhöhung des moralischen Drucks auf den oder die Nachfolger zur Einhaltung der Anordnungen – dem Kaiser zur Konfirmation vorgelegt. Diesen Prozess durchliefen bspw. die letztwilligen Verfü-

9 Vgl. z. B. die Politischen Testamente Kaiser Karls V. aus den Jahren 1539, 1543 und 1548 (Kohnle 2005), Kurfürst Augusts von Sachsen aus dem Jahre 1582 (Weber 1866) oder Kurfürst Ludwigs VI. von der Pfalz aus dem Jahre 1582 (Stammbuch 1582).

10 Für die hier betrachteten Quellen lassen sich Adressatenunterschriften für die Testamente Johann Friedrichs von Sachsen von 1553 (vgl. Müller 1700: 121, Arndt 1785: 366) und Albrechts V. von Bayern von 1578 (vgl. Krokowski 2022: 122) feststellen.

11 Dagegen scheiterte der Versuch des calvinischen Kurfürsten Friedrich III. von der Pfalz, seinem lutherischen Sohn Ludwig einen Eid auf das ungelesene Testament abzuverlangen. Dieses wurde letztlich ohne Beteiligung Ludwigs aufgerichtet (vgl. Krokowski 2022: 97).

gungen von Albrecht Achilles von Brandenburg (vgl. Caemmerer 1915: 55*) oder Albrecht V. von Bayern (vgl. Krokowski 2022: 123). Für das Testament Albrechts von Sachsen wurden gleich zweimal kaiserliche Bestätigungen erwirkt (vgl. Leisering 2002: 178). Eine (Teil-)Veröffentlichung noch zu Lebzeiten des Testators stellte dagegen einen äußerst ungewöhnlichen Vorgang dar, der allerdings für die Quellen dieser Untersuchung in zwei Fällen belegt ist: So erfolgte die öffentliche Verlesung des Testaments von Albrecht von Sachsen »[i]m April oder im November 1499 [...] vor einem Landtag in Leipzig« (Leisering 2002: 183), die des Testaments von Joachim II. von Brandenburg »am 19. April 1563 im Dom in Gegenwart der Berliner Geistlichkeit und des Domkapitels durch den Kammersekretär Pantaleon Thum« (Caemmerer 1915: 94). Auch durch diese Maßnahmen sollte die Zeugenschaft erweitert und der moralische Druck auf die Rezipienten erhöht werden (vgl. Richter 2009: 152f.)

Bei den Adressaten der letztwilligen Verfügungen handelte es sich, ähnlich wie bei den Politischen Testamenten, in erster Linie um die erbberechtigten Söhne bzw. – im Falle der Minderjährigkeit derselben – um deren Vormünder. Daneben gab es die Möglichkeit, sich mit unterschiedlichen Textteilen an unterschiedliche Personengruppen wie die Vollstrecker, die Landstände oder befreundete Fürsten zu wenden (vgl. ebd.: 87 sowie Krokowski 2022: 69). Somit liegt für fürstliche Testamente im Gegensatz zu Bürgertestamenten und Politischen Testamenten häufig eine Mehrfachadressierung vor (vgl. dazu auch Pfefferkorn 1998: 405).

Die Entscheidung, wie nach dem Tode des Fürsten weiter verfahren wurde, oblag den Nachfolgenden bzw. den eingesetzten Testamentsvollstreckern. In Bezug auf die Eröffnung des Testaments existierten teilweise Vorgaben des Verstorbenen zum gewünschten Prozedere. Bei Wilhelm II. von Hessen stehen diese auf der Außenseite des Schriftstücks und lauten: »dasselb sal bie Vnnserm leben nicht gevffenet, Sonder nach Vnserm totlichen abgange [...] der Hochgebornnen Furstin [...] In biesein vnnser Rethe zcu Iren Handen bracht vnnd gelibbert darnach durch Ire liebe vnnd sust Nymand anders vfgetan vnnd gelesen werdenn« (Schenk zu Schweinsberg 1876: 43f.). In aller Regel aber stellte die Testamentseröffnung einen feierlichen Akt dar, zu dem eine »kleine, recht exklusive Öffentlichkeit« (Richter 2009: 120) geladen wurde. Die Inhalte der Verfügungen wurden meist streng vertraulich behandelt, da sich oft genug den diversen Sicherungsstrategien[12] der Testatoren zum Trotz Streit um die Testamente bzw. um deren Auslegung entwickelte (vgl. ebd.: 144–149 sowie Krokowski 2022: 70f., 97–107 und 133–145).

Im Gegensatz zu bürgerlichen Testamenten endete die Rezeption fürstlicher Testamente nicht mit der Eröffnung und der Umsetzung der materiellen Vor-

12 Neben den oben genannten Eiden und Unterschriften der anvisierten Adressaten wurden auch textinhärente Strategien wie Drohungen, Bitten oder Flüche versucht.

gaben durch die nachfolgende Generation, sondern sie unterlagen einer Mehrfach-Rezeption (vgl. dazu Adamzik 2016: 186–192). Zum einen waren sie, wie bereits angedeutet, häufig Gegenstand in schon bestehenden oder erst durch das Testament ausgelösten Konflikten. So verursachte die Erbeinsetzung Georgs von Bayern, der seine Tochter Elisabeth entgegen bestehender bayerischer Verträge zur Alleinerbin bestimmte, den Landshuter Erbfolgekrieg (1503–1505) (vgl. Krokowski 2022: 85f. und 118–120).[13] Zum anderen betrafen die in Fürstentestamenten verordneten Regelungen mindestens indirekt wohl die Mehrheit der Bewohnerinnen und Bewohner eines Territoriums (vgl. Richter 2009: 48f.). Zuletzt kann noch einmal die Vorbildwirkung der Verfügungen für künftige Testamente und Verträge hervorgehoben werden (vgl. Caemmerer 1915: 66–68, Leisering 2002: 185f., Krokowski 2022: 158–160). Noch über 100 Jahre nach der Aufrichtung wird das Testament Philipps von Hessen aus dem Jahre 1562 als Beispiel in der Fürstenspiegelliteratur angeführt (vgl. Richter 2009: 405).

3.2 Funktionale Aspekte

Nimmt man eine allgemeinsprachliche Vorstellung des Begriffs *Funktion* als Ausgangspunkt (vgl. Brinker et al. 2018: 87), dann stellt die Institution Testament im Grunde eine einzige große Aufforderung an die Rezipienten zur Umsetzung der darin enthaltenen Inhalte dar. In textlinguistischer Hinsicht wird unter Textfunktion meist mit Brinker et al. (2018: 97; Herv. im Original) »die im Text mit bestimmten, konventionell geltenden, d.h. in der Kommunikationsgemeinschaft verbindlich festgelegten Mitteln ausgedrückte **Kommunikationsabsicht** des Emittenten [verstanden].« Der Ansicht von Brinker et al., »dass der Kommunikationsmodus des Textes insgesamt [...] nur durch **eine** Funktion bestimmt wird« (ebd.: 88; Herv. im Original), ist vielfach widersprochen worden[14] und auch mit Blick auf fürstliche Testamente ist sie nicht zutreffend.

Bei den dem Vergleich dienenden Textsortenvarianten der Bürgertestamente und der Politischen Testamente handelt es sich – wie im Übrigen auch bei klerikalen und königlichen Testamenten des Mittelalters – um monofunktionale Texte: Die Einordnung bürgerlicher Testamente als Texte mit eindeutig deklarativer Textfunktion wurde einleitend bereits erwähnt. Sie erscheint explizit z.B. auch bei Libuše Spáčilová (2000a: 28) oder Luiza Śniadecka (2011: 197) und drückt sich etwa in Texthandlungen wie der Einsetzung der Erben nach dem

13 Ein weiteres Beispiel wären die Vorgänge rund um die beiden Testamente des an einer Geisteskrankheit leidenden Wilhelm II. von Hessen, die hier nicht im Einzelnen beschrieben werden können (vgl. dafür Schenk zu Schweinsberg 1876: 6–32).

14 Vgl. z.B. Pfefferkorn 1998: 404f., demzufolge Polyfunktionalität in älteren Texten eher die Regel als die Ausnahme darstellt, oder Klein 2000: 33.

Muster *Hiermit setze ich x zu meinem Erben ein* (vgl. z.B. Brinker et al. 2018: 120f.) oder das häufig zu Beginn eines Testaments zu lesenden Anbefehlen der Seele an Gott nach dem Muster *Als Erstes befehle ich meine Seele in die Hände des Erlösers Jesus Christus* (vgl. z.B. Eßmann 2005: 52 und 289) aus. Dagegen zeichnen sich Politische Testamente als Anleitungstexte durch eine appellative Textfunktion aus, die sich u.a. in einem anweisenden oder imperativischen Verbgebrauch äußert:

(1) Im Nothfall aber soll er für seine Unterthanen Leib, Gut und Blut darstrecken (Weber 1866: 399).
(2) Was die Kirchen, Würden und Lehen angeht [...], so müsst Ihr als erstes sehr darauf achten (Kohnle 2005: 71).
(3) Ihr werdet, mein Sohn, die nötigen Audienzen geben, und Ihr werdet leutselig sein in Euren Antworten und geduldig im Zuhören (ebd.: 46).
(4) Biß nitt Hoffertig, Halt über dein Stanndt Ehrlich, Sey Warhafft/ Halt was du Zusagst (Stammbuch 1582: 9v).

Fürstliche Testamente nun weisen sowohl deklarative als auch appellative Textteile auf. So enthalten sie bspw. die bei den Bürgertestamenten bereits erwähnten Textstrukturelemente der Erbeinsetzung (vgl. Beispiel (5) aus dem Testament Philipps von der Pfalz) oder des Anbefehlens der Seele (vgl. Beispiel (6) aus dem Testament Georgs von Bayern):

(5) Gemelter unser sone hertzog Ludwig soll auch nach unserm tod fur des hailigen richs churfursten von seinen brudern und meniglichen geert, geacht und gehalten werden, darin wir ine erber erwelen, instituirn und setzen und in alle ander unser herschaften, landen und gepieten setzen und ordnen wir gemelten hertzog Ludwigen und hertzog Friderichen gemeynen erben dasselbig sampt und sonder in gemeynen zu regirn als ein herr [...], dermasen wir sie in demselben fur unser erben zusamen orden und setzen (Huthwelker 2009: 264).
(6) Zům ersten vnd furderlichsten Befehlen wir vnser Selen dem allmechtigen der sie beschaffen hat (GHA HU 2130; eigene Transkription des Originals).

Auch die zahlreichen Paragrafen mit den unterschiedlichsten materiellen Vergabungen oder die Einsetzung von Testamentsvollstreckern (vgl. Beispiel (7) aus dem Testament Friedrichs III. von der Pfalz) sind deklarativen Charakters:

(7) Also setzen vnnd ordnen wir hiemitt, Jre LL[iebden] dises vnnsers gescheffts, Testaments vnnd letsten willens, Zu rechten vol=mechtigen Testamentarien, Executorn, vnnd volZieheren (Krokowski 2022: 100 [Quellenanhang]).

Zugleich werden in Fürstentestamenten aber auch Verhaltensanweisungen wie in den Politischen Testamenten gegeben, z.B. im Rahmen von Mahnungen zum Frieden (vgl. Beispiel (8) aus dem Testament Johann Friedrichs von Sachsen) oder den nach der Reformation nahezu obligatorisch auftretenden Verpflichtungen der Nachfolgenden auf den ›rechten‹ Glauben (vgl. Beispiel (9) aus dem Testament Albrechts V. von Bayern; vgl. generell zum Textelement der Glaubensverpflichtung Krokowski 2022: 190–197 sowie unten Kap. 3.3):

(8) Doch sollen Vnsere Söhne gegen allermånnlichen, sonderlich aber gegen dem Nachbarn, Friede halten vnd friedlich leben, vnd zu Krieg vnd Vnfrieden keine Vrsach geben, noch sich darein bereden vnd führen oder bewegen laßen (Arndt 1785: 363).

(9) Demnach wellen wir Jnen vnnsern Sönen allen sambt vnnd sonnder hiemit in rech=tem ernnst vnnd aus ganntz Christlichem eyfer vätterlich auferlegt, be=uolhen vnnd eingebunden haben, Nemblich das Sy vnnd Jr yeder besonnder, Jre gmüeter, auch all Jr thun vnnd lassen dahin richten, damit durch Sy alle Zeit Jres hieigen Lebens Zuuorderist die Eer vnnd Glori des aller=höchsten gesuecht, die gehorsam der heiligen Christlichen Catholischen Apostolischen Römischen Kirchen, deren Haubt Christus, vnnd dessen Stathallter hie auf Erden die Bäbst: hey. ist, vnnd alle derselben hail=same Ordnungen vnnd Ceremonien vnnd durchaus die Allt whar Ca=tholisch Religion vnnd Leer in allen Jren Gebieten, vnnd bey allen Jren Vnnderthanen […], bestenn=digclich, Steiff vnnd allerding vnuerenndert erhallten, vnnd also, so wol Jr selbs alls der Vnnderthannen Eewigs hail befurdert werde (Krokowski 2022: 171f. [Quellenanhang]).

Einen besonders eindrücklichen Fall eines Textteils mit appellativer Textfunktion (und zugleich einen guten Beleg der Mehrfachadressierung fürstlicher Testamente) stellt ein Paragraf bei Friedrich III. von der Pfalz dar, in dem dieser sich im Kampf für die evangelische Sache an seine Mitkurfürsten wendet und von diesen die Abwendung vom Katholizismus bzw. ein weitergehendes Eintreten für den Protestantismus verlangt. Der Paragraf gipfelt in der Forderung nach der Wahl eines evangelischen Kaisers (vgl. Krokowski 2022: 93–99 [Quellenanhang] sowie zu den Bestimmungen im Einzelnen ebd.: 221–227).

3.3 Inhaltliche Aspekte

Im Hinblick auf inhaltliche Aspekte wird seitens der textlinguistischen Literatur oft auf die Analyse des Textthemas und der Themenentfaltung bzw. thematischer Makrostrukturen abgezielt (vgl. z. B. Adamzik 2016: 207–230, Brinker et al. 2018: 44–79). Für den hier angestrebten Überblick genügt es jedoch, die verschiedenen inhaltlichen Bestandteile der drei Textsortenvarianten zu betrachten.

Für Fürstentestamente gilt ebenso wie für die Krakauer Bürgertestamente, auf die sich die Aussage bezieht, die folgende Beschreibung von Sławomira Kaleta-Wojtasik (2001: 262): »Charakteristisch für die konstitutive Grundstruktur des Testaments ist in unserer Auffassung der einzelne Sprechakt, der Illokutionsakt der testamentarischen Donation: ›assignare et dare testamentaliter‹, der uns diese Textsorte als letztwillige Verfügung identifizieren lässt.« Obligatorische Textstrukturelemente dieses Donationsakts sind »das Datum, der Name des Testators, die Erbeinsetzung, Namen der Erbfolger und Namen der Zeugen« (ebd.), alle anderen Elemente sind »fakultativ und verhältnismässig [sic] unbeständig, da sie durch die jeweilige Rechtslage, soziale und geschichtliche Bedingungen sowie persönliche Situation des Testators bedingt sind« (ebd.). Politische Testamente weisen dagegen gerade keinen Donationsakt und keine Erbeinsetzung auf, werden nicht bezeugt und entbehren teilweise sogar einer genauen Datierung (vgl. Stammbuch 1582). In inhaltlicher Hinsicht stehen sie eher der Fürstenspiegelliteratur jener Zeit nahe.

Das zentrale Element der Erbeinsetzung ist in allen hier zugrunde gelegten Testamenten vorhanden, wenn auch in sehr unterschiedlicher Weise. Dies wird z. B. deutlich bei der Betrachtung der Erbeinsetzungen Wilhelms II. von Hessen, die dieser mit Blick auf seinen zum Zeitpunkt der Aufrichtung der Verfügung erst dreijährigen Sohn Philipp tätigt (vgl. Beispiel (10)), und Georgs von Bayern, der seine bereits erwachsene Tochter Elisabeth in vollem Umfang zur Erbin bestimmt (vgl. Beispiel (11)).

(10) [...] wan dan der [Kinder, T. K.] einer odir mehir zcu iren Sechszcehin jaren kommen, so sal man sie zcu Rathe vnd handelunge zcyhen in des Furstenthumbs sachen vnd so dan ir einer achtzcehin Jar alt wirdet dem das Regiment vbergeben (Schenk zu Schweinsberg 1876: 59).

(11) [...] so orden, setzen, machen und wollen wir, daz die vorgedacht unser dochter, freuwelin Elizabeth, uber solichs alles, wie obgemelt stet, nach unserm doit aller ander unser verlassenen furstenthumm, herschafften, schlossen, stetten, mergkten, dorffere, wyler, höfen, zollen, müt, bergkwercken, ertzt, golt, silber, gemontzt und ungemontzt, cleynot, edelgestein, perlin und aller anderer unser gutere, ligend und farende, beweglich und unbeweglich, ob und under der erden, mit allen oberkeiten, herlicheiten, fryheiten, nutzungen und gerechtigkeiten, wie wir daz biß inn unsern doit inngehabt, besessen und genossen haben und hetten und also nach unserm doit verlassen werden, gar nicht davon uß noch abgescheiden, daz von uns unverschafft, wer rechter und gemeyner erbe sy. Und wir setzen sie auch hiemit zu unserm gemeynen erben, das sie also auch erbe, besitz und genyeß an unser stat nach unserm doit alle und igliche vorgemelte unser furstenthum, herschafft, schloß, stett, land und lut mit aller nutzberkeit, fryheiten, herlicheiten und gerechtigkeiten etc. gar nicht ußgenommen, in aller maß, wie wir daz verlassen, inngehabt, besessen und genossen habenn und hetten (GHA HU 2130; eigene Transkription des Originals).

Eine Erbeinsetzung römisch-rechtlichen Charakters mit entsprechendem Wortformalismus findet sich lediglich beim höchsten weltlichen Kurfürsten, im 1575 erlassenen Testament von Friedrich III. von der Pfalz (vgl. Beispiel (12)):

(12) **Zum vierzehendten, So viel das Zeittliche, Das ist, vnsere** hinderlassene Chur: vnd fürstenthumben, Land, Leüth, haab vnd Güter, auch die Erbsatzung, od[er] benennung vnd *Jnstitution* der Erben, welches eines Jden letsten willens vnd *Testaments fundament* vnnd grundfest, antrifft (Krokowski 2022: 70 [Quellenanhang]; Herv. im Original).

Die oben genannten fakultativen Textstrukturelemente weisen bereits bei bürgerlichen Testamenten eine erhebliche Bandbreite auf. Für Lübeck berichtet Ahasver von Brandt (1973: 16) von »umfänglichen Verfügungen mit vielen Dutzenden von Einzelbestimmungen zugunsten zahlreicher Personen und Institutionen«.[15] Da in fürstlichen Testamenten neben der Herrschaftsnachfolge, die nicht selten um eine ganze Reihe von Eventualbestimmungen angereichert wird (vgl. z.B. für Albrecht von Sachsen Leisering 2002: 190–193 oder für Albrecht V. von Bayern Krokowski 2022: 15–18 und 22f. [Quellenanhang]), in der Regel auch ganz verschiedene dynastische, politische, finanzielle und religiöse bzw. nach der Reformation konfessionelle Angelegenheiten behandelt werden, weisen die Schriftstücke einen noch einmal deutlich erweiterten Umfang auf (vgl. grundlegend Richter 2009: 255–397 sowie exemplarisch die Inhaltsübersichten in Krokowski 2022: 341–354).[16] In einigen (anweisenden) Textteilen und nicht zuletzt bei der Behandlung persönlicher Anliegen der Fürsten zeigt sich dabei auch eine gewisse inhaltliche Nähe zu den Darlegungen in den Politischen Testamenten (vgl. z.B. Weber 1866: 398f.).

Besondere Bedeutung kommt ab der Mitte des 16. Jahrhunderts den Textstrukturelementen Glaubensbekenntnis (vgl. Krokowski 2022: 175–190) und Glaubensverpflichtung zu. Zwar lassen sich Glaubensbekenntnisse als Zeugnisse der Frömmigkeit der Erblasser bereits standardmäßig in Testamenten vor der Reformation und der Konfessionalisierung finden, die Konkurrenz der Konfessionen sorgt jedoch für eine höhere Präzisierung der Glaubensinhalte und damit eine weitergehende Ausgestaltung des Inhaltselements. Mit Ausnahme des letzten Willens Philipps von Hessen verfügen alle späteren Testamente der Untersuchung über derartige Glaubensbekenntnisse[17], die – wie in Kap. 3.1 bereits erwähnt – oft zugleich ein persönliches Zeugnis des Testators darstellen. Ebenso weist jede der letztwilligen Verfügungen aus der zweiten Hälfte des 16. Jahr-

15 Vgl. hierzu auch die Inhaltsübersichten in Smereka 2021: 230–242.

16 Während Joanna Smereka (2021: 224f.) für die Krakauer Testamente einen Umfang von 52 bis 2.568 »Zeichen [sic]« feststellt, umfasst das Testament Albrechts V. von Bayern 5.845 Wortformen, das Testament Friedrichs III. von der Pfalz sogar 20.522 Wortformen (vgl. Krokowski 2022: 48).

17 Vgl. für das Testament Friedrichs III. von der Pfalz Krokowski 2022: 4–20 (Quellenanhang), für das Testament Johann Friedrichs von Sachsen Arndt 1785: 358f., für das Testament Joachims II. von Brandenburg Caemmerer 1915: 95–97 und für das Testament Albrechts V. von Bayern Krokowski 2022: 2f. (Quellenanhang).

hunderts eine Glaubensverpflichtung auf[18], unterschiedlich sind allein die Strategien, mit denen der oder die Nachfolger zur Beibehaltung des Glaubens aufgefordert werden (vgl. etwa das Beispiel oben in Kap. 3.2).

3.4 Formale Aspekte

In formaler Hinsicht handelt es sich bei fürstlichen Testamenten, wie bei den ihnen vorangehenden klerikalen und bürgerlichen Testamenten, um Rechtsurkunden mit den Makrostrukturelementen Protokoll, Substantia und Eschatokoll, innerhalb derer Textteile auftreten, die den ›langen Weg‹ aus dem Testierrecht der römischen Antike gekommen sind, wie z. B. die *sana-mente*-Formel oder die Kodizillarklausel (vgl. Krokowski 2022: 50–59). Zwar gab es – insbesondere im Bereich des bürgerlichen Testierens – ganz unterschiedliche Formen der Testamentsablegung; Smereka (2021: 139; Herv. im Original) beschreibt drei verschiedene Vorgehensweisen, die im mittelalterlichen bzw. frühneuzeitlichen Krakau möglich waren: »1. eine *Testamentsurkunde* (im Fall der eingelegten Testamente), 2. eine *Testamentsskizze* (im Fall der Czedel) oder 3. ein *kohärentes Protokoll eines vor einer Behörde abgelegten Testaments.*« Das dabei angewandte Formular weist aber in den verschiedenen Städten und Territorien des Reichs auf makrostruktureller Ebene kaum nennenswerte Unterschiede auf (vgl. ebenfalls Brandt 1973: 6, Spáčilová 2000a: 33 oder Eßmann 2005: 50–55, 175–178 und 269).

Als Teile des Protokolls können die (fakultative) Invocatio (vgl. Beispiel (13) aus dem Testament Joachims II. von Brandenburg), die Intitulatio und die Publicatio (vgl. Beispiel (14) aus dem Testament Philipps von der Pfalz) gelten:

(13) Im namen des ewigen, almechtigen und barmherzigen gottes. Amen (Caemmerer 1915: 94).

(14) Wir Philips von gots gnaden pfaltzgrave by Rine, Hertzog in Beyern, des hailigen romischen richs ertzdruchses und churfurst, bekennen und thun kunt offenbar mit disem brif (Huthwelker 2009: 261).

Der Hauptteil der Substantia setzt mit der Angabe der Gründe für die Aufrichtung des Schriftstücks in der Arenga bzw. der Vorgeschichte seiner Entstehung in der Narratio ein. Oftmals kann zwischen diesen beiden ursprünglich eigenständigen Textstrukturelementen nicht mehr sauber getrennt werden. Die oben

18 Vgl. für das Testament Friedrichs III. von der Pfalz Krokowski 2022: 20–23 (Quellenanhang), für das Testament Johann Friedrichs von Sachsen Arndt 1785: 359f., für das Testament Joachims II. von Brandenburg Caemmerer 1915: 97, für das Testament Albrechts V. von Bayern Krokowski 2022: 10–12 (Quellenanhang) und für das Testament Philipps von Hessen Schulze 1878: 54f.

bereits erwähnte *sana-mente*-Formel wird meist in diesem Zusammenhang angebracht (vgl. Beispiel (15) aus dem Testament Joachims II. von Brandenburg):

(15) [...] haben wir demnach uns vorgesatzt und furgenommen, bei guter gesundheit und vornunft, unsern letzten willen und testament [...] zu machen und zu verordnen (Caemmerer 1915: 94).

Der Kern der Urkunde, die Dispositio, kann aufgegliedert werden in das Seelenheil bzw. den Glauben allgemein betreffende Bestimmungen wie die Begräbnisregelung[19], das Anbefehlen der Seele[20], das Glaubensbekenntnis[21] oder die Glaubensverpflichtung[22] und in materielle Angelegenheiten regelnde Paragrafen wie die Erbeinsetzung[23], Eventualbestimmungen[24], die Versorgung weiterer Familienmitglieder[25] oder die Vergabe von Legaten.[26] Am Ende der Substantia steht häufig die Einsetzung der Testamentsvollstrecker.[27] Die Reihenfolge, in der die einzelnen Elemente angeordnet wurden, spielte in rechtlicher Hinsicht keine Rolle und zeigt in den Beispieltestamenten entsprechend eine erhebliche Variationsbreite. Das Gleiche gilt für die Zählung der Paragrafen, die in manchen Fällen konsequent durchgeführt ist (vgl. Beispiel (16) aus dem Testament Friedrichs III. von der Pfalz), auf die in anderen Fällen, etwa bei Philipp von der Pfalz (vgl. Huthwelker 2009: 263–265), aber auch gänzlich verzichtet wird.

(16) **Also, vnnd Zum Sibendten** [...] **Wann wir auch, vnnd Zum Achten** [...] **Ferners, vnnd Zum Neundten** (Krokowski 2022: 65f. [Quellenanhang]; Herv. im Original).

Die Urkunde schließt mit unterschiedlichen Rechtssicherungsklauseln, wie sie auch für bürgerliche Testamente beschreiben worden sind (vgl. z.B. Kaleta-Wojtasik 2001: 270f., Smereka 2021: 149 und 306), der Corroboratio sowie dem Actum und Datum. Unter den Klauseln nimmt die Kodizillarklausel eine prominente Stellung ein. Sie lautet bei Georg von Bayern folgendermaßen:

19 Vgl. z.B. für das Testament Georgs von Bayern GHA HU 2130 und für das Testament Philipps von Hessen Schulze 1878: 54.

20 Vgl. neben Beispiel (6) z.B. die Testamente der hessischen Landgrafen Wilhelm II. (Schenk zu Schweinsberg 1876: 44f.) und Philipp (Schulze 1878: 54f.).

21 Vgl. dazu die Angaben in Fn. 17.

22 Vgl. dazu die Angaben in Fn. 18.

23 Vgl. dazu die Beispiele in Kap. 3.2 und Kap. 3.3.

24 Vgl. dazu die Angaben in Kap. 3.3.

25 Vgl. z.B. für das Testament Philipps von der Kurpfalz Huthwelker 2009: 263 und 265 und für das Testament Albrecht Achilles' von Brandenburg Caemmerer 1915: 36.

26 Vgl. z.B. für das Testament Wilhelms II. von Hessen Schenk zu Schweinsberg 1876: 62f. und für das Testament Friedrichs III. von der Pfalz Krokowski 2022: 60f. (Quellenanhang).

27 Vgl. z.B. für das Testament Georgs von Bayern GHA HU 2130 und für das Testament Friedrichs III. von der Pfalz Krokowski 2022: 99f. (Quellenanhang).

(17) [...] vnd wo es nit fur ein testament oder lesten willen geacht werden wolt vß vrsachen eynicher vbersehung oder vergeßlichkeit oder In mangel eynicher ander solemnitet wie daz wer das wir vns doch nicht versehen So wollen wir doch diß vnser testament oder lesten willen töglich crefftigk vnd geacht syn vnd werd als ein Codicill oder zum mynsten Inn der gemein als ein Iglicher ander lester will Oder als ein gabe vnder den lebendigen oder vrsach des doits Iglichs fur sinen werdt (GHA, HU 2130; eigene Transkription des Originals).

Eine die Beglaubigungsmittel (Zeugen, Unterschriften etc.) ankündigende Corroboratio (vgl. Beispiel (18) aus dem Testament Johann Friedrichs von Sachsen) ebenso wie das Actum und Datum (vgl. Beispiel (19) aus dem Testament Albrecht Achilles' von Brandenburg) weisen alle für diese Untersuchung herangezogenen Verfügungen als obligatorische Bestandteile des Eschatokolls auf.

(18) Vnd das zu Vrkund vnd steter auch fester Haltunge, haben Wir Hertzog Johann Friedrich, der Eltere vnd gebohrner Churfůrst, als der Vatter, Vnser Innsiegel hieran wißendlich hangen, vnd dieser Vnser Verordnung drey, gleiches lauts, verfertigen lassen, Vns auch mit eigener Hand vnterschrieben (Arndt 1785: 366).

(19) Gescheen und geben zu Coln an der Sprew am Mittwoch sand Mathias des heiligen zwelfboten tag nach Cristi unsers lieben herrn gepurt vierzehenhundert und dornach in dem dreiundsibenzigstem jaren (Caemmerer 1915: 43).

Als Rechtsurkunden zeigen Fürstentestamente charakteristische Merkmale der Kanzleisprache; weitschweifige Satzkonstruktionen lassen sich ebenso ausmachen wie rechtssprachliche Lexik mit typischen Wendungen und Mustern (bspw. Paarformeln, vgl. dazu Krokowski 2021), die auch als Kennzeichen bürgerlicher Testamente gelten können (vgl. z. B. Kaleta-Wojtasik 2001: 269).

In deutlichem Gegensatz zu der beschriebenen formalen Erscheinungsweise bürgerlicher und fürstlicher Testamente stehen die Politischen Testamente mit ihrer erheblich freieren Form; sie »stellen im Wesentlichen lose aneinandergereihte Sammlungen unterschiedlicher Handlungsanweisungen dar.« (Krokowski 2022: 76; vgl. auch Richter 2009: 447). Dies zeigt sich z. B. im Politischen Testament Kurfürst Augusts von Sachsen:

(20) Zum Fünften, daß er [= der Regent, T. K.] Jedermann freundlich, doch nicht Jedermann heimlich sei.
Zum Sechsten, daß er Klägern ein Ohr und dem Beklagten das andere offen lasse.
Zum Siebenten, daß er Recht thue und Niemanden scheue (Weber 1866: 399f.).

Auffällig sind darüber hinaus Eigen- und Fremdbezeichnung von Produzent und Rezipient. Während bürgerliche Testamente je nach Aufrichtungsart in der 1. oder 3. Pers. Sg. (vgl. z. B. Spáčilová 2000a: 49, Smereka 2021: 291f.)[28] und

28 Selbiges gilt auch für Testamente des niederen Adels (vgl. Owsiński / Paluch 2021: 57f.).

fürstliche Testamente in der 1. Pers. Pl. (*Pluralis majestatis*) abgefasst sind, wird in Politischen Testamenten – wohl als Mittel zur Herstellung einer größeren Intimität – die 1. Pers. Sg. verwendet, wie die Beispiele von Kurfürst August (21) und Kaiser Karl V. (22) illustrieren:

(21) Lieber Sohn. Ich erfinde mich nunmehr, daß ich Gottlob im 56. Jahr meines Alters gehe [...] (Weber 1866: 397).

(22) Zuerst werde ich Euch, mein Sohn, hier von der Betrübnis berichten, die ich darüber empfinde, dass ich die Reiche und Herrschaften, die ich Euch hinterlassen werde, in eine so außerordentliche Notlage gebracht habe (Kohnle 2005: 53).

Ebenso auf Politische Testamente beschränkt ist die in den Beispielen beobachtbare, ebenfalls Nähe erzeugende direkte Ansprache des anvisierten Rezipienten[29], die auch im Politischen Testament von Ludwig VI. von der Pfalz erscheint:

(23) Lieber Sohn, bisz Gotts förchtig Bete Vleißig morgenns vnnd Abennts Bedennckh inn allem deinem thun/ An Gott (Stammbuch 1582: 9r).

4. Zusammenfassung

Auf allen in diesem Beitrag untersuchten Ebenen zeigen sich Unterschiede zwischen Bürgertestamenten, Fürstentestamenten und Politischen Testamenten, die die Rede von eigenständigen Varianten der Textsorte Testament als gerechtfertigt erscheinen lassen und die in Tab. 2 abgebildet sind.

	Bürgertestamente	Fürstentestamente	Politische Testamente
Situation	– Entstehung eher am Lebensende – z. T. eigenhändige Niederschrift – unterschiedliche Aufrichtungsakte möglich – Einfachadressierung – Einfachrezeption – begrenzte Reichweite – noch immer produktiv	– Entstehung ›mitten in Leben‹ – Niederschrift durch Kanzleischreiber – aufwendiger Aufrichtungsakt (z. T. inkl. kais. Konfirmation) – Mehrfachadressierung – Mehrfachrezeption – erweiterte Reichweite – mit Ende des HRR ›ausgestorben‹	– Entstehung zu unterschiedl. Zeitpunkten – eigenhändige Niederschrift – kein Aufrichtungsakt – Einfachadressierung – eher Einfachrezeption – erweiterte Reichweite – im Grunde noch immer produktiv

29 Vgl. Kaleta-Wojtasik (2001: 268): »Die Regel ist, dass sich der Testator nie unmittelbar an die 2. P. (den Textempfänger) wendet, sondern immer die 3. Person verwendet.«

(Fortsetzung)

	Bürgertestamente	Fürstentestamente	Politische Testamente
Funktion	- monofunktional: Deklarative Textfunktion	- polyfunktional: Deklarative und appellative Textfunktion	- monofunktional: Appellative Textfunktion
Inhalt	- Erbeinsetzung - Ausführungen zu Glauben, Begräbnis usw. - Einzelverfügungen	- Erbeinsetzung - Ausführungen zu Glauben, Begräbnis usw. - Einzelverfügungen - vers. Anweisungen (mit rechtl. bindendem Charakter)	- keine Erbeinsetzung - vers. Anweisungen (ohne rechtl. bindenden Charakter)
Form	- auf röm.-rechtl. Testamentsurkunde aufbauend - vers. rechtsichernde Klauseln - kanzleisprachig - 1. bzw. 3. Pers. Sg. - keine direkte Ansprache des / der Rezipienten	- auf röm.-rechtl. Testamentsurkunde aufbauend - vers. rechtsichernde Klauseln - kanzleisprachig - 1. Pers. Pl. (*Pluralis majestatis*) - keine direkte Ansprache des / der Rezipienten	- freier Aufbau, lose Aneinanderreihung von Paragrafen - keine rechtssichernden Klauseln - gemeinsprachig - 1. Pers. Sg. - direkte Ansprache des / der Rezipienten

Tab. 2: Unterschiede zwischen den Textsortenvarianten

In situativer Hinsicht unterscheiden sich die Textsortenvarianten in Bezug auf den Zeitpunkt ihrer Produktion, die Vorgehensweise bei der Niederschrift sowie den Akt der Aufrichtung. Während Bürgertestamente und Politische Testamente nur einfach adressiert waren und wohl auch nur einfach rezipiert wurden, lässt sich für Fürstentestamente sowohl eine Mehrfachadressierung als auch eine Mehrfachrezeption feststellen. Darüber hinaus weisen die fürstlichen Schriftstücke – gemessen an den Auswirkungen auf das Leben der Menschen – eine erheblich höhere Reichweite im Vergleich mit den bürgerlichen Testamenten auf.

In funktionaler Hinsicht handelt es sich bei Bürgertestamenten und Politischen Testamenten um monofunktionale Texte mit deklarativer bzw. appellativer Textfunktion. Fürstentestamente als aus unterschiedlichen Texttraditionen hervorgegangene und damit polyfunktionale Dokumente enthalten beide diese Textfunktionen.

In inhaltlicher Hinsicht gibt es eine recht hohe Schnittmenge zwischen bürgerlichen und fürstlichen Testamenten bezüglich der behandelten Themen. Aufgrund des größeren Regelungsbedarfs sind letztere in aller Regel umfangreicher. Daneben finden sich in Fürstentestamenten verschiedenartige Anweisungen, die sie zwar z. T. mit Politischen Testamenten gemein haben, die aber im Gegensatz zu den Anordnungen in diesen rechtlich bindend sein sollen.

In formaler Hinsicht ist ebenfalls eine große Schnittmenge zwischen den bürgerlichen und den fürstlichen Testamenten zu konstatieren; beide Textsortenvarianten sind als Rechtsurkunden mit den entsprechenden Textstrukturelementen und in kanzleisprachigem Duktus realisiert. Politische Testamente dagegen verfügen über eine wesentlich freiere Form. Deutliche Unterschiede lassen sich auch in den Selbst- und Fremdbezeichnungen der Produzenten und Rezipienten der jeweiligen Verfügungen ausmachen.

Zum Abschluss sei ein kurzer Blick auf den Fortgang der drei Textsortenvarianten geworfen: Während bürgerliche Testamente nach wie vor Verwendung finden, sind Fürstentestamente mit dem Ende des Heiligen Römischen Reichs im Jahre 1806 ›ausgestorben‹ (vgl. Richter 2009: 15). Demgegenüber existierten bzw. existieren »Politische Testamente – verstanden als Regierungsanleitung eines Herrschenden – […] noch weit über diese Zeit fort.« (Krokowski 2022: 77). Die wohl bekanntesten Politischen Testamente des 20. Jahrhunderts stellen die Ausführungen Wladimir Iljitsch Lenins (1922), Paul von Hindenburgs (1934) und Adolf Hitlers (1945) dar (vgl. ebd.).

Literatur

Quellen

Kohnle, Armin (Hrsg.) (2005): *Das Vermächtnis Kaiser Karls V. Die Politischen Testamente.* Darmstadt: Wissenschaftliche Buchgesellschaft.

Politisches Testament Ludwigs VI. von der Pfalz, 1582. In: *Stammbuch Friedrichs IV.* Cod. Pal. germ. 120. Bibliotheca Palatina (https://doi.org/10.11588/diglit.46 [Zugriff am 15.02.24]).

Testament Albrecht Achilles' von Brandenburg, 24.02.1473. In: Caemmerer, Hermann von (1915): *Die Testamente der Kurfürsten von Brandenburg und der beiden ersten Könige von Preußen* (Veröffentlichungen des Vereins für Geschichte der Mark Brandenburg). München / Leipzig: Duncker & Humblot, S. 27–43.

Testament Albrechts V. von Bayern, 11.04.1578. In: Krokowski, Tim (2022): *Sprache und Konfession in Fürstentestamenten des Konfessionellen Zeitalters (1555–1648)* (Religion und Politik 22). Baden-Baden: Ergon, S. 166–182 (Quellenanhang) (https://doi.org/10.5771/9783956509520 [Zugriff am 15.02.24]).

Testament Albrechts von Sachsen, 18.02.1499. In: Leisering, Eckhart (2002): *Die Väterliche Ordnung des Herzogs Albrecht vom 18. Februar 1499. Inhaltliche und formale Aspekte.* In: Thieme, André (Hrsg.): *Herzog Albrecht der Beherzte (1443–1500). Ein sächsischer Fürst im Reich und in Europa* (Quellen und Materialien zur Geschichte der Wettiner 2). Köln et al.: Böhlau, S. 187–195.

Testament Friedrichs III. von der Pfalz, 23.09.1575. In: Krokowski, Tim (2022): *Sprache und Konfession in Fürstentestamenten des Konfessionellen Zeitalters (1555–1648)* (Religion und Politik 22). Baden-Baden: Ergon, S. 40–102 (Quellenanhang) (https://doi.org/10.5771/9783956509520 [Zugriff am 15.02.24]).

Testament Georgs von Bayern, 14.09.1496. In: Bayerisches Hauptstaatsarchiv München, Geheimes Hausarchiv, Hausurkunde Nr. 2130.

Testament Joachims II. von Brandenburg, 14.03.1562. In: Caemmerer, Hermann von (1915): *Die Testamente der Kurfürsten von Brandenburg und der beiden ersten Könige von Preußen* (Veröffentlichungen des Vereins für Geschichte der Mark Brandenburg). München / Leipzig: Duncker & Humblot, S. 91–105.

Testament Johann Friedrichs von Sachsen, 09.12.1553. In: Arndt, Gottfried August (1785): Archiv der Såchsischen Geschichte. Zweyter Theil. Leipzig: Weidmanns Erben und Reich, S. 353–367.

Testament Philipps von der Pfalz, 12.08.1506. In: Huthwelker, Thorsten (2009): *Tod und Grablege der Pfalzgrafen bei Rhein im Spätmittelalter (1327–1508)* (Heidelberger Veröffentlichungen zur Landesgeschichte und Landeskunde 14). Heidelberg: Winter Universitätsverlag, S. 261–269.

Testament Philipps von Hessen, 06.04.1562. In: Schulze, Hermann (1878): *Die Hausgesetze der regierenden deutschen Fürstenhäuser.* 2. Band. Jena: Fischer, S. 50–72.

Testament Wilhelms II. von Hessen, 29.01.1508. In: Schenk zu Schweinsberg, Gustav (1876): *Das letzte Testament Landgraf Wilhelm II. von Hessen vom Jahre 1508 und seine Folgen. Ein Beitrag zur Geschichte Hessens während der Minderjährigkeit Landgraf Philipp des Großmüthigen.* Gotha: Perthes, S. 43–67.

Weber, Karl von (1866): *Des Kurfürsten August »letzter Wille und väterliche Ermahnung« an seinen Sohn Christian.* In: Archiv für die Sächsische Geschichte 4, S. 396–403.

Sekundärliteratur

Adamzik, Kirsten (2004): *Textlinguistik. Eine einführende Darstellung* (Germanistische Arbeitshefte 40). Tübingen: Max Niemeyer Verlag.

Adamzik, Kirsten (2016): *Textlinguistik. Grundlagen, Kontroversen, Perspektiven.* 2., völlig neu bearb., akt. und erw. Neuaufl. Berlin / Boston: De Gruyter.

Adamzik, Kirsten (2019): *Textsorten und ihre Beschreibung.* In: Janich, Nina (Hrsg.): *Textlinguistik. 15 Einführungen und eine Diskussion.* 2., akt. und erw. Aufl. Tübingen: Narr Francke Attempto, S. 135–168.

Bieberstedt, Andreas (2009): *Strukturmuster in der Textsorte Testament. Dargestellt am Beispiel Lübecker Bürgertestamente des 14. und 15. Jahrhunderts.* In: Ernst, Peter (Hrsg.): *Kanzleistil: Entwicklung, Form, Funktion. Beiträge der 4. Tagung des Arbeitskreises Historische Kanzleisprachenforschung, Wien 24. und 25. November 2006* (Beiträge zur Kanzleisprachenforschung 5). Wien: Praesens, S. 9–56.

Brandt, Ahasver von (1973): *Mittelalterliche Bürgertestamente. Neuerschlossene Quellen zur Geschichte der materiellen und geistigen Kultur* (Sitzungsberichte der Heidelberger Akademie der Wissenschaften, Phil.-Hist. Klasse, 3. Abhandlung). Heidelberg: Winter Universitätsverlag.

Brinker, Klaus (2000): *Textfunktionale Analyse.* In: Brinker, Klaus et al. (Hrsg.): *Text- und Gesprächslinguistik. Ein internationales Handbuch zeitgenössischer Forschung.* 1. Halbband (Handbücher zur Sprach- und Kommunikationswissenschaft 16.1). Berlin / New York: De Gruyter, S. 175–186.

Brinker, Klaus et al. (2018): *Linguistische Textanalyse. Eine Einführung in Grundbegriffe und Methoden* (Grundlagen der Germanistik 29). 9., durchges. Aufl. Berlin: Erich Schmidt Verlag.

Caemmerer, Hermann von (1915): *Die Testamente der Kurfürsten von Brandenburg und der beiden ersten Könige von Preußen* (Veröffentlichungen des Vereins für Geschichte der Mark Brandenburg). München / Leipzig: Duncker & Humblot.

Czachur, Waldemar / Zimmer, Agnieszka (2018): *Das Testament als eine Textsorte. Eine linguistische Analyse des Testaments des galizischen Adligen Herman de Brunicki aus dem Jahre 1835.* In: Studia Germanica Posnaniensia 39, S. 35–51 (https://doi.org/10.14746/sgp.2018.39.03 [Zugriff am 15.02.24]).

Eßmann, August Wilhelm (2005): *Vom Eigennutz zum Gemeinnutz. Gemeine, fromme und milde Legate von Lübecker und Kölner Bürgern des 17. Jahrhunderts im Spiegel ihrer Testamente.* Hamburg (Onlinepublikation: http://ediss.sub.uni-hamburg.de/volltexte/2006/2874/ [Zugriff am 15.02.24]).

Gansel, Christina (2011): *Textsortenlinguistik.* Göttingen: Vandenhoeck & Ruprecht.

Heimann, Heinz-Dieter (1991): *»Testament«, »Ordenung«, »Gifte under den Lebendigen«. Bemerkungen zu Form und Funktion deutscher Königs- und Fürstentestamente sowie Seelgerätstiftungen.* In: Berg, Dieter / Goetz, Hans-Werner (Hrsg.): *Ecclesia et regnum. Beiträge zur Geschichte von Kirche, Recht und Staat im Mittelalter. Festschrift für Franz-Josef Schmale zu seinem 65. Geburtstag.* Bochum: Verlag Dr. Winkler, S. 273–284.

Heinemann, Margot (2011): *Textlinguistische Typologisierungsansätze.* In: Habscheid, Stephan (Hrsg.): *Textsorten, Handlungsmuster, Oberflächen. Linguistische Typologien der Kommunikation.* Berlin / New York: De Gruyter, S. 257–274.

Heinemann, Wolfgang (2000): *Textsorten. Zur Diskussion um Basisklassen des Kommunizierens. Rückschau und Ausblick.* In: Adamzik, Kirsten (Hrsg.): *Textsorten. Reflexionen und Analyse* (Textsorten 1). Tübingen: Stauffenburg, S. 9–29.

Isenberg, Horst (1978): *Probleme der Texttypologie. Variation und Determination von Texttypen.* In: Wissenschaftliche Zeitschrift der Pädagogischen Hochschule Leipzig 27, S. 565–579.

Kaleta-Wojtasik, Sławomira (2001): *Mittelalterliches Testament als Textsorte. Versuch einer Untersuchung anhand deutschsprachiger Testamente der Krakauer Bürger aus dem XV. Jh.* In: Schwarz, Alexander / Abplanalp Luscher, Laure (Hrsg.): *Textallianzen am Schnittpunkt der germanistischen Disziplinen* (Textanalyse in Universität und Schule 14). Bern: Peter Lang, S. 259–272.

Klein, Josef (2000): *Intertextualität, Geltungsmodus, Texthandlungsmuster. Drei vernachlässigte Kategorien der Textsortenforschung – exemplifiziert an politischen und medialen Textsorten.* In: Adamzik, Kirsten (Hrsg.): *Textsorten. Reflexionen und Analysen* (Textsorten 1). Tübingen: Stauffenberg, S. 31–44.

Krokowski, Tim (2021): *Zwei- und mehrgliedrige Wortverbindungen in Fürstentestamenten des 16. Jahrhunderts.* In: Rheinische Vierteljahrsblätter 85, S. 1–17.

Krokowski, Tim (2022): *Sprache und Konfession in Fürstentestamenten des Konfessionellen Zeitalters (1555–1648)* (Religion und Politik 22). Baden-Baden: Ergon (https://doi.org/10.5771/9783956509520 [Zugriff am 15.02.24]).

Kunkel, Wolfgang et al. (Hrsg.) (1968): *Quellen zur Neueren Privatrechtsgeschichte Deutschlands.* Zweiter Band: *Polizei- und Landesordnungen.* Köln / Graz: Böhlau.

Leisering, Eckhart (2002): *Die Väterliche Ordnung des Herzogs Albrecht vom 18. Februar 1499. Inhaltliche und formale Aspekte.* In: Thieme, André (Hrsg.): *Herzog Albrecht der Beherzte (1443–1500). Ein sächsischer Fürst im Reich und in Europa* (Quellen und Materialien zur Geschichte der Wettiner 2). Köln et al.: Böhlau, S. 177–195.

Martinák, Jana (2009): *Iglauer Bürgertestamente aus den Jahren 1544–1624. Realisierung einer Textsorte – historiolinguistische Analyse* (Schriften zur diachronen Sprachwissenschaft 14). Wien: Praesens.

Müller, Johann Sebastian (1700): *Annales Des Chur= und Fürstlichen Hauses Sachsen von Anno 1400. bis 1700.* Weimar: Gleditsch.

Nagel, Norbert (1999): *Zur Überlieferung volkssprachiger Bürgertestamente des 14. Jahrhunderts aus dem Norden des deutschen Sprachraums unter besonderer Berücksichtigung der Stadt Lübeck.* In: Damme, Robert / Taubken, Hans (Hrsg.): *Niederdeutsche Wörter. Festgabe für Gunter Müller zum 60. Geburtstag am 25. November 1999* (zugleich: Niederdeutsches Wort 39). Münster: Aschendorff, S. 179–227.

Ogris, Werner (1998): *Testament.* In: Erler, Adalbert et al. (Hrsg.): *Handwörterbuch zur deutschen Rechtsgeschichte.* Berlin: Schmidt, Sp. 152–165.

Owsiński, Piotr A. / Paluch, Anna (2021): *Versuch einer textlinguistischen Analyse ausgewählter deutschsprachiger Testamente des Königlich Preußischen Adels aus dem 17. Jahrhundert.* In: Olsztyn Acta Neophilologica XXIII (2), S. 49–68 (https://doi.org/10.31648/an.6655 [Zugriff am 15.02.24]).

Pfefferkorn, Oliver (1998): *Möglichkeiten und Grenzen einer Analyse historischer Textsorten.* In: Zeitschrift für deutsche Philologie 117, S. 399–415.

Richter, Susan (2009): *Fürstentestamente der Frühen Neuzeit. Politische Programme und Medien intergenerationeller Kommunikation* (Schriftenreihe der Historischen Kommission bei der Bayerischen Akademie der Wissenschaften 80). Göttingen: Vandenhoeck & Ruprecht.

Riecke, Jörg et al. (Hrsg.) (2004): *Einführung in die historische Textanalyse.* Göttingen: Vandenhoeck & Ruprecht.

Rolf, Eckard (1993): *Die Funktionen der Gebrauchstextsorten.* Berlin / New York: De Gruyter.

Schenk zu Schweinsberg, Gustav (1876): *Das letzte Testament Landgraf Wilhelm II. von Hessen vom Jahre 1508 und seine Folgen. Ein Beitrag zur Geschichte Hessens während der Minderjährigkeit Landgraf Philipp des Großmüthigen.* Gotha: Perthes.

Schlögl, Waldemar (1976): *Diplomatische Bemerkungen über die Testamente deutscher Herrscher des Mittelalters.* In: Schlögl, Waldemar / Herde, Peter (Hrsg.): *Grundwissenschaften und Geschichte. Festschrift für Peter Acht* (Münchener Historische Studien. Abteilung Geschichtl. Hilfswissenschaften 15). Kallmünz: Michael Lassleben, S. 157–168.

Schulze, Hermann (1878): *Die Hausgesetze der regierenden deutschen Fürstenhäuser.* 2. Band. Jena: Fischer.

Schwarz-Friesel, Monika / Consten, Manfred (2014): *Einführung in die Textlinguistik.* Darmstadt: Wissenschaftliche Buchgesellschaft.

Smereka, Joanna (2021): *Textlinguistische Untersuchungen zu mittelalterlichen deutschen Testamenten von Krakauer Bürgern.* Göttingen: Vandenhoeck & Ruprecht.

Śniadecka, Luiza (2011): *Sepulkrale Textsorten. Ein Klassifizierungsversuch.* In: Greule, Albrecht / Kucharska-Dreiß, Elżbieta (Hrsg.): *Theolinguistik: Bestandsaufnahme – Tendenzen – Impulse* (Theolinguistica 4). Insingen: Bauer & Raspe, S. 189–200.

Spáčilová, Libuše (2000a): *Deutsche Testamente von Olmützer Bürgern. Entwicklung einer Textsorte in der Olmützer Stadtkanzlei in den Jahren 1416–1566* (Schriften zur diachronen Sprachwissenschaft 9). Wien: Praesens.

Spáčilová, Libuše (2000b): *Die Entwicklung der Textsorte Testament in der Olmützer Stadtkanzlei in den Jahren 1416–1566.* In: Elmentaler, Michael (Hrsg.): *Regionalsprachen, Stadtsprachen und Institutionssprachen im historischen Prozess* (Schriften zur diachronen Sprachwissenschaft 10). Wien: Praesens, S. 201–222.

Wiktorowicz, Józef (2004): *Die Textsorte »Testament« in der Krakauer Kanzleisprache.* In: Simmler, Franz (Hrsg.) / Wich-Reif, Claudia (Bearb.): *Textsortentypologien und Textallianzen von der Mitte des 15. bis zur Mitte des 16. Jahrhunderts. Akten zum Internationalen Kongress in Berlin 21. bis 25. Mai 2003* (Berliner Sprachwissenschaftliche Studien 6). Berlin: Weidler, S. 167–176.

Peter Ernst

Ein frühneuzeitliches Testament aus Wien

Abstract
An early modern will from Vienna
The following article aims to add to the now abundant research literature on medieval and early New High German wills by analysing a single text in terms of its systematics, pragmatics and contemporary circumstances. The will of the important Austrian Baroque architect Johann Bernhard Fischer von Erlach from 1723 was selected, which can be regarded as prototypical for its place, time and status. The analysis will show that it is a characteristic East Upper German or Viennese text that is worth a closer linguistic examination.

Keywords: Early modern times, Johann Bernhard Fischer von Erlach, system linguistics, pragmatics
Schlüsselwörter: Frühe Neuzeit, Johann Bernhard Fischer von Erlach, Systemlinguistik, Pragmatik

In den letzten Jahrzehnten erfährt die Textsorte »Testament« vermehrt Aufmerksamkeit in der Historischen Linguistik (s. Spáčilová 2000, Bieberstedt 2007, Smereka 2021, Aehnlich 2022 u. a.m.); insbesondere die Textebene steht im Zentrum der Aufmerksamkeit. Allerdings wurden Testamente bisher noch nie linguistisch »ganzheitlich« analysiert. Der vorliegende Beitrag will versuchen, anhand eines prototypischen Textes verschiedene sprachliche Ebenen und Aspekte zu analysieren und Erkenntnismöglichkeiten aufzuzeigen.

Peter Ernst, Institut für Germanistik der Universität Wien, ORCID: 0000-0001-6733-2665.

1. Einleitung: Ausgangslage

1.1. Zu Rechtsbestimmungen und Überlieferung

Wien weist von den mittelalterlichen Städten im deutschsprachigen Raum einen der größten Bestände an mittelalterlichen Testamenten auf. Jedoch besteht hier eine besondere Situation: Einzeltestamente findet man relativ wenige. Weitaus häufiger haben sich Verfügungen in Wiener Stadtbüchern erhalten, die zeitgenössisch als »Geschäft« bezeichnet werden: Im Gegensatz zum Rechtsinstrument des »Testaments«, mit dem einzelne oder mehrere Personen bedacht wurden, diente ein »Geschäft« dazu, die Erbmasse gezielt auf mehrere Personen zu verteilen. Auf die verschiedenen Ausformungen eines Geschäfts muss hier nicht weiter eingegangen werden. In den Wiener Stadtbüchern werden vor allem schriftliche und mündliche unterschieden, wobei die erstgenannten von wohlhabenden Bürgern genutzt werden und die letztgenannten – für die Zeugen notwendig waren – von Personen, die wenig Besitz zu vermachen hatten (zu den rechtshistorischen Entwicklungen vgl. Fröschl 2012: 29–30, Neschwara 2011: 132–134).

In Wien sind Geschäfte vor allem im so genannten »Eisenbuch« der Stadt Wien überliefert (allgemein zu den Wiener Stadtbüchern vgl. Ernst 2000). Die heute dafür übliche Bezeichnung »Testamentsbücher« ist allerdings nicht zeitgenössisch (Neschwara 2011: 131). In der Frühen Neuzeit verlagerten sich diese Rechtsgeschäfte an die zuständigen Gerichte (vgl. unten).

1.2. Zur Textsorte »Testament«

In einem Testament kulminieren verschiedene extra- und intralinguistische Merkmale: Zum einen stellt es eine juristisch relevante Sprachhandlung dar, die diverse reale Konsequenzen zeitigt. Es handelt sich somit um eine deklarative Textsorte, die Änderungen in der realen Welt bewirken und für deren Ausstellung nur bestimmte Personen unter Vollzug bestimmter Rituale berechtigt sind. Darüber hinaus müssen die sprachlichen Formen und Ausdrucksweisen auch im Zeitrahmen der Ausstellung verständlich und üblich sein. Drittens sollen systemlinguistische Ausprägungen wie Lexik u. a. m. Einblick in die durch Sprachgeschichte und rezente Dialekte bedingten sprachgestaltenden Möglichkeiten gewähren. Nicht zuletzt aus der Kombination all dieser Faktoren nimmt die Textsorte »Testament« für eine historische sprachwissenschaftliche Untersuchung eine besondere Stellung ein.

Der Untersuchung soll das Testament des berühmten Barockbaumeisters Johann Bernhard Fischer von Erlach (1656–1723) vom 24. März 1723 zugrunde gelegt werden, und zwar aus diesen Gründen:

- Es liegt in einer historischen vorbildlichen Edition vor (Hochedlinger / Pangerl 2004).
- Es ist in Wien unter Beteiligung Wiener Bürger und Advokaten ausgestellt, sodass anzunehmen ist, dass darin die sprachlichen Gegebenheiten in Wien in der ersten Hälfte des 18. Jahrhunderts widergespiegelt werden.
- Der Text weist – im Vergleich zu anderen Testamenten dieser Zeit – eine gewisse Prägnanz und Kompaktheit auf.
- Der Erblasser ist eine vermögende Person und hat dementsprechend eine umfangreiche Hinterlassenschaft zu regeln.
- Das Testament ist aus historischen Gründen von Bedeutung.

Der Text lautet folgendermaßen:

> [1] *IN NAMEN DER ALLERHEYLIGSTEN DREYFALDIGKHEIT, GOTT DES VATTERS, SOHNS UND DES HEYLIGEN GEISTES, AMEN,*
> [2] *Habe ich Johann Bernhardt Fischer von Erlackhen, der Römisch Kayserlichen undt Catholischen Mayestät Oberbauinspector unndt Erster Architect, das Ellendt unndt Verganglickheit des menschlichen Leben wohl zu Herzen genommen unndt betrachtet, das ein jeder Mensch über kurtz oder lang doch enndtlich einmahl sterben mueße, weillen der Todt allen unaußbleiblich gewiß, das Sterbstündtlein aber ganz ungewiß, alß habe ich bey gutten Verstandt unndt Vernunft umb Verhiettung khönftiger Strittickheiten hernach folgendtes mein Testament unndt letzten Wüllen angeordtnet undt beschloßen, alß:*
> [3] *Erstlichen wan Gott der Allmächtige meine arme Seel vor sein göttliches Angesücht forderen würdt, so befehle ich dieselbe in die Gnadt undt Barmherzickheit deren Erschaff- unndt Seeligmachers Jesu Christi, auch in den Schutz unndt Schirmb der gebenedeiten Jungfrauen Muetter Gottes unndt Himmelskönigin Mariae. Mein abgelebter Leichnamb aber solle nach christlich catholischen Gebrauch nach zur Erden begraben unndt bestättet werden.*
> [4] *Andertens sollen zu Trost meiner armen Seel zwänzig heylige Meeßen gleich nach meinen Absterben geleßen werden.*
> [5] *Drittens verschaffe ich in die fünff Armehauser, alß Burgerspittal, St. Marx, Lazareth undt Klagbaum, auch in das neue Armehauß vor den Schottenthor, in jedes 1 fl. 30 kr., zusamben siben Gulden 30 kr.*
> [6] *Vierttens sollen den Haußarmen undt betrangten Leuthen dreyzehen gulden vor ein heyliges Almosen außgetheillet werden, umb meiner armen Seel in ihren Gebett ingedenkht zu sein.*
> [7] *Fünftens meinen Sohn Josephum Emanuel Fischer betreffend wil ich verordtnet haben, das alles daßjenige, waß er bißanhero von mir zu seiner Unterhaltung, auch auf denen Raißen von mir empfangen, keinesweegs abgezochen oder aufgeraittet werden solle, maßen ich selben solche Außgaben auß vätterlicher Guette jederzeit geschenckhet habe. Zu disen verschaffe ich obgemelten meinen Sohn alle hinterlassendte Mobilien undt Effecten, in specie aber meinen Mahlereyen, Schildereyen undt Kunststuckh, waß Nammens oder von waß Materien sye immer seyen. Zu disen sollen ihme alle meine Beßoldungsaußständt, Praetensiones undt Schuldposten, welche ich von unndt bey den*

kayserlichen Hoff oder auch anderer Orthen zu forderen habe, erblich zufallen, die er nach seinen Belieben Einzucassieren wüßen würdt.

[8] *Sechstens waß nun ingleichen meine zwey Töchter, alß Mariam Annam Elisabetham unndt Genovevam Euphemiam, belanget, soll denenselben alles dasjenige, waß sye mich bißanhero gekostet, auch von mir ansonsten empfangen haben, gleich meinen Sohn geschenckhet unndt keinesweegs abgeraittet werden. Zu disen verschaffe ich erstgemelten meinen beeden Töchtern alles mein hinterlaßendtes paares Geldt, Silbergeschmeid, gleich wie solches Nammen hat, item mein in den kayserlichen Stattbanco anligentes Capital per 4.000 fl. oder so vil, waß sich nach meinen Tod davon überig befündten würdt, dises alles wollen sye meine beede Töchter zugleich abtheillen.*

[9] *Was verers meine anderte Ehewürthin Sophiam Franciscam, gebohrne Lechnerin, anbelangendt, hat selbe mir keiner Kreuzer zugebracht unndt dahero auch zwischen mir undt ihr keine Heyrathsbrieff aufgerichtet worden. Zu disen habe zu erinderen, wie das sye mich in meinen Alter treuloß verlaßen unndt sich selbst von mir ohne einige Ursach separiret unndt wider meinen Wüllen auß den Hauß gegangen, so einer ehrliebendten Ehefrauen nicht gebühret, sondern wider Wüssen unndt Gwüssen lauffet, auch mir zu dato unbewust ist, wo derorthen sye sich befündtet oder anzutreffen were. Indessen will undt verordtne ich, ob ich ihr gleich das Übel, so sye mir zugefieget, alß ein Crist verzeiche, das selbe auß diser meiner Verlaßenschaft allerdings außgeschloßen unndt endterbet sein solle.*

[10] *Letzlich unndt schließlichen, weillen die Erbeinsezung das Fundament eines jeglichen letzten Wüllens oder Testament ist, alß instituire ich zu meinen wahren Universalerben meine von erster Ehe erzeigte drey Künder, alß Josephum Emanuel nebst meinen zwey unverhayräthen Töchtern, nemblichen Mariam Annam Elisabetham unndt Genovevam Euphemiam, welchen meine Erbschaft von Erbschaftsrechts wegen gebühren undt zuständig sein solle, maßen ich ihnen dan auch hiemit meinen vätterlichen Seegen gebe undt hinterlasse, auf das Gott der Allermächtige denenselben seinen göttlichen Seegen, Frid unndt Einickheit geben undt getheuen laßen wolle.*

[11] *Wormit ich diß mein Testament unndt lezten Wüllen schließe, auch mich in die Gnad Gottes befehle, mit Bitten, eine hochlöbliche Obrigkheit wolle über diß mein Testament unndt lezten Wüllen Handt haben undt darwüder nicht handlen laßen. Da aber dise meine leztwüllige Disposition nicht alß ein zirliches Testament erkhennet werden solle, so wil ich, das solches alß ein Codicil oder donatio mortis causa et omni meliori modo et forma qua de jure valere potest vor gültig gehalten unndt unverbrechlich nachgelebet werden solle. Zu mehrer Becröftigung unndt Stabillirung dessen habe ich dises mein Testament nicht allen aigenhändig unterschriben unndt mein Poettschaft beygetruckhet, sondern auch die Herren Gezeugen durch absonderliche Bettzettl ersuechet, das sye disen meinen lezten Wüllen, jedoch ihnen unndt ihrer Förttigung ohne Nachtheil undt Schaden, von außwendig unterschriben unndt mit ihren Poettschaften becröftigen sollen.*

[12] *So geschehen Wienn, den 24ten Martii 1723.*

[13] *L.S. Johann Bernhardt Fischer von Erlachen*

[14] *L.S. Franz Anton Schmidt, geschworner Notarius publicus, auch Statt- unndt Gerichtsadvocat ut testis requisitus*

2. Linguistische Untersuchung

2.1. Phonemik und Graphemik

Vokalismus

Das Testament zeigt das reguläre graphemische Inventar als Reflex der zugrundeliegenden Phonemik eines ostmittelbairischen Textes aus dem frühen 18. Jahrhundert. Dies äußert sich darin:

In Absatz [1] werden sowohl *ALLERHEYLIGSTEN* als auch *DREYFALDIGKEIT* und *GEISTES* mit dem Wechselgraphem <ei/ey> verschriftet. Dabei handelt es sich um einen unüblichen Graphemzusammenfall für mhd. /ei/ (*geist*) und /î/ (*drî*), da die Grapheme dafür ansonsten streng getrennt werden: <ai/ay> für /ei/ und <ei/ey> für /î/. Wenn es trotzdem zur Gleichsetzung kommt, so liegt dies daran, dass eine kleine Gruppe von Wörtern mit /î/, die hochfrequent in der Liturgie auftreten, die als so genannte »Kirchenwörter« wie mhd. *fleisch*, *geist* oder *heilig* nicht als [ǭɒ] oder (in Wien um Umgebung sowie in Kärnten) als [ā] artikuliert werden, sondern analog zur Aussprache von mhd. /î/ als [aį] (wie in mhd. *mîn, dîn, sîn*). Damit sollte der Respekt gegenüber der heiligen Handlung in der »Hochsprache« ausgedrückt werden und das Beispiel zeigt eindrucksvoll, dass der pragmatische Anteil an Sprache in der Sprachgeschichte schon sehr früh belegt werden kann (vgl. Kranzmayer 1956: §20 m1). Sprache ist an die Sprachteilnehmer:innen gebunden und unterliegt auch außersprachlichen Einflüssen und Rahmenbedingungen. Vgl. auch *heylige* [4], *heyliges* [6].

VATTER [1] weist die für Wien typische Fortisierung von /d/ zu [t] auf. Lautgesetzlich wäre hier *'foda* wobei diese Form (wie auch *Mutter*) eine Sonderentwicklung durchlaufen hat, weil sie »auch in den Bauernmundarten schon häufig als derb, ja despektierlich empfunden« wurde (Hornung / Rotinger 2000: 29). Auch hier liegt also sprachexterner Einfluss vor. Dazu gehört auch *Muetter* [3], *vätterlicher* [7], *vätterlichen* [10].

Die unterbliebene Umlautbezeichnung von Sekundärumlauts-/ä/ weist Merkmale der gesprochenen Sprache auf. *Verganglichkeit* [1], mhd. *vergān* zu *gān, gēn* ›gehen‹ verweist auf die Lautung [ā], die hier graphisch unbezeichnet bleibt. Bei dieser Aussprache kommt es zu Hyperkorrekturen und Vermischung mit der Lautung aus anderen Phonemen, etwa bei *zwänzig* [4] zu mhd. *zweinzec*. Darin wird die im Mittelalter entstandene Wiener Aussprache [ā] für mhd. /ei/ im Gegensatz zu mittelbair. sonst üblichem [ǫɐ] belegt. Auch *Allmächtige* [3], *bestättet* [3], *vätterlicher* [7] und *vätterlichen* [10] gehört hierher, sogar *unverhayrätten* ›unverheirateten‹ [10], worin <ä> für einen *a*-Schwa steht.

Ähnlich variabel stellt sich die Dehnung von Kurzvokalen in offener Silbe dar. Während *einmahl* [1], *keinesweegs* [7], *Mahlereyen* [7], *ihme* [7] auf Dehnung verweisen, liegt diese in *geleßen* (stimmloser Fortislaut aus <ſz>) [4], *Nammens* [7], *Nammen* [8] noch nicht vor. Die Schwierigkeiten bei der Bestimmung liegen auch darin begründet, dass Dehnung oft nicht angezeigt wird und daher nicht zu entscheiden ist, ob ein Vokal kurz oder lang gesprochen wurde. Bei *beeden* [8], *beede* [8] ›beide(n)‹ liegt eine Nebenform zu mhd. *beide* vor (Grimm/Grimm 2010: Sp. 734).

Ebenso uneindeutig stellt sich die Aufzeichnung von Rundung und Entrundung dar. Entrundet sind *Verhiettung* [1] und *zugefieget* ›zugefügt‹ [9], gerundet *Wüllen* [1, 9], *Angesücht* ›Angesicht‹ [3], *wüßen* [7] und *würdt* ›wird‹ (befördert durch rundendes /w/) [7] und *Künder* ›Kinder‹ [10]. *Kunststuckh* [7] gibt das Ausbleiben des Umlauts vor *ck* wieder, der als Merkmal der schriftlichen oberdeutschen Varietät im Gegensatz zum Mitteldeutschen gilt (vgl Wiesinger 2018: 225). In diesem Zusammenhang ist auch die Vermischung von <e> und <ö> zu sehen: *Becröftigung* [11], *Poettschaft* (mhd. *petschat,* aus dem Slowenischen) [11], *Förttigung* [11].

Konsonantismus

Erklacken in »Johann Bernhard Fischer von Erlach« [1] stellt eine Hyperkorrektion dar, da das Graphem <ch> noch im 18. Jahrhundert als Verschriftlichung der Affrikata [kχ] aufgefasst werden konnte. Dasselbe Verhältnis liegt in *Strittickheiten* [2], *geschencket* [7], *Kunststuckh* [7], *Obrigkheit* [11] und *erkhennet* [11] vor.

vnndt, Ellendt, weillen [1] zeigen mit den Konsonantenhäufungen, die noch in vielen anderen Beispielwörtern auftritt, das charaktische Erscheinungsbild eines frühneuhochdeutschen Textes. *Wienn* [12] gehört nicht hierher, da es sich hier um ein geminiertes /n/ handelt. Doppelkonsonanten sind nach Wiesinger (2018: 226) typisch für oberdeutsche Schreibungen. Sie zeigen im Allgemeinen die Kürze des vorangehenden Vokals in geschlossener Silbe an (Wiesinger 2024: 106–107). Aber nicht alle Konsonantenhäufungen können auf diese Weise erklärt werden: *weillen* [2].

Der Text zeigt bereits Anpassungen an die ostmitteldeutsche Schreibsprache, die sich gegen Ende des 18. Jahrhunderts zusehends in Österreich durchsetzt: *khönftiger* [2] mit der Hebung von /ü/ zu /ö/, auch wenn es sich um eine hyperkorrekte Form handelt. Auch das Diminutivsuffix *-lein* (anstelle von oberdeutschem *-(e)l*) in *Sterbstündtlein* [2] repäsentiert ostmitteldeutsche Verhältnisse. Die im Bairischen übliche Unterscheidung der Fortsetzungen von mhd. Dehnungs-*i* und *-u* (<i> und <u> gegenüber mhd. *ie* und *uo* [<ie> und <uo>]) tritt nur noch fallweise auf. Der Abbau von <ue> zugunsten von ostmdt. <u> nimmt im 18. Jahrhundert immer mehr ab: »Trotz teilweisem Aufgreifen von ostmdt. <ie> für mhd. Dehnungs-*i* verbleibt <i> bis 1750. Für den Umlaut mhd.

Dehnungs-*ü* : mhd. *üe* ist die Unterscheidung nur dann deutlich, wenn die Wiedergaben als <ü> : <üe> erfolgen, z. B. *Übel* : *üeben* Die Unterscheidung verschwindet jedoch bei gemeinsamer schriftlicher Wiedergabe mit einheitlichem <ü>, z. B. *Übel* = *üben*« (Wiesinger 2018: 226). Dies gilt auch für das vorliegende Testament.

2.2. Morphologie und Wortbildung

alß [1, 10 u. ö.] zeigt die neuhochdeutsche Form aus mhd. *alsô*.

Die Form *umb* ›um‹ [1, 6] hat das oberdeutsche dialektale [p] erhalten, das dann auch hyperkorrekt in *Schirmb* [3], *Leichnamb* [3] und *zusamben* ›zusammen‹ [5] angefügt wurde (vgl. Wiesinger 2018: 227).

ihme [7] ›ihm‹ stellt die oberdeutsche Form gegenüber ostmitteldeutsch *ihm* dar. Es ist bis etwa 1750 in oberdeutschen Texten zu finden (vgl. Wiesinger 2018: 227, Wiesinger 2024: 108).

Die für das Oberdeutsche typische *e*-Apokope zeigt sich noch vereinzelt, etwa bei *Seel* [4], es überwiegen aber bei weitem die ungekürzten Formen wie *verschaffe* [8] *Ehe* [10] *gebe* [10], *habe* [1, 11].

2.3. Lexik

Abgesehen vom gemeindeutschen Wortschatz wie *Trost* [4], *Sohn* [7] usw. lässt sich die Lexik des Testaments lässt sich in 3 Sondergruppen teilen:

I. Oberdeutscher Wortschatz, z. B. *vor* [6, 11] in der Bedeutung ›für‹.

II. Kanzleisprachlicher (Fach-)Wortschatz, etwa *bißanhero* ›bisher, seither‹ [7, 8]. Dies stellt eine textsortenspezifische Form des Adverbs *anher* (verstärktes *her* oder Umstellung von *heran* mit Reflex von ahd. *hera*.) Das auslautende -*o* findet sich auch anderen Worteinheiten der Kanzleisprache, etwa *dato* oder *numehro* (vgl. Grimm/Grimm 1854: Sp. 375, 1998: Sp. 1057). Vergleichbare Bildung sind z. B. *dahero* (Wiesinger 2024: 107).

III. Fremdwörter aus dem juristischen Bereich, z. B. *Effecten* [7] und *Praetentiones* [7].

Ingesamt präsentiert sich der Text in einer der ostmitteldeutschen Schreibsprache angepassten Form. Dialektale Elemente sind überhaupt nicht und schriftliche oberdeutsche Merkmale nur wenig vertreten.

2.4. Syntax

Hiermit sind vor allem die Kombination von oder innerhalb von Wortgruppen (meist Nominalphrasen) gemeint.

Mit *Habe ich* [2] wird der konditionale Charakter ausgedrückt, der im Sinn von *Da ich … habe* interpretiert werden kann. Die Verberststellung ist heute standardsprachlich in konditionalen Nebensätzen üblich.

Die Vertauschung von Dativ und Akkusativ zeigt sich in *bey gutten Verstandt* [2], *nach christlich catholischen Gebrauch* [3], *vor den Schottenthor* [4] *aus den Hauß gegangen* [9].

Die Satzkonstruktionen und -längen zeigen das Bild typischer Schachtelsätze, die aber in ihrer Länge deutlicher begrenzter als im 17. Jahrhundert ausfallen. So bestehen die Absätze [2], [4] und [10] jeweils aus einem einzigen Satz und komplexe Sätze sind auch in den Absätzen [3], [7], [8], [9] und [10] enthalten. Die sonst festgestellte komplizierte Syntax von Rechtstexten, wie sie Wiesinger (2024: 102–103) konstatiert, kann für dieses Testament aber nicht bestätigt werden.

Ausklammerungen sind nicht mehr zu finden, die Satzklammer ist voll ausgebildet, vgl. etwa Absatz [4].

2.5. Textlinguistik und Pragmatik

Weder für »Text« noch für »Textsorte« existiert eine allgemein anerkannte Auffassung in der Linguistik. Gemeinsam ist den Auffassungen aber, dass Textsorten bestimmte übereinstimmende Merkmale aufweisen müssen; über Anzahl und Art dieser Merkmale herrscht jedoch Uneinigkeit. Grundlegendes dazu wird im Kapitel »4.4 Was macht einen Text zum Vertreter einer Textsorte?« in Smereka (2021: 52–55) gesagt.

Ein bestimmender Faktor ist die äußere Gestaltung. Ein Testament besteht aus inhaltlich bestimmten Abschnitten:

> »Das Testament wird mit einer Anrufung Gottes eröffnet […]. Im Anschluss daran folgt die Nennung des eigenen Namens und die Bekundung über einen gesunden Leib und Verstand. Hierbei gilt zu beachten, dass der gesunde Leib keine Voraussetzung war [sic!] um ein Testament erstellen zu dürfen. Der gesunde Geist galt jedoch als Bedingung hierfür. Im Anschluss folgt eine Betrachtung über die Vergänglichkeit des Lebens, die Hauptgrund für das Aufsetzen eines Testaments war. Zusammenfassend kann gesagt werden, dass im Testament eine Bestimmung über das Vermögen stattfindet. Es werden die Fragen geregelt, wem wie viel nach dem Ableben des Testators zusteht. Darüber hinaus wird angeführt auf welche Weise das Vermögen zustande gekommen ist und die Frage geklärt, ob der Testator selber über Erbgut verfügt oder sein ganzes Hab und Gut selber erarbeitet hat« (Oberg 2008: 4–5).

Dies kann auch im Fall unseres Testaments bestätigt werden: Anrufung Gottes [1]–[3], Bestätigung der eigenen Unversehrtheit [2], Sorge für die eigene Seele und die Armen [4]–[6], Aufteilung der Erbmasse [7]–[10], Schlussformel [11].

Über diese Makrostruktur (vgl. Bieberstedt 2007: 34–35) hinaus muss die Textfunktion bedacht werden (vgl. Spáčilová 2000: 28–32).

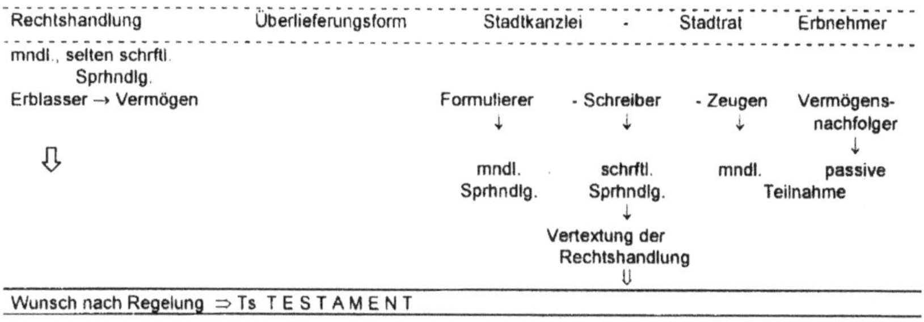

mndl. = mündlich, schrftl. = schriftlich, Sprhndlg. = Sprechhandlung

Abb. 1: Sprechhandlungen in verschiedenen Rechtssituationen, aus Spáčilová 2000: 29

Das Schema in Abb. 1 gilt für das mittelalterliche Korpus von Spáčilová 2000. Für unser Testament muss es dahingehend modifiziert werden, dass die mündliche Ebene nur für die Testamentsplanung des Erblassers mit seinen Advokaten angenommen werden kann. Der Vorgang des Testamentierens selbst findet seinen Ausdruck im schriftlichen Produkt. An die Stelle der ursprünglichen Zeugen treten die Rechtsvertreter ([14]) und die Annahme des Dokuments durch das Erbschaftsgericht. Dass in Wien zur fraglichen Zeit für verschiedene Stände unterschiedliche Gerichte zuständig waren, zeigen Hochedlinger / Pangerl (2004).

Im Prinzip stehen einander die pragmatisch-handelnde Seite und die syntaktisch-formale gegenüber. Mit ihrer Verbindung geht Gloning von »funktionalen Textbausteinen« aus, die »Textteile unterschiedlicher Komplexität mit einer bestimmten kommunikativen Teilfunktion im Rahmen einer Texthandlung« darstellen (Gloning 2010, 178). Die Methodik, die hier nicht im Einzelnen vorgestellt werden kann, folgt Ernst 2018 und unterscheidet zwischen Proposition (PROP), Illokution (ILLO), Perlokution (PERL).

[1] *IN NAMEN DER ALLERHEYLIGSTEN DREYFALDIGKHEIT, GOTT DES VATTERS, SOHNS UND DES HEYLIGEN GEISTES, AMEN, [...]* [3] *Erstlichen wan Gott der Allmächtige meine arme Seel vor sein göttliches Angesücht forderen würdt, so befehle ich dieselbe in die Gnadt undt Barmherzickheit deren Erschaff- unndt Seeligmachers Jesu Christi, auch in den Schutz unndt Schirmb der gebenedeiten Jungfrauen Muetter Gottes unndt Himmelskönigin Mariae. Mein abgelebter Leichnamb aber solle nach christlich catholischen Gebrauch nach zur Erden begraben unndt bestättet werden.* [4] *Andertens sollen zu Trost meiner armen Seel zwänzig heylige Meeßen gleich nach meinen Absterben geleßen werden.*	PROP Anrufung des christlichen Gottes. ILLO Segenswünsche für das Unterfangen. Einordung in den gesellschaftlichen Zusammenhang (Dominanz der katholischen Kirche). PERL Die Frömmigkeit des Erblassers soll außer Zweifel stehen.
[2] *Habe ich Johann Bernhardt Fischer von Erlackhen, der Römisch Kayserlichen undt Catholischen Mayestät Oberbauinspector unndt Erster Architect, das Ellendt unndt Verganglickheit des menschlichen Leben wohl zu Herzen genommen unndt betrachtet, das ein jeder Mensch über kurtz oder lang doch enndtlich einmahl sterben mueße, weillen der Todt allen unaußbleiblich gewiß, das Sterbstündtlein aber ganz ungewiß, alß habe ich bey gutten Verstandt unndt Vernunft umb Verhiettung khönftiger Strittickheiten hernach folgendtes mein Testament unndt letzten Wüllen angeordtnet [...]*	PROP Rechtsformel zur Erblassung. ILLO Ankündigung des Vorgangs zur rechtlichen Legitimation. PROP Das Testament soll rechtlich anerkannt werden.
[7] *Fünftens meinen Sohn Josephum Emanuel Fischer betreffend wil ich verordtnet haben, das alles daßjenige, waß er bißanhero von mir zu seiner Unterhaltung, auch auf denen Raißen von mir empfangen, keinesweegs abgezochen oder aufgeraittet werden solle, maßen ich selben solche Außgaben auß vätterlicher Guette jederzeit geschenckhet habe. Zu disen verschaffe ich obgemelten meinen Sohn alle hinterlassendte Mobilien undt Effecten, in specie aber meinen Mahlereyen, Schildereyen undt Kunststuckh, waß Nammens oder von waß Materien sye immer seyen. Zu disen sollen ihme alle meine Beßoldungsaußständt, Praetensiones undt Schuldposten, welche ich von unndt bey den kayserlichen Hoff oder auch anderer Orthen zu forderen habe, erblich zufallen, die er nach seinen Belieben Einzucassieren wüßen würdt.*	PROP Erblassung an seinen Sohn Joseph Emanuel. ILLO Testament. PERL Übertragung eines Teils seines Eigentums an seinen Sohn. (Weitere Verfügungen derselben Art in [8] und [9] an weitere Kinder.)

[9] *Was verers meine anderte Ehewürthin Sophiam Franciscam, gebohrne Lechnerin, anbelangendt, hat selbe mir keiner Kreuzer zugebracht unndt dahero auch zwischen mir undt ihr keine Heyrathsbrieff aufgerichtet worden. Zu disen habe zu erinderen, wie das sye mich in meinen Alter treuloß verlaßen unndt sich selbst von mir ohne einige Ursach separiret unndt wider meinen Wüllen auß den Hauß gegangen, so einer ehrliebendten Ehefrauen nicht gebühret, sondern wider Wüssen unndt Gwüssen lauffet, auch mir zu dato unbewust ist, wo derorthen sye sich befündtet oder anzutreffen were. Indessen will undt verordtne ich, ob ich ihr gleich das Übel, so sye mir zugefieget, alß ein Crist verzeiche, das selbe auß diser meiner Verlaßenschaft allerdings außgeschloßen unndt endterbet sein solle.*	PROP Enterbung seiner Ehefrau. ILLO Enterbung. PERL Seine Frau soll vom Erbe ausgeschlossen werden.
[11] *Wormit ich diß mein Testament unndt lezten Wüllen schließe, auch mich in die Gnad Gottes befehle, mit Bitten, eine hochlöbliche Obrigkheit wolle über diß mein Testament unndt lezten Wüllen Handt haben undt darwüder nicht handlen laßen. Da aber dise meine leztwüllige Disposition nicht alß ein zirliches Testament erkhennet werden solle, so wil ich, das solches alß ein Codicil oder donatio mortis causa et omni meliori modo et forma qua de jure valere potest vor gültig gehalten unndt unverbrechlich nachgelebet werden solle. Zu mehrer Becröftigung unndt Stabillirung dessen habe ich dises mein Testament nicht allen aigenhändig unterschriben unndt mein Poettschaft beygetruckhet, sondern auch die Herren Gezeugen durch absonderliche Bettzettl ersuechet, das sye disen meinen lezten Wüllen, jedoch ihnen unndt ihrer Förttigung ohne Nachtheil undt Schaden, von außwendig unterschriben unndt mit ihren Poettschaften becröftigen sollen.*	PROP Überantwortung des Testaments in juristische Fachhände. ILLO Rechtliche Rückversicherung. PERL Das Testament soll ungehindert ausgeführt werden.

Es zeigt sich, dass sprechakttheoretische Grundsätze über Satzgrenzen hinausgehen. Oft decken sich Proposition, Illokution und Perlokution in auffälliger Weise. Dies ist dem Rechtscharakter des Textes geschuldet, da die entsprechenden Vorgänge unzweifelhaft zum Ausdruck kommen müssen und nach dem Tod des Erblassers auch ausgeführt werden sollen. Die Sprech-/Sprachhandlungen sind also als charakteristisch für Inhalt und Textsorte anzusehen.

2.6. Kulturgeschichtlich-semantische Interpretation

Johann Bernhard Fischer (zum Lebenslauf vgl. u.a. Czeike 2004: 316–317, Hochedlinger / Pangerl 2004: 64–66), seit 1696 Fischer von Erlach ohne offizielle Nobilitierung, wurde am 20. Juli 1656 in Graz geboren und starb am 5. April 1723 in Wien. Er gilt neben Johann Lucas Hildebrandt (ab 1720 von Hildebrandt, 1668–1745) und Jakob Prandtauer (1660–1726) als der bedeutendste Barockarchitekt Österreichs. Zu seinen Werken gehören u.a. die Karlskirche, das Winterpalais von Prinz Eugen von Savoyen-Carignan, das Schloss Schönbrunn in Wien sowie die Kollegienkirche und die Dreifaltigkeitskirche in Salzburg.

Er war zweimal verheiratet, ab 1690 mit der Regensburger Notarstochter Sophie Constantia Morgner, mit der er vier Kinder hatte. Nach ihrem Tod ehelichte er 1705 Francisca Sophia, geborene Lechner, verwitwete Willer, die ihn allerdings verließ und die er, wie wir gesehen haben, in seinem Testament enterbte. Mit ihr hatte er fünf Kinder, von denen Joseph Emanuel (1693–1742) einige unvollendete Projekte zu Ende führte, vor allem die Karlskirche und die Hofbibliothek in Wien.

Das Testament stammt also von einem wohlhabenden Erblasser mit vielen Kindern. Dementsprechend detailliert und juristisch abgesichert erfolgt der Erbvorgang. Am auffälligsten ist die Enterbung seiner zweiten Ehefrau. In Zeiten der Unauflösbarkeit von Eheschließungen stellt dies die einzige Möglichkeit der rechtlichen Einschränkung dar. Das Testament stellt ein wichtiges kultur- und geistesgeschichtliches Zeugnis dar.

3. Fazit und Ausblick

Der Text ordnet sich mit Grammatik und Pragmatik in das Bild eines offiziellen schriftlichen Zeugnisses der ersten Hälfte des 18. Jahrhunderts ein. Es zeigt auf den systemlinguistischen Ebenen der Phonemik und Graphemik, Morphologie und Wortbildung, Syntax und Textlinguistik als auch in der Pragmatik mit Sprechakttheorie und sprachexterner Einordnung das typische, zu erwartende Erscheinungsbild. Einzig durch seine kulturgeschichtliche Bedeutung nimmt der Text einen besonderen Rang ein.

Bei einer systematischen Einbeziehung zusätzlicher ostmittelbairischer Testamentstexte, wie sie etwa in Hochedlinger / Pangler (2004) enthalten sind, ist zu erwarten, dass weitere sprachhistorische Entwicklungen aufgezeigt werden. Eine Korpuserweiterung um räumlich und zeitlich weiter diversifizierte Zeugnisse, wie sie etwa Spáčilová (2000), Bieberstedt (2007) und Smereka (2021) bieten, führt sicher zu weiteren grundlegenden und detaillierten Erkenntnissen.

Quelle

Hochedlinger, Michael / Pangerl, Irmgard (2004): »Mein letzter Wille«. Kulturhistorisch bedeutende Testamente und Verlassenschaftsabhandlungen in Wiener Archiven (16.–18. Jahrhundert). Hg. von Peter Csendes und Ferdinand Opll. Wien: Wiener Stadt- und Landesarchiv. (Veröffentlichungen des Wiener Stadt- und Landesarchivs Reihe C: Sonderpublikationen 10)

Literatur

Aehnlich, Barbara (2022): *Rechtstext.* In: Wörterbücher zur Sprach- und Kommunikationswissenschaft (WSK) Online, edited by Stefan J. Schierholz and Laura Giacomini. Berlin, Boston: De Gruyter. https://www-degruyter-com.uaccess.univie.ac.at/database/WSK/entry/wsk_id_wsk_artikel_artikel_28555/html. [Accessed 2024-01-02].

Bieberstedt, Andreas (2007): *Textstruktur – Textstrukturvariation – Textstrukturmuster. Lübecker mittelniederdeutsche Testamente des 14. und 15. Jahrhunderts.* Wien: Praesens. (Schriften zur diachronen Sprachwissenschaft 18).

Czeike, Felix (2004): *Historisches Lexikon Wien.* Bd. 2. Wien: Kremayr & Scheriau/Orac.

Ernst, Peter (2000): *Stadtbücher und verwandte Quellen in Österreich, exemplarisch dargestellt.* In: Debus, Friedhelm (Hg.): Stadtbücher als namenkundliche Quelle. Vorträge des Kolloquiums vom 18. bis 20. September 1998. Akademie der Wissenschaften und der Literatur. Mainz. Stuttgart: Franz Steiner (Akademie der Wissenschaften und der Literatur Mainz, Abhandlungen der Geistes- und sprachwissenschaftlichen Klasse, Einzelveröffentlichungen 7), S. 501–516.

Ernst, Peter (2018): *Handlungsschemata im Wiener Niederlagsprivileg von 1281.* In: Czajkowski, Luise / Ulbrich-Bosch, Sabrina / Waldvogel, Christina (Hg.): Sprachwandel im Deutschen. Festschrift für Hans Ulrich Schmid zum 65. Geburtstag. Berlin, Boston: De Gruyter. (Studia Linguistica Historica 19), S. 338–348.

Fröschl, Michael (2012): *Spätmittelalterliche Wiener Testamente als Quellen von Zugehörigkeit: Bürgerspital, Zisterzienser und St. Stephan als Stiftungsempfänger.* Diplomarbeit Univ. Wien.

Gloning, Thomas (2010): *Funktionale Textbausteine in der historischen Textlinguistik. Eine Schnittstelle zwischen der Handlungsstruktur und der syntaktischen Organisation von Text.* In: Ziegler, Arne (Hg.): Historische Textgrammatik und Historische Syntax des Deutschen. Traditionen, Innovationen, Perspektiven. Unter Mitarbeit von Christian Braun. Bd. 1: Diachronie, Althochdeutsch, Mittelhochdeutsch. Berlin, New York: De Gruyter, S. 173–193.

Grimm, Jacob / Grimm, Wilhelm (1854): *Deutsches Wörterbuch.* Bd. 1. Stuttgart: Hirzel. Nachdruck München dtv 1984. Neubearbeitung A–F durch an der Berlin-Brandenburgisch Akademie der Wissenschaft und die Niedersächischen Akademie der Wissenschaften zu Göttingen. Bd 2. Stuttgart: Hirzel 1998, Bd. 4. Stuttgart: Hirzel 2010.

Hornung, Maria / Roitinger, Franz (2000): *Die österreichischen Mundarten. Eine Einführung.* Neu bearb. von Gerhard Zeilinger. Wien: öbv & hpt.

Kranzmayer, Eberhard (1956): *Historische Lautgeographie des gesamtbairischen Dialektraumes.* Graz, Wien: Böhlau.

Neschwara, Christian (2011): *Rechtsformen letztwilliger Verfügungen in den Wiener Stadtbüchern 1935–1430.* Eine Bilanz aufgrund der vorliegenden Edition. In: Olechowski, Thomas / Schmetterer, Christoph (Hg.): Testamente aus der Habsburgermonarchie. Alltagskultur, Recht, Überlieferung. Wien: Österreichische Akademie der Wissenschaften. (Beiträge zur Rechtsgeschichte Österreichs 1), S. 131–147.

Oberg, Svea (2008): *Eine Betrachtung mittelalterlicher Testamente aus den Hansestädten Hamburg und Lübeck.* Studienarbeit. München: Grin.

Smereka, Joanna (2021): *Textlinguistische Untersuchungen zu mittelalterlichen deutschen Testamenten von Krakauer Bürgern.* Göttingen: Vandenhoeck & Ruprecht.

Spáčilová, Libuše (2000): *Deutsche Testamente von Olmützer Bürgern. Entwicklung einer Textsorte in der Olmützer Stadtkanzlei in den Jahren 1416 bis 1566.* Wien: Praesens. (Schriften zur diachronen Sprachwissenschaft 9)

Testamentenbuch (2023) = https://www.geschichtewiki.wien.gv.at/Testamentenbuch. [Letzter Zugriff 2.1.2024].

Wiesinger, Peter (1983): *Rundung und Entrundung, Palatalisierung und Entpalatalisierung, Velarisierung und Entvelarisierung in den deutschen Dialekten.* In: Besch, Werner / Knoop, Ulrich / Putschke, Wolfgang / Wiegand, Herbert Ernst (Hg.): Dialektologie. Ein Handbuch zur deutschen und allgemeinen Dialektforschung. Halbband 2. Berlin, New York: Walter de Gruyter. (Handbücher zur Sprach- und Kommunikationswissenschaft 1.2), S. 1101–1105.

Wiesinger, Peter (2018): *Zwei Varietäten der deutschen Schriftsprache durch Konfessionalisierung im 16. und 17. Jahrhundert.* In: Habermann, Mechthild (Hg.): Sprache, Reformation, Konfessionalisierung. Berlin, Boston: Walter de Gruyter. (Jahrbuch für Germanistische Sprachgeschichte 9), S. 213–243.

Wiesinger, Peter (2024): *Österreichisches Deutsch kompakt. Geschichte und Gegenwart.* Hg. von Peter Ernst. Wien: Praesens.

Libuše Spáčilová

Testamente als namenkundliche Quelle

Abstract
Testaments as an onomastic source
Due to its common usage in the society, a testament is a text type from the field of private law. One of the characteristic features concerning the lexicology of testaments is the occurrence of anthroponyms, these being mainly the names of the testators, the names of witnesses who had to be present at the making of such testament, but also the names of relatives that were to be bequeathed, the names of the testator's acquaintances or those to whom the testator owed money or who owed him or her money or material goods. This study presents the results of the research on names occurring in three books of testaments of the town of Olomouc from 1511–1623. It shows that testaments from that period are a rich source for the research of hypocorisms, which are almost absent in other official texts, and for tracing the tradition of personal names in families at a time when birth registers did not yet exist.

Keywords: testament, anthroponym, hypocoristic name, Olomouc
Schlüsselwörter: Testament, Personenname, Hypokoristikum, Olomouc

1 Einführung

Entsprechend dem thematischen Schwerpunkt dieses Sammelbands, der sich dem *Testament im multidisziplinären Dialog* widmet, wird das Testament in dieser Studie als onomastische Quelle für die Erforschung von Anthroponymen vorgestellt, da aufgrund des privatrechtlichen Charakters dieser Textsorte in einzelnen Testamenten eine Vielzahl von Namen vorkommt – neben den Namen der Testierenden auch die Namen von Zeugen, Namen von Verwandten, an die einzelne Vermächtnisse gerichtet waren, aber auch die Namen von Bekannten des Erblassers oder von Personen, denen der Erblasser Geld schuldete, oder umgekehrt Namen von Personen, die ihm etwas schuldeten oder denen der

Libuše Spáčilová, Filozofická fakulta Univerzity Palackého v Olomouci, ORCID: 0000-0001-8657-7625.

Erblasser Geld oder materielle Güter vermachte. Das analysierte Korpus besteht aus den Namen von Personen, die in drei Testamentsbüchern der Stadt Olmütz aus den Jahren 1511–1623 vorkommen.

2 Testamente als eine wichtige Textsorte

Obwohl das Leben eines Menschen mit dem Tod endet, bleiben die Güter, die er zu Lebzeiten geschaffen, erworben oder angesammelt hat, auch nach seinem Tod erhalten. Um Streitigkeiten über das nach dem Tod hinterlassene Vermögen zu vermeiden, wurde die Institution des Testaments, des letzten Willens oder letzten Erwerbs einer Person, geschaffen. Der Begriff Testament (mhd. *testament* ›Vertrag, Bündnis; Urkunde; Testament‹) stammt vom lateinischen Ausdruck *testamentum*, der auf das Verb *tēstārī* ›bezeugen‹ zu lat. *tēstis* ›Zeuge‹ zurückgeht; es handelte sich um »urkundlichen[1] letzten Wille, letztwillige Verfügung; Geschäft, Vermächtnis (DWB)«, oder, wie es im Duden heißt, es war eine »letztwillige schriftliche Erklärung, in der jemand die Verteilung seines Vermögens nach seinem Tode festlegt« (Duden 2001: 1.573). Nach kirchlat. *testamentum* diente dieses Wort auch als Äquivalent für griech. *diathēke*, was »der göttliche, durch Christus erneuerte Gnadenbund mit den Menschen und die Schriften desselben« bedeutete (DWB), im heutigen Sprachgebrauch hauptsächlich in der Formulierung »Altes Testament (älterer Teil der Bibel) und Neues Testament (jüngerer Teil der Bibel)« (Duden 2001: 1.573).

Der Ursprung des Testaments geht auf das römische Recht zurück, das im Zwölftafelgesetz, der frühesten Aufzeichnung des römischen Gewohnheitsrechts aus der Zeit um die Mitte des 5. Jahrhunderts v. Chr., zwischen Erbfolge durch Testament und Erbfolge ohne Testament, d. h. gesetzlicher Erbfolge, unterscheidet. Bei der gesetzlichen Erbfolge war das Gesetz die grundlegende Tatsache, die den Übergang des Vermögens des Erblassers auf die Erben rechtfertigte; bei der Erbfolge durch Testament war der Wille des Verstorbenen, d. h. das Testament oder das Geschäft, die entscheidende Autorität. Die Erbfolge durch Testament, der im alten Rom mehr Bedeutung beigemessen wurde (Kincl / Urfus / Skřejpek 1995: 266), kam in den böhmischen Ländern unter dem Einfluss des kanonischen Rechts in Gebrauch. Zunächst machte die Kirche aus bestimmten Gründen die Freiheit der Vermögensverfügung geltend. Das Stadtrecht kannte

1 Da die für diese Studie analysierten Testamente aus der königlichen Stadt Olmütz stammen, wird vor allem die städtische testamentarische Praxis behandelt. Im Allgemeinen ist bekannt, dass bis heute erhaltene mittelalterliche oder frühneuzeitliche Testamente nicht immer als Urkunden ausgefertigt werden mussten; bspw. wurde ein Testament nach einem mündlichen Vortragen vor zuständigen Mitgliedern des Olmützer Stadtrates als Zeugen in ein Stadtbuch oder ein spezielles Testamentsbuch eingetragen.

die Freiheit des Testamentsrechts viel früher als das Landesrecht; allmählich wurde diese Freiheit den Städten durch landesherrliche Privilegien gewährt. Das städtische Recht war auch viel stärker vom römischen Recht beeinflusst und erkannte das Testament als die übliche Institution für die Verfügung über das Vermögen im Todesfall an (Bílý 2003: 434). Wohl aus diesem Grund war die Regelung des Testaments im Stadtrecht im Vergleich zum Landrecht detaillierter und aufwendiger. Beide Rechte kannten sowohl mündliches als auch schriftliches Testament, beide Formen erforderten die Anwesenheit von zwei Zeugen; seit der Zeit der Verneuerten Landesordnung (für Böhmen 1627 und für Mähren 1628) wurde die Zahl der Zeugen auf drei bis fünf erhöht. Die Errichtung eines Testaments war für vermögende Personen eine notwendige und wichtige Angelegenheit; bis heute sind noch relativ viele Exemplare dieser Textsorte erhalten, und es überrascht deshalb nicht, dass sie seit vielen Jahrzehnten die Aufmerksamkeit von Wissenschaftlern verschiedener Disziplinen auf sich ziehen.

Im folgenden kurzen Überblick über die bestehende Forschung zu mittelalterlichen und frühneuzeitlichen Bürgertestamenten aus den böhmischen Ländern soll zunächst der Historiker Zikmund Winter erwähnt werden, der im Rahmen seiner Forschungen zur Geschichte der bürgerlichen Kultur die Testamente der Prager Städte untersuchte und eine beachtliche Menge an detaillierten Informationen zu vielen Bereichen des gesellschaftlichen Lebens gewann (Winter 1890). Neben Zikmund Winter wies auch sein Zeitgenosse Čeněk Zíbrt (1889) auf die Verwendung von Testamenten als wichtige Quelle hin, und einige Jahre später auch Josef Šimek, der eine Reihe von Testamenten aus den Jahren 1544–1577 veröffentlichte, die in Kuttenberg/Kutná Hora verfasst wurden (Šimek 1925); Jaroslav Kubák analysierte anhand von Testamenten die Eigentumsverhältnisse des Bürgertums in Budweis/České Budějovice (Kubák 1965), und Testamente als Quelle für die Eigentumsverhältnisse des Bürgertums benutzte später auch Jarmila Hásková (1982), die anhand von Testamenten die Sozialstruktur der Stadt Leitomischel/Litomyšl beschrieb und finanzielle Mittel des Bürgertums vorstellte. Damit deutete sie weitere Möglichkeiten der Nutzung von Testamenten bei deren gründlicher Analyse an. Jiří Pešek betrachtete die Testamente unter dem Aspekt der Geschichte der Buchproduktion und -kultur; er konzentrierte sich auf Prag und richtete seine Aufmerksamkeit auf die Prager Testamentsbücher (Pešek 1982). Auch Bohdan Zilynskyj untersuchte die Prager Quellen, z. B. das Testamentsbuch der Prager Neustadt aus den Jahren 1436–1494; er bemerkte Aufzeichnungen, die sich auf andere Städte oder Regionen bezogen – auf Podblanicko (Zilynskyj 1984), Kolin/Kolín, Kuttenberg/Kutná Hora (Zilynskyj 1987) und Tabor/Tábor (Zilynskyj 1987 und 1992). Eines der umfangreicheren Werke, das sich mit Testamenten befasst, ist die Monographie von Michaela Hrubá (2002), die sich unter anderem mit Testamenten im Gebiet der nordwestlichen Königsstädte beschäftigte. Dies war seinerzeit die erste umfassendere

Auswertung der städtischen Nachlassakten im Hinblick auf die Testaments- und Inventarisierungspraxis. Die Autorin analysierte die Quellen vor allem unter rechtlichen und administrativen Gesichtspunkten und schlug weitere mögliche Richtungen bei der Untersuchung dieser Nachlassquelle vor (Hrubá 2000; vgl. Žaldová 2009: 29–30). Das Thema der Testamentspraxis in der königlichen Stadt Olmütz/Olomouc interessierte Jiřina Holinková und Studenten des Faches Geschichte an der Palacký-Universität bereits in den 1970er Jahren, die unter ihrer Leitung eine Reihe von Subthemen zum Thema Olmützer Gesellschaft im 16. und 17. Jahrhundert bearbeiteten (z.B. Kleidung und Schmuck, Produkte des Leder- und Bekleidungshandwerks, Entwicklung des Bekleidungs- und Textilhandwerks), für die sie neben den Nachlassinventaren auch Informationen aus Testamenten zogen. Beide Textsorten waren auch für Geschichtsstudenten an anderen tschechischen Universitäten von Interesse – bspw. in Brünn/Brno, Budweis/České Budějovice und Aussig an der Elbe/Ústí nad Labem. Neben tschechischen Historikern finden sich unter den Erforschern der in den böhmischen Ländern verfassten Testamente auch ausländische Historiker, z.B. Thomas Krzenck, dessen Forschungsinteresse den böhmischen Testamenten des 15. Jahrhunderts galt (Krzenck 1995; 1996; 2006).

Ziel dieser kurzen Einführung ist es nicht, alle Wissenschaftler aufzuzählen, die sich jemals mit der Erforschung von frühneuzeitlichen Testamenten beschäftigten, sondern vielmehr auf die Vielzahl der erhaltenen Exemplare und die breite Palette möglicher Forschungsfragen hinzuweisen. Das Interesse der Wissenschaft an Testamenten nimmt weiter zu; Testamente werden zunehmend als Quelle genutzt, um den sozialen und wirtschaftlichen Status der Bürger, ihre familiären Bindungen, ihre konfessionelle Identität oder ihre praktische Frömmigkeit zu ermitteln, die sich u.a. auch in der Form der Vererbung eines Teils ihres Vermögens an die Kirche – gewöhnlich an Kirchen oder ihre einzelnen Altäre – zeigen kann (Tlapáková 2004 und 2005; Malý 2003 und 2007; Steinerová 2014). Ein großer Vorteil der frühneuzeitlichen Testamente ist die Tatsache, dass sie in vielen tschechischen und ausländischen Städten in großer Zahl erhalten blieben, was ihre quantitative Analyse ermöglicht. Davon zeugt das in letzter Zeit gestiegene Interesse von Forschern, die bei groß angelegten Massenuntersuchungen auf chronologisch lange Testamentsreihen zurückgreifen können (Steinerová 2014: 43).

Auch die sprachliche Erforschung dieser Texte wird nicht vernachlässigt. Die Form des Testaments entwickelte sich nicht nur unter dem Einfluss des römischen und kirchlichen Rechts, sondern auch nach einheimischen Rechtsvorstellungen – in den böhmischen Ländern meist auf der Grundlage des sächsisch-magdeburgischen oder süddeutschen Rechts. Die Sprache der Testamente ist auch zum Gegenstand des Forschungsinteresses geworden. In größeren deutschen Städten wie Köln oder Lübeck (Bieberstedt 2007) tauchen lateinische

Testamente ab dem Ende des 13. Jahrhunderts auf; Latein war das 14. Jahrhundert hindurch die vorherrschende Sprache, doch im Laufe des 14. Jahrhunderts verbreitete sich das Deutsche langsam in dieser Textsorte und setzte sich dann im 15. Jahrhundert durch. Die Bürgertestamente wurden somit nicht nur zu einer wichtigen Quelle für die Erforschung der Rechtsgeschichte, der Entwicklung der sozialen Beziehungen, der Geschichte der bürgerlichen Kultur, der Mentalitätsgeschichte oder der Erforschung der kirchengeschichtlichen Vermächtnisse, sondern auch zu einer bedeutenden historisch-linguistischen Quelle. Die Struktur dieser Textsorte wurde vor allem in bürgerlichen Testamenten analysiert (Nagel 1999; Spáčilová 2000; Kaleta-Wojtasik 2001; Wiktorowicz 2004; Bieberstedt 2007 und 2009; Martinák 2009; Oleksíková 2012), in jüngerer Zeit aber auch in adeligen Testamenten (Czachur / Zimmer 2018). Eine Analyse aus onomastischer Perspektive liegt ebenfalls vor, wo die Methode der Identifizierung von Olmützer Erblassern in Testamenten aus dem 15. und 16. Jahrhundert untersucht wurde (Spáčilová 1998). Die Autorin der vorliegenden Studie wird nun diese Forschung fortsetzen und nach einem kurzen Exkurs in die Entwicklung der Anthroponyme werden die Olmützer Testamente als Quelle für die Erforschung von Personennamen vorgestellt.

3 Historische Tendenzen in der Entwicklung der Rufnamen in den böhmischen Ländern

Von den Anthroponymen werden für die Analyse der Namen in den Olmützer Testamentsbüchern nur die Personen-/Vor- oder Taufnamen (*Bernardinus*, *Václav*) relevant sein, sowohl die in der Überschrift (*Testamentum Magister Bernardini Mirowsky*) und in den Präambeln der Testamente erwähnten Amtsnamen (*ich, Bernardinus Meraw*, Testamentsbuch 1, im Weiteren nur TB1) als auch die in den einzelnen Vermächtnissen angeführten Namen (*Mer beschafft sie der Ludmilla, ihrer frawen Schwester*, TB3), die neben den offiziellen Namen auch die für diese Textsorte typischen Hypokoristika (*…schafft sie alles irer leiblichen schwester Marusch*, TB3) enthalten.

Der Akt der Namensgebung war auch in der Vergangenheit einer der Schritte zur Integration eines Individuums in die Gesellschaft; der Name eines Individuums diente zu seiner Identifizierung und war, wie auch heute, eine Notwendigkeit für das Leben einer Person in der Gesellschaft. Hervorzuheben ist auch, dass im Mittelalter und in der Frühen Neuzeit die Namensgebung eine gesellschaftlich determinierte Angelegenheit war.

In den frühesten Zeiten war es üblich, Personen mit nur einem Namen zu bezeichnen. Im Gegensatz zum römischen System, in dem mehrere Namen zur

Bezeichnung einer Person verwendet wurden, deren Anzahl nicht festgelegt war (in der Regel drei, aber auch mehr, z. B. *Publius Cornelius Scipio Africanus*), gab es im mittelalterlichen Europa zunächst nur ein einnamiges System. Zu Beginn des 12. Jahrhunderts schien die offizielle Einnamigkeit, d. h. die Verwendung von nur einem Namen zur Identifizierung einer Person, in Deutschland nicht mehr ausreichend. Die wissenschaftliche Literatur zur Situation und Entwicklung der Personennamen in den böhmischen Ländern ist sich einig, dass im 12. und 13. Jahrhundert in den böhmischen Ländern die Einnamigkeit und Personennamen slawischer Herkunft vorherrschten. Obwohl deutsche Namen schon früh auf dieses Territorium eindrangen, da sie zunächst von den Ehefrauen der Přemysliden mitgebracht wurden, wurden sie auch bei der Firmung (z. B. erhielt Přemysl den Namen *Otakar*) oder bei der Priesterweihe vergeben (Bischof Zdík von Olmütz erhielt den Namen *Heinrich/Jindřich*, vgl. Šmilauer 1974: 13–14). In Folge der Ostkolonisation und der Gründung von Städten durch deutsche Siedler, als sich in den böhmischen Ländern die tschechisch-deutsche Zweisprachigkeit entwickelte, drangen nicht nur andere deutsche Namen, sondern vor allem christliche Namen lateinischen, griechischen oder hebräischen Ursprungs in die böhmischen Länder ein, da der Heiligenkult die böhmischen Länder beeinflusste – der Name eines Heiligen sollte Schutz für eine Person bieten; im 14. Jahrhundert wurde die Verwendung der Heiligennamen eine geläufige Angelegenheit.

Wenden wir uns nun kurz dem formalen Aspekt der germanischen bzw. deutschen und slawischen Personennamen zu. Da sich die germanischen und slawischen Sprachen aus der indogermanischen Ursprache entwickelt haben, haben sie einheimische, sog. dithematische Namen, mit zwei autosemantischen Basen geerbt (z. B. *Hadumod*, ahd. *hadu* ›Kampf‹ und altsächsisch *mōd* ›Sinn, Geist, Verstand‹; *Svatopluk* ›der ein mächtiges Heer hat‹; nicht selten gab es in beiden Sprachen Parallelen, z. B. tsch. *Bohumír*, dt. *Gottfried*). Die zweite Gruppe bestand aus einfachen, sog. monothematischen Namen, mit einer autosemantischen Basis (viele von ihnen waren ursprünglich Beinamen, z. B. *Frank*, ahd. *Franco* ›Frank‹; *Wigant*, ahd. *wīgant* ›kämpfend‹; *Mlada* ›jung‹; *Slábek* ›schwach‹; *Drahoš* ›teuer‹). In den frühesten Zeiten wurden dithematische Personennamen für Personen von adliger Herkunft verwendet, während einfache Anthroponyme für das einfache Volk bestimmt waren (Pleskalová 2011: 28). Die dritte Gruppe umfasst Namen, die durch Verkürzung von Komposita unter Beibehaltung der ersten oder zweiten Basis gebildet wurden – dies sind echte Kurzformen (*Arn* < *Arnold*; *Mil* < *Milobrat*); manchmal konnten die Konsonanten assimiliert (*Benno* < *Bernhard*) oder palatalisiert werden (*Mstiš* < *Mstislav*). Eine zweite autosemantische Basis könnte auch beibehalten worden sein (*Gunda* < *Kunigunda*; *Host* < *Dobrohost*).

Wie bereits erwähnt, verbreitete sich der Heiligenkult in den böhmischen Ländern ab dem 13. Jahrhundert, und mit ihm ging der Glaube einher, dass die Wahl eines Heiligen den Schutz der genannten Person gewährleisten würde. Die slawischen Namen – mit Ausnahme einiger Namen bedeutender böhmischer Heiliger (*St. Václav/Wenzel, St. Ludmila/Ludmilla* und *St. Vojtěch/Adalbert*) – traten allmählich aus der Funktion der offiziellen Namen zurück. Unter entlehnten Personennamen herrschten Rufnamen hebräischer (*Adam* ›Jahwe hat sich erbarmt, Gott ist gnädig‹; *Susanne* ›Lilie‹), griechischer (*Petrus*, gr. *pétra* ›Felsen‹; *Andreas*, gr. *andrós* ›männlich, stattlich, mutig‹) und lateinischer Herkunft (*Benedictus* ›gesegnet, gepriesen‹; *Christianus* ›Anhänger Christi‹).

Aufgrund der Zusammensetzung der Bevölkerung nach der Außenkolonisation gab es in den böhmischen Ländern neben slawischen Namen auch Namen deutschen Ursprungs. Die Heiligennamen verbreiteten sich recht schnell, es war eine Mode, der Heilige diente als positives Vorbild für den Träger des Namens. Die hebräische, griechische oder lateinische Herkunft dieser Namen spielte keine Rolle, und auch die verschiedenen Bevölkerungsschichten waren von dieser Modeerscheinung unterschiedslos betroffen.

Eine weitere Modewelle stand im Zusammenhang mit der Entwicklung des Humanismus, als Namen lateinischen Ursprungs wie *Claudius, Lucretia, Hannibal, Vespasian* u.a. in Mode kamen; deutsche Namen wurden oft latinisiert – *Gerhard* wurde zu *Erasmus, Jost* zu *Justus* (vgl. Fleischer 1964, 60). Es ist gut möglich, dass die Angehörigen der höheren Stände mit der kirchlichen Tradition brechen wollten. Die Ablehnung katholischer Heiligennamen infolge des Humanismus, der Reformation und des Protestantismus führte einerseits zu einer Förderung alttestamentlicher Namen, vielleicht begünstigt durch Martin Luthers Bibelübersetzung ins Frühneuhochdeutsche und die Bibellektüre unter Protestanten; andererseits kam es zu einer Wiederbelebung altdeutscher Namen (*Hildebrand, Siegfried, Friedrich* u.a.), die nicht mit dem Heiligenkult verbunden waren. Als Folge der Gegenreformation forderte das Konzil von Trient (1545–1563) christliche Taufnamen und verwarf »heidnische« Namen (Fleischer 1964: 48).

Der beliebteste christliche Name des Mittelalters war *Johannes*, im 13. Jahrhundert erscheint die Form *Hans* (Bach 1978, § 304). Der Name *Nikolaus*, ein weiterer verbreiteter Name, findet sich in Deutschland ab dem 12. Jahrhundert. Der dritthäufigste Name war *Petrus*, gelegentlich auch *Jacob*.[2]

---

2 Die Namen *Johannes, Nikolaus* und *Petrus* finden sich z.B. häufig unter den Namen der Mitglieder des Dresdner Stadtrats vor 1500; die Verteilung auf die beiden Jahrhunderte ist wie folgt: *Johannes* war im 14. Jahrhundert zu 30,5 % und im 15. Jahrhundert zu 33,6 % vertreten; *Nikolaus* zu 23,7 % im 14. Jahrhundert und 13,4 % im 15. Jahrhundert; *Petrus* zu 15,2 % im 14. Jahrhundert und 3,7 % im 15. Jahrhundert (Fleischer 1964: 51).

Etwas schwieriger ist es, die häufigste Vertretung fremder Frauennamen zu ermitteln, da Frauen in den schriftlichen Quellen seltener zu finden sind. Es handelt sich wahrscheinlich um *Margarete* (lat. *margarīta* ›Perle‹), *Katharina* (gr. *katharós* ›rein‹) und *Elisabeth* (hebr. *Elischeba* ›Gott ist Vollkommenheit‹).[3] Interessanterweise tritt der Name *Maria* in Deutschland – im Gegensatz zu den romanischen Ländern – erst in der Neuzeit häufiger auf (Schwarz 1949: 54), der Name *Jesus* war nach Konrad Kunze ein absolutes Tabu (Kunze 2003: 175).

In der onomastischen Literatur aus den böhmischen Ländern heißt es, dass ab dem 14. Jahrhundert die führenden Männernamen *Jan/Johann*, *Mikuláš/Nicolaus* und *Petr/Peter* waren und dass diese Namen bis zum 18. Jahrhundert vorherrschten, ab dem 15. Jahrhundert wurde der Name *Jiří/Georg* verwendet und ab dem 16. Jahrhundert auch *Adam*. Bei den Frauennamen waren dies *Kateřina/Katharina/Katherina*, *Markéta/Margaretha*, *Alžběta/Elisabeth*, *Anna* und *Dorota/Dorothea* (Šmilauer 1974: 16–17).

Die Namensgebung war der Mode unterworfen, so waren im 16. Jahrhundert zwei Rufnamen für eine Person üblich, vor dem 16. Jahrhundert ist diese Art der Namensgebung im Alltag noch kaum anzutreffen. Zwei Rufnamen erscheinen zunächst bei Adeligen im 14. und 15. Jahrhundert im Süden und Südwesten Deutschlands, im 16. Jahrhundert ging die Mode auch auf das Bürgertum über, während sie in bäuerlichen Kreisen eher selten ist. Bei den Katholiken tauchten neue Namen auf – z. B. *Karl* im Zusammenhang mit der Heiligsprechung von Karl Borromäus im Jahre 1610 oder *Ignaz* nach dem im Jahre 1622 heiliggesprochenen Ignatius von Loyola.

3.1 Die Tradition der Namensgebung von Menschen

In der Geschichte der Entwicklung von Anthroponymen gab es zwei Möglichkeiten, Menschen nach der Geburt zu benennen: die sog. freie Namensgebung, bei der die Eltern an keine Regeln gebunden waren und den Namen ihres Kindes selbst bestimmen konnten, und die so genannte gebundene Namensgebung, bei der die Eltern bestimmte Bräuche beachten mussten (Seibicke 1996: 1207). Im mitteleuropäischen Raum herrschte im Mittelalter die gebundene Namensgebung nach einem direkten Vorfahren vor, bei Söhnen hauptsächlich nach dem Großvater oder Vater und bei Mädchen nach der Großmutter oder Mutter. Sie war sowohl eine Demonstration des Respekts vor dem früheren Namensträger als auch eine mögliche Verwirklichung der Vorstellung, dass der verstorbene Vor-

3 Ähnlich wie bei den männlichen Namen gibt Wolfgang Fleischer einen kurzen statistischen Überblick in der mittelalterlichen Stadt Zerbst in Sachsen-Anhalt: *Margarethe* machte 22,7 % aus, *Katharina* 18,1 % und der dritte Name war *Elisabeth* 4,7 % (Fleischer 1964: 52).

fahre in dem neuen Namensträger weiterleben würde oder dass der Vorfahre die Rolle eines Schutzpatrons übernehmen und seinen Namensvetter vor den Tücken des Lebens bewahren würde.

Neben dieser Möglichkeit gab es noch eine gebundene Vornamengebung, nämlich die hagiologische Taufe einer Person, d. h. motiviert durch ein religiöses Vorbild, das am Tag der Taufe den Schutz des Täuflings übernehmen sollte. Diese Methode der Kindertaufe wurde bei den Protestanten nach der Reformation nicht mehr angewandt (Seibicke 1996: 1208).

Gegen Ende des Mittelalters verbreitete sich der Brauch, ein Kind nach seinem Taufpaten oder seiner Taufpatin zu benennen (Bach 1978: § 471). Diesem Brauch wurde vor allem in der protestantischen Bevölkerung gefolgt, und wenn es mehr als einen Paten gab, bekam das Kind ab dem 16. Jahrhundert zwei Rufnamen (Seibicke 1996: 1209).

3.2 Hypokoristika

Unter Personennamen existieren viele Varianten, die man in inoffiziellen Kreisen zur Unterscheidung von Personen mit demselben offiziellen Namen benutzte. Sie werden als Hypokoristika bezeichnet, und in der Phase ihrer Entstehung waren sie expressiv. Im Laufe der Zeit wurden sie in der Öffentlichkeit verwendet, verloren ihre Ausdruckskraft und wurden zu formellen Hypokoristika; sie erfüllten die gleichen Funktionen wie offizielle Namen (vgl. Pleskalová 2011: 44). Im Deutschen wurden Hypokoristika durch Ableitung mit einem Suffix gebildet, z. B. mit dem Suffix -i (*Rudi* < *Rudolf*), in älteren Ableitungen ist auch eine stammvokalische Flexion nachweisbar (*Erni* < *Arnolf*); ein weiteres Suffix der deutschen Hypokoristika ist das Suffix -z, ahd. -(i)zo (für männliche Namen)/-(i)za (für weibliche Namen) > -z(e), z. B. *Heinz* < *Heinrich*, *Hezza* < *Hedwig*. Das Diminutivsuffix -l wurde im Bereich der Appellativa zu -līn > -lein erweitert; die Form -līn ist im Bereich der Anthroponyme ab dem 7. Jahrhundert (*Richilin*) bezeugt (Fleischer 1964: 29). Die Hypokoristika sind von den slawischen Sprachen nicht zu trennen – nicht nur von Appellativa, sondern auch von Personennamen. Im Tschechischen gab es daher 244 Suffixe zur Bildung von Hypokoristika (Svoboda 1964: 255–256) sowohl für Namen slawischen Ursprungs als auch für Xenonyme, z. B. -a (*Kuna* < *Konrad*, *Kolka* < *Nicolaus*), -ata (*Slavata* < *Slavibor*) -ek (*Benek* < *Benedikt*, *Vaněk* < *Venceslaus*), -ka (*Anka* < *Anna*), -ík (*Sebík* < *Sebastian*), -š (*Bohuš* < *Bohuslav*, *Mareš* < *Martin*, *Aleš* < *Alexius*), -(e)l (*Jakl*, *Jekl* < *Jakub*), -c (*Kunc* < *Konrad*) und weitere.

3.3 Über die Integration von Rufnamen fremder Herkunft

Da im zweisprachigen Olmütz zwei onomastische Systeme, das deutsche und das tschechische, im Entstehen begriffen waren, stellt sich die Frage nach der Integration von Rufnamen fremder Herkunft. Dieser Prozess geschah in beiden Sprachen, und viele der damals beliebten Namen erschienen daher in beiden Sprachen in verschiedenen Formen. So gibt es z. B. für den Namen griechischen Ursprungs *Petrus* in den Olmützer Quellen zahlreiche Varianten – *Peter, Petr, Pech, Pecheins, Petzoldus, Petzold,* die hypokoristischen Formen – *Petrlinus, Petrlin, Peschlin, Petrein, Petzmann, Petermann, Pesco, Pessek, Petrzik, Petrziko, Petrassko* oder *Petrasek*; auf ähnliche Weise kann man auch bei dem Namen *Andreas* verschiedene Formen finden und die meisten Beispiele sind Hypokoristika – *Andres/ /Andreß/Anndres, Andresch/Andress, Andris, Andrias, Andriass/ Andriasch, Andra, Andre/Anndre, Anderlin, Anderlinus, Anderlins, Andrle, Anderle, Anderl, Enderlinus, Enderlin, Enderl, Andrze, Ondrzeg, Ondrzeig, Ondrzey, Ondrei, Ondrze, Ondra, Onndra, Ondre, Ondry, Ondrus, Ondruss, Ondrusch, Ondraczek, Ondraczke, Andraczek, Andraczke, Wondra* oder *Ressko.*

Selbst Namen slawischen und germanischen Ursprungs sind von der Anpassung nicht verschont geblieben, *Stanislav* kommt als *Stanislaus, Stanislaw, Stanczlaw* vor, aber auch als *Stenczlaw, Stach, Stanczel, Stenczel, Stenczl, Staynel, Stainzl, Stanek, Stanik, Stanko, Stanke, Stanku, Stosko* und *Staniek*; beim germanischen Namen *Konrad* gab es die Formen *Conrad, Conradt, Conrath, Conadus, Conandus, Cunad, Cunradt, Cundrat, Conczlinus, Conetlinus, Cuncz, Cunczo, Cunic, Cunclin, Cunclinus, Cunczmann, Kuncz* und *Kunczl.*

Auf der Grundlage dieser onomastischen Informationen ist es nun möglich, eine Analyse der in den Olmützer Testamenten vorkommenden Personennamen vorzunehmen.

4 Das analysierte Korpus

Im Bestand Archiv der Stadt Olmütz im Staatlichen Bezirksarchiv Olomouc werden drei Testamentsbücher aufbewahrt, die in den Jahren 1511–1623 geführt wurden, wobei es sich nicht um eine kontinuierliche Phase handelt. Das erste Testamentsbuch enthält insgesamt 250 Testamente aus den Jahren 1511–1541, von denen 88 Testamente, also mehr als ein Drittel (35,2 %), von Olmützer Frauen gemacht wurden. Es dürfte nicht das älteste Olmützer Testamentsbuch gewesen sein. Zu dieser Schlussfolgerung führt die Feststellung, dass das Titelblatt ursprünglich mit der Überschrift *Liber testamentorum secundus* versehen war. Das letzte Wort wurde jedoch durchgestrichen und das Wort *primus* darüber geschrieben. Man kann davon ausgehen, dass das ursprünglich älteste Olmützer

Testamentsbuch verloren gegangen ist. Das zweite Testamentsbuch enthält 173 Testamente aus den Jahren 1541–1557, von denen die Erblasserinnen 80 Abschriften (46,2 %) der Eintragungen anfertigen ließen, und das dritte Testamentsbuch bewahrt 431 Eintragungen aus den Jahren 1572–1623, von denen 220 Frauentestamente (51,0 %) sind, und stellt wahrscheinlich keine kontinuierliche Fortsetzung des vorherigen Testamentsbuchs dar.

Die meisten Einträge von Testamenten sind in deutscher Sprache verfasst, z. B. finden sich im ältesten erhaltenen Testamentsbuch 211 deutsche Testamente, d. h. 84,4 %; nur 39 Texte sind in tschechischer Sprache verfasst.

5 Rufnamen in den Olmützer Testamentsbüchern

Das Spektrum der Personennamen der Erblasser war im Verhältnis zur Gesamtzahl der Erblasser in den einzelnen Testamentsbüchern relativ breit. Vor allem in TB3 nahm die Variation der Namen tendenziell etwas zu, was aber nicht nur auf den Umfang dieses dritten Testamentsbuches und die Länge des Zeitraums zurückzuführen ist, den es abdeckt. Während in TB1, das 31 Jahre lang geführt wurde, insgesamt 64 Namen für die Personennamen von 250 Erblassern vorkommen und in TB2 ebenfalls 64 Namen für die Namen von 173 Erblassern über einen Zeitraum von 17 Jahren verzeichnet waren, wurden in TB3, das 52 Jahre lang verwendet wurde, 103 verschiedene Personennamen für 431 Erblasser gefunden, wobei die Namensvarianten wie beispielsweise *Pernusch* (TB1) nicht als selbstständige Namen, sondern als hypokoristische Namensformen klassifiziert wurden, in diesem Fall als Variante des Namens *Bernard*, *Kunc* (TB1) als Variante des Namens *Konrad*, *Jaksch* (TB1) wurde als Hypokoristikum zu dem Namen *Jacob*, *Blone* (TB3) als gekürzte Form des Namens *Apolonia* und *Elena* (TB3) des Namens *Helena* aufgenommen (vgl. Svoboda 1964, 33). Nicht ganz eindeutig war die Zuordnung des Namens *Lena* in TB3 zu dem Namen *Magdalena*.

Die Analyse der Personennamen in den Olmützer Testamenten soll folgende Fragen beantworten:

1. In welchen Teilen der Testamente finden sich die Namen der Olmützer Erblasser[4]?
2. Welche männlichen und weiblichen Personennamen von Erblassern sind in den erhaltenen Olmützer Testamenten am häufigsten zu finden?
3. Weisen die Namen der Olmützer Erblasser modische Tendenzen in der Entwicklung der Personennamen auf?

4 Der Begriff *Erblasser* wird in diesem Kontext als generisches Maskulinum verstanden.

4. Spiegelt sich in den Namen der Olmützer Erblasser die Tatsache wider, dass ihre Träger in einem tschechisch-deutschen zweisprachigen Raum lebten?
5. Inwieweit deckt sich das Vorkommen von Personennamen in dieser Textsorte mit den allgemeinen Schlussfolgerungen von Vladimír Šmilauer für die häufigsten Personennamen in den böhmischen Ländern in der Zeit von 1300 bis 1750, mit den Schlussfolgerungen von Wolfgang Fleischer für die Stadt Dresden und mit der Erforschung anderer Olmützer Quellen, etwa des ausgewählten Haussteuerregisters?
6. Welche Hypokoristika finden sich in den Testamenten des ältesten Olmützer Testamentsbuchs?
7. Wie ist die Zeugniskraft der Testamentsbücher in Bezug auf das untersuchte Phänomen zu bewerten?

Die Angaben über den Erblasser sind in der Überschrift in einer meist nachgestellten Benennung enthalten, die als Genitivattribut zur Textsortenbezeichnung steht (*Testament des plinden Gabriels grubers*, TB1, 1531). Die Textsorte wurde in der latinisierten Form angeführt, und wahrscheinlich deshalb kommen auch die Vornamen/Rufnamen, seltener Familiennamen, zunächst in latinisierten Genitivformen vor (*Testamentum Gerdrutis*, TB1, 1520; *Testamentum Petri wagner*, TB1, 1520). Die deutschen Genitivendungen stehen bis 1540 nur vereinzelt und erscheinen erst in den Jahren 1531 und 1537, aber nur in Bei- oder Familiennamen, nicht jedoch in Rufnamen, die entweder im Nominativ bleiben (*Testament Steffan Öler schneiders*, TB1, 1537) oder weiterhin im lateinischen Genitiv verwendet sind (*Testamentum Benedicti Kornochs*, TB1, 1533). Seit dem Jahre 1540 tragen die Personennamen deutsche Genitivendungen, und das Genitivattribut ist meist vorgestellt (*Jorig Stegers Testament*, TB1, 1540).

Die Art der Benennung des Erblassers in der Überschrift stimmt nicht immer mit dessen Benennung in der Präambel/Narratio überein; die Informationen ergänzen sich einander. Die Namensstruktur *Vorname + Beiname/Familienname* kommt in 232 Exemplaren in der Überschrift und in 236 Exemplaren in der Präambel/Narratio vor.

In drei Überschriften der Testamente wurde nur der Rufname des Testators als einzige Identifizierung benutzt (*Testamentum Gedrutis*, TB1, 1520; *Testamentum Jobst*, TB1, 1521; *Testamentum Margarethe*, TB1, 1523), was auch in der Präambel so bleibt. Die Identifizierungskraft des Rufnamens ist in diesen Fällen nur sehr gering. In vierzehn Testamenten sind Rufnamen in den Überschriften um eine Zusatzinformation erweitert – um Wohnort oder Herkunft (*Testamentum Magdalene in brukampt*, TB1, 1519; *Testamentum Wasskonis de Teynicz*, TB1, 1520), um Familienstand (*Testamentum Sibille vidue*, TB1, 1519; *Testamentum Anne, der Bartin Tochter*, TB1, 1527) oder Sozialstand des Testators (*Testamentum Vincency quondam Jacobi kuchera familiaris etc. de Farbaß*, TB1, 1534), um ein Adjektiv, das das Alter des Testierers ausdrückt (*Testamentum Jung Bernart*, TB1, 1522) oder wahrscheinlich auf die äußeren Merkmale des Testierers hinweist (*cleyn Steffen*, TB1, 1519). Diese vereinzelten Beispiele belegen die Tatsache, dass der Rufname in der ersten Hälfte des 16. Jahrhunderts ungenügend war und kaum als einziges Identifizierungsmittel diente oder benutzt wurde. In TB1 sind in sechs Überschriften bei Vornamen und Bei-/Familiennamen der Frauen auch die Vornamen ihrer Männer genannt, z.B. *Testamentum Anne Merten Gilgyn* (TB1, 1514), was die Frau näher bestimmt; zweimal wird der Wechselname mit dem Adverb *allias* in der Überschrift angeführt (*Casperis Kaffko allias Purckharth*, TB1, 1529; *Jacobi Pyrochsel alias Walter*, TB1, 1536).

Nur der Familienname als einzige Identifizierung des Testierers kommt zweimal in der Überschrift und einmal in der Präambel vor:

Überschrift: *Testament Hawlyn* (TB1, 1523) Präambel: *Anna Hawlynn*
Überschrift: *Testamentum Sychu* (TB1, 1519) Präambel: *der Sychu*

Das älteste Testamentsbuch TB1 umfasst meistens eine komplette zweigliedrige Namensstruktur der Testierer, in der neben einem Rufnamen auch ein Bei- oder Familienname eine feste Stelle hat.

In allen drei Testamentsbüchern ist der Name *Johann/Jan* am häufigsten unter den Rufnamen der Erblasser vertreten, insgesamt in 22 Testamenten (8,8 %) in TB1, in 21 Testamenten (12,1 %) in TB2 und in 34 Testamenten (7,8 %) in TB3. Unterschiede entstehen bei folgenden Namen: In allen drei Quellen handelt es sich um Frauennamen. In TB1 ist der zweithäufigste Name *Anna* – insgesamt in 20 Testamenten (8 %), in TB2 sind zwei Namen gleich häufig vertreten – *Catherine/Kateřina* und *Barbara/Barbora*, jeweils in 12 Testamenten (6,9 %), und in TB3 ist der häufigste Name der Erblasserin *Anna* – in 25 Testamenten (5,7 %). An dritter Stelle stehen in allen drei Testamentsbüchern wiederum Frauennamen als häufigste Namen der Erblasser – in TB1 *Dorothea/Dorota* – in 19 Testamenten (7,6 %), in TB2 ebenfalls *Anna* – in 11 Testamenten (6,4 %), in TB3 *Catherine/Kateřina* und an gleicher Stelle der Männername *Georg/Jiří* – beide Namen kommen als Namen der Erblasser in 19 Testamenten (4,4 %) vor.

TB1	TB2	TB3
Jan/Johann	*Jan/Johann*	*Jan*
Anna	*Catherina – Barbara*	*Anna*
Dorota/Dorothea	*Anna*	*Catherina – Georg*
Valentin	*Dorothea – Margaretha*	*Margaretha*
Václav/Wenzel	*Magdalene*	*Ursel*
Jakob/Jacob	*Andreas*	*Marina – Martin – Magdalene*

(Fortsetzung)

TB1	TB2	TB3
Kateřina/Catherina – Martin	*Wenzel*	*Barbara – Paul*
Margaretha	*Ludmilla*	*Mathias/Matz/Mates – Marta – Dorothea*
Georg – Magdalene		*Bartholomäus – Elisabeth*
Paul – Barbara		*Ludmilla*
Nicolaus		*Regina – Jacob – Susanne – Margaretha*
Andreas – Mathias – Susanne – Bernard		*Agneta – Andreas – Christoph – Eva*

Tab. 1: Reihenfolge der häufigsten Rufnamen der Erblasser in den Olmützer Testamentsbüchern

Auch in Olmütz war der beliebteste Name nach den Testamentsbüchern *Johannes/Jan*, der als der beliebteste Name der Frühen Neuzeit gilt, wie Wolfgang Fleischer in seiner Übersicht über die Dresdner Namen (Fleischer 1964: 51) und Vladimír Šmilauer in einer einführenden Charakteristik der Rufnamen in den böhmischen Ländern (Šmilauer 1974: 16) zeigen. Der Name *Nicolaus/Mikuláš*, der in Dresden um 1500 gut vertreten war, landete an der zweiten Stelle. Der Name *Peter/Petr*, der in Dresden und in der Übersicht von Vladimír Šmilauer an der dritten Stelle stand, war in Olmütz noch seltener (TB1 – einmal, TB2 – dreimal und TB3 auch dreimal vertreten). Die Reihenfolge der Männernamen in Olmütz auf der Grundlage der analysierten Erblassernamen wird in TB1 noch ergänzt durch *Valentin* als zweithäufigsten männlichen Namen (6 %), *Wenzel/Václav* als dritthäufigsten (5,2 %) und *Jakob/Jakub* (4,8 %), in TB2 ist die Reihenfolge der männlichen Namen *Johann/Jan*, *Andreas/Ondřej* und *Wenzel/Václav*, in TB3 *Johann/Jan*, *Georg/Jiří* und *Martin*. Der Name *Georg/Jiří* tendiert auch in den Olmützer Testamenten zu den vorderen Plätzen, und diese Tendenz zeigt sich auch bei Šmilauer. Der Name *Adam*, der laut Šmilauer ab dem 16. Jahrhundert häufiger auftritt, findet sich in TB3 nur bei einem Erblasser. Als ein modischer Name in Olmütz konnte in TB1 der Name *Valentin* (in 15 Testamenten) identifiziert werden.

Die Reihenfolge der weiblichen Namen *Margarethe/Markéta – Katharina/Kateřina – Elisabeth/Alžběta* ist der von Fleischer und Šmilauer recht ähnlich, aber im Gegensatz zu den Werten von Fleischer sind die Namen *Anna* und *Dorothea/Dorota* in den Olmützer Testamentsbüchern reichlich vorhanden, was teilweise der Reihenfolge von Šmilauer entspricht, in der *Anna* und *Dorothea* an vierter und fünfter Stelle vertreten sind.

Die vorangegangene Analyse der Namen in den drei Olmützer Testamentsbüchern hat gezeigt, dass auf den vorderen Plätzen die Namen von Heiligen lateinischer, griechischer oder hebräischer Herkunft dominieren. Im Protestantismus wurden in Deutschland alttestamentliche Namen wie *Abraham*, *Esther*, *Samuel*, *Daniel* und andere lebendig (Kunze 2003: 45).

Wenn das Vorkommen dieser Namen in Olmütz behandelt werden sollte, müssen einige historische Fakten genannt werden: In der zweiten Hälfte des 16. und in den ersten Jahrzehnten des 17. Jahrhunderts traten drei Bischöfe, eifrige Anhänger der Gegenreformation, gegen die Protestanten auf. Im Jahre 1565 bestieg den Bischofsstuhl Vilém Prusinovský (1565–1572), der im Jahre 1566 die Jesuiten in die Stadt berief und ein Jesuitenkolleg gründen ließ – vier Klassen der lateinischen Schule und die Akademie sorgten seitdem für die Ausbildung der Söhne aus wohlhabenden Familien der Adeligen und Bürger. Sieben Jahre später, im Jahre 1573, wurde die Akademie zur Universität erhoben; in Olmütz entstand die zweite Universität in den böhmischen Ländern. Prusinovský bremste zwar in Zusammenarbeit mit den Jesuiten die Verbreitung des Protestantismus in der Stadt, Luthers Lehre fand aber auch in Olmütz immer mehr Anhänger. Nach dem Abschluss der lateinischen Stadtschule bei der St.-Mauritz-Kirche studierten einige Olmützer an den Universitäten in Frankfurt an der Oder, Leipzig oder Wittenberg, an denen bedeutende Repräsentanten der deutschen Reformation wie Martin Luther und Philipp Melanchthon tätig waren (Bartoš 1972: 61). Auf diese Weise machten sich die Olmützer mit der Reformation bekannt, und nach der Rückkehr nach Olmütz verbreiteten sie begeistert die Ideen des Protestantismus. Als Prusinovský, der gegen die Beerdigung der Protestanten auf geweihten Friedhöfen auftrat, das Bischofsamt innehatte, organisierten die Olmützer Protestanten ihre Gottesdienste heimlich, oft auch in Privathäusern. Obwohl Olmütz in den 80er Jahren des 16. Jahrhunderts sogar eine Verbindung mit der protestantischen Universität in Frankfurt an der Oder knüpfte, konnte dies die Entwicklung der Gegenreformation in der Stadt nicht aufhalten (vgl. Spáčilová 2005: 12).

Mit der beschriebenen politischen Situation in Olmütz korrespondierte das Vorkommen der alttestamentlichen Namen in den Testamentsbüchern: Nur der Name *Daniel* kommt in TB1 und TB2 vor, der weibliche Name *Salome* war in TB2 zu finden, aber in TB3 gibt es viel mehr alttestamentliche Namen – *Martha* (10), *Daniel* (3), *Abraham* (2), *Jeremias* (2), *Joseph* (2), *Salome* (2), *Esther*, *Ismael*, *Salomen* (je einmal).

Eine andere Tendenz in der Entwicklung der Rufnamen hing mit dem Einfluss der Jesuiten und offiziellen katholischen Verlautbarungen zusammen, die vom Konzil von Trient in den Jahren 1545–1563 initiiert wurden (vgl. Kunze 2003, 47). In diesem Sinne bildete sich eine Reihe neuer Heiligennamen wie *Franziscus*, *Ignatius*, *Isidor*, *Karl* oder *Aloisius*. Sie waren jedoch erst ab dem zweiten Viertel des 17. Jahrhunderts in Gebrauch (vgl. Spáčilová 2016). In TB2 kommt nur einmal der Vorname *Frantissek* vor und in TB3 nur einmal der Name *Karel*, wahrscheinlich waren das die ersten Träger dieser Vornamen in der Stadt Olmütz. Die Vergabe mehrerer Vornamen, die sich ab 1500 im Süden Deutschlands ausbreitete und im 17. Jahrhundert in Olmütz erschien, war den Testamentsbüchern nach im Olmütz des 16. Jahrhunderts noch nicht aktuell. In TB3 erscheint nur ein einziges Beispiel für zwei Vornamen – *Maria Regina* (ihr Testament wurde im Jahre 1603 verfasst).

Die Stadt Olmütz war seit dem 13. Jahrhundert eine tschechisch-deutsche bilinguale Stadt. Es stellt sich die Frage, ob sich diese Tatsache auch in der Herkunft der Vornamen in den untersuchten Testamentsbüchern widerspiegelte. Die Analysen zeigen, dass Vornamen germanischer oder deutscher Herkunft in allen drei Testamentsbüchern vorkommen: In TB1 sind die Vornamen *Bernard* (6), *Kunz* (gekürzte Form von *Konrad*), *Wolfgang*, *Sigismund*, *Hedwig* und *Gedruta*, in TB2 *Ludwig*, *Ulrich* und *Wolfgang* und in TB3 insgesamt neun Vornamen – *Wolfgang* (4), *Wilhelm* (2), *Bernhart* (2), *Heinrich* (2), *Hedwig* (2), *Engelhart*, *Karl*, *Kunigunda* und *Gertrud* – zu finden. Alle diese angeführten Vornamen sind zwar nicht so häufig wie die klassischen Heiligennamen, aber trotzdem kann ihr Vorkommen für eine Folge des tschechisch-deutschen Bilingualismus gehalten werden.

Betrachtet man das Vorkommen von Rufnamen slawischer Herkunft, so erscheint in allen drei Testamentsbüchern der Name *Wenzel/Václav* – in TB1 gibt es 13 Belege, in TB2 sechs Belege und in TB3 fünf Belege; in TB2 und TB3 gibt es auch den slawischen Namen *Ludmilla* (TB2 fünfmal, TB3 achtmal) und in TB2 wurde auch der zusammengesetzte Name *Stanislaus* eingetragen (einmal). Während das Vorkommen von Rufnamen germanischer/deutscher Herkunft in den untersuchten Testamentsbüchern zeigt, dass die Rufnamen germanischen oder deutschen Ursprungs bei der Bevölkerung nach wie vor beliebt sind, obwohl die Herkunft von Personennamen für die Namenswahl nicht entscheidend war, gibt es unter den Namen der Erblasser tatsächlich wenige Rufnamen slawischer Herkunft – nämlich nur drei, was auf die Vorherrschaft des germanischen Elements in der Stadt hinweist.

6 Zwischenfazit

Zum Vergleich der Rufnamen in den Testamentsbüchern wurden Angaben benutzt, die aus dem Olmützer Haussteuerregister stammen. Es handelt sich um die Verzeichnisse der sog. *Losungen*, der Gebühren, die die Hausbesitzer zweimal im Jahr, am St.-Georgstag und am St.-Michaelstag, an die Stadtkasse entrichteten. Die Höhe der Abgabe wurde jedesmal in einer nach den Stadtvierteln geführten

Namensliste festgehalten. Zur Untersuchung der Personennamen wurden die Register aus dem Jahre 1619 (Sign. 410) verwendet.

Die Untersuchung bringt folgende Ergebnisse: Im Haussteuerregister aus dem Jahre 1619, in dem insgesamt 1.130 Hausbesitzer eigetragen sind, dominieren die klassischen Rufnamen, die schon früher in der christlichen Welt große Verbreitung fanden: *Johannes/Hans/Jan* (184, d.h. 16,3 %), *Georg/Jiržik/Jura* (95–8,4 %) und *Merten/Martin* (56–5 %), auch *Paul* (46–4,1 %), *Jacob* (42–3,7 %) und *Andreas* (41–3,6 %). Namen germanischer/deutscher Herkunft sind vergleichbar mit den Namen in den Testamentsbüchern – *Bernard* (7), *Fridrich* (5), *Wolff* (5), *Karl* (4), *Conradt* (3), *Wilhelm* (3), *Heinrich* (3), *Arnold* (1), *Albrecht* (1) und *Erhard* (1). Das Spektrum der slawischen Namen ist, ähnlich wie in den Testamentsbüchern, nicht so breit – *Wenzel/Václav* (29), *Bohusse* (1) und *Lidmila* (1). Alttestamentliche Namen sind in den Haussteuerregistern von folgenden Repräsentanten vertreten: *Adam* (19), *Daniel* (7), *David* (5), *Abraham* (5), *Salomon* (3), *Abel* (1), *Jonas* (1) und *Isacus* (1). Einmal kommt der Name *Josef* vor. Keiner von neuen Heiligennamen taucht in dem Register auf. Auch zwei Vornamen für eine Person sind nur eine Ausnahme – nur bei dem Adeligen *Wratislav Bernhard Drahanowsky*, sonst kommen die Doppelnamen in diesem Register, ähnlich wie in den Testamentsbüchern, gar nicht vor. Es war für die Analyse schade, dass die Register im Unterschied zu den Testamentsbüchern keine Auskunft über weibliche Testamentierungen geben, da überwiegend Männer als Hausbesitzer aufgeführt wurden.

Betrachtet man die Tradition der Namensgebung nach dem ersten Testamentsbuch (TB1) – denn diese Textsorte ist dafür die optimale Quelle – dann überrascht es nicht, dass es viele Fälle gibt, in denen Kinder nach ihren Eltern benannt wurden, bspw. hieß die Frau von *Blasius Hawinschilt Katharine* und seine Tochter ebenfalls *Katharine* (TB1, 1520). Ein anderer Fall ist *Anna Mathis Bogneryn*, deren Tochter nach ihr benannt wurde (*Anna, yre leipliche tochter*, TB1, 1519) oder *Michael Hocker* hatte einen Sohn *Michael* und eine Tochter *Katherina*, seine Frau hieß *Regina* (TB1, 1518). Ein weiterer Fall ist die Benennung eines Kindes nach einem Großelternteil, z. B. hatte *Katherina Sskodyn* (TB1, 1524) zwei Töchter, *Margreth* und *Cordula*, und einen Sohn *Frantz*, der eine Tochter *Katherina* hatte, die wahrscheinlich nach ihrer Großmutter benannt wurde. Nicht so häufig war die Namensverschiedenheit, bspw. *Benesch Kornochs*, dessen Schwester *Cordula* hieß, hatte mit seiner Ehefrau *Regina* einen Sohn *Mathis* und eine Tochter *Catherina* (TB1, 1533); *Jheronymus Kugler* und seine Ehefrau *Elisabeth* hatten drei Söhne – *Hansl*, *Valten* und *Thoman* (TB1, 1532) und *Magdalena Hosingeryn* hatte zwei Töchter – *Margaretha* und *Dorothea* (TB1, 1525). Aufgrund der großen Auswahl an Personennamen war es nicht schwierig, andere Namen als die der Eltern oder der Großeltern zu wählen. Die Tradition der Namensgebung war jedoch für viele Familien verbindlich.

7 Hypokoristika im ersten Testamentsbuch

In Anbetracht der Tatsache, dass es sich bei dem Testament um ein privates Rechtsdokument handelt, in dem die Vermächtnisse des Erblassers an Verwandte und Bekannte festgehalten werden, ist das Auftreten von Hypokoristika zu erwarten, und es kann sogar bestätigt werden, dass das Auftreten von Hypokoristika eines der charakteristischen Merkmale der Olmützer Testamente in den Testamentsbüchern ist. Infolge der Integration auf morphologischer Ebene wurden die Rufnamen fremder Herkunft im Olmützer Korpus mit verschiedenen Suffixen versehen, die oft eine hypokoristische Bedeutung hatten. Die folgenden deutschen Suffixe und Beispiele wurden im ersten Testamentsbuch gefunden:

- -o: *Hanno < Johann, Jesso < Jakob, Mixo < Nicolaus, Ulo < Ulrich*;
- -e: *Tome < Thomas, Jane < Johann*;
- -i/-y: *Gusti < August, Blasy < Blasius*; für Frauennamen *Agneti < Agnet*;
- -ke, -ko/-co: *Blasske, Blassko < Blasius, Andraczke <* Andreas, *Hanco < Johann*;
- -(e)l, -erle: *Andel/Anderl/Anderle, Fraentczel/Franczel < Frantz, Matel < Matthias/Matthäus, Jeroniml < Jeronimus, Cristel < Cristian, Bartel/Bartl < Bartholomäus, Kuberle < Jacob;*
- -li, -le, -lein, -lin: *Jäckli < Jacob, Enderlin < Andreas*; *Madlein < Magdalene*;
- -mann: *Petzmann < Peter;*
- -ning: *Henning < Johann*;
- -tz/-z/-cz: *Nitz < Nikolaus, Barz < Bartholomäus, Maths/Macz < Mathias*;
- -tsch: *Petsch < Peter, Bartsch < Bartholomäus.*

Aufgrund ihrer Häufigkeit sind die tschechischen Suffixe durch die folgenden ausgewählten Beispiele vertreten:

- -a: *Blaha < Blasius, Fába < Fabián, Kuba < Jakub, Wawra < Vavřinec* (Laurentius), *Wondra < Andreas*;
- -ča/-cza, -če/-cze: *Ancza/Ancze < Anna*;
- -da: *Janda < Johann/Jan*;
- -ek, -ík/-ik: *Andraczek/Ondraczek < Andreas, Blassek < Blasius, Daniczek < Daniel, Kubiczek < Jakub, Massek<Martin, Pánek < Štěpán/Pankrác, Schimek < Šimon, Vítek < Vít, Albík < Albert/Albrecht, Alschik < Alexander, Marzik < Mauritius/Marcus/Martin*;
- -ch, -cho: *Bech/Becho < Benedikt, Mach < Matthias*;
- -j/-g: *Mateig < Matthias, Ondrzej/Ondrzeg < Andreas*;
- -ka, -ko: *Czierka < Cyril, Ressko < Andreas, Sczepanko < Štěpán*, für Frauennamen: *Agnesska < Agnes*;
- -l: *Hanal < Johann, Jokl < Jacob*;
- -n/-ň: *Barton/Barthon < Bartoloměj/Bartholomäus, Toman < Thomas*;

- -š/-ss/-sch/-s, -eš/-ess/-esch, -iš/-iss/-isch, -šo/-scho -usch: *Miks/Mikss < Mikuláš < Nicolaus; Alesch/Aless < Alexander, Beneš/Beness/Benesch < Benedikt, Janisch < Jan, Barscho/Bartoš < Bartoloměj, Climsscho < Clement, Kubusch < Jakub, Pernusch < Bernhard.*

Dieses Arsenal an verschiedenen Suffixen zeugt von den großen Veränderungen, die jeder Rufname fremder Herkunft durchmachte, seitdem er in das System der tschechischen oder deutschen Sprache eingegangen war. Es ist sehr interessant, die Verwendung von hypokoristischen Formen von Personennamen in Testamenten zu beobachten, da es mehr Möglichkeiten gab, emotionale Färbungen in der Sprache auszudrücken. So sind in den Testamenten bspw. für den damals am häufigsten vorkommenden weiblichen Namen *Anna* folgende Hypokoristika verzeichnet: *Ani/Anni, Andl, Andel, Ancze, Anka, Anle, Anča* und *Anczicze.* Auch für den Namen *Andreas* gibt es in den Olmützer Testamenten eine Reihe von hypokoristischen Varianten, z. B. *Ander, Andre* oder *Anderle.*

Die Kurzform des Namens *Sebastian* wurde mit dem Diminutivsuffix -l versehen: *Bastl.* Verkürzte Formen waren beliebt (*Franziskus > Franz, Magdalene > Magda, Eufrasine > Frasine*) und wurden, wie das vorige Beispiel zeigt, zur Grundlage für die Bildung von Hypokoristika. Durch Verkürzung der Form des weiblichen Rufnamens germanischer/deutscher Herkunft *Kunigunde* und durch die Kombination mit verschiedenen hypokoristischen Suffixen entstanden bspw. die Formen *Kuna, Kunka* und *Kundl.*

Die Olmützer Testamente geben auch Aufschluss über den sozialen Aspekt der Namensformen. So wurde eine Magd oft *Bietka/Bieta* oder *Kacza/Kacze* genannt, während eine Bürgerin *Elisabeth* hieß, ebenso waren *Katherine/Catharine/Katerzina* Formen, die als neutral zu klassifizieren sind; als Verkleinerungsform wurde *Katherlen* verwendet.

Einige Namen fremden Ursprungs wurden im Tschechischen assimiliert, was auch zu Änderungen in der Schreibweise führte (*Egidius – Jiljí, Georg – Jura/Jurek, Heinrich – Gindrich, Johann – Jan*). Manche Hypokoristika enthielten morphologische Änderungen, die der Basisname erfahren hat, so dass es heute nicht einfach ist, auf den ersten Blick die Basisform des Namens im Hypokoristikum zu finden, z. B. *Fronka* war *Franziska.*

Die Testamentsbücher zeigten sich als eine optimale und ergiebige Quelle zur Untersuchung der Hypokoristika und zur Verfolgung der Tradition der Namensgebung in der damaligen Familie. Die Analyse des ältesten erhaltenen Testamentsbuchs stellt die erste Etappe der Analyse dar, die in Zukunft weiter fortgesetzt wird.

8 Fazit

Die Erforschung der Personennamen in den im Bestand Archiv der Stadt Olmütz aufbewahrten Testamentsbüchern hat gezeigt, dass die Gültigkeit der Tendenzen der deutschen Entwicklung im Bereich der Anthroponymie in diesen Olmützer Archivalien nur teilweise nachgewiesen werden kann. In den Testamentsbüchern kommen neben offiziellen Rufnamen auch die hypokoristischen Formen vor, was ein großer Vorteil dieser Quelle ist. Die Analyse der Olmützer Testamente bestätigte teilweise die allgemeinen Tendenzen in der Entwicklung der Rufnamen: Die Heiligennamen fremder Herkunft setzten sich diesen Quellen zufolge durch, aber humanistische Rufnamen wurden in den Testamentsbüchern kaum gefunden. Infolge des Protestantismus traten in den Testamentsbüchern alttestamentliche Rufnamen auf, aber Doppelnamen erschienen noch nicht. Auch der Kult der neuen Heiligen bei der Namenswahl der katholischen Bevölkerung zeigte sich im Alltagsleben der Olmützer Bürger den Testamentsbüchern nach noch nicht durch, denn es war nur eine kurze Zeit seit der Heiligsprechung der neuen Heiligen. In den Testamentsbüchern ließen die Bürger, die bereits ein gewisses Alter erreichten, ihre Testamente niederschreiben, so dass man davon ausgehen kann, dass die Wahl ihrer Personennamen von den modernsten Tendenzen in der Namensgebung noch nicht beeinflusst wurde.

Die Erforschung der Personennamen in den Olmützer Testamentsbüchern führt zu dem Schluss, dass es notwendig ist, die Ziele der Forschung genau zu formulieren und dementsprechend die geeigneten Quellen zu wählen. Die Testamentsbücher sind eindeutig eine sehr geeignete Quelle für die Erforschung der Hypokoristika und die Verfolgung der Tradition der Namensgebung.

Bibliografie

Quellen

Zemský archiv Opava, Státní okresní archiv Olomouc [Landesarchiv Opava, Staatliches Bezirksarchiv Olomouc], Bestand Archiv der Stadt Olmütz, Bücher, Testamentsbücher, TB1 – Sign. 138 (1511–1541), TB2 – Sign. 139 (1541–1557), TB3 – Sign. 140 (1572–1623); Haussteuerregister, Sign. 410 (1619).

Literatur

Bach, Adolf (1978): *Die deutschen Personennamen.* Bd. 1–3. Heidelberg: Carl Winter Universitätsverlag.

Bartoš, Josef et al. (1972): *Malé dějiny Olomouce* [Kleine Geschichte von Olomouc]. Ostrava: Nakladatelství Profil.

Bieberstedt, Andreas (2007): *Textstruktur, Textstrukturvariation, Textstrukturmuster. Lübecker mittelniederdeutsche Testamente des 14. und 15. Jahrhunderts.* Wien: Praesens Verlag.

Bieberstedt, Andreas (2009): *Strukturmuster in der Textsorte Testament. Dargestellt am Beispiel Lübecker Bürgertestamente des 14. und 15. Jahrhunderts.* In: Ernst, Peter (Hrsg.): *Kanzleistil: Entwicklung, Form, Funktion.* Wien: Praesens Verlag, S. 9–56.

Bílý, Jiří (2003): *Právní dějiny na území České republiky* [Die Rechtsgeschichte auf dem Gebiet der Tschechischen Republik]. Praha: Linde.

Czachur, Waldemar / Zimmer, Agnieszka (2018): *Das Testament als eine Textsorte. Eine linguistische Analyse des Testaments des galizischen Adligen Herman de Brunicki aus dem Jahre 1835.* In: Studia Germanistica Posnaniensia 39, S. 35–51.

Duden (2001). *Deutsches Universalwörterbuch.* Mannheim – Leipzig – Wien – Zürich: Dudenverlag.

Fleischer, Wolfgang (1964): *Die deutschen Personennamen. Geschichte, Bildung und Bedeutung.* Berlin: Akademie-Verlag.

Hásková, Jarmila (1982): *Sociální struktura Litomyšle a peněžní hotovosti jejích obyvatel na přelomu 15. a 16. století* [Die soziale Struktur von Litomyšl und das Bargeld seiner Bewohner an der Wende vom 15. zum 16. Jahrhundert]. In: Sborník Národního muzea v Praze, řada A – historie 36, S. 1–47.

Hrubá, Michaela (2000): *Možnosti studia předbělohorských testamentů a inventářů pozůstalostí v královských městech severozápadních Čech* [Möglichkeiten des Studiums der Testamente und Nachlassinventare in den nordwestböhmischen königlichen Städten in der Zeit vor der Schlacht am Weißen Berg]. In: Hrubá, Michaela (Hrsg.): *Města severozápadních Čech v raném novověku* [Die Städte Nordwestböhmens in der frühen Neuzeit]. In: Studia Historica IV, S. 7–34.

Hrubá, Michaela (2002): *»Nedávej statku žádnému, dokud duše v těle.« Pozůstalostní praxe a agenda královských měst severozápadních Čech v předbělohorské době* [»Gib niemandem deine Güter, solange die Seele im Leibe ist.« Nachlasspraxis und -agenda der königlichen Städte Nordwestböhmens in der Zeit vor der Schlacht am Weißen Berg]. Ústí nad Labem: Univerzita Jana Evangelisty Purkyně. (Acta Universitatis Purkynianae 83, Philosophia et historica V, Studia Historica – Monographia V)

Kaleta-Wojtasik, Sławomira (2016): *Formelles und Persönliches in deutschsprachigen Testamenten der Krakauer Bürger aus dem 15.–16. Jahrhundert.* In: Hünecke, Rainer – Aehnelt, Sandra (Hrsg.): *Kanzlei und Sprachkultur. Beiträge der 8. Tagung des Arbeitskreises Historische Kanzleisprachenforschung, Dresden 3. bis 5. September 2015.* Wien: Praesens Verlag, S. 49–62. (Beiträge zur Kanzleisprachenforschung 9)

Kincl, Jaromír / Urfus, Valentin / Skřejpek, Michal (1995): *Římské právo* [Das römische Recht]. Praha: C. H. Beck.

Kohlheim, Rosa / Kohlheim, Volker (2007): *Das große Vornamenlexikon.* 3., völlig neu bearbeitete Auflage. Mannheim – Leipzig – Wien – Zürich: Dudenverlag.

Krzenck, Thomas (1995): *Prager und Pilsener Frauentestamente in der Hussitenzeit im Vergleich.* In: Mediaevalia Historica Bohemica 4, S. 265–278.

Krzenck, Thomas (1996): *Prager Frauentestamente des 15. Jahrhunderts.* In: Documenta Pragensia 13, S. 69–79.

Krzenck, Thomas (2006): *Pražské a vídeňské testamenty pozdního středověku – pokus o komparaci* [Prager und Wiener Testamente des Spätmittelalters – ein Vergleichsversuch]. In: Jíšová, Kateřina – Doležalová, Eva (Hrsg.): *Pozdně středověké testamenty v českých městech: Prameny, metodologie a formy využití* [Spätmittelalterliche Testamente in böhmischen Städten: Quellen, Methodik und Nutzungsformen]. Sborník příspěvků z konference uspořádané Archivem hlavního města Prahy a Historickým ústavem Akademie věd České republiky. Praha: Scriptorium, S. 87–94.

Kubák, Jaroslav (1965): *Závěti budějovických měšťanů v druhé polovině XVI. století* [Testamente der Budweiser Bürger in der zweiten Hälfte des 16. Jahrhunderts]. In: Jihočeský sborník historický 34, S. 96–103.

Kunze, Konrad (2003): *dtv-Atlas Namenkunde*. 3. Auflage. München: Deutscher Taschenbuchverlag.

Malý, Tomáš (2003): *Chrudimští měšťané a jejich testamenty* [Die Bürger von Chrudim und ihre Testamente]. Diplomarbeit. Manuskript. Brno.

Malý, Tomáš (2007): *Co nabízejí (raně novověké) testamenty? Zamyšlení nad možnostmi kvantifikace* [Was bieten die (frühneuzeitlichen) Testamente? Überlegungen zu den Möglichkeiten der Quantifizierung]. In: Časopis Matice moravské 126, S. 251–266.

Martinák, Jana (2009): *Iglauer Bürgertestamente aus den Jahren 1544–1624. Realisierung einer Textsorte – eine historiolinguistische Analyse.* Wien: Praesens Verlag.

Nagel, Norbert (1999): *Zur Überlieferung volkssprachiger Bürgertestamente des 14. Jahrhunderts aus dem Norden des deutschen Sprachraums unter besonderer Berücksichtigung der Stadt Lübeck.* In: Damme, Robert – Taubken, Hans (Hrsg.): *Niederdeutsche Wörter.* Festgabe für Gunter Müller zum 60. Geburtstag am 25. November 1999. Münster: Aschendorff, S. 179–227.

Oleksíková, Kateřina (2012): *Deutsche Testamente in der Kremsierer Stadtkanzlei aus den Jahren 1729–1824.* Olomouc: Vydavatelství Univerzity Palackého.

Pešek, Jiří (1982): *Pražské knihy kšaftů a inventářů. Příspěvek k jejich struktuře a vývoji v době předbělohorské* [Die Prager Testaments- und Inventarbücher. Ein Beitrag zu deren Struktur und Entwicklung in der Zeit vor der Schlacht am Weißen Berg]. In: Pražský sborník historický 15, S. 63–93.

Pleskalová, Jana (2011): *Vývoj vlastních jmen osobních v českých zemích v letech 1000–2010* [Die Entwicklung der Personennamen in den böhmischen Ländern in den Jahren 1000–2010]. Brno: Host.

Schwarz, Ernst (1949): *Deutsche Namenforschung.* Bd. 1: *Ruf- und Familiennamen.* Göttingen: Vandenhoeck & Ruprecht.

Seibicke, Wilfried (1982): *Die Personennamen im Deutschen.* Berlin – New York: Walter de Gruyter.

Seibicke, Wilfried (1996): *Traditionen der Vornamengebung. Motivationen, Vorbilder, Moden: Germanisch.* In: Eichler, Ernst / Hilty, Gerold / Löffler, Heinrich / Steger, Hugo / Zgusta, Ladislav (Hrsg.): *Namenforschung. Ein internationales Handbuch zur Onomastik.* Berlin – New York: Walter de Gruyter, S. 1207–1214.

Spáčilová, Libuše (1998): *Die Namen der Erblasser in den Olmützer Testamenten aus dem 15. und 16. Jahrhundert. Ein Beitrag zur Namenforschung.* In: brücken. Germanistisches Jahrbuch Tschechien – Slowakei 1998. Berlin – Prag – Prešov: DAAD, S. 217–230.

Spáčilová, Libuše (2000): *Deutsche Testamente von Olmützer Bürgern. Entwicklung einer Textsorte in der Olmützer Stadtkanzlei in den Jahren 1416–1566.* Wien: Praesens Verlag.

Spáčilová, Libuše (2005): *Chronik der Olmützer Bürgerfamilie Hobel (1530–1629)*. Olomouc: Vydavatelství Univerzity Palackého.

Spáčilová, Libuše (2016): *Die älteste Olmützer Universitätsmatrikel als anthroponymische Quelle. Zur Entwicklung der Anthroponyme im 16. und 17. Jahrhundert im bilingualen Olmütz*. In: Slowakische Zeitschrift für Germanistik 8, S. 104–113.

Steinerová, Alžběta (2014): *Zbožné odkazy v testamentech olomouckých měšťanů v 16. století* [Fromme Vermächtnisse in den Testamenten der Olmützer Bürger im 16. Jahrhundert]. Manuskript. Magisterarbeit. Brno.

Svoboda, Jan (1964): *Staročeská osobní jména a naše příjmení* [Alttschechische Rufnamen und unsere Familiennamen]. Praha: Nakladatelství Československé akademie věd.

Šimek, Josef (1925): Ze *kšaftů kutnohorských (1544–1577)* [Aus den Kuttenberger Testamenten (1544–1577)]. In: Český lid 25, S. 191–195.

Šmilauer, Vladimír (1974): *Úvodem* [Zur Einleitung]. In: Kopečný, František: *Průvodce našimi jmény* [Ein Leitfaden für unsere Namen]. Praha: Academia, S. 9–29.

Tiefenbach, Heinrich (1996): *Geschichtliche Entwicklung der Vornamen am Beispiel eines Sprach- und Kulturbereichs*. In: Eichler, Ernst / Hilty, Gerold / Löffler, Heinrich / Steger, Hugo / Zgusta, Ladislav (Hrsg.): *Namenforschung. Ein internationales Handbuch zur Onomastik*. Berlin – New York: Walter de Gruyter, S. 1198–1202.

Tlapáková, Věra (2004): *Zbožné odkazy v testamentech znojemských měšťanů do roku 1479* [Fromme Vermächtnisse in den Testamenten der Znaimer Bürger bis 1479]. In: Ročenka Státního okresního archivu ve Znojmě 2004. Znojmo: Státní okresní archiv, S. 13–23.

Tlapáková, Věra (2005): *Testamentární praxe ve Znojmě v 15. století*. [Testamentarische Praxis in Znaim im 15. Jahrhundert]. In: Jižní Morava 41, S. 29–43.

Wiktorowicz, Józef (2004): *Die Textsorte »Testament« in der Krakauer Kazleisprache*. In: Simmler, Franz / Wich-Reif, Claudia (Hrsg.): *Textsortentypologien und Textallianzen von der Mitte des 15. bis zur Mitte des 16. Jahrhunderts*. Akten zum Internationalen Kongress in Berlin, 21.–25. Mai 2003. Berlin: Weidler Buchverlag, S. 167–176. (Berliner Sprachwissenschaftliche Studien 6)

Winter, Zikmund (1890): *Kulturní obraz českých měst. Život veřejný v XV. a XVI. věku* [Das kulturelle Bild der böhmischen Städte. Das öffentliche Leben im XV. und XVI. Jahrhundert]. Bd. 1. Praha: Nákladem Matice české.

Zíbrt, Čeněk (1889): *Z her a zábav staročeských* [Von den altböhmischen Spielen und Vergnügungen]. Velké Meziříčí: Nakladatelství J. F. Šaška vdovy.

Zilynskyj, Bohdan (1984): *Podblanicko v nejstarších knihách kšaftů Nového Města pražského (1436–1494)* [Die Region Podblanicko in den ältesten Testamentsbüchern der Prager Neustadt (1436–1494)]. In: Sborník vlastivědných prací z Podblanicka 25, S. 169–185.

Zilynskyj, Bohdan (1987): *Kolínsko a Kutnohorsko v prvních dvou knihách kšaftů Nového Města pražského (1436–1494)* [Die Region Kolín und Kutná Hora in den ersten zwei Testamentsbüchern der Prager Neustadt (1436–1494)]. In: Práce muzea v Kolíně 4, S. 89–104.

Zilynskyj, Bohdan (1987): *Zprávy o Táboře a jeho obyvatelích v nejstarších knihách kšaftů Nového Města pražského (1436–1494)* [Berichte über Tábor und seine Bewohner in den ältesten Testamentsbüchern der Prager Neustadt (1436–1494)]. In: Táborský archiv 1, S. 61–67.

Zilynskyj, Bohdan (1992): *Ještě ke knihám kšaftů Nového Města pražského (s ohledem na Tábor a Táborsko)* [Mehr über die Testamentsbücher der Prager Neustadt (in Bezug auf Tábor und die Region Tábor]. In: Táborský archiv 4, S. 42–46.

Žaldová, Petra (2009): *Měšťanské testamenty jako pramen k dějinám zbožnosti (soběslavské kšafty z let 1600–1825)* [Bürgerliche Testamente als Quelle für die Geschichte der Frömmigkeit (Testamente aus der Stadt Soběslav aus den Jahren 1600–1825)]. Magisterarbeit. Manuskript. České Budějovice.

Internetquellen

DWB = Deutsches Wörterbuch von Jacob Grimm und Wilhelm Grimm: https://www.woerterbuchnetz.de/?sigle=DWB&lemid=A00001 [Zugriff am 28.01.2024].

Claudine Moulin

Zur linguistischen und objektbiographischen Konstruktion von Resonanz(räumen): Luthers Testament von 1542

Abstract

The linguistic and object biographical construction of resonance (spaces): Luther's Last Will (1542)

This paper discusses Martin Luther's autograph will from 1542, highlighting its significance not only as a legal document but also as an ego-document of central importance for the reformer. After exploring the document's historical context, including its relation to other texts, the article proposes an analysis of the text recurring to resonance theory from a linguistic and object biographical point of view. Understood as a case study in the exploration of linguistic resonance, the article aims at investigating the double structure of linguistic resonance of written historical documents, that is the internal resonance space with its primary textual and linguistic evidence as well as the external resonance space with the artefact-based agency of written documents linked to its (socio-pragmatic) history.

Keywords: Historical linguistics, manuscript studies, Early New High German, Luther, resonance, patterns

Schlüsselwörter: Sprachgeschichte, manuscript studies, Frühneuhochdeutsch, Luther, Resonanz, Musterhaftigkeit

1. Einleitung

Im Zentrum des folgenden Beitrags steht das autographe Testament des Reformators Martin Luther (1483–1546), welches er im Jahr 1542 verfasst hat.[1] Der Text ist in vielfacher Sicht ikonisch geworden, nicht nur im Hinblick auf die Textsorte und dessen juristischen Inhalt, sondern auch als zentrales Ego-Do-

Claudine Moulin, Universität Trier, ORCID: 0000-0001-8091-3456.

1 Der vorliegende Beitrag ist im Rahmen eines Fellowships an der durch die DFG geförderten Kolleg-Forschungsgruppe »Religion und Urbanität: Wechselseitige Formierungen« (FOR 2779) am Max-Weber-Kolleg der Universität Erfurt entstanden. Ganz herzlich möchte ich den Kollegen und Kolleginnen des Kollegs für die kritische Lektüre und Anregungen zum Beitrag danken, insbesondere Susanne Rau und Frédéric Vandenberghe, ferner auch Leonie Assion (Trier) und Georg Schelbert (München).

kument,[2] das aus objektbiographischer Sicht geradezu einen musealen, wenn nicht sogar auratischen Charakter gewonnen hat. Das Dokument ist vielfach in der theologischen und juristischen Forschung behandelt worden, bislang aber kaum aus sprachwissenschaftlicher Sicht. Im Folgenden wird Luthers Testament von 1542 nach einer Bewertung der Quelle innerhalb ihres historischen Kontexts – ganz im Sinne einer soziopragmatischen Sprachgeschichtsschreibung – zunächst im Hinblick auf seine Einbettung in ein inhaltlich verwandtes Textnetzwerk sowie auf die hiermit verbundenen Akteure und Instanzen beschrieben. Vor diesem Hintergrund der Verflochtenheit des Textes im biographischen und juristischen Kontext sowie einer eigenen, greifbaren *agency* soll das Dokument in einem weiteren Schritt im Rahmen einer Resonanztheorie, wie sie zuletzt sowohl aus linguistischer als auch soziologischer Sicht entwickelt wurde, analysiert werden. Hierzu wird im Folgenden ein neues Untersuchungsmodell entworfen, das das Dokument im Hinblick auf unterschiedliche Formen der Resonanz(ermöglichung) aus sprachwissenschaftlicher und objektbiographischer Sicht erkundet. Dazu wird ein doppelter Zugang auf das Phänomen der Resonanz gewählt, nämlich einerseits in Bezug auf synchrone, (text-)interne Merkmale und andererseits unter Betrachtung externer, objektbiographischer Gesichtspunkte. Da Phänomene des Layouts sowie der graphischen und sprachlichen Realisierung der Originalquelle von grundlegender Bedeutung sind, wird das Testament, trotz bestehender, jedoch normalisierender Editionen, im Anhang nochmals graphematisch- und layoutgetreu ediert.

2. Das Testament von 1542 im Kontext

Der von Luther im Jahr 1542 eigenhändig verfasste letzte Wille ist in seiner sorgfältigen und argumentativ ausgefeilten Komposition nicht nur aus juristischer Sicht ein herausforderndes Dokument, etwa im Hinblick auf dessen rechtliche Implikationen, sondern auch aus linguistischer Sicht ein besonderes Zeugnis der Textsorte »Testament«. Die Quelle reiht sich in ein Netzwerk von Texten ein, die mit Luthers Vorkehrungen im Falle seines Todes in Zusammenhang stehen und unterschiedliche zeitliche Etappen in seinem Umgang mit dem Thema darstellen.

Zunächst ist ein indirektes Textzeugnis aus dem Jahr 1537 zu nennen, das zum Teil auch nicht ganz passend als »erstes Testament«[3] bezeichnet wird, das Luther, als er in Schmalkalden mit starken gesundheitlichen Problemen geplagt und sich dem Tode nahe wähnend, auf der Rückfahrt nach Wittenberg seinem Wegge-

2 Vgl. zum Konzept des Ego-Dokuments Schulze 1996; Rutz 2002; Depkat 2019.
3 Vgl. WA Br 8, 55.

führten Johannes Bugenhagen (1485–1558) am 28. Februar 1537 in Form einer Beichte mündlich bei einem Halt in Gotha mitteilte. Dieser schrieb den Text für Kurfürst Johann Friedrich am 9. April desselben Jahres aus der Erinnerung auf Latein nieder (mit der Überschrift »Confessio et testamentum venerandi patris nostri D. Lutheri«[4]). Die Eingangsformulierung ist auf Deutsch verfasst: »Jch weiß, Gott sei gelobt, daß ich recht getan, daß ich das Papstum gestormet habe mit Gottes Wort. Denn es ist Gotts, Christi und des Euangelii Lästerung etc.«[5] Mit der Nähe dieser Formulierung zu der des Epitaphs, die Luther zur gleichen Zeit gewählt hat (»Mein epitaphium sol war bleyben: Pestis eram vivens, moriens ero mors tua, papa«[6]) weist Volker Leppin auf die besondere Bedeutung des Sterbens für Luther hin: »Der eigene Tod gewinnt hier heilsgeschichtliche Bedeutung, das Sterben wird zum triumphalen Sieg über den vermeintlichen Antichristen« (Leppin 2024: 304). Dieses ganz in den gerade virulenten politisch-religiösen Kontext eingebettete Dokument ist vor allem als programmatisches Schriftstück zu verstehen, das sich mit dem Thema des Schicksals der Kirche, der persönlichen Konstellationen Luthers – sowohl Freunde und Gegner als auch die Bürger der Stadt Wittenberg betreffend – sowie der Beziehung zum Kurfürsten Johann Friedrich, zum Landgrafen Philipp von Hessen und anderen evangelischen kursächsischen Elitenvertretern befasst. Nur wenige Zeilen sind familiäre Angelegenheiten, insbesondere der Ehefrau Katharina von Bora (1499–1552) gewidmet, zu deren Gunsten der Text sich zwar äußert, aber ohne genauere Vorkehrungen bezüglich des Vermögens. Lück (2019b: 74) stuft den Text somit eher als »Abschiedsbrief« denn als Testament mit rechtlich-juristischer Relevanz ein.

Fünf Jahre später, ebenfalls durch Krankheiten und schmerzhafte Koliken gezeichnet, verfasste Luther in Wittenberg ein neues – im vorliegenden Beitrag im Mittelpunkt stehende – Dokument bezüglich seines Todes, das teilweise so genannte »zweite Testament«, datiert auf den 6. Januar 1542.[7]

Auf Deutsch sorgfältig von eigener Hand auf vier Seiten geschrieben, legt es im Sinne eines bürgerlichen Testaments (Lück 2019b: 70), inhaltlich andere Schwerpunkte als der Text von 1537. Im Mittelpunkt stehen die ausführlich begründete Absicherung und der Schutz seiner Frau Katharina, die er als Alleinerbin und als Vormund seiner Kinder einsetzt. Mit einer solchen Nachlass-Re-

4 Landesarchiv Thüringen – Hauptstaatsarchiv Weimar, Ernestinisches Gesamtarchiv, Nr. ThHStAW, EGA, Reg. N 182, Blatt 4v–5r; vgl. WA Br 8, 54–56 (Nr. 3141); Fabiny 1983: 29; Kramer 2014; Lück 2019b.

5 WA Br 8, 55 (Nr. 3141).

6 WA TR 3, 390 und 392 (Nr. 3543B); ›Pest war ich im Leben, im Sterben werde ich Dein Tod sein, Papst!‹; vgl. auch Klitzsch (2020: 93, 154).

7 Evangélikus Orzágos Múzeum, Budapest; vgl. WA Br 9, 571–585 (Nr. 3699); Fabiny 1983; Rhein 2017. Siehe auch die graphematisch getreue Transkription im Anhang.

gelung verstößt das Dokument sowohl gegen bestehende, sozial institutionalisierte juristische Normen als auch Geschlechterhierarchien:

> Da das sächsische Recht der Witwe nur die Morgengabe (das am Morgen nach der Hochzeit vom Bräutigam empfangene Brautgeschenk) sowie die Gerade (eine begrenzte Anzahl von persönlichen Gegenständen) und evtl. eine Rente zusprach, die Immobilien jedoch den Kindern bzw. männlichen Verwandten des Mannes zueignete, außerdem nach kanonischem Recht die ehemaligen Ordensleute irregulär verehelicht und damit nicht erbfähig waren, verfügte Luther seiner Frau – auf der Grundlage des römischen Rechts – Teile seiner Güter und seiner Habe zum Geschenk. Seine Donation begründete Luther mit drei Punkten: Katharina sei sein frommer, treuer Gemahl und habe ihm fünf noch lebende Kinder geboren, ihr traue er am besten die korrekte Bezahlung der Schulden zu, hauptsächlich aber müssten die Kinder den Müttern gehorchen und nicht umgekehrt. Für seine Frau lehnte Luther es ausdrücklich ab, dem geltenden Recht entsprechend Vormünder zu bestellen, vielmehr bestimmte er sie zum Vormund der Kinder. (Kramer 2014: 676)

Der Text ist damit als Testament und »Begabung oder Leibgedinge« (d. h. ein Nutzungsrecht auf Lebenszeit vgl. unten) zugleich formuliert. Um letzteres im Hinblick auf dieses besondere Konstrukt abzusichern, appelliert Luther im Dokument unmittelbar an Kurfürst Johann Friedrich:[8]

> Vnd bitte aüch hie mit vntertheniglich
> meinen gnedigſten herrn Hertzog Johans Fridrichen
> kürfürſten etc S k f g wolten ſolche begabüng
> oder leibgedinge gnediglich / ſchützen vnd handhaben
> (Luther, Testament 1542, fol. 1v, Z. 26–29)

Das Dokument enthält auf einer fünften Seite die eigenhändigen, lateinisch verfassten Beglaubigungsunterschriften von Philipp Melanchthon (1497–1560), Caspar Cruciger (1504–1548) und Johannes Bugenhagen. Das Testament zieht eine ganze Reihe von juristischen Herausforderungen mit sich, die die Forschung ausführlich dokumentiert hat, unter anderem im Hinblick auf die Gültigkeit der Ehe, der Form, der Frage der Vormundschaftsregelung sowie der Erbfolge.[9] In einem nächsten (auch juristisch zu wertenden) Schritt ließ Luther am 1. Februar 1544 diese Verfügungen in ergänzter und im Hinblick auf die Vermögenswerte erweiterter Form durch den Drucker Hans Lufft (um 1495–1584) in seiner Funktion als Stadtrichter und Ratsherr ins Gerichtsbuch der Stadt Wittenberg eintragen.[10] Nach Luthers Tod am 18. Februar 1546 bestätigte Kurfürst Johann Friedrich das Testament nach einer entsprechenden Begutachtung am 11. April desselben Jahres als rechtskräftig, jedoch mit der Einschränkung, dass – in Wi-

8 Alle Zitate aus dem Testament 1542 erfolgen nach der Transkription im Anhang.
9 Vgl. zuletzt Schweyen 2016; Lück 2019a und 2019b.
10 Vgl. WA Br 9, 574–576 (Nr. 3699, Beilage 1); Lück 2019b: 70.

derspruch zu Luthers Verfügung – für Katharina und die Kinder jeweils Vormunde zu bestimmen seien.[11]

Dem Testament von 1542 können noch weitere Schriftstücke zugeordnet werden, wie etwa der Kaufvertrag für das Haus Bruno aus dem Jahr 1541,[12] der Kaufvertrag für den Garten Heffner mitsamt Anlagen aus dem Jahr 1532,[13] Aussagen in Briefen und Tischreden Luthers, in denen er seinen Tod und die Nachfolgeregelungen thematisiert, sowie insbesondere auch seine von eigener Hand erstellte, »Hausrechnung« (datiert auf Ende 1541 / Anfang 1542), in der er listenartig und notizhaft auf sehr schmalen Blättern seinen Hausstand im Hinblick auf Vermögensverhältnisse und Geldausgaben detailliert aufführt.[14] Der in deutscher Sprache verfasste Text der Hausrechnung beginnt mit dem Spruch »Die Leute sind grob. Die Wellt ist vndanckbar«, einer Aussage, mit der Luther auch seinen Befürchtungen gegenüber einer schlechten Behandlung seiner Frau nach seinem Tode Ausdruck verleiht.

3. Netzwerk, Akteure und Instanzen

Ganz im Sinne einer soziopragmatischen Sprachgeschichtsschreibung sind die historischen, sozialen und kulturellen Bedingungen bei Textanalysen zu berücksichtigen.[15] Die Textsorte »Testament« bildet eine besondere Art der schriftlich fixierten sozialen Handlung, nämlich der Äußerung des letzten Willens, in der verschiedene Akteure in unterschiedlichen Rollen involviert sind. In der Regel entsteht ein zeitlicher Verzug zwischen schriftlicher Fixierung und Inkrafttreten der im Testament festgelegten Rechtshandlung, da diese erst mit dem Tod des Erblassers wirksam wird.

Für Luthers Testament von 1542 können folgende personelle Konstellationen festgehalten werden: Luther steht als Erblasser im Zentrum des Dokuments, das er eigenhändig verfasst – er ist Schreiber, Verfügungsberechtigter und (selbsternannter) Notar zugleich. Unmittelbar an der materiellen Entstehung des Dokuments und ebenfalls eigenhändig beteiligt sind die drei testierenden Zeugen Melanchthon, Cruciger und Bugenhagen. Als Begünstigte und Betroffene des

11 Förstemann 1846: 52f.; WA Br 12, 349 (Nr. 4288 zu Nr. 3699).

12 WA Br 9, 576–578 (Nr. 3699, Beilage 2).

13 WA Br 9, 578f. (Nr. 3699, Beilage 3).

14 Hauptstaatsarchiv Dresden, 10024 Geheimer Rat (Geheimes Archiv), Nr. HStAD, 10024, Loc. 8703/07; vgl. WA Br 9, 579–587 (Nr. 3699, Beilage 4). Siehe auch Faksimile und Transkription online: https://staatsarchive.thulb.uni-jena.de/receive/stat_showcase_00000072 [Zugriff am 30.01.2024].

15 Siehe zur soziopragmatischen Sprachgeschichtsschreibung grundlegend von Polenz / Moulin (2021: 11–13); für die entsprechenden Implikationen eines solchen Zugangs in der historischen Textlinguistik Ziegler 2003; Meier 2004; Wiktorowicz 2011a.

letzten Willens sind Luthers Ehefrau Katharina als Alleinerbin sowie in deren Folge die gemeinsamen fünf lebenden (nicht weiter benannten) Kinder im Sinne der unmittelbaren Familie im Dokument festgehalten. Namentlich als Person genannt wird zudem Luthers Landesherr Kurfürst Johann Friedrich von Sachsen, an den der Verfasser als Vertreter der weltlichen Obrigkeit und Instanz des öffentlichen Schutzes und der juristischen Absicherung, die zur Sicherung der Rechtskräftigkeit seines Testaments unabdingbar ist, appelliert. Als Anhänger der Reformation gehört Johann Friedrich zudem zu einer im Testament positiv markierten Personengruppe. Im Sinne eines eigenen (privaten) Netzwerkes von Zeugen und Unterstützern von Katharina von Bora spricht Luther »alle meine güten freünde« (fol. 2r, Z. 1) an, die seine Ehefrau schützen helfen sollen. Gleichzeitig wird eine Gruppe von ebenfalls nicht weiter namentlich benannten Gegnern (»ettliche vnnütze meüler«, fol. 2r, Z. 3) argumentativ im Text aufgeführt, die zusammen mit den Freunden das spannungsgeladene soziale Interaktionsfeld, in dem sich die Erbin Katharina prospektiv befinden könnte, widerspiegeln. Zur Katharina bedrohenden Gruppe gehörte (neben möglichen Schwiegertöchtern, -söhnen und -müttern) insbesondere auch

> [...] der Teuffel / ſo er mir nicht
> kündte neher komen / ſolt er wol meine kethe
> allein der vrſachen / allerley weiſe ſüchen / das
> ſie des Mannes/ Doctor Martinüs eheliche
> haüſſraw geweſt vnd (·Gott lob·) noch iſt
> (Luther, Testament 1542, fol. 2r, Z. 25–29)

Im Hinblick auf die beteiligten (juristischen) Instanzen macht Luther ein dreifaches Bild auf: Die zur irdischen Verwirklichung notwendige weltliche Jurisdiktion (im Sinne des Sächsischen bzw. Römischen Rechts) wird bereits früh im Text mit Kurfürst Johann Friedrich als deren Vertreter und Garanten für einen von diesem Recht abweichenden letzten Willen angesprochen. Einer der divergierenden Punkte betraf die Funktion des Vormundes, die – entgegen der üblichen Rechtslage – der Mutter über die Kinder zugewiesen wird (»Denn ich halt/ das die Mütter werde yhrer eigen kinder der beſte für münde ſein«; fol. 1v, Z.11–13).

Kurz findet zudem das für Luther problematische und von ihm angefochtene (kanonische) Kirchenrecht unter Bezugnahme auf den obersten Richter der Kirche (mit der Titelbezeichnung *Bapst*) Erwähnung, in Verbund mit der Nennung des (von diesem gekrönten) weltlichen Kaisers und weiterer prototypischer weltlicher und religiöser Machtvertreter in unmittelbarer Nähe des Teufels (»vngeacht des Bapſts bann/ keiſers/ konige/ fürſten/ Pfaffen/ ia aller teüffel zorn«, fol. 2v, Z.17–19).

Schließlich wird mit der siebenfachen Nennung Gottes im Text die überdachende Instanz aller Handlungen und menschlichen Daseinsformen aufgeführt, die auch die oberste Instanz des Schutzes und der Jurisdiktion für Luther darstellt. Zu ihr hat der Reformator durch die eigene Bibelübersetzung eine einzigartige, unmittelbare Beziehung, die ihm den Status als »Gottes Notariu¬ vnd Zeüge« (fol. 2v, Z. 24) verleiht. Die Formulierung bildet den bewusst gestalteten sprachlichen Höhepunkt am Ende des Dokuments (gleichsam als »juristischer« Kniff) und führt – obwohl sonst gewollt auf Fachwortschatz verzichtet wird – den lateinischen Rechtsterminus *Notarius* gezielt ein. Damit macht Luther, der »lerer der Warheit« (fol. 2v, Z.17), die göttliche »Jurisdiktion« zur letzten und obersten Entscheidungsinstanz, ganz im Sinne seiner evangelischen Theologie.

Das Dokument eröffnet somit ein dreifaches Verhältnis zwischen Individuum (Luther), Gruppen (Zeugen, Familien, Freunden, Feinden) und komplexen Formen der Ausübung von Macht mit ihren jeweiligen Vertretern (familiär, weltlich, religiös und juristisch). Auf allen Ebenen haben wir es, in dem von Gesa Lindemann artikulierten Sinn, mit Formen der Institutionalisierung zu tun:

> Following Mead, I understand institutions as institutionalized complex acts, in the framework of which participants symbolically represent as whom (i. e., an identity) they contribute what partial acts to particular complex acts. Institutional complex acts are brought into relation with each other by way of reflexive institutions, e.g., symbolic media of communication. (Lindemann 2021: 22)

Auch die Frage nach den Adressaten des Testaments ist entsprechend vielschichtig zu betrachten, da diese wiederum die oben beteiligten Gruppen retrospektiv und prospektiv (etwa im Hinblick auf Umsetzung und Anfechtungsgefahr nach Luthers Tod) einbindet. Der Text wird dadurch zu einem vielschichtigen Bezugsdokument, einem Mikrokosmos von sozialen und persönlichen Beziehungen, für das im Folgenden die Möglichkeit einer Erschließung als Resonanzraum aus linguistischer Sicht ausgelotet werden soll.

4. Resonanz(räume)

Resonanz (> lat. *resonare* ›widerhallen‹) ist in den Sozial- und Geisteswissenschaften als analytischer Begriff aus der Physik entlehnt. Der Terminus wird gelegentlich auch in der Linguistik – jenseits seiner üblichen Verwendung in der (akustischen) Phonetik, in der er materiell-physikalisch gemeint ist – reflektiert. Bereits 1992 hat die norwegische Anthropologin Unni Wikan in ihrem Beitrag »Beyond Words. The Power of Resonance« eine Theorie der Resonanz entworfen, in der sie die Kategorie als eine interaktive (insbesondere interpersonelle) Beziehung auffasst, die verbale wie non-verbale Elemente erfasst:

›Resonance‹ connotes a faculty, a feeling-thinking engagement. [...] Resonance evokes shared human experience, what people across place and time can have in common. (Wikan 1992: 476; vgl. Wikan 2012: 77, 287)

Als sozialtheoretische Kategorie ist Resonanz in der jüngeren Zeit vor allem durch die Arbeiten von Hartmut Rosa (2016) in den Fokus gerückt, der den Begriff aufbauend auf der soziologischen Tradition der Kritischen Theorie sowie auf Nachbardisziplinen weiterentwickelt und (ähnlich wie Wikan, aber ohne sich auf sie zu beziehen) als einen dezidiert relationalen definiert: Resonanz beschreibt dabei Beziehungen zwischen zwei oder mehreren Entitäten (sowohl Menschen, Körpern als auch Artefakten), die »Eigenschwingungen« hervorrufen. In einer Nussschale gefasst, entsteht Resonanz »als Modus des *In-der-Welt-Seins*«, wenn sich die

Entitäten der Beziehung in einem schwingungsfähigen Medium (oder Resonanzraum) wechselseitig so berühren, dass sie als *aufeinander antwortend*, zugleich aber auch *mit eigener Stimme sprechend*, also als ›zurück-tönend‹ begriffen werden können. (Rosa 2016: 285, Hervorhebungen im Original)

Die theoretische Beschreibungssprache baut auf Metaphern aus der Welt der Musik/Akustik sowie der sprachlichen Kommunikation, insbesondere des Dialogs, auf, was eine Öffnung der Anwendung dieses sozialphilosophischen Zugangs auf philologische Phänomene ermöglicht.[16] Auf Rosas Konzept wurde in der Linguistik etwa vonseiten der Wortspielanalyse (Poier-Bernhard 2018: 82), der Religionslinguistik (Liebert 2018: 183), der kulturhistorischen Linguistik (Linke 2018: 365) oder der interaktionalen Soziolinguistik (Nazarkiewicz 2018: 289) Bezug genommen, jedoch ohne eine weiterführende Einbettung des Konzepts in linguistische Analysekategorien vorzunehmen.

Einen autonom aus der Linguistik heraus entwickelten Zugang zu Resonanz als sprachliches Phänomen wird unter anderem bei Du Bois (2014; vgl. Imo 2013: 42f.) im Hinblick auf (schriftliche und mündliche) dialogsyntaktische Phänomene entworfen, in denen entsprechende »Widerhall«-Situationen auf verschiedenen linguistischen Ebenen (auch anhand von Musterhaftigkeit sowie Wiederholung oder Parallelismen) erzeugt werden. Im Fokus steht die kanonische Funktion von Sprache als dialogbasiertes Kommunikationsmittel zwischen den verschiedenen an dieser interaktiven Situation aktiv engagierten Akteuren.

16 Zur Rezeption von Rosas Konzept der Resonanz, das zum Teil auch Anleihen bei der Romantik hat ausführlich Vandenberghe 2023; zur Anwendung in der textbasierten Religionswissenschaft siehe Schuster 2019; in der Literaturwissenschaft Al-Taie 2023; in der Musikwissenschaft und Musikvermittlung zuletzt Müller-Brozovic 2023 (77–99). Zum Konzept des »Resonanzraumes« in der historischen Frühneuzeitforschung und Publizistik siehe etwa Bellingradt 2011, Mulsow 2016 und Bellingradt 2019.

Folglich bietet Du Bois' Zugang

> an analytical framework for representing the linguistic structure of engagement. In functional terms, it looks at how the dynamic emergence of structural resonance in discourse serves the communicative, cognitive, and collaborative goals of its users. (Du Bois 2014: 360)

Während ein solcher Zugang eher auf die strukturell-ausdrucksseitige Produktion von Sprache eingeht, kann Resonanz auch auf semantischer bzw. pragmatischer Ebene oder bezüglich übergeordneter Funktionen wie das Grundwesen von Sprache gelesen werden:

> Wörter werden gesprochen (und geschrieben), weil sie eine Resonanz bei anderen auslösen sollen. Diese Resonanz nennt man *Verstehen*, ihren Modus *Verständlichkeit.* (Knoop 2017: 152; Hervorhebungen im Original)

Im Hinblick auf eine funktionale Perspektive auf Sprache und deren Ressourcen kann Resonanz auch die Auslotung von Grammatik (verstanden als die einzelsprachliche Darstellung der Systematik des sprachlichen Handelns) in der mündlichen bzw. schriftlichen Repräsentation von Sprache fassen helfen:

> Gesellschaften sind Netzwerke kommunikativer Welten. Wir nehmen wahr, was andere tun, spiegeln ihre Absichten, ihre Mimik, ihre Bewegungen und Rhythmen, eignen sie an, erschließen die Handlungszwecke und aktualisieren sie neu. Neben die Perzeption des Anderen, der selbst jederzeit zum Handelnden werden kann, tritt die *Resonanz* des eigenen Sprachhandelns. Die Summe solcher *Resonanzen* sprachlichen Handelns einer Sprachgemeinschaft macht eine Einzelsprache aus. (Hoffmann 2018: 15, Hervorhebungen in kursiv durch die Autorin)

Für sprachhistorische Fragestellungen, die auf schriftliche Quellen angewiesen sind, bietet sich die Auslotung des Resonanzbegriffes insbesondere für Texte mit dialogischen Strukturen an bzw. für Textsorten der Distanzkommunikation im öffentlichen oder privaten Gebrauch wie etwa Briefe. Aber auch andere schriftliche Textsorten können im Hinblick darauf erkundet werden, inwiefern eine grundlegende kommunikative Resonanz zwischen Urheber/Text und Lesern/Adressaten, aber auch zwischen Urheber (Autor, Schreiber) und produziertem Text erzeugt wird. Diese Art der Resonanz, die auf dem Hintergrund der Trias Produzent/Text/Rezipient innerhalb eines einzelnen Textartefakts stattfindet, kann als *primäre Resonanz* verstanden werden. Sie wird durch sprachliche Mittel auf den verschiedenen sprachlichen (von der graphischen bis hin zur semantischen und pragmatischen) Ebenen konstruiert, rezipiert und im Idealfall wiederum widergespiegelt. Im Vordergrund der Analyse von Schriftlichkeit kann insbesondere die linguistische Konstruktion der Ermöglichungsräume von Resonanz betrachtet werden, die mit der Textintention und dem zu transportierenden Textinhalt verbunden sind.

Im Fall des vorliegenden Testaments (das gleichsam als ein Sonderfall von Distanzkommunikation betrachtet werden kann) wird die Frage ermöglicht, wie der von Luther eigenhändig geschriebene Text materiell-textuell sowie linguistisch konstruiert wird, um eine Interaktion in der kommunikativen Handlung und in dem zu transportierenden Inhalt mit den anderen, oben erwähnten beteiligten Akteuren und Instanzen zwecks Verständlichkeit (vgl. oben Knoop 2017) zu gewährleisten bzw. zu verstärken. Diese Erkundung der primären, textgebundenen konstituierten Resonanz, die als *innerer Resonanzraum* zu verstehen ist, geht also von der »inneren sprachlichen Welt« des Textes (verstanden als Primärtext) aus und lotet dessen mikrostrukturelle und makrostrukturelle Konstruktion für die Erzeugung von Relevanz aus. Im Zentrum stehen Ermöglichungsstrategien für die Entstehung von Resonanz (»Verstehen«, vgl. Knoop 2017: 152; Vandenberghe 2023: 5), also die Frage danach, wie der Text als für den inneren Resonanzraum geflochten, gestaltet und womöglich polyfunktional kodiert wird.

Eine zweite Dimension von Resonanz eröffnet die Betrachtung des Textes in seiner Anschlusskommunikation (mitsamt der Medien ihrer Verbreitung) bzw. in seiner subsequenten Wirkmächtigkeit (*agency*) in der »äußeren Welt«, in dem er zur Entfaltung kommt. Dieser *externe Resonanzraum* des Textes hängt eng mit seiner Objektbiographie sowie seiner soziopragmatischen Wirkung und der »shared human experience« (vgl. oben Wikan 1992: 476) zusammen.

Wir haben es also mit einer Doppelstruktur von Resonanz zu tun, die in den folgenden Abschnitten exemplarisch erkundet wird: Sie umfasst einerseits den inneren Resonanzraum (der Text und seine innere Welt) sowie andererseits, nach außen (mit dem Text als Artefakt), den externen Resonanzraum der außersprachlichen Realität. Letzteres kann dann auch etwa im Netzwerk mit anderen Texten ähnlicher Thematik um Luthers Tod sowie im Hinblick auf seine *agency* (vgl. unten) im Bezug auf die konkrete Umsetzung der im Text enthaltenen Verfügungen bzw. dem Umgang mit dem physischen Artefakt als Originalmanuskript gesehen werden. Die innere Resonanz begründet also eine »Wortbeziehung«, die externe Resonanz – in Anlehnung an Rosa (2016) – seinerseits eine »Weltbeziehung«. Beide setzen ein gemeinsames kulturelles Wissen voraus, oder auch ein »state of mind«, das die Diagonale bildet, die die Menschen und die Dinge miteinander verbindet.[17]

17 Ich danke Frédéric Vandenberghe (Rio de Janeiro / Erfurt) für die Diskussion dieser Passage und den Hinweis auf die Unterscheidung von Wortbeziehung und Weltbeziehung im Hinblick auf den hier vorgeschlagenen Ansatz von innerer Resonanz und externer Resonanz.

5. Die linguistische Konstruktion eines inneren Resonanzraumes

Im Zentrum steht der Text in der Einbettung im materiellen Objekt, dem Originaltestament von Luthers Hand. Die von Du Bois (2014) für den syntaktischen Bereich gemachte Beobachtung, dass Resonanz vor allem durch Musterhaftigkeit erzeugt wird, trifft auch auf andere sprachliche und textmaterielle Ebenen zu. Unter dem Begriff der Musterhaftigkeit wird insbesondere die Strukturiertheit und äußere Form von Textproduktion gefasst; sie wird »als Phänomen rekurrenten, für bestimmte Kontexte typischen Sprachgebrauchs« (Bubenhofer 2009: 30) beschrieben,[18] kann aber auch in einem weiteren Sinn auf sprachliche Vorgeformtheit auf allen sprachlichen Ebenen angewendet werden, etwa von der graphischen, über die lexikalischen, morphologischen und syntaktischen bis hin zu textstrukturellen und textübergreifenden Phänomenen (Stein/Stumpf 2019: 293); hierzu zähle ich auch Erscheinungen im Bereich der Textsorten und des Layouts. Im Folgenden soll das Testament Luthers von 1542 in seiner Struktur sowie im Zusammenspiel mit möglichen Facetten von Resonanzerzeugung an zentralen, ausgewählten Bereichen erörtert werden.

Material, Layout und Sprachwahl: Die Materialität des Dokuments weist alle charakteristischen Elemente von urkundlichem Schreiben auf, insbesondere der Textsorte Brief; die Nähe zur materiellen Gestaltung von Luthers eigenhändigen Briefen ist sowohl in der Wahl des Beschreibstoffes, des Formats sowie der Layoutgestaltung mit freigelassenen Blatträndern erkennbar. Luthers Hand ist fließend und sicher, der Text ist sehr gut leserlich; paläographisch weist er Merkmale auf, die für Luthers Handschriften der 1540er Jahren typisch sind (vgl. Moulin 1990: 29–32). Layout und Textsorte stehen dabei in enger Verbindung: Das Layout ist bewusst gestaltet und zeigt etwa Einrückungen am Beginn von inhaltlich zentralen Abschnitten, die die inhaltliche Gliederung unterstützen (vgl. auch Tab. 1). Die Sprachwahl geschieht – im Gegensatz zur schriftlichen Fixierung des »testamentarischen« Dokuments von 1537 von dritter Hand – zugunsten des Deutschen, der Sprache der Nähe und der allgemeinen Verständlichkeit jenseits der Latinität. Auch sie spiegelt den Inhalt des Textes – nämlich die vornehmliche Absicherung der eigenen Ehefrau mitsamt den Kindern – wider.

Material, Sprachwahl und Layout weisen auf eine sorgfältige Vorbereitung des Dokuments auch im Hinblick auf Textarchitektur und Textdesign hin; Korrekturen von Luthers Hand zeigen, dass der Text von ihm auf Vollständigkeit geprüft wurde, manche autographe Korrekturen können auch als Zeichen eines

18 Der Begriff der Musterhaftigkeit kann auch auf anderen, nicht-textoberflächlichen, etwa sprachkategoriellen Ebenen angewendet werden, etwa im Bereich der Grammatikschreibung des Deutschen, vgl. Moulin 2020.

zweiten Lesedurchgangs gedeutet werden (etwa die Ergänzung eines fehlenden Wortes). Beschreibstoff ist Papier, das Format beträgt 34 x 21 cm (vgl. Rhein 2017: 288). Die Struktur des Dokuments ist wie folgt gegliedert: fol. 1r–2v enthalten das autographe Testament; fol. 3r ist in der oberen Hälfte leer, der untere Teil enthält die eigenhändigen lateinischen Testate der drei Zeugen; fol. 3v und fol. 4 sind leer, wobei fol. 4v Spuren einer Faltung in briefähnlicher Manier aufweist.[19]

Es ist davon auszugehen, dass Luther die Bedeutung und pragmatische Wirkung des Dokuments im Vorhinein entsprechend einschätzte, nicht nur im unmittelbaren juristischen Sinne, sondern auch als »Zeitdokument«, das auch abgeschrieben und entsprechend objektbiographisch rezipiert werden würde (vgl. unten). Die Beglaubigungsunterschriften der Zeugen bilden eine zusätzliche Brücke zur externen Resonanz; sie sind als einzige in lateinisch verfasst und weisen gleichzeitig auf die juristische Dimension des schriftlichen Dokuments hin.

Textaufbau und Textkomposition: Der Textaufbau entspricht in seiner Formelhaftigkeit denjenigen der zeitgenössischen Testamente mit dem üblichen Dispositiv mittelalterlicher Urkunden.[20] Die Makrostruktur bleibt somit dem zeitgenössischen juristischen Rahmen mit Wahrung der »äußeren Form« treu, was dem Text eine entsprechende Wirkungsmacht für den intendierten juristischen Effekt, nämlich die Gültigkeit der im Testament erhaltenen (von diesem Rahmen abweichenden) Verfügungen, verleihen soll. Mit diesem Schritt kann die (externe) Resonanz des Dokuments im funktionalen Sinne gewährleistet werden, auch wenn innere Strukturmerkmale (Inhalt der Verfügung, Verzicht auf die Fachsprache) davon abweichen.

Drei Makroelemente aus dem urkundlichen Bereich für die Textsorte Testament sind dabei musterhaft vorhanden (vgl. Tab. 1): Erstens, ein sehr kurzes Protokoll mit Nennung des Ausstellers, zweitens, der komplexere Hauptteil bzw. *Substantia* (mit einer Untergliederung in: Verfügung / Auflistung der Vermögenspositionen / Begründungen / hiermit verbundene Bitten) sowie drittens, das Eschatokoll (mit Schlussformel, Datum und Unterschrift). Hinzu tritt noch auf separater Seite ein letzter, nicht von Luthers Hand stammender Teil mit den eigenhändigen Testaten der drei Zeugen.

19 Vgl. zum Verfahren Moulin 1990: 81 f. Die vorliegende Beschreibung erfolgt nach dem Faksimile in Fabiny 1983; auf der Rückseite des letzten Blattes erscheint ferner noch schwach ein späterer handschriftlicher Vermerk, wohl mit dem Wortlaut: *Cathrin Lutherin leibge*[*ding*], vgl. Fabiny 1983: 47.

20 Vgl. zum Aufbau spätmittelalterlicher und frühneuzeitlicher deutschsprachiger Testamente etwa Spáčilová 2000; Bieberstedt 2007: 12–29, 34–47, 64 f.; Bieberstedt 2009; Wiktorowicz 2011b; Smereka 2020; Smereka 2021; Krokowski 2022: 49–59.

Aufbau (Makrostruktur)	**Textanfänge**	**Erläuterungen**
Protokoll	*Ich, Martinus Lüther Doctor etc*	
Hauptteil 1. Verfügung	 *[...] bekenne mit dieſer meiner eigen Handſchrift das ich meiner lieben vnd trewen Haüſfrawen Katherin ....*	
2. Vermögenspositionen (dreifach)	*Nemlich/* *Züm andern* *Züm dritten/*	Artikelkatalog mit Aufführung der Vermögenspositionen mitsamt lexikalischer Reihung und Absatzgliederung
3. Begründungen (dreifach)	*Das thü ich darümb* *Erſtlich* *Züm andern/* *Züm dritten vnd aller meiſt darümb/*	Dreifache Begründung mitsamt Absatzgliederung, lexikalischer Reihung und kausalem *darümb*
4. Bitten (vierfach)	 *Vnd ob ſie nach meinem tode/* [...] *So trawe ich doch* [...] *Sie* [= Kethe] *werde ſich* [...] *Vnd bitte äuch* [...] *Hertzog Johans Fridrichen* [...] *Äuch bitte ich alle meine güten freünde* [...] [Erl. Barvermögen] *Dis bitt ich darümb* [...] *Zü letzt bitte ich aüch yderman* [...]	Adressaten 1. Katharina Luther 2. Kurfürst Johann Friedrich 3. innerer Kreis, Freunde, »Feinde« und *Teufel* 4. äußerer gesellschaftlicher (»öffentlich«; juristischer und kirchlicher Kontext, inklusive feindlich gesinnt) und überirdischer Kreis (Gott) Gliederung durch Absatzbildung, Konnektoren und Verb *bitten*
Eschatokoll	*Geſchehen vnd gegeben Am tage Epiphanie* *1542* *M. Luther ṽts*	Datum, Unterschrift
[Zeugentestate]	Ego [...] Et ego [...] Et ego [...]	[eigenhändige lateinische Einträge von Philipp Melanchthon, Caspar Cruciger und Johann Bugenhagen]

Tab. 1: Luthers Testament von 1542: Aufbau und formelhafte Makrostruktur

Textkomposition: Die Textkomposition ist im Hinblick auf das formelhafte, makrostrukturelle Textmuster sowie das inhaltlich-funktionale Ineinandergreifen der einzelnen Textteile klar strukturiert. Sie umfasst Elemente mit lexikalisch artikulierten Gliederungsmarkern und Reihungselementen, insbesondere in Form von Aufzählungen und explizite Handlungsverben und Formeln (*Ich … bekenne; Das thu ich darümb …; Vnd bitte …* usw.) sowie lexikalische Wiederholung (Verb *bitten*; vgl. auch die Satzanfänge in der Tabelle 1).

Graphematik und Orthographie: Der makrostrukturelle Aufbau wird durch Elemente der graphematischen und orthographischen Ebene verstärkt. Diese umfasst die ausdrucksseitige Niederschrift des Textes in fließender Kurrentschrift, mitsamt einer visuellen Gliederung durch Abschnittbildung und Einrückungen durch Spatienbildung am Absatzanfang sowie in der Zeilenmitte zur Demarkierung größerer Sinnabschnitte. Dies geschieht zur Kennzeichnung neuer Sinnzusammenhänge nach dem Muster der oben beschriebenen Makrostruktur. Auch die Interpunktion ist im Sinne einer rhetorisch-syntaktischen Markierung durch Virgeln (bzw. kommaartige Strichlein sowie gelegentlich auch Punkte) zu deuten, die im Zusammenspiel mit der textualen Markierung durch Absätze und Spatien (teilweise auch anstatt dieser) den Text optisch gliedert.[21] Die Verwendung von runden Klammern (zum Teil begleitet von einem halbhohen Punkt) kennzeichnen zudem argumentative Einschübe optisch als solche. Darüber hinaus kann auch die Virgelsetzung bei Aufzählungen oder zur Strukturierung längerer Sinnzusammenhänge (gemäß der klassisch-antiken Pausenbezeichnung) als Vorbereitung des Textes für eine mündliche Wiedergabe im Sinne einer entsprechenden Resonanzermöglichung gedeutet werden – ein Szenario, das durchaus im Moment des Verfassens des Textes sowie nach Luthers Tod denkbar ist.

Auf einer weiteren Ebene der visuellen Hervorhebung wird die syntaktische Gliederung durch Setzung der Majuskel am Satzanfang sowie in syntaktisch wichtigen Positionen im Satzinnern vorgenommen, insbesondere bei argumentativen Scharnierwörtern und begründenden Konnektoren (wie *Vnd, Auch, Denn* usw.). Die syntaktische Großschreibung im Satzinnern kann auch zur Markierung von uneingeleiteten Nebensätzen sowie am Anfang von eingeleiteten Nebensätzen, Satzteilen und Einschüben in komplexen Ganzsätzen verwendet werden, vgl. etwa die folgende Passage aus den Bitten:

> **Zü** letzt bitte ich aüch yderman / **Weil** ich ynn
> dieſer begabüng oder leibgedinge / nicht bräuche
> der Jüriſtiſchen forme vnd worter (dazü ich
> vrſachen gehabt·) **Man** wolle mich laſſen ſein

21 Zum Zusammenspiel von Interpunktion, Majuskelsetzung und Spatienbildung siehe Moulin 1990: 165–184.

die perſon / die ich doch ynn der warheit bin
Nemlich / offentlich / vnd die beide ym himel
aüff erden / aüch ynn der Helle bekand / an=
ſehens oder aütoritet gnüg hat der man trawen
vnd gleüben mag mehr denn keïnem Notario
Denn ſo mir verdampten / armen /vnwirdigen
elenden ſünder/ Gott der Vater aller Barmher
tzickeit / das Eüangelion ſeines lieben Sons ver
trawet / dazu mich aüch trew/ vnd wahrhafftig
drinn̂en gemacht / bis her behalten vnd fünden
hat/ […]
(Luther, Testament 1542, fol. 2v, Z.°1–15, Fettsetzung CM)

Durch die Abschnittsgliederung und die syntaktische Majuskelsetzung ist eine schnelle visuelle Erfassung sowohl der Makrostruktur des Textes sowie seiner wichtigsten Argumentationsschritte der obigen textsortengebundenen Einteilung gewährleistet; diese Unterstützung der Erfassungsfunktion des Textes bildet erneut eine visuelle Stütze für das eventuell laute Vorlesen des Textes. Ein solch pragmatisch-funktionaler Majuskelgebrauch ist deswegen möglich, da Luther noch keine generelle Substantivgroßschreibung in seinen Handschriften praktiziert (vgl. Moulin 1990).

Zusätzlich zu dieser syntaktisch-rhetorischen verankerten Großschreibung ist eine semantisch bedingte, satzinterne Großschreibung von Lexemen zu beobachten (semantisches Prinzip), die folgende Bereiche umfasst:

(1) Eigennamen, insbesondere der Personennamen, gegebenenfalls mit Titeln sowie eigennamenähnliche Bezeichnungen (etwa *Martinus Lüther Doctor etc; Katherin; vnter meins Wolffs namen; Herztog Johans Fridrichen kürfürſten etc*), *Bapſts;* Orts-/Hausnamen (etwa *das gütlin Zülſtorff, das Haüs Brüno*), Festnamen *Epiphanie.*

(2) Nomina sacra (*Gott, Eüangelio(n), seines lieben Sons* [= Christus]) sowie *Teüffel/ Teuffel.*

(3) Großschreibung von für den Textzusammenhang wichtigen zentralen Substantiven, gelegentlich auch Adjektiven, die den Text visuell-semantisch verankern und die wichtigsten Akteure, Gegenstände und Themen hervorheben, etwa *meiner eigen Handſchrifft, meiner lieben vnd trewen Haüſſrawen, das Haüs Brüno; die Becher; Schenckgroſſchen; die Schüld; boſe vnd neidiſche Meüler; die Sone* [= Söhne]; *die Mütter; kein Zil; eine Barſchafft, Becher, groſſe vnd ſchwere Haüſhaltung; des Mannes* [= Ehemann]; *der Jüriſtiſchen forme vnd worter; ynn der Helle; Notario; Warheit; Pfaffen; in dieſer geringen Sachen* [= das vorliegende Testament]; (*Gottes*) *Notariu¬ vnd Zeüge.*

Nicht alle Markierungen sind konsequent durchgeführt, diese Varianz entspricht dem Befund der frühneuhochdeutschen Zeit, insbesondere sonstiger handschriftlicher Quellen Luthers, etwa in seinen deutschsprachigen Briefen aus den 1540er Jahren (Moulin 1990: 231–290). Interessant ist die Kleinschreibung der Kurzform *kethe(n)* in der Fügung *meine(r) liebe(n) kethe(n)* (zwei Belege) im Gegensatz zum offiziellen Vollnamen *Katherin* bei der Erstnennung in der eröffnenden Verfügung. So wie das Minuskel-<k> mit der Verkleinerungsform *kethe* gegenüber der groß geschriebenen Vollform als Marker von Emotion gedeutet werden könnte, so könnte umgekehrt die Großschreibung von Luther feindselig gestimmten Größen in *bose vnd neidiſche Meuler* (im weiteren Textverlauf auch einmal klein geschrieben), *Bapst* und *Pfaffen* zusätzlich zur Markierung einer Personenbezeichnung eine entsprechende emotionale Markierung der Erregung mit sich tragen, was aber aufgrund des quantitativen Befundes nur mit Vorsicht zu deuten ist. Auf eine solche Emotionalität könnte hier auch der zweifache Gebrauch der Intensitätspartikel *ia* sprechen: »[…] vngeacht des Bapſts bann/ keiſers/ konige/ fürſten/ Pfaffen/ ia aller teüffel zorn · Sol man ia viel mehr mir hie=ynn dieſer geringen Sachen gleüben […]« (fol. 2v, Z. 17–20).

Zu notieren ist ferner die konsequente Substantivgroßschreibung im lateinischen, elliptisch konstruiertem Spruch *Socrüs Nürüm/ Nürüs Socrüm* (vgl. Luc 12,53), in dem alle vier Substantive groß geschrieben werden. Die Großschreibung kann dabei das visuelle Wortspiel mit Inversion der Substantive unterstreichen.

Auffallend ist schließlich, dass die Bezeichnung eines der zentralen juristischen Akte des Dokuments, der mit dem Substantiv st. N. *leibgedinge* wiedergegeben wird, konsequent sechsmal im Text klein geschrieben wird.[22]

Lexik und Formelhaftigkeit: Lexikalische Musterhaftigkeit ist kennzeichnend für die Textsorte »Testament«, die auf die Formulierung juristisch gesicherter Texte anhand des entsprechenden Fachwortschatzes angewiesen ist. Wie die Textkomposition des Dokumentes ist die Wahl des Wortschatzes keine zufällige: Sie geschieht teilweise sogar mit metasprachlicher Reflexion. Luther ist darauf bedacht, seine Wortwahl – im Einklang mit seinem unkonventionellen, von der üblichen Norm abweichenden juristischen Anliegen – entsprechend zu gestalten, und zwar »Weil ich ynn dieſer begabüng oder leibgedinge / nicht bräuche der Jüriſtiſchen forme vnd worter (dazü ich vrſachen gehabt·)« (fol. 2v, Z. 1–4).

Der Sprachwahl zugunsten des Deutschen (und nicht des Lateinischen) entspricht auch der erklärte Verzicht sowohl auf eine lateinische juristische Rechtsförmlichkeit (*forme*[23]) als auch auf eine juristisch-lateinische Fachtermi-

22 Vgl. zu den *l/L*-Graphien bei Luther Moulin 1990: 41, 59.

23 Vgl. DRW. III Sp. 630 (online: https://drw.hadw-bw.de/drw-cgi/zeige?index=lemmata&term=Form [Zugriff am 30.01.2024]); man vgl. auch Luthers spöttische Anspielung bezüglich der

nologie (*worter*). Dennoch müssen die Sachverhalte – nun eben auf Deutsch – entsprechend benannt werden. Als erfahrener Übersetzer und rhetorisch geschulter Autor kann Luther hier auf ein Repertoire von sprachlichen und stilistischen Strategien zurückgreifen, um eine fachsprachenadäquate Nähe in der deutschsprachigen Ausdrucksform zu erreichen. Das von ihm verfasste Dokument benennt er selber als *brief* (das ist auch der Oberbegriff für das Konzept ›Urkunde; offizielles Schreiben‹[24]), das Fremdwort *Testament*[25] wird im vorliegenden Zusammenhang nicht verwendet.

Beim Ringen um eine möglich genaue Benennung der Sachverhalte geht es vor allem um die zentrale Begrifflichkeit des so genannten *Leibgedinge*[26], mit dem ein lebenslanges Nutzungsrecht verbunden ist. Luther ringt selber mit dem Terminus und seiner Bedeutung bei seiner ersten Verwendung gleich zu Anfang des Testaments:

> Ich Martinus Lüther Doctor etc beken
> ne mit dieſer meiner eigen Handſchrifft
> das ich meiner lieben vnd trewen Haüſſrawen
> Katherin gegeben habe . züm leibgedinge .(oder
> wie man das nennen kan.) aüff yhr lebelang/
> damit ſie yhres gefallens vnd zü yhrem beſten
> gebaren müge/ Vnd gebe yhr das ym krafft
> dieſes brieües/ gegenwertiges vnd heütiges tages
> (Luther, Testament 1542, fol. 1r, Z. 1–8)

Mit der Formulierung *züm leibgedinge .(oder wie man das nennen kan.) aüff yhr lebelang/* wird die terminologische Problematik metasprachlich festgehalten, ferner wird durch die nachgefügte Präpositionalgruppe nochmals auf die le-

Juristerei in einem Brief an Konrad Nehlinger in Augsburg, das sich ebenfalls auf ein Testament bezieht (17. 9. 1540, WA Br 9, 237, Nr. 3536): »Bitt auch, wollet mirs zu gut halten, ob ich zu vnbedechtig vnd vnfreundlich zuuor Euch geschrieben hette, Euch noch die fraw hab ich nicht gemeinet, [denn es haben die] juristen vnd formulisten clauseln, der sie brauchen. Decht, es hette so ein klugeler wollen seine kunst beweisen.«

24 Vgl. DRW. II Sp. 493–502 (online: https://drw.hadw-bw.de/drw-cgi/zeige?index=lemmata&term=Brief); FWB (http://fwb-online.de/go/brief.s.0 m_1646347427); [Zugriffe am 30. 01. 2024].

25 Vgl. FWB (https://fwb-online.de/lemma/testament.s.2n?q=Testament&page=1; [Zugriff am 30. 01. 2024]).

26 Vgl. DRW. VIII Sp. 1076–1081 (Bedeutung 1: › durch [1]*Gedinge* (III) begründetes, beschränktes und in der Regel entgeltliches, auf die Lebenszeit des oder der Berechtigten begrenztes Nutzungsrecht an einer fremden Sache; funktionell im Ehegüterrecht zur Versorgung des überlebenden Ehegatten (in der Regel der Frau‹; https://drw.hadw-bw.de/drw-cgi/zeige?index=lemmata&term=Leibgeding; [Zugriff am 30. 01. 2024]); FWB (Bedeutung 1: ›Leibzucht, dingliches, zeitlich und inhaltlich begrenztes Nutzungsrecht‹; http://fwb-online.de/go/leibgedinge.s.2n_1668780654; [Zugriff am 30. 01. 2024]). Siehe auch aus juristischer Sicht Lück (2019a: 184; auch in Lück 2019b: 78): »Von daher ist Leibgedinge eine öffentlich erklärte/verbriefte bzw. begründete Berechtigung an irgendetwas auf Lebenszeit. Hier ist ein lebenslanges Nutzungsrecht gemeint«.

benslange Gültigkeit der Verfügung hingewiesen. Es ist auffällig, dass von den sechs Vorkommnissen des Lexems *Leibgedinge* im Text, das Wort nur einmal alleine ohne weitere Spezifizierungen vorkommt. Zweimal erscheint es in einer Paarformel, und zwar in Verbindung Substantiv *Begabung* (›Schenkung, Stiftung‹[27]), zusammen mit der koordinierenden Konjunktion *oder* (*begabüng oder leibgedinge*). Damit rückt der Charakter der Schenkung näher in das semantische Feld; einmal erscheint das Wort auch zusammen mit dem Substantiv *gütlin* (als Bezeichnung für den Immobilienbesitz Luthers), im ebenfalls paarformelhaft aufgebauten Nominalsyntagma *solch gütlin vnd leibgedinge.* Dass das Substantiv als ein Kollektivum von Besitzpositionen, die Luther im Testament auch einzeln aufführt, zu verstehen ist, wird in einem weiteren Beleg mit der Wendung *droben ym leibgeding erzelt* (›aufgezählt‹) deutlich.

Beim Rückgriff auf Paarformeln – das heißt durch Konjunktion (meistens *und* oder *oder*) verbundene, (quasi-)synonyme Wortpaare nominaler oder verbaler Wortart – handelt es sich um ein bewährtes rhetorisches Stilmittel mit langer (bis in die Antike reichender) Tradition in der deutschsprachigen, auch literarischen Überlieferung, das aber auch in der frühneuhochdeutschen Rechts- und Kanzleisprache sowie bei der Eindeutschung fachsprachlicher Terminologie beliebt ist. Es tritt in definitorisch-erläuternder Funktion bzw. als synonyme Verstärkung zur semantischen Intensivierung, zur Unterstützung des Verstehensprozesses oder als Steigerung der Aussage auf.[28] Neben einem (quasi-)synonymischen und ausdrucksverstärkendem Gebrauch können auch längere Aufzählungen vorkommen, um eine Begrifflichkeit bzw. ein Konzept näher (oder weiter) semantisch abzudecken. Paarformeln sind als sprachliche Muster fest im linguistischen Wissen verankert, sie können teilweise im Kontext der Mündlichkeit bzw. einer gesprächsrhetorischen sprachlichen Strategie interpretiert werden.[29] Luther selbst hat in seinen Schriften und der Bibelübersetzung gerne davon Gebrauch gemacht (vgl. etwa Stolt 1969; Jeep 2018). In seinem Testament von 1542 können mehr als 30 solcher Wortpaare auf vier Seiten Text verzeichnet werden. Viele der Wortpaarkonstruktionen verbinden zwei Verbformen (zwölf Belege), etwa *geborn vnd erzogen (hat)*; *geſehen vnd erfaren*; *hetzet vnd reitzet*; *ſchützen vnd handhaben, beſchweren vnd verünglimpfen, entwenden oder vnterſchlahen, trawen vnd gleüben*). Ebenso viele Belege verknüpfen zwei Substantive (neben den bereits oben erwähnten *begabüng oder leibgedinge*, etwa *ſchaden oder nachteil, nütz vnd beſſerüng, fleiſch vnd blüt, einkommen vnd geſchenk*).

27 Vgl. DRW. I Sp. 1405 (https://drw.hadw-bw.de/drw-cgi/zeige?index=lemmata&term=Begabung); FWB (http://fwb-online.de/go/begabung.s.1f_1668693681); [Zugriffe am 30.01.2024].

28 Siehe zu Paarformeln aus rhetorischer, sprach- und rechtshistorischer Sicht Hartweg / Wegera 2005: 206f.; Lausberg 2008, § 655; Jeep 2017; von Polenz / Moulin ^{2}2021: 81, 204, 234–236, 243; Gloning / Holzacker 2023: 224–226.

29 Vgl. etwa Gloning/Holzacker 2023: 225f.

Dazu sind die zwei Belege, in denen lateinische Lehnsubstantive verwenden werden, in eine Paarformel eingebettet, nämlich *anſehens oder aütoritet* sowie *Notariu¬ vnd Zeüge*. In einem Fall ist eine alliterierende Paarform belegt (*ynn ſeinen wercken vnd willen*). Sieben adjektivische Wortpaare sind zudem zu verzeichnen, etwa (*meiner*) *lieben vnd trewen (Haüſfrawen)*, *gegenwertiges vnd heütiges* (*tages*), *boſe vnd neidiſſche* (*Meüler*), *groſſe vnd ſchwere* (*Haüſhaltung*), in einem Fall ist eine dreifache Reihung vorhanden (*lieb/ werd/ vnd ſchon*). Diese hohe Belegdichte an musterhaften Paarformeln verstärkt den Text rhetorisch; insbesondere die verbalen Wortpaare dynamisieren den Text und aktivieren sein handlungsorientiertes Resonanzpotential.

Eine weitere stark formelhafte, auf gemeinsames (Welt-)wissen zurückgreifende sprachliche Erscheinung, die von Luther gerne verwendet und selbst gesammelt wurde, stellen Phraseologismen und Sprichwörter dar.[30] Auch wenn das Einflechten von phraseologischen Elementen im vorliegenden Text weniger stark ausgeprägt ist, so tritt insbesondere das prominente Einbinden eines Sprichwortes in lateinischer Sprache in dem Abschnitt hervor, in dem Luther die problematische – gültige Rechtsnormen widersprechende – Übertragung der Vormundschaft von seinen Kindern auf seine Frau rechtfertigt. Die Passage ist die einzige im Testament, die vermehrt Phraseme aufweist; sie lautet:

> Züm dritten vnd aller meiſt darümb/ das ich will/
> Sie müſſt nicht den kindern / Sondern die kinder
> ſollen yhr ynn die hende ſehen / Sie ynn ehren
> halten vnd vnterworffen ſein / wie Gott gebo
> ten hat. Denn ich wol geſehen vnd erfaren / wie
> der Teüffel/ wider dis gebot/ die kinder hetzet vnd
> reitzet/ wenn ſie gleich from ſind/ dürch boſe vnd
> neidiſſche Meüler Sonderlich wenn die müttere
> widwen ſind/ Vnd die Sone ehefrawen vnd
> die tóchtere ehemenner kriegen . vnd widerumb etc
> Socrüs Nürüm / Nürüs Socrüm etc Denn
> ich halt / das die Mütter werde yhrer eigen kinder
> der beſte für münde ſein / vnd ſolch gütlin vnd
> leibgedinge / nicht zü der kinder ſchaden oder
> nachteil / ſondern zü nütz vnd beſſerüng
> braüchen / als die yhr fleiſch vnd blüt ſind
> vnd ſie vnter yhrem hertzen getragen hat
> (Luther, Testament 1542, fol. 1v, Z. 1–17)

Luther erläutert zunächst, dass seine Ehefrau nach seinem Tod nicht von den Kindern abhängig sein solle. Hierzu verwendet er die idiomatische Wendung

30 Luther hat eine eigene Sprichwortsammlung angelegt, die in die 1530er Jahre datiert wird, sie wurde erst Anfang des 20. Jahrhunderts veröffentlicht (Luther / Thiele 1900).

»ynn die hende ſehen« (›(finanziell) von jemandem abhängig sein‹[31]), die zugleich einen intertextuellen Verweis auf seine Übersetzung der Bibelstelle Sir 33, 22 eröffnet: »Es iſt beſſer/ das deine kinder dein bedürfen/ denn das du jnen müſſteſt jn die hende ſehen/« (Luther 1534, Bd. 2, fol. XLVIv). Mit einem Hinweis auf den Teufel äußert er zudem die Befürchtung, dass Kinder gegen die Mütter, insbesondere wenn letztere Witwen und erstere verheiratet sind, aufgehetzt werden. Mit dem Hinweis auf mögliche Ehepartner der Kinder wird das Konzeptfeld ›Schwiegermutter / Schwiegertochter‹ eröffnet, das in die elliptische, idiomatische Wendung in lateinischer Sprache *Socrüs Nürüm/ Nürüs Socrüm etc* (›Die Schwiegermutter [gegen] die Schwiegertochter und die Schwiegertochter [gegen] die Schwiegermutter‹) mündet. Auch hier liegt eine Bibelstelle zugrunde, vgl. Luc 12,53: »dividentur pater in filium et filius in patrem suum mater in filiam et filia in matrem socrus in nurum suam et nurus in socrum suam«.[32] Deswegen, und weil die Kinder »yhr fleiſch vnd blüt ſind«, ist die Mutter der beste Vormund für die Kinder, da diese die »gütlin vnd leibgedinge« nicht zu deren Schaden, sondern in ihrem Sinne verwalten werde. Mit der idiomatischen, paarweise aufgebauten phraseologischen Wendung *jds. Fleisch und Blut sein*[33] kommt in diesem kurzem Abschnitt ein weiteres Phrasem zum Tragen. Die Ballung phraseologischer Wendungen im Abschnitt ist auffällig und dient unter anderem – anhand der komprimierten, formelhaften Anführung allgemeiner Lebensweisheiten und der Einbindung biblischen Wissens – der (auch emotional markierten) resonanzhaften Argumentationsverstärkung.

Insgesamt zeigt die Betrachtung der Makrostruktur und der verschiedenen sprachlichen Ebenen eine bewusst gestaltete Textform, unter Beherrschung und einem kreativen Umgang mit formelhaften Elementen der Textsorte Testament – damit wird das Dokument linguistisch als vielschichtiger innerer Resonanzraum gestaltet, der Textfunktion(en) und mögliche externe Wirkungs- und Rezeptionsbereiche widerspiegelt und entsprechend auf der Zeitachse vorwegnimmt.

31 Vgl. [1]DWB Bd. X, Sp. 364 (›der verlangende und von wohlthaten abhängige sieht einem geber in, auf die hände, zunächst nach biblischem sprachgebrauch‹; unter Angabe der vorliegende Stelle aus Luthers Testament 1542 sowie der Bibelstelle Sir 33,22; online: www.woerterbuchnetz.de/DWB/hand); DRW. IV Sp. 1592 (https://drw.hadw-bw.de/drw-cgi/zeige?index=lemmata&term=Hand); [Zugriffe am 30.01.2024].

32 Luthers deutsche Übersetzung lautet entsprechend: »Es wird sein der vater widder den son/ vnd der son widder den vater/ Die mutter widder die tochter/ vnd die tochter widder die mutter/ Die schwigger widder die schnur/ vnd die schnur widder die schwigger.« (Luther 1534, Bd. 2, fol. XLIXr; https://haab-digital.klassik-stiftung.de/viewer/image/4135911218/691/; [Zugriff am 30.01.2024]); vgl. Wander 1867, Bd. 4, Sp. 475, Nr. 8.

33 Vgl. [1]DWB, Bd. 2, Sp. 170; Bd. 3, Sp. 1752; [2]DWB, Bd. 9, Sp. 602; FWB (Lemma [1]*blut:* http://fwb-online.de/go/blut.h1.2n_1668949009; [Zugriff am 30.01.2024]).

6. Agency, Objektbiographie und externe Resonanzräume

Urkundlichen Dokumenten wohnt eine besondere Wirkmächtigkeit bzw. Wirkkraft inne, die bereits in ihrer grundlegenden Funktion einer gesellschaftlichen Regulierung des sozialen Miteinanders inhärent verbunden ist. Auch wenn dem im Rahmen der Akteur-Netzwerk-Theorie entwickelten Konzept einer *agency*[34] von Texten – wie von allen menschlichen Artefakten – in der Forschung zum Teil differenziert begegnet wird,[35] so kann von einer gewissen materiellen Selbstwirksamkeit im Miteinander von Artefakten und Menschen ausgegangen werden. Roßler (2016: 59) spricht hier von »Sozialität mit Dingen«. Insgesamt rückt dabei – in Kontrast zur menschlich indizierten *agency* – die mit den Artefakten verbundenen Konstellationen und ihre empirischen Folgen ins Blickfeld:

> Entsprechend ist die Handlungsmacht – bzw. agency – hier eben auch nicht mehr auf einen »Sinnzusammenhang« bezogen, da dies ja zwingend den Menschen ins Zentrum rücken würde. Vielmehr konstituiert sie sich hier im ausschließlich praktischen und grundsätzlich gleichberechtigten, »symmetrischen« Wechselspiel von menschlichen und nichtmenschlichen Akteuren, wobei es dann eben die sich in diesem Zusammenspiel manifestierenden Netzwerke oder »Assemblagen« sind, die in diesem Sinne »handeln«, die also für das Entstehen praktischer, sozialer, existentieller oder ökologischer Konstellationen verantwortlich zeichnen. Ihre Handlungsmacht zeigen Objekte hier also lediglich durch den kausalen Beitrag, den sie für das Hervorbringen spezifischer Konstellationen leisten – dadurch, dass ihr Vorhandensein empirische Konsequenzen hat. (Schlitte et al. 2021: XVI)

Wie oben beschrieben, eröffnet die »Wirkkraft« von schriftlichen Artefakten – sowohl im Hinblick auf den überlieferten schriftlichen Text als auch im Hinblick auf das materielle, diesen überliefernde Objekt – einen *externe Resonanzraum*, der auch im Zusammenhang seiner Objektbiographie und einer geteilten menschlichen Interaktion mit diesem erkundet werden kann. Im Anschluss an Kopytoff (1986)[36] erfahren auch textliche Artefakte neue semantische und funktionale Zuschreibungen im zeitlichen Verlauf nach Ihrer Entstehung – mitunter bis hin zu ihrer physischen Vernichtung. Im Rahmen einer solchen Betrachtung kann etwa der physische, objektgebundene »Werdegang« des vorliegenden Dokuments (mit einer Reihe von Wissenslücken auf der Zeitachse)

34 Vgl. grundlegend Latour 2005; zum Konzept der *agency* Roßler 2016: 59–175.

35 Siehe für schriftliche Artefakte zuletzt etwa Dietrich et al. 2023: 12–14; Kuhn / Schneider 2023: 25, 32; für die Kunstgeschichte Bredekamp 2021.

36 Der mit einem (metaphernreichen) Narrativ begleitete objektbiographische Ansatz analysiert diese Artefakte zumeist auf einer vorwärts gerichteten Zeitskala bzw. evolutiven (Ver-) Wandlung. Der konstruierende Charakter eines solchen Zugangs sowie seine heuristischen Implikationen sind entsprechend kritisch begleitet und neu gedacht worden, zum Teil auch unter Heranziehung des *agency*-Konzepts; vgl. Hoskins 2006, 74–84; Kienlin / Widura 2014; Hahn 2015; Moulin 2017: 89–93.

nachgezeichnet werden: Nach ihrer Entstehung 1542 in Wittenberg als juristisches Dokument blieb die Handschrift zunächst im Besitz der Familie Luther, bis sie über einen späten Nachfahren an den Theologen Samuel Benedict Carpzov (1647–1707) und dessen Familie gelangte. Aus deren Besitz wurde das Dokument im Jahr 1804 – in ein rotes Samtfutteral gehüllt – in einer Auktion in Helmstedt durch den ungarischen Kunstsammler Miklós Jankovich (1773–1846) ersteigert. Dieser schenkte es – zusammen mit anderen Dokumenten seiner Sammlung – im Jahr 1832 an die Evangelisch-lutherische Kirche Ungarns, wo es in deren Budapester Museum aufbewahrt wird. Zwischendurch stritt man über die Authentizität des Budapester Objekts als Lutherautograph; in der Zeit des Nationalsozialismus gab es Versuche, das Dokument im Namen des »Führers« für die Lutherhalle zurückzukaufen.[37] In all diesen Etappen entfaltet das Objekt eine entsprechende vielschichtig zu lesende Wirkmächtigkeit, als persönliches (juristisches) Dokument, als Reliquie und Objekt der (politischen und nationalen) Begierde, als merkantile Ware, als angezweifeltes Originaldokument sowie als museales Artefakt, das manchmal auch auf Reisen geht, so etwa 2017 nach Wittenberg zurück zu seinem Entstehungsort.[38]

Wenn wir nochmals den Blick auf die Entstehungszeit und die Zeit unmittelbar danach richten, kann davon ausgegangen werden, dass bereits Luther und sein Kreis um die Wirkkraft des Schriftstückes wussten. Schon die juristische und formelle Kontroversität des Dokuments (ohne Zuhilfenahme eines offiziellen Notars und mit einer nur begrenzten Anzahl an Zeugen, wobei sich Luther selbst beide Funktionen zuspricht) nimmt das juristisch problematische, unmittelbare »Nachleben« des Textes vorweg, das durch entsprechende, kurfürstlich eingeholte Gutachten zwar die Bestätigung der juristischen Gültigkeit des Dokuments, aber eine konträre Entscheidung bezüglich der Vormundschaft beinhaltet. Durch solch ritualisierte bzw. konventionalisierte Handlungen, die auch als Form von Musterhaftigkeit in der sozialen Interaktion gedeutet werden können, erzeugt das Schriftstück eine externe Resonanz zwischen den Akteuren und den beteiligten Institutionen. Vorbereitet wurde diese externe Resonanz unter anderem nicht nur durch die sorgfältige konstruierte innere Resonanzebene in materieller und sprachlicher Sicht (vgl. oben), sondern auch durch die Tatsache, dass der Text kurz nach seiner Entstehung immer wieder kopiert wurde, eine Praxis, die im Hinblick auf Lutherautographen, etwa seine Briefe, zu dessen Lebzeiten und mit seinem Wissen konsequent praktiziert wurde – und die durch die sorgfältige Erstellung der Vorlage auch vorweg genommen bzw. erleichtert

37 Siehe zur Objektgeschichte des Testaments von 1542 etwa WA Br 9, 572; Rhein 2017: 288; ferner ausführlich Fabiny 1983: 40–61, auch zur Diskussion um die Authentizität in den Jahren 1878–1881 und zum Kaufversuch der Jahre 1936–1941.

38 Vgl. auch Rhein 2017: 288f.

wurde. Auch eigenhändige Briefe Luthers zeugen von der Resonanz des testamentarischen Textes bzw. dessen Inhalts, indem etwa die Besitztümer oder Vorkehrungen im Fall seines Todes thematisiert werden. Eine vollständige Auswertung dieses innerhalb der umfangreichen Lutherkorrespondenz greifbaren Resonanzraumes steht noch aus.[39]

Ähnlich wie das Testament von 1537 zeitgenössisch abgeschrieben, ins Deutsche übersetzt und wieder kopiert wurde,[40] ist auch das Testament von 1542 mehrfach kopial überliefert, sowohl handschriftlich als auch im Druck.[41] Eine im Ernestinischen Gesamtarchiv (im gleichen Konvolut wie das Originaldokument von 1537) erhaltene zeitgenössische handschriftliche Abschrift des Testaments[42] trägt auf der Rückseite des gefalteten Dokuments einen von Philipp Melanchthon eigenhändig eingetragenen Vermerk:[43] »Copia teſtamēti || des Ernwirdig(en) || herrn doctoris || Martini || Lutheri«. Darunter (und links auf dem leeren Teil des gefalteten Blattes) wurde in anderer Hand auf Deutsch der Inhalt kurz zusammengefasst, sowie von einer dritten Hand die Namen der drei Zeugen sowie ein Kanzleivermerk »No 6« angebracht. In Melanchthons zweisprachigem Vermerk wird das Dokument mit der lateinischen Bezeichnung *testamentum* identifiziert, die durchaus im Deutschen zu dem Zeitpunkt als Lehnwort *Testament* in der Bedeutung ›letzter Wille‹ vorhanden war[44] und auch von Luther, etwa in seinen deutschsprachigen Briefen,[45] benutzt wurde. Im Dokument von 1542 verzichtet er somit bewusst auf das Lehnwort im Deutschen; auch das sog. Testament von 1537 sowie der Gerichtsvermerk von 1544 benutzen den Terminus ebenfalls nicht. Mit Melanchthons Aufschrift auf der Kopie des Originals wird das Dokument eindeutig mit dem juristischen Fachbegriff benannt; als Lehnwort erscheint es auch in der handschriftlichen Pergamenturkunde mit der Bestätigung von Kurfürst

39 Man vgl. etwa die Schreiben vom 26. März 1542 an Kurfürst Johann Friedrich (WA Br 10, Nr. 3727 und 3729) und an die Frau von Justus Jonas, in denen die Verfügungen im Falle seines Todes erwähnt werden.

40 Vgl. Salatowsky 2014.

41 Vgl. etwa den frühneuzeitlichen Abdruck des Testaments in der Altenburger Ausgabe (Luther 1662, 846f. »Copia Testamenti des Ehrwürdigen Herrn D. Martini Lutheri«; der graphematisch modernisierte Text ist stark fehlerhaft).

42 Landesarchiv Thüringen – Hauptstaatsarchiv Weimar, Ernestinisches Gesamtarchiv, Signatur: ThHStAW, EGA, Reg. N 182, fol. 10r–14v; vgl. WA Br 9, 572. Zur Bedeutung des Archivs für die Reformations- und Lutherforschung siehe Blaha 2021.

43 Vgl. WA Br 9, 572.

44 [1]DWB Bd. 21, Sp. 263 (www.woerterbuchnetz.de/DWB/testament); FWB (http://fwb-online.de/go/testament.s.2n_1647362486); [Zugriffe am 30.01.2024].

45 Vgl. etwa Luther an Konrad Nehlinger in Augsburg (17.9.1540, WA Br 9, 237, Nr. 3536): »Erbar, fursichtiger, lieber herr vnd freund! Jch fuge Euch zu wissen, daß ich gestern fur dato hab den becher empfangen, den yhr mir von wegen der erbarn tugentsamen frawen Regina Honoldin, witwen, aus dem testament Hans Honold seliger zugefertigt habt, vnd danck Euch allenthalben freundlich.«; vgl. auch WB TR 4, 631, Nr. 5041 (Mai–Juni 1540): »[...] ich weiß kein testament zu stellen. [...] Den vormunden bin ich feindt. sie machens selten gutt«.

Johann Friedrich (11. April 1546), und zwar in der Paarformel *Testament vnd verordenunge.*[46] Eine weitere (undatierte, ins 17. / 18. Jahrhundert zu verortende und sprachlich modernisierte) Abschrift gibt dem Dokument dann eine entsprechende (eben nicht im Original vorhandene) Überschrift »Testament des Ehrwürdigen Herrn Doctoris Mart. Lutheri«.[47] Mit diesen externen Benennungen – die gleichsam auf die im Originaltext enthaltene deutsche Bezeichnung *brief* resonanzhaft widerhallen – entsteht eine weitere, lexikalische Verankerung im Netzwerk der Texte und Akteure um Luthers Verfügungen für den Zeitpunkt des Eintretens seines Todes und danach. Insbesondere mit dem medialen Wechsel von der handschriftlichen Überlieferung in den Buchdruck vollzieht das Artefakt ab dem 17. Jahrhundert (vgl. die Altenburger Gesamtausgabe, Luther 1662: 846 f.) einen Schritt des Wechsels von der privaten Urkunde in die breitere Öffentlichkeit. Bis heute wird das Dokument, über seine bewegte Objektbiographie hinweg, als emblematisches, materielles Artefakt der »Marke« Luther ausgestellt, faksimiliert, ediert, diskutiert und erforscht.

7. Ausblick

Der vorliegende Beitrag bietet eine erste Auslotung des Phänomens der Resonanz für die sprachhistorische Analyse von Texten und Textensembles. Dem Ansatz liegt ein soziopragmatisches sowie kulturhistorisches Verständnis von Sprachgeschichte zugrunde, wobei methodisch zwei sich gegenseitig bedingende Untersuchungsebenen für die Analyse der Konstruktion von Resonanz(räumen) unterschieden werden: die text- und quellenbedingte innere Resonanz (Wortbeziehung) und die externe Resonanz (Weltbeziehung), die insbesondere durch die Objektbiographie mitgeprägt ist. Der gewählte doppelte Zugang konnte in der vorliegenden Fallstudie zu Luthers eigenhändigem Testament aus dem Jahr 1542 einerseits (text-)interne Merkmale auf allen untersuchten sprachlichen Ebenen im Sinne eines inneren Resonanzraumes aufzeigen, andererseits führte die Betrachtung objektbiographischer Gesichtspunkte zur Auslotung von Spielarten externer Resonanzräume, die nochmals den Blick auf die Originalquelle sowie deren Wirkkraft schärfen helfen.

Insgesamt zeigt der sprachliche und textliche Aufbau des Lutherautographs eine sorgfältige Komposition im Sinne eines inneren Resonanzraumes, der nicht nur auf formaler Ebene, sondern bis in die graphematische, lexikalische und

46 WA Br 12, 349 (Nr. 4288).

47 Dresden, Sächsische Landes- und Universitätsbibliothek, Mscr.Dresd.R.96, 375–380; am Schluss steht der Vermerk »Transumptum hoc ex Autographo.«; vgl. WA Br 9, 572. Online: http://digital.slub-dresden.de/id453255876; [Zugriff am 30.01.2024].

rhetorisch-stilistische Gestaltung mit den Mustern der Textsorte Urkunde, insbesondere Testament, kreativ gestalterisch umgeht. Intendiert ist nicht nur die präzise Formulierung des eigenen letzten Willens nach der üblichen textuellen (formelhaften) Makrostruktur, sondern das (visuelle und inhaltliche) Nachvollziehen der eigenen (zum Teil gängiger Rechtsprechung zuwiderlaufenden) Argumentationspunkte sowie die gewollte (zum Teil emotional markierte) linguistische Dynamisierung des Textes durch Einbindung und Ansprache der unterschiedlichen Gruppen von Akteuren, inklusive der beteiligten juristischen Instanzen und der persönlichen und institutionellen Widersacher. Die Klarheit des Aufbaus und die durch Aufzählung gegliederte Argumentationsstruktur nehmen – auch unter Einsetzung entsprechender (ortho-)graphischer und lexikalischer Mittel – eine mögliche mündliche Wiedergabe sowie eine kopiale Tradierung des Textes in externen Resonanzräumen vorweg. Damit vollzieht sich eine Projizierung des Textes in die Zukunft, die nicht nur durch die auf prospektive Retrospektive aufgebaute Bedingtheit der Textsorte Testament beruht, sondern ein vielfältig wirksames Artefakt entfaltet, das neben seinem Inhalt aus juristischer Sicht und seiner historischen und philologischen Bedeutung als Ego-Dokument über die Jahrhunderte hinweg vom privaten Dokument zum öffentlichen, musealen und durch den Buchdruck vervielfältigten Objekt wurde. Aus sprachlicher Sicht rückt der Text selber durch die besondere Bedeutung seines Urhebers für die deutsche Sprachgeschichte und die Entstehung des Neuhochdeutschen immer wieder in den Fokus – bis hin zur kanonisierenden Aufnahme als Quelle für die Lexikographie und somit als Bestandteil des größeren lexikalischen Erbes der deutschen Sprache.

Bibliographie

Al-Taie, Yvonne (2023): *Gesten schreiben: Rhetorik des Körpers in Bettina von Arnims Goethe's Briefwechsel mit einem Kinde.* In: *Rhetorik* 42/1, S. 70–86, https://doi.org/10.1515/rhet-2023-0006 [Zugriff am 30.01.2024].

Bellingradt, Daniel (2011): *Flugpublizistik und Öffentlichkeit um 1700. Dynamiken, Akteure und Strukturen im urbanen Raum des Alten Reiches.* Stuttgart: Franz Steiner.

Bellingradt, Daniel (2019): *Kommunikationen der frühneuzeitlichen Stadt. Mediale Resonanzen eines lebensweltlichen und historiografischen Erfahrungsraums.* In: Eckhart, Pia / Tomaszewski, Marco (Hrsg.): *Städtisch, urban, kommunal. Perspektiven auf die städtische Geschichtsschreibung des späten Mittelalters und der Frühen Neuzeit,* Göttingen: v&r Unipress, S. 59–69.

Biblia sacra iuxta vulgatam versionem (1983). *Adiuvantibus Bonifatio Fischer, Iohanne Gribomont, H. F. D. Sparks, W. Thiele recensuit et brevi apparatu instruxit Robertus Weber. Editio minor.* 3. Auflage Stuttgart: Deutsche Bibelgesellschaft.

Bieberstedt, Andreas (2007): *Textstruktur – Textstrukturvariation – Textstrukturmuster. Lübecker mittelniederdeutsche Testamente des 14. und 15. Jahrhunderts.* Wien: Praesens Verlag.

Bieberstedt, Andreas (2009): *Strukturmuster in der Textsorte Testament. Dargestellt am Beispiel Lübecker Bürgertestamente des 14. und 15. Jahrhunderts.* In: Ernst, Peter (Hrsg.): *Entwicklung, Form, Funktion; Beiträge der 4. Tagung des Arbeitskreises Historische Kanzleisprachenforschung, Wien 24. und 25. November 2006.* Wien: Praesens Verlag, S. 9–56.

Blaha, Dagmar (2021): *»Es sind tote Papiere …«. Das Ernestinische Gesamtarchiv.* In: Spehr, Christopher / Westphal, Siegrid / Paasch, Kathrin (Hrsg.): *Reformatio et memoria. Protestantische Erinnerungsräume und Erinnerungsstrategien in der Frühen Neuzeit.* Göttingen: Vandenhoeck & Ruprecht, S. 157–170.

Bredekamp, Horst (2021): *Image Acts. A Systematic Approach to Visual Agency. Translated, edited, and adapted by Elizabeth Clegg.* Second edition. Berlin / Boston: de Gruyter.

Bubenhofer, Noah (2009): *Sprachgebrauchsmuster. Korpuslinguistik als Methode der Diskurs- und Kulturanalyse.* Berlin / New York: de Gruyter.

Depkat, Volker (2019): *Ego-documents.* In: Wagner-Egelhaaf, Martina (Hrsg.): *Handbook of Autobiography / Autofiction.* Berlin / Boston: de Gruyter, S. 262–267, https://doi.org/10.1515/9783110279818-031 [Zugriff am 30.01.2024].

Deutsches Rechtswörterbuch (1914/32 ff.): *Wörterbuch der älteren deutschen Rechtsprache.* Hrsg. von der Heidelberger Akademie der Wissenschaften. Stuttgart: Böhlau, https://drw.hadw-bw.de/drw-cgi/zeige [Zugriff am 30.01.2024] [= DRW].

Deutsches Wörterbuch von Jacob Grimm und Wilhelm Grimm. Digitalisierte Fassung im Wörterbuchnetz des Trier Center for Digital Humanities, Version 01/23, https://www.woerterbuchnetz.de/DWB [Zugriff am 30.01.2024] [= [1]DWB].

Deutsches Wörterbuch von Jacob Grimm und Wilhelm Grimm. Neubearbeitung (A–F). Digitalisierte Fassung im Wörterbuchnetz des Trier Center for Digital Humanities, Version 01/23, https://woerterbuchnetz.de/DWB2 [Zugriff am 30.01.2024] [= [2]DWB].

Dietrich, Nikolaus / Lieb, Ludger / Schneidereit, Nele (2023): *Einleitung.* In: Dietrich, Nikolaus / Lieb, Ludger / Schneidereit, Nele (Hrsg.): *Theorie und Systematik materialer Textkulturen Abschlussband des SFB 933.* Berlin / Boston: de Gruyter, S. 3–29.

Du Bois, John W. (2014): *Towards a dialogic syntax.* In: *Cognitive Linguistics* 23,2, S. 359–410, https://doi.org/10.1515/cog-2014-0024 [Zugriff am 30.01.2024].

Fabiny, Tibor (1983): *Martin Luthers letzter Wille. Das Testament des Reformators und seine Geschichte.* Berlin: Union Verlag.

Förstemann, Karl Eduard (1846): *D. Martin Luther's Testamente aus den Jahren 1537 und 1542, nebst urkundlichen Nachrichten über des letzteren Vollstreckung im Jahr 1546 und über Luther's Wittwe und Kinder. Zur dritten Säcularfeier des Todes Luther's.* Nordhausen: Förstemann.

Frühneuhochdeutsches Wörterbuch. Herausgegeben im Auftrag von der Niedersächsischen Akademie der Wissenschaften zu Göttingen von Ulrich Goebel, Anja Lobenstein-Reichmann und Oskar Reichmann. Online Fassung https://fwb-online.de/ [Zugriff am 30.01.2024] [= FWB].

Gloning, Thomas / Holzhacker, Daniel (2023): *Repetitive Muster in Texten zu Rechtsverfahren der Frühen Neuzeit. Die Evidenz schriftlicher Quellen.* In: Roßbach, Nikola / Schrott, Angela (Hrsg.): *Wiederholung und Variation im Gespräch des Mittelalters und der Frühen Neuzeit.* Berlin / Boston: de Gruyter, S. 205–229, https://doi.org/10.1515/9783111133607 [Zugriff am 30.01.2024].

Hahn, Hans Peter (2015): *Dinge sind Fragmente und Assemblagen. Kritische Anmerkungen zur Metapher der Objektbiographie.* In: Boschung, Dietrich / Kreuz, Patric-Alexander / Kienlin, Tobias (Hrsg.): *Biography of objects. Aspekte eines kulturhistorischen Konzepts.* Paderborn: Wilhelm Finck, S. 11–33.

Hartweg, Frédéric / Wegera, Klaus-Peter (2005): *Frühneuhochdeutsch. Eine Einführung in die deutsche Sprache des Spätmittelalters und der frühen Neuzeit.* 2., neubearbeitete Auflage. Tübingen: Niemeyer.

Hoffmann, Ludger (2018): *Grammatik und gesprochene Sprache im Diskurs.* In: Deppermann, Arnulf / Reineke, Silke (Hrsg.): *Sprache im kommunikativen, interaktiven und kulturellen Kontext.* Berlin / Boston: de Gruyter, S. 5–28.

Hoskins, Janet (2006): *Agency, Biography and Objects.* In: Tilly, Christopher et al. (Hrsg.): *Handbook of Material Culture.* Los Angeles / London / New Delhi: Sage Publications, S. 74–84.

Imo, Wolfgang (2013): *Sprache in Interaktion Analysemethoden und Untersuchungsfelder.* Berlin / Boston: de Gruyter.

Jeep, John M. (2018): *Stabreimende Wortpaare in Martin Luthers Neuem Testament 1545.* In: *Proverbium* 35, S. 145–192.

Jeep, John M. (2017): *Paarformeln.* In: *Handwörterbuch zur deutschen Rechtsgeschichte.* 2., völlig überarbeitete und erweiterte Auflage. Band IV. Berlin: Erich Schmidt, Sp. 289–294.

Kienlin, Tobias L. / Widura, Anne (2014): *Dinge als Zeichen.* In: Samida, Stefanie / Eggert, Manfred K. H. / Hahn, Hans Peter (Hrsg.): *Handbuch Materielle Kultur. Bedeutungen, Konzepte, Disziplinen.* Stuttgart / Weimar: J. B. Metzler, S. 31–38.

Klitzsch, Ingo (2020): *Redaktion und Memoria. Die Lutherbilder der »Tischreden«.* Tübingen: Mohr Siebeck.

Knoop, Ulrich (2017): *Das Wort im literarischen Text.* In: Betten, Anne / Fix, Ulla / Wanning, Berbeli (Hrsg.): *Handbuch Sprache in der Literatur.* Berlin / Boston: de Gruyter, S. 140–159.

Kopytoff, Igor (1986): *The Cultural Biography of Things: Commoditization as Process.* In: Appadurai, Arjun (Hrsg.): *The Social Life of Things: Commodities in Cultural Perspective.* Cambridge: Cambridge University Press, S. 64–92.

Kramer, Sabine (2014): *Testament Luthers.* In: Leppin, Volker / Schneider-Ludorff, Guri (Hrsg.): *Das Luther-Lexikon. Unter Mitarbeit von Ingo Klitzsch.* Regensburg: Bückle & Böhm, S. 676.

Krokowski, Tim (2022): *Sprache und Konfession in Fürstentestamenten des Konfessionellen Zeitalters (1555–1648).* Baden-Baden: Ergon.

Kuhn, Axel / Schneider, Ute (2023): *Theoretische Perspektiven und Gegenstände.* In: Kuhn, Axel / Schneider, Ute (Hrsg.): *Theoretische Perspektiven und Gegenstände der Buchforschung. Ein interdisziplinäres Handbuch.* Berlin / Boston: de Gruyter, S. 3–46.

Latour, Bruno (2005): *Reassembling the Social. An Introduction to Actor-Network-Theory.* Oxford / New York: Oxford University Press.

Lausberg, Heinrich (2008): *Handbuch der literarischen Rhetorik. Eine Grundlegung der Literaturwissenschaft.* 4. Auflage. Stuttgart: Franz Steiner Verlag.

Leppin, Volker (2024): *Aufgehoben in Christus: Martin Luthers Sicht auf Tod und Sterben.* In: Bormann, Franz-Josef (Hrsg.): *Tod und Sterben. Anthropologische Grundlagen, kulturelle Deutungsmuster und aktuelle Herausforderungen.* Berlin / Boston: de Gruyter, S. 301–311.

Liebert, Wolf-Andreas (2018): *Können wir mit Engeln sprechen? Über die eigenartige (Un-) Wirklichkeit der Verständigung im Religiösen.* In: Felder, Ekkehard / Gardt, Andreas (Hrsg.): Wirklichkeit oder Konstruktion? Sprachtheoretische und interdisziplinäre Aspekte einer brisanten Alternative. Berlin / Boston: de Gruyter, S. 162–193.

Lindemann, Gesa (2021): *Approaches to the World. The Multiple Dimensions of the Social.* Baden-Baden: Nomos.

Linke, Angelika (2018): *Kulturhistorische Linguistik.* In: Deppermann, Arnulf / Reineke, Silke (Hrsg.): *Sprache im kommunikativen, interaktiven und kulturellen Kontext.* Berlin / Boston: de Gruyter, S. 347–383.

Lück, Heiner (2019a): *Zur Problematik der Rechtswidrigkeit in Luthers Testament vom 6. Januar 1542 zugunsten seiner Ehefrau Katharina. Zugleich ein Beitrag zur Rechtsstellung von »Pfarrfrauen« und »Pfaffenkindern« in der Reformationszeit.* In: Labouvie, Eva (Hrsg.): *Glaube und Geschlecht – Gender Reformation.* Köln: Böhlau, S. 175–195.

Lück, Heiner (2019b): *Luthers Testamente.* In: Kohnle, Armin (Hrsg.): *Luthers Tod. Ereignis und Wirkung.* Leipzig: Evangelische Verlagsanstalt, S. 69–88.

Luther, Martin (1534): *Biblia/ das ist/ die gantze Heilige Schrifft Deudsc.* Band 1–2. Wittenberg: Lufft, https://haab-digital.klassik-stiftung.de/viewer/toc/935008381/ [Zugriff am 30.01.2024].

Luther, Martin (1662): *Der Achte Teil aller Deutschen Bücher und Schrifften des theuren, seeligen Mannes Gottes/ Doct. Martini Lutheri.* Altenburg: Fürstl. Sächs. Officin, http://mdz-nbn-resolving.de/urn:nbn:de:bvb:12-bsb10636550-4 [Zugriff am 03.03.2024].

Luther Martin (1930–1983): *D. Martin Luthers Werke. Kritische Gesamtausgabe. Abteilung 4. Briefwechsel.* Band 1–12, Weimar. Böhlau [= WA Br 1 ff.].

Luther, Martin (1912–1921): *D. Martin Luthers Werke. Kritische Gesamtausgabe. Abteilung 2. Tischreden.* Band 1–6. Weimar: Böhlau. [= WA TR 1 ff.].

Luther, Martin / Thiele, Ernst (1535/1900): *Luthers Sprichwörtersammlung. Nach seiner Handschrift zum ersten Male herausgegeben und mit Anmerkungen versehen von Ernst Thiele.* Weimar: Hermann Böhlaus Nachfolger.

Meier, Jörg (2004): *Städtische Kommunikation in der frühen Neuzeit: historische Soziopragmatik und historische Textlinguistik.* Frankfurt a.M. u.a.: Lang.

Moulin, Claudine (1990): *Der Majuskelgebrauch in Luthers deutschen Briefen (1517–1546).* Heidelberg: Winter Verlag.

Moulin, Claudine (2017): *Sich einschreiben. Spielarten des Vernakularen als biographische Indikatoren mittelalterlicher Codices.* In: Gleixner, Ulrike et al. (Hrsg.): *Biographien des Buches.* Göttingen: Wallstein, S. 88–112.

Moulin, Claudine (2020): *Zeit-Muster: Kategorielle Musterhaftigkeit im Bereich der Kodifizierung von Tempus in den älteren Grammatiken des Deutschen.* In: *Sprachwissenschaft* 45, S. 343–360.

Müller-Brozovic, Irena (2023): *Das Konzert als Resonanzraum. Resonanzaffine Musikvermittlung durch intensives Erleben und Involviertsein.* Berlin / Boston: de Gruyter.

Mulsow, Martin (2016): *Die Aufklärung der Dreiundzwanzigjährigen. Titelkupfer als Indikatoren für den publizistischen Hintergrund der Frühaufklärung.* In: Fulda, Daniel /

Steigerwald, Jörn (Hrsg.): Um 1700: Die Formierung der europäischen Aufklärung. Zwischen Öffnung und neuerlicher Schließung. Berlin / Boston: de Gruyter 2016, S. 122–164.

Nazarkiewicz, Kirsten (2018): *Leitbild und Ideologie.* In: Habscheid, Stephan / Müller, Andreas / Thörle, Britte / Wilte, Antje (Hrsg.): *Handbuch Sprache in Organisationen.* Berlin / Boston: de Gruyter, S. 267–292.

Poier-Bernhard, Astrid (2018): *Wor(l)dplay: Reflections on a writing-experience.* In: Winter-Froemel, Esme / Thaler, Verena (Hrsg.): *Cultures and Traditions of Wordplay and Wordplay Research.* Berlin / Boston: de Gruyter, S. 75–85.

Von Polenz, Peter / Moulin, Claudine (2021): *Deutsche Sprachgeschichte vom Spätmittelalter bis zur Gegenwart. Band I. Einführung – Grundbegriffe – 14. Bis 16. Jahrhundert.* 3. Auflage von Claudine Moulin unter Mitarbeit von Maria Backes und Natalia Filatkina. Berlin / Boston: de Gruyter.

Rhein, Stefan (2017): *Martin Luthers Testament.* In: Stiftung Luthergedenkstätten in Sachsen-Anhalt (Hrsg.): *Luther! 95 Schätze – 95 Menschen. Begleitbuch zur Nationalen Sonderausstellung. Augusteum, Lutherstadt Wittenberg, 13. Mai – 5. November 2017.* München: Hirmer, S. 288–289.

Rosa, Hartmut (2016): *Resonanz. Eine Soziologie der Weltbeziehung.* Berlin: Suhrkamp.

Roßler, Gustav (2016): *Der Anteil der Dinge an der Gesellschaft. Sozialität – Kognition – Netzwerke.* Bielefeld: transcript Verlag.

Rutz, Andreas (2002): *Ego-Dokument oder Ich-Konstruktion? Selbstzeugnisse als Quellen zur Erforschung des frühneuzeitlichen Menschen.* In: *zeitenblicke* 1, Nr. 2 (20. Dezember 2002), http://www.zeitenblicke.de/2002/02/rutz/index.html [Zugriff am 24.02.2024].

Salatowsky, Sascha (2014): *Martin Luthers Gothaer Testament von 1537 online*, https://blog-fbg.uni-erfurt.de/2014/02/fundstueck-martin-luthers-gothaer-testament-von-1537/ [Zugriff am 30.01.2024].

Schlitte, Annika / Verne, Markus / Wedekind, Gregor (2021): *Die Handlungsmacht ästhetischer Objekte: Ein Aufriss.* In: Schlitte, Annika / Verne, Markus / Wedekind, Gregor (Hrsg.): *Die Handlungsmacht ästhetischer Objekte.* Berlin/Boston: de Gruyter, S. VII–XXIV.

Schulze, Winfried (1996): *Ego-Dokumente – Annäherung an den Menschen in der Geschichte? Vorüberlegungen für die Tagung »Ego-Dokumente«.* In: Schulze, Winfried (Hrsg.): *Ego-Dokumente – Annäherung an den Menschen in der Geschichte.* Berlin: Akaemie Verlag 1996, S. 11–30.

Schuster, Susanne (2019): *Dialogschriften der frühen Reformationszeit. Literarische Fortführung der Disputation und Resonanzräume reformatorischen Denkens.* Göttingen: Vandenhoeck & Ruprecht.

Schweyen, Isabell (2016): *Luthers rechtswidriges Testament. Der Kampf Katharina Luthers um ihr Erbe.* Halle/Saale: Universitätsverlag Halle-Wittenberg.

Smereka, Joanna (2020): *Ontische und pragmatische Fragen zur mittelalterlichen Textsorte Testament aus textlinguistischer Perspektive.* In: *Germanische Beiträge* 46, S. 306–332, https://sciendo.com/article/10.2478/gb-2020-0016 [Zugriff am 30.01.2024].

Smereka, Joanna (2021): *Textlinguistische Untersuchungen zu mittelalterlichen deutschen Testamenten von Krakauer Bürgern.* Göttingen: Vandenhoeck & Ruprecht.

Spáčilová, Libuše (2000): *Deutsche Testamente von Olmützer Bürgern. Entwicklung einer Textsorte in der Olmützer Stadtkanzlei in den Jahren 1416–1566.* Wien: Praesens.

Stein, Stephan / Stumpf, Sören (2019): *Muster in Sprache und Kommunikation. Eine Einführung in Konzepte sprachlicher Vorgeformtheit.* Berlin: Erich Schmidt.

Stolt, Birgit (1969): *Studien zu Luthers Freiheitstraktat mit besonderer Rücksicht auf das Verhältnis der lateinischen und der deutschen Fassung zu einander und die Stilmittel der Rhetorik.* Stockholm: Almgvist & Wiksell.

Vandenberghe, Frédéric (2023): *Tuning into Harmut Rosa's systematic romanticism.* In: *The Journal of Chinese Sociology* 10:12, S. 1–36; https://doi.org/10.1186/s40711-023-00189-2 [Zugriff am 10.03.2024]

Volz, Hans (Hrsg.) (1966): *Martin Luther. Ausgewählte deutsche Schriften.* 2., verbesserte Auflage Tübingen: Niemeyer.

Wander, Karl Friedrich Wilhelm (Hrsg.) (1876): *Deutsches Sprichwörter-Lexikon. Ein Hausschatz für das deutsche Volk.* Band 4, Leipzig: F. A. Brockhaus, https://www.woerterbuchnetz.de/Wander [Zugriff am 20.02.2024].

Wikan, Unni (1992): *Beyond the Words: The Power of Resonance.* In: *American Ethnologist* 19,3, S. 460–482.

Wikan, Unni (2012): *Resonance. Beyond the Words.* Chicago/London: The University of Chicago Press.

Wiktorowicz, Józef (2011a): *Zur Textsortenklassifikation in der deutschen Kanzleisprache in Krakau.* In: Wiktorowicz, Józef (Hrsg.): *Krakauer Kanzleisprache. Forschungsperspektiven und Analysemethoden.* Warszawa: Zakład Graficzny UW 2011, S. 127–137 [zuerst erschienen in: Meier, Jörg / Ziegler, Arne (Hrsg.): *Aufgaben einer künftigen Kanzleisprachenforschung.* Wien: Edition Praesens 2003, S. 69–76.], https://bibliotekanauki.pl/books/1964288.pdf [Zugriff am 30.01.2024].

Wiktorowicz, Józef (2011b): *Die Textsorte ›Testament‹ in der Krakauer Kanzleisprache.* In: Wiktorowicz, Józef (Hrsg.): *Krakauer Kanzleisprache. Forschungsperspektiven und Analysemethoden.* Warszawa: Zakład Graficzny UW 2011, S. 155–164 [zuerst erschienen in: Simmler, Franz / Wich-Reif, Claudia (Hrsg.): *Textsortentypologien und Textallianzen von der Mitte des 15. bis zur Mitte des 16. Jahrhunderts. Akten zum Internationalen Kongress in Berlin 21. bis 25. Mai 2003.* Berlin: Weidler Verlag 2004, S. 167–176], https://bibliotekanauki.pl/books/1964288.pdf [Zugriff am 30.01.2024].

Ziegler, Arne (2003): *Städtische Kommunikationspraxis im Spätmittelalter. Historische Soziopragmatik und Historische Textlinguistik.* Berlin: Weidler.

Anhang: Graphemgetreue Transkription des Testaments von 1542 (vgl. WA Br 9, Nr. 3699, S. 572–574)

Die folgende, zeilen- und graphemgetreue Transkription erfolgt nach dem Faksimile in Fabiny 1983 in Anlehnung an die Editionsprinzipien, die für die deutschsprachigen Lutherbriefe in Moulin (1990: 295–297) erarbeitet wurden. Insbesondere wurden Zeilenumbrüche, die Groß- und Kleinschreibung sowie die Interpunktion des Originals respektiert. Dem Befund in der Handschrift folgend wird zwischen rundem *s* und langem *ſ* unterschieden; Varianten des Nasalstrichs werden mit einem einheitlichen Querstrich wiedergegeben. Neben dem Nasalstrich können *u* und *n* noch weitere Superskripta aufweisen; bei *u* sind oft zwei Pünktchen oder Striche vorhanden, diese werden einheitlich mit *ü* wiedergegeben. Bei *n* gibt es vereinzelt zwei superskribierte schräge, spitz zusammenlaufende Striche; diese werden mit *n̂* wiedergegeben. Die Zeichensetzung wird beibehalten, sofern sie auf dem Faksimile gut erkennbar ist; es erfolgt keine Normalisierung. Varianten der Virgel werden mit / wiedergegeben; eindeutig mittelhohe Punkte werden entsprechend transkribiert, alle andere Varianten werden mit Punkt auf der Zeile vereinheitlicht. Abkürzungen werden grundsätzlich nicht aufgelöst; lediglich in folgenden Fällen ist eine Auflösung (aus drucktechnischen Gründen) vorgenommen worden: Die spezifischen Abkürzungen für *etcetera* erscheinen kursiv als *etc*; die für *et* als *&*; Abkürzungszeichen für schwachtonige Endungen von deutschen Worte bzw. Wortteile erscheinen als ¬.

[fol. 1r]
Ich Martinus[1] Lüther Doctor etc beken
ne mit dieſer meiner eigen Handſchrifft
das ich meiner lieben vnd trewen Haüſfrawen[2]
Katherin gegeben habe . züm leibgedinge .(oder
wie man das nennen kan.) aüff yhr lebelang/
damit ſie yhres gefallens vnd zü yhrem beſten
gebaren müge/ Vnd gebe yhr das ym krafft
dieſes brieües/ gegenwertiges vnd heütiges tages
Nemlich/ das gütlin Zülſtorff/ wie ich daſ
ſelb gekaüfft vnd zügericht habe/ aller dinge
wie ichs bis daher gehabt habe/
Züm andern das Haüs Brüno/ zür wo
nüng/ ſo ich vnter meins Wolffs namen ge
kaüfft habe
Züm dritten/ die Becher vnd kleinot/ als
ringe/ ketten[3]/ Schenckgroſſchen / gülden vnd ſilbern
Welche[4] vngeferlich ſolten bey taüſent gülden
werd ſein Das thü ich darümb
Erſtlich/ das ſie mich als ein from/ trew
ehlich gemahl/ allzeit/ lieb/ werd/ vnd ſchon ge
halten. Vnd mir dürch reichen Gottes ſegen
fünff lebendige kinder (die noch für handen
Gott gebe lange)/ geborn vnd erzogen hat
Züm andern/ das ſie die Schüld/ ſo ich noch
ſchüldig bin (wo ich ſie nicht bey leben ablege)
aüff ſich nemen vnd bezalen ſol /Welcher mag

1 *M* aus *Doc* korrigiert.
2 Auslautendes -*n* in Klecks.
3 Zweites *t* undeutlich, wohl auch *h* korrigiert.
4 Auslautendes -*e* aus einem anderen Buchstaben korrigiert.

ſein / ongefer mir bewüſt . ccccl. fl. Mügen
ſich villeicht wol mehr finden

[fol. 1v]

Züm dritten vnd aller meiſt darümb/ das ich wil/
Sie müſſt nicht den kindern / Sondern die kinder
ſollen yhr ynn die hende ſehen / Sie ynn ehren
halten vnd vnterworffen ſein / wie Gott gebo
ten hat. Denn ich wol geſehen vnd erfaren / wie
der Teüffel/ wider dis gebot/ die kinder hetzet vnd
reitzet/ wenn ſie gleich from ſind/ dürch boſe vnd
neidiſſche Meüler Sonderlich wenn die müttere
widwen ſind/ Vnd die Sone ehefrawen vnd
die tóchtere ehemenner kriegen . vnd widerumb etc
Socrüs Nürüm / Nürüs Socrüm etc Denn
ich halt / das die Mütter werde yhrer eigen kinder
der beſte für münde ſein / vnd ſolch gütlin vnd
leibgedinge / nicht zü der kinder[5] ſchaden oder
nachteil / ſondern zü[6] nütz vnd beſſerüng
braüchen / als die yhr fleiſch vnd blüt ſind
vnd ſie[7] vnter yhrem hertzen getragen hat
Vnd ob ſie nach meinem tode / genottigt
oder ſonſt verürſacht würde (denn ich Gott
ynn ſeinen wercken vnd willen / kein Zil ſetzen
kan ·) ſich züverendern. So trawe ich doch vnd
wil hiemit ſolchs vertrawet haben / Sie werde
ſich mütterlich gegen vnſer beider kinder halten
Vnd alles trewlich/ es ſey leibgedinge oder an
ders / wie recht iſt / mit yhnen teilen
Vnd bitte aüch hie mit vntertheniglich
meinen gnedigſten herrn Hertzog Johans Fridrichen
kürfürſten etc S k f g wolten ſolche begabüng
oder leibgedinge gnediglich / ſchützen vnd handhaben

[fol. 2r]

Aüch bitte ich alle meine güten freünde / wol
ten meiner lieben kethen / zeügen ſein vnd ſie
entſchuldigen[8] helffen / wo ettliche vnnütze meüler
ſie beſchweren oder verünglimpfen wollten/ als
ſolt ſie ettwa eine Barſchafft hinder ſich haben
die ſie den armen kindern entwenden oder

5 Vor *kinder* drei Buchstaben(teile) mit Längenschäften getilgt.
6 *z* in Klecks und aus anderem Buchstaben korrigiert.
7 *ſie* zwischen *vnd* und *vnter* nachgetragen.
8 *u* in Klecks.

vnterſchlahen würde. Jch bin des zeüge/ das da keine Barſchafft iſt/ on die Becher vnd kleinod/ droben ym leibgedinge erzelet . Vnd zwar ſolts beÿ yderman die rechnüg offentlich geben / weil man weis / Wie viel ich ein komens gehabt von M g$^{t\neg}$ herrn/ Vnd ſonſt nicht einen heller noch kornlein von yemand einzükomen gehabt/ On was geſchenck iſt geweſen/ Welchs droben vnter den klei noten/ Züm teil aüch noch ynn der ſchuld ſteckt vnd zü finden iſt Vnd ich doch von ſolchem einkomen vnd geſchenck/ ſo viel gebawet/ gekaüff/ groſſe vnd ſchwere Haüſhal tüng gefürt Das ichs / müs neben andern/ ſelbs für einen ſonderlichen wünderlichen ſegen/ er kennen / das ichs habe konnen erſchwingen / vnd nicht wunder iſt / das keine Barſchafft / ſondern das nicht mehr ſchüld / da iſt. Dis bitte ich darümb. Denn der Teuffel / ſo er mir nicht kündte neher komen / ſolt er wol meine kethe allein der vrſachen / allerley weiſe ſüchen / das ſie des Mannes/ Doctor Martinüs eheliche haüſſraw geweſt vnd (·Gott lob·) noch iſt

[fol. 2v]

Zü letzt bitte ich aüch yderman / Weil ich ynn dieſer begabüng oder leibgedinge / nicht bräuche der Jüriſtiſchen forme vnd worter (dazü ich vrſachen gehabt·) Man wolle mich laſſen ſein die perſon / die ich doch ynn der warheit bin Nemlich / offentlich / vnd die beide ym himel aüff[9] erden / aüch ynn der Helle bekand[10]/ an= ſehens oder aütoritet gnüg hat der man trawen vnd gleüben mag mehr denn keïnem Notario Denn ſo mir verdampten / armen /vnwirdigen elenden ſünder/ Gott der Vater aller Barmher tzickeit / das Eüangelion ſeines lieben Sons ver trawet / dazu mich aüch trew/ vnd wahrhafftig drinñen gemacht / bis her behalten vnd fünden hat/ Alſo das aüch viel ynn der welt/ daſſelb dürch mich angenomen/ Vnd mich für einen lerer der Warheit halten / vngeacht des Bapſts bann/ keiſers/ konige/ fürſten/ Pfaffen/ ia aller

9 *a* in Klecks.
10 *d* in dickerer Tinte, eventuell aus einem anderen Buchstaben (*t?*)korrigiert.

teüffel zorn · Sol man ia viel mehr mir hie=
ynn dieſer geringen Sachen gleüben Sonderlich
weil hie iſt / mein hand / faſt wol bekand Der
hoffnüg / Es ſolle gnüg ſein Wenn man ſagen
vnd beweiſen kan / Dis iſt D Martinüs Luthers
(der Gottes Notariu¬ vnd Zeüge iſt ynn ſeinem
Eüangelio·) ernſtliche vnd wolbedachte meinüg
mit ſeiner eigen hand vnd ſiegel zü beweiſen /
Geſchehen vnd gegeben Am tage Epiphanie
1542
M. Luther ṽts[11]

[fol.3r]
Ego Philippus Melanthon teſtor hanc eſse
& sententiā ac volūtatem & manū
Reuerēdi Dñi doctoris Martini Lutheri
praeceptoris & patris noſtri cariſsimi.

Et ego Caſpar Creŭciger d. teſtor hanc esse
et ſententiam et uolŭntatem et manŭm
Reŭerendi d. doctoris Martini Lŭtheri
carissimi patris noſtri. Quare et ipſe
mea manŭ ſubſcripſi.

Et ego Johannes Bügenhagius Pome=
ranüs d. idem teſtor mea manü.

11 *ṽts* d.h. *ut supra*; vgl. Volz 1966: 166, Anm. 13.

Jerzy Rajman

Testament als Quelle für die Lebensgeschichte des Erblassers. Am Beispiel von Gottfried Fattinante eines Krakauer Bürgers aus Genua († 1393)

Abstract
Testament as a source for the testator's life story. Using the example of Gottfried Fattinante from Genua living in Krakow († 1393)
The purpose of this article is to show the figure of Gottfried Fattinante of Genoa, who made his career in Krakow. He arrived in Krakow around 1365 and died in 1393. His will has survived, abounding with details of his life, social environment and activities. The author attempts to show Gottfried's family relations and his career, which culminated in both the office of a Krakow alderman (after 1368-about 1375) and an administrator of the royal salt mines (the first time before 1367, the second time around 1386). The author shows that the will was written in Gottfried's house in 1392, and not promulgated by the city council until December 15, 1393, about six months after Gottfried's death.

Keywords: Krakow, townsman's wills, home, family, councillors
Schlüsselwörter: Krakau, Bürgertestamente, Haus, Familie, Ratsherren

1 Hinführung zum Thema. Gottfrieds Herkunft

Aus der Gegend von Kleinpolen sind, vom Ende des 12. bis Ende des 16. Jahrhunderts, zahlreiche Testamente erhalten, von denen nur einige in gedruckter Form veröffentlicht wurden (Wysmułek 2017; Bartoszewicz / Mrozowski / Radomski / Warda 2017). Sie stellen eine reichhaltige Quellenbasis für die Erforschung des Testaments als Rechtsakt dar, sowie für Untersuchungen zur Religiosität, zu familiären Beziehungen, zum Eigentum, zur sozialen Stellung, und vielleicht erlauben sie einen Blick in die Persönlichkeitsmerkmale der Erblasser. Zu diesen Fragen wird in der Literatur seit Jahren geforscht. Dies bietet eine

Jerzy Rajman, Uniwersytet Komisji Edukacji Narodowej w Krakowie, ORCID: 0000-0003-0988-0414.

praktische Gelegenheit, mehr über die oben genannten Fragen rund um die Erblasser zu erfahren.[1]

Der Zweck dieses Artikels ist es Gottfried Fattinante im Lichte seiner Aussagen in seinem Testament zu zeigen, in Konfrontation mit anderen Quellen, die seine Aktivitäten dokumentieren, dies bezieht sich, natürlich, auf die Ansichten in der Literatur zu diesem Thema.

Der erste Historiker, der die Einzigartigkeit dieser Persönlichkeit erkannte und die Bedeutung des Testaments von 1393 richtig einschätzte, war Jan Ptaśnik (Ptaśnik 1911: 61–64).[2] Józef Garbacik stützte seine Erkenntnisse im »Polnischen Biographischen Wörterbuch« auf Gottfrieds Biographie (Garbacik 1949: 377–378). In späteren Artikeln, die er zu dem Salzbergbau und den Krakauer Behörden verfasste, wurde Gottfrieds Testament kaum Beachtung geschenkt; stattdessen wurden die Erkenntnisse von Ptaśnik am häufigsten wiederholt.[3] Erst kürzlich hat Wysmułek (2015) Gottfried erneut einen forschenden Blick gewidmet.

Gottfried Fatinante ist ein Beispiel für einen wohlhabenden Einwanderer aus Genua, der in Krakau Karriere machte (Wysmułek 2015: 193). Er wurde in Quellen oft nur beim Vornamen als Gottfried bezeichnet (mit einer Notiz *dominus*), als Gottfried Gallik (*Gotfrid Gallicus*),[4] oder – seltener – mit vollständigem Vor- und Nachnamen (er wurde ebenso in seinem Testament bezeichnet). Wenn man in Gottfrieds Testament nach Lebenserinnerungen sucht, findet man einen Abschnitt über seine Aktivitäten in Krakau sowie einen Abschnitt zu seiner Karriere als königlicher Verwalter des Salzbergwerks (altpolnisch *żupnik*). Andere Quellen sind zuerst in Krakau erhalten. Deshalb werde ich zunächst seine Aktivitäten in der Hauptstadt besprechen. *Dominus* Gottfried wurde erstmals am 5. Juni 1366 im Krakauer Richterbuch erwähnt.[5] In einer Urkunde des Abtes des Klosters in Tyniec vom 18. Oktober desselben Jahres wird er als Gottfried Fat-

1 Siehe Sikora (1983); Wółkiewicz (2000);. Koczerska (2001); Szymczakowa (2017); Sowina (2002); Kowalczyk (2003); Gołąb (2012). Als Beispiele nenne ich nur die ältesten Testamente. Viele Testamente warten auf detaillierte Studien, darunter beispielsweise die Testamente der Krakauer Bürger, das Testament eines Studenten der Krakauer Universität und zahlreiche Testamente des Adels und des Klerus. Ich bin überzeugt, dass möglichst viele Analysen individueller Testamente veröffentlicht werden sollten.

2 KK Bd. 2, Nr. 396.

3 Kaczmarczyk (1939: 178–309, hier: insb. 178f.) bespricht ausführlich das Amt des königlichen Verwalters des Salzbergwerks; Wyrozumski (1968: 106) schreibt allgemein über Italiener als Salzarbeiter in der Krakauer Saline; Dazu siehe auch Fischer (1934: 19–24) und Konwerska (2007: 35–58). Siehe auch über Krakauer Stadträte Starzyński (2010).

4 Begriff *Gallici* bezeichnet im mittelalterlichen Krakau im Großen und Ganzen das Volk des romanischen Sprachkreises. Sie waren meistens Franzosen, aber auch Neuankömmlinge aus Norditalien wurden so bezeichnet. Begriff *Italici* wurde in Krakau schon lange nicht mehr verwendet (es wurde erst im 15. Jahrhundert akzeptiert).

5 Kłk Nr. 55.

tinante aus Genua, ein Bürger aus Krakau,[6] erwähnt. Ich werde dieses Dokument weiter unten ausführlicher besprechen, aber ich möchte hier die Aufmerksamkeit darauf lenken, dass Genua als sein Herkunftsort eingetragen war, sowie dass vermerkt wurde, dass er zu jener Zeit bereits Bürger von Krakau war. Die vollständigen Angaben zu Gottfried Fattinante von Genua werden in einer posthumen Notiz gemacht, die am 11. Juli 1393 in Krakau erstellt wurde.[7]

Der Zeitpunkt seiner Ankunft in Polen lässt sich mangels Quellenlage nicht genau bestimmen. Es gilt als wahrscheinlich, dass er sich bereits 1365 in Krakau aufhielt, doch leider sind für die Zeit zwischen 1358 und 1367 nur wenige Einträge in den Stadtbüchern vorhanden und erhalten.[8]

2 Familiäre Umstände Gottfrieds

In der Forschungsiteratur heißt es, dass Gottfried keine Familie gegründet hatte (Ptaśnik 1911: 62; Garbacik 1949: 377).[9] Diese Frage bedarf einer genaueren Betrachtung. Das Fehlen einer Frau für jemanden, der Ratsmitglied wurde, muss angesichts des damaligen Rechts zum Nachdenken anregen. Als er im Jahr 1366 Ländereien kaufte (siehe im Folgenden), wurde festgehalten, dass er diese als Erbgut besitzen würde, mit allgemeiner Erwähnung seines *successoribus.*[10] Dies kann natürlich als übliche Formel angesehen warden; es kann jedoch nicht ausgeschlossen werden, dass er zu jener Zeit eine Frau und Nachkommen hatte. Tatsache ist, dass in Gottfrieds Testament von 1393 weder seine Frau erwähnt wird noch Gebete für die Erlösung ihrer Seele bestellt wurden. Dieses Schweigen lässt sich möglicherweise damit erklären, dass Gottfried lange vor 1393 Witwer wurde. Auch von einem Sohn ist im Testament keine Rede. Beim Studium anderer Testamente aus dem 14. und 15. Jahrhundert fiel mir auf, dass Erblasser sehr oft ihre Söhne nicht erwähnten. Es ist jedoch schwierig, es als ein spezifi-

6 ZDM Bd. 4, Nr. 985. Dieses Dokument war Ptaśnik (1911) und Garbacik (1949) aus offensichtlichen Gründen nicht bekannt.

7 Kłk Nr. 1720.

8 KRK passim. Von 1360 und 1365 gibt es keine Aufzeichnungen, wir haben Aufzeichnungen für die Jahre 1359, 1361, 1362, 1364 und 1366, 1367 und 4 Aufzeichnungen von 1363. Die Datierung seiner Ankunft, gemäß Garbacik (1949), auf »den Beginn der zweiten Hälfte des 14. Jahrhunderts« finde ich nicht überzeugend. Bis einschließlich 1358 sind im KRK relativ systematische Aufzeichnungen erhalten, so dass eine so wichtige Figur wahrscheinlich irgendwo ans Tageslicht gekommen wäre.

9 Wysmułek (2015: 244) hält es für wahrscheinlich, dass er keine Kinder hatte. Allerdings schreibt der Autor an anderer Stelle, dass er einen Enkel hatte, sodass konsequent davon auszugehen ist, dass er einen Sohn oder eine Tochter gehabt haben muss. Ich möchte noch einmal betonen, dass das Fehlen eines Sohnes oder einer Tochter im Testament nicht bedeutet, dass sie nicht existierten.

10 ZDM Bd. 4, Nr. 985.

sches Krakauer Phänomen zu betrachten. Die Erklärung könnte sein, dass die Söhne zu dem Zeitpunkt des Testierens bereits erwachsen waren und zuvor aus dem Nachlass des Erblassers bezahlt worden waren. Indiz dafür, dass Gottfried einen Sohn hatte, ist die Erwähnung von Erasmus Fattinante in seinem Testament. Dieser erhielt den mehrdeutigen Namen *nepos*. Ich habe keine anderen Quellen, die Erasmus erwähnen; es lohnt sich in Zukunft nach ihnen zu suchen. Es sollte beachtet werden, dass Erasmus den gleichen Nachnamen wie Gottfried trägt, er könnte also ein direkter Verwandter sein, also ein Enkel, weil dies auch die erste Bedeutung des Wortes *nepos* ist.[11]

In dem oben erwähnten Dokument aus dem Jahr 1366 lesen wir, dass Gottfried, ein Krakauer Bürger, erbliche Schultheißenamte in den Dörfern Łapczyca, Kolanów und Nieszkowice erwirbt. Diese Dörfer gehörten zur Benediktinerabtei in Tyniec. Er erhält sie von Jaśko Pegza, Bürger von Bochnia, sowie von seiner Schwester Betka (Elisabeth), der Witwe von Heinrich, der wiederum Sohn von Peter Divitis von Sandomierz war. Gottfried Fattinante und seine Erben sollen die Schultheißenamte nach Magdeburger Recht mit allen Rechten und Vorteilen besitzen. Er soll diese auch im Namen seiner Nachkommen (*posteros*) verwalten.[12] In diesem Dokument wird auch erwähnt, dass diese erblichen Schultheißenamte dem Krakauer Bürger Stefan Pegza, dem Vater von Jaśko und Betka, gehörten, mit der Bewilligung des Abtes von Tyniec, Michał[13]. Die Bedeutung dieses Dokuments, das in der bisherigen Forschung nicht berücksichtigt wurde, ist beträchtlich. Es sollte betont werden, dass die erblichen Schultheissenamte, die Gottfried erworben hat, später nirgendwo als sein Eigentum aufgeführt werden, auch nicht in seinem Testament. Sie wurden wahrscheinlich Gegenstand einiger unbekannter Aufteilungen in der Familie. Darüber hinaus bestätigt ein Dokument aus dem Jahr 1366, dass Gottfried Kontakte zu einer Krakauer Familie Pegza knüpfte. Diese familiären Beziehungen werden in zwei Einträgen aus dem Jahr 1373 nachgewiesen.

In der ersten wird Jakub Pegza als Gottfrieds Neffe bezeichnet, während er in der zweiten als sein Bruder bezeichnet wird.[14] Darüber hinaus erhielt Jakub Pegza über den Krakauer Stadtrat die Hälfte des Backsteinhauses in der Grodzka-Straße und einen Tuchstand, der Gottfried gehörte.[15] Jakub Pegza entledigte sich

11 Zur Zweideutigkeit des Wortes nepos siehe u. a. Sondel 1997: 652 und Jougan 1992: 443. In der älteren Literatur wird Erasmus als Neffe angesehen, allerdings ohne Begründung (Garbacik 1949: 377).

12 ZDM Bd. 4, Nr. 985.

13 Diese Information ist völlig zuverlässig, da das Privileg des Abtes Michał für Stefan Piegza für das Dorf in Łapczyca aus dem Jahr 1321 erhalten geblieben ist, ZDM Bd. 4, Nr. 903.

14 Kłk Nr. 885 und 891.

15 Im Auftrag des Stadtrats geben Nicolaus Czech, Georg Czein und Johann Panczer einen Tuchstand und die Hälfte des Hauses in der Grodzka Strasse, welches Gottfried gehörte, Jakub Pex, seinem *sororio*, Kłk Nr. 885.

noch im selben Jahr der Hälfte des Hauses, und bei dieser Gelegenheit erfahren wir, dass die andere Hälfte Jakub Gallik gehörte.[16] Daraus folgt, dass das Haus in der Grodzka-Straße, bevor Jakub die Hälfte davon in Besitz nahm, im gemeinsamen Besitz von Gottfried Gallik und Jakub Gallik war.[17] Dies ist die Prämisse hinter der Hypothese, dass Gottfried Gallik und Jakub Gallik verwandt, möglicherweise Brüder, waren.

Um auf die Erklärung der Beziehungen zwischen Gottfried Gallik und Jakub Pegza zurückzukommen sollte das Offensichtliche festgestellt werden, nämlich dass Jakub Pegza nicht gleichzeitig Gottfrieds Bruder und Neffe sein konnte. Ich versuche hypothetisch zu skizzieren, wie ihre familiäre Beziehung aussah.[18] Es sollte betont werden, dass weder Jakub Pegza, dieser Bruder/Neffe, noch einer der Pegzas im Testament von 1393 erwähnt werden. Dies würde bedeuten, dass ihre möglichen Verpflichtungen untereinander bereits beglichen sind. Einträge im Krakauer Schöffenbuch, aus denen hervorgeht, dass Jakub Pegza einen Teil von Gottfrieds Krakauer Liegenschaften übernommen hat, sind zweifellos ein Hinweis auf die Begleichung ihrer gegenseitigen Eigentumsverpflichtungen. Es sollte auch zugegeben werden, dass der Autor des Schöffenbuchs unter dem Begriff »Bruder« den Bruder der Ehefrau, also den Schwager, verstand.[19] Basierend auf dieser Annahme könnten wir vermuten, dass Gottfrieds Frau aus der Familie Pegza stammte.

3 Soziales Umfeld und materielle Verhältnisse Gottfrieds

Die Zeugenliste des Dokuments von 1366 zeigt uns Gottfrieds frühen Freundes-, Mitarbeiter- und Geschäftspartnerkreis. Sie wird von Peter Winrik, einem Krakauer Bürger, aber auch einem königlichen Verwalter des Salzbergwerks, eröffnet. Die nächsten Orte werden von einflussreichen und berühmten Krakauer Bürgern bezeugt: Peszko de Sale, Nicolaus Wirzing und Johann Czudicz (auf der

16 Jakub *Pexa, der Bruder* von Herr Gottfried, schenkte Johann Tempefeld die Hälfte des Backsteinhauses, die andere Hälfte befindet sich im Besitz von Jakub Gallik, Kłk Nr. 891. Jakub Gallik erscheint in den Quellen gleichzeitig mit Gottfried. Dieser Charakter verdient wie alle Galliten eine Untersuchung. Es kann nicht ausgeschlossen werden, dass Jakub Gallik Gottfrieds Bruder war.

17 Im Jahr 1366 wird *Jacob Gallicus* als Besitzer eines Tuchstandes (*eidem resignavit*) erwähnt – niemand wird genannt – dies könnte sich auf die frühere Aufzeichnung über Gottfried beziehen, Kłk Nr. 56.

18 Ptaśnik (1911: 62) hat es nicht aufgegriffen, er beschränkte sich auf die Aussage, dass Jakub Pegza ein »enger« Verwandter von Gottfried sei.

19 Garbacik (1949: 377) analysierte diese Quellen nicht, sondern schrieb über das »familiäre Gefühl«, das Gottfried gegenüber Pegza hatte. Zur Bedeutung des Wortes Bruder, u.a. Schwager, siehe u.a. Sondel 1997: 395.

Zeugenliste stehen sie sogar vor Geistlichen). Peter Winriks enge Beziehung zu Gottfried wird durch eine Notiz aus dem Krakauer Schöffenbuch von 1366 bestätigt, in der steht, dass Winriks von Gottfried ein bestimmtes Grundstück in Krakau erhalten habe, dieses er ihm aber zurückgab.[20] Beide wurden auch bald Nachbarn. In einer Notiz aus dem Jahr 1367 lesen wir, dass Gottfried in Krakau ein Haus gegenüber dem Haus von Peter Winrik kaufte.[21]

Sowohl das Testament des Jahres 1393 als auch frühere Quellen weisen Gottfried als Eigentümer mehrerer Grundstücke in Krakau aus.[22] Im Jahr 1366 wurde ihm erstmals der Besitz eines gemauerten Hauses in der Nähe des Schuhmachertors mit 4 kleinen Häusern (wahrscheinlich Nebengebäude) bezeugt.[23] Zwei Jahre später lesen wir, dass Gottfried von diesem Anwesen einen Erbbauzins von 6 Marken einnahm.[24] Dieses Anwesen wird im Testament erwähnt, nämlich dass die Miete von 6 Marken von diesem Grundstück von Gottfried für den Altar in der Marienkirche vermacht wurde.[25] Im Jahr 1367 kaufte er von Jakub Gallik ein Haus in der Szpitalna Strasse.[26] Im Jahr 1373 besaß er vorübergehend ein Haus in der Grodzka Strasse.[27] Vom Mai 1373 gibt es eine Notiz, die Gottfrieds Vergleich mit Peter Winkinberek über die Höhe von 48 Marken bestätigt, welche für Ottos Haus verpfändet wurden.[28] Die nächste Nachricht stammt vom 14. Dezember 1375, als Gottfried von Bartfal einen Stand (wahrscheinlich einen Stoffstand) erhielt.[29]

Die wichtigste Transaktion bezüglich seines Besitzes im städtischen Raum erfolgte am 20. Juli 1369. Gottfried kaufte vom Bürger Niczko Klow ein Haus am Marktplatz, gegenüber dem Haus von Peszek (Peter) Winrik[30]. Dieses Haus stand

20 Kłk Nr. 55.

21 Kłk Nr. 401.

22 Ptaśnik (1911: 62) schrieb, dass Gottfried »ständig neue Häuser kauft«. Er listete die Häuser in den Straßen Wiślna, Grodzka und Szewska auf, ließ aber das wichtigste, das am Markentplatz, aus. Dabei ließ er außer Acht, dass einige dieser Transaktionen von der Rückzahlung von Gottfrieds Schulden und nicht vom tatsächlichen Immobilienerwerb abhängig waren.

23 Kłk Nr. 55.

24 Am 25. Mai 1369 überließ Kuncze Tenczer das Haus in der Szewska-Straße an der Ecke gegenüber dem Tor und drei Häuser (*a retro domui eiusdem*), für 6 Marken vermietet (*censuare annis singlusi census terragio*) an Gottfried, Kłk Nr. 383.

25 1393:...*sex marcas census annui et terragii, quem super fundo domus Nicolai Beidner in platea Sutorum site*. Über diese Miete für die St.-Marien-Kirche lesen wir im Ratsbuch der Stadt aus dem Jahr 1397, dass ihre Verwalter nach dem Willen von Gottfried Gallik die Ratsherren waren. Johann Pottersneider zahlte daraufhin 2 Marken für diese Miete aus dem Haus, KRK, S. 166.

26 29. Oktober 1367, Jakub Gallik gab Gottfried sein Haus an der Ecke Szpitalna Strasse, gegenüber von Peszek *supario Bochnensi* , Kłk Nr. 209.

27 Kłk Nr. 802.

28 Kłk Nr. 843.

29 Kłk Nr. 1154.

30 Kłk Nr. 401.

an der Ecke Marktplatz und Wiślna-Straße, weshalb seine Lage auf zwei Arten beschrieben wurde. Dort lebte er den Rest seines Lebens. Das Haus wird 1390 und 1392 als Eigentum von Gottfried bezeugt.[31] In Gottfrieds Testament lesen wir über *domum vero suam lapideam in acie circuli circa Puswange sitam* [Backsteinhaus auf dem Marktplatz bei Puswange – Übersetzung J.R.]. In diesem Haus, wo er lebt (*in predicta domo, quam inhabitat*) erklärte Gottfried vor Zeugen seinen letzten Willen.

Das Haus am Markentplatz weist auf Gottfrieds Pfarrzugehörigkeit hin. Krakau war in mehrere Pfarreien aufgeteilt, von denen die größte, St. Marien, Häuser am Marktplatz umfasste. Gottfried war ein Gemeindemitglied der Marienkirche und finanzierte in seinem Testament einen Altar für diese Kirche. Es gibt jedoch keine Hinweise auf seine Mitgliedschaft in der im 14. Jahrhundert beliebten Bruderschaft der Heiligen Jungfrau Maria, in der sich Vertreter der Elite der Stadt versammelten (Rajman 2015: 45–68).

Der Kauf des Hauses am Marktplatz fällt zeitlich mit dem Beginn von Gottfrieds Karriere in der Krakauer Stadtverwaltung zusammen. Gottfried bekleidete laut den vorliegenden Listen des Schöffenkollegiums für den Zeitraum 1366–1372[32] und den Listen der Krakauer Ratsmitglieder von 1366–68[33] nicht die Position eines Schöffen oder eines Stadtrates. Gottfrieds Einzug in den Stadtrat ging sicherlich nicht, wie oft der Fall, ein Sitz im Schöffenkollegium voraus. Er konnte entweder auf Befehl des Königs in den Stadtrat eingeführt worden sein oder er wurde von einem der bereits amtierenden Ratsmitglieder, z. B. von Peter Winryk, protegiert. Gottfrieds Rolle als Stadtrat wurde zufällig im Jahr 1372 anlässlich eines Vorfalls erwähnt (Ptaśnik 1911: 62; Garbacik 1949: 377; Starzyński 2010: 238). In der Beschwerde des Stadtrates vom 1. Dezember 1372 lesen wir, dass Gottfried Gallik und Bartko Streit, damalige Ratsherren, vom königlichen Statthalter Bodzanta illegal verhaftet und im Schloss eingesperrt wurden. Dies sei, so der Stadtrat, eine Vergeltung dafür gewesen, das ein »lahmer Maciek« genannter Diener des Statthalters des Dorfes Łobzów (bei Krakau) zwei Diebstähle in Krakau gegen namentlich nicht genannte Bauern verübte. Maciek, der auf frischer Tat ertappt wurde und von den Stadträten als Dieb und Räuber beschrieben wurde, wurde ins Gefängnis gesteckt.[34] Die Inhaftierung der Stadt-

31 Am 30. September 1390 baute Nicolaus Salomon sein Backsteinhaus in der Wiślna-Strasse, neben Gottfrieds Haus. Es wurde Seidel Lang geschenkt, Kłk Nr. 1260. Am 5. Juni 1392 übergab Seidel Lang sein Haus hinter Gottfrieds Haus *cum ambobus muris collateralibus* an Johann Bartfal, Kłk Nr. 1520.

32 Listen der Schöffen: 1366 – KMK, Bd. 1, Nr. 36; 1367 – KK Bd. 2, Nr. 261, KMK Bd. 3 Nr. 385; 1369 – KMK Bd. 1, Nr. 39; 1371 – KK Bd. 2, Nr. 272, Kłk Nr 587; 1372 – KK Bd. 2, Nr. 274, 275 und 276.

33 Listen der Ratsherren: 1366 – KRK Nr. 1702, KMK 1, Nr 36), 1367 – KRK Nr. 1703, KMK Bd.3, Nr. 385); 1368 – KMK Bd. 3, Nr. 386.

34 Ks. prosk. Nr. 45.

räte Gottfried und Bartek durch Bodzanta, der in verschiedenen Bereichen im Konflikt mit der Stadt stand, war ungesetzlich und diente der Vergeltung; daher wurden die Stadträte wahrscheinlich schnell (vor Weihnachten?) wieder frei gelassen.

Es ist bekannt, dass Gottfried am 18. Januar 1373 sein Haus in der Grodzka Straße zu Gunsten von Johann Piczczin abtrat.[35] In einer Notiz vom 18. Februar 1373 wird eine Abmachung zwischen Gottfried Gallik, dem Apotheker Gregor und Małgorzata, der Witwe von Thomas, über etwas Geld erwähnt.[36] Wir kennen die Einzelheiten dieser Angelegenheit nicht, aber es ist sicher, dass Gottfried bei ihrer amtlichen Abwicklung persönlich zugegen war, was bedeutet, dass er aus dem Burgverlies entlassen wurde (vielleicht als Folge der Intervention von Königin Elizabeth). Anfang 1373 nahm er seine Tätigkeit in gehobenen Krakauer Kreisen wieder auf. Aufzeichnungen aus den Jahren 1366–1375 zeigen, dass Gottfried mit den Ratsherren verkehrte, seine Funktion in den Stadtbehörden wird jedoch nicht erwähnt.

4 Soziale Stellung Gottfrieds

Das Testament ermöglicht seine soziale Stellung zu identifizieren. Die bei der Testamentsablegung anwesenden Stadträte bzw. der Stadtschreiber definierten genau das Amt, das Gottfried einst innehatte – *distributor peccuniarum civitatis Cracoviensis el legalis consul.* Dies erlaubt uns, ihn als Schatzmeister zu definieren, als denjenigen, der sich um die Finanzen der Stadt kümmerte.[37] Aus dieser Notiz geht deutlich hervor, dass er auch Ratsherr war. Es handelte sich sicherlich nicht um eine episodische Aktivität, sondern um eine, die einige Zeit andauerte. Hypothetisch würde ich annehmen, dass er nach 1368 Ratsherr wurde und um 1375 aufhörte Ratsherr zu sein.[38] Aus dem Jahr 1378 ist kein Gottfried im Rat bekannt. Es kommt aber ein Nicolaus vor, königlicher Verwalter des Salzbergwerks,[39] der später Zeuge von Gottfrieds letztem Willen sein wird.

Ich vermute, dass die Tatsache, dass die Stadträte seinen letzten Willen angehört und diesen verschriftlich haben, einen erheblichen Einfluss auf den Inhalt

35 Kłk Nr. 802.

36 Kłk Nr. 816. Die Schiedsrichter waren Goczo Czeyn, Peter Melczer, Jordan aus Sącz und Johann Piczczin.

37 Wysmułek (2015: 124) beschreibt ihn als »den Ratsherrn und Verwalter der Schatzkammer der Stadt Krakau«.

38 Im Rat von 1375 gibt es keinen Gottfried, dafür aber Bartko Streit, seinen Gefährten des Gefängniselends, KMK Bd. 1, Nr. 48. Die Annahme des angegebenen Zeifensters geht aus dem oben Gesagten hervor.

39 KK Bd. 2, Nr. 303.

von Gottfrieds Aussagen hat. In seinem Testament äußerte er seine Besorgnis, dass es bei der Verwaltung der Stadtkasse durch sein Verschulden zu Ungenauigkeiten und Schäden an den Krakauer Finanzen gekommen sein könnte. Gottfried hat es sogar genau berechnet und der Stadt als Entschädigung 500 Gulden und 100 Marken zuwies (Ptaśnik 1911: 63).[40] Eine Analyse des Testaments zeigt, dass er die ihm von seinen Schuldnern geschuldeten Beträge aufteilt. Auf die Berechnung, wer Gottfried wie viel schuldete, werde ich später zurückgreifen. Ich möchte hier betonen, dass es sich um die einzige Aussage Gottfrieds handelt, die er in Bezug auf das von ihm bekleidete Amt macht. Dieses Fragment ermöglicht es uns, die Persönlichkeit von Gottfried einzufangen, der als ehrlicher und sorgfältiger Mann erscheint. Zum Abschluss des Themas von Gottfrieds Karriere als Ratsherr sollte festgestellt werden, dass er zum Zeitpunkt der Niederschrift seines letzten Testaments sicherlich kein Ratsherr war.[41]

Neben Krakau war die Stadt Bochnia ein ebenso bedeutendes Wirkungsgebiet von Gottfried. Kaczmarczyk schrieb, dass der König das Amt des königlichen Verwalters des Salzbergwerks »hauptsächlich wohlhabenden Kaufleuten aus Genua […] oder Krakauer Bürgern« anvertraute (Kaczmarczyk 1939: 86; zit. nach Konwerska 2017: 37–39). Gottfried Fattinante erfüllte beide Kriterien. Hinweise auf seine Tätigkeit als königlicher Verwalter des Salzbergwerks finden sich sowohl in seinem Testament als auch in anderen Quellen. Die eingangs besprochene Urkunde aus dem Jahr 1366 zeigt einen gewissen Bochnia-Kontext. Die Dörfer, in denen Gottfried erbliche Schultheissenamte erwarb, lagen nicht weit von Bochnia entfernt. Das diesbezügliche Dokument wurde vom bereits erwähnten Peter Winrik, königlichem Verwalter des Salzbergwerks, sowie vom Adam, dem Pfarrer von Bochnia, und Niczko Lantfojt genannt, der ein Bürger von Wieliczka war, bezeugt. Wieliczka war die zweite Salzbergbaustadt nach Bochnia. Peter Winrik wird im Februar 1365 als königlicher Verwalter des Salzbergwerks vermerkt.[42] Winrik begann eine enge Zusammenarbeit mit Gottfried. In der Verordnung von König Kasimir dem Großen über Salzbergwerke vom Jahr 1368 erscheint Gottfried dreimal, immer neben Peter Winrik. Erstens gibt der König an, dass die »alten königlicher Verwalter des Salzbergwerks«, ein gewisser Porinus Gallikus, Wojciech, Peter Winrik, Gottfried Gallikus, Priester Adam und Nicolaus, die im Bergwerksgebiet geltenden Bräuche und Gesetze kannten. Aufgrund ihrer Berichte wurden Verordnungen erlassen, die sie durch

40 Wysmułek (2015: 124) gibt die Höhe von 600 Marken an. Tatsächlich erwähnt das Testament 500 Goldgulden und 100 Marken.

41 Dies würde im Testament festgehalten werden, aber die Zeugen des Stadtrates bezeichnen es nur als *concivis noster*, KK Bd. 2, Nr. 396.

42 ZDM Bd. 4, Nr. 978.

einen Eid bestätigten.[43] Dieselben Personen (mit Ausnahme von Porinus) wurden im Text der Verordnung etwas weiter unten als Verwalter der Saline während der Herrschaft von König Kasimir erwähnt.[44] Und zum dritten Mal erscheint Gottfried, wieder als alter Verwalter der Saline, begleitet von Peter Winrik, Priester Adam und Nicolaus. Die Quelle gibt an, dass sie die königlichen Salzminen auf vertrauenswürdiger Basis besaßen.[45] In dem Fragment über den Salztransport werden die alten königlichen Verwalter des Salzbergwerks in der folgenden Reihenfolge erwähnt: Peter Winrik, Adam der Priester, Porrinus Galik und Gottfried.[46] Da Gottfried und andere in der Verordnung von 1368 als alte Verwalter des Salzbergwerks definiert wurden, kann ihre Tätigkeit mindestens mehrere Jahre zurückdatiert werden. Gottfried wurde erstmals am 29. Oktober 1367 als Verwalter des Salzbergwerks zertifiziert und zum zweiten Mal am 31. August 1369.[47] Die nachfolgenden Quellen sind sehr vage. Als Königin Elisabeth 1372 die Stiftung eines Salzdeputats für das Heilig-Geist-Hospital in Krakau bestätigte, verwies sie auf die Zeugnisse der Verwalters des Salzbergwerks Bodzanta und auf Peter Winrik (*qui nunc estis*).[48] Gottfried nahm seine Tätigkeit als Verwalter des Salzbergwerks vermutlich spätestens um 1386 wieder auf. In einem Dokument der Königin Jadwiga (Hedwig) vom 14. März 1393 wird erwähnt, dass die Königin Kenntnis von den Dokumenten hatte, dass das Kloster in Lechnica mit Salz ausgestattet war, die von den ehemaligen Verwaltern des Salzbergwerks Peter Winrik und Gottfried Gallik (*litteras Petri Weynrici et Gotfridi Gallici olim zuppariorum*) erstellt wurden.[49] In seinem Testament bezeugte Gottfried, dass er für die Schulden von 1.705 Marken, die ihm König Władysław Jagiełło schuldete, mit dessen Erlaubnis 400 Klumpen Salz aus dem Salzbergwerk einsammelte. Dies deutet meiner Meinung nach darauf hin, dass er zu jener Zeit ein Verwalter des Salzbergwerks war. Dies wird durch die Tatsache bestätigt, dass er in der posthumen Notiz vom 11. Juli 1393 mit dem Titel eines Generalverwalters der Salzbergwerke von Bochnia und Wieliczka erscheint.[50] Man kann also davon ausgehen, dass Gottfried im Zeitraum 1386–1392 Verwalter

43 SP Bd. 1, S. 217; Krzyżanowski (1934: 115) veröffentlichte diese Verordnung in einer altpolnischen Übersetzung, in der *Porinus Gallik* fälschlicherweise als ein und dieselbe Person mit Adelbert behandelt wurde.
44 SP Bd. 1, S. 218.
45 ZDM Bd. 4, Nr. 978.
46 SP Bd. 1, S. 224. Priester Adam ist zweifellos identisch mit Adam, dem Pfarrer von Bochnia, der in der oben genannten Urkunde aus dem Jahr 1366 über den Kauf der Schultheissenamte durch Gottfried, bezeugt.
47 Kłk Nr. 209 und 410; Ptaśnik (1911: 59).
48 KMK Bd. 3, Nr. 387. Bodzanta ist in der Liste von Ptaśnik (1911: 59), nicht aufgeführt.
49 ZDM Bd. 4, Nr. 1104.
50 Kłk Nr. 1720.

eines Salzbergwerks war und als solcher starb.[51] Im Testament von 1393 wird erwähnt, dass Gottfried vier Arbeiter hatte, die sogenannten *otroki*, die im Bergwerk in Bochnia arbeiteten.[52] Diese Erwähnung beweist Gottfrieds Beteiligung am Salzabbau.

5 Weitere Umstände, die sich aus Gottfrieds Testament ergeben

In der Forschungsliteratur wird angegeben, dass Gottfried Kontakte zur genuesischen Handelskolonie in Kaffa (heute Theodosia) unterhielt.[53] Dies ist wahrscheinlich, obwohl keine der mir bekannten Quellen aus der Zeit Gottfrieds, einschließlich seines Testaments, auch nur den geringsten Hinweis auf seine Beziehung zu Kaffa enthält. Das Testament offenbart jedoch einen bestimmten ruthenischen Kontext, nämlich Gottfrieds Überzeugung, dass das neue Bistum in Przemyśl bei der Konvertierung sogenannter Schismatiker unterstützt werden sollte. Dies deutet darauf hin, dass Gottfried mit den religiösen Beziehungen im kleinpolnisch-ruthenischen Grenzgebiet vertraut war.

Die Erwähnung von Gottfrieds Seidenlager in Colonia im Testament löste in der Literatur zu diesem Thema Kontroversen aus. In Krakauer Quellen aus dem 14. Jahrhundert wird unter dem Namen *Colonia* (zu beachten ist die Schreibweise) nur Köln am Rhein genannt.[54] Der Versuch, dass damit *Kołomyja* gemeint sei, ist nicht treffend, da es eine andere Schreibweise hat (z. B. im 1373 *in districtu Colomiensi*).[55] Köln am Rhein ist daher als der Ort anzusehen, wo Gottfried ein Seidenlager hatte, das Erasmus, sein Enkel, in seinem Testament erhielt. Diese Hypothese wirft ein neues Licht auf die Frage der Handelskontakte von Gottfried[56] sowie auf das Schicksal von Erasmus.

51 In der Liste von Ptaśnik (1911: 60), gibt es einen Herman, einen Salzarbeiter in den Jahren 1393–1394. Es besteht eine Lücke vor 1393, denn er datierte den königlicher Verwalter des Salzbergwerks Nikolaus auf die Jahre 1372–1375.

52 *Otroki, servi montani* oder *famuli* sind die Namen niederrangiger Lohnarbeiter, die keine öffentlichen Rechte haben sehen, Kaczmarczyk (1939: 177).

53 Ptaśnik (1911: 62, 64), der aus dem Jahr 1455 eine Erwähnung über Kasper de Ottonegio Fatinanti fand, der damals an einem der Tore in Kaffa zum Kommandeur der Besatzung gewählt wurde. Garbacik (1949: 377 f.) hielt an der These über Kaffa fest, was Wysmułek (2015: 77, Anm. 177) wiederholt. Dworzaczek (1971: 125) geht in seinen Vermutungen zu weit, indem er meint, dass Kaffa Gottfried dazu beeinflusste, sich an der Gestaltung der »Ostpolitik von Prinz Witold« zu beteiligen.

54 KRK Nr. 1229, 1608, 1674, 1680.

55 AGZ Bd. 5, Nr. 8.

56 Im 14. Jahrhundert unterhielt Krakau Kontakte zu Köln, was durch die Auswanderung mehrerer Kölner Bürger in die Hauptstadt belegt wurde, darunter auch Heinrich, der Leibarzt von König Kasimir dem Großen. Ich charakterisiere diesen Charakter im Artikel (Rajman

Das Testament enthält viele Namensnennungen von Personen, mit denen Gottfried zusammengearbeitet hat. Zuallererst sind die Könige Kasimir der Große und Ludwig sowie Ludwigs Mutter, Königin Elisabeth, und König Władysław Jagiełło zu erwähnen. Gottfried gibt an, dass er ihnen treu gedient hat, was sich wahrscheinlich hauptsächlich auf sein Amt als Verwalter des Salzbergwerks bezieht.[57] Das Auslassen von Königin Jadwiga ist rätselhaft.

König Władysław wird auch als Schuldner Gottfrieds erwähnt. Ebenso als Schuldner erscheint im Testament ein ruthenischer Fürst, der nicht namentlich genannt wird. Ich gehe davon aus, dass es um Władysław Opolczyk geht;[58] es ist weniger wahrscheinlich, dass es Witold war. Interessanterweise ist das der einzige Schuldner der nicht namentlich genannt wurde. Goczo Czeyn und Marcin Warszow wurden im Testament auch als Bürgen für die Rückzahlung der Schulden durch den Fürsten von Ruthesien erwähnt. Gocz Czeyn erscheint auch gesondert als Gottfrieds Schuldner, genau wie ein unbekannter Heinrich Schuler, wahrscheinlich ein Krakauer Bürger. Unter den Bürgern von Bochnia wird im Testament Tomasz erwähnt, der Sohn von Netha, der 400 Klumpen Salz von Gottfried kaufte und ihm eine große Geldsumme schuldete.

Zu Testamentsvollstreckern ernannte er Personen, die er gut kannte. Als erstes vertraute er damit Peter Wysz aus Radolin, einem Doktor beiderlei Rechte (er übernahm 1393 das Bistum Krakau). Möglicherweise kannten sie sich seit etwa 1390, als italienische Bankiers Peter dabei halfen Geld an die römische Kurie zu schicken (Kijak 1933: 9).[59] Zum zweiten Vollstrecker ernannte er Spytek, den damaligen Woiwoden und Starosten (Landrat) von Krakau. Über ihre früheren Beziehungen ist nichts sicheres bekannt.[60] Sie wurden sicherlich lebendig gehalten, da Gottfried in seinem Testament die Krakauer Allerheiligenkirche beschenkt. Diese stand unter der Schirmherrschaft der Lelivitenfamilie, aus welcher

2018: 112). Das Schicksal weiterer Kölner wäre noch zu erforschen. Die in Köln erstelltne Quellen könnten Aufschluss über die Kontakte zu Gottfried geben.

57 Dworzaczek (1971: 125) stellt Gottfried grundlos als »Finanzberater König Władysław« dar.

58 Seine Aufenthalte in Krakau sind in den Jahren 1374, 1379, 1385, 1389 bestätigt (Sperka 2010: 397–411). Über seine Beziehungen zum Krakauer Bürgertum ist wenig bekannt, daher ist hervorzuheben, dass er im Jahr 1377 (das Dokument wurde in Miechów ausgestellt) als *Fürst von Ruthenien* den Kauf eines Hauses in Krakau durch ein lokales Bürgertum bestätigte, KK 2, Nr. 299. Meiner Meinung nach sollte diese Ausgabe auch eine Notiz aus Gottfrieds Testament enthalten.

59 Diese Hypothese war Garbacik (1949: 377) nicht bekannt, der unbegründet über die »Freundschaft« zwischen Gottfried und Peter schrieb. Vgl. Starzyński (2011: 333–378).

60 Garbacik (1949: 377) schrieb über »Verbundenheit mit der Familie Melsztyński« und Gottfrieds »umfangreiche Geschäftsbeziehungen« mit ihnen, die er hypothetisch auf »um 1350« datierte, ungeachtet der Tatsache, dass es zu dieser Zeit keine Quellengründe für Gottfrieds Anwesenheit in Polen gibt. Dworzaczek (1971: 125) machte Spytek ungerechtfertigterweise zum Schuldner von Gottfried. Wysmułek (2015: 288, Anm. 174) lässt sogar eine Verwandtschaft mit Spytek, dem Starosta von Krakau, zu, für die es ebenfalls keine Beweise gibt.

der Woiwode stammte und dem Gottfried das Patronatsrecht für den Altar, der dieser Kirche gestiftet wurde, anvertraute. Schließlich wurde der Krakauer Stadtrat zum dritten Testamentsvollstrecker ernannt,[61] was aufgrund Gottfrieds früherer Aktivitäten durchaus verständlich ist. Der Rat erhielt ebenso das Patronatsrecht – für den von Gottfried gestifteten Altar in der Marienkirche. Dies garantierte den Rechtsschutz für seine beiden Stiftungen.

Es sollte betont werden, dass, als Gottfried meinte, er müsse sein Testament verfassen, auf seine Bitte hin drei Ratherren und ein Stadtschreiber zu ihm nach Hause kamen. Drei damals amtierende Ratherren (*nostri consortes consilii*) gingen zu Gottfrieds Haus, um sich die Niederschrift seines letzten Testaments anzuhören. Sie waren Zeitgenossen Gottfrieds und ihm gut bekannt. Unter ihnen war Nicolaus Żupnik (Ratsherr 1375–97), der am längsten amtierende Beamte, mit dem Gottfried mindestens seit 1368 vertraut war. Nicolaus Botner war in den Jahren 1382–93 Ratsherr, die kürzeste Amtszeit hatte Nicolaus Dambrow (Ratsherr in den Jahren 1391–97).[62] Mit dabei war auch Peter, der Schreiber der Stadt Krakau in den Jahren 1391–1414 (Wyrozumska (1995: 119).

Das Testament erwähnt die Haushaltsmitglieder (*familiares*[63]), die in Gottfrieds Haus leben. Unter ihnen waren zwei Geistliche, was darauf hindeutet, dass sich im Haus ein tragbarer Altar befand. Der erste von ihnen, Peter capellanus, war auch Gottfrieds Sekretär. Basierend auf einem späteren Dokument kann er als Peter von Tyczyn (einer Stadt in der Nähe von Rzeszów in der damaligen Woiwodschaft Rutheniens) identifiziert werden.[64] Der zweite im Testament genannte Priester (als *presbyter* bezeichnet), Johann, war Gottfrieds Leibarzt. Niklos, sein *cubicularius* (Kammerherr), lebte ebenfalls in Gottfrieds Haus sowie Rudgel Reger und Nicolaus Rothe. Die beiden Letztgenannten wurden als langjährige Haushaltsmitglieder beschrieben. Ihnen ist auch ein einzigartiges Fragment des Testaments gewidmet, das den Ausruf »Oh« beeinhaltet. Es geht darum, dass diese Leute während ihrer langjährigen Tätigkeit in Gottfrieds Diensten erblindeten.[65] In seinem Testament erwähnt Gottfried auch die Familie seines Hauses im Allgemeinen (sog. familiares), zu der wahrscheinlich auch Bedienstete gehörten, deren Namen nicht genannt werden. Es ist hervorzuheben, dass Gottfried in Bezug auf Niklos, Reger und Rothe den Begriff *familiares* und

61 Dworzaczek (1971: 125) schrieb fälschlicherweise, dass einer der Testamentsvollstrecker der König (!) war, obwohl Ptaśnik (1911) zweifelsfrei bewies, dass es sich bei den Testamentsvollstreckern um Peter Wysz aus Radolin, Spytek, den Woiwoden und Starosten (Landrat) von Krakau, und den Stadtrat von Krakau handelte.

62 Ich gebe die Daten nach Starzyński (2010: 240, 244, 246) an.

63 *Familiares* lebten bei ihrem Gönner im Haus, der sie auch unterhalten hat (vgl. Rajman 2024).

64 Der Altarist des 1397 von Gottfried gestifteten Altars war Peter aus Tyczyn, KK Bd. 2, Nr. 425.

65 Der einzige Forscher, der auf die Erwähnung der Blindheit von Rudgelon und Nicolaus aufmerksam gemacht hat, ist Wysmułek (2015: 264).

nicht *famuli* oder *servitores* verwendet. Wir können behaupten, dass Gottfried eine enge Beziehung zu ihnen aufbaute und ihnen gegenüber Sorge und Mitgefühl zeigte, obwohl es sich bei ihnen um Menschen mit niedrigem Status handelte. Gottfried hat die vier ihm gehörenden Arbeiter[66] dem Krankenhaus des Hl. Kreuz in Bochnia vermacht. Sie waren dazu gedacht die Bedürfnisse der Armen und Kranken, insbesondere der dortigen Bergleute, die bei der Arbeit im Bergwerk Verletzungen erlitten haben, zu befriedigen.[67] Anstelle eines oberflächlichen und floskelhaften *pro pauperibus* haben wir hier einen Beleg, der Gottfrieds Interesse am Schicksal der Behinderten des Bergbaus beweist.

6 Das Eigentum, die Schulden und Donationen in Gottfrieds Testament

Das Anwesen, das Gottfried am Ende seines Lebens besaß, bestand aus: einem gemauerten Haus an der Ecke Marktplatz und Wiślna-Straße, einem Tuchstand in Krakau, einem Seidenlager in Köln. Der Wert dieser Immobilien kann auf ca. 600 Marken geschätzt warden.[68] Ihm gehörte auch die Miete des Grundstücks (und vielleicht das Grundstücks selbst?) in der Szewska-Strasse. Berechnungen auf der Grundlage des Testaments ergaben, dass sich die Gesamtschulden auf 2.273 Marken, was etwa dem Dreifachen des Wertes seines Eigentums entsprach.

Das Testament enthält auch eine Liste der Dinge, die Gottfried gehörten und sich in seinem Haus am Marktplatz befanden, nämlich Kleidung, Felle, Pelze, Kleider, Tische, Truhen, Bettzeug und alles andere. Diese Liste ist allgemein

66 Im Text des Testaments wird der alte polnische Begriff »otroki« verwendet, der Arbeiter einer sehr niedrigen sozialen Kategorie bezeichnet, die fast das Eigentum eines Unternehmers ist, siehe Wyrozumski (1968: 133) und Ajnenkiel / Mączak (1981: 27).

67 *Famulos vero quatuor in montibus Bochne existentes, wlgariter otroki dictos, pro speciali pauperum et infirmorum consolatione et maxime qui in eisdem montibus laborantes aut scandentes lesi fuerint hospitali Bochnensi sancte Crucis et eisdem pauperibus in eo degentibus tribuit* (KK Bd. 2, Nr. 396). Dieses Fragment wird von Wysmułek (2015: 264), ganz anders verstanden, der schreibt: »Er schickte vier Otroks, die während ihrer Arbeit in der Mine in Bochnia Verletzungen erlitten hatten, in ein Krankenhaus in dieser Stadt.«

68 Im Jahr 1393 wurden für das Mietshaus am Markentplatz etwa 300 Marken verlangt, vgl. Rajman (1990: 7). Über die Preise der Stoffstände wird kaum gesprochen, obwohl sie häufig Gegenstand von Transaktionen waren. Um 1333 wurde einer der Stände mit 100 Marken bewertet (Kłk Nr. 1071), und in der zweiten Hälfte des 14. Jahrhunderts wurden zwei von vielen Transaktionen (Kłk Nr. 932 und 1203) mit 50 Marken angegeben. Es lässt sich jedoch nicht feststellen, ob es sich dabei um den Wert des Standes handelte oder nur um den Betrag, von dem aus die Abrechnung erfolgte. Deshalb habe ich den Wert von 100 Marken angenommen, für das Seidenlager das Doppelte. Seit meinem Artikel (1990) ist keine Veröffentlichung erschienen, die sich erneut mit der Frage der Immobilienpreise in Krakau befasst.

konzipiert, denn einige Dinge gab es in jedem wohlhabenderen Bürgerhaus. Es werden beispielsweise keine Uhren, Bücher oder wertvolle Gegenstände erwähnt.

Immobilien und Dinge	Schicksal gemäß Gottfrieds letztem Willen
Haus am Marktplatz	Nach dem Verkauf betrug die Miete 17 Marken, um den Altar des Hl. Antonius und Dorota in der Allerheiligenkirche zu unterhalten. Der Woiwode Spytek und seinen Erben erhielten das Patronatsrecht
Stoffstand in Krakau	Miete vom Stand zur Finanzierung des Altars von St. Antonius und der heiligen Dorota in der Marienkirche. Der Krakauer Stadtrat bekam das Patronatsrecht
Grundstück in der Szewska-Straße	Miete zur Finanzierung des Altars von St. Antonius und Dorota in der Marienkirche
Seidenlager in Köln	Für Enkel Erasmus
Kleidung und Haushaltsgeräte	Für den Kammerherr Nicklos

Tab. 1 Immobilien und Sachen und ihre testamentarische Bestimmung. Quelle: KK Bd. 2, Nr. 396

Über das Geld, das er tatsächlich hatte, verriet er nichts, berechnete aber sorgfältig, wie viel und wer es ihm schuldete. Ich möchte gleich erwähnen, dass er niemandem seine Schulden erlassen hat.

Schuldner	Summe	Testamentarischer Zweck dieser Schuld
König Władysław Jagiełło	1.205 Marken	An die Kathedrale in Przemyśl
Tomasz, Sohn von Nethe, Bürger von Bochnia	400 Marken	Für Enkel Erasmus 200 Marken Für die Haushaltsmitglieder von Rudgel Reger und Nicolaus Rothe 100 Marken Für andere Haushaltsmitglieder in Krakau 100 Marken
Herr der Rus (Ruthenien)	500 Gulden	Für den Krakauer Stadtrat als Entschädigung für Versäumnisse, als Gottfried Schatzmeister war
Gocz Czeyn	190 Marken	An die Pfarrer der Krakauer Kathedrale
Heinrich Schuler	100 Marken	Für den Krakauer Stadtrat als Entschädigung für Versäumnisse, als Gottfried Schatzmeister war

Tab 2. Schuldner und Höhe der Schulden, die Gottfried hatte, und ihre testamentarische Bestimmung. Quelle: KK Bd. 2, Nr. 396

Gottfrieds testamentarische Bestimmungen stellen eine gut durchdachte Kombination aus der Aufzählung dar, wer wie viel schuldete und wofür die Schulden ausgegeben werden sollten. Bei der Aufzählung hat er sicherlich seine eigenen Rechnungen verwendet, da die Informationen zu detailliert sind, um sie aus dem

Gedächtnis anzugeben. Zweifellos zeigte Gottfried seine Großzügigkeit, aber er verschenkte Geld, das er eigentlich nicht hatte. Die Schulden, die er bei den genannten Personen hatte, sollten für verschiedene Zwecke verwendet werden, die von den Testamentsvollstreckern nach Gottfrieds Tod umgesetzt werden sollten. Die Schulden, die König Władysław ihm schuldet, belaufen sich auf 1.705 Marken. Gottfried bestätigt, dass er zur Begleichung dieser Schulden Salzklumpen im Wert von 500 Marken gesammelt hat, die beim Tomasz, Nethas Sohn, einem Bürger von Bochnia, sind. Nach Abzug davon verbleibt eine Schuld von 1.205 Marken, die Gottfried in seinem Testament der Kathedrale in Przemyśl hinterlässt, wobei er betont, dass diese Kathedrale Schismatiker bekehren muss. Dies ist ein hervorragend durchdachter Weg, den König zu zwingen, der Kathedrale diese große Summe zu spenden. Der Fürst der Ruthenier schuldete 500 Gulden in Gold. Gottfried bezieht sich in diesem Fall auf den schriftlichen Eid von Goczo Czein und Martin Warszow. Heinrich Schuler (wahrscheinlich aus Krakau) schuldete 100 Marken.

Diese beiden Schulden sollten addiert und dem Krakauer Stadtrat übergeben werden, um etwaige Nachlässigkeiten zu entschädigen, die Gottfried bei der Verwaltung der Stadtkasse begangen haben könnte. Die Vikare der Krakauer Kathedrale sollten auf Dauer aus dem Fonds ausgestattet werden, der aus den Schulden von Goczo Czein gegenüber ihm geschaffen wurde. Die Struktur dieser Schulden wirft zusätzliches Licht auf die Auswahl der Testamentsvollstrecker, die für die auf sie wartenden Aufgaben ausgewählt wurden. Wer könnte vom König effektiver die Rückzahlung eines Darlehens fordern als der Bischof von Krakau? Wer, wenn nicht der Stadtrat, könnte bei der Einziehung von Geldern von Ratsmitgliedern und Bürgern wirksam sein?

Zählen wir, wie viel er den Lebenden und wie viel er Gott und der Kirche gegeben hat. Ich weiß nicht, wie hoch der Wert des Seidenlagers in Köln war, aber sicherlich kommt dieses Vermächtnis – zuzüglich 200 Marken in bar – seinem Enkel Erasmus zugute. Für den Stadtrat hatte er 433 Marken und 200 Marken für seine Haushaltsmitglieder zusammen vorgesehen. Dies ergibt eine ungefähre Gesamtsumme von etwa 1.033 Marken. Die Kirche wurde großzügiger dotiert (in der Summe von 1395 Marken waren die Mieten für die Kathedralen in Przemyśl und Krakau sowie die Mieten für Altäre enthalten). Hervorzuheben ist, dass er drei Kirchen in Krakau bedacht hat – die Kathedrale, die Marienkirche und die Allerheiligenkirche. Es würde lange dauern, die von ihm ausgelassenen Kirchen aufzuzählen; doch auffällig ist der Mangel an Spenden für die Dominikaner und Franziskaner sowie für die neue Pfarrei an der Kirche der heiligen Anna (in der Nähe von Gottfrieds Haus).

7 Umstände der Testamentsablegung bei Gottfried

Beim Versuch, den Zeitpunkt festzustellen, an dem Gottfrieds Testament erstellt wurde, sollte zunächst betont werden, dass Gottfried am 5. Juni 1392 nachweislich lebte,[69] und im Testament selbst finden wir einen Hinweis darauf, dass die Bekanntgabe seines letzten Willens auf das Ende dieses Jahres datiert werden soll. Ein wichtiger Hinweis ist die Erwähnung im Testament, dass einer der Testamentsvollstrecker, Peter von Radolin, ein Doktor beiderlei Rechte, von Gottfried zum Testamentsvollstrecker ernannt wurde, da er für das Amt des Bischofs von Krakau postuliert wurde.[70] Peter tritt seit Dezember 1386 als Doktor beiderlei Rechte auf (Kijak 1933: 4–5). Wir können über die *postulatio* von Peter Wysz für das Amt des Bischofs von Krakau im Spätherbst 1392 sprechen.[71] Wenn Gottfried 1393 sein Testament diktiert hätte, hätte er Peter als Bischof von Krakau benannt, nicht als Postulat.

Die drei Stadträte und der Schriftsteller kamen in Gottfrieds Haus auf seinen persönlichen Wunsch.[72] Sie hörten seine Eigentumsverfügungen an, schrieben sie nieder und bestätigten sie unter der Autorität der stadträtischen Behörde sowie unter ihrem eigenen Glauben und Eid. Sie geben an, dass es in ihrer Gegenwart passiert ist, als sie zu einem bestimmten Zweck zusammenkamen.[73] Die Ratsmitglieder und der Schreiber erklärten, dass Gottfried *licet debilis aliqualiter corpore* sei, was wiederum eine allgemeine Aussage ist, die in vielen Testamenten vorkommt. Über den tatsächlichen Gesundheitszustand des Erblassers sagt sie wenig aus.[74] In einer seiner Aussagen verwendete Gottfried die Zukunftsform und brachte damit seine Überzeugung zum Ausdruck, dass Thomas von Bochnia, Nethes Sohn, ihm 100 von insgesamt 500 Marken zahlen würde.[75] Wenn dem so wäre, war der Moment, als er den Stadträten seinen letzten Willen verkündete, wahrscheinlich nicht das Ende seines Lebens. Diese 100 Marken sind unter den sorgfältig berechneten Einträgen im Testament nicht zu finden. Es ist also möglich, dass Gottfried sie für sich behalten hat.

69 Kłk Nr. 1520.

70 *ad Cracoviensem ecclesiam predictam postulatus*, KK Bd. 2, Nr. 396

71 Am 4. Dezember wurde er von Papst Bonifatius IX. für dieses Amt nominiert, wahrscheinlich nach einer früheren Kapitelwahl (Kijak 1933: 12).

72 Wysmułek (2015: 225) machte darauf aufmerksam.

73 KK Bd. 2, Nr. 396.

74 Laut Wysmułek (2018: 225) war er »krank«.

75 *Insuper de quadringentis bancis, de quibus ut supra filio Nethe pro quingentis marcis vendidit, recognovit suprascriptus Gotfrid sibi fore per eundem Thomam aut quosuis alios 100 marcas solummodo persolutas* (KK Bd. 2, Nr. 396). Dieses Fragment wurde von Forschern von Gottfrieds Testament weggelassen. Leszczyńska-Skrętowa (1980: 150–166) gibt keine Informationen über Tomasz Nethe, Gottfrieds Finanzpartner.

Ich möchte auch auf die Erwähnung von Gottfrieds Haus *quam inhabitat* in diesem Dokument aufmerksam machen, da es sich um ein Fragment des Testaments handelt, in dem Gottfried im Präsens erwähnt wird, welches absolut nicht auf die zweite Hälfte des Jahres 1393 bezogen werden kann. Das Datum von Gottfrieds Tod wurde nirgendwo verzeichnet. In einer Urkunde der Königin Jadwiga vom 14. März 1393 wurde er als *olim zupparius* erwähnt.[76] Aussagekräftiger ist der Satz *domum condam eiusdem Gotfridi*, der im Eintrag im Buch der Richter vom 11. Juli 1393 zu finden ist. Bei der Urkunde vom 15. Dezember 1393 handelt es sich um die Veröffentlichung eines Testaments durch den Stadtrat, welches ein Jahr (?) zuvor verfasst worden war.[77]

Der Zeitpunkt der Offenlegung seines letzten Willens durch Gottfried wird in der Zeugenaussage auf zwei Arten detailliert beschrieben. Wir können den kommerziellen Kontext in dem Satz erkennen, dass es die Stunde der Entschädigung und Rückzahlung von Schulden ist (*in horum recempensam ac satisfaccionem debitam*). Dabei geht es sowohl um die Verpflichtungen des Erblassers gegenüber der Stadtkasse als auch um die Berechnung der Höhe seiner Forderungen. Zeugen sagten aus, dass Gottfried Gott demütig um die Erfüllung seines letzten Willens anflehte und dabei an Gottes Gerechtigkeit und Barmherzigkeit appellierte. Das Dokument zeigt jedoch deutlich, dass diese leidenschaftliche Bitte an Gott auf die Bewahrung seines Willens abzielt. Gott wird hier als Hüter des Willens angerufen, nicht als Hüter des Testamentsvollstreckers. An anderer Stelle geben die Zeugen Ratsherren an, dass das Testament zur Ehre des allmächtigen Gottes und seiner Mutter sowie der Heiligen Antonius und Dorota verfasst sei. Gott und die Gottesmutter tauchen auch in der Erwähnung auf, dass zu ihrer Ehre sowie für den gesamten himmlischen Hof ein Geldvermächtnis für die Kathedrale in Przemyśl gemacht werden soll. Man hat den Eindruck, dass Gottfried vor allem an der Erfüllung seines Willens interessiert ist. Dafür braucht er göttlichen Beistand. Er erwähnt nicht, dass er dem Allerhöchsten begegnen wird. Gottfrieds persönliche Religiösität wird durch die Bezugnahme auf den heiligen Antonius und die heilige Dorota deutlich, sowie durch die Tatsache, dass beide von Gottfried gestifteten Altäre ihnen gewidmet sind. Dies müssen seine besonderen Patrone gewesen sein. Die Benennung des heiligen Antonius in Krakau zählt zu den seltenen.[78] Der Altar des hl. Antonius und des hl. Leonard in der Allerheiligenkirche wurde 1386 von Johann von Melsztyn, Kastellan von

76 ZDM Bd. 4, Nr. 1104.

77 Wysmułek (2015: 68, 77, 90) weist darauf hin, dass sich die Zeugen des Stadtrates in Gottfrieds Testament auf ein Privileg für Krakau in Bezug auf Testamente beziehen. Der Autor findet jedoch keine Antwort. Ich überlasse dieses Thema einer gesonderten Betrachtung, da es lose mit Gottfrieds Leben zusammenhängt.

78 Der älteste Ort, an dem es bezeugt ist, ist die Kathedrale (Rajman 2002: 26).

Krakau, gegründet.[79] Der von Gottfried in dieser Kirche gestiftete Altar wurde dem heiligen Antonius und der heiligen Dorota gewidmet; aber es ist offensichtlich, dass es sich auf die frühere Melsztyński-Stiftung bezog. Der Mangel an Forschung zur Geschichte dieser Kirche macht es derzeit unmöglich, das Schicksal dieses Altars darzustellen. Über den Altar in der Marienkirche ist etwas mehr bekannt. Seine Existenz wurde 1397 bescheinigt, was bedeutet, dass Gottfrieds testamentarisches Vermächtnis erfüllt wurde. Es befindet sich »an der südlichen Seitenwand, zwischen dem zweiten und dritten Fenster (vom Altarraum aus gezählt)« (Piwowarczyk 2003: 211). Ich möchte darauf hinweisen, dass es auch im Bergbaukrankenhaus in Bochnia einen Altar des hl. Antonius gab. Die Nachricht über ihn stammt aus späteren Quellen (Kiryk 1980: 132), aber die Ähnlichkeit mit den Widmungen der Gottfried-Stiftungen in Krakau ist unverkennbar.

Gottfried »bestellt« in seinem Testament an drei Stellen Gebete für die Erlösung seiner Seele – als Jubiläum, abgehalten von Domvikaren am Altar des heiligen Antonius und der heiligen Dorota in der Marienkirche und am Altar unter demselben Patrozinium in der Allerheiligenkirche.[80] In der Kathedrale in Przemyśl sollen Gebete und Messen für die Seelen der Monarchen Kasimir, Ludwik und Elisabeth, Ludwiks Mutter, gefeiert werden. Gottfried ordnete den Verkauf seines Hauses an, was beweist, dass das Haus nicht in die Hände von irgendjemandem aus der Familie gelangen sollte. Es gibt keine Gottesdienstabsichten für irgendjemanden aus seiner Familie, was darauf hindeutet, dass niemand aus seiner Familie am Ende seines Lebens bei ihm war.

8 Zusammenfassung und Ausblick

Das Testament von Gottfried Fattinante von Genua ist eine wertvolle Quelle für die Erforschung der Aktivitäten wohlhabender Kaufleute und Unternehmer in Krakau in der zweiten Hälfte des 14. Jahrhunderts. Es zeigt jedoch nur einen Ausschnitt dieser Thematik. Das betreffende Testament enthält sehr wichtige Informationen über Gottfrieds Aktivitäten als Salzarbeiter und Stadtrat von Krakau, über sein Haus und seine Haushaltsmitglieder, über seinen Besitz und seine Schuldner. Allerdings macht er außer der Erwähnung seines Enkels Erasmus keine Angaben zu seinen unmittelbaren Familienangehörigen. Ich gehe

79 KDMp, Bd. 4, Nr. 974.

80 Obwohl die Quelle die Gebetsanliegen am Altar in der Allerheiligenkirche nicht explizit erwähnt, lässt sich aus dem Kontext des gesamten Fragments auf die Errichtung beider Altäre schließen: *Primo vero in salutare anime sue remedium … pro altari … in ecclesia parochiali sancte Marie Virginis … Domum vero suam lapideam … altare eciam … in ecclesia parrochiali Omnium Sanctorum* (KK Bd. 2, Nr. 396).

davon aus, dass es Gottfried, in den 30 Jahren zwischen 1360, als er seine Tätigkeit in der Krakauer Region aufnahm, und 1392, als er sein Testament machte, geheiratet hat und Wiwer wurde. Weitere Forschungen sollten zusätzliche Informationen über Jakub Pegza, Jakub Gallik und vor allem über Erasmus und möglicherweise über Gottfrieds Sohn beschaffen (er könnte z.B. nach Genua oder in eine andere Stadt gezogen sein). Das Testament zeigt auch Gottfrieds Tätigkeit als Kreditgeber, insbesondere gegenüber König Władysław Jagieło. Seine in den Krakauer Stadtbüchern verzeichneten Transaktionen und sein Testament zeigen, dass er auch Bürgern Geld geliehen hat.

Bearbeitungen

Ajnenkiel, Andrzej / Mączka, Antoni (Hrsg.) (1981): *Encyklopedia historii gospodarczej Polski* [Enzyklopädie der polnischen Wirtschaftsgeschichte – Übersetzung Joanna Smereka], Bd. 2. Warszawa: Wydawnictwo Wiedza powszechna.

Bartoszewicz, Agnieszka / Mrozowski, Krzysztof / Radomski, Maciej / Warda, Katarzyna (Hrsg.) (2017): *Testamenty z ksiąg sądowych małych miast polskich do 1525 roku* [Testamente aus den Gerichtsbüchern der polnischen Kleinstädte bis 1525 – Übersetzung J. R.]. Warszawa: Wydawnictwo Uniwersytetu Warszawskiego.

Dworzaczek, Włodzimierz (1971): *Leliwici Tarnowscy. Z dziejów możnowładztwa małopolskiego wiek XIV–XV* [Leliwici Tarnowscy. Aus der Geschichte der Magnaten von Kleinpolen im 14.–15. Jahrhundert – Übersetzung J. R.]. Warszawa: Instytut Wydawniczy PAX.

Fischer, Stanisław (1934*): Kazimierz Wielki, jego stosunek do Bochni i Bocheńszczyzny* [Kazimierz der Grosse, seine Einstellung zu Bochnia und Bochener Land – Übersetzung J. R.]. Bochnia: Tymczasowy Wydział Powiatowy w Bochni.

Jougan, Alojzy (1992): *Słownik kościelny łacińsko-polski* [Lateinisch-Polnisches kirchliches Wörterbuch. Warszawa: Wydawnictwo Archidiecezji Warszawskiej.

Garbacik, Józef (1949): *Fattinante Gotfryd.* In: Polski Słownik Biograficzny, Bd. 6. Kraków: Polska Akademia Umiejętności, S. 377–378.

Gołąb, Marcin (2012): *Testament Stanisława Tarnowskiego, pisarza żup wielickich [z 1521 r.]* [*Testament von Stanisław Tarnowski, Schreiber der Salzbergwerke von Wieliczka [datiert 1521]* – Übersetzung J. R.]. In: Kwartalnik Historii Kultury Materialnej, Bd 59., H. 3–4 S. 327–33.

Kaczmarczyk, Zdzisław (1939): *Monarchia Kazimierza Wielkiego* [Die Monarchie von Kasimir dem Großen – Übersetzung J. R.], Bd. 1 *Organizacja państwa* [Staatliche Organisation – Übersetzung J. R.]. Poznań: Jan Jachowski Księgarnia Uniwersytecka.

Kijak, Stanisław (1933): *Piotr Wysz biskup krakowski* [Piotr Wysz, Bischof von Krakau – Übersetzung J. R.]. Kraków: Gebethner i Wolff.

Kiryk, Feliks (1980): *Instytucje kościelne* [Kirchliche Institutionen – Übersetzung J. R.]. In: Kiryk, Feliks / Ruta, Zygmunt (Hrsg.): *Bochnia. Dzieje miasta i regionu* [Bochnia. Geschichte der Stadt und der Region – Übersetzung J. R.]. Kraków: Urząd Miasta Bochni.

Koczerska, Maria (2001): *Testament kanonika tarnowskiego i plebana Wszystkich Świętych w Krakowie* [Testament des Domherrn von Tarnów und Pfarrers von Allerheiligen in Krakau – Übersetzung J. R.]. In: Iwańczak, Wojciech / Kuczyński, Stefan Krzysztof (Hrsg.): *Ludzie – Kościół – wierzenia: Studia z dziejów kultury i społeczeństwa Europy Środkowej (średniowiecze – wczesna epoka nowożytna)* [Menschen – Kirche – Überzeugungen Studien zur Kultur – und Gesellschaftsgeschichte Mitteleuropas (Mittelalter – Frühe Neuzeit) – Übersetzung J. R.]. Warszawa: Wydawnictwo DiG, S. 237–254.

Konwerska, Barbara (2007): *Mieszczanie krakowscy jako dzierżawcy i zarządcy żup solnych* [Die Bürger von Krakau als Pächter und Verwalter der Salzbergwerke – Übersetzung J. R.]. In: Studia i Materiały do Dziejów Żup Solnych w Polsce, Bd. 25, S. 35–58.

Kowalczyk, Maria (2003): *Testament biskupa krakowskiego Floriana z Mokrska* [Testament Florians von Mokrsko, des Bischofs von Krakau – Übersetzung J. R.]. In: Studia Źródłoznawcze, Bd. 41, S. 65–70.

Krzyżanowski, Józef (1934): *Statut Kazimierza Wielkiego dla krakowskich żup solnych* [Statut von Kasimir dem Großen für die Krakauer Salzbergwerke – Übersetzung J. R.]. In: Rocznik Krakowski, Bd. 25, passim.

Leszczyńska-Skrętowa, Zofia (1980): *Bochnia.* In: Leszczyńska-Skrętowa / Sikora, Franciszek (Hrsg.): Słownik historyczno-geograficzny województwa krakowskiego w średniowieczu, T. 1, H. 1.Wrocław: Ossolineum, S. 150–166.

Piwowarczyk, Elżbieta (2003): *Fundacje XIV – wiecznych ołtarzy w kościele Mariackim w Krakowie i ich uposażenie do roku 1520* [Stiftungen der Altäre aus dem 14. Jahrhundert in der Krakauer Marienkirche und ihre Ausstattung bis 1520 – Übersetzung J. R.]. In: Stabryła, Stanisław, Zawadzki, Roman M. (Hrsg.): *Charisteria Tito Górski oblata. Studia i rozprawy ofiarowane prof. Tytusowi Górskiemu.* Kraków: Wydawnictwo Naukowe Papieskiej Akademii Teologicznej, S. 199–217.

Ptaśnik, Jan (1911): *Włoski Kraków za Kazimierza Wielkiego i Jagiełły* [Italienisches Krakau während der Herrschaft von Kasimir dem Großen und Jagiełło – Übersetzung J. R.]. In: Rocznik Krakowski, Bd. 13, , S. 49–109.

Rajman, Jerzy (2018): *»Ludzie króla« wśród mieszkańców Krakowa w XIV w. Rzemieślnicy i usługodawcy* [»Königsleute« unter den Einwohnern von Krakau im 14. Jahrhundert Handwerker und Dienstleister – Übersetzung J. R.]. In: Sperka, Jerzy / Kollinger, Karol (Hrsg.): *Średniowieczni władcy i ich otoczenie* [Mittelalterliche Herrscher und ihr Gefolge – Übersetzung J. R.]. Materiały V Kongresu Mediewistów Polskich, Bd. 5, Rzeszów: Wydawnictwo Uniwersytetu Rzeszowskiego, S. 107–131.

Rajman, Jerzy (2024): *Familiares in the times od King Władysław Jagiełło (1386–1434).* In: Popiołek, Bożena / Kicińska, Urszula / Penkała-Jastrzębska, Anna (Hrsg): *Monarchs Court-private Court. The Evolution of the Court Structure from the Middle Ages to the End of the 18.th Century.* Kraków: Wydawnictwo Naukowe UKEN, S. 13–24.

Rajman, Jerzy (1990): *O cenach nieruchomości w średniowiecznym Krakowie* [Über Immobilienpreise im mittelalterlichen Krakau – Übersetzung J. R.]. In: Teka Komisji Architektury i Urbanistyki, Bd. 24, S. 7–13.

Rajman, Jerzy (2015): *Rajcy krakowscy i członkowie ich rodzin w księdze zmarłych bractwa N. Marii Panny w Krakowie (połowa XIV – koniec XVI w.)* [Krakauer Ratsherren und ihre Familienangehörigen im Totenbuch der Marienbruderschaft in Krakau (Mitte des 14. bis Ende des 16. Jahrhunderts) – Übersetzung J. R.]. In: Średniowiecze polskie i powszechne, Bd. 11, S. 45–68.

Rajman, Jerzy (2002): *Średniowieczne patrocinia krakowskie* [Mittelalterliche Krakauer Patrozinien – Übersetzung J. R.]. Kraków: Wydawnictwo Naukowe Papieskiej Akademii Teologicznej.

Sikora, Franciszek (1983): *Testament Przedbora z Koniecpola z roku 1460* [Testament von Przedbor von Koniecpol aus dem Jahr 1460 – Übersetzung J. R.]. In: Studia Historyczne, Bd. 26, H.. 2, S. 297–314.

Sowina, Urszula (2002): *Testament pewnego kmiecia [Mikołaja Byczka z 3 marca 1514 r.]. Przyczynek do badań nad relacjami międzystanowymi w późnym średniowieczu i wczesnej nowożytności* [Das Testament eines gewissen Bauern [Mikolaj Byczek, 3. März 1514]. Ein Beitrag zum Studium der zwischenstaatlichen Beziehungen im Spätmittelalter und in der frühen Neuzeit – Übersetzung J. R.]. In: Buśko, Cezary / Klápště, Jan / Leciejewski, Lech / Moździoch, Sławomir (Hrsg.): *Civitas et villa. Miasto i wieś w średniowiecznej Europie Środkowej* [Stadt und Land im mittelalterlichen Mitteleuropa – Übersetzung J. R.]. Wrocław – Praha: Wydawnictwo Werk, S. 209–214.

Sondel, Janusz (1997): *Słownik łacińsko-polski dla prawników* [Lateinisch-Polnisches Wörterbuch für Juristen – Übersetzung J. R.]. Kraków: Towarzystwo Autorów i Wydawców Prac Naukowców.

Sperka, Jerzy (2012): *Władysław książę opolski, wieluński, kujawski, dobrzyński, pan Rusi, palatyn Węgier i namiestnik Polski (1326/1330–8 lub 18 maja 1401)* [Władysław, Herzog von Opole, Wieluń, Kujawy, Dobrzyń, Herr der Rus, Pfalzgraf von Ungarn und Statthalter von Polen (1326/1330–8 oder 18. Mai 1401) – Übersetzung J. R.]. Kraków: Wydawnictwo Avalon.

Starzyński, Marcin (2010): *Krakowska rada miejska w średniowieczu* [Der Krakauer Stadtrat im Mittelalter – Übersetzung J. R.]. Kraków: Societas Vistulana.

Starzyński, Marcin (2011): *Patrycjat krakowski w aktach Kamery Papieskiej z XIV wieku (Ze studiów nad udziałem kupiectwa krakowskiego w międzynarodowym transferze finansów)* [Das Krakauer Patriziat in den Akten der päpstlichen Kammer des 14. Jahrhunderts (Aus Studien über die Beteiligung der Krakauer Kaufleute am internationalen Finanztransfer) – Übersetzung J. R.]. In: Noga, Zdzisław (Hrsg.): *Elita władzy miasta Krakowa i jej związki z miastami Europy w średniowieczu i epoce nowożytnej. Zbiór studiów* [Die Machtelite der Stadt Krakau und ihre Beziehungen zu europäischen Städten im Mittelalter und in der Neuzeit. Eine Sammlung von Untersuchungen – Übersetzung J. R.]. Kraków: Wydawnictwo Uniwersytetu Pedagogicznego im. KEN w Krakowie, S. 333–378.

Wyrozumska, Bożena (1995): *Kancelaria miasta Krakowa w średniowieczu* [Die Stadtkanzlei von Krakau im Mittelalter – Übersetzung J. R.]. Kraków: Wydawnictwo Uniwersytetu Jagiellońskiego.

Wyrozumski, Jerzy (1968): *Państwowa gospodarka solna w Polsce do schyłku XIV wieku* [Die staatliche Salzwirtschaft in Polen bis zum Ende des 14. Jahrhunderts – Übersetzung J. R.]. Kraków: Wydawnictwo Uniwersytetu Jagiellońskiego.

Wysmułek, Jakub (Hrsg.) (2017): *Katalog testamentów z krakowskich ksiąg miejskich do 1550 roku* [Katalog der letztwilligen Verfügungen in den Krakauer Stadtbüchern bis 1550 – Übersetzung J. R.]. Warszawa: Wydawnictwo Naukowe Semper.

Wysmułek, Jakub (2015): *Testamenty mieszczan krakowskich (XIV–XV wiek)* [Testamente der Krakauer Bürger (14.–15. Jahrhundert) – Übersetzung J. R.]. Warszawa: Wydawnictwo Neriton.

Wysmułek, Jakub (2018): *Wills as tools of power: development of testamentary practice in Krakow during the late middle ages* [Testamente als Werkzeuge der Macht: die Entwicklung der Testamentspraxis in Krakau im Spätmittelalter – Übersetzung J. R.]. In: Korpiola, Mia /Lahtinen, Anu (Hrsg.): *Planning for Death. Wills and Death – Related Property Arrangements in Europe, 1200–1600* [Planning for Death. Testamente und Eigentumsregelungen im Zusammenhang mit dem Tod in Europa, 1200–1600 – Übersetzung J. R.]. Leiden: Brill, S. 211–238.

Wółkiewicz, Ewa (2000): *Testament Anny Isenecher jako źródło do badań mikrohistorycznych. Próba ustalenia kręgu towarzyskiego śląskiej mieszczanki z XIV wieku* [Das Testament von Anna Isenecher als Quelle für die mikrohistorische Forschung. Ein Versuch, den sozialen Kreis eines schlesischen Bürgertums des 14. Jahrhunderts zu ermitteln – Übersetzung J. R.]. In: Prace Naukowe Wyższej Szkoły Pedagogicznej w Częstochowie. Zeszyty Historyczne, Bd. 6, S. 385–399.

Quellen

AGZ Bd. 5 = ohne Herausgeber (1875): Akta Grodzkie i Ziemskie z czasów Rzeczypospolitej Polskiej z Archiwum tak zwanego bernardyńskiego we Lwowie [Stadt- und Grundbücher aus der Zeit der Republik Polen aus dem sogenannten Bernhardinerarchiv in Lwiv – Übersetzung Joanna Smereka]. Lwów: Księgarnia Seyfartha i Czajkowskiego.

KK Bd 2 = Piekosiński, Franciszek (Hrsg.) (1883): Kodeks dyplomatyczny katedry krakowskiej św. Wacława [Diplomatenkodex der Krakauer St.-Wenzels-Kathedrale – Übersetzung Joanna Smereka]. Kraków: Akademia Umiejętności.

KMK = Piekosiński, Franciszek (Hrsg.) (1879–1882): Kodeks dyplomatyczny miasta Krakowa [Diplomatischer Kodex der Stadt Krakau – Übersetzung Joanna Smereka]. Kraków: Akademia Umiejętności.

KDMp. = Piekosiński, Franciszek (Hrsg.) (1905): Kodeks dyplomatyczny Małopolski [Diplomatischer Kodex von Kleinpolen – Übersetzung Joanna Smereka], Bd. 4,. Kraków: Akademia Umiejętności.

Kłk = Krzyżanowski, Stanisław (Hrsg.) (1904): Księgi ławnicze krakowskie 1365–76 i 1390–97 [Krakauer Schöfffenbücher der Jahre 1365–76 i 1390–97 – Übersetzung Joanna Smereka]. Kraków: Wydawnictwa Archiwum Aktów Dawnych miasta Krakowa.

KRK= Piekosiński, Franciszek / Szujski, Józef (Hrsg.) (1878): Najstarsze księgi i rachunki miasta Krakowa od 1300 do 1400 [Die ältesten Bücher und Rechnungen der Stadt Krakau aus den Jahren 1300 bis 1400 – Übersetzung Joanna Smereka]. Kraków: Akademia Umiejętności.

Ks. prosk. = Wyrozumska, Bożena (Hrsg.) (2001): Księga proskrypcji i skarg miasta Krakowa 1360–1422 [Buch der Prosriptionen und Beschwerden der Stadt Krakau 1360–1422 – Übersetzung Joanna Smereka]. Kraków: Wydawnictwo i Drukarnia »Secesja«.

SP Bd. 1 = Helcel, Antoni Zugmunt (Hrsg.) (1856): Starodawne Prawa Polskiego Pomniki poprzedzone wywodem historyczno-krytycznym tak zwanego prawodawstwa wiślickiego Kazimierza Wielkiego [Denkmäler alter polnischer Gesetze, denen eine historisch-kritische Auseinandersetzung mit der sog. Wiślica-Gesetzgebung von Kasimir dem Großen vorausging – Übersetzung Joanna Smereka]. Warszawa: Wydawnictwo G. Sennewald.

ZDM Bd 4 = Kuraś, Stanisław / Sułkowska-Kuraś, Irena (Hrsg.) (1969): Zbiór dokumentów małopolskich [Sammlung von Dokumenten aus Kleinpolen – Übersetzung Joanna Smereka], Bd. 4. Kraków – Wrocław: Polska Akademia Nauk.

Thomas Krzenck

Anmerkungen zur Rolle der Familie und familiärer Netzwerke in Bürgertestamenten im 15. Jahrhundert am Beispiel der Stadt Brünn[1]

Abstract

Notes on the role of the family and family networks in citizens' wills in the 15th century using the example of the city of Brno

A corpus of sources containing more than 200 wills of testamentary dispositions from the late Middle Ages has also been handed down for the Moravian town of Brno, most of which have now been edited and evaluated from various aspects. In his article, the author devotes himself to the role of the family in Brno citizens' wills in the 15th century and draws attention to the role and importance of the family. The focus is on the nuclear family, which usually consists of four to five people, with particular reference being made to the role of children and service personnel in the awarding of legacies. At the same time, using the specific example of the Brno families Künigsfelder, Rischan, Zlabinger, Lang and Span, the role and significance of family networks is shown in which marriage strategies, economic aspects and political participation of influential layers in urban society were interwoven.

Keywords: Testament, Brünn, Familie, Netzwerk
Schlüsselwörter: Testament, Brünn, Familie, Netzwerk

»... also das noch meinem tod nimant, wider kint, noch enickl, noch pruder, noch frund dorein zu sprechen, noch zu greifen hab, wan sie allein vnd mit demselben guet zuschaffen vnd zuschicken, czuthuen vnd zulassen.«

Das mährische Brünn, bis zum Tode Josts von Mähren (1351–1411) Residenz der Markgrafen aus der Linie der luxemburgischen Sekundogenitur[2], zählte im für die Geschichte des Königreichs Böhmen ereignisreichen 15. Jahrhunderts anfänglich wohl noch 6.000–7.000 Einwohner, nach den Wirren der Hussitenkriege,

Thomas Krzenck, Leipzig.

1 Die vorliegende Studie entstand unter Verwendung der Datenbank Czech Medieval Sources online, gehostet vom Wissenschaftsinfrastrukturprogramm LINDAT/CLARIAH-CZ (https://lindat.cz), finanziert vom Ministerium für Bildung, Jugend und Sport der Tschechischen Republik (Projekt Nr. LM2018101).

2 Vgl. hierzu Mezník (1999).

denen die von ihrem katholischen deutschen Patriziat beherrschte Stadt als politisches und wirtschaftliches Zentrum der Markgrafschaft zäh ohne innerlich Schaden zu nehmen widerstand, dann nur mehr etwa 5.000 Einwohner. Letztere gliederten sich rechtlich in *cives*, *inquilini* und *hospites*[3] und lebten in vier von einem äußeren Mauerring mit sechs Stadttoren umgebenen Vierteln.[4] Um Aspekte ihres Alltags im Spätmittelalter zu erkunden, stehen zahlreiche Quellen unterschiedlicher Provenienz zur Verfügung.[5] Neben den in reicher Zahl überlieferten Steuerregistern und dem von Bedřich Mendl (1892–1940) bereits vor rund 90 Jahren edierten Losungsbuch für die Jahre 1343–1365[6] gehören hierzu auch mehrere Stadtbücher, darunter jene Handschrift mit der Ordnungsnummer 48, die für das 15. Jahrhundert schwerpunktmäßig Testamente Brünner Bürger verzeichnet und die vor gut anderthalb Jahrzehnten der Brünner Kodikologe und Kenner der älteren Rechtsgeschichte der südmährischen Stadt Miloslav Flodr (1929–2015) edierte.[7]

Als Musterbeispiel eines Brünner Bürgertestaments soll uns der letzte Wille des Stefan Zlawinger von 1471 (1469) dienen, welches hier zunächst in seinem Aufbau und Inhalt vorgestellt sei.

Textteil	Strukturelement	Inhalt
I. Protokoll	Invocatio	-
	Intitulatio	*Ich Steffan Czlawinger*
	Inscriptio	-
II. Substantia	Arenga	*Mach ain geschafft mit guettem willen vnd mit gueter bedachtnus vnd mit gueter vernunfft vnd gesunttem leib.*
	Narratio	-

3 Ausgenommen hiervon waren Adelige, vor allem jedoch Geistliche und Juden.

4 Grundlegend zur mittelalterlichen Stadtgeschichte Brünns jetzt die gut 1.100 Seiten umfassende Dějiny Brna 2: Středověké město. Jan (2013). Aus der älteren Literatur für einzelne Fragen noch immer ausagekräftig Bretholz (1911).

5 Vgl. die Übersicht für Brünn in Nový (1963, 39–50).

6 Mendl (1935).

7 Flodr (2010).

(Fortsetzung)

Textteil	Strukturelement	Inhalt
	Dispositio[8]	*Item zum erssten schaff ich meiner tochter Katherina Haws vnd Hoff, patstuben vnd malczstuben gegen fur Iuden tor mit aller Zugehorung.*[9] *Item meiner tochter den Weingarten*[10]*, gelegen im Strasperg*[11]*, vnd ain Weingarten, gelegen im Czywe, vnd ain Weingarten, gelegen im Hochperg, vnd dorczu schaff ich den Stadl auff der ledrer gassen. Item ich schaff meiner tochter Katherina denn pawmgarten mit aller Zugehorung, gelegen pey der Daren müll. Ich schaff, das mein Hawsfraw Regina geb meiner tochter Katherina von der krawm vnd von dem andern pliben guett. Das ich meiner elichen Hawsfraw hab geschafft II*^{c} *guldein in gold an alle werung. Ich schaff, ob mein tochter abgiennig mit dem tod, so sol man nehmen die vorgenanten II*^{c} *guldein, die ich meiner tochter Katherina geschafft hab, sol das erssten geben zu sand Bernhardin zum paw I. fert. vnd L guldein zu der pfrümbt. Ich schaff die anderem hundert guldein zu sand Michel Michel predigerorden in solher mas, das man L guldein zu gepaw vnd L guldein zu der pfrümbt nehmen sol. Item ich schaf: ist das mein tochter Katherina obgiennig, so sol man von dem vorgenanten Weingarten Straspegr, Czywe, vnd Hochperg, die ich geschafft hab, nehmen C guldein vnd sol die geben zu sand Iacob in die pharre zum gepaw zum Kchor; vnd das sol thun mein Hawsfraw Regina.Ich schaff, ist das got pewt vber mein tochter Katherina mit dem tod, so sol mein Hawsfrawe Regina ainnemen Haws, Hoff, padstuben, stadl, garten vnd all Weingarten vnd all mein gelassne Hab vnd sol davon beczallen all mein schuld, die im geschafft geschriben vnd begriffen sind. Item ich schaff mein grossen silberain Kapf zum altare zu sand Iacob, das man in verkawff vnd mach Czins daraus, als verre er gelangt meinem Kaplan sand Bartholomei altare. Item zu grosser macht vnd Krafft hab ich gepeten die erberen Herren Thomas Golcz, Iohannes Kegel, zu geschafftlewtten das geschafft zu handeln mit Rat der frawen Regina, meiner elichen Hawsfrawen, nach meinem tod. Item ich schaff, das mein Hawsfraw Regina sol geben zu allem Iartag zu sand Iacob X mar. Ich schaff meiner elichen Hawsfrawen Regina das klein Haws, das des Hagers gwesen ist, gelegen neben mein Haws, frai vnd ledig.* *Zu pesser Krafft vnd macht hab ich Steffan Zlawinger mein aigen sigl an dsen brieff lassen drucken.*

8 In zahlreichen letztwilligen Verfügungen werden darüber hinaus noch – neben den anwesenden Zeugen – die Testamentsvollstrecker genannt, so beispielsweise im 1493 errichteten Testament der Witwe Anna aus Brünn, wo es heißt: »*Vnd besunderlich mir erwelt hab die*

(Fortsetzung)

Textteil	Strukturelement	Inhalt
III. Eschatokoll	Corrobatio	-
	(Zeugen)	-
	Datierung	*Anno domini millesimo quadringentesimo LXIX°, feria II^a post Ieronimi.*
	(Actum-Vermerk)	*Item intitulatum est hoc testamentum feria IIIIa in prefesto sancti Procopii, anno etc. LXXIo, sub domino Paulo Kerner pellista, pro tunc magistro civium existente.*

Der formale Aufbau böhmischer und mährischer Bürgertestamente im 15. Jahrhundert unterscheidet sich kaum von denjenigen aus anderen Landschaften. Seit dem ausgehenden Mittelalter fanden Testamente als Einrichtung des römischen Rechts in Mitteleuropa eine immer größer werdende Verbreitung, vor allem im städtischen Milieu. Insbesondere seit dem 14. Jahrhundert erfolgte – im Zusammenhang mit der notwendig gewordenen Ausformung und Differenzierung der städtischen Jurisdiktion – eine verstärkte Einflussnahme der Ratsorgane auf die Errichtung, Eröffnung und Vollstreckung letztwilliger Verfügungen. Letztere bilden eine vielschichtige Quelle, so u. a. zur Mentalitäts-, Alltags-, Rechts-, Stadt- und Wirtschaftsgeschichte. Seit den bahnbrechenden Studien der Annales-Schule in den 70er Jahren des 20. Jahrhunderts sowie der vor nunmehr einem halben Jahrhundert vorgelegten, richtungweisenden Studie des Historikers und viele Jahre in Lübeck tätigen Archivars Ahasver von Brandt (1909–1977)[12] sind diese verstärkt in den Fokus der historischen Forschung gerückt, zumal sie – wenngleich nur in Ausnahmefällen als serielle Quelle nutzbar – häufig Infor-

ersamen weisen Herren Casper Schneider, Hinko von Newsedlicz, beide Burger zu Brünn, vnd auch dem fürsichtigen Cristoff Schneyder, meinen liben gefatteren, das sy meines gescheffts verfolger vnd vorweser sein sullen, auch yn gancz veertraw, vnd keiner wider sein sol sunder was sy thuen, das ist mein guetter willen vnd vngestrafft vor allermeniklich sein sullen yn aller mass vnd furmen, als hernach geschriben stet.« Flodr (2010: 522).

9 Das Judentor (Porta Iudeorum) im Süden der Stadt wurde kurz nach der Mitte des 14. Jahrhunderts errichtet, 1508 umgebaut und 1835 abgerissen.

10 Der Weinanbau bildete für das mittelalterliche Brünn einen sehr bedeutsamen Wirtschaftszweig, was auch in den überlieferten Bürgertestamenten – konkret der Vererbung von Weinbergen oder Anteilen an diesen (bereits 1365 hatten sich mehr als 65 Weinberge innerhalb der Stadt sowie in deren Umgebung in Händen Brünner Bürger befunden) – seine Reflektion findet. Zum Weinbau vgl. Jan (2013: 479–486).

11 Einer von insgesamt 22 Weinbergen in Auspitz (Hustopeče), einer 25 km nordwestlich von Lundenburg (Břeclav) gelegenen Kleinstadt. Vgl. Jan (2013: 480).

12 Brandt (1973). Von Brandt gab darüber hinaus ein zweibändiges Verzeichnis der Lübecker Bürgertestamente des Mittelalters (1278–1363) heraus.

mationen über den Testierer und ein Netzwerk sozialer Kontakte bieten, die ansonsten nur schwer rekonstruierbar scheinen.[13]

Dies gilt selbstverständlich auch für Böhmen und Mähren. Letztwillige Verfügungen ermöglichen auch hier grundsätzliche Aussagen zur Sozialgeschichte (Familie, Eliten, Gender Studies), zur Sozialanthropologie, Ethnologie, Wirtschaftsgeschichte (Eigentumsverhältnisse, Familienangelegenheiten, Zinswirtschaft), zur Mikrohistorie, materiellen Kultur und Alltagsgeschichte. Darüber hinaus gewähren Testamente Einblicke in die Mentalitätsgeschichte (Legate ad pias causas, Buchlegate, Stiftungen zur schulischen Bildung bzw. karitative Vermächtnisse). Aus dem Spätmittelalter sind Testamente in Böhmen und Mähren für annähernd 42 Städte überliefert, darunter für Brünn, Böhmisch Krumau, Iglau, Kuttenberg, Olmütz, Pilsen und Kaaden.[14] Für Prag bzw. die Prager Agglomeration als der historisch gewachsenen Landesmetropole steht dabei fast zwangsläufig die quantitativ größte Zahl an letztwilligen Verfügungen zur Disposition.

Trotz einer zunehmenden, mitunter systematischen Beschäftigung mit dem Quellenkorpus Testamente – in den zurückliegenden anderthalb Jahrzehnten sind beispielsweise mehrere Dissertationen bzw. Magister- und Diplomarbeiten in der Tschechischen Republik hierzu erschienen[15] – ist der Überlieferungs- und Bearbeitungsstand letztwilliger Verfügungen für die einzelnen Städte in Böhmen und Mähren sehr unterschiedlich.[16] Wegweisend für die Erschließung und Auswertung spätmittelalterlicher Bürgertestamente in Böhmen und Mähren erwies sich ein Prager Kolloquium im Jahre 2005, das die Bedeutung dieser Quellengattung unterstrich, den Forschungsstand anhand signifikanter Beispiele resümierte und zugleich das methodische Herangehen bei der Auswertung letztwilliger Verfügungen diskutierte.[17] Dies wirkte sich positiv auf die langsam beginnende, systematische Erschließung des Quellenbestands aus, wie beispielsweise Untersuchungen zu Prag, Chrudim oder Brünn unterstreichen.[18]

Für Brünn sind aus dem Zeitraum 1346–1515 280 letztwillige Verfügungen überliefert (davon bei Flodr 207 für das 15. Jahrhundert ediert!), womit dieser

13 Vgl. Guzzetti (2007: 17–33). Die Autorin hebt besonders die inhaltlichen Schwerpunkte in den Aussagen der Testamente zu Memoria, materieller Kultur, Frauen- und Geschlechterstudien sowie Fragen des Seelenheils, aber auch zu Demographie, Wirtschafts- und Sozialgeschichte und genealogischen Rekonstruktionen der Testierer hervor.

14 Vgl. hierzu die Synopse bei Krzenck (2017: 18f.).

15 Exemplarisch Jíšová (2008) sowie Košarová (2014).

16 Vgl. dazu Jíšová et al. (2006). Zur Übersicht über den Forschungsstand mit spezieller Akzentuierung des ostmitteleuropäischen Raumes vgl. Krzenck (2017: 1–31). Neu hinzugekommen sind weitere Untersuchungen zu speziellen Aspekten. Vgl. u. a. Vrtalková, (2017), Häberlein (2018), Krzenck (2018, 1–31) oder Smereka (2021).

17 Jíšová et al. (2006).

18 Vgl. zu Prag Jíšová (2008), zu Chrudim Košarová (2014) oder zu Brünn Malaníková (2012: 61–75).

Quellenkorpus im Vergleich zur Prager Agglomeration deutlich geringer ausfällt.[19] Die ältesten Testamente sind in lateinischer Sprache verfasst, im Jahre 1446 (also wesentlich später als in Prag) stoßen wir auf den ersten auf Deutsch zu Papier gebrachten letzten Willen (*Testamentum Iohannis Stebler*)[20], Deutsch als Testiersprache setzt sich dann seit Beginn der 60er Jahre des 15. Jahrhunderts nahezu ungehindert durch. Das älteste tschechischsprachige Testament stammt aus dem Jahre 1462, als die kinderlose Dorota, die Witwe des Bürgers Jakub Holub[21], in Anwesenheit zweier tschechischer und zweier deutscher Zeugen (darunter des Stadtschreibers Sigismund) ihren letzten Willen verkündete – insgesamt machen tschechischsprachige Testamente etwa zwei Prozent aus.

Das Testament des Brünner Bürgers Stephan Zlawinger lässt sich im Kontext mit weiteren Quellen zugleich als eine Art mikrohistorisches Musterexempel für Familie und familiäre Netzwerke betrachten und auswerten. Gottesfürchtig und um das Wohl der Familie besorgt – zwischen diesen beiden Bezugspunkten, das heißt zwischen Seelenheil und irdischem Besitz, bewegten sich die inhaltlichen Bestimmungen der letztwilligen Verfügungen.[22] Nachfolgend geht es anhand der edierten Quellen um die Familie im untersuchten Quellenkorpus sowie die Möglichkeit, familiäre Netzwerke aufzuzeigen. Dass der Familie als »Grundgemeinschaft der mittelalterlichen Gesellschaft«[23] eine zentrale Rolle zukam, ist – gerade mit Blick auf unsere Quellen städtischer Provenienz – verständlich, ebenso, dass wir dabei zwei Formen, die Haushaltsfamilie, die auch Dienerschaft und Gesellen einschloss, auf der einen und die Verwandtschaftsfamilie auf der anderen Seite unterscheiden, wobei sich letztere wiederum in (auf der Ehe be-

19 Erstmals auf den Gesamtbestand der Brünner Testamente aus den Jahren 1412–1783 hingewiesen hat 1902 Stoklaska (1902: 95–134). Neben der jetzt vorliegenden Edition der Brünner Bürgertestamente im *Liber memorialis* – Pamětní kniha (Hdschr. Nr. 48) durch Miloslav Flodr ist auf mehrere Studien zu verweisen, die speziellen Schwerpunkten dieser Quellengruppe gewidmet sind. Hier vor allem Borovský (1999: 79–96), der sich den Legaten Brünner Bürger an kirchliche Institutionen in den Jahren 1410–1530 widmet. Ausgehend von der Tatsache, dass wir die ältesten (Grund-)Regeln der Testierpraxis bereits im sog. – auch in der Ausstellung in Kopie gezeigten – Kleinen Privileg König Wenzels I. für Brünn aus dem Jahre 1243 finden (u.a. gibt es hier die Bestimmungen, dass der Besitz eines verstorbenen Bürgers dessen Gemahlin/Witwe und die Kinder erben sollten bzw. dass auch Fremde in der Stadt testieren konnten), wird die Entwicklung des Testierrechts in der Stadt skizziert – bei Streitigkeiten sollten ein Vertreter des Rats und einer der klagenden Partei gemeinsam entscheiden –, wobei die ältesten überlieferten Testamente in Brünn aus der ersten Hälfte des 14. Jahrhunderts stammen. Zu den Wurzeln der normativen Testierpraxis im Brünner Recht vgl. Flodr (1990: 360–372). Zu den Grundsätzen des Testierpraxis jetzt auch Jordánková et al. (2006: 39–53).

20 Flodr (2010: 222f.).

21 Flodr (2010: 284f.).

22 Vgl. hierzu aus komparativer Perspektive böhmischer Testamente im Untersuchungszeitraum Krzenck (1999: 145–167).

23 Vgl. die »Definition« in Lex MA IV, Sp. 256 von Hans Werner Goetz.

ruhende und Eltern und Kinder umfassende) Kern- und (in agnatischer Folge oder als kognatischer Verband präsentierende) Großfamilie untergliederte. Immerhin ging es in den Testamenten neben dem Seelenheil für die eigene Person sowie bereits verstorbene Angehörige um eine Verteilung und Sicherung des erworbenen Vermögens innerhalb der Familie als dem »zentralen Denk- und Ordnungsprinzip der spätmittelalterlichen Gesellschaft«.[24]

Damit verbunden ist auch ein weiterer Aspekt, nämlich die Rolle familiärer Netzwerke, die die Komplexität sozialer, politischer und materieller Beziehungen aufzuzeigen vermögen, was in der Forschung seit Langem zu zahlreichen neuen Fragestellungen sowie zum Aufbau aussagefähiger Datenbanken (etwa zu Schenkungen und Stiftungen innerhalb der städtischen Gemeinschaft im Kontext materieller und spiritueller Ökonomie, der Rolle von Heiratsverbindungen für den sozialen und politischen Aufstieg bzw. die Festigung errungener Positionen oder der Verknüpfung von Familien- und Besitzverhältnissen mit politischen und religiösen Interessen) geführt hat.[25] Die auf der Basis von quantitativ relevanten Quellen wie Urkunden und Testamentsbücher beruhende Verflechtung städtischer Gruppen im spätmittelalterlichen Wien erforscht beispielsweise Verwandtschafts- und Geschlechterbeziehungen, Gütergemeinschaften und Jenseitsökonomie und beleuchtet die Rolle der materiellen Kultur bei der Herstellung und Sichtbarmachung dieser Relationen und Interaktionen.[26] In besonderer Weise tangieren diese Netzwerkanalysen die Ratseliten sowie führende stadtbürgerliche Familien spätmittelalterlicher Städte auch im böhmisch-mährischen Raum.[27]

Testamente sind in diesem Kontext natürlich nur eine Quelle mit begrenztem Aussagewert, doch können sie im Kontext weiterer aussagekräftiger Quellen – beispielsweise Steuerregistern, Einträgen in den Landtafeln, Ratslisten oder Heiratsverträgen –Verbindungslinien innerhalb der Mauern der Stadt und darüber hinaus deutlich machen, ebenso lassen sich aus ihnen auch (zumindest indirekt) Heiratsstrategien führender stadtbürgerlicher Kreise beleuchten.[28] Das mit Heiraten in Zusammenhang stehende Bemühen nach einer Verflechtung der Familien und des jeweiligen Besitzes lässt sich am stärksten in den höchsten

24 Signori (2001: 2001).

25 Vgl. exemplarisch einführend zur Netzwerkforschung Marten Düring et al. (2016). Als konkretes Beispiel wiederum Alexander Sembdner (2017: 167–197).

26 Vgl. hierzu die aufschlussreiche Internetseite »Soziale Netzwerke im spätmittelalterlichen Wien«, online https://memo.imareal.sbg.ac.at/wsarticle/memo_quer/2021-quer-2-lutter-soziale-netzwerke/ (Zugriff am 30.1.2024).

27 Zu den Ratseliten vgl. Nodl (2004: 31–54). Im komparativen mittelosteuropäischen Vergleich Michael Diefenbacher et al. (2016).

28 Vgl. Malaníková (2016: 143–156). Zu den »ökonomischen Strategien« von Bürgern in Brünn in der ersten Hälfte des 15. Jahrhunderts jetzt auch Doležel (2024: 59–73). Der Text des tschechischsprachigen Testaments der Gemahlin des Jakub Holub, Dorothea, aus dem Jahre 1462 bei Flodr (2010: 284f.).

sozialen Schichten der städtischen Gesellschaft beobachten.[29] Dies war auch in Brünn nicht anders, wo, wie Jaroslav Mezník vor sechs Jahrzehnten aufzeigen konnte, bereits um die Mitte des 14. Jahrhunderts 30–40 Familien eine dominierende Rolle in Wirtschaft und Politik in der markgräflichen Stadt spielten.[30] Die Familienbande zwischen den städtischen Eliten reichten zugleich über die Mauern der Stadt hinaus. Die wohl bedeutendste Brünner Familie der ersten Hälfte des 15. Jahrhunderts mit Namen Haz (ein Dutzend Angehörige dieser einflussreichen Bürgerfamilie lassen sich auch im Pamětní kniha für die Jahre 1391–1515 nachweisen)[31] war gleich zweimal mit der Familie des bedeutenden Olmützer Bürgers Vinzenz von Iglau verbunden, wobei Wenzel Haz dessen Tochter Dorotha heiratete, während sein Stiefbruder Hanusch Vinzenz' Tochter Margarethe ehelichte.[32] Im Jahre 1461 vermachte Hanuschs Witwe einen Großteil des ansehnlichen Besitzes ihrer gleichnamigen Nichte, die wiederum innerhalb des ausgebildeten familiären Netzwerkes mit dem Preßburger Bürger Johann Kochain verheiratet war.[33]

Wie bereits der mährische Archivar, Historiker und langjährige Direktor des Landesarchivs in Brünn, Bertold Bretholz (1862–1936), konstatierte, verdanken wir den Testamenten, »die als wichtigste Bürgerurkunde jener Zeit besonders eingehend gesichert und mit großer Sorgfalt abgefasst wurden«, die reichsten »Aufschlüsse über Besitz- und Familienverhältnisse der Bürger«.[34] Das älteste Originaltestament stammt vom 24. April 1362, als der wohlhabende Brünner Bürger und Kürschner Heinrich Fuchs, seinen letzten Willen aufsetzen ließ.[35]

120 Jahre, also gut drei Generationen später, tat es Heinrich Fuchs ein anderer Bürger gleich. Am 5. September 1482 errichtete Johannes Patek sein in deutscher Sprache verfasstes Testament in Anwesenheit zweier vorgeschriebener Zeugen. Anwesend bei der Testamentserrichtung waren zugleich die *Swigerfraw Klainandrein*, das heißt die Mutter der bereits verstorbenen Gemahlin des Testierers, der Bruder des Erblassers mit Namen Wenzel sowie der Schwager Johannes Garthner, der als Stadtschreiber tituliert wird.[36]

29 Zu Prag vgl. in diesem Kontext Musílek (2015).
30 Vgl. Mezník (1962: 256).
31 Flodr (2010: 605).
32 Mezník (1962a: 73f.). Unveröffentlichter Annex zu seinem gleichnamigen Beitrag im Archiv der Stadt Brünn, S. 73–74. Ich beziehe mich hier auf die Angaben in den Fußnoten bei Malaníková (2009: 71–90).
33 Malaníková (2009: 73).
34 Bretholz (1938: 98).
35 Zu Brünner Bürgertestamenten im Untersuchungszeitraum vgl. v.a. aus der älteren Literatur Stoklaska (1902), aus der neueren Literatur insbesondere Borovský (1999) sowie ders. (2006: 55–71). Darüber hinaus vgl. Malaníková (2012: 60–75); dies. (2014: 47–65); dies. (2014: 253–272) sowie dies. (2018: 33–50).
36 Johannes Gart(h)ner taucht als *notarius civitatis* mehrfach in Brünner Testamenten auf. Vgl. Flodr (2010: 750, 752, 810, 833 und 924).

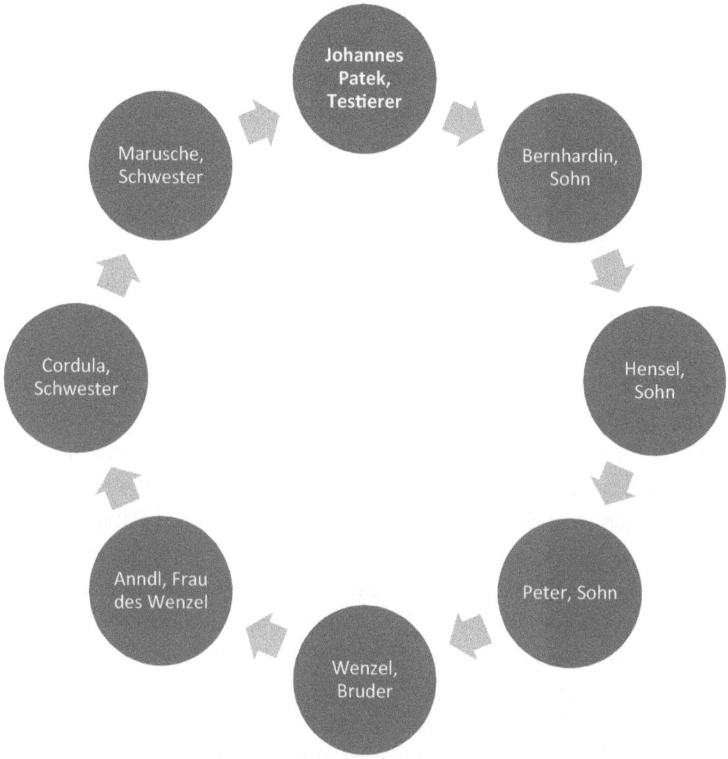

Abb. 1: Schema einer Brünner Bürgerfamilie und der im Testament genannten Mitglieder am Beispiel der letztwilligen Verfügung des Johannes Patek vom 5. September 1482 (dargestellt als Kreislauf entsprechend der Nennung im Text)

Der Testierer, Johannes Patek, erscheint im Brünner Stadtbuch Nr. 48 selbst immerhin 14-mal – erstmals als Ratsherr 1466[37], letztmalig 1482 in seinem eigenen letzten Willen. Wie bei den allermeisten Brünner Testamenten üblich, ging es auch Patek zunächst um sein Seelenheil: Der Erlös aus dem Verkauf eines silbernen Gürtels sollte eine Spende für das *Spital* [der] *armen kranken schuleren bey sand Iakub*, das sich offenkundig im dortigen Pfarrhof befand, erbringen.[38] Für die Bruderschaft St. Sebastian bei St. Michael war eine silberne Schale reserviert, zudem bestimmte der Testierer, einen bislang als Tisch genutzten Stein zu einem Grabstein für die bereits verstorbene Gemahlin des Testierers umzuarbeiten und aufzustellen. Dem schließen sich Legate zugunsten von Familienangehörigen an, beginnend mit den eigenen Söhnen. Die entsprechenden Legate

37 Vgl. Flodr (2010: 299).
38 Ebd., Nr. 833, S. 434. Zum Kontext der Spitäler in Brünn im Spätmittelalter vgl. Jan (2013: 742–751, 750f.).

reichen unter anderem von einem Haus am Niedermarkt (sowie einem zweiten in der Lederergasse) für den wohl ältesten Sohn Bernard über Hausanteile für dessen jüngere Brüder Hensel und Peter sowie Anteile an einem Weingarten (im Falle von deren Nichterreichen der Volljährigkeit sollen die Erbanteile der jüngeren Brüder an den älteren Bernard fallen). Der Erblasser war im Besitz mehrerer, auch zentral gelegener Weingärten; jener Weingarten am Spielberg solle zu gleichen Teilen an alle drei Brüder fallen, wobei Bernard als Ältester expressis verbis eine besondere Obhutspflicht auferlegt wurde.

Im Falle des Ablebens des ältesten Sohnes ging die Rolle als Aufsichtsperson an Wenzel, den Bruder des Erblassers, über, und auch Wenzels Gemahlin wird in die Pflicht genommen und gebeten, sich um die beiden minderjährigen Söhne des Johannes Patek zu kümmern. Die Schwägerin wiederum (die *Klainandrein*) findet als Erbin insofern Berücksichtigung, dass sie *einen pernischen mantel vnd einen Brukkischen rok* aus der Hinterlassenschaft der bereits verstorbenen Gemahlin des Testierers erhalten – das heißt auftragen – soll.[39] Anndl, so der Name der Schwägerin, steht aus der Hinterlassenschaft des Johannes Patek darüber hinaus eine silberne Spange zu, während die beiden Schwestern des Erblassers, Cordula und Marusche, mehrere Wertgegenstände erhalten, darunter *der Duora beckin.*[40] Der Stadtschreiber und zugleich Schwager Johannes und dessen Kinder erhalten ausschließlich den *Pawmgarten auff der Gryllwiczs*[41], die Gemahlin des ältesten Sohnes Bernard wiederum einen *Ambsterdamischen mantel.*[42]

In mehrfacher Hinsicht ähnlich erscheint das in seinem genauen Wortlaut bereits wiedergegebene, elf Jahre zuvor verzeichnete Testament des Brünner Bürgers, Kaufmanns und wiederholten Ratsmitglieds Stefan Zlawinger[43], das sich darüber hinaus dank des günstigen Überlieferungsstandes weiterer Quellenzeugnisse in einem familiengeschichtlichen über mehrere Generationen verfolgbaren Kontext verorten lässt. Im konkreten Fall spiegelt dieser in einzigartiger Weise mikrohistorisch ein familiäres, auf wirtschaftlicher Stellung und politischem Einfluss gleichermaßen fußendes, bedeutsames Netzwerk in der südmährischen Stadt (und darüber hinaus). Stefan Zlawinger selbst war allerdings bereits 1469 verstorben: Das seinerzeit als Urkunde ausgefertigte Testament fand allerdings erst 1471 seinen Eintrag im Brünner Stadtbuch, worauf der

39 Flodr (2010: 435).

40 Duora war offenkundig der Name der verstorbenen Gemahlin des Johannes Patek.

41 Flodr (2010: 436).

42 Flodr (2010: 436).

43 Bereits im Jahre 1443 erscheint Zlawinger als Mitglied des 12köpfigen Rats. Vgl. Flodr (2010: 216). 1447 und 1453 finden wir Zlawinger erneut in der Funktion eines Ratsherrn in Brünn. Vgl. Mezník (1962a: 359).

Satz verweist: »Zu pesser Krafft vnd macht hab ich Steffan Zlawinger mein aigen sigl an disen brieff lassen drucken.«[44]

In Stefan Zlawingers letztem Willen vom 3. Juli 1471 stehen als Erben zwei Personen im Fokus: die Tochter Katharina und die »Hawsfraw« Regina.[45] Letztere lässt sich, wie Michaela Antonín Malaníková aufzeigen konnte[46], erstmals 1464 quellenmäßig fassen, als sie gemeinsam mit ihren Eltern, Geschwistern und der Großmutter bei der Beilegung eines Familienstreits als »Regina Czlawingerin« auftrat.[47] Der Streit, dessen Hintergründe leider im Verborgenen liegen, gelangte vor den städtischen Rat und endete mit einer *»versu^e^nung«*. Regina erscheint zu dieser Zeit bereits als Gemahlin des Brünner Bürgers Stefan Zlawinger.[48] Letzterer hatte noch in den 1430er Jahren zur Untermiete gewohnt und bei der Erhebung der städtischen Steuer die geringe Summe von 12 Groschen zu entrichten.[49] Bereits zehn Jahre später erscheint Zlawinger jedoch als Besitzer zweier Häuser, mehrerer Weingärten sowie einer Badstube[50] und sein Vermögen betrug mehr als 700 Pfund[51], womit er zu den reichsten Brünner Bürgern seiner Zeit gehörte. Vermutlich dürfte Zlawinger diesen Reichtum durch eine intensive Handelstätigkeit erworben haben, allerdings fehlen hierfür direkte Belege. Aus der Tatsache, dass Zlawinger aus keiner der traditionell vermögenden Familien Brünns stammte und somit erst nach entsprechendem sozialem Aufstieg eine potentielle Erbin aus reicher Familie zu heiraten vermochte, kann geschlussfolgert werden, dass er wohl wesentlich älter als seine Gemahlin Regina war.

44 Flodr (2010: 331).

45 Auf der Basis Brünner Quellen lassen sich die meisten Ehen als eine auf Partnerschaft und Zusammenarbeit gegründete Gemeinschaft charakterisieren. In Testamenten selbst finden sich naturgemäß kaum Hinweise auf »Emotionen« zwischen den Ehepartnern, in Ausnahmefällen dessen ungeachtet aber Andeutungen auf sehr harmonische Beziehungen zwischen Mann und Frau. So tituliert beispielsweise der Brünner Brüger Jan Holý in seinem umfangreichen tschechischsprachigen Testament 1478 seine Gemahlin Anna als *»seine liebe Frau, die seit ihrer Jugendzeit* (!) *stets in Liebe mit mir gelebt, treulich mit mir gearbeitet und bis ins Alter hinein in meinem erworbenen Besitz gearbeitet und mitverdient hat zu helfen.«* Vgl. Flodr (2010: 387). Auch Vaněk Lošek bekannte in der Arenga seines tschechischsprachigen letzten Willens im Jahre 1483 nicht allein, dass er gesund sei, sondern er betonte expressis verbis gleichsam in einem Atemzug *»die Liebe, die er stets und zu allen Zeiten zu seiner lieben Ehefrau Anna* (die als Haupterbin seiner Hinterlassenschaft erscheint) *empfunden habe«*. Flodr (2010: 451). Übergreifend zu Ehefragen im Spätmittelalter vgl. Kras et al. (2014). Zum Status der Gemahlin sowie zur besitzmäßigen Gütergemeinschaft im mittelalterlichen Brünn wiederum Malaníková (2018: 33–49).

46 Vgl. Malaníková (2009: 74–91).

47 Flodr (2010: 286f.).

48 Zu diesem und zu weiteren Ratsmitgliedern vgl. Mezník (1962: 247–349). Zum Rat als dem aus Sicht der Bürger und der gesamten Stadtgemeinde bedeutendsten Organ in Brünn und dessen Funktionsweise wiederum Jan (2013: 425–436).

49 Malaníková (2009: 76). Zum Steuerregister von 1432 wiederum Urbánková et al. (2008).

50 AMB, fond A 1/3, Ms 8 (Berní kniha 1442), fol. 23v.

51 Mezník (1962: 311).

Da laut dem Brünner Rechtsbuch Mädchen mit 12 Jahren ihre Volljährigkeit erreichten[52] und Regina wie bereits angedeutet 1464 erstmals in den Quellen erscheint, dürfte Stefan Zlawingers Gemahlin vor der Mitte des 15. Jahrhunderts das Licht der Welt erblickt haben. Ihre Eltern waren Hanusch, ein Kaufmann aus der vermögenden Brünner Familie der Rischan, und Katharina, die der ebenso einflussreichen wie zugleich ländliche Güter besitzenden Familie der Kuenigsfelder entstammte.[53] Bereits die Großeltern Reginas lassen sich quellenmäßig fassen: Michael Kuenigsfelder erscheint dabei als Kaufmann und Ratsmitglied (regelmäßig zwischen 1428 und 1451[54]) sowie Besitzer mehrerer Weingärten.[55] Sein Erwerb der Dörfer Sebrowitz (Žabovřesky, heute ein Stadtteil von Brünn) und Manitz (Manice) 1447 fand in den Landtafeln Eintrag.[56] Wie die sogenannten »Vorladungsbücher« (Knihy půhonné) zeigen, scheint der Weinhandel Michael Kuenigsfelder reich gemacht zu haben.[57]

Margarethe, die Großmutter Reginas, stammte selbst wohl nicht aus Brünn, kam womöglich aus dem Niederadel (?) und taucht 1444 an der Seite ihres Gemahls bei einem Rechtsgeschäft auf.[58] Der Ehe zwischen Michael und Margarethe entstammte die Tochter Katherina, also Reginas Mutter, die zweimal verheiratet war. Ihr erster Gemahl, Stefan Lang, kam ebenfalls aus einer angesehenen Brünner Familie, möglicherweise verwandt mit Johannes und Christoph Lang, die beide in den 1450er Jahren dem Brünner Rat angehörten.[59] Aus der Ehe gingen zwei Söhne, Wenzel und Anthonius hervor, die beide in den geistlichen Stand traten und sich als Mönche dem Orden der Karthäuser anschlossen.[60] Darüber hinaus hatten Katharina und ihr erster Gemahl eine Tochter Martha, die standesgemäß den Wiener Bürger Wolfgang Salczer ehelichte. Ihr Testament aus dem Jahre 1495 (»*Martha, weylent Wolffgang Salczer, purger zu Wienn, seligen wittib*«) ist ebenfalls im Brünner Stadtbuch – mit umfangreichen Legaten *ad pias causas* für Brünner geistliche Einrichtungen, aber auch niederösterreichische

52 »*Et testimonium iuvenis annos discrecionis non habentis, sicut masculus, qui annos quatuordecim, et femella, que annos duodecim non compleverunt.*« Vgl. Flodr (1990: 372).

53 Zu den Kuenigsfeldern und ihrem Landbesitz in Sebrowitz und Manitz nordwestlich von Brünn sowie bei Eiwanowitz (Ivanovice) und Orlowitz (Orlovice) bei Wischau (Vyškov), vormals im Besitz der Johanniter, vgl. Jan (2013: 472f.).

54 Mezník (1962a: 141).

55 Mezník (1962a: 310). Zu den Kuenigsfeldern in Brünn aus der älteren Literatur vgl. Raab (1927: 133–142).

56 Chlumetzky et. al (1856: 379–380).

57 Brandl (1873: 85, 162, 189).

58 Kalousek (1887: 247).

59 Vgl. Mezník (1962: 146–147). Beide tauchen wiederholt im Brünner Stadtbuch Nr. 48 auf. Vgl. Flodr (2010: 615). Darüber hinaus ist das Testament des 1472 verstorbenen – in der Brünner Nonnengasse ansässigen – Christoph Lang überliefert, in dem die Gemahlin Barbara und der Sohn Sigismund als Haupterben erscheinen. Flodr (2010: 338).

60 Vgl. hierzu Malaníková (2009: 79).

Kirchen ausgestattet - überliefert.[61] Vater der Tochter Regina dürfte aller Wahrscheinlichkeit nach aber Katharinas zweiter Gemahl Hanusch gewesen sein, der ebenfalls aus einer vermögenden und einflussreichen Brünner Familie stammte.[62] Sein vererbbares Vermögen stammte dabei größtenteils aus Handelsgeschäften seines Vaters, eigenen Aktivitäten (Weinhandel eingeschlossen)[63] sowie dem durch Katharina in die Ehe eingebrachten Besitz.[64] Weitere Einnahmen kamen aus der Tuchverarbeitung und dem Geldhandel mit Adeligen hinzu.[65] Der in den Landtafeln verzeichnete Erwerb von Retschkowitz (Řečkovice, heute Stadtteil Brünns) 1464[66] sowie Wittowitz (Vitovice) östlich von Brünn zwei Jahre[67] später mehrte diesen Besitz erheblich.

Regina hatte noch eine Schwester Katharina, die in die vermögende Olmützer Familie Saltzer einheiratete. Ihr erster Mann war der Erbvogt Lukas Saltzer, zweiter Gemahl dann der Olmützer Patrizier Bernhardin Moler.[68]

Über die Ehe zwischen Stefan Zlawinger und seiner Gemahlin ist leider nichts bekannt, sie dürfte wie die meisten, von wirtschaftlichen Interessen und politischen Motiven bestimmten Eheverbindungen in stadtbürgerlichen - noch dazu elitären -Kreisen verlaufen sein.[69] Ein wie in ähnlichen Fällen üblicher, vor der Ehe geschlossener Heiratsvertrag ist leider nicht bekannt. Die mit hoher Wahrscheinlichkeit des Lesens, Schreibens und Rechnen mächtige Regina war wohl in die Handelsaktivitäten ihres Gemahls eingebunden, wie ein Streit zwischen (der sich inzwischen im Witwenstand befindlichen) Regina auf der einen und dem Vetter Hans (Hensel) sowie dem Bruder Erhart Zlawinger verdeutlicht, in dessen Ergebnis Regina den beiden Verwandten ihres verstorbenen Gemahls *freunttschafft halben* eine Geldsumme zahlte.[70]

Die Kommunikationssprache zwischen den genannten Kaufmannsfamilien der Künigsfelder, Rischan, Zlabinger, Lang und Span war Deutsch, was sämtliche vor dem Brünner Rat ausgetragene und schriftlich festgehaltene Verhandlungen bezeugen, Zugleich dürfte klar sein, dass alle Familienmitglieder angesichts des Brünner Bilingualismus (was im Übrigen auch für die mährischen Städte Olmütz

61 Flodr (2010: 531–533). Im Testament selbst werden mehrere Häuser in Wien und Brünn vererbt, in der Vaterstadt eines gegenüber jenem der Karthäuser! Vgl. Flodr (2010: 532). Aus dem letzten Willen geht zugleich hervor, dass Martas Bruder Anthonius »Prior domus Karthusiensis in Olomuncz« war.

62 Zu den Rischan ausführlich Mezník (1962a: 242).

63 Kalousek (1887: 586) sowie Brandl (1873: 393).

64 Hierzu wiederum Malaníková (2009: 80).

65 Brandl (1881: 9, 123, 414).

66 Chlumetzky (1856: 402).

67 Chlumetzky (1856: 413).

68 Hierzu Malaníková (2009: 80,) mit entsprechenden Quellenangaben.

69 Vgl. hierzu u. a. aus böhmischer Perspektive Krzenck (2002: 413–435).

70 Flodr (2010: 330).

und Znaim gilt) auch das Tschechische beherrschten, zumal zahlreiche Repräsentanten dieser Familien im städtischen Rat vertreten waren und weitreichende Handelsbeziehungen unterhielten. Die Sprache der *literati* und eines Großteils der Agenda der städtischen Kanzlei blieb Latein, seit Anfang des 15. Jahrhunderts kamen Einträge in den Vernakularsprachen Deutsch und Tschechisch hinzu.[71]

Regina blieb nach dem Tode ihres ersten Gemahls 1469 (1471) nicht lange in ihrem Witwenstand. Allein die Tatsache, dass eine reiche Witwe für potentielle männliche, aus den führenden stadtbürgerlichen Schichten stammende Bewerber Aussicht auf eine standesgemäße (neue) Ehe und die Festigung oder Erweiterung eines familiären, auf politischem Einfluss und wirtschaftlicher Stärke fußenden Netzwerkes bot, rief ein reges und zugleich wachsendes Interesse unter geeigneten Kandidaten hervor. Ein per Zufall erhaltener, in mehrfacher Hinsicht Interesse verdienender Eintrag des Brünner Notars Johannes Thabrarr, der als Prokurator *ex offo* den Regensburger Bürger Konrad Hueber in einem ›Ehestreit‹ mit Regina vertrat, zeigt zugleich, dass Regina bereits ein Jahr nach dem Tode ihres ersten Gemahls, also 1470, erneut in die Ehe getreten war, wobei vermutlich wiederum ein Heiratsvertrag aufgesetzt wurde, dessen Wortlaut bedauerlicherweise unbekannt bleibt.[72] Hueber hatte wohl selbst die Absicht verfolgt, Regina zu ehelichen und deshalb die ganze Angelegenheit vor den Olmützer Bischof gebracht, war freilich nicht zur angesetzten Verhandlung erschienen, so dass Reginas neue Eheverbindung mit dem Brünner Bürger Heinrich Span als legitim galt.

Auch wenn wir über Heinrichs familiäres Umfeld keine nähere Kenntnis besitzen, wissen wir doch, dass Heinrich zwei Häuser in Brünn sowie mehrere Weingärten, eine Mühle, einen Garten und ein Bad besaß. Darüber hinaus entrichtete er eine Steuer aus Tuchzuschnitten und dem Besitz von Kramläden.[73] Zugleich war Heinrich Span im Geldgeschäft tätig und betrieb in größerem Umfang Handel.[74] Für eine Tätigkeit im Brünner Rat hingegen finden sich keine Belege. Aus seiner ersten (?) Ehe brachte Heinrich den Sohn Wolfgang in die neue Beziehung mit ein.[75]

Die letzten Jahre des ehelichen Zusammenlebens zwischen Regina und ihrem zweiten Gemahl Heinrich Span standen ganz im Zeichen mehrerer intensiver Besitzstreitigkeiten. 1481 etwa verklagte der Priester Hynek, Probst im Kloster

71 Zum allgemeinen Kontext vgl. Jan (2013: 296f.).

72 Zur Causa vgl. Dřímal (1934: 122).

73 Archiv města Brna, Fond A 1/3, rkp. 8, fol. 22r. Der Eintrag stammt vermutlich aus dem Beginn der 1470er Jahre, Heinrich Span erscheint hier unmittelbar hinter seinem Schwiegervater Hanusch Rischan. In einer anderen Quelle (Archiv města Brna, Fond A 1/3, rkp. 9) werden zudem mehrere Weinberge und eine Mälzerei genannt. Vor 1480 schließlich erwarben Heinrich Span und seine Gemahlin Regina ein weiteres Haus von dem Böttcher Ägidius (vgl. Archiv města Brna, Fond A 1/1, list. č. 679).

74 Brandl (1888: 364).

75 Brandl (1888: 364).

Kaunitz (Kounice), Regina – in der Quelle freilich noch als Regina Zlawinger bezeichnet (!) – auf 400 Pfund Groschen für die Dörfer Holubice und Kroužek, die seit alters her dem Monasterium zustehen würden.[76] Auch um die Besitzungen in Retschkowitz und Einwanowitz entbrannte Streit.[77] Dabei wurden mit Blick auf Retschkowitz zugleich innerfamiliäre Auseinandersetzungen geführt, wie der Konflikt zwischen Regina und ihrer (Stief)Schwester Marta beweist, die 1482 in Eiwanowitz 500 Dukaten einforderte[78] und darüber hinaus Anspruch auf das Dorf Troubsko geltend machen wollte.[79]

Die ausführlichsten Informationen über Reginas zweiten Gemahl Heinrich Span bietet das gemeinsam 1482 errichtete Testament.[80] Daraus geht zunächst hervor, dass beide Testierer erkrankt waren. Da laut dem von Flodr edierten Pamětní kniha für dieses Jahr die, im Vergleich zu den üblichen Jahresdurchschnitten, außergewöhnlich hohe Zahl von 22 letztwilligen Verfügungen überliefert ist, liegt die Vermutung nahe, Brünn sei wiederum von einer Epidemie heimgesucht worden.[81] Die Arenga der überlieferten Brünner Bürgertestamente ist in der Regel kurz gehalten, die Testierer beschränkten sich auf die notwendigen Formalitäten, so dass sich im kritischen Jahr 1482 maximal Verweise auf die *grosse Kranckhait* finden.[82] Wir gehen vielleicht nicht fehl in der Annahme, dass es sich möglicherweise um die neue Pestwelle handelte, die zu Beginn der 1480er Jahre Böhmen erreichte.[83]

In dem in Latein aufgesetzten, ungewöhnlich umfangreichen und detaillierten Testament vermachte der *honestus vir Heinricus Span* in Anwesenheit von vier geistlichen Personen seiner Gemahlin Regina sowie den beiden Töchtern Marta und Rosina seinen gesamten beweglichen wie unbeweglichen Besitz. Noch am gleichen Tage schickte die ebenfalls erkrankte Regina, nunmehr zum zweiten Male Witwe, wie aus dem Inhalt der letztwilligen Verfügung hervorgeht, ihren Kaplan Bernardin wiederum zum Notar, ließ den Willen ihres soeben verstorbenen Gemahls anzeigen und bestimmte mündlich in Anwesenheit mehrerer Zeugen ihrerseits ihren letzten Willen, in dem nunmehr die beiden Töchter als Haupterben erscheinen.

Mehr als 1000 Gulden werden als Legate *ad pias causas* an verschiedene Kircheninstitute und Spitäler der Stadt Brünn sowie im näheren Umland vergeben,

---

76 Brandl (1888: 322, 338).

77 Zum näheren Kontext mit Quellenverweisen Malaníková (2009: 85).

78 Archiv města Brna, Fond A 1/1, list. č. 699.

79 Chlumetzky (1856: 21).

80 Archiv města Brna, Fond A 1/1, list. č. 701 (10. September 1482). Der Verfasser dankt dem Archiv der Stadt Brünn herzlich für die Zurverfügungstellung eines Digitalisats des Notariatsinstruments!

81 Zum Kontext wiederum Jan (2013: 203).

82 Flodr (2010: 425).

83 Vgl. die Alten böhmischen Annalen bei Šimek et al. (1959: 290).

wobei Regina in einigen Fällen an frühe Stiftungen ihrer Mutter sowie ihres ersten Gemahls anknüpft. Größere Summen gehen vor allem an Kirchen, in denen Familienangehörige ihre letzte Ruhestätte gefunden haben: St. Michael, St. Thomas und St. Jakob.[84] Als sehr herzlich erscheint das Verhältnis Reginas zu ihren beiden Töchtern, die zu dieser Zeit ihre Erziehung im Kloster St. Anna genossen, wobei die ältere Tochter höchstens zehn Jahre alt gewesen sein kann. Regina äußert den Wunsch, die Töchter mögen eine bestmögliche Erziehung genießen und in Liebe aufwachsen. Die Schwester Marta, mit der Regina wie aufgezeigt, zahlreiche Konflikte um den Familienbesitz ausgefochten hatte, wird mit keinem Wort erwähnt, auch wenn wir wissen, dass diese noch am Leben war. Hingegen wird die Dienstmagd Ursula mit einem Legat bedacht, zumal sie sich um Regina und ihren Mann in deren Krankheit aufopferungsvoll gekümmert hatte.

Alle diese Ereignisse spielten sich am 10. September 1482 ab, gleich am folgenden Tag ließ Regina nochmals alle Testamentsvollstrecker zu sich rufen und bat diese in Anwesenheit des Richters sowie weiterer Personen, die Bürde des ihnen übertragenen Amts mit Würde zu nehmen, den Willen ihres bereits verstorbenen Gemahls sowie ihren eigenen auszuführen und die Interessen der beiden Töchter zu verteidigen, deren Erbe für den Fall ihres Todes an die Kirche sowie arme Freunde des Vaters und der Mutter fallen sollte.

Was lässt sich aus dem hier angedeuteten Inhalt des beiderseitigen Testaments mit Blick auf unser Thema schlussfolgern? Wie allgemein auch in den allermeisten anderen letztwilligen Verfügungen werden *pro salutate animae,* nämlich das eigene Seelenheil und dasjenige der bereits verstorbenen Familienmitglieder, angesichts des nahenden Endes des irdischen Daseins umfangreiche Legate an kirchliche Einrichtungen Brünns festgelegt. Zugleich galt es den ererbten und vermehrten Familienbesitz für die Nachfahren, im konkreten Fall: die noch minderjährigen Töchter, zu sichern. Das Verhältnis zu letzteren scheint ungewöhnlich innig gewesen zu sein.[85]

Wenngleich, worauf Malaníková verwiesen hat[86], Heinrich Span und seine Gemahlin Regina alles in ihren Kräften Stehende getan hatten, ihren umfangreichen Besitz auch über den eigenen Tod hinaus zu sichern, entbrannte bald nach ihrem Ableben Streit um die Hinterlassenschaft. Bereits am 16. September 1482 informierte der Olmützer Rat seine Amtskollegen in Brünn darüber, den Salzer-Erben (also den Kindern von Reginas, nach Olmütz verheirateter Schwester Katharina) stünden 1.300 Gulden aus dem Besitz in Eiwanowitz zu.[87]

84 Zu Stiftungen der Familie Rischan und Span für den Altar Mariä Himmelfahrt in der Kirche St. Jakob zu Brünn vgl. Borovský (2002: 307).
85 Zum Brünner Kontext Jan (2013: 302–308).
86 Malaníková (2009: 87).
87 Archiv města Brna, fond A 1/1, list. č. 702.

Dass der (gleiche?) Erbstreit fortdauerte, unterstreicht ein Spruch des Landesgerichts von 1483, der freilich den Brünnern Recht gab[88], während ein Eintrag aus dem gleichen Jahr für andere mährische Güter Marta, Reginas Schwester, deren Rechte bestätigte. Sogar König Matthias Corvinus wurde, wie ein Schreiben zeigt, in den Streit involviert, der Brünner Ratsherren als Vormünder der minderjährigen Kinder bestätigte.[89]

Vermutlich erreichte lediglich Reginas Tochter Rosina ihre Volljährigkeit, zumal sich die Quellen für die Zeit nach 1486 hinsichtlich der anderen Span-Tochter Marta in Schweigen hüllen.[90] Das im Übrigen die Zahl der Kinder in den ausgewerteten Testamenten selten die Zahl zwei oder drei überstieg, zeigt die Statistik in der Anlage. Eine Ausnahme stellt, ebenfalls im geschilderten familiengeschichtlichen Kontext, die Ehe von Reginas Schwester Katharina dar, aus deren erster Ehe mit dem Olmützer Bürger Lukas Salczer sechs Kinder - drei Jungen (Wenzel, Christoph und Sebastian) und drei Mädchen (Barbara, Anna und Ludmilla) - hervorgingen.[91]

Zu Beginn der 1490er Jahre konnten sich Rosina und ihre Tante Marta im Streit um den Retschkowitzer Besitz einigen.[92] Marta selbst ging nach dem Tode ihres ersten Gemahls keine neue Verbindung ein, zudem hinterließ sie, wie ihr Testament unterstreicht, keine Kinder, die sie als Erben hätte einsetzen können.[93] Dass das Verhältnis zwischen Marta und ihrer Nichte Rosina konfliktfrei gewesen sein muss, unterstreicht das großzügige Vermächtnis eines Hauses in Wien, mit dem Marta Rosina in ihrem letzten Willen bedachte.[94] Marta muss auch nach dem Tode ihres Gemahls Wolfgang Salczer, intensive und regelmäßige Beziehungen nach Wien unterhalten haben, galt es doch, den dortigen Besitz (erwähnt werden immerhin drei Häuser, Weingärten, Garten, Mühle) zu verwalten, was eine zumindest zeitweilige persönliche Präsenz erforderte. Malaníková hat vermutet, dass während der Abwesenheit Martas aus Brünn Wolfgang Polczmacher die Angelegenheiten Martas in Brünn regelte, da er in Martas Testament *umb seine trewe dienst, die er mir gethan hab* mit einem Anteil am Dorf Wittowitz, bedacht wurde.[95]

Regina Spans Tochter Rosina war zu dieser Zeit bereits ebenfalls mit einem Wiener Bürger verheiratet, wie wir aus einer Brünner Quelle erfahren, in der es

88 Brandl (1888: 71).
89 Archiv města Brna, fond A 1/3, rkp. č. 7329.
90 Archiv města Brna, fond A 1/3, rkp. č. 9.
91 Spáčilová et al. (2004: 430).
92 Kalina (1950: 42). Im gleichen Jahr kam Marta auch mit dem einflussreichen Brünner Bürger Wolfgang Polczmacher und Christoph, Sohn der Schwester Katharina, in der Frage des Dorfes Wittowitz überein.
93 Flodr (2010: 531ff.).
94 Flodr (2010: 534).
95 Flodr (2010: 532).

heißt: »[…] *frau Rosina, etwen Heinrich Schpan seligen tochter und nun Steffen Rauhenperger, burger zu Wienn Gemahl.*«[96] Aus diesem Grunde vermachte Marta ihrer »Mumen« auch zwei ihrer drei Häuser in der Donaustadt, wobei Spekulation bleiben muss, ob gerade Marta die Heirat Rosinas nach Wien vermittelt hatte, wie Malaníková andeutet.[97] Wie Vorladungen vor das Landesgericht bezeugen, pflegte Rosina auch nach ihrer Vermählung noch Kontakte nach Mähren.[98] Allerdings richtete sich ihr Blick mehrheitlich nach Wien, worauf der Verkauf des Dorfes Retschkowitz 1499 an den Brünner Bürger Stefan Karnar hinweisen könnte.[99] Letzterer wird im Brüner Steuerverzeichnis für 1499 zudem als neuer Besitzer des von Rosinas Vater erworbenen Hauses und Bades genannt.[100]

Damit endet offiziell auch diese Familiengeschichte beziehungsweise findet das dargestellte Netzwerk mit den Brünner Familien Künigsfelder, Rischan und Span im Zentrum, das eine Vielzahl von Haupt- und Nebenverbindungen aufweist und die von uns betrachteten Bürgertestamente im Lichte weiterer Quellen kontextualisiert, sein Ende. Zugleich lassen sich darauf aufbauend sicherlich weitere derartige familiäre Netzwerke im Kontext der spätmittelalterlichen Stadtgeschichte Brünns aufdecken.

Das geschilderte Netzwerk lenkt den Blick übergreifend auf die Familie als solche. Hier gilt auch für Brünn die bereits vor mehr als drei Jahrzehnten durch John Martin Klassen anhand seiner Untersuchungen vornehmlich für Pilsen gemachte Feststellung: »The typical late medieval household in Bohemia was simple in structure and small in size.«[101] Generell lebten in einem Haushalt vier bis fünf Personen unter einem Dach (das mittelalterliche Haus diente nicht allein als Wohnstätte, sondern beherbergte häufig auch die Werkstatt!): Mann, Frau, ein bis zwei Kinder, mitunter noch Dienstpersonal. Dies verdeutlicht auch der Korpus der überlieferten Brünner Bürgertestamente. Neben einer beachtlichen Zahl kinderloser Haushalte/Familien (von den 207 Testamenten im Pamětní kniha 115, also mehr als die Hälfte!) dominieren solche mit ein bis zwei Kindern, gefolgt von Haushalten mit drei bis vier Kindern (Verhältnis gut 3:1), während eine größere Kinderzahl nur äußerst selten auftritt.[102] Dies dürfte angesichts der hohen Kindersterblichkeit auch kaum verwundern.[103]

96 Flodr (2010: 509).
97 Malaníková (2009: 89).
98 Kalista (1950: 171).
99 Kalista (1950: 102).
100 Archiv města Brna, fond A 1/3, rkp. č. 25, fol. 11v.
101 Klassen (1990: 55–75). Vgl. darüber hinaus Klassen (1987: 161–178).
102 Eine Ausnahme bildete offenkundig der Zinnkannenhersteller Matthias, der 1475 in seinem letzten Willen insgesamt sechs Kinder bedachte – vier Söhne (Wenzel, Wolfgang, Stefan und Hans) sowie zwei Töchter (Margarethe und Katharina). Vgl. Flodr (2010: 358f.).
103 Zum Brünner Kontext vgl. wiederum Jan (2013: 306f.).

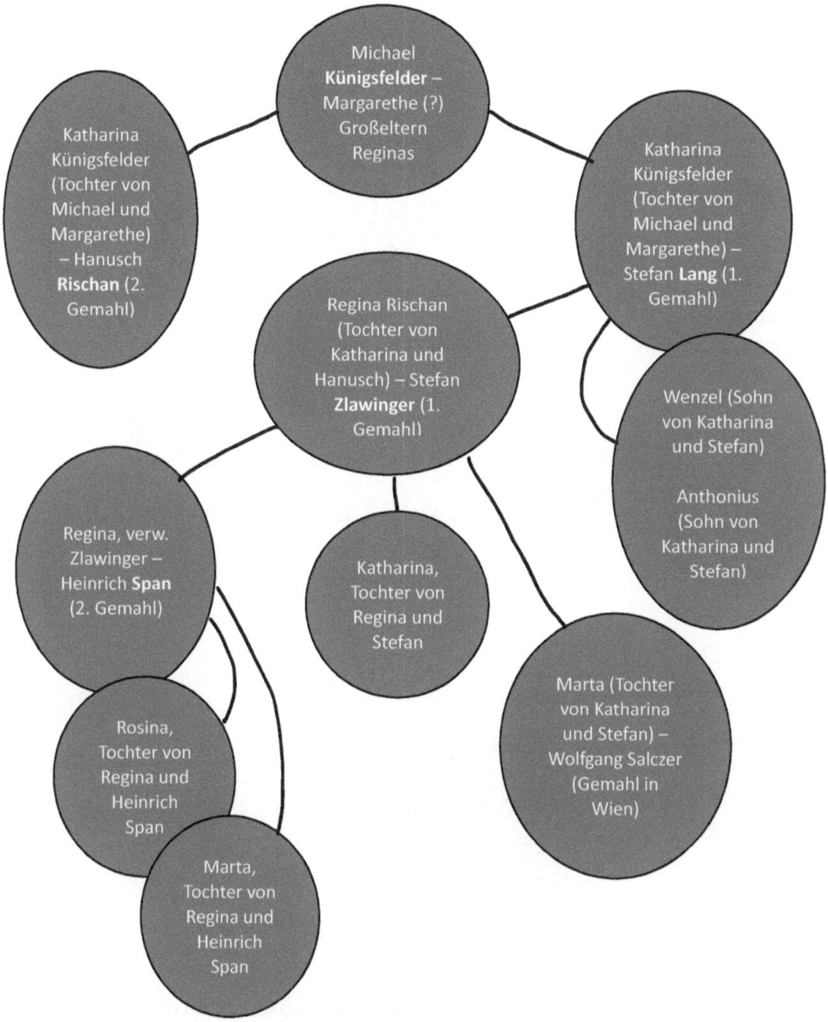

Abb. 2: Das familiäre Netzwerk führender Brünner Familien im Spätmittelalter – das Beispiel Künigsfelder, Rischan, Zlabinger, Lang und Span

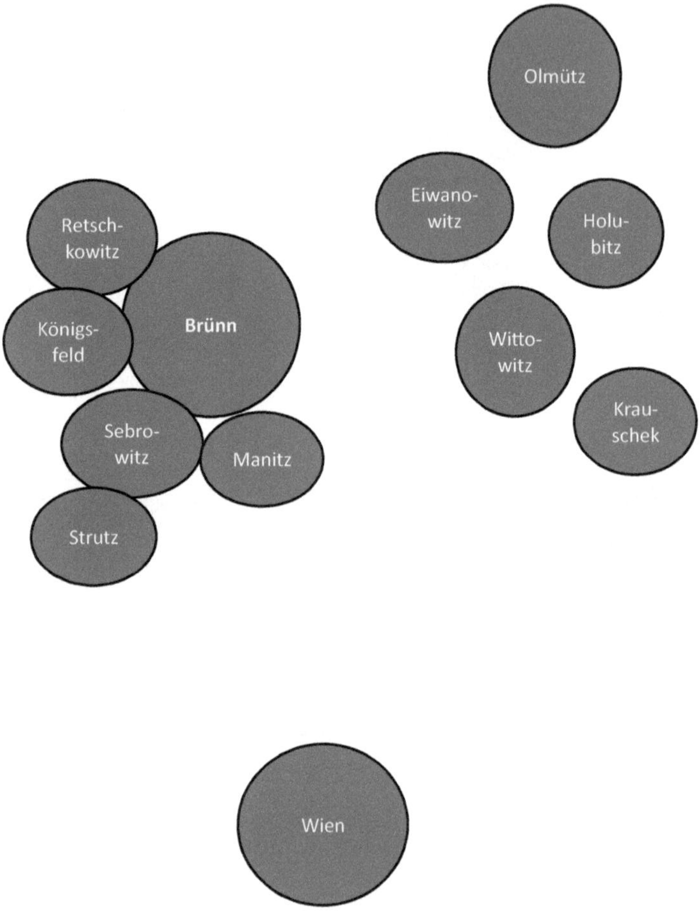

Abb. 3: Das familiäre und besitzmäßige Netzwerk der Künigsfelder, Rischan, Zlabinger, Lang und Span in Süd- und Nordostmähren sowie Wien[104]

Die ›Vererbungslinien‹ in den Bürgertestamenten waren dabei durch die seit der Ausformung der institutionellen Stadt Brünn geltenden und später wiederholt aufgezeichneten rechtlichen Bestimmungen geprägt.[105] Der männliche Testierer bedachte in der Regel, sofern er verheiratet war, seine Gemahlin, gefolgt von den Kindern, Geschwistern, deren Kindern, weiteren (entfernteren) Angehörigen, Freunden und Bekannten bis hin (zumindest in Einzelfällen) zu im Haus lebendem Dienstpersonal. Zahlenmäßig stellt sich dies wie folgt dar:

104 Retschkowitz (Řečkovice), Königsfeld (Královo Pole), Sebrowitz (Žabovřesky), Manitz (Manice), Strutz (Troubsko), Krauschek (Kroužek), Holubitz (Holubice), Wittwitz (Vitovice), Eiwanowitz in der Hanna (Ivanovice).

105 Vgl. Flodr (1992–1993).

- Frau als Erbin: 114x
- Kinder: 92x
- Bruder: 38x
- Schwester: 30x
- Bruder- und Schwesterkinder: 49x
- andere Verwandte: 91x
- Freunde und Bekannte: 64x

Der männliche Testierer sicherte mit seinen im letzten Willen getroffenen Verfügungen seiner Frau (soweit er verheiratet war und seine Gemahlin noch lebte) und den Kindern deren Existenzbedingungen ab, wobei der Gemahlin ein Drittel, den Kindern zwei Drittel zustanden.[106] Die Witwe konnte mit ihrem (in die Ehe eingebrachten) Besitz frei disponieren und verwaltete zugleich den von ihrem Mann für die Kinder bestimmten Erbanteil, bis diese ihre Volljährigkeit erreichten. Starben die Kinder (mitunter werden diese im letzten Willen ermahnt, ihrer Mutter Folge zu leisten) noch vor dem Erreichen ihrer Mündigkeit, ging deren Erbanteil auf die Mutter über, starb die Mutter, erhielten die Kinder deren Drittel.[107] 1455 bestimmte der Brünner Bürger Wenzel Turr, dessen Ehe offenkundig kinderlos geblieben zu sein scheint, seine Gemahlin Barbara zur Erbin seiner *omnia bona eius mobilia et inmobilia.*[108] Mitunter steht die Gemahlin keineswegs an erster Stelle in der letztwilligen Verfügung, wie im Falle des Nikolaus Neschwacz, der 1470 zunächst *siben eniklein lembtigen vnd dem achten in mueter leib* Geld vermachte, gefolgt von seiner Tochter Cordula, die ebenfalls eine Geldsumme sowie einen vergoldeten und versilberten Gürtel erhielt. Erst danach folgt seine namenlose »Hausfrau«.[109] Allerdings füllt den zweiten Teil des Testaments der unmittelbar darauf der von Katharina (hier erfahren wir den Namen der Gemahlin des Testierers Nikolaus) aufgesetzte letzte Willen, die wiederum ihre Tochter Cordula zur Haupterbin bestimmte.[110]

Zwar verdeutlichen die städtische Gesetzgebung, die patristische Literatur sowie die kirchlichen Vorstellungen, dass Stadtbürgerinnen ein Leben voller Beschränkungen unter dem mehr oder minder strengen (mitunter auch gewalttätigen) Regiment des Familienoberhaupts führten[111], auf der anderen Seite zeigen die überlieferten Bürgertestamente, Schenkungsurkunden sowie weitere Rechtsgeschäfte, dass Stadtbürgerinnen zunehmend gewisse Freiheiten, insbesondere,

106 Flodr (1992: 265): »Super quo diffinitum est, quod ad uxorem tercia et cetere due partes bonorum transeuntad heredes.« Zum Drittel für die Gemahlin vgl. Stieber (1923: 91f.).

107 Flodr (1991: 260).

108 Flodr (2010: 252f.).

109 Flodr (2010: 324f.).

110 Flodr (2010: 325f.).

111 Vgl. Krzenck (2002: 423).

wenn es sich um Witwen handelte, tatkräftig gemäß ihren Fähigkeiten zu nutzen verstanden, um ihr irdisches Leben pflichtgemäß (namentlich als Mutter) zu regeln und gleichzeitig ihr jenseitiges Leben (etwa durch die fast durchwegs in den Testamenten anzutreffenden Legate *ad pias causas*) gründlich vorzubereiten.

Lebten die männlichen oder weiblichen Erblasser allein bzw. waren die Ehepartner bereits verstorben, traten die nächsten Verwandten als Legatempfänger in Erscheinung, an erster Stelle Bruder und/oder Schwester.

Kinder in Bürgertestamenten

Als der Brünner Bürger Johannes *wulgariter Rothannus* 1452 in Anwesenheit dreier Zeugen, zu denen auch der bereits im Zusammenhang mit einem familiären Netz erwähnte Michael Künigsfelder gehörte, seinen letzten Willen diktierte, vermachte er seiner Tochter Dorothea die Hälfte seines Weinberges, der Fleischbank sowie das Haus *in platea Letorum*, der zweiten Tochter Agnes sodann ein Achtel des Weinberges und die Hälfte einer anderen Fleischbank, beiden Schwestern gemeinsam einen Garten *in Schuta situm*. Seiner dritten Tochter Elisabeth hingegen verschrieb er im letzten Teil seines Testaments lediglich ein Achtel des Weinberges, was die Vermutung nahelegt, diese Tochter sei bereits verheiratet gewesen und hatte ihre Morgengabe erhalten – und somit ihre Aussteuer.[112]

Generell gilt: Innerhalb der letztwilligen Verfügungen nahmen als Hoffnungsträger der Testierer Kinder einen hohen Stellenwert ein[113], oblag es diesen doch, nach dem Tode ihres Vaters oder ihrer Mutter den Besitz soweit möglich zu wahren oder zu mehren. Dies gilt auch für den hier untersuchten Quellenkorpus, wie die beiden nachfolgenden Tabellen zeigen.

Anzahl der Kinder in Brünner Bürgertestamenten im 15. Jahrhundert

Anzahl der letztwilligen Verfügungen, in denen Kinder Erwähnung finden

Stadt	Zeitraum	1–2 Kinder	3–4 Kinder	mehr als 4 Kinder
Brünn[114]	1400–1450	3 Testamente	4 Testamente	-
	1451–1500	60 Testamente	24 Testamente	4 Testamente

112 Flodr (2010: 246f.).
113 So Klosterberg (1995: 212).
114 Nicht tabellarisch einbezogen wurden jene sieben Testamente (Nr. 377, 608, 634, 691, 754, 775 und 913), in denen lediglich der Sammelbegriff Söhne oder Kinder auftaucht.

Anzahl der Kinder in den oben aufgeführten Brünner Testamenten

Stadt	Zeitraum	1–2 Kinder	3–4 Kinder	mehr als 4 Kinder
Brünn[115]	1400–1450	4 Kinder	7 Kinder	-
	1451–1500	92 Kinder	82 Kinder	26 Kinder

Erkenntnisse über die Stellung und Bedeutung der Kinder in der Familie lassen sich in erster Linie aus den Einzeltestamenten im 15. Jahrhundert entnehmen. Zunächst darf konstatiert werden, dass sich die Zahl der Kinder zwischen einem und (als Maximum) sechs Kindern bewegte – mit einem deutlichen Übergewicht von ein bis zwei Kindern, wobei sich die Geschlechterproportion in etwa die Waage hält. Für Brünn etwa bedeutet dies konkret, dass 86 Jungen 92 Mädchen gegenüberstehen.[116]

Neben den leiblichen Kindern wurden bei der Vergabe von Legaten freilich auch Kinder aus einer früheren Ehe berücksichtigt, wie die nachfolgende Tabelle verdeutlicht.

Nr./Jahr/Testierer	eigene Kinder und Stiefklnder
638/1461/Nikolaus Färber, Bäcker	4 eigene Kinder sowie der Knabe Lukas »der pey mir ist, auch X mar.«
643/1461/Hanusch Hanko	3 eigene Kinder. »Item der Anka, meiner stifftochter X mar.«
755/1476/Barbara, 2. Gemahlin des Malers Meister Mathes	2 Kinder (Sohn Christoph und Tochter Ursula) aus 1. Ehe mit dem verstorbenen Christoph Langen. Stiefvater soll »di selben anstatt seiner Kynder als ein Vater … halden, ziehen vnd guetlich vnderweisen«.
797/1479/Andreas Swanczel, Tuchmacher	Tochter Barbara mit der gemahlin Katharina sowie ein Stiefsohn: »Item dapey hat er gemelt, daz er seinen Stewfsuen vormalen ein geniegen gethanm vnd geben hab, darimb schafft er ym nichts nur seins guts phlichtig.«
828/1482/Johannes Czerer	Stiefsohn Christoph. »Item zum ersten so schaff ich meinem stewff Sun Cristoff XL guld. Noch dem als ym mein Hawsfraw Katherina, der got genedig sey, ausgenomen hat an der heyrat, wie das von einem Kindt auff das ander gevallen schol.«

115 Hier gilt dasselbe wie in Anm. 114.

116 Ausgenommen sind wiederum Angaben, die lediglich summarisch Kinder erwähnen, ohne konkret zwischen Jungen und Mädchen zu unterscheiden.

(Fortsetzung)

Nr./Jahr/Testierer	eigene Kinder und Stiefklnder
849/1482/Sophie	»... hat Iunkfraw Sophia, des Andre Graffen Stifftochter, ir gescheft vnd letczten Willen geordent vnd gemacht.« Ihr Stiefvater ist ihr eine große Geldsumme schuldig geblieben (XXXVIIII mar.), davon X mar. Zu St. Michael; darüber hinaus X marc. Zu St. Johannes zum Bau, »iren eltern zu gedechtnis«; für die Stiefmutter eine »Perlein Krenczel vnd darczu ir vergoltte gürtl, daz sy dapey irer sel nit vergessen sol«.
893/1489/Paul Nuczynhaws, Fleischhacker	»Item ich schaff dem Nicolaschen fleischiker auf der Czeyl vnd meiner Styefftochter czehen schokch.«
908/1492/Oswald, Bäcker	»Item alles Hausgereth, sey von sylber, von Czyn, Paternoster, von pettgewant vnd anderer Klayder, das schaff ich alles meiner Stifftochter, der Margreth.«
916/1492/Ondraczku Weindling	Bedacht werden die Hausfrau Katharina, die in Böhmen lebende Schwester Magdalena und die Stieftochter Dorothea: »Item den gartten, den ich hab gen halb des Dornach, neben dem gartten der Münich von sand Thoman gelegen, schaff ich meinem Aidem, dem Bernhart bogner, der mein Stifftochter Dorothea hat, halben vnd meinerr Hawsfrawen den anderen tail.«
926/1494/Schinko, Fleischhacker	Legate an Hausfra Veronika, Sohn Peter und Tochter Margreth sowie an Stiefsohn Andreas: »Item mer sullen sy ausrichten meinem Styfsun, dem Andre, XXVII guld.«
960/1495/Andre Vischer, Fleischhacker	»Item meinen Steuffkyndern schaff ich ain halben Weingarten im Topphen zu Auspetz also.«

Stiefkinder werden zumeist mit einem Geldlegat bedacht, mitunter auch, wie das Beispiel des letzten Willens des Brünner Bäckers Oswald von 1492 verdeutlicht, mit Hausrat und Sachgegenständen oder sogar einer Liegenschaft bzw. einem Anteil an einer solchen, wie im Falle des Fleischhackers Andre Vischer alias Tebinger im Jahre 1495, der offenkundig mehrere Stiefkinder hinterließ, die sich einen halben Weingarten bei Auspitz teilen sollten.[117] Dass ein Stiefkind durchaus an erster Stelle im Testament erscheinen kann, zeigt die letztwillige Verfügung des Johannes Czerer aus dem Jahre 1482, der bestimmte: *Item zum ersten schaff ich meinem stewff Sun Cristof XL guld. noch dem als ym mein Hawsfraw Katherina, der got gnedig sey, ausgenomen hat an der heyrat, wie das von einem Kindtt auff das ander gevallen schol.*[118]

In der Regel wird bei mehreren minderjährigen Kindern im Testament stets expressis verbis gemäß geltendem Recht vorgeschrieben, dass im Todesfall eines Kindes dessen Erbteil weiter auf die noch lebenden Kinder fallen sollte. Dies

117 Flodr (2010: 552f.).
118 Flodr (2010: 429f.).

verdeutlicht exemplarisch das 1475 durch den Kannengießer Mathis errichtete Testament, in dem die Gemahlin Dorothea als Haupterbin eingesetzt wurde.[119]

Einbezogen wurden dabei auch noch ungeborene Kinder, mit denen die Gemahlin aber schwanger ging. Ein Beispiel ist das Testament des Brünner Bürgers Christoph Lang aus dem Jahre 1472.[120] Der Testierer, der bereits zwei Jahrzehnte zuvor dem Brünner Rat angehört hatte[121], vermachte darin seine Hinterlassenschaft seiner Gemahlin Barbara, wobei weder der Bruder des Testierers noch sein älterer Sohn Sigmund der als Hausfrau titulierten Gemahlin hierbei Hindernisse in den Weg legen sollten. Zugleich hießt es hier in der Dispositio: *Yedoch so schaff ich, das sie meinem Sun Zigmund von meinem gelassen gut geben vnd ausrichten sol XXX gulden vnd meinem iungen Sun XX gulden vnd dem andern, das sie noch in irem leib tregt, auch XX gulden vnd nichts mer.*[122] Aus der Überlieferung der Brünner Testamente geht auch hervor, dass sich Christoph Langs Witwe Barbara noch einmal verehelichte. In ihrem eigenen deutschsprachigen letzten Willen von 1476 wird Barbara als Gemahlin des Malers Mathis und *olim etiam Cristoforo Lang copulate* tituliert[123], die zwei Kinder mit in ihre neue Ehe mit eingebracht hatte: den Sohn Christoph (offenkundig der jüngere, im Testament seines leiblichen Vaters nicht namentlich genannte Sohn) sowie die Tochter Ursula, wohl das im Lang-Testament noch ungeborene Kind.[124] Beide Kinder werden im letzten Willen ihrer Mutter Barbara mit einem Geldlegat in Höhe von XX Gulden sowie mit einem silbernen und übergoldeten Gürtel auf einem schwarzen Riemen bedacht. Weiter bestimmte die Testiererin gemäß Brünner Erbrecht, dass, sollte ein Kinder vor dem Erreichen seiner Volljährigkeit versterben, dass der vermachte Besitz dann an das andere Kind übergehen sollte. Für den Fall, dass beide noch vor ›Erreichen ihrer rechten Jahre‹ verstürben, dann war das Geldlegat *zu einem selgereth auff kranke schueler bey sand Iacub zu Brünn vmb speis ader vmb andere notdurfft daselbst* [bestimmt], während besagter Gürtel umgearbeitet werden sollte – nämlich zu einem *Kelch mit sand Larenczen pild in das Closter zu sand Michel.*[125]

Mitunter wird auch angedeutet, dass sich ältere Kinder um ihre jüngeren Geschwister kümmern sollten, zugleich wird an deren Gehorsamspflicht gegenüber der sich dann im Witwenstand befindlichen Mutter appelliert. Die überlieferten letztwilligen Verfügungen zeigen zugleich, dass neben den erbrechtlich fixierten

119 Flodr (2010: 358f.).
120 Flodr (2010: 338).
121 Flodr (2010: 242).
122 Flodr (2010: 338).
123 Flodr (2010: 365). Hier die Überschrift des Eintrags.
124 Flodr (2010: 366).
125 Flodr (2010: 366). Gemeint ist das Dominikanerkloster an der Kirche St. Michael auf dem Brünner Fischmarkt.

Bestimmungen in den Testamenten[126] durchaus – vor dem Hintergrund einer hohen Sterblichkeitsrate – ein inniges Verhältnis von Eltern zu Kindern zum Ausdruck kommt, auch wenn in den überlieferten Schriftquellen dies nur selten artikuliert wird, wie etwa im Testament der Regina Span von 1482, die expressis verbis bestimmte, ihre beiden noch minderjährigen Kinder und unmittelbar vor der Vollwaisenzeit stehenden Mädchen sollten »mit Liebe erzogen werden und man möge gut mit ihnen umgehen«.[127] Auch darin kommt die Bedeutung der ‹Kernfamilie‹ als grundlegender sozialer Einheit innerhalb der städtischen Gesellschaft zum Ausdruck. Das Verständnis für die Kindheit dokumentieren darüber hinaus die zeitgenössische Ikonographie sowie archäologische Funde von Spielzeug in Brünn.[128] Und auch entsprechende Legate für Enkel oder andere minderjährige Verwandte beiderlei Geschlechts im überlieferten Quellenkorpus lassen sich hierin einordnen, nicht allein, wenn diese angesichts des ›Familienstandes‹ des Testierers oder der Testiererin potentiell als Erben in Frage kamen. So vermachte beispielsweise Barbara Mathin 1469 nach Geldlegaten an vier Brünner Kirchen sowie einem *eimer wein* an das Brünner Spital ihr Haus ihrem (namentlich nicht genannten) Bruder und dessen Kindern.[129]

Legate zu Gunsten von Dienstpersonal in Brünner Bürgertestamenten

Zwar galt die vornehmste Sorge der Testatoren der Weitergabe ihres Erbes innerhalb der Kernfamilie, dessen ungeachtet fühlten sie sich darüber hinaus durchaus auch Personen verpflichtet, die mit ihnen in einem Haushalt lebten und als Diener oder Gesellen in die Haus- oder Wohngemeinschaft eingebunden waren, wie beispielsweise Brigitte Klosterberg am Beispiel Kölner Testamente aufzeigen konnte.[130] Allerdings lag der Anteil von Testamenten mit knapp 17 % in der rheinischen Bischofsstadt[131] höher als in Brünn, wo sich lediglich 13 derartige

126 Unter Verweis auf das Brünner Stadtrecht in diesem Kontext Jordánková et al. (2006: 51 f.). Verstarb der Mann erbten seine Frau ein Drittel, die Kinder sodann zwei Drittel. Vgl. hierzu Flodr (1991: 294, 296) sowie zu einem konkreten Beispiel Flodr (1992: 265). Wiederholt findet sich in den Testamenten die Bestimmung, dass diese Erbregelung nur gilt, sofern sich die Witwe des Testierers nicht wieder verheiraten sollte. Für diesen Fall stünde ihr lediglich die Hälfte ihres Erbanteils zu. Vgl. Flodr (2010: 444). Testament des Paul Hager aus dem Jahre 1482.

127 Zum Kontext Malaníková (2009: 86). Zum stadt- und forschungsgeschichtlich relevanten Kontext wiederum Jan (2013: 303–306).

128 Zum Kontext wiederum Jan (2013: 304).

129 Flodr (2010: 310).

130 Klosterberg (1995: 235–238).

131 Vgl. Lasotta (1993: 600–603).

Beispiele finden lassen (siehe nachfolgende Tabelle) und der prozentuale Anteil vor dem Hintergrund der Gesamtüberlieferung dementsprechend unter fünf Prozent liegt.

Expressis verbis findet Dienstpersonal in unterschiedlichen Stellungen nur sehr vereinzelt Erwähnung, wie die nachfolgende Übersicht zeigt. Das Verhältnis zwischen Knechten und Mägden scheint dabei bei aller Vorsicht ausgeglichen gewesen zu sein. In der Regel werden Knechte, Diener oder Küchenpersonal mit Geldlegaten bedacht, mitunter auch mit Kleidung aus dem Nachlass des Testierers beziehungsweise der Testiererin, die die Diener dann auftrugen. Eine Ausnahme stellt das Legat einer Brünner Apothekerwitwe dar, die ihrer Dienerin Angless und ihrem Kind Geld zum Kauf eines kleinen Häusleins vermachte, also eine auch expressis verbis zum Ausdruck gebrachte soziale Absicherung, ja sogar einen sozialen Aufstieg garantierte. Auch für Brünn dürfte gelten, dass je länger ein Dienstverhältnis währte, desto enger gestaltete sich die Beziehung zum Dienstherrn bzw. zur Arbeitgeberin, so dass sich die besondere Wertschätzung in entsprechenden Legaten als Ausdruck eines besonderen Treueverhältnisses niederschlug. Keine Angaben finden sich in den überlieferten Bürgertestamenten zum Aufgabenbereich der männlichen wie weiblichen Bediensteten.

Dienstpersonal als Empfänger von Legaten in Brünner Bürgertestamenten

Nr. laut Flodr, Pamětní kniha	**Empfänger in Brünn**
568	Knecht Niklinus
613	Andreas, servitor
673	Wenzel, Diener (Geldlegat)
713	Knecht, »der jetzt im Orden zu St. Bernhardin ist«
716	Margarethe, Dienerin
758	3 Knechte
765	Knecht (als Schuldner)
812	Mert, Knecht
830	Margarethe, »ynfraw«
847	Thomas, Lehrknecht
925/933	Angles, Dienerin, und deren Kinder[132]
945	Katharina, Dienerin
959	Apolonia, Köchin

132 »*Item sy schafft irer dirne, der Angless vnd ierem Khindt X guld., daz sy ein Hewsl drumb kauffen scholten vnd sich trewlich domit neren. Item der Plona goldschmidin, dy auch mein dierne gewesen ist, schaff ich X guld.*« Flodr (2010: 518.). Etwas später heißt es: »*Item der Katherina, ierem yngesündt, schaff sy ein gefütterten prawen Harrasrockh.*«. Flodr (2010: 518).

Zusammenfassung

Das hier behandelte Thema zeigt am Beispiel von Brünn eine Möglichkeit der Auswertung des überlieferten Quellenkorpus der Bürgertestamente auf, bei der die Familie des Testierers bzw. der Testiererin im Fokus steht. Innerhalb der korporativ gegliederten städtischen Gesellschaft und der in eine funktionierende, von Pfarrsprengeln geprägten Sakrallandschaft *intra muros* in ihren Vierteln eingebundenen Bewohner, sind es insbesondere die höheren (und höchsten) Schichten der Stadtgesellschaft, die es dabei zugleich verstanden, ihre ›Netzwerke‹ auf- und auszubauen, um ökonomisch erfolgreich und politisch einflussreich zu bleiben oder eben – bei allen Schwierigkeiten und Hürden, die dem im Wege standen – in die Ratseliten aufzusteigen. Denn: Die Grenzen zwischen den einzelnen gesellschaftlichen Gruppen in der Stadt waren zwar fest, keineswegs jedoch unüberwindbar. Auch wenn der für unser Thema herangezogene Quellenkorpus nicht alle hinterlassenen Testamente aus dem Untersuchungszeitraum erfasst und somit nur einen Ausschnitt aus der Brünner ›Testierlandschaft‹ präsentiert, lassen sich grundlegende Tendenzen erkennen, die abgestuft auch durch Untersuchungen anhand des Quellenmaterials anderer böhmischer und mährischer Städte unterstützt werden. Dies komparativ weiter zu verfolgen und zu veranschaulichen bleibt die Aufgabe weiterer Untersuchungen.

Anhang

Testamentarische Verfügungen Brünner Bürger im 15. Jahrhundert an Familienangehörige, anderer Verwandte sowie Freunde und Bekannte

Quelle: Flodr (2010)

M = männlicher Erblasser
F – weibliche Erblasserin

Nummer laut Flodr, Pamětní kniha	M	F	Gemahlin als Erbin	Kinder als Erben	Bruder	Schwester	Bruder- oder Schwesterkinder	Andere Verwandte	Freunde oder Bekannte
259	x		x				x	x	
266	x		x	x	x				
326	x			x				x	
327	x		x	x					

(Fortsetzung)

Nummer laut Flodr, Pamětní kniha	M	F	Gemahlin als Erbin	Kinder als Erben	Bruder	Schwester	Bruder- oder Schwesterkinder	Andere Verwandte	Freunde oder Bekannte
377	x		x	x					x
446	x			x	x		x		
482	x		x	x				x	
568	x		x					x	
571	x							x	
572	x			x					
573	x		x		x				
583		x							x
587	x		x	x					
588	x							x	x
603	x			x				x	
604	x			x				x	
608	x		x	x					
613	x		x					x	x
630	x		x	x				x	
633	x		x	x					
634	x		x	x					x
637		x			x			x	x
638	x		x	x			x		x
640		x						x	x
642	x		x	x	x				
643	x		x			x	x		x
658	x		x	x					
659	x		x	x		x			x
661	x		x	x					
662		x				x		x	
663	x		x		x				
664	x		x	x					
667	x		x		x		x		x
668	x		x						x
669		x						x	x
670	x								x
671	x		x	x		x			
672	x			x					

(Fortsetzung)

Nummer laut Flodr, Pamětní kniha	M	F	Gemahlin als Erbin	Kinder als Erben	Bruder	Schwester	Bruder- oder Schwesterkinder	Andere Verwandte	Freunde oder Bekannte
673	x		x						
674	x					x		x	x
675	x		x	x					
678	x		x					x	
682	x		x						
683	x		x	x					
685	x		x					x	
687	x		x	x					
689	x				x		x	x	
690	x		x	x					
691	x		x	x					
694	x						x		
695	x		x						x
696		x					x		
698	x		x	x				x	
703		x						x	
705								x	
707	x		x					x	
709	x		x	x					
713	x		x	x				x	
714	x								
715		x					x	x	
716		x		x				x	x
717	x		x		x				
719	x		x	x					
721		x		x				x	x
722	x		x		x			x	
725	x		x	x			x	x	
727	x		x	x					
728	x		x	x					
732		x						x	x
737	x		x	x				x	
738	x								x
739	x		x				x	x	

(Fortsetzung)

Nummer laut Flodr, Pamětní kniha	M	F	Gemahlin als Erbin	Kinder als Erben	Bruder	Schwester	Bruder- oder Schwesterkinder	Andere Verwandte	Freunde oder Bekannte
741		x		x				x	
742	x		x					x	
743		x						x	
745		x							x
746	x		x	x					
749	x		x	x					
750		x		x					
753	x		x	x			x		
754	x		x	x		x			
755		x		x					
758		x						x	
764	x		x	x	x		x	x	
765		x							
775	x		x	x					
787	x		x	x				x	
791	x		x						
792	x		x		x		x		
793	x		x	x				x	x
797	x		x	x				x	
798		x			x				
801	x		x	x				x	
803	x							x	
804	x		x	x					
805		x				x		x	
806	x		x	x	x			x	
807	x		x					x	
808	x		x		x		x		x
812	x		x		x			x	
813	x					x		x	
815		x				x			
816	x		x		x		x		
817	x		x					x	
818	x		x		x				
819		x						x	

(Fortsetzung)

Nummer laut Flodr, Pamětní kniha	M	F	Gemahlin als Erbin	Kinder als Erben	Bruder	Schwester	Bruder- oder Schwesterkinder	Andere Verwandte	Freunde oder Bekannte
820	x		x						
821	x		x					x	x
822	x						x		
823	x				x		x		
825	x		x	x				x	
826	x		x	x					
827	x			x			x		
828	x		x		x	x		x	x
829		x			x		x		
830		x				x	x		x
832	x				x			x	
833	x			x	x	x		x	x
835	x					x		x	
836	x			x				x	
837	x		x						
838	x				x			x	x
840	x		x						
841	x				x			x	
842	x								x
843	x		x		x			x	
844	x		x	x					
845	x			x					x
847	x		x	x					x
848	x					x		x	
849		x			x			x	
850	x							x	
851	x		x	x		x			x
852	x		x						
854		x					x		
855	x							x	
856	x		x						
857	x		x		x				
858	x			x					
859	x					x		x	x

(Fortsetzung)

Nummer laut Flodr, Pamětní kniha	M	F	Gemahlin als Erbin	Kinder als Erben	Bruder	Schwester	Bruder- oder Schwesterkinder	Andere Verwandte	Freunde oder Bekannte
863		x		x	x		x	x	
864	x		x		x				
865		x					x		x
866	x		x	x				x	
871	x		x				x		
872		x					x	x	x
874	x		x	x					
875		x						x	
877	x		x	x				x	
878	x								
881	x		x	x					
883		x		x				x	x
884	x		x	x		x	x		x
886		x						x	x
890	x						x	x	
891	x		x	x		x			x
892	x		x	x				x	
893	x							x	x
894	x		x						
895	x		x	x					
896		x		x	x		x		
897	x				x	x			x
899	x		x	x					x
904		x		x			x		x
905		x			x	x		x	
906	x		x	x					
907	x			x					
908	x					x	x	x	x
910	x		x	x			x		
911	x		x						
912	x		x						
913		x				x	x		
916	x		x			x	x	x	
917	x		x	x					

(Fortsetzung)

Nummer laut Flodr, Pamětní kniha	M	F	Gemahlin als Erbin	Kinder als Erben	Bruder	Schwester	Bruder- oder Schwesterkinder	Andere Verwandte	Freunde oder Bekannte
918	x		x	x	x				x
919		x							x
920	x		x	x				x	
921		x		x					x
922	x						x		x
926	x		x	x			x	x	
928	x		x	x	x				
929	x		x					x	
931		x			x				x
932	x			x		x	x	x	
933		x						x	x
934		x							x
939	x		x	x				x	
940		x			x	x		x	x
941		x		x				x	x
944	x		x		x				x
945		x				x			x
946	x		x	x					x
947	x		x					x	
949		x							x
950	x					x			x
952	x		x	x					
953		x				x	x		x
954	x							x	x
956	x		x	x			x	x	x
957	x						x		
958	x		x	x					x
959	x								x
960	x		x			x		x	
961	x		x	x					
965	x		x					x	
966	x							x	
973	x					x	x	x	x

Bibliographie

Borovský, Tomáš (1999): *»Zu der ere gots und meiner sele zu selikeit«: odkazy brněnských měšťanů církevním institucím v letech 1410–1530.* In: Sborník prací Filozofické fakulty brněnské univerzity. C, Řada historická. 48, C46, S. 79–96.

Borovský, Tomáš (2002): *Kaplani, oltářníci a jejich beneficia v kostele sv. Jakuba v Brně* [Kaplane, Altardiener und deren Benefizien in der St.-Jakobskirche in Brünn – Übersetzung Th. Krzenck]. In: Brno v Minulosti a dnes 15, S. 307.

Ders. (2006): *Čas středověkých měšťanských testamentů (Příklad Brna v pozdním středověku)* [Die Zeit in mittelalterlichen Bürgertestamenten (Das Beispiel Brünn im Spätmittelalter) – Übersetzung Th. Krzenck]. In: Jíšová, Kateřina / Doležalová, Eva (Hrsg): *Pozdně středověké testamenty v českých městech. Prameny, metodologie a formy využití.* Praha: Historický ústav, S. 55–71.

Brandl, Vincenc (1878): *Libri citationum et sententiarum, seu (Knihy půhonné a nálezové).* Tomus III. Pars prior. Brünn.

Ders. (1881): *Libri citationum et sententiarum seu – Knihy půhonné a nálezové, IV.* Brno.

Ders. (1888): Libri citationum et sententiarum seu – Knihy půhonné a nálezové, V. Brno.

Brandt, Ahasver von (1973): *Mittelalterliche Bürgertestamente. Neuerschlossene Quellen zur Geschichte der materiellen und geistigen Kultur.* In: Sitzungsberichte der Heidelberger Akademie der Wissenschaften, Philosophisch-Historische Klasse 3.

Bretholz, Bertold (1911): *Die Geschichte der Stadt Brünn, Band 1*, Brünn: Verlag des Vereines.

Nový, Rostislav (1963): *Městské knihy v Čechách a na Moravě 1310–1526* [Stadtbücher in Böhmen und Mähren 1310–1526 – Übersetzung Th. Krzenck]. Katalog: Univerzita Karlova.

Ders. (1938): *Brünn. Geschichte und Kultur.* Aus dem Nachlass herausgegeben von der Deutschen Gesellschaft für Wissenschaft und Kunst in Brünn. Brünn: Rudolf Rohrer.

Chlumetzky, Peter Ritter von / Chytil, Joseph / Wolfshron, Carl Demuth von (1856): *Die Landtafel des Markgrafthumes Mähren (1346–1466). Brünner cuda.* Brünn.

Diefenbacher, Michael / Fejtová, Olga/Noga, Zdisław (Hrsg.) (2016): *Krakau – Nürnberg – Prag. Die Eliten der Städte im Mittelalter und in der Frühen Neuzeit.* Praha (Documenta Pragensia Monographia 33/1).

Doležel, Jiří (2024): *Jakub Holub and his relatives: On the life and economic strategies of the burghers of Brno urban region in the first half of the 15th century.* In: Malaníková, Michaela Antonín / Możejko, Beata / Nodl, Martin (Hrsg.): *Pre-modern Towns at the Times of Catastrophes.* Abingdon, S. 59–73.

Dřímal, Jaroslav (1934): *Notář Jan Thabrarr* [Der Notar Jan Thabrarr – Übersetzung Th. Krzenck]. In: Časopis matice moravské 58, S. 1–144.

Düring, Marten / Eumann, Ulrich / Stark, Martin / von Keyserlingk, Linda (2016) (Hrsg.): *Handbuch Historische Netzwerkforschung*, Berlin: LIT-Verlag.

Miloslav Flodr (1990): *Právní kniha města Brna z poloviny 14. století. Bd. 1: Uvod a edice* [Das Rechtsbuch der Stadt Brünn aus der Mitte des 14. Jahrhunderts. Bd. 1: Einleitung und Edition – Übersetzung Th. Krzenck]. Brno: Archiv města Brna.

Ders. (2001): *Brněnské městské právo* [Das Brünner Stadtrecht – Übersetzung Th. Krzenck]. Brno: Matice moravská.

Ders. (2010): *Pamětní kniha města Brna z let 1391–1515* (Prameny dějin moravských 19) [Das Memorialbuch der Stadt Brünn aus den Jahren 1391–1515 (Quellen zur mährischen Geschichte 19 – Übersetzung Th. Krzenck)], Brno: Matice moravská.

Guzzetti, Linda (2007): *Testamentsforschung in Europa seit den 1970er Jahren, Ein bibliographischer Überblick.* In: Herzog, Markwart / Hollberg, Cecilie (Hrsg.): *Seelenheil und irdischer Besitz. Testamente als Quellen für den Umgang mit den ›letzten Dingen‹.* Konstanz: Universitätsverlag 2007, S. 17–33.

Häberlein, Mark (2018): *Testamente Bamberger Frauen des 16. und 17. Jahrhunderts.* Bamberg: University of Bamberg Press.

Jíšová, Kateřina (2008): *Testamenty novoměstských měšťanů v pozdním středověku* [Die Testamente Neustädter Bürger im Spätmittelalter – Übersetzung Th. Krzenck], Dissertationsschrift Praha: Univerzita Karlova.

Jíšová, Kateřina / Doležalová, Eva (Hrsg): *Pozdně středověké testamenty v českých městech. Prameny, metodologie a formy využití* [Spätmittelalterliche Testamente in den böhmischen Städten. Quellen, Methologie und Formen der Auswertung – Übersetzung Th. Krzenck]. Praha: Historický ústav.

Jan, Libor (2013): *Dějiny Brna 2: Středověké město* [Geschichte Brünns 2: Die mittelalterliche Stadt – Übersetzung Th. Krzenck]. Brno: Statutární město Brno, Archiv města Brna.

Jordánková, Hana / Sulitková, Ludmila (2006): *Zásady testamentární praxe královského města na jihoněmeckém právu (na příkladu Brna)* [Grundprinzipien der Testierpraxis der königlichen Stadt im süddeutschen Recht (am Beispiel Brünns) – Übersetzung Th. Krzenck]. In: Jíšová, Kateřina / Doležalová, Eva (Hrsg): *Pozdně středověké testamenty v českých městech. Prameny, metodologie a formy využití.* Praha: Historický ústav, S. 39–53.

Kalina, Tomáš (1950): *Moravské zemské desky. Kraj brněnský, 1480–1566.* [Die mährischen Landtafeln. Der Brünner Bezirk, 1480–1566 – Übersetzung Th. Krzenck]. Praha 1950.

Kalousek, Josef /1887): *Archiv český VII. Zlomek register* [Böhmisches Archiv VII. Fragment der Register – Übersetzung Th. Krzenck], hg. von Josef Emler, Praha.

Klassen, John Martin (1987): *The development of the conjugal bond in late medieval Bohemia.* In: Journal of Medieval History 13, S. 161–178.

Ders. (1990): *Household composition in medieval Bohemia.* In: Journal of Medieval History 16, S. 55–75.

Klosterberg, Brigitte (1995): *Zur Ehre Gottes und zum Wohl der Familie – Kölner Testamente von Laien und Klerikern im Spätmittelalter.* Köln: Böhlau.

Košarová, Michaela (2014): *Obraz pohusitské Chrudimi ve světle pozdně středověkých testamentů* [Das Bild des nachhussitischen Chrudim im Lichte spätmittelaletrlicher Testamente – Übersetzung Th. Krzenck], Magister-Diplomarbeit Brno: Masarykova univerzita.

Kras, Paweł / Nodl, Martin(2014): *Manželství v pozdním středověku* [Die Ehe im Spätmittelalter]. (Colloquia mediaevalia Pragensia 14), Praha: Centre of Medieval studies.

Krzenck, Thomas (1999): *Gottesfürchtig und um das Wohl der Familie besorgt. Stadtbürgerinnen in ihren Testamenten des hussitischen Zeitalters* In: Šmahel, František (Hg.): Geist, Gesellschaft und Kirche im 13.–16. Jahrhundert (Colloquia Mediaevalia Pragensia 1). Praha: Centre for medieval Studies, S. 145–167.

Ders. (2002): *Měšťanka* [Die Stadtbürgerin]. In: Nodl, Martin / Šmahel, František (Hrsg.): *Člověk českého středověku*, Praha: Argo S. 413–435.

Ders. (2017): *Böhmische Bürgertestamente des 15. Jahrhunderts.* Marburg: Herder.

Ders. (2018): *Mähren als Exilland und Durchgangsstation. Kuttenberger Deutsche und deren Schicksal auf der Grundlage überlieferter Bürgertestamente (1421–1435)* In: Zeitschrift für Ostforschung 67.1, S. 1–31.

Lasotta, Arnold (1993): *Formen der Armut im späten Mittelalter und der frühen Neuzeit. Untersuchungen vornehmlich an Kölner Quellen des 14.–17. Jahrhunderts*, 2 Bde., Freiburg i. Br.: Herder, S. 600–603.

Malaníková, Michaela Antonín (2009): *Regina Španová – možnosti využití mikrohistorie na příkladu života obyvatelky středověkého Brna* [Regina Span – Möglichkeiten der Auswertung der Mikrohistorie am Beispiel des Lebens einer Bewohnerin des mittelalterlichen Brünn – Übersetzung Th. Krzenck]. In: Brno v minulosti a dnes 22, S. 71–90.

Dies. (2012): *Materiální kultura brněnských domácností 15. století v zrcadle testamentů (Material culture of the Brno's households in the 15th century testaments).* In: Brno v minulosti a dnes 25, S. 61–75.

Dies. (2014): *»Mein tachter sol man zu pett und zu tisch aufseczen als eines reichen mannes tachter«: Childhood and Adolescence in Moravian Towns in the Late Middle Ages from the Perspective of Gender.* In: Medium Aevum Quotidianum 68, S. 47–65.

Dies. (2014): *Testamentární strategie v pozdně středověkých městech (na příkladu Brna a Znojma)* [Die Testierstrategie in spätmittelalterlichen Städten (am Beispiel von Brünn und Znaim – Übersetzung Th. Krzenck)]. In: Časopis Matice moravské 2, S. 253–272.

Dies. (2016): *Marriage strategies of medieval urban power elites as one of distinctive features of their identity. Possibilities of research in the Moravian context.* In: Antonin, Robert / Malaníková, Michaela Antonín (Hrsg.): *Collective Identity in the Context of Medieval Studies.* Ostrava: S. 143–156.

Dies. (2018): *Poručnictví, nebo partnerství? Status manželky a majetkové spoluvlastnictví manželů ve středověkém Brně* [Vormundschaft oder Partnerschaft? Der Status der Gemahlin und gemeinsames Eigentum an Besitz von Eheleuten im mittelalterlichen Brünn – Übersetzung Th. Krzenck]. In: Theatrum historiae, S. 33–50.

Mezník, Jaroslav (1962): *Brněnský patriciát a boje o vládu města ve 14. a 15. století* [Das Brünner Patriziat und die Kämpfe um die Stadtherrschaft im 14. und 15. Jahrhundert – Übersetzung Th. Krzenck]. In: Brno v minulosti a dnes 4, S. 247–349.

Ders. (1962a): *Brněnský patriciát a boje o vládu* [Das Brünner Patriziat und die Kämpfe um die Herrschaft – Übersetzung Th. Krzenck]. Unveröffentlichter Annex zu seinem gleichnamigen Beitrag im Archiv der Stadt Brünn, S. 73–74.

Ders. (1999): *Lucemburská Morava 1310–1423* [Das luxemburgische Mähren 1310–1423 – Übersetzung Th. Krzenck], Praha: Nakladatelství Lidové noviny.

Musílek, Martin (2015): *Patroni, klienti, příbuzní: Sociální svět Starého města pražského ve 14. století* [Patrone, Klientel, Verwandte: Die soziale Welt der Prager Altstadt im 14. Jahrhundert – Übersetzung Th. Krzenck], Praha: Casablanca.

Nodl, Martin (2004): *Elity v českých a moravských pozdně středověkých městech jako badatelský problém* [Die Eliten in den böhmischen und mährischen Städten des Spätmittelalters als Forschungsproblem – Übersetzung Th. Krzenck], in: Documenta Pragensia 22, S. 31–54.

Raab, Adolf (1927): *Die bürgerlichen Sippen der Kunigsfelder in Brünn.* In: Zeitschrift des deutschen Vereins für Geschichte Mährens und Schlesiens 29, S. 133–142.

Sembdner, Alexander (2017): *Landsmannschaftliche Verflechtungen und institutionalisierte Personennetzwerke? Zur Rolle und Funktion des Collegium Beatae Mariae Virginis und seiner Kollegiaten an der spätmittelalterlichen Universität Leipzig aus der Perspektive der Netzwerkanalyse.* In: Ożóg, Krzysztof / Zdanek, Maciej (Hrsg.): *Universitätsstudium und Gesellschaft in Mitteleuropa vom 15. bis zum 18. Jahrhundert* (Historia et Monumenta Universitatis Jagellonicae 5), Kraków, S. 167–197.

Signori, Gabriela (2001): *Vorsorgen – Vererben – Erinnern. Kinder- und familienlose Erblasser in der städtischen Gesellschaft des Spätmittelalters.* Göttingen: Vandenhoeck und Ruprecht.

Šimek, František / Kaňák, Miroslav (1959): *Staré letopisy české z rukopisu Křižovnického* [Die alten böhmischen Annalen aus der Kreuzherren-Handschrift – Übersetzung Th. Krzenck], Praha: Státní nakladatelství.

Smereka, Joanna (2021): *Textlinguistische Untersuchungen zu mittelalterlichen deutschen Testamenten Krakauer Bürger.* Göttingen: Vandenhoeck und Ruprecht.

Spáčilová, Libuše / Spáčil (2004): Vladimír: *Památná kniha olomoucká (kodex Václava z Jihlavy) z let 1430–1492, 1528* [Das Olmützer Memorialbuch (Der Kodex des Wenzel von Iglau) aus den Jahren 1430–1492, 1528 – Übersetzung Th. Krzenck], Olomouc: Univerzita Palackého.

Stieber, Miloslav (1923): Dějiny soukromého práva [Geschichte des Privatrechts – Übersetzung Th. Krzenck], Praha. S. 91–92.

Stoklaska, Ottokar (1902): *Die Testamente der Brünner Bürger.* In: Zeitschrift des deutschen Vereins für die Geschichte Mährens, 6. 1–4, S. 95–134.

Urbánková, Kateřina / Wihodová, Veronika (2008): *Brněnské berní rejstříky z přelomu 14. a 15. století* [Die Brünner Steuerregister aus der Wende vom 14. zum 15. Jahrhundert – Übersetzung Th. Krzenck]. Brno: Matice moravská.

Vrtalková, Anna (2017): *Zbožné odkazy v testamentech olomouckých měšťanů v pozdním středověku* [Fromme Vermächtnisse in Testamenten Olmützer Bürger im Spätmittelalter – Übersetzung Th. Krzenck]. In: Acta Universitatis Pragensis – Theologica 7,2, S. 127–145.

Stephan Selzer

Schwarz, Rot, Grau in Stralsunder Testamenten (1381–1440). Möglichkeiten und Grenzen für die Erforschung von farbiger Kleidung des Spätmittelalters

Abstract

Black, Red, Grey in Last Wills from Stralsund (1381–1440). Opportunities and Limits of Research into Colored Clothing of the Late Middle Ages

A large branch of medieval testament research provides information concerning family structures, piety, or legal aspects. In contrary, the following article focuses on material culture and outlines the chances and limits of analysing coloured clothes in last wills of townspeople of the late medieval Stralsund. Firstly, it reports on what objects were integrated and why men and women have chosen them. Secondly, the article reveals what colours were preferred and how these preferences changed during the years from 1381 to 1440. By taking a closer look at the various qualities of medieval clothes it can be shown that simple elements of material culture can relate to wider aspects of economic history.

Keywords: Late medieval history, Stralsund, Hanseatic history, Economic history
Schlüsselwörter: Spätmittelalter, Stralsund, Hansische Geschichte, Wirtschaftsgeschichte

1. Auf neuen Wegen der Forschung

Wann hat in der deutschen Mittelalterforschung die Auswertung von Testamenten unter moderner Fragestellung begonnen? Wer darauf jahresgenau antworten müsste, könnte auf 1973 datieren. Denn in diesem Jahr veröffentlichte der vormalige Lübecker Archivar und damalige Heidelberger Professor Ahasver von Brandt (1909–1977)[1] einen Leitaufsatz unter dem Titel »Mittelalterliche Bürgertestamente. Neuerschlossene Quellen zur Geschichte der materiellen und geistigen Kultur«.[2] In ihm zeigt der Verfasser die Erkenntnischancen auf, die in der Auswertung spätmittelalterlicher Testamentsbestände liegen. Die Wirkung dieses Fingerzeigs war erstaunlich, denn nicht nur Monografien zu den seit 1990

Stephan Selzer, Helmut-Schmidt-Universität/Universität der Bundeswehr Hamburg, GND-ID 124248160.

1 Siehe zur ersten biografischen Orientierung Graßmann (2006).

2 Brandt (1973/1979).

vor Ort wieder verfügbaren Lübecker Testamenten haben sich auf seinen Grundsatztext bezogen,[3] sondern so tun es überdies bis heute Studien zu Städten anderer Regionen.[4]

Unter verschiedenen Forschungsansätzen hat Ahasver von Brandt durch den von ihm gewählten Untertitel zwei Pfade als besonders gangbar gewiesen: die »Geschichte der materiellen und geistigen Kultur«.[5] Während uns letzterer Aspekt in Auswertungen des Lübecker Materials zu Fragen der Memoria und Frömmigkeit oder zu familiärem Selbstverständnis und sozialer Repräsentation häufig begegnet, gilt dies für die Untersuchung der materiellen Kultur nicht.[6] Solcherart angelegte Spezialstudien fehlen in der Lübeck-Bibliografie der Testamentsforschung weitgehend.[7] Neben einer Bezugnahme auf den Aufsatz von Urs Martin Zahnd aus dem Jahre 1988[8] oder auf die österreichische Schule der Realienforschung[9] wird sich in hansestädtischen Zusammenhängen zumeist angelehnt an die aus dem Lüneburger Bestand geschöpfte Arbeit von Susanne Mosler-Christoph aus dem Jahre 1998.[10]

Was Ahasver von Brandt als den Gegenstand materieller Kulturforschung verstanden wissen wollte, hat er von einer älteren Form der Kulturgeschichte abzugrenzen versucht, indem er »kulturgeschichtlich« stets in Anführungszeichen gesetzt hat.[11] Wovon er sich absetzen wollte, lässt sich verstehen, wenn man nachliest, was Wilhelm Brehmer (1828–1905)[12] im Jahre 1885 über das häusliche Leben in Lübeck am Ende des fünfzehnten Jahrhunderts zu veranschaulichen versucht hat. Über die Kleidung schreibt er:

> Während wir mit der Besichtigung beschäftigt, sind die in einer anderen Truhe bewahrten Kleidungsstücke der Frau in der Stube ausgelegt. An erster Stelle sehen wir ein weissseidenes, an dem weit ausgeschnittenem Brustlatz und an den Aermeln reich mit Perlen verziertes Untergewand, das mehr als 100 Mark oder nach jetzigem Kaufwerth fast 3000 Mark gekostet hat. Als Ueberwurf dient bei festlichen Gelegenheiten eins von den drei daneben ausgebreiteten Kleidern. Sie sind aus schwerem, festem flandrischen

3 Siehe hier nur die einschlägigen Monografien von Noodt (2000); Rüther (2003); Bieberstedt (2007); Meyer (2010); Pajcic (2013); Förster (2017). Die Aufsatzliteratur erschließt sich aus diesen Arbeiten, siehe daraus vor allem Dormeier (2017).

4 Siehe allgemein zum Gang der Forschung Guzzetti (2007).

5 Brandt (1973/1979).

6 Die Untersuchungen zur Frömmigkeit am Lübecker Material sind dabei zudem inspiriert von der Memoria-Forschung zu Hansestädten, für die steht Poeck (2021).

7 Ausnahmen sind die Arbeiten von Hasse (1979, 1981).

8 Zahnd (1988). Außerdem oft angeführt wird die Arbeit von Baur (1989).

9 Vgl. z. B. Jaritz (1977, 1984).

10 Mosler-Christoph (1998). Siehe zu den Problemen dieser Arbeit Weidemann (2012: bes. 28 f.). Anders angelegt sein sollte eine leider nicht zustande gekommene Kieler Dissertation, vgl. Dronske (1998).

11 Brandt (1973/1979: 342, passim).

12 Siehe zu seiner Biografie Graßmann (2000).

> Tuch gefertigt und nach oben sowie an den offenen Aermeln mit goldenen Zierrathen benäht, weshalb sie mit dem Namen 'besmidete Röcke' bezeichnet werden. [...] Von den Mänteln, die den Namen Hoiken führen, ist der vornehmste mit Hermelin, der nächstbeste mit weissen Fuchsfellen gefüttert; für einen jeden ist ein mit Perlen gestickter Kragen vorhanden. Vier andere, daneben liegende Mäntel sind gleichfalls sämmtlich mit Pelzwerk versehen, doch ist dieses von geringerem Werthe; auf zweien sind goldene Zierrathe festgenäht, die beiden anderen bestehen aus Tuch, das aus Arras in Flandern bezogen ist. [...] Da der Werth dieser Garderobe sich nach unserem Gelde auf mehr als 12,000 Mark beläuft, so ist es für den Hausherrn erfreulich, dass die Mode nicht einem steten Wechsel unterworfen ist; denn die Kleider, welche die Braut bei Abschluss der Ehe ihrem Manne zubringt, reichen meistens, bis der Tod sie abruft.[13]

So ließe sich fortfahren: impressionistisch, plastisch, detailreich im Sinne der Kulturgeschichte des 19. Jahrhunderts. Doch muss ein moderner Verständnisansatz anders auf Sachkultur blicken,[14] als es bei Wilhelm Brehmer geschehen ist und es sich selbst noch bei Ahasver von Brandt andeutet.[15] Zumindest für zwei Aspekte ist ein veränderter Zugriff zu fordern: Erstens ist mit Dynamiken und Veränderungen dort zu rechnen, wo man sich im 19. Jahrhundert das Mittelalter als starr geregelt, strikt normiert und unbeweglich vorgestellt hat.[16] Dass Moden trotz Luxusordnungen und kirchlicher Konsumkritik durchaus Grundzüge der Epoche waren, hat schon Hermann Heimpel (1901–1988) bemerkt, als er, auf wirklich neuen Wegen der Wirtschaftsgeschichte schreitend, 1933 meinte:

> Sortenmannigfaltigkeit wird verlangt, auch die deutsche Frau des Mittelalters will beim Gewandschneider wählen, sie nimmt nicht einfach, was man ihr vorlegt. Dann gibt es Moden. Moden nicht gerade in dem heutigen Sinne, aber doch einen sehr raschen Wechsel in den Vorlieben für gewisse Sorten, und an dem Wechsel der Mode beteiligt sich der Mann stärker als heute.[17]

Zweitens darf ein moderner Verständnisansatz nicht rein impressionistisch angelegt sein. Zwar ist der Aufsatz Wilhelm Brehmers lehrreich, weil nachzuvollziehen ist, dass seine Mitteilungen nicht fantasievoll erfunden sind, sondern auf einer umfassenden Quellenkenntnis aufruhten.[18] Doch würde ein nachträglicher Anmerkungsapparat aufzeigen, wie stark der Autor seine Belege zeitlich dehnt. Neue Zugriffe sollten demgegenüber – hinsichtlich Zeit und Ort – kohärenter zu bleiben versuchen und methodische Probleme reflektieren.

---

13 Brehmer (1888: 15f.).

14 Aus den zahlreichen neueren Arbeiten siehe z. B. Antenhofer (2021); Heusinger/Wittekind (2019).

15 Brandt (1973/1979: 350–352), hier z. B. 350: »Aus dem übrigen, sehr bunten Vielerlei an Gütern, über welche die Testamente außer Geld und Grundstücken noch verfügen, können hier nur ein paar charakteristische Besonderheiten hervorgehoben werden.«

16 Vgl. Selzer (2005).

17 Heimpel (1933: 23f.).

18 Vgl. z. B. Brehmer (1882).

Der folgende Aufsatz will einen solchen Zugriff versuchen. Er ist motiviert aus konsumgeschichtlichen Interessenseines Verfassers im Allgemeinen[19] und Forschungen zur Farbwahl spätmittelalterlicher Konsumentinnen und Konsumenten im Besonderen.[20] Der Forschungsgang ist daher anders angelegt als üblicherweise. Denn hier soll kein lokal und zeitlich begrenzter Bestand städtischer Testamente in möglichst vielfältiger Weise ausgelegt werden.[21] Vielmehr wird mit der Frage nach Kleidungsfarben im städtischen Milieu des Spätmittelalters nach einem bestimmten Sachverhalt gefragt, für den Testamente nur eine Informationsquelle bieten. Deren methodisch kontrollierte Nutzung ist zunächst ausführlicher zu entwickeln, weil der hier unternommene Zugriff auf einen Testamentsbestand für die Fragestellung nur Behelfsfunktion besitzen kann. Was man sich zur Erforschung farblicher Kaufentscheidungen des Spätmittelalters tatsächlich wünschte, wären Inventarserien.[22] Für andere Räume und spätere Epochen ist dieser Quellentyp mit Erfolg herangezogen worden.[23] Doch bedarf man dafür Inventaren, nicht nur in Einzelexemplaren, sondern als Serie, um auf Veränderungsvorgänge in der Sachkultur rückschließen zu können.[24] Derartiges Quellenmaterial ist indes für das spätmittelalterliche Niederdeutschland nicht bekannt.[25]

2. Stralsunder Materialgrundlage 1381–1440

Möglichkeiten und Grenzen der Erschließung von Kleidungsfarben in hansestädtischen Testamenten werden dadurch aufgezeigt, dass die Stralsunder Testamente der Jahre 1381 bis 1440 ausgezählt, ihre Entstehungszusammenhänge bedacht und im Vergleich zu anderen Hansestädten interpretiert werden.[26] Dabei erfolgt der Zugriff auf das Stralsunder Quellenmaterial dieser sechs Jahrzehnte nicht illustrierend an einzelnen Testamenten, was bei anderen Untersuchungszielen seine Berechtigung haben kann,[27] sondern vollständig. Bei einer solchen

19 Vgl. Selzer (2018).
20 Vgl. Selzer (2010).
21 Siehe z. B. die neueren Arbeiten zu Braunschweig (Weglage 2011), Tallinn/Reval (Hahn 2015) und Kiel (Bongermino 2016). Vergleichend angelegt sind demgegenüber die Arbeiten von Bongermino (2020) (Burg, Rendsburg und Rostock) sowie Kubicki (2020).
22 Vgl. z. B. Woude/Schuurmann (1980). Vgl. Selzer (2010: 46–48).
23 Siehe zu den volkskundlichen Forschungen an diesem Material z. B. Mohrmann (1990).
24 Einzelne inventarähnliche Einträge finden sich im Stralsunder »Liber memorials«: z. B. Schroeder (1964–1988: Teil 2, 88 Nr. 424; Teil 5, 53 Nr. 152, 210 Nr. 702).
25 Siehe z. B. für die Frühe Neuzeit Schmidt (1962, 1963).
26 Das Stralsunder Material wird hier erstmals vorgelegt. Die vergleichenden Passagen lehnen sich sachlich und sprachlich an bei Selzer (2010: 41–97).
27 Zu den Problemen der Auswertung einzelner oder weniger Exemplare siehe Selzer (2020). Vgl. Bongermino (2014, 2017).

Arbeitsweise ist es angeraten, sich nicht auf die (ausführlichen) Regesten des Stralsunder Stadtarchivs zu verlassen, sondern direkt aus den Originalurkunden zu schöpfen.[28]

Keineswegs muss die wertvolle Stralsunder Testamentsüberlieferung des Spätmittelalters erst entdeckt werden. Im Gegenteil ist sie durch einschlägige Arbeiten von Johannes Schildhauer (1981, 1988, 1989, 1991, 1992, 1998a, 1998b, 2005), Ralf Lusiardi (2000a, 2000b, 2001, 2008) und anderen[29] bereits umfangreich beforscht. Zeitlich voran gingen die Schildhauer'schen Publikationen, in denen er die Stadt- und Hansegeschichte der DDR-Mediävistik in Wechselwirkung zu gesamteuropäischen Forschungen zu Alltag, materieller Kultur und Testamenten setzte, was wissenschaftsgeschichtlich hoch interessant ist.[30] Er selbst nannte das im Jahre 1981 »einen derzeitigen - in der marxistischen und bürgerlichen Geschichtswissenschaft allerdings unterschiedlich determinierten - Trend«.[31]

Die Überlieferung im Stralsunder Stadtarchiv umfasst nach der Zählung von Ralf Lusiardi (2000a) 962 vor dem Jahr 1520 aufgesetzte Testamente,[32] was unter den lübischrechtlichen Städten nach dem Lübecker der umfangreichste Bestand ist.[33] Als Basis der folgenden Auswertung dienen nicht alle, sondern nur die aus den Jahren 1381 bis 1440 überlieferten Vermächtnisse. Das sind in der von Schildhauer (1998) publizierten tabellarischen Aufstellung die Nummern 391 bis 590.[34] Nach diesen eingeführten Nummern wird im Folgenden zitiert. Weil die Nr. 568 ausfällt, bilden 199 Testamente den Grundwert der folgenden Berechnungen.[35] Dabei handelten 177-mal Männer als Testatoren, dreimal testierten Eheleute gemeinsam und 19 Testamente stammen von Frauen. Der Frauenanteil liegt damit in unserer Stichprobe annähernd auf dem für das Gesamtmaterial ermittelten Wert von elf Prozent.[36]

---

28 Stadtarchiv Stralsund, 01.01.15.2, Testamente 1: 15. Jahrhundert [im Folgenden zitiert als: StraTest. Nr.]. Ich danke dem Leiter des Stralsunder Stadtarchivs Dr. Dirk Schleinert, der mir Digitalisate zur Arbeit im Hamburger Homeoffice preisgünstig überlassen hat.

29 Die Nutzung in anderen Monografien und Aufsätzen kann hier nicht im Einzelnen nachgewiesen werden. Siehe z. B. Brück (1994); Grewolls (1999: 317–364); Niemeck (2002: 89–116); Bettin/Volksdorf (2003).

30 Die Wechselwirkung zwischen Stadtgeschichtsforschung in der Bundesrepublik und der DDR wären genauer zu erforschen. Siehe einstweilen Borgolte (2005).

31 Schildhauer (1981: 3).

32 Lusiardi (2000a: 31). Abzüglich der drei Notariatsinstrumente entspricht das der Zählung in der Aufstellung bei Schildhauer (1998).

33 Eine instruktive Übersicht bei Bongermino (2016: 20–23).

34 Schildhauer (1998: 338–344).

35 Doppelausfertigungen wurden nicht zusammengefasst, sondern als einzelne Nummern gezählt. Vgl. Lusiardi (2000a: 122).

36 Vgl. Schildhauer (1992: 159), danach Lusiardi (2000a: 42).

3. Testamente und Sachkultur

Schon ein kurzer Blick in nur wenige dieser Stralsunder Testamente bestätigt die Einschätzung Ahasver von Brandts, wonach »Männer- wie vor allem Frauenkleider [...] in Aberhunderten von Testamenten« erscheinen und »zusammen mit dem Schmuck und den Betten [...] zum ganz charakteristischen Inhalt namentlich der Frauentestamente« gehören.[37] Auch in den Stralsunder Testamenten dominiert Kleidung gegenüber anderen Kategorien der Sachkultur.[38] Ausgezählt erscheint Kleidung zwischen 1381 und 1400 in rund einem Viertel aller Nummern (22 von 87 Testamenten), darunter in neun von elf Frauentestamenten.[39] Im 15. Jahrhundert erhöht sich die Anzahl der Nennungen auf rund 40 Prozent aller Nummern (1401–1420: 22 von 58 Testamenten; 1421–1440: 24 von 54 Testamenten), darunter in fünf von acht Frauentestamenten. Frauen testierten über Kleidungsstücke also häufiger als Männer, wobei es durchaus Frauentestamente ohne jegliches Kleidungslegat gibt.[40]

Trotz solcher Quantitäten handelt es sich bei der Bezugnahme auf Kleidung um eine Perspektivsetzung, die man forschungsstrategisch nicht teilen muss. Zuhauf stößt man in Stralsunder Vermächtnissen auf weitere Objektgruppen, die konsumgeschichtlich äußert interessant sind.[41] So ist das Spektrum des Hausrats denkbar breit, so wie es 1382 Heinrich Reinsberg zusammenfasste: »wes yk hebbe van bedden, van dekenen, van lakenen, van kussen, van tafellaken, gropen, kannen, ketele [...]«.[42] Reizvoll wäre es genauso, einen Aufsatz mit »goltwerk unde sulverwerk« zu füllen.[43] Denn neben einigen aus Zinn und Messing verfertigten Objekten[44] stechen die vielen aus Silber geschmiedeten Löffel, Gürtel, Schalen oder Spangen heraus.[45] Deren Anzahl steht wiederum im scharfen Kontrast zu den wenigen Goldobjekten, worunter sich eine Goldkette mit goldenem Kreuz befindet, die für 100 Mark lübisch veräußert werden sollte, um davon eine Pilgerfahrt ins Heilige Land zu finanzieren.[46] Überdies könnte die Zusammenstellung aller Vergaben von Harnischen, Panzern und Armbrüsten[47] helfen, neu auf die militärischen Prägungen Stralsunder Bürger in der Zeit der

37 Brandt (1973/1979: 351).
38 Vgl. Schildhauer (1992: 79).
39 Darunter das nur mit technischen Hilfsmitteln vor Ort, aber nicht in digitaler Kopie lesbare Stück StraTest. Nr. 438.
40 Siehe z. B. StraTest. Nr. 537.
41 Vgl. Schildhauer (1992: 70–81).
42 StraTest. Nr. 396.
43 Siehe z. B. StraTest. Nr. 473 und 477.
44 Siehe z. B. StraTest. Nr. 481, 487, 500, 524 und 557.
45 Siehe z. B. StraTest. Nr. 500, ein großer Silberlöffel.
46 StraTest. Nr. 506. Siehe für Goldobjekte zudem StraTest. Nr. 444 und 579.
47 Siehe z. B. StraTest. Nr. 525, 562, 585.

beiden dänisch-wendischen Kriege zu blicken.[48] Erinnert sei in diesem Zusammenhang daran, dass bereits 1376 der Stralsunder Bürger Gottfried Ghyse eine umfassende Turnierausstattung (»ad hastiludium«), also Pferd, Helm, Lanze und Schild, in seinem Testament vermacht hat.[49] Das wirft Fragen nach der ritterlichen Betätigung einer hansestädtischen Oberschicht auf, die sich seit 1428 im Stralsunder Artushof treffen konnte und für die der Stralsunder Rat im Jahre 1434 eine eigene Turnierbahn auf dem Markt präparieren ließ.[50] Selbst die hier versuchte Hinführung auf spätmittelalterliche Farbvorlieben könnte auf andere Objekte blicken und etwa beim grauen Reitpferd ansetzen, das im Jahre 1385 vermacht wurde,[51] um eine Studie über Pferdefarben vorzulegen.[52]

Natürlich sind alle testamentarischen Angaben zur Sachkultur anders zu lesen als moderne Statistiken. Stets sind die Entstehungsumstände mitzubedenken, um methodisch behutsam vorzugehen.[53] Grundsätzlich bilden testamentarische Vergaben das Sachkulturspektrum einer Stadt, weder bezogen auf die Sozialstruktur noch auf den Gesamtbesitz des einzelnen Haushalts, proportional ab. Das liegt für die soziale Schieflage auf der Hand, weil für jemanden, der nichts oder wenig besaß, weder Notwendigkeit noch Möglichkeit bestanden, ein Testament zu errichten.[54] Obwohl in lübischrechtlichen Städten während des Spätmittelalters das Aufsetzen eines Testaments keineswegs ein reines Oberschichtenphänomen geblieben ist, gilt die Kurzformel Ahasver von Brandts: »In diesem Überwiegen der Mittel- und Oberschichten liegt der bedauerlichste Mangel unserer Quellengruppe, den sie übrigens mit den meisten anderen sozialgeschichtlichen Quellengruppen des Mittelalters teilt«.[55] Unter den 199 benutzten Stralsunder Testamenten finden sich zwar durchaus solche, in denen Personen ausdrücklich als Handwerker erscheinen, so liegen etwa Vermächtnisse von einem Brauer, zwei Sattlern, einem Kannengießer oder einem Kistenmacher vor.[56] Allerdings stehen ihnen überproportional viele (rund zehn Prozent) für Bürgermeister und Ratsherren aufgesetzte Urkunden gegenüber.[57] Bedauerlicherweise fehlt es für Stralsund an Werkzeugen, um die soziale Disproportionalität, zumindest ansatzweise, zu entzerren. In anderen lübischrechtlichen

48 Zur Stadtgeschichte Stralsunds siehe stets Fritze (1961); Ewe (1985). Zu Quellen einer hansestädtischen Militärgeschichte siehe Selzer (2021).

49 StraTest. Nr. 360 (Regest). Nach Schildhauer (1992: 75) auch bei Selzer (1996: 65).

50 Siehe die Nachweise bei Selzer (1996: 32f. und 65f.).

51 StraTest. Nr. 408, zudem »myn teldene perd«, also ein Reitpferd.

52 Vgl. Selzer (2008).

53 Vgl. z.B. Simon-Muscheid (2004).

54 Siehe zu dieser sozialen Verzerrung Lusiardi (2000a: 41f.).

55 Brandt (1973/1979: 341). Ein Versuch hansestädtische Unterschichten in den Blick zu nehmen bei Selzer (2019).

56 StraTest. Nr. 423, 435, 462, 512 und 546.

57 Nach den Angaben bei Schildhauer (1998: 338–344).

Städten liefert dafür die Wege-und-Stege-Abgabe eine Stütze, was zuletzt ausgehend von den Forschungen von Gunnar Meyer[58] durch Sarah Bongermino herausgearbeitet worden ist.[59] Auch Stralsunder Testamente beinhalten eine Wege-und-Stege-Abgabe für den öffentlichen Verkehrsraum. Doch nachzuweisen ist sie im Untersuchungszeitraum nicht vor 1428,[60] um dann allerdings bis 1440 in rund einem Drittel der Vergaben zu erscheinen.[61]

Nicht nur auf der städtischen Makroebene ist der Stralsunder Sachkulturbestand des Spätmittelalters in den erhaltenen Testamenten stark verzerrt abgebildet. Auch auf der Mikroebene des Einzelhaushalts liegt in einem Testament keine vollständige Bestandsaufnahme des Sachgutbesitzes vor, was sich dort illustrieren lässt, wo durch günstige Überlieferungslagen sich sowohl Inventare als auch Testamente erhalten haben.[62] Erblasserinnen und Erblasser konnten auswählen, und sie taten das gemeinhin auch. Dann trafen sie in aller Regel eine Positivauswahl nach Wertigkeit der Objekte, weshalb man formulieren kann, dass sich in Testamenten das Gegenteil von dem abgebildet findet, was die Mittelalterarchäologie aus Entsorgungsgruben bergen kann.[63] Während Abfall eine Negativauswahl darstellt, erscheinen in Testamenten die wichtigsten und wertvollsten Dinge, die am entgegengesetzten Wertigkeitspol des Sachkulturspektrums angesiedelt waren. Wenn beispielsweise die Publikationen zur Stralsunder Mittelalterarchäologie umfangreiche Kataloge mit Keramikfunden füllen können,[64] sind bei Essgeschirr, egal ob aus Holz oder Ton, die überlieferten Stralsunder Testamente informationsleer.[65]

4. Kleidungsvergabe und Begünstigte

Der hohe Sachwert mittelalterlicher Kleidungsstücke ist für die hier behandelte Fragestellung entscheidend günstig. Abgelegte Kleidungsstücke wurden im Mittelalter nicht dem Restmüll überantwortet, sondern blieben im Umlauf.[66] Wer in seinem Testament einem Begünstigten nicht nur 20 Mark sundisch,[67] sondern

58 Vgl. Meyer (1998, 2010).
59 Vgl. Bongermino (2020: 89–95 und 141–151). Zu Kiel siehe Bongermino (2016: 209–211).
60 StraTest. Nr. 555. Vgl. Schildhauer (1992: 39–41).
61 StraTest. Nr. 559–561, 565, 570–572, 584 und 588–590.
62 Diese Möglichkeit kann für Braunschweig nutzen Steyer (2021: 145–151).
63 Vgl. Jöns/Lüth/Schäfer (2005).
64 Vgl. Sloan (2022: 94–104).
65 Schildhauer (1981: 5).
66 Siehe z. B. Zander-Seidel (1990). Kurze Hinweise auch bei Selzer (2010: 50f.).
67 Die Kurzform Mark, Schilling, Pfennig steht im Folgenden stets für die sundische Münze, die gegenüber der Mark lübsch im Verhältnis 2:1 taxiert wurde. Die Münzen Lübecks und damit

zudem noch seinen grauen Mantel zudachte,[68] zeigte damit an, dass es sich um ein wertvolles Sachgut gehandelt haben muss, wenn auch als Motiv für die Vergabe mitschwingen kann, soziale Beziehungen über den eigenen Tod hinaus zu festigen.[69] Deutlicher zutage liegt ein Sachwert, wenn exakte Preisangaben vorliegen, weil etwa festgesetzt wurde, dass ein schwarzer Mantel, der als Legat an die Kirche St. Jakobi gehen sollte, für sechs Mark abgelöst werden konnte[70] oder ein schwarzer gefütterter Rock für zehn Mark ausgelöst werden durfte.[71] Noch präzisere Preisvorstellungen werden artikuliert, wenn Geldbeträge für die Anfertigung von Kleidungsstücken zugesagt wurden, etwa sechs Mark »to enem paar cledere to hulpe«,[72] wofür die beschenkte Frau sicherlich sowohl Mantel als auch Rock anfertigen lassen sollte, oder fünf Mark der Schwestertochter für einen Mantel.[73] Zweimal haben Stralsunder 1390 und 1393 solche Geldbeträge für »broder Otten« ausgesetzt, dem alten Lesemeister im Franziskanerkonvent St. Johannes: »To ener cappen« erhielt dieser Bruder (und vermutlich Beichtvater) fünf[74] und acht Mark.[75] Das sind hohe Summen, wenn man dagegenhält, dass ein Wächter vor dem Rostocker Rathaus im ersten Viertel des 15. Jahrhunderts einen Jahresbarlohn von 22 Mark erhielt.[76]

Je günstiger ein Kleidungsstück zu beschaffen war, desto seltener wurde es in einer Testamentsquelle dokumentiert. Typische textile Objekte, die Stralsunder Haushalte besessen haben müssen, die aber kaum in Testamenten erscheinen, sind etwa »myne lynnencledere, hosen unde scho«, die Merten Levenowe an Arme verteilt wissen wollte.[77] Genauso selten wie Kleidung, die nicht aus Woll-

des Wendischen Münzvereins werden daher in Testamenten ausdrücklich als solche genannt: StraTest. Nr. 570. Vgl. allgemein Hauschild (1973: 4–9).

68 StraTest. Nr. 548. Ähnlich auch StraTest. Nr. 550, in dem zu einem Legat von 60 Mark hinzugefügt wurde ein flämisches »hantvat« und »mynen besten hoyken«.

69 Vgl. z. B. Seidel (2009).

70 StraTest. Nr. 586.

71 StraTest. Nr. 580. Die Praxis setzt sich nach 1440 fort. Siehe z. B. StraTest. Nr. 0608 (Regest): 1447 ein grüner Rock für 16 Mark auslösbar; Nr. 0617 (Regest): 1449 der beste Rock für 15 Mark auslösbar.

72 StraTest. Nr. 454.

73 StraTest. Nr. 580. Siehe zudem StraTest. Nr. 424: zwei Mark als Zuschuss der Schwägerin »to enem hoyken to hulpe«; StraTest. Nr. 573: »en vrouwen rok in myner kisten, de steyt pandes vor twe mark vinkenogghen«. Vgl. Schildhauer (1992), S. 98.

74 StraTest. Nr. 444.

75 Errechenbar aus der Angabe in StraTest. Nr. 458: »achte elen wandes to ener cappen, de ele vor ene mark sund«. Andere Mönche erhielten 1388 sechs Mark »to ener cappen« (StraTest. Nr. 422) und 1403 drei Mark (StraTest. Nr. 481).

76 Hauschild (1973: 44 (für 1416 und 1420)). Bei Schildhauer (1992), S. 53, die Angabe nach StraTest. Nr. 847 (non vidi), dass 1501 eine Magd in Stralsund testamentarisch einen Jahresbarlohn von 3 Mark für sieben Jahre zugesagt erhielt.

77 StraTest. Nr. 573.

tuchen, sondern aus Leinwand oder Barchent (»sardok«)[78] geschnitten worden war, sind Mützen[79] und Hosen[80] genannt. Spärlich überliefert sind zudem Schuhe, was bemerkenswert ist, wenn man dem gegenüberstellt, dass der Danziger Ratsherr Otto Angermünde in seinem Testament von 1483 über einhundert Paar Stiefel verfügen konnte.[81] In vergleichender Sicht ließe sich zukünftig einer Beobachtung von Sarah Bongermino folgen. Sie konnte nachweisen, dass Kleidungsstücke, die in Großstädten wie Lübeck in Testamenten selten genannt sind, demgegenüber in Kleinstädten wie Kiel statistisch häufiger zu finden sind.[82]

Je wertvoller ein Kleidungsstück war, desto eher wurde es zum Gegenstand eines Vermächtnisses. Die am häufigsten vermachten Kleidungsstücke waren in den mittelniederdeutsch verfassten Testamenten der »hoyken«, ein glockenförmig geschnittener Mantel, und der »rock«, ein einteiliges Kleidungsstück zumeist mit Ärmeln und Gürtel.[83] Als »tunica« und »toga« sind die in lateinisch abgefassten Testamente greifbar, wovon es im Untersuchungszeitraum nur noch 14 Stück gibt. Schon mit dem Jahre 1392 verschwindet das lateinische Testamentformular bis auf eine Ausnahme, dem Vermächtnis des Eutiner Stiftsherrn Bernhard Langhedorp von 1430.[84]

Gleichgültig ob in niederdeutscher oder lateinischer Sprache formuliert, ist es schwierig für den Untersuchungsgang, wenn ein textiles Objekt in der Einschätzung der Beteiligten als besonders wertvoll herausstach. Ein derart herausgehobenes Kleidungsstück beschrieben Erblasserinnen und Erblasser dann nicht detailliert nach Material, Farbe oder Verarbeitung. Vielmehr erschien es in einem solchen Fall für eine spätere Identifizierung durch die Testamentsvollstrecker als ausreichend, die Formel »mynen besten hoyken« oder »mynen besten rock« zu benutzen. So ließ 1396 ein Stralsunder seinem Knecht Klaus »myne schipkiste, mynen besten hoyken unde mynen besten rock« zuschreiben.[85]Auch wer seinen gesamten Kleidungsbestand, also »alle myne kledere«, summarisch etwa seinen Kindern zusprach,[86] versperrt dadurch den Einblick in seine Kleidertruhe.

78 Vgl. allgemein Baur (2013). In Lübecker Testamenten beispielsweise 1422: »myn underwamboys van deme colneschen sardoke« (Meyer 2010: 1422/2 (CD); vgl. ebenda: 1436/71).

79 Siehe z. B. StraTest. Nr. 562: »myne beste swarte mutze«.

80 Z. B. StraTest. Nr. 571: »hosen half ledder unde want«. Siehe z. B. noch StraTest. Nr. 514 und 586.

81 Simson (1915).

82 Bongermino (2016: 195 mit Anm. 81).

83 Zu diesen für hansestädtische Testamente typischen Kleidungstücken siehe z. B. Bongermino (2016: 195f.).

84 StraTest. Nr. 566, auf das bereits Schildhauer (1998: 343) verweist. Siehe bei Röpcke (1977: 159) eine biografische Notiz zu ihm. Zahlreiche Einträge zu ihm finden sich auch im Stralsunder »Liber memorialis«: z. B. Schroeder (1964–1988: Teil 2, 27 Nr. 93f.; Teil 3, 14 Nr. 15f., 103 Nr. 352; Teil 5, 20f. Nr. 14).

85 StraTest. Nr. 467.

86 StraTest. Nr. 563.

Am günstigsten ist es, wenn in einem Testament möglichst viele Kleidungsstücke an unterschiedliche Personen vergeben werden. Dann nämlich war eine genaue Beschreibung der einzelnen Sachgüter erforderlich, um Dritten das stellvertretende Handeln zu ermöglichen. Besonders umfänglich war etwa der Kleidungsbestand, den im Jahre 1431 Geseke Bokemans in ihrem Testament zusammenstellte. Auf das Birgittenkloster und ihre drei Töchter verteilte sie drei Mäntel und vier Röcke. Sie unterschied die einzelnen Objekte durch die Bestqualität, nach ihrer Färbung in Blau, Schwarz und Rot, der Produktart des Stoffes, durch den Schnitt sowie durch den Umstand, dass es sich in einem Fall um einen schwarzen Rock ihres verstorbenen Mannes handelte.[87] Eine Verdichtung solcherart findet sich nicht nur in Frauentestamenten.[88] Georg Nyenkerke etwa unterschied im selben Jahr 1431 drei Mäntel und vier Röcke, die er für seine beiden Kinder und eine Magd bestimmte, präzise und praktischerweise danach, dass er die besten Qualitäten der Tochter, einen Satz grauer Kleidung seinem Sohn und schließlich der Magd seinen »roden hoyken« überlassen wissen wollte, »dar schal se enen rok aff maken laten«.[89]

Die von diesem Testator vorgesehene Umarbeitung seines roten Herrenmantels zu einem Damenrock erinnert daran, dass Kleidungsstücke in Stralsund zumeist geschlechtsspezifisch vermacht wurden. Doch Ausnahmen sind belegt, am häufigsten dann, wenn Männer ihre Mägde bedachten.[90] Doch gilt nicht nur in Stralsund, dass Frauen überwiegend Angehörige der weiblichen Verwandtschaft (wiederkehrend Tochter, Enkelin, Mutter, Schwester, Nichte, Stieftochter) und des weiblichen Hauspersonals (Magd, Pflegerin) die eigenen Kleidungsstücke zur weiteren Nutzung anvertrauen wollten. Umgekehrt vermachten Männer üblicherweise an männliche Verwandte (wiederkehrend Bruder, Neffe, Ohm, Schwager, Vettersohn) und männliches Personal (Knecht, Schreiber). Außerhalb dieses Personenkreises existieren Sonderkonstellationen, in denen beispielsweise ein Vikar[91] oder der Sohn eines Wirts[92] beschenkt wurden.

Zu Vergaben an Personen traten Zuwendungen an geistliche Institutionen hinzu, weshalb die Sakrallandschaft Stralsunds in den Testamenten aufscheint.[93] Von den häufigeren Geldlegaten und den selteneren Vergaben anderer Sachgüter, wie Baumaterial (tausend Steine für St. Gertruden)[94] oder einem silbernen Gürtel (dessen Edelmetall im Birgittenkloster zu einem Kelch umgeschmolzen

87 StraTest. Nr. 570.
88 Siehe z.B. noch StraTest. Nr. 403, 468.
89 StraTest. Nr. 577.
90 Siehe z.B. StraTest. Nr. 481, 487, 572.
91 StraTest. Nr. 399.
92 StraTest. Nr. 471.
93 Siehe dazu Lusiardi (2000a: bes. 78–133); Schildhauer (1992: 22–33).
94 StraTest. Nr. 555.

werden sollte),[95] sei hier abgesehen. Nur die Kleidervergaben der Jahre 1381 bis 1440 seien kurz gebündelt. Dabei erscheinen die drei Stralsunder Pfarrkirchen am häufigsten. St. Marien mit sechs[96] und St. Nikolai mit vier Nennungen[97] dominieren leicht; dass nach St. Jakobi nur zwei Hoiken[98] gingen, wird man nicht überbewerten wollen. Dieselbe zurückhaltende Interpretation ist anzulegen für die Differenz zwischen den beiden Bettelorden in Stralsund. Während die Franziskaner im Johanniskonvent fünfmal[99] erwähnt werden, kommen die Dominikaner in St. Katharinen nur auf drei Nennungen.[100] Dabei wurden interessanterweise an die Franziskaner nur Röcke vergeben, einmal im Jahre 1424 mit der Hoffnung auf eine Grabstätte dort (»mynen besten rock dar vore scholen se my laten graven in ere clooster«)[101], wofür zur selben Zeit an anderen Stralsunder Kirchen die Gabe eines höherwertigen »hoyken« angemessen war oder erwartet wurde.[102] Zeitlich streuen die Vergaben an Pfarrkirchen und Bettelordenskonvente breit. Hingegen ist die Chronologie im Falle des Birgittenklosters Marienkrone markant anders. Die drei Legate fallen in die Jahre 1422, 1428 und 1431[103] und damit in das erste Jahrzehnt nach Ansiedlung des Ordens in Stralsund.[104] An auswärtige geistliche Institutionen ist ebenfalls vermacht worden. Katharina Witte sah im Jahre 1411 eine Nonne im Zisterzienserinnenkloster zu Bergen auf Rügen als Begünstigte für »mynen besten hoyken alse den blawen voderden hoyken« vor.[105] Im Jahre 1415 erhielt das Zisterzienserinnenkloster Krummin auf Usedom vom Greifswalder Johann Vlesch den »besten hoyken«.[106] Eine persönliche Bindung an das jeweilige Frauenkloster wird man annehmen dürfen.[107] Schließlich sei noch vermerkt, dass im Jahre 1431 Hans Burmester eine stellvertretende Pilgerschaft zum Heiligen Blut in Wilsnack durch ein Kleidungslegat zu erreichen suchte.[108]

95 StraTest. Nr. 554.
96 StraTest. Nr. 413, 487, 524, 526, 545.
97 StraTest. Nr. 412, 524, 526, 565.
98 StraTest. Nr. 526, 531.
99 StraTest. Nr. 511, 526, 543, 580, 586.
100 StraTest. Nr. 488, 499, 513.
101 StraTest. Nr. 543.
102 Siehe z. B. StraTest. Nr. 548.
103 StraTest. Nr. 540. 556, 570.
104 Vgl. Nyberg (1973); Lusiardi (2000a: 86–88, mit weiterer Literatur).
105 StraTest. Nr. 500. Diese Vergabe auch bei Lusiardi (2000a: 62 in Anm. 43).
106 StraTest. Nr. 520.
107 Siehe die Beispiele bei Niemeck (2002: 89–116); Lusiardi (2000a: bes. 62 Anm. 43, 92 Anm. 69).
108 StraTest. Nr. 578. Siehe zu Wilsnackpilgern aus Stralsund Bettin/Volksdorf (2003: bes. 243 Abb. 7).

5. Farbvorlieben: Ein Hintergrund in Grau und Weiß

Zwar erzwingt die Struktur des Quellenmaterials die Fokussierung auf die Kleidungslegate der Ober- und Mittelschicht. Doch sollte diese Einschränkung nicht dazu führen, die Kleidung der Unterschichten völlig zu übersehen. Denn die kontrastierende Lebenswelt der Armen hat an einer anderen Stelle im Formular der Stralsunder Testamente eine Spur hinterlassen. Nicht in den Vergaben von bunten Objekten aus dem persönlichen Kleiderbesitz, aber dort werden solche Stoffe erkennbar, wo die Erblasserinnen und Erblasser aus karitativen Motiven für die Versorgung armer Menschen stifteten: Bierspenden sollten helfen, den Durst zu stillen; Eier und Wecken konnten einen Fett- und Geschmacksakzent im Alltagsbrei setzen; Seelbäder halfen, den Schmutz wegzuwaschen; Holz- und Kohlegaben machten die Kälte erträglicher.[109] Doch häufiger wurden zwei andere Zwecksetzungen als Armenlegat gewünscht und sind in ungefähr jedem fünften bis sechsten Testament des Zeitraums belegt. Nach der mittelniederdeutschen Formel sollten sie dazu dienen, die Armen »to kledende unde to schuygende«.[110] Um Arme an ihren Füßen zu kleiden, wurden bis zu 100 Paar Schuhe vergeben. Um arme Menschen nicht nur zu beschuhen, sondern sie auch zu bekleiden, sollten Laken einer Tuchqualität dienen, die aus persönlichem Besitz ungenannt bleibt. Denn zu diesem Zweck wünschten Erblasserinnen und Erblasser niemals gefärbte Stoffe, sondern sahen ausschließlich solche in Grau und Weiß vor. In den fünf Fällen, in denen eine Angabe zum gewünschten Produktionsort gemacht worden ist, lässt sich feststellen, dass durchgehend Stoffe aus Anklamer Produktion[111] gewählt wurden.[112] Einige Testatoren formulierten günstigerweise sogar einen Preisansatz: Heinrich Vechte sah im Jahre 1395 für drei anklamsche Laken zwölf Mark vor.[113] Der Preis von vier Mark für Laken, die als Armenspende dienen sollten, kehrt auch 1427 wieder, allerdings ohne Nennung eines Herstellungsortes.[114] Auch Quervergleiche sind möglich: Im Jahre 1397 setzte ein Stralsunder als Einkaufspreis für sieben Ellen

109 Siehe z. B. StraTest. Nr. 440, 482, 486, 507, 515. Siehe dazu stets Lusiardi (2000a); Schildhauer (1992: 33–38).

110 StraTest. Nr. 414.

111 Leider lässt sich über die Anklamer Wolltuchherstellung wenig ermitteln. Der Produktionsort fehlt beispielsweise bei Holbach (1993) sowie bei Huang (2015). Eine Materialerschließung, etwa aus Bruinier (1960–1965), lässt sich hier nicht leisten.

112 Die erste Nennung eines Anklamer Lakens im Untersuchungszeitraum datiert auf 1392 als ein solches Legat an Mönche auf Hiddensee ging: StraTest. Nr. 457. Weitere Nennungen als Armenlegate dann in StraTest. Nr. 463, 474, 550, 550, 590. Vgl. Schildhauer (1992: 35 und 97). Die Praxis setzt sich nach 1440 in den Stralsunder Testamenten fort: siehe z. B. StraTest. Nr. 697 (1475) (Regest), 709 (1479) (Regest), 713 (1480) (Regest), 732 (1483) (Regest).

113 StraTest. Nr. 463.

114 StraTest. Nr. 552.

Tuch, die er den Armen im Hospital St. Jürgen zuwenden wollte, einen Ellenpreis von 14 Pfennig an.[115] Hält man dagegen, dass sieben Jahre zuvor ein Testator für die Neuanfertigung von Kleidung zugunsten seiner Schwester den Stoffpreis bei zehn Schilling pro Elle wünschte,[116] errechnet sich ein Gefälle im Materialwert von 1 zu 8 ½.

Solche Preis- und Qualitätsabstände zwischen Armenkleidung und Oberschichtskleidung, die sichtbar und fühlbarer gewesen sein müssen, finden sich ebenfalls in anderen Hansestädten. So wird in einem Lübecker Testament von 1402 differenziert zwischen grauen Lübecker Laken im Wert von vier Mark lübsch und einem halben Importtuch, das zu zwölf Mark lübsch taxiert war.[117] Kleidung, die aus einem ganzen dieser Importlaken geschnitten worden war, hätte demnach den sechsfachen Materialwert der aus Lübecker Grautuch gefertigten Stücke besessen. Diese Beobachtung könnte ein Impuls sein, um mithilfe solcher Armenlegate die lokalen Absatzmärkte hansestädtischer Tuchproduktion genauer zu zeichnen,[118] deren Ausstoß nicht nur in den hansischen Export ging.[119] In Lübecker Armenstiftungen war es naheliegend, vor allem Grautuch und zuweilen auch weiße Laken aus lübscher Produktion vorzusehen. Daneben erscheint graues und weißes Stendaler Tuch.[120] In Braunschweig sah man zu denselben Zwecken graue und weiße Braunschweiger Laken vor.[121] In Lüneburg waren es Laken aus Lüneburg und wiederum solche aus Stendal.[122] Wie für Stendal lässt sich aus Testamenten ein überörtliches Absatzgebiet auch für Wismarer Laken zeichnen.[123] Sie erscheinen in Armenstiftungen in Rostock, Burg auf Fehmarn und Kiel.[124] Zwölf Laken aus Wismar wollte im Jahre 1406 ein Lübecker als Armenspende ins norwegische Bergen senden lassen.[125] In Stralsund indes fehlen sie.[126]

115 StraTest. Nr. 471.
116 StraTest. Nr. 445.
117 Selzer (2010: 59).
118 Dazu grundlegend Holbach (1993).
119 Zu Wolltuchen im Fernhandel siehe Huang (2015); Huang/Jahnke (2015).
120 Selzer (2010: 59).
121 Steyer (2021: 133 und 256). Vgl. Selzer (2010: 58).
122 Selzer (2010: 58f.)
123 Zu Wismarer Tuchen siehe Holbach (1993: 176f.); Huang (2015: 216f. und 309 (Register)).
124 Bongermino (2016: 110); Bongermino (2020: 449–453).
125 Selzer (2010: 59).
126 Als Handelsgut erscheinen 1474 vier Ellen Wismarsches Grautuch im Testament StraTest. Nr. 690 (Regest).

6. Farbvorlieben: Der Aufstieg von Schwarz

Vor diesem Hintergrund lassen sich die Kleidungsstücke, die in den Stralsunder Testamenten genannt sind, in ihrer Farbwirkung besser verstehen. Aus den Frauentestamenten lassen sich 62 Nennungen von Hoiken und Röcken sammeln: Darunter waren 44 farblich bezeichnete Kleidungsstücke, von denen elf als blau, zehn als grün, sieben als rot, fünf als braun, vier als schwarz, drei als gemischt farbig sowie je zwei als weiß und grau beschrieben worden sind. Auch die in den Männertestamenten vermachten Hoiken und Röcken lagen in einem breiten Farbspektrum: Bei 110 Nennungen weisen 64 Kleidungsstücke eine farbliche Zuweisung auf. Von ihnen waren 27 schwarz und 16 grau, auf Blau entfallen neun sowie auf Grün, Rot und Braun je vier Nennungen.

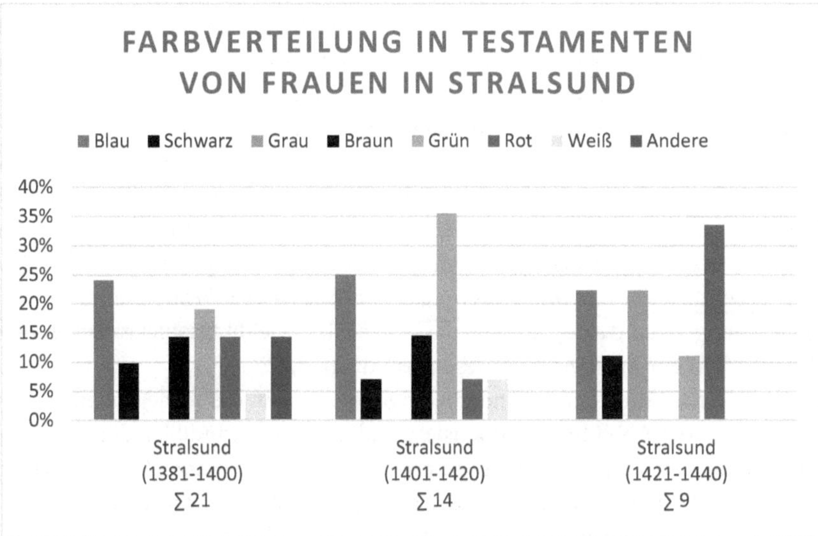

Abb. 1: Farbverteilung in Testamenten von Frauen in Stralsund (eigene Erstellung)

Bei einer solchen (in der Testamentforschung häufig gebotenen) summarischen Aufzählung[127] sollte man es indes nicht bewenden lassen. Aus der Farbzusammensetzung der in Stralsund vermachten Kleidungsstücke lassen sich weitere Informationen gewinnen, wenn das Material in zeitlicher Dynamik erfasst und vergleichend eingeordnet wird.[128] Um den Stralsunder Zahlen ein Relief zu geben, bietet sich der Vergleich mit den Lübecker Forschungsergebnissen an, die

127 Siehe z. B. Weglage (2011: 275).

128 Als Beispiele für die vergleichende Betrachtung von Legaten verschiedener Städte siehe z. B. Bettin/Volksdorf (2003: bes. 242 f.); Bongermino (2020); Kubicki (2020).

auf der Auswertung eines größeren Bestands beruhen.[129] Dafür musste allerdings die Auszählung der Stralsunder Vermächtnisse der Vorgehensweise der Lübecker Erhebung angepasst werden. In zwei unterschiedlich langen Zeitschnitten von 1381 bis 1400 und 1401 bis 1440 wurden dafür getrennt Männer- und Frauentestamente ausgewertet und die Ergebnisse in Prozentzahlen dargestellt. Die Lübecker und Stralsunder Zeitphasen decken sich allerdings nicht völlig: Für die Lübecker Frauenkleidung fehlen Zahlen für die Jahre 1401 bis 1420. Hingegen laufen die Werte für die Lübecker Männerkleidung bereits ab dem Jahre 1361 an und sind über vierzig Jahre addiert worden.[130] Bedauerlicherweise sind zudem für Lübeck alle Kleidungsnennungen ohne Farbangaben nicht in die Statistik eingeflossen. Auch diese Vorentscheidung ist zum Zwecke des Vergleichs übernommen worden, obwohl eine farbfreie Nennung von Kleidungsstücken in Stralsund häufig vorkommt, denn hier summieren sich die zahlreichen Einzelnennungen von Bestqualitäten gerade bei männlichen Erblassern.[131] Nun könnte man bequemerweise annehmen, dass die für uns farblos bleibenden Stücke sich anteilig auf die dokumentierten Farben verteilt haben dürften. Aber eine solche statistische Gleichverteilung wird kaum zutreffen, was sich andeutet, wenn Erblasser so reihten, dass sie neben der farblosen Bestqualität die übrigen Farben von Kleidungsstücken als Unterscheidungsmerkmale angaben. Dann dürfte beispielsweise 1396 der beste Hoiken von Alheid Czansche wohl nicht wie die überdies genannten Stücke gemengt, grün, rot oder blau gewesen sein.[132] Also war dieser beste Hoiken wohl aus brauner oder schwarzer Wolle gearbeitet, was man dahingehend deuten könnte, dass die besten Kleidungsstücke eher in den Trendfarben der Zeit gefärbt gewesen sein dürften.[133]

Trotz dieser Stralsunder Sonderbedingungen zeigen die vorliegenden Ergebnisse, die in der Abbildung 2 visualisiert sind, dass die Farbwahlen der Lübecker und Stralsunder weitgehend konvergierten: Blaue und schwarze Kleidung waren in beiden Städten am verbreitetsten. Häufiger erscheinen zudem in Männertestamenten graue Stoffe, die bei Erblasserinnen hingegen fast völlig fehlen. Dabei korrespondiert die Massierung von grauen Hoiken und Röcken in der Stralsunder Männerkleidung der Jahre 1431 bis 1440 mit den Lübecker Ergebnissen, nach denen zu vermuten ist, dass diese grauen Stoffe von anderer Qualität als die Armenkleidung gewesen sein dürften.[134] Daneben vergaben die Menschen

129 Selzer (2010: 60–63): Ausgewertet wurden die rund 1000 als Regesten vorliegenden Testamente der Jahre 1278 bis 1363 sowie die etwa 3000 ungedruckten Vermächtnisse der Jahre 1364 bis 1440.

130 Vgl. Selzer (2010: 60 f.).

131 In der Männerkleidung sind 46 von 110 Stücken farblos, in der Frauenkleidung 18 von 62.

132 StraTest. Nr. 468. Vgl. z. B. auch StraTest. Nr. 392, 556, 570 und 577.

133 Vgl. Selzer (2010: 64).

134 Selzer (2010: 62 f.).

in beiden Städten durchgängig über alle Jahrzehnte hinweg Kleidungsstücke in Braun, Grün und Rot, während die Farbe Gelb[135] in der Auszählung ganz ausfällt.

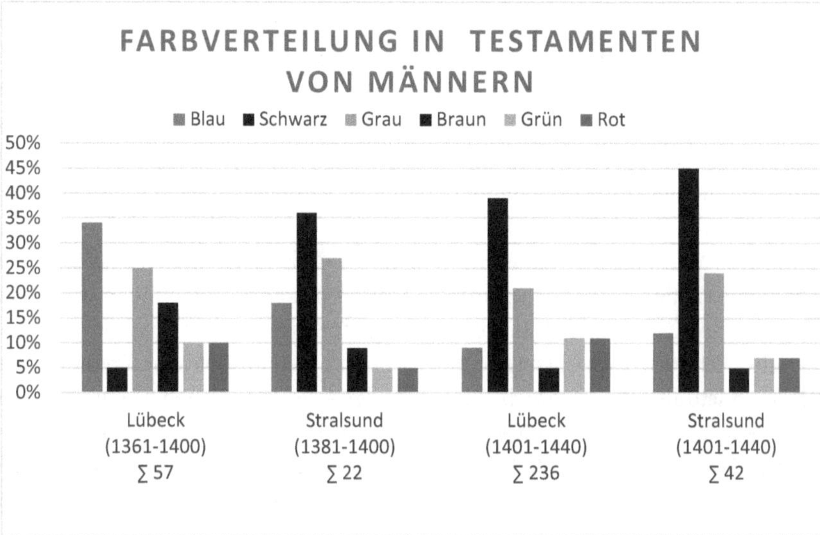

Abb. 2: Farbverteilung in Testamenten von Männern als Säulendiagramm (eigene Erstellung)

In beiden Hansestädten liegen die Prozentwerte für die von 1401 bis 1440 ermittelte Färbung der Männerkleidung verblüffend dicht beieinander. Deutlicher schon weichen für die männliche Untersuchungsgruppe die Zahlen des 14. Jahrhunderts voneinander ab, was in der abweichenden Erhebungsphase eine Teilbegründung finden dürfte. Die Zahlen für Frauenkleidung in Lübeck und Stralsund sind grundsätzlich weniger deckungsgleich und lassen einen weiteren Faktor erkennen, der das Zahlenbild erheblich beeinflusst. Je weniger Kleidungsstücke nämlich auf Seiten der Stralsunder Auswertung in die Prozentzahlen eingeflossen sind, umso merklicher sind im jeweiligen Zeitabschnitt die Abweichungen zu den Lübecker Ergebnissen. Der größte Abstand zwischen den ermittelten Werten besteht für Frauenkleidung der Jahre 1421 bis 1440, als die Stralsunder Zahlen auf nur neun verwertbaren Kleidungstücken beruhen, die zudem aus nur zwei der vier Frauentestamente dieses Zeitraums stammen. Der ungewöhnlich hohe Grauwert für die Stralsunder Frauenkleidung dieser Jahre dürfte aus diesen Zufälligkeiten herrühren.[136]

135 Siehe aus der Literatur zur gelben Kleidungsfarbe z. B. Simon-Muscheid (1995). Beispiel für gelbe Kleidung in hansestädtischen Testamenten finden sich bei Selzer (2010: 61 und passim).

136 StraTest. Nr. 556 und 570.

Trotz dieser die Aussagequalität limitierenden Faktoren wird aus der Abbildung 3 deutlich, dass von einer starren Farbordnung nicht die Rede sein kann. Während sich in beiden Städten die prozentualen Nennungen von grauen, braunen, grünen und roten Kleidungsstücken wenig bewegen, ist die Veränderungsdynamik bei Schwarz und Blau besonders markant und muss interessieren. In der Männerkleidung lässt sich für das 15. Jahrhundert eine deutliche Vorliebe für schwarze Kleidung feststellen. Diese Farbe liegt in Stralsund mit 45 Prozent der Nennungen über dem bereits hohen Lübecker Wert. Das ist die Folge einer Umformung des im 14. Jahrhundert gängigen Farbspektrums, die im Lübecker Material schärfer ausgeprägt erscheint als in den neu erhobenen Zahlen aus Stralsund. Man weiß aus den Forschungen von Michel Pastoureau, dass Blau aus der Randposition einer nachgeordneten Farbe des Früh- und Hochmittelalters um 1300 ins Zentrum der Beliebtheit vorgestoßen war, aber anschließend gegenüber Schwarz rasch abstieg.[137] In Lübeck ist dieser europäische Trend für die Männerkleidung offensichtlich. Hier sinkt der Anteil der blauen Kleidungsfarbe zwischen den beiden Phasen von 34 auf neun Prozent ab. Stralsund wird von diesem Modewechsel ebenfalls erreicht; Blau verlor auch hier an Boden. Doch anders als in Lübeck lag die Farbe bereits in der Phase 1381–1400 anteilsmäßig hinter Schwarz und Grau zurück. Dieses überraschende Ergebnis dürfte in der von uns gesetzten Zeitgrenze von 1381 seine Begründung finden, die wohl bereits in einer blauen Abschwungphase lag. Man muss bedenken, dass die Stralsunder Rubrik 20 Jahre weniger Blaunennungen umfasst als diejenige für Lübeck, für die seit 1361 gezählt worden ist. Jedoch ist die Datierung breiter zu fassen, weil das Material den Farbwechsel im Moment der Errichtung des Testaments, und nicht für den Zeitpunkt des Kaufs der farbigen Kleidung dokumentiert. Einen Beweis für die naheliegende Vermutung, dass auch in Stralsund die Modefarbe Blau zuvor eine dominierende Stellung besessen haben wird und im Laufe des 14. Jahrhunderts an Beliebtheit verlor, kann allerdings erst eine Erhebung des vor 1381 erhaltenen Testamentmaterials liefern.

Die Trendwende von der blauen zur schwarzen Kleidungsvormacht hat sich innerhalb der Stralsunder Frauenkleidung weniger deutlich niedergeschlagen. Während sich in Lübeck die Zahlenverhältnisse fast umkehren und Blau 1421 bis 1440 mit nur noch drei Prozent erscheint, hält sich blaue Kleidung in Stralsund besser. Doch sei erneut daran erinnert, dass die Werte auf zwei individuellen Vergaben von Stralsunderinnen beruhen. In der Auswertungsphase von 1381 bis 1400, die auf einer breiteren statistischen Basis aufruht, sind bei Frauenlegaten die Werte für Schwarz gegenüber Lübeck nur leicht erhöht.

137 Vgl. Pastoureau (2000/2013, 2008/2016).

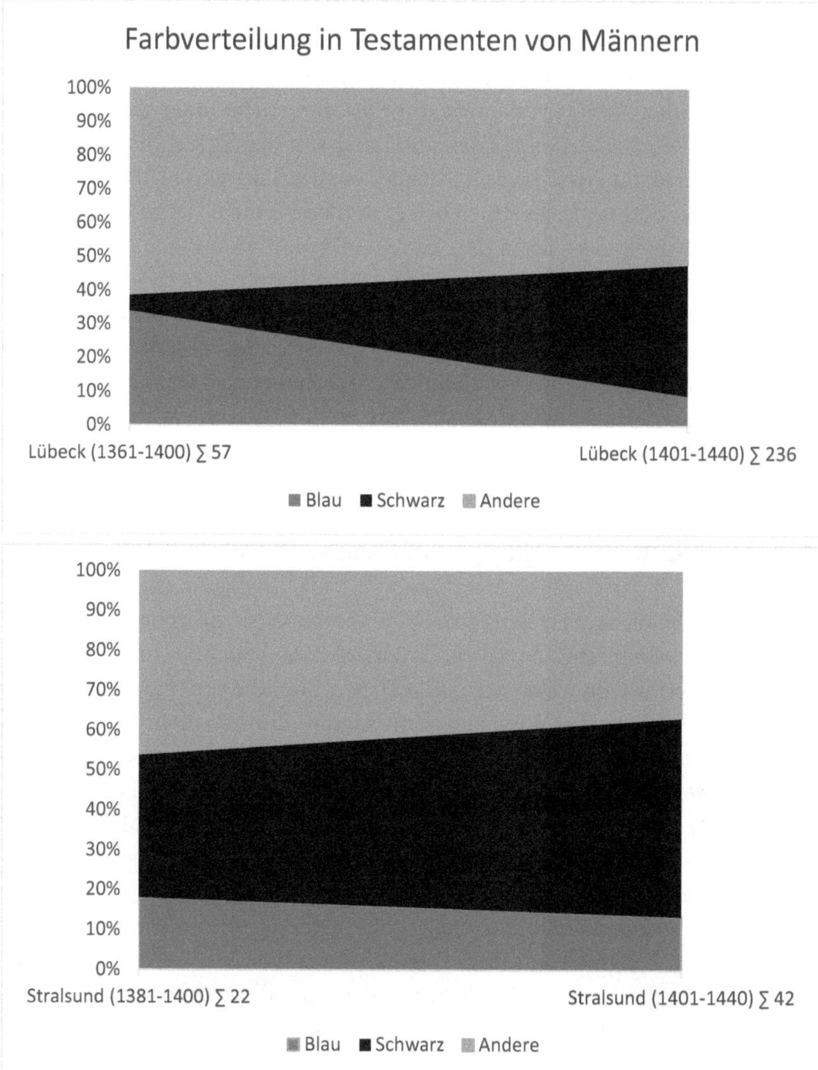

Abb. 3: Farbverteilung in Testamenten von Männern als Flächendiagramm (eigene Erstellung)

Der Moment, in dem schwarze Kleidung sich im städtischen Milieu durchzusetzen begann, lässt sich noch weiter einkreisen. In der Stralsunder Frauenkleidung ist Schwarz die neue Farbe, zunächst nur der Mäntel und nicht der Röcke. Kein einziger Rock erscheint zwischen 1381 und 1440 in schwarzer Färbung, was dazu passt, dass Frauenröcke durchgehend farbenfroher gewählt worden sind, also eher in Grün, Rot oder Braun gefärbt waren als Mäntel. Genauso wie das Schwarz war demgegenüber in den Stralsunder Frauenlegaten das Blau mit acht zu drei Belegen häufiger an Mäntel als an Röcke gebunden. Die frühesten Nennungen von schwarzer Kleidung im Untersuchungszeitraum liegen interessanterweise in lateinischsprachigen Testamenten als Vergabe von »meam togam nigram« in einem Männertestament von 1382 und einem Frauenlegat von 1384 vor.[138] Umgekehrt lässt sich für das Auslaufen von blauer Kleidung bemerken, dass im Untersuchungszeitraum letztmals zwischen 1401 und 1410 blaue Mäntel in Stralsunder Männertestamenten belegt werden können.[139] Anschließend finden sich nur noch zweimal in den Jahren 1426 und 1431 blaue Röcke, wobei letztere Nennung ausdrücklich von »enen olden blawen rock« spricht.[140] Beide Testatoren sind zudem nicht als Stralsunder Bürger bezeichnet, sodass eventuell zur Erklärung ein am Lübecker Material nachgewiesener Zusammenhang herangezogen werden kann. Hier ist nämlich zu erkennen, dass blaue Kleidung sich im Laufe des 15. Jahrhunderts eher in Testamenten der untersten Vermögensgruppen hält.[141]

7. Konsumentscheidungen und hansische Wirtschaft

In solchen Detailangaben der Stralsunder Testamente spiegeln sich wichtige Aspekte hansestädtischer Sozial- und Wirtschaftsgeschichte. Um Kleines und Großes zu verflechten, lässt sich weiterfragen, was die vielen Einzelentscheidungen hansestädtischer Konsumentinnen und Konsumenten für Rückwirkungen besessen haben könnten? Hierin liegt ein interessanter Perspektivwechsel gegenüber der üblicherweise auf handwerkliche Produktion und fernhändlerische Distribution gerichteten Wirtschaftsgeschichte des Mittelalters.[142]

Von einem sorgsamen Umgang mit Verbraucherinteressen zeugt die Handelspraxis der wohl bekanntesten hansischen Handelsgesellschaft des 15. Jahrhunderts,[143] der durch die breite Quellenüberlieferung ausgezeichneten Familie Veckinchusen. Zeugnisse aus ihrer Geschäftskorrespondenz beleuchten schlaglichtartig, dass die Firma die farblichen Präferenzen ihrer Kundinnen und Kunden zu erspüren suchte: In Lübeck nicht zu verkaufen waren etwa im Mai 1417 sieben Laken nach Art von Arras, denn die Kunden meinten, »dat de varwe so gut

138 StraTest. Nr. 399 (allerdings der Domherr von Schwerin Johann Gildehusen) und 403.

139 Ungewöhnlich ist daher der blaue Männerhoiken, den Gese Gerdes 1444 einem Begünstigen zuspricht. Vielleicht handelte es sich um ein Altstück aus dem Besitz ihres verstorbenen Mannes: StraTest Nr. 597 (Regest).

140 StraTest. Nr. 547 und 571.

141 Selzer (2010: 62).

142 Vgl. Selzer (2018).

143 Siehe zu den Handelspraktiken Stark (1985).

nit [...] sy alse ik en ghelovet«.[144] Ein anderes Mal schmerzten den Firmenbeauftragten die vielen eingelagerten sattgrünen Tuche; anstatt der Ladenhüter wünschte er ein sattblaues Laken aus St. Omer.[145] Solche bunt gefärbten Laken aus dem nordwesteuropäischen Textilrevier bestimmten das in den kaufmännischen Handelsbüchern dokumentierte Sortiment im hansischen Ostseehandel.[146] Deshalb würde man gerne in größerer Breite untersuchen, an welchen importierten Laken die Farben der Stralsunder Kleidung hafteten. Doch neben der Anklamer Herkunft erscheinen während des Untersuchungszeitraums nur weitere drei Produktionsorte. Zwei recht bekannte Tuchzentren sind darunter: Im Jahre 1384 wünschte ein Stralsunder, dass aus einem »thomaß lakene« für seine Schwester passende Kleidung geschnitten werden solle.[147] Damit meinte er zweifellos das bekannte Wollgewebe aus St. Omer, das auch die Veckinchusen in einer breiten Farbpalette führten.[148] Darüber hinaus erfährt man aus Testamenten der Jahre 1388, 1389, 1397 und 1431 von vier Röcken, deren Grundstoff nach Art von Arras gewebt war.[149] Diese war eine unter den Farbtuchen überaus gängige Sorte im hansischen Handel.[150] Der Großschäffer des Deutschen Ordens in Königsberg etwa führte solche Stoffe im Jahre 1426 in Blau, Schwarz, Rot und Grün;[151] Hildebrand Veckinchusen hoffte 1419, aus einem arraschen Laken im Wert von 14 Mark zwei Hoiken fertigen lassen zu können.[152] In hansestädtischen Testamenten findet sich durch das gesamte 15. Jahrhundert hindurch Kleidung, die aus Stoffen nach Art von Arras geschnitten war.[153] Denn diese Tuchqualität behauptete sich in einem Nachfrageumschwung, in dessen Folge in den Lübecker Testamenten schon im ersten Drittel des 15. Jahrhunderts die teuren flandrischen Qualitäten gegenüber holländischen und etwas später ebenso gegenüber englischen Tuchen an Boden verloren.[154] Im Jahre 1413 enthält ein Lübecker Testament erstmals den

144 Selzer (2010: 68), nach Stieda (1921: 173f. Nr. 154).

145 Ebenda, nach Stieda (1921: 436f. Nr. 431 (undatiert)).

146 Vgl. Selzer (2010: 73–77). Diese Zusammenstellung aus dem Veckinchusen-Malterial lässt sich nunmehr erweitern aus der Edition von Lesnikov/Stark (2013).

147 StraTest. Nr. 406.

148 Siehe dazu Selzer (2010: 75 Tab. 7), nach der Teiledition von Lesnikov (1973). Das Material zu dieser Sorte im Veckinchusen-Handel lässt sich nunmehr erweitern aus der Edition von Lensikov/Stark (2013: 608f. (Register)). Vgl. allgemein Sortor (1993).

149 StraTest. Nr. 424 (1388), 434 (1389), 471 (1397), 570 (1431).

150 Vgl. Selzer (2010: 542 (Register)). Das hier zusammengetragene Material lässt sich nunmehr erweitern aus Lensikov/Stark (2013: 597 (Register)); Stockhusen (2019: 390); Orlowska (2022: 367f.).

151 Selzer (2010: 78), nach der Teiledition von Sattler (1887). Das Material zu dieser Sorte im Handel des Deutschen Ordens lässt sich nunmehr erweitern aus den Editionen von Heß (2008); Link/Sarnowsky (2009); Laczny (2013).

152 Selzer (2010: 74), nach Stieda (1921: 239 Nr. 216).

153 Vgl. Selzer (2010: 80f.); Bongermino (2020: 196–200).

154 Ein Vermächtnis über einen blauen Hoiken aus Ypern indes noch 1448 durch einen Stralsunder Bürger: StraTest. Nr. 614 (Regest).

Hinweis auf ein Viertel eines Amsterdamer Lakens, dessen Preis sich auf 32 Mark lübisch hochrechnen lässt.[155] Im selben Jahr setzen in Lübeck die Nennungen von Laken aus dem holländischen Leiden ein, die von Testatoren seit dem zweiten Drittel des 15. Jahrhunderts oftmals als Standardqualität für die Anfertigung hochwertiger Kleidung angesehen worden sind.[156]

Vergleicht man mit Lübeck, so ist interessant, dass die dritte Stralsunder Nennung eines überregionalen Produktionsortes exakt ein solches Amsterdamer Laken wünschte. Fünfzehn Jahre nach dem Erstbeleg im Lübecker Testamentmaterial sprach nämlich im Oktober 1428 der Stralsunder Enwold Lorebere seinen Kindern »twe amsterdammessche lakene« zu.[157] Für Vergaben von Tuchen aus Leiden muss man die Stralsunder Serie der Testamente allerdings über 1440 hinaus verfolgen.[158] Dass der Stralsunder Bürgermeister Otto Voge im Jahre 1475 seinen braunen Leidenschen Hoiken an den Johanniskonvent vergab, konnte man bereits bei Johannes Schildhauer nachlesen.[159] Aber schon seit 1455 finden sich in den Stralsunder Vermächtnissen solche aus holländischem Qualitätsstoff gefertigten Kleidungsstücke oder Zuwendungen dieser Tuchqualität.[160] Früher noch nennt der Stralsunder »Liber memorialis« für das Jahr 1440 Kleidung aus Leidener Stoff[161] und belegt diese Tuchqualität schon für 1423 im Handel von Stralsunder Kaufleuten.[162]

Genauso wie für Laken aus Leiden fehlt im Untersuchungszeitraum von 1381 bis 1440 jegliche Nennung englischer Tuche; ein einziges Mal nur wird eine »enghelsche dekene« vermacht.[163] Doch überrascht dieser Befund in vergleichender Betrachtung weniger, denn in hansestädtischen Testamenten sind zwar englische Tuchqualitäten schon im 14. Jahrhundert belegt, doch bleiben sie bis zur Mitte des 15. Jahrhunderts seltener.[164] Deshalb darf man fragen, ob die viel

155 Selzer (2010: 80). Die Angaben zu Amsterdamer Tuchen lassen sich nunmehr erweitern aus Jenks (2012: 510 (Register)); Lesnikov/Stark (2013: 607 (Register)). Der Verweis bei Selzer (2010: 79) auf ein grünes Amsterdamer Tuch im Handel des Danzigers Johann Pisz muss hinsichtlich Namensform (Neulesung: Johann Pyre) und Farbspektrum (Amsterdamer Tuche in den Farben Grün und Schwarz) korrigiert werden nach Orlowska (2022: 173–188 und 367).

156 Selzer (2010: 80–82).

157 Das Testament in zweifacher Ausfertigung als StraTest. Nr. 557 und 558.

158 Sehr pauschal ist die Angabe bei Schildhauer (1992: 79f.).

159 Schildhauer (1992: 125–127), nach StraTest. Nr. 613 (non vidi).

160 StraTest. Nr. 627 (Regest): 1455 ein Paar Hosen; Nr. 628 (Regest): 1456 ein Laken sowie zehn und zwölf Ellen.

161 Schroeder (1964–1988: Teil 5, 46 Nr. 85 (1440)). Siehe ebenda, 190 Nr. 603 (1463), 210 Nr. 702 (1468).

162 Schroeder (1964–1988: Teil 3, 17 Nr. 36 (1423)).

163 StraTest. Nr. 486. Siehe für Nachweise zu Decken auch StraTest. Nr. 392 (Köln oder Colchester) und 570 (Flandern).

164 Siehe die Nachweise bei Selzer (2010: 81f.).

zitierte Episode um den 1391 ins Exil geflüchteten Stralsunder Bürgermeister Bertram Wulflam, der auch darüber gestolpert sein soll, dass aus Anlass der Hochzeit seines Sohnes der Weg zur Nikolaikirche mit englischen Laken gepflastert war,[165] in produktgeschichtlicher Sicht zutreffen kann. »Syne fruwe in erem brutdage ginck se up engelischenen lakenn«,[166] schreibt Johann Berckmann in seiner nach 1548 abgefassten Chronik zwar ausdrücklich.[167] Doch vielleicht hat der Stralsunder Chronist die schon 150 Jahre zurückliegenden Ereignisse gleichsam in seine Lebenswelt übersetzt und an die Spitzenqualität des englischen »Lundisch«-Tuchs gedacht,[168] während den Zeitgenossen der Wulflams am Ende des 14. Jahrhunderts ein mit flandrischen Laken aus Ypern oder Brügge ausgelegter Weg der geeignetere Stoff zur Skandalisierung gewesen sein könnte.

Die Verfügbarkeit von importierten Farbtuchen führte im Spätmittelalter dazu, dass nicht nur hansische Fernhändler auf wechselnde Konsumentenwünsche reagieren mussten. Spürbar wurden Verbrauchervorlieben selbst für solche Textilproduzenten, deren Produkte in Stralsunder Testamenten nur als Armenlegate in Grau und Weiß begegnen. Offenbar war nämlich der Appetit auf farbige Kleidung so groß, dass letztendlich auch binnenhansische Textilstandorte herausgefordert waren. Um sich auf die neuen Wünsche einzustellen, wurde seit Mitte des 15. Jahrhunderts in mehreren Hansestädten versucht, der heimischen Textilindustrie aufzuhelfen.[169] Dazu unternahm man es, die Färbung und stoffliche Qualität der lokalen Tuchsorten dem Stand der Importprodukte anzunähern. Worauf es ankam, um eine Textilproduktion höherer Qualität zu etablieren, war dabei weniger das, was in den Utrechter Friedensverhandlungen von 1474 der Hamburger Bürgermeister Hinrik Murmeister den Holländern entgegenhielt, als er unterstrich, dass auch die Arbeitskräfte außerhalb Hollands genügend handwerkliches Geschick besaßen: »dat de lude in anderen steden so wol hande unde vote hadden alse in dessen landen«.[170] Vielmehr musste man für ein erfolgreiches Innovationsmanagement vor allem Spezialisten mit farbtechnischem Fachwissen aus Westeuropa gewinnen. Die Beispiele für solche Anwerbungsversuche, die in aller Regel von städtischen Gremien initiiert oder unterstützt worden sind, setzten in den 1450er Jahren in der hansischen Kontaktzone zur nordwesteuropäischen Textillandschaft ein (1452 Duisburg, 1453 Zwolle, 1456 Essen).[171] In den 1470er Jahren erreichte dieselbe Innovationswelle die

165 Vgl. Selzer (2005: 117), mit weiterer Literatur.
166 Mohnike/Zober (1833: 8).
167 Vgl. Stark (1994: 107–110).
168 Siehe für einen Querschnitt des Stralsunder Tuchsortiments von 1586 Zoellner (1974: 82). Vgl. allgemein Selzer (2010: 543 (Register)).
169 Der folgende Abschnitt in Sache und Sprache nach Selzer (2007).
170 Selzer (2007: 28), nach Ropp (1892: 297f. Nr. 139 § 58).
171 Selzer (2007: 26f.).

Hansestädte Hamburg (1471), Soest (1475), Göttingen (1475) und Goslar (1480).[172] Für die pommerschen Ostseestädte und ihr Hinterland allerdings fehlen bislang derartige Nachweise.

Neue Kleidungsmoden in Farben und Stoffen gingen aus von einzelnen Frauen und Männern als Trendsetter, von denen andere die Innovationen übernehmen konnten. Dafür war die enge Verflechtung der Hafenstädte eine günstige Voraussetzung,[173] von der zahlreiche Nachweise für Gäste aus Danzig, Greifswald, Lübeck, Malmö, Riga oder Stettin zeugen, die in Stralsund ihre Testamente errichteten.[174] Jeder Besucher konnte Neuigkeiten weitertragen, beispielsweise im Jahre 1386 davon berichten, dass in Stralsund eine Gruppe von Patriziersöhnen sich mit Schnabelschuhen und in neuartiger Kleidung präsentierte, die kaum die Lenden bedeckte und sich durch lange Ärmel auszeichnete: »de [die Konstabler] hadden korte kledere evenst den lenden vnd lange mowen wente vp de vohte vnd lange schenvelde scho [...]«.[175]

Vermutlich handelte es sich dabei um eine aus der höfischen Männermode stammende kurze Jacke, eine Schecke,[176] womit Wechselwirkungen zwischen höfischer und städtischer Kleidungskultur angesprochen sind. Beim Aufstieg der Farbe Schwarz sind die Höfe dem städtischen Milieu um einige Jahre vorausgeeilt. So war die schwarze Kleidung seit 1350/60 in Italien aufgekommen und trat an den westeuropäischen Höfen um 1400 massiv in Erscheinung.[177] Sicher ist dabei, dass höfische und städtische Kundenkreise sich im Sortiment hansischer Händler schnitten. Gut lässt sich das im Falle des Rostockers Johann Tölner nachvollziehen:[178] Seine Hauptfarben Blau, Rot, Grün und Braun verkaufte er zwischen 1345 und 1350 ebenso an den Haushalt der Rostocker Ratsfamilie Kopmann wie an den Mecklenburger Adligen Johann von Bülow; und selbst die Herzogin von Mecklenburg kaufte bei ihm grüne Ware aus Brügge. Überhaupt waren Hansestädte ein großer Markt nicht nur für städtische, sondern ebenfalls für adlige Konsumentinnen und Konsumenten eines größeren Umlands.[179] In Analogie zur Bedeutung von Fürstenhochzeiten und Reichstagen für den höfischen Kulturtransfer[180] könnte man in dieser Perspektive auf hansische Versammlungen blicken: Was bedeutet etwa der Stralsunder Friedenskongress von 1370 für die Konsumgeschichte? Als im Herbst 1488 zwei Revaler Ratsherren zum dänischen König

172 Selzer (2007: 27).
173 Mähnert/Selzer (2012).
174 Siehe z. B. StraTest. Nr. 419 (Danzig), 424 (Riga), 485 (Stettin), 499 (Lübeck), 520 (Greifswald), 572 (Malmö), 573 (Stettin).
175 Mohnike/Zober (1833: 164).
176 Vgl. Jaacks (1982: 222).
177 Vgl. allgemein Pastoureau (2008/2016).
178 Selzer (2010: 239), nach Koppmann (1885).
179 Vgl. Selzer (2014).
180 Vgl. Selzer (2009).

reisten, kleideten sie ihre Knechte und Jungen niveaugerecht in westeuropäisches Tuch ein – auf Stadtkosten.[181] Umgekehrt erinnerte sich der 1520 geborene Stralsunder Bürgermeister Bartholomäus Sastrow im Alter noch »an das Hoffkleidt, so ich zu Pfortzheim in der Marggraveschen Cantzlei vordint«.[182]

Obwohl Stralsunder Jugendgruppen höfische Mode präsentierten und ein Stralsunder Bürgermeister an sein Hofgewand[183] zurückdachte, wird man nicht annehmen dürfen, dass hansestädtische Oberschichten alltäglich in repräsentativen Luxusstoffen gekleidet waren.[184] Selbst dann, wenn ausreichende Geldmittel zur Verfügung standen, war der Griff zu den neusten Stoffen, zu jeder Modefarbe und zu extravaganten Schnitten nicht angeraten. Hier spielten Fragen des Lebensalters eine Rolle: Der 1434 gestorbene Dietrich Engelhus empfahl in seiner Laienregel älteren Menschen dunkle und einfarbige Kleidungsstücke. Junge Leute durften in seinen Augen alle Farben wählen, die sie wünschten, aber nicht jeder Schnitt der Kleidung war ihnen gestattet: »Oelde lude sollen duster varwe dregen [...]; mer junghe lude de moghen dregen wat varwe dat se willen [...]«.[185] Die Wahl der Kleidung war zudem eine Frage des Anlasses. So hätten die Stralsunder Wulflams für sich in Anspruch nehmen können, dass Hochzeiten einen solchen darstellten. Der Lübecker Hinrik Dunkelgud beispielsweise investierte rund ein Fünftel seines 1480 auf ca. 750 Mark lübisch geschätzten Vermögens für seine Eheschließung im Herbst des vorhergehenden Jahres, wofür er wertvolle Tuche aus Brügge, Leiden und Mechelen erwarb.[186] Als der Hildesheimer Bürgermeister Henning Brandis 1504 seine Tochter nach Goslar verheiratete, liest sich der Bericht des Brautzuges wie die Beschreibung einer höfischen Hochzeit. Brandis und seine Begleiter, auf 104 reisigen Pferden unterwegs, hatten dabei einheitliche Kleidung gewählt und erschienen geschlossen in Gelb.[187]

Jedoch galt in anderen Situationen ein Gebot der Sparsamkeit in Kleidungsfragen.[188] Gute Kleidung war ein Wertgegenstand und daher zu pflegen und langfristig zu erhalten. In Köln schonte im 16. Jahrhundert Hermann von Weinsberg seine Kleidung und unterschied sein Kleidungsverhalten zwischen öffentlichen Notwendigkeiten und persönlichen Bedürfnissen: »Zu den ehren sparte ich mit kost und kleidung und sunst nit gern, aber vur min noitturft war ich mit gewonlicher kost, spisen und drank, auch slechten kleidern wall zufreden.«[189]

181 Selzer (2010: 202), nach Vogelsang (1983: 506 Nr. 2036).
182 Selzer (2010: 202), nach Mohnike (1823/24: Teil 1, S. 276). Vgl. allgemein Brosthaus (1973: 79–82).
183 Siehe zum Hofgewand Selzer (2011), mit weiterer Literatur.
184 Siehe als Überblick zu Luxusgütern in der Stralsund Oberschicht Möller (2008).
185 Selzer (2010: 224), nach Langenberg (1902: 97f.).
186 Stockhusen (2019: 85–90).
187 Selzer (2010: 96), nach Hänselmann (1896: 178).
188 Vgl. Fouquet (2012).
189 Selzer (2010: 231), nach Höhlbaum/Lau/Stein (1926: 6f.).

Die Unterscheidung zwischen Kleidung für Werk- und solcher für Feiertage war in allen städtischen Führungsgruppen üblich, was in Lübecker und Lüneburger Testamenten die wiederkehrende Differenzierung zwischen »werkeldages« und »hilgedages hoyken« anzeigt.[190] Ein so ausgedrücktes Selbstverständnis eines gespaltenen Kleidungskonsums findet sich zwischen 1381 und 1440 in Stralsunder Testamenten nicht.[191] Doch als im Jahre 1390 der Ratsherr Carsten Sarnow seinen unmündigen Neffen Klaus bedachte, wollte er zwar dessen Lerneifer damit befeuern, dass er ihm das Schulgeld für vier Jahre sowie jedes Buch zugestand, das er benötigte. Jedoch in Kleidungsdingen sollte sich dieser Schwestersohn mit jährlich nur einem grauen Rock und zwei Paar Schuhen begnügen.[192]

8. Fazit

Die hier zusammengestellten Beobachtungen zu Kleidungsfarben in Stralsunder Testamenten des Spätmittelalters sind als ein Plädoyer zu verstehen. Sie sollen zur weiterführenden Erforschung von Sachkultur in spätmittelalterlichen Testamenten ermutigen, wenn auch die darin liegenden methodischen Schwierigkeiten nicht unbeträchtlich sind. Eine weiterführende Interpretation aller qualitativer wie quantitativer Ergebnisse sollte sich stets eines vergleichenden Zugriffs versichern. Denn wie der Stadtplan von Stralsund erst durch einen überörtlichen Maßstab auf andere Städte zu beziehen ist, sollten auch die Informationen aus dem Archivmaterial der Testamente in Perspektive zu anderen Städten gesetzt werden können.

9. Bibliografie

9.1 Quellen

Bruinier, Johannes Weijgardus (Bearb.) (1960–1965): *Das Stadtbuch von Anklam, nach der Handschrift*, 3 Bde. (Veröffentlichungen der Historischen Kommission für Pommern, Reihe 4, 4–6). Köln usw.: Böhlau.

Hänselmann, Ludwig (Hrsg.) (1896): *Henning Brandis Diarium. Hildesheimische Geschichten aus den Jahren 1471–1528.* Hildesheim: Gerstenberg.

190 Selzer (2010: 55).

191 Werktagskleider sind indes 1479 in einem Testament genannt: StraTest. Nr. 710 (Regest).

192 StraTest. Nr. 443, ausführlich verzeichnet bei Schildhauer (1992: 117–119). Über Kohlen- und Schuhleistungen sowie die Gabe einer »griseam tunicam«, die aus Anklamer Tuch gefertigt sein sollte (»de tanglimense panno«), läuft auch eine zu 1415 im Stralsunder »Liber memorialis« eingetragene Vereinbarung: Schroeder (1964–1988: Teil 4, 100 Nr. 484).

Heß, Cordelia (Hrsg.) (2008): *Schuldbücher und Rechnungen der Großschäffer und Lieger des Deutschen Ordens in Preußen.* Bd. 1: *Großschäfferei Königsberg I (Ordensfoliant 141)* (Veröffentlichungen aus den Archiven Preußischer Kulturbesitz 62,1 = Quellen und Darstellungen zur Hansischen Geschichte NF 59,1). Köln usw.: Böhlau.

Höhlbaum, Konstantin / Lau, Friedrich / Stein, Josef (Bearb.) (1926): *Das Buch Weinsberg. Kölner Denkwürdigkeiten aus dem 16. Jahrhundert.* Bd. 5 (Publikationen der Gesellschaft für Rheinische Geschichtskunde 16). Bonn: Hanstein.

Jenks, Stuart (Hrsg.) (2012): *Das Danziger Pfundzollbuch von 1409 und 1411* (Quellen und Darstellungen zur Hansischen Geschichte NF 63). Köln usw.: Böhlau.

Koppmann, Karl (1885): *Johann Tölners Handlungsbuch von 1345–1350* (Geschichtsquellen der Stadt Rostock 1). Rostock: Werther.

Laczny, Joachim (Hrsg.) (2013): *Schuldbücher und Rechnungen der Großschäffer und Lieger des Deutschen Ordens in Preußen.* Bd. 2: *Großschäfferei Königsberg II (Ordensfolianten 142–149 und Zusatzmaterial)* (Veröffentlichungen aus den Archiven Preußischer Kulturbesitz 62,2 = Quellen und Darstellungen zur Hansischen Geschichte NF 59,2). Köln usw.: Böhlau.

Langenberg, Rudolf (1902): *Quellen und Forschungen zur Geschichte der deutschen Mystik.* Bonn: Hanstein.

Lesnikov, Michail P. (Hrsg.) (1973): *Die Handelsbücher des hansischen Kaufmanns Veckinchusen* (Forschungen zur mittelalterlichen Geschichte 19). Berlin: Akademie-Verlag.

Lesnikov, Michail P. / Stark, Walter (Hrsg.) (2013): *Die Handelsbücher des Hildebrand Veckinchusen. Kontobücher und übrige Manuale* (Quellen und Darstellungen zur Hansischen Geschichte NF 67). Köln usw.: Böhlau.

Link, Christina / Sarnowsky, Jürgen (Hrsg.) (2009): *Schuldbücher und Rechnungen der Großschäffer und Lieger des Deutschen Ordens in Preußen.* Bd. 3: *Großschäfferei Marienburg* (Veröffentlichungen aus den Archiven Preußischer Kulturbesitz 62,3 = Quellen und Darstellungen zur Hansischen Geschichte NF 59,3). Köln usw.: Böhlau.

Mohnike, Gottlieb Christian Friedrich (Hrsg.) (1823/24): *Bartholomaei Sastrowen Herkommen, Geburt und Lauff seines gantzen Lebens*, 3 Bde. Greifswald: Unversitäts-Buchhandlung.

Mohnike, Gottlieb Christian Friedrich / Zober, Ernst Heinrich (1833): *Johann Berckmanns Stralsundische Chronik und die noch vorhandenen Auszüge aus alten verloren gegangenen Stralsundischen Chroniken nebst einem Anhange, urkundliche Beiträge zur Kirchen- und Schulgeschichte Stralsunds enthaltend* (Stralsundische Chroniken 1). Stralsund: Löffler.

Orlowska, Anna Paulina (2022): *Johan Pyre. Ein Kaufmann und sein Handelsbuch im spätmittelalterlichen Danzig. Darstellung und Edition* (Quellen und Darstellungen zur Hansischen Geschichte NF 77). Köln usw.: Böhlau.

Ropp, Goswin von der (Bearb.) (1892): *Hanserecesse von 1431–1476*, Bd. 7. Leipzig: Duncker & Humblot.

Sattler, Carl (Hrsg.) (1887): *Die Handelsrechnungen des Deutschen Ordens.* Leipzig: Duncker & Humblot.

Schroeder, Horst-Diether (1964–1988): *Der Stralsunder Liber memorialis.* 6 Teile (Veröffentlichungen des Stadtarchivs Stralsund 5.1–6). Weimar: Böhlau.

Stieda, Wilhelm (Hrsg.) (1921): *Hildebrand Veckinchusen. Briefwechsel eines deutschen Kaufmanns im 15. Jahrhundert.* Leipzig: Hirzel.

Vogelsang, Reinhard (Bearb.) (1983): *Kämmereibuch der Stadt Reval 1463–1507.* 2 Teilbände (Quellen und Darstellungen zur Hansischen Geschichte NF 27), Köln usw.: Böhlau.

9.2 Literatur

Antenhofer, Christina (2021): *Die Familienkiste: Mensch-Objekt-Beziehungen im Mittelalter und in der Renaissance* (Mittelalter-Forschungen 67). Ostfildern: Thorbecke.

Baur, Kilian (2013): *Der spätmittelalterliche Barchenthandel vom Heiligen Römischen Reich nach Dänemark.* In: Hansische Geschichtsblätter 131, S. 77–110.

Baur, Paul (1989): *Testament und Bürgerschaft. Alltagsleben und Sachkultur im spätmittelalterlichen Konstanz* (Konstanzer Geschichts- und Rechtsquellen 31). Sigmaringen: Thorbecke.

Bettin, Hartmut / Volksdorf, Dietmar (2003): *Pilgerfahrten in den Stralsunder Bürgertestamenten als Spiegel bürgerlicher Religiosität.* In: Herbers, Klaus / Bauer, Dieter R. (Hrsg.): *Der Jakobuskult in Ostmitteleuropa* (Jakobus-Studien 12). Tübingen: Narr, S. 231–257.

Bieberstedt, Andreas (2007): *Textstruktur, Textstrukturvariation, Textstrukturmuster. Lübecker mittelniederdeutsche Testamente des 14. und 15. Jahrhunderts* (Schriften zur diachronen Sprachwissenschaft 18). Wien: Praesens-Verlag.

Bongermino, Sarah (2014): *»Unde is id, dat ik dar graven werde«. Das soziale Lebensumfeld zweier Hamburgerinnen in ihren Testamenten.* In: Selzer, Stephan / Weidemann, Benjamin (Hrsg.): *Hamburger Lebenswelten im Spätmittelalter. Untersuchungen an gedruckten und ungedruckten Quellen* (Contributiones 2). Münster: Monsenstein und Vannerdat, S. 103–145.

Bongermino, Sarah (2016): *»sette ik myn testamentum«. Kiels spätmittelalterliche Testamente als Quellen zur Erforschung einer Kleinstadt* (Contributiones 3). Münster: Monsenstein und Vannerdat.

Bongermino, Sarah (2017): *»Dar hebbe ik vor to pande«. Einblicke in das berufliche, soziale, religiöse und rechtliche Umfeld der Margarete Sauders.* In: Mitteilungen der Gesellschaft für Kieler Stadtgeschichte 89/2, S. 57–75.

Bongermino, Sarah (2020): *»unde in dem kelre scholen stede arme lude wanen«. Schichtspezifisches Stiftungsverhalten in klein- und großstädtischen lübischrechtlichen Bürgertestamenten des Spätmittelalters im Vergleich* (Contributiones 8). Dortmund: readbox unipress.

Borgolte, Michael (Hrsg.) (1995): *Mittelalterforschung nach der Wende 1989* (Historische Zeitschrift Beihefte NF 20). München: Oldenbourg.

Brandt, Ahasver von (1973/1979): *Mittelalterliche Bürgertestamente. Neuerschlossene Quellen zur Geschichte der materiellen und geistigen Kultur* [zuerst 1973, danach]. In: Friedland, Klaus / Sprandel, Rolf (Hrsg.): *Lübeck, Hanse, Nordeuropa. Gedächtnisschrift für Ahasver von Brandt.* Köln/Wien: Böhlau, S. 336–358.

Brehmer, Wilhelm (1882): *Aus Lübeckischen Testamenten.* In: Zeitschrift der Gesellschaft für Schleswig-Holstein-Lauenburgische Geschichte 12, S. 203–216.

Brehmer, Wilhelm (1888): *Das häusliche Leben in Lübeck zu Ende des fünfzehnten Jahrhunderts. Vortrag, gehalten in der Versammlung des Vereins für Hansische Geschichte zu Rostock.* In: Hansische Geschichtsblätter Jg. 15 1886 [1888], S. 3–30.

Brosthaus, Ursula (1973): *Bürgerleben im 16. Jahrhundert. Die Autographie des Stralsunder Bürgermeisters Bartholomäus Sastrow als kulturgeschichtliche Quelle* (Forschungen und Quellen zur Kirchen- und Kulturgeschichte Ostdeutschlands 11). Köln/Wien: Böhlau.

Brück, Thomas (1994): *Zur Geschichte der Stralsunder Schonenfahrer vom Ende des 15. bis zum Ausgang des 17. Jahrhunderts.* In: Wernicke, Horst / Werlich, Ralf-Gunnar / Kattinger, Detlef (Hrsg.): *Communitas et dominium. Festschrift zum 75. Geburtstag von Johannes Schildhauer.* Großbarkau: Edition Barkau, S. 64–93.

Dormeier, Heinrich (2017): *Sieg der Reformation? Glaube und Gesellschaft in Lübeck im Spiegel der Testamente, weiterer Schriftzeugnisse und der Kunst (1530–1555).* In: Zeitschrift des Vereins für Lübeckische Geschichte und Altertumskunde 97, S. 11–93.

Dronske, Kerstin (1998): *Lübecker Testamente als Quelle zur Kulturgeschichte des Spätmittelalters.* In: Wernicke, Horst / Jörn, Nils (Hrsg.): *Beiträge zur hansischen Kultur-, Verfassungs- und Schiffahrtsgeschichte* (Hansische Studien 10). Weimar: Böhlau, S. 61–66.

Ewe, Herbert (Hrsg.) (1985): *Geschichte der Stadt Stralsund* (Veröffentlichungen des Stadtarchivs Stralsund 10). Weimar: Böhlau.

Fritze, Konrad (1961): *Geschichte der Stadt Stralsund: Die beiden ersten Jahrhunderte ihrer Geschichte* (Veröffentlichungen des Stadtarchivs Stralsund 4). Schwerin: Petermänken.

Förster, Ulrike (2017): *Selbstverständnis im Spannungsfeld zwischen Diesseits und Jenseits. Die Lübecker Ratsherrenwitwen Telse Yborg (gest. vor 1442), Wobbeke Dartzow (gest. 1441/42) und Mette Bonhorst (gest. 1445/46)* (Kieler Werkstücke E 13). Frankfurt a. M. usw.: Peter Lang.

Fouquet, Gerhard (2012): *Sparsamkeit – ein Phänomen des Haushaltens in den Lebenswelten des Mittelalters.* In: Vierteljahrschrift für Sozial- und Wirtschaftsgeschichte 99, S. 1–15.

Graßmann, Antjekathrin (2000): *Art. Brehmer, Wilhelm.* In: Lohmeier, Dieter (Bearb.): *Biographisches Lexikon für Schleswig-Holstein und Lübeck*, Bd. 11. Neumünster: Wachholtz, S. 65–67.

Graßmann, Antjekathrin (2006): *Art. Brandt, Ahasver Theodor von.* In: Lohmeier, Dieter (Bearb.): *Biographisches Lexikon für Schleswig-Holstein und Lübeck*, Bd. 12. Neumünster: Wachholtz, S. 43–46.

Grewolls, Antje (1999): *Die Kapellen der norddeutschen Kirchen im Mittelalter. Architektur und Funktion.* Kiel: Ludwig.

Guzzetti, Linda (2007): *Testamentsforschung in Europa seit den 1970er Jahren: Bibliographischer Überblick*, in: Herzog, Markwart / Hollberg, Cecilie (Hrsg.): *Seelenheil und irdischer Besitz. Testamente als Quellen für den Umgang mit den letzten Dingen* (Irseer Schriften, Studien zur schwäbischen Kulturgeschichte 4). Konstanz: UVK, S. 17–33.

Hahn, Kadri-Rutt (2015): *Revaler Testamente im 15. und 16. Jahrhundert* (Schriften der Baltischen Historischen Kommission 19). Berlin: LIT.

Hasse, Max (1979): *Neues Hausgerät, neue Häuser, neue Kleider. Eine Betrachtung der städtischen Kultur im 13. und 14. Jahrhundert sowie ein Katalog der metallenen Hausgeräte.* In: Zeitschrift für Archäologie des Mittelalters 7, S. 7–83.

Hasse, Max (1981): *Kleinbildwerke in deutschen und skandinavischen Testamenten.* In: Niederdeutsche Beiträge zur Kunstgeschichte 20, S. 60–72.

Hauschild, Ursula (1973): *Studien zu Löhnen und Preisen in Rostock im Spätmittelalter* (Quellen und Darstellungen zur Hansischen Geschichte NF 19). Köln usw.: Böhlau.

Heimpel, Hermann (1933): *Auf neuen Wegen der Wirtschaftsgeschichte.* In: Vergangenheit und Gegenwart 23, S. 495–515.

Heusinger, Sabine von / Wittekind, Susanne (Hrsg.) (2019): *Die materielle Kultur der Stadt in Spätmittelalter und Früher Neuzeit* (Städteforschung A 100). Wien usw.: Böhlau.

Holbach, Rudolf (1993): *Zur Handelsbedeutung von Wolltuchen aus dem Hanseraum.* In: Jenks, Stuart / North, Michael (Hrsg.): *Der hansische Sonderweg? Beiträge zur Sozial- und Wirtschaftsgeschichte der Hanse* (Quellen und Darstellungen zur Hansischen Geschichte NF 39). Köln usw.: Böhlau, S. 135–190.

Huang, Angela (2015): *Die Textilien des Hanseraums. Produktion und Distribution einer spätmittelalterlichen Fernhandelsware* (Quellen und Darstellungen zur Hansischen Geschichte NF 71). Köln usw.: Böhlau

Huang, Angela / Jahnke, Carsten (Hrsg.) (2015): *Textiles and the medieval economy: production, trade, and consumption of textiles, 8th–16th centuries. In memoriam John Munro (1938–2013).* Oxford usw.: Oxbow Books.

Jaacks, Gisela (1982): *Städtische Kleidung im Mittelalter.* In: Wittstock, Jürgen (Hrsg.): *Aus dem Alltag der mittelalterlichen Stadt. Handbuch zur Sonderausstellung vom 5. Dezember 1982 bis 24. April 1983 im Bremer Landesmuseum für Kunst- und Kulturgeschichte.* Bremen: Sturm Druck, S. 219–232.

Jaritz, Gerhard (1977): *Die realienkundliche Aussage der sogenannten Wiener Testamentbücher.* In: Appelt, Heinrich (Hrsg.): *Das Leben in der Stadt des Spätmittelalters* (Veröffentlichungen des Instituts für Mittelalterliche Realienkunde Österreichs 2). Wien: Verlag der Österreichischen Akademie der Wissenschaften, S. 176–190.

Jaritz, Gerhard (1984): *Österreichische Bürgertestamente als Quelle zur Erforschung städtischer Lebensformen des Spätmittelalters.* In: Jahrbuch für Geschichte des Feudalismus 8, S. 249–264.

Jöns, Hauke / Lüth, Friedrich / Schäfer, Heiko (Hrsg.) (2005): *Archäologie unter dem Straßenpflaster: 15 Jahre Stadtkernarchäologie in Mecklenburg-Vorpommern* (Beiträge zur Ur- und Frühgeschichte Mecklenburg-Vorpommerns 39). Schwerin: Beier & Beran.

Kubicki, Rafał (2020): *Last wills of townspeople in Late-Medieval Elbląg as compared to other Baltic towns (Gdańsk, Lübeck, Stralsund, and Tallinn).* In: Quaestiones Medii Aevi Novae 25, S. 237–262.

Lusiardi, Ralf (2000a): *Stiftung und städtische Gesellschaft. Religiöse und soziale Aspekte des Stiftungsverhaltens im spätmittelalterlichen Stralsund* (Stiftungsgeschichten 2). Berlin: Akademie-Verlag.

Lusiardi, Ralf (2000b): *Fegefeuer und Weltengericht. Stiftungsverhalten und Jenseitsvorstellungen im spätmittelalterlichen Stralsund.* In: Borgolte, Michael (Hrsg.): *Stiftungen und Stiftungswirklichkeiten. Vom Mittelalter bis zur Gegenwart.* Berlin: Akademie-Verlag, S. 97–110.

Lusiardi, Ralf (2001): *Die Lebenden und die Toten. Spätmittelalterliche Memoria zwischen Vergegenwärtigung und Vergessen.* In: Annali dell'Istituto storico italo-germanico in Trento 27, S. 671–690.

Lusiardi, Ralf (2008): *Familie und Stiftung im Mittelalter Einige komparative Bemerkungen zum christlich-abendländischen Kulturkreis.* In: Rexroth, Frank / Huschner, Wolfgang (Hrsg.): *Gestiftete Zukunft im mittelalterlichen Europa. Festschrift für Michael Borgolte zum 60. Geburtstag.* Berlin: Akademie-Verlag, S. 353–373.

Mähnert, Joachim/Selzer, Stephan (Hrsg.) (2012): *Vertraute Ferne. Kommunikation und Mobilität im Hanseraum.* Husum: Husumer Druck- und Verlagsgesellschaft.

Meyer, Gunnar: *Milieu und Memoria. Schichtspezifisches Stiftungsverhalten in den Lübecker Testamenten aus dem 2. Viertel des 15. Jahrhunderts.* In: Zeitschrift des Vereins für Lübeckische Geschichte und Altertumskunde 78, S. 115–142.

Meyer, Gunnar (2010): *Besitzende Bürger und elende Sieche. Lübecks Gesellschaft im Spiegel ihrer Testamente 1400–1449* (Veröffentlichungen zur Geschichte der Hansestadt Lübeck B 48). Lübeck: Schmidt-Römhild.

Möller, Gunnar (2008): *Luxus in der mittelalterlichen-frühneuzeitlichen Stadt Stralsund. Anmerkungen zum Lebensstil der Bürger.* In: Gläser, Manfred (Hrsg.): *Lübecker Kolloquium zur Stadtarchäologie im Hanseraum VI: Luxus und Lifestyle* (Lübecker Kolloquium zur Stadtarchäologie im Hanseraum 6). Lübeck: Schmidt-Römhild, S. 293–320.

Mohrmann, Ruth-E. (1990): *Alltagswelt im Lande Braunschweig. Städtische und ländliche Wohnkultur vom 16. bis zum frühen 20. Jahrhundert* (Beiträge zur Volkskultur in Nordwestdeutschland 56). Münster: Coppenrath.

Mosler-Christoph, Susanne (1998): *Die materielle Kultur in den Lüneburger Testamenten 1323–1500.* Diss. phil. Göttingen.

Niemeck, Andreas (2002): *Die Zisterzienserklöster Neuenkamp und Hiddensee im Mittelalter* (Veröffentlichungen der Historischen Kommission für Pommern 37). Köln usw.: Böhlau.

Noodt, Birgit (2000): *Religion und Familie in der Hansestadt Lübeck anhand der Bürgertestamente des 14. Jahrhunderts* (Veröffentlichungen zur Geschichte der Hansestadt Lübeck, Archiv der Hansestadt B 33). Lübeck: Schmidt-Römhild.

Nyberg, Tore (1973): *Das Birgittenkloster von Stralsund im Zuge ordensintemer Reformbewegungen.* In: Baltische Studien NF 105, S. 7–16.

Pajcic, Kathrin (2013): *Frauenstimmen in der spätmittelalterlichen Stadt? Testamente von Frauen aus Lüneburg, Hamburg und Wien als soziale Kommunikation* (Epistemata. Reihe Literaturwissenschaft 768). Würzburg: Könighausen & Neumann.

Pastoureau, Michel (2000/2013): *Bleu: Histoire d'une couleur.* Paris: Seuil 2000 [deutsch: Berlin: Klaus Wagenbach 2013].

Pastoureau, Michel (2008/2016): *Noir: Histoire d'une couleur.* Paris: Seuil 2008 [deutsch: Darmstadt: Philipp von Zabern 2016].

Poeck, Dietrich W. (2021): *»unde we dit bock leff hefft unde gerne leset, de bidde vor uns.« Memoria in Hansestädten. Gesammelte Studien* (Contributiones 9). Dortmund: readbox unipress.

Röpcke, Andreas (1977): *Das Eutiner Kollegiatstift im Mittelalter 1309–1535* (Quellen und Forschungen zur Geschichte Schleswig-Holsteins 71). Neumünster: Wachholtz.

Rüther, Stefanie (2003): *Prestige und Herrschaft. Zur Repräsentation der Lübecker Ratsherren in Mittelalter und Früher Neuzeit* (Norm und Struktur 16). Köln usw.: Böhlau.

Schildhauer, Johannes (1981): *Zur Lebensweise und Kultur der hansestädtischen Bevölkerung auf der Grundlage der Stralsunder Bürgertestamente (Anfang 14. bis Ende 16. Jahrhundert).* In: Wissenschaftliche Zeitschrift der Ernst-Moritz-Arndt-Universität Greifswald. Gesellschafts- und sprachwissenschaftliche Reihe 30.1/2, S. 3–9.

Schildhauer, Johannes (1988): *Tägliches Leben und private Sphäre des spätmittelalterlichen Bürgertums. Untersuchungen auf der Grundlage Stralsunder Bürgertestamente.* In: Zeitschrift für Geschichtswissenschaft 36, S. 608–614.

Schildhauer, Johannes (1989): *Religiöse Vorstellungen, soziale Verhaltensweisen und kaufmännisches Denken des hansischen Städtebürgers auf der Grundlage Stralsunder Bürgertestamente.* In: Jahrbuch für Regionalgeschichte 16.2, S. 29–41.

Schildhauer, Johannes (1991): *»Ad pias causas«. Vermächtnisse an die Kirchen und an die Armen auf der Grundlage der Stralsunder Bürgertestamente (Anfang des 14. Jahrhunderts bis zur Reformation).* In: Wyrobisz, Andrzej / Tymowski, Michal (Hrsg.): *Czas, przestrze, praca w dawnych miastach. Studia ofiarowane Henrykowi Samsonowiczowi w szesdziesit rocznic urodzin [FS Henryk Samsonowicz]*. Warszawa, S. 291–301.

Schildhauer, Johannes (1992): *Hansestädtischer Alltag. Untersuchungen auf der Grundlage der Stralsunder Bürgertestamente vom Anfang des 14. bis zum Ausgang des 16. Jahrhunderts* (Abhandlungen zur Handels- und Sozialgeschichte 28). Weimar: Böhlau.

Schildhauer, Johannes (1998a): *Stralsunder Bürgertestamente vom Anfang des 14. bis zum Ausgang des 16. Jahrhunderts. Liste sämtlicher Testatoren in chronologischer und alphabetischer Reihenfolge.* In: Kattinger, Detlef / Wernicke, Horst (Hrsg.): *Akteure und Gegner der Hanse. Zur Prosopographie der Hansezeit* (Hansische Studien 9 = Abhandlungen zur Handels- und Sozialgeschichte 30). Weimar: Böhlau, S. 327–403.

Schildhauer, Johannes (1998b): *Stralsunder Bürgertestamente als Quellen zur Lebensweise der städtischen Bevölkerung – Die bürgerliche Familie.* In: Wernicke, Horst / Jörn, Nils (Hrsg.): *Beiträge zur hansischen Kultur-, Verfassungs- und Schiffahrtsgschichte* (Hansische Studien 10). Weimar: Böhlau, S. 67–72.

Schildhauer, Johannes (2005): *»Ad pias causas«. Vermächtnisse an die Kirche und die Armen in Stralsunder Bürgertestamenten.* In: Arbeitsgemeinschaft für Pommersche Kirchengeschichte (Hrsg.): *Symposium und Ausstellung anlässlich der Wiedereinweihung des Doms St. Nikolai in Greifswald im Juni 1989. Zur Geschichte, zum Bau und zu den Restaurierungen des Domes* (Beiträge zur pommerschen Landes-, Kirchen- und Kunstgeschichte 5). Schwerin: Helms, S. 59–66.

Schmidt, Maria (1962): *Bürgerliche Frauenkleidung in Münster (1500–1750).* In: Rheinisch-Westfälische Zeitschrift für Volkskunde 9, S. 200–233.

Schmidt, Maria (1963): *Bürgerliche Männerkleidung in Münster (1500–1750).* In: Rheinisch- Westfälische Zeitschrift für Volkskunde 10, S. 129–140.

Seidel, Kerstin (2009): *Freunde und Verwandte. Soziale Beziehungen in einer spätmittelalterlichen Stadt* (Campus historische Studien 49). Frankfurt a. M. usw.: Campus.

Selzer, Stephan (1996): *Artushöfe im Ostseeraum, Ritterlich-Höfische Kultur in den Städten des Preußenlandes im 14. und 15. Jahrhundert* (Kieler Werkstücke D 8). Frankfurt a. M. usw.: Lang.

Selzer, Stephan (2005): *Geheimer Schoß und sichtbare Statussymbole. Konsum als Zeichen sozialer Zuordnung in spätmittelalterlichen Städten des Hanseraums. Eine Problemskizze.* In: Meinhardt, Matthias / Ranft, Andreas (Hrsg.): *Die Sozialstruktur und Sozi-*

altopographie vorindustrieller Städte (Hallische Beiträge zur Geschichte des Mittelalters und der Frühen Neuzeit 1). Berlin: Akademie-Verlag, S. 89–120.

Selzer, Stephan (2007): *Farbwissen im Hanseraum. Innovationen in der Färberei und obrigkeitliche Ansiedlungspolitik um 1500.* In: Schmidt, Burghard (Hrsg.): *Von der Geschichte zur Gegenwart und Zukunft. Wissenstransfer und Innovationen rund um das Mare Balticum* (Studien zur Geschichte des Ostseeraums 4). Hamburg: Dokumentation & Buch, S. 22–34.

Selzer, Stephan (2008): *Reitende Macht. Italienische Condottieri und ihre Pferde im 14. und 15. Jahrhundert.* In: Poeschke, Joachim / Weigel, Thomas / Kusch-Arnold, Britta (Hrsg.): *Praemium Virtutis III: Reiterstandbilder von der Antike bis zum* Klassizismus (Symbolische Kommunikation und gesellschaftliche Wertesysteme 22). Münster: Rhema, S. 75–93.

Selzer, Stephan (2009): *Überlegungen zur Optik des Reichtags. Kleidung und Heraldik fürstlicher Besucher auf spätmittelalterlichen Reichsversammlungen.* In: Peltzer, Jörg Henning / Schwedler, Gerald / Töbelmann, Paul (Hrsg.): *Politische Versammlungen und ihre Rituale. Repräsentationsformen und Entscheidungsprozesse des Reichs und der Kirche im späten Mittelalter* (Mittelalterforschungen 27). Ostfildern: Thorbecke, S. 247–262.

Selzer, Stephan (2010): *Blau. Ökonomie einer Farbe im spätmittelalterlichen Reich* (Monographien zur Geschichte des Mittelalters 57). Stuttgart: Hiersemann.

Selzer, Stephan (2011): *Adel auf dem Laufsteg. Das Hofgewand um 1500 gezeigt am Beispiel des landgräflich-hessischen Hofes.* In: Schwinges, Rainer C. / Schorta, Regula (Hrsg.): *Fashion and Clothing in Late Medieval Europe = Mode und Kleidung im Europa des späten Mittelalters.* Basel: Schwabe, S. 115–129.

Selzer, Stephan (2014): *Eine fürstliche Konsumentin und ihre Lübecker Einkäufe 1433/1434.* In: Hundt, Michael / Lokers, Jan (Hrsg.): *Hanse und Stadt. Akteure, Strukturen und Entwicklungen im regionalen und europäischen Raum. Festschrift für Rolf Hammel-Kiesow zum 65. Geburtstag.* Lübeck: Schmidt-Römhild, S. 411–431.

Selzer, Stephan (2018): *Die ›Konsumentenstadt‹. Angebot – Gebrauch – Verbrauch eines stadtgeschichtlichen Konzepts.* In: ders. (Hrsg.): *Die Konsumentenstadt. Konsumenten in der Stadt des Mittelalters* (Städteforschung A 98). Köln/Weimar/Wien: Böhlau, S. 11–24.

Selzer, Stephan (2019): *Mit Dieben, Räubern und Trickbetrügern unterwegs auf hansischen Handelsstraßen – Zum Quellenwert von Gerichtsakten für die Erforschung nichtkaufmännischer Mobilität im Hanseraum.* In: Kraack, Detlev (Hrsg.): *Wirtschafts- und Sozialgeschichte Schleswig-Holsteins und Norddeutschlands für das 21. Jahrhundert. Ortwin Pelc zum 65. Geburtstag* (Studien zur Wirtschafts- und Sozialgeschichte Schleswig-Holsteins 56). Stuttgart: Franz Steiner, S. 75–95.

Selzer, Stephan (2020): *Vier Möllner Testamente des Spätmittelalters. Einordnung, Edition, Ertrag.* In: Lauenburgische Heimat 209, S. 60–79.

Selzer, Stephan (2021): *Das Leiden der Krieger: Invalidität und Gefangenschaft in Quellen spätmittelalterlicher Hansestädte.* In: Pelc, Ortwin (Hg.): *Kriegsleiden in Norddeutschland vom Mittelalter bis zum Ersten Weltkrieg* (Studien zur Wirtschafts- und Sozialgeschichte Schleswig-Holsteins 57). Stuttgart: Franz Steiner, S. 73–95.

Simon-Muscheid, Katharina (1995): *»Schweizergelb« und »Judasfarbe«. Nationale Ehre, Zeitschelte und Kleidermode um die Wende vom 15. zum 16. Jahrhundert.* In: Zeitschrift für Historische Forschung 22, S. 317–343.

Simon-Muscheid, Katharina (2004): *Die Dinge im Schnittpunkt sozialer Beziehungsnetze. Reden und Objekte im Alltag: Oberrhein 14.–16. Jahrhundert* (Veröffentlichungen des Max-Planck-Instituts für Geschichte 193). Göttingen: Vandenhoeck & Ruprecht.

Simson, Paul (1915): *Das Testament des Danziger Schöffen und Ratsherrn Otto Angermünde von 1492.* In: Mitteilungen des Westpreußischen Geschichtsvereins 14, S. 42–48.

Sloan, Margret (2022): *Importwaren in die Hansestadt Stralsund 1250–1450. Untersuchungen am archäologischen Material.* Diss. Bamberg 2022. https://fis.uni-bamberg.de/handle/uniba/53780 [Zugriff am 18.01.2024].

Sortor, Marci (1993): *Saint Omer and Its Textile Trade in the Late Middle Ages. A Contribution to the Proto-industrialization Debate.* In: American Historical Review 98, S. 1474–1499.

Stark, Karola (1994): *Zur Stralsunder Geschichtsschreibung im ersten Drittel des 16. Jahrhunderts.* In: Wernicke, Horst / Werlich, Ralf-Gunnar / Kattinger, Detlef (Hrsg.): *Communitas et dominium. Festschrift zum 75. Geburtstag von Johannes Schildhauer.* Großbarkau: Edition Barkau, S. 102–117.

Stark, Walter (1985): *Untersuchungen zum Profit beim hansischen Handelskapital in der ersten Hälfte des 15. Jahrhunderts* (Abhandlungen zur Handels- und Sozialgeschichte 24). Weimar: Böhlau.

Steyer, Timo (2021): *Für die Ehre Gottes und der eigenen Seele. Seelgerätstiftungen in Braunschweiger Bürgertestamenten des späten Mittelalters* (Braunschweiger Werkstücke A 62). Wendeburg: Uwe Krebs.

Stockhusen, Sabrina (2019): *Hinrik Dunkelgud und sein Rechnungsbuch (1479 bis 1517). Lebensformen eines Lübecker Krämers an der Wende vom 15. zum 16. Jahrhundert* (Vierteljahrschrift für Sozial- und Wirtschaftsgeschichte. Beihefte 245). Stuttgart: Franz Steiner.

Weglage, Silke (2011): *Menschen und Vermächtnisse. Untersuchungen zu den Braunschweiger Bürgertestamenten des 14. Jahrhunderts (1289–1390).* Hamburg: Kovač.

Weidemann, Benjamin (2012): *Vorsorge und Versorgung im Spätmittelalter. Alter, Bedürftigkeit, Ehepartner, Kinder und Gesinde in Testamenten aus Lüneburg* (Contributiones 1). Münster: MV-Wissenschaft.

Woude, Adrianus Maria van der / Schuurmann, Anton (Hrsg.) (1980): *Probate Inventories. A New Source for Historical Study of Wealth, Material Culture and Agricultural Development.* Utrecht: Hes & De Graaf.

Zahnd, Urs Martin (1988): *Spätmittelalterliche Bürgertestamente als Quellen zu Realienkunde und Sozialgeschichte.* In: Mitteilungen des Instituts für Österreichische Geschichtsforschung 96, S. 55–78.

Zander-Seidel, Jutta (1990): *Textiler Hausrat. Kleidung und Haustextilien in Nürnberg von 1500–1650* (Kunstwissenschaftliche Studien 59). München: Deutscher Kunstverlag.

Zoellner, Klaus-Peter (1974): *Vom Strelasund zum Oslofjord. Untersuchungen zur Geschichte der Hanse und der Stadt Stralsund in der zweiten Hälfte des 16. Jahrhunderts* (Abhandlungen zur Handels- und Sozialgeschichte 14). Weimar: Böhlau.

Erika Mayerová

Ich schaff... Testamente als Spiegel des Lebens und der materiellen Kultur der Bürger in Pressburg (Bratislava) im Spätmittelalter

Abstract

***Ich schaff*... Testaments as a reflection of the life and of the material culture of the citizens of Pressburg (Bratislava) in the Late Middle Ages**

Protocollum Testamentorum is one of the most remarkable written memoirs of the Middle Ages in the german language in Slovakia. Testaments of this book capture and reflect the real life of the citizens of Pressburg (Bratislava) in the given period. They are an important source of research as they help to explain historical facts, show the living conditions in which the testators found themselves, their relationship to material objects and their relationship to other people. The emergence of the testaments was related to the inheritance rights of the burgesses which guaranteed urban privileges. The circumstances in which the testaments were made are evidenced in more than 800 last wills in the oldest book of testaments of Bratislava in the Late Middle Ages.

Keywords: testaments, Middle Ages, Bratislava

Schlüsselwörter: Testamente, Pressburg (Bratislava), Spätmittelalter

Als ich vor vielen Jahren die Gelegenheit hatte, im Stadtarchiv von Bratislava einen Blick in das Originalbuch der ältesten Pressburger Testamente zu werfen (damals war es noch möglich), war es ein unbeschreibliches Erlebnis.[1] Dieses ziemlich große und dicke in Leder gebundene Buch enthält 456 Blätter, auf denen über 800 Testamente verzeichnet sind. Die Eintragungen in dieses *Prothocollum Testamentorum* erfolgten von 1427 bis 1529 Eintragungen gemacht (*ab anno 1427 usque annum 1529*). Da die Zahl der Testamente im Laufe der Zeit kontinuierlich zunahm, sah sich der Schreiber L. Egkenfelder dazu veranlasst, ein Register anzulegen, das das Auffinden von Testamenten erheblich erleichtern sollte. Keiner seiner Nachfolger setzte diese Tätigkeit fort und so blieb es unvollendet.

Erika Mayerová, Katedra germanistiky, nederlandistiky a škandinavistiky, Filozofická fakulta Univerzity Komenského Bratislava, ORCID: 0009-0007-9849-5468.

1 Mit den ältesten Pressburger Testamenten habe ich mich im Rahmen meiner Dissertationsarbeit beschäftigt, in der ich die sprachlichen Merkmale der Testamente untersucht habe.

Schon im Mittelalter war die testamentarische Erbfolge eine häufige Quelle des Besitzerwerbs, obwohl sie nicht gleichzeitig mit der Entstehung des Königtums aufkam und schriftliche Testamente noch wenig üblich waren. Nach der Anerkennung des individuellen Privateigentums gab es seit Stefan I. für die Adeligen das Recht auf die freie Verfügung über das Vermögen (Luby 2002: 522). Das bürgerliche Erbrecht wurde auf der Grundlage von Privilegien geschaffen, die die Städte bei ihrer Gründung erhielten. In der frühesten Zeit kennt man nur das Satzungsrecht, erst später wurden auch die Testierfreiheit und die Erbfolge nach der letztwilligen Verfügung anerkannt (Luby 2002: 530). Die Bürger der Stadt Pressburg hatten schon im 14. Jahrhundert das Recht der freien letztwilligen Verfügung. Bis zum Beginn des 14. Jahrhunderts waren es das Kapitel oder der Stadtrat, wo die Pressburger ihren letzten Willen verkündeten, was zu »gewisser Rechtsunsicherheit« führte (Ortvay 1894: 53). Demzufolge gab es zwei verschiedene Arten von Testamenten, die öffentlichen Testamente und die Privattestamente, die sich auch der Form nach unterschieden. Die öffentlichen wurden mündlich vor dem Stadtrat vorgetragen und dann in das Buch des Stadtrichters eingeschrieben (Ortvay 1894: 54). Sie wurden als *Geschäftsbriefe (gescheft)* bezeichnet: *Vermerht das geschëft der erbern frawn Elisabeth der Chlokausin* (1431), *Vermerkcht das geschaft des erbern mans Simon des Sneider (1433)Vermerkt das geschëft der erbern frawn Margarettn, Hannsen des Holczer (1444), Hie ist vermerkt das geschëft, das ich Bërtlme Tunkchl tun hab (1471), Vermercht das geschëft des erbern man Michl Lÿsst (1500)* usw.

Privattestamente wurden vor Zeugen (Bürgermeister, Pfarrer, Stadtschreiber) erstellt und in das Stadtprotokoll eingetragen. Dies geschah oft erst nach einigen Monaten, sogar Jahren: *Geschehen am freytag nach Letar nach Cristi geburdt Tausennt funffhundert vnd im sibendn Jarn* (19.03.1507), *Actum Einschreibens phintztag nach Margarethe An it septimo* (15.07.1507) – Testament der Katherina Hueterin; *Geschehen am Phintztag nach Assumpcionis Marie Anno domini Taussennt funffhundert vnnd Im vij Jahre* – (19.08.1507), *Actum einschreibens Mitiche nach Pauli conversio Anno domini it v C Octawo* – (26.01.1508) – Testament des Nikolasch Schuester; *geschehen am Freitag nach sand Mertems tag Anno domini M°CCCC° vigesimo septimo* – (14.11.1427), Acta sunt hec…recognicionis predictorum feria Secunda proprium post convertam Paulis palmarum primo *MCCCC trecesimo quarta* – (22.03.1434) –Testament des Jost Laschport.

Ein Testament dokumentiert nicht nur die Vermögensverhältnisse des Testators, es hat auch einen großen Zeugniswert, da es die ganze Lebensweise eines Menschen, seine Beziehungen zu den anderen Menschen und natürlich zu den Objekten, die Gegenstand der Erbschaft sind, widerspiegelt. Die Gültigkeit eines Testaments ergibt sich auch aus den rechtlichen Gewohnheiten, die für seine Abfassung maßgeblich sind. Testamente gehören zu den Textsorten, die stark normiert und formelhaft sind. Das Formulierungsmuster der ältesten Pressburger Testamente, das sich die mittelalterliche Kanzleipraxis angeeignet hatte, blieb nicht ohne Änderungen. Die Zeit, die verschiedenen Umstände in der Entwicklung brachen teilweise dieses Schema auf. Bei der Analyse ist es üblich, mit der Struktur der Historiker und Archivare zu arbeiten – 1. Protokoll, 2. Kontext, 3. Eschatokol. Die Invocatio im Protokoll (Anrufung des göttlichen Namens) benutzten mit Vorliebe »öffentliche« Notare: *In dem Namen der heylign vntailbern Triualtigkait,*[2] *In dem namen der heilign vnd vntailbern dreyainigkait,*[3] *In dem namen Gots mit seiner gebenedeittn mueter maria.*[4] In vielen Pressburger Testamenten wird die Invokatio ausgelassen, man beginnt gleich mit der Intitulatio (Angabe von Namen und Titel des Ausstellers der Urkunde): *Hie ist vermerkcht das geschaft das ich Caspar Scharrach.....getan hab,*[5] *Hie ist vermerkcht das gescheфft das Ich Mert Harrer getan hab.*[6]

Der letzte Wille sollte auch den friedlichen Abgang des Menschen aus der irdischen Welt sicherstellen, indem er sein Vermögen ordnete, denn er war sich bewusst, dass es sich um vergängliche Dinge handelte, die er nicht mit ins Grab nehmen würde: *das ich ytzundt in meinem sichpett die aufsatzung natürlichs tods, dem nichts gewissers vnd seiner stundt nichts vngewissers betracht hab,*[7] *das ich ytzundt in meinem sichpett die aufsatzung natürlichs tods dess wunderrliche vngeacht zw kunft den vernüftign gepurt allwegenn zw gedenckn, denn sein nichts gewisers vnd nicht vngewisers ist seiner stundt,*[8] *nach dem vnnd Ich Erckenn, das alle ding Ir endt habnn vnd namblich mit dem tod peschlossn werdnn, hab Ich fur mich genomenn, von denn habnn vnd Guetern, So mir diese gott der her gebnn, verlichenn vnd vergundt hatt.*[9]

Das Protokoll ist sehr formelhaft mit einer geringen Veränderung. Fast jedes Protokoll enthält noch eine Formel, die bestätigen muss, dass der Testator »*bey gueter vernuft, gesundt, verstenntigkhayt, mit wolbedachtn muet*« ist. Der Kontext beginnt oft mit einer einleitenden Formel, Arenga, die in einem gehobenen Stil die Gründe für das Niederschreiben des letzten Willens darlegt. Narratio (Umstände, die der Rechtshandlung vorausgehen) liegt im Testament der wohlhabenden Barbara Ebersbergerin (1516) vor: *nach dem vnnd ich erckenn, das alle ding ir enndt habenn vnd namblich mit dem tod peschlossn werdnn.* Der Bürger Martin Rosstauscher erklärt auch, warum er seiner Tochter Veronica nicht mehr als 4 Florin »geschafft hat«: *Item meiner tochtern Veronica, schaff ich*

2 Testament des Steffan Rieder, 1501.
3 Testament der Dorothea Dilllmanin, 1503.
4 Testament der Barbara Ebersbergerin, 1516.
5 Testament des Caspar Scharrach, 1428.
6 Testament des Mert Harrer, 1487.
7 Testament des Stephan Rieder, 1501.
8 Testament der Barbara Unppeckin, 1501.
9 Testament der Barbara Ebersberger, 1516.

IIII fl. vnd nichtmer, doch mit solher vnterscheid, das man meinen gescheffthern dieselbn IIII fl. sol nyderlegen vnd innhaltn, solanng biß dieselb mein tochter zu ern greifft vnd wol an lösst nach erkantnusß meiner gescheffthern, warvmb ich ir abe nitmer hab welln schaffn vrsach, wann sy hat mich mein teg vmb vil pracht vnd andere vrsach, die ich meinen gescheffthern fürgehaltn vnd erzelt hab, des nit zuschreiben ist, aber so es darzw këm, möchtn sy das wol einbekennenn. Auch ist mein wille, so dieselb mein tochter sich nach ern nicht wol anließ vnd nicht an ir angelegt wër, so sulln mein gescheffthern dieselbn IIII fl. Außteiln vnd gebn zw dem hail meiner sel nach irm pessrn versteen…

Die Sanktio (Anordnung weltlicher oder geistlicher Strafen für den Fall einer Missachtung des Testaments) gehört zu den Formeln, die spärlich im Prothocollum Testamentorum vorkommen: »*Ob aber sach wåre, das etwar wurdt oder wolt sein, der solichnn testamentarÿs oder geschafft herren wolt widerstanndt thuen vnd meinenn letzsten willenn, wie in dÿsem geschafft brůeff begriffn ist, ÿrrenn, So verordne ich*«[10] (Testament der Barbara Ebersbergerin, 1516). Jedes Testament muss datiert werden. Obwohl die Datierungsformel die wichtigste Formel des Eschakotols ist, ist sie sehr oft schon im Protokoll zu finden. Die Subscriptio, Unterschrift des Ausstellers und der Zeugen, ist in der Zeit der Entfaltung der mittelalterlichen Urkunde nicht üblich. Zeugen, Stadtschreiber und Schreiber werden lediglich genannt. Man kann behaupten, dass keines der hier untersuchten Testamente die Struktur mit allen Elementen umfasst.

1. Zu einigen *hereditaria* im Prothocollum Testamentatorum

Die Erbschaft bestand im Wesentlichen aus beweglichem und unbeweglichem Vermögen, das bewegliche wurde mit dem Namen *Erbgut* bezeichnet: *Also hat die obgenante fraw Katherina vor vnser geschafft alles das gut, es sein erib ader farundgut, wie das genant ist,*[11] *so hat der obgenante Hanns Faschan geschaft seiner hawsfrawen, Cristein, all sein hab halbe, es seÿ erbgut oder farngut, ledig vnd freÿ.*[12] Aus den rechtsgültigen Folgen des Ehestandes ergab sich die Organisation und Regelung des Familienlebens, wo der Wille des Vaters entscheidend war. Über sein erworbenes Vermögen konnte er frei und letztwillig verfügen. Die Ehefrau war ihrem Mann im Sinne der sittlich-religiösen Auffassung der Ehe untergeordnet, sie konnte aber im Besitz eines Vermögens stehen: desjenigen, was sie aus dem Elternhaus mitbrachte, dann desjenigen, was sie von ihrem Bräutigam als Geschenk erhielt und desjenigen, was sie gemeinsam mit ihrem

10 Testament der Barbara Ebersbergerin, 1516.
11 Testament der Katharina Finkchin, 1434.
12 Testament des Hans Vaschan, 1436.

Mann erwarb. Das zugebrachte Heiratsgut der Frau ist nach sächsischem Recht unter der Bezeichnung *Gerade* bekannt (Ortvay 1894: 27). Das Geschenk, das die Frau beim Abschluss der Ehe erhielt, als *Morgengabe* (donum matutinale, Geschenk am Morgen nach der Hochzeitsnacht) bezeichnet, diente zur Sicherung der Versorgung der Frau: *Das selb gescheft halt inn von einen weingartn genant der Katterl, der leit czu Turding, der ist meiner wirtinn morgengab fur zwayhundert guldein,*[13] *Item so schaff ich meinen weingartn Karaphel meinem sun Hansen vnd denselbn weingartn halbn hab ich vorgenente Haz Wl gemargenngabt meiner hawsfrawen Kathrein, als das stat recht ist zu Prespurgk.*[14] Die Morgengabe richtete sich immer nach den Vermögensverhältnissen des Mannes und war das Ergebnis einer Vereinbarung, die dem Eingehen einer Ehe vorausging (Ortvay 1894: 29–31). Sie bestand hauptsächlich aus Häusern, Weingärten, Grundstücken oder auch Geld: *frawn Margarethen meiner gegenwurtign hawsfrawn aus varünder hab ain drittail…weingarttn zw Rezeschdorff fünffczig hungrisch guldein zw freÿer vnd lediger morgen gab nach innhalt heÿrat.*[15]

Eine wichtige Bedingung für das Recht auf die Verwaltung des eigenen Vermögens war das Alter der Erben, weil Kinder (ob Söhne oder Töchter) das gleiche Recht auf das väterliche und mütterliche Vermögen besaßen. Nach Theodor Ortvay und Juraj Spiritza musste das 14. Lebensjahr erreicht sein, was Ortvay auch für das Alter der Mündigkeit hält (Ortvay 1894: 39). Bei Spiritza ist die Frage der Mündigkeit umstritten, denn er unterscheidet zwischen dem Verfügungsrecht (in Prothocollum Testamentorum »zw vogtbarn jarn«) und der Mündigkeit (»zw tagn«), für die die Altersgrenze fraglich war (Spiritza 1959: 12): *Item ob der obgenant Merthel, mein enenkchel, ab gieng mit dem tod, eë das er chem zü seinen jarn der verstenichait, so sullen,*[16] *vnd das benant vnnser kind vor vogtpern jarn abgieng,*[17] *vnd behaltens den khindern vnd nicht gebn biss sÿvogtper werden,*[18] *Wo aber die kinder abgiengnn vor vogtparn jarn.*[19]

Die »*Liegenden*«, die der Testator einem oder mehreren Erben »schafft« (seinem Ehepartner, seinen Kindern und Verwandten als *leibliche Freunde*), konnten Häuser, Gärten und Weingärten sein, die die Stadt Pressburg im Mittelalter umgaben: *weingartn genant der Sibenhärl, weingartn zu Ratzesdorf, weingartn genant Hoch, weingartn genant Gandersach, weingartn zw posinger, weingartn genant der Salzer zw Ratzesdorff…* Bei den *Liegenden* musste betont werden, dass sie »*ledig und frei*« sind.

13 Testament des Niclas Leinbater, 1441.
14 Testament des Ulrich Haz, 1435.
15 Testament des Stephan Raneis, 1473.
16 Testament des Hans Wenig, 1422.
17 Testament des Hans Gräsel, 1494.
18 Testament des Stephan Vischer, 1515.
19 Testament der Martha Reysnerin, 1521.

Das »*fahrende*« Gut bestand aus Möbeln, Kleidungsstücken, Bettwäsche, Geschirr und anderem »*kleinet*« (Kleinigkeit): *ain pater noster mit xiiij vergolttn knoppffn, ain gruenn almar* (mhd. almer, mlat. almaria, nhd. Schrank), *ain silbreins vbergolds häfftl* (mhd. heftel, Spange zum Zusammenhalten eines Kleidungsstückes), *ain schiestzewg mit seiner zugehorung, ain silber guerttl auff ainem schwarzn parttnn…*

Bettwäsche und Kleidungsstücke bildeten einen beträchtlichen Teil des Erbes: *…Item des Newpawren tochter auf der Hochstrasß hat sie geschaft iren teglichen mantel vnd ainen polster gestrewfftn vnd ainen tzwyfachn prawnnsloyr,*[20] *Item von erst so schaff ich meiner swester, der Gruenlin, genant Margareta, ain plabn rokch vnd ain vierfechtign sloyer vnd ain phait vnd ain vberstos kurczel,*[21] *Item ich schaff herr Sÿman ain fugswamblnn kurssnn*[22] (mhd. kursen, mlat. cursina, nhd. Pelzrock), *Item ich schaff meinem vettern, Künczen, mein grabe joppen vnd meinn swarcznn fugsein rokch…vnd schaff im des grabn tüchs zw einer gugl*[23] (mhd. jope, jupe, nhd. Jacke; mhd. gugel, nhd. Kaputze).

Zum vererbbaren Haushalt eines Bürgers in Pressburg gehörten auch solche Gegenstände wie Wagen, Weinberggeräte und selten auch Vieh: *schaff ich all mein ros vnd allen harnasch,*[24] *vnd die ander helft dess bestimbten presshaus, hof vnd keller schaff ich meinen sönen,*[25] I*tem mer schaff ich in das junckfraw closter ain klaine kwe, Item mer schaff ich dem Rechnitzer alle meine vasser vnd potig, Item dem kuntz Francken schaff ich mein stantnerl vnd mein kessel.*[26]

Außerdem sind in den Testamenten unterschiedliche Mengen an vermachtem Wein zu finden:*…Item ich hab noch II dreiling III halbe fuder weins peim Hanns Karner, ÿecz richter, darauff pin ich im vmb hofzins vnd anders schuldig,*[27] *Item den dreiling wein, so mir mein bruder, Vlrich seliger, geschaft hät denselbign wein schaff ich hinwider seiner gelassn wittib, Katharina,*[28] *Item in das spital schaff ich ain halbs fuder wein.*[29]

Die Testatoren der Stadt Pressburg dachten in ihren Testamenten immer an die Kirchen, Klöster, Spitale und an die Armen. Es wurde vorwiegend eine bestimmte Geldsumme vermacht. Ob dafür soziales Mitgefühl oder das Streben nach »remedium animae suae« (Spiritza 1959: 65) ausschlaggebend war, muss offen bleiben: *Item ich schaff zu sand Mertein zu dem Gepew XL VIII gulden in golt*

20 Testament der Anna Listin, 1435.
21 Testament der Anna Zistlerin, 1452.
22 Testament der Barbara Ebersbergerin, 1516.
23 Testament des Meisters Reichart, 1433.
24 Testament des Matthias Starch, Adeliger, 1493.
25 Testament des Laurenz Peck, 1494.
26 Testament des Caspar Sorger, 1495.
27 Testament der Dorothea Schilherin, 1475.
28 Testament des Johannis Aigner, 1495.
29 Testament der Barbara Paderin, 1495.

(Testament des Hans List, 1434), *Item am erstn Schaff ich mein sel dem allmechtign got, marien der königin vnd alln gotes hailign* (Testament der Walburga Litschawerin, 1500), *Item zw hilff vnd trost meiner armen sell schaff ich yn das khloster vmb XXX sellmeß,*[30] *Item Ich Schaff vmb V*^{c} *meß XVII flor in gelt, dÿ sollenn hie gelesenn werdnn In allen kirchn auch Im Tal zw vnsser liebenn frawenn…Item ich schaff X flor denn Armen lewtten, das man sy daruon speiß als lanng das gelt werdt, ain tag in den Spitalen vnd ain tag auswendig der Spital,*[31] *Item inn das Spital armen leuten ir speis zu bessern einen halben dreiling wein… Item inn sannd Peter zech zu einem fann VIII tal.*[32]

In vielen Testamenten wurden weder Diener noch Dienerinnen ausgelassen: *Darnach hat sy geschaft ainer junkfrawn, Katrey genant, die dez Jacoben Prem dienerin ist, ain mantel plaber farb, vnd ainen sloyer, vnd ain kuczel,*[33] *Item allen meinen diennstpoten vber irn geordneten lon schaff ich in I gulden hinvber,*[34] *Item der Appolonia, meines vattern selign dienerin gewesen ist, schaff ich meiner mutter schwartzen lundischen mantel, vnd ain seidelpfait,*[35] *Item dem Petern, meinem allten diener, yetz im spital, schaff ich II flor,*[36] *Dem dirnlin schaff ich besonder ain peth, ain tuchna, II hauptpöllster, II kuss, II par leilacher, ain kandel* (mhd. leilach, nhd. Betttuch; duchna – aus Bair./Österr.).[37]

2. Stadtschreiber des Prothocollum Testamentorum

Die wachsende Bedeutung der Städte förderte die Verwendung der Schriftlichkeit. Immer mehr Menschen, auch aus den unteren Schichten, nahmen am Rechtsleben teil. Im 14. Jahrhundert entstanden mehr deutsche als lateinische Urkunden, die Kaiserliche Kanzlei regelte sogar den Gebrauch des Deutschen (Betzinger 2000: 1.667). Die schriftlichen Angelegenheiten der Bürger in Pressburg besorgte seit der Mitte 13. Jahrhunderts das Pressburger Kapitel. Als im Jahre 1291 König Ladislaus III. den Grundstein für den autonomen Magistrat legte und befahl »die Bürger mögen alljährlich am Georgestage einen Richter und zwölf Geschworene wählen« (Rakovszky 1877: 17. Feb.), bekam die Stadt kurz darauf ein eigenes Petschaft, was den Anfang ihrer diplomatischen Tätigkeit bedeutete. Die Pressburger Stadtkanzlei, deren Ursprünge in das 14. Jahrhundert

30 Testament der Katharina Hueterin, 1507.
31 Testament der Barbara Ebersberger, 1516.
32 Testament der Elizabeth Neuhaldin, 1527.
33 Testament des Thomas Chlain, 1444.
34 Testament des Johannis Sartoris, 1487.
35 Testament der Margarethe, Tochter des Georg Schönberger, 1495.
36 Testament des Caspar Sorger, 1495.
37 Testament der Martha Reysnerin, 1521.

reichen, knüpfte an die damalige Kanzleipraxis an, wie sie die ungarische königliche Kanzlei vertrat (Lehotská 1958: 268). Seit 1500 musste die Kanzlei organisiert werden. Die Verantwortung übernahm der Stadtschreiber, dem die Schreiber behilflich waren (in der Hierarchie der Schreiber stand der Stadtnotar, lat. notarius civitatis, dt. als Stadtschreiber bezeichnet, am höchsten). Der Stadtschreiber »musste demnach nicht nur ein ehrenhafter, sondern auch im Besitze bedeutender Fachkenntnisse stehender Mann sein« (Ortvay 1898: 41). Man hat ihn *Magister* oder *Meister* tituliert. Die Tätigkeit der Stadtschreiber und Schreiber wurde von der Bevölkerung hochgeschätzt, sie nahmen an der Stadtverwaltung teil, sie vertraten die Stadt im Parlament und auf dem Königshof, sehr oft wurden sie als Boten nach Wien oder Ofen (heute Buda als Stadtteil der durch Zusammenlegung zweier selbständiger Städte entstandenen ungarischen Hauptstadt Budapest) delegiert.

Die Herkunft des Schreibers war nur im 13./14. Jahrhundert auffällig, ab dem 15. Jahrhundert »wird sie vom Usus der Institution abgelöst« (Moser 1985: 1.404). Über die Herkunft und Ausbildung der Schreiber (Notare) in der Pressburger Kanzlei gibt es nur spärliche oder gar keine Informationen. Um eine Liste der Schreiber, die Ende des 14., im 15. und 16. Jahrhundert in der Pressburger Kanzlei tätig waren, bemühte sich als erster *Steffan Rakovszky* in seinem Beitrag *Das Pressburg Rathhaus und der Stadtrath*, die in der Pressburger Zeitung 1877 erschien. Später ergänzte *Theodor Ortvay* die Liste in seinem umfangreichen Werk *Geschichte der Stadt Pressburg I.–IV.* Als Quelle diente ihm vor allem das Prothocollum Testamentorum. Eine ausführliche Untersuchung bietet *Darina Lehotská* in *Historické štúdie IV* (Lehotská 1958: 222–274). Als den ersten Schreiber, dessen Name bekannt ist, nennt Darina Lehotská den *Philippus*, dem der Magister *Otto* folgte. Ende des 14. Jahrhunderts und Anfang des 15. Jahrhunderts war in der Kanzlei der Stadtschreiber *Conradus* tätig, seit 1403 der Schreiber *Johannes*, der später zum Stadtschreiber wurde (Lehotská 1958: 225f). Als man im Jahr 1427 das Prothocollum Testamentorum zu führen begann, erscheint im Testament des Caspar Scharrach 1428 der Name des Zeugen Johannes de Wischnabb: *hanns pawer die czeit Burgermaister vnd hansen list Geswaren purger vnd Johannes Statschreiber die ich fleissiclichen darczu gepetn hab.* In den 30er Jahren des 15. Jahrhunderts war die Situation in der Pressburger Kanzlei kompliziert. Es ist kein Name eines Stadtschreibers bekannt, es sind nur die Namen der Schreiber *Nicolaus Bachart* und *Johannes Rosenpusch* zu finden (Lehotská 1958: 238).

Von 1442 bis 1457 (nach Spiritza in den 50er und 60er Jahren, was jedoch den Tatsachen in den Testamenten von Margarethe Renes und Peter Riemer aus dem Jahr 1442 nicht entspricht) wirkt in der Pressburger Kanzlei *Liebhard Egkenfelder.* Über sein Leben, seine Herkunft und Ausbildung kann man einiges erfahren. Sein Testament beweist, dass es sich um einen gebildeten Mann handelte, der großen Wert auf Bücher legte. Der Archivar Juraj Spiritza versuchte das Curriculum Vitae dieses Schreibers zu rekonstruieren (Spiritza 1998: 190–215). Er hält es für erwiesen, dass Liebhard Egkenfelder anscheinend zwischen 1407 und 1411 geboren aus dem niederbayerischen Eggenfelden bei Passau stammte (wie sein Name und die Erwähnung eines Vetters aus Eggenfelden in seinem Testament belegen). Darina Lehotská hat seine Herkunft wahrscheinlich falsch eingeschätzt, wenn sie schreibt, dass Liebhard Egkenfelder aus Ödenburg (Sopron) stamme (Lehotská 1958: 243). Er studierte in Wien und erwarb dort 1429 den Grad eines Bakkalaureus der freien Künste. Er wurde Lehrer an der Stadtschule im niederösterreichischen Hainburg und heiratete während dieses Aufenthaltes die Pressburgerin Anna Mautner. 1436 übersiedelte er nach Ödenburg, wo er in der Stadtkanzlei als Schreibergehilfe, später als Stadtschreiber tätig war. Nach Pressburg wurde er mittels eines Briefes eingeladen und amtierte hier bis 1456/57. Sein Nachfolger *Ruprecht Alram* kommt dann in mehreren Testamenten vor: *vnd Ruprechten Alram* Statschreiber,[38] *vnd Ruprecht alram stat schreiber yecz zw prespurgk.*[39] Nach Ruprecht Alram übernahm *Johannes Fleisch* das Amt des Stadtschreibers und hatte es von 1483–1490 inne. In dem Prothocollum Testamentorum befinden sich auch sein Testament und das Testament seiner Frau (er muss vor seiner *Frau* gestorben sein): *von wegen des hanns fleisch salign, vorczeittn tatschreiber zu Prespurgk, meines hauswirts.*[40] Seit 1494 bis 1505 wirkt in der Pressburger Kanzlei *Cristof Kuntzkessler* in der Pressburger Kanzlei. Er ist als Zeuge und Stadtschreiber in den Testamenten mehrerer Bürger genannt: *hab ich mit vleiss gepetn, die Ersamen vnd weisen herren... vnd Cristoffen kuntzkessler,*[41] *hab ich durch gots willn mit vleis gepettn, die ersamen weisen herren... all Burger vnd Cristoffen kuntzkesler, die zeit Statschreiber zu prespurgk.*[42] Von 1516 bis 1538 finden sich Einträge von *Steffan Pfaffstetter* im Prothocollum Testamentorum und anderen Büchern. *Steffan Haymer* und *Fridrich Grün* aus Hermannstadt in Siebenbürgen gehören Anfang des 16. Jahrhunderts zu den bekanntesten Stadtschreibern in der Pressburger Kanzlei (Lehotská 1958: 248).

Im vorliegenden Beitrag habe ich versucht, anhand einiger Testamente aus dem ältesten Testamentsbuch der Stadt Pressburg (Bratislava) einen Einblick in das Leben der Bürger im Spätmittelalter zu geben. Natürlich ist dies kein vollständiges Bild ihres Alltagslebens, denn dazu wäre eine detaillierte und um umfangreichere Bearbeitung auch anderer Quellen notwendig.

38 Testament von Katharina Gebhart, 1459.

39 Testament von Steffan Ranes, 1473.

40 Testament von N., Witwe des Michael Greml und des Hans Fleisch, 1491.

41 Testament des Hans Wernher, 1501.

42 Testament des Peter Eisenreich, 1502.

Bibliographie

Quellenliteratur

Prothocollum Testamentorum (1427–1529), Archív mesta Bratislavy (Stadtarchiv Bratislava), Sign. 4.n.1.

Sekundärliteratur

Bentzinger, Rudolf: (2000): *Die Kanzleisprachen.* In: Besch, Werner / Betten, Anne / Reichmann, Oskar / Sonderegger, Stefan (Hrsg.): Sprachgeschichte. Ein Handbuch zur Geschichte der deutschen Sprache und ihrer Erforschung, 2. vollständig neu bearbeitete und erweiterte Auflage. Berlin / New York: Walter de Gruyter Verlag, S. 1665–1673.

Lehotská, Darina (1988): *Základné diplomatické kategórie* [Grundlegende diplomatische Kategorien – Übersetzung E.M.]. Bratislava: Univerzita Komenského.

Lehotská, Darina (1958): *Vývoj Bratislavskej mestskej kancelárie do roku 1526* [Entwicklung der Stadtkanzlei in Bratislava bis 1526 – Übersetzung E.M.]. In: Historické štúdie IV. Bratislava: Vydavateľstvo Slovenskej akadémie vied, S. 222–274.

Luby, Štefan (2002): *Dejiny súkromného práva na Slovensku* [Geschichte des Privatrechts in der Slowakei – Übersetzung E.M.]. Bratislava: Wolters Kluwer (Iura Edition).

Mayerová, Erika (2006): *Prothocollum Testamentorum. Die ältesten Pressburger Testamente des 15. und 16. Jahrhunderts (Sprachliche Analyse).* Dissertationsarbeit (in Zentralbibliothek der Philosophischen Fakultät der Comenius Universität Bratislava). Bratislava.

Moser, Hans (1985): *Die Kanzleisprachen.* In: Besch, Werner / Reichmann, Oskar / Sonderegger, Stefan (Hrsg.) Sprachgeschichte. Ein Handbuch zur Geschichte der deutschen Sprache und ihrer Erforschung, Bd. 2.2. Berlin / New York: Walter de Gruyter Verlag, S. 1398–1408.

Ortvay, Theodor (1892–1900): *Geschichte der Stadt Pressburg.* Pressburg/Bratislava.

Rakovszky, Stefan (1877): *Das Rathhaus und der Stadtrath.* In: Pressburger Zeitung, 113. Jahrgang, 17. Februar, Pressburg/Bratislava.

Spiritza, Juraj (1959): *Najstarší protokol testamentov mesta Bratislavy 1427–1529* [Das älteste Testamentsprotokoll der Stadt Bratislava – Übersetzung E.M.]. Diplomarbeit (in Zentralbibliothek der Philosophischen Fakultät der Comenius Universität Bratislava). Bratislava.

Spiritza, Juraj (1998): *Curriculum vitae bratislavského mestského notára a skriptora Liebharda Egkenfeldera* [Curriculum vitae von Liebhard Egkenfelder, Notar und Stadtschreiber der Stadt Bratislava – Übersetzung E.M.]. In: Sedlák, Vincent (Hrsg.): Zborník príspevkov k slovenským dejinám. Bratislava: Slovenský historický ústav Matice slovenskej, S. 190–215.

Bożena Popiołek

Legaten für den Hofdienst in den Testamenten adliger Gönner im polnisch-litauischen Commonwealth in sächsischer Zeit[1]

Abstract

Legates for court service in the wills of noble patrons in the Polish-Lithuanian Commonwealth in Saxon era

The wills of the nobility reflect the process of development of the clientel system, which reached its peak in the Polish-Lithuanian Commonwealth of the 18th century and permeated almost all areas of public life, as well as personalized court service. The ties between the magnate families and the noble province and subject population sometimes proved to be very long-lasting, which was reflected, among other things, in legacies to these people. The testamentary legacies show the very different levels of legacies to officials and domestic servants, the different types of legacies (money, chattels, goods in kind), but also indirectly provide information about the material level of the testators. They are a testament to the relationship between the patron and the surrounding estate, as well as his goodwill and attitude towards the servants.

Keywords: the noble court, the court servant, last wills, Polish-Lithuanian Commonwealth
Schlüsselwörter: Adelshof, Hofbedienstete, Testamente, polnisch-litauisches Commonwealth

Der Adelshof im ehemaligen polnisch-litauischen Commonwealth war ein spezifischer Organismus, der sowohl Elemente eines florierenden Unternehmens als auch eine Reihe von erzieherischen und kulturellen Funktionen gegenüber der umgebenden Provinz in sich vereinte.[2] Als eine der grundlegenden Strukturen des öffentlichen Lebens des Adels im polnisch-litauischen Commonwealth des

Bożena Popiołek, Uniwersytet Komisji Edukacji Narodowej w Krakowie, ORCID: 0000-0003-2545-5530.

1 Sächsische Zeit – in Polen der Name der Regierungszeit der sächsischen Wettiner-Könige 1697–1763. Der Artikel wurde im Rahmen des vom Nationalen Wissenschaftszentrum (Polen) finanzierten Projekts Nr. UMO 2021/41/HS3/B/00253 mit dem Titel Der *weibliche Adelshof im polnisch-litauischen Commonwealth des 18. Jahrhunderts. Struktur, Personen, Kultur, Funktionen* verfasst.

2 Siehe ausführlicher Popiołek (2022).

18. Jahrhunderts beeinflusste der Hof seine Umgebung stark durch die Vermittlung von kulturellem Verhalten, moralischen Einstellungen und politischen Ideen. Die Besitzer großer Privatgüter, aktive und politisch engagierte Magnaten, schufen ein starkes politisches Umfeld um sich herum, beeinflussten die Haltung des Adels einer Provinz und seine Einstellung zur obersten Macht, banden ihn in ihre Unternehmungen ein und verschafften ihm Beschäftigung am Hof und in mächtigen Landgütern. Der Hof des Kleinadels war der wichtigste Ort für die Rekrutierung von Personen für den Dienst am Hof und in den Latifundien sowie für die Suche nach politischen Anhängern und die Anwerbung von Klientel.[3] Der niedere Adel, dem die Möglichkeit genommen wurde, mit mächtigeren Gönnern zu konkurrieren, sah im Hofdienst bei diesen Gönnern eine Chance für den sozialen Aufstieg und eine Karriere in der lokalen Gemeinschaft. Adelige mittleren Vermögens stellten sich bereitwillig in den Dienst ihrer »älteren Brüder«, die dank ihrer Fähigkeiten und Bildung höhere Hofpositionen anstrebten und nicht selten im Hofdienst ihrer Gönner höhere Ränge erreichten und sogar bis an den Königshof gelangten. Auch Vertreter anderer Schichten, Bürger und Bauern, fanden ihren Platz in den höfischen Strukturen. Die Gunst der Gönner und Gönnerinnen, der Schutz, den sie durch ihre Würde und Autorität gewährleisteten, die Unterstützung, die sie in Gefahren- und Konfliktsituationen gewährten, waren Motivation genug, um sich durch verschiedene Abhängigkeiten, auch durch klientelistische oder regelmäßige vertragliche Dienste, an den Hof des Magnaten zu binden. Mitunter traten ganze Familien in den Dienst des Magnatenhofes und banden sich damit fast lebenslang an ihre Gönner. Es ist wichtig, zwischen diesen beiden Kategorien von Diensten für den Gönner zu unterscheiden: informelle Klientelbindungen, die eine Vielzahl von ungeschriebenen Verpflichtungen zwischen Gönner und Klient mit sich brachten, und ein formalisiertes System der Anwerbung für bezahlte Dienste am Hof, das durch einen Vertrag bestätigt wurde, dem eine Vereinbarung über die Bezahlung und die spezifischen Verpflichtungen zwischen Herr und Diener folgten.[4] Eine der Erblasserinnen verstand dies sehr gut und empfahl ihren Erben, sich um die Leute zu kümmern, »die in meinem Waisensein freundlich und fleißig die Interessen unseres Hauses wahrgenommen haben, ich empfehle sie eurer Achtung und Erhaltung, wohl wissend, dass *sie fast eine Säule der Erhaltung der* Substanz *sind.*«[5] Der Dienst am Hof war ehrenvoll und einträglich, aber auch schwierig und aufopferungsvoll, je nach Stellung und persönlichem Charakter der Gönner und ihrer Einstellung zu ihren Untergebenen. Von den Hofbeamten, Latifundien-

3 Siehe ausführlicher Popiołek (2020); Popiołek (2021).
4 Popiołek (2021); Popiołek (2022). Vgl. Maza (1983); Ronikier (1992); Patron i dwór (2006).
5 Testament von Anna Franciszka Zamoyska, Großschatzmeisterin der Krone, geschrieben in Zamość am 20. Juli 1704, AGAD, AZ, Ms. 2375, S. 216. Vgl. Popiołek, Kicińska (2017), 65, 1, S. 19–38.

beamten und angestellten Dienern wurden Loyalität, Gehorsam, hohe Effizienz und Unternehmungsgeist verlangt, so dass es häufig vorkam, dass sie aus unterschiedlichen Gründen aus dem Hofdienst ausschieden. Die Unfähigkeit, sich den Anforderungen des Ernährers anzupassen, überzogene Erwartungen und niedrige Bezahlung waren die häufigsten Gründe für das Ausscheiden aus dem Dienst.[6] Andererseits war der Dienst am Hof, insbesondere bei wohlhabenden Ernährern, äußerst prestigeträchtig, und der Wettbewerb um die »Hofrekrutierung« sowie die Anerkennung in den Augen des Gönners war hart und skrupellos. Die Mäzene wussten treue und langfristige Dienste zu schätzen, was sich u. a. in verschiedenen Zuwendungen und Schenkungen an die mit ihnen verbundenen Personen äußerte. Die Kanzlerin von Litauen, Anna Katarzyna Radziwiłł von den Sanguszkos (1676–1746), eine harte, strenge und politisch äußerst aktive Person, empfahl den Testamentsvollstreckern: »meinen Höflingen, angefangen bei den Marschällen meines Hofes, allen, die mir treu und redlich dienen, warne ich allerlei Sicherheit und versichere, dass sie durch nichts gestört werden sollen.«[7] Die Testamente des Adels dieser Epoche zeigen deutlich den Prozess des Vermächtnisses der Erblasser zugunsten von Dienern und Klienten, auch wenn sie keine vollständigen Angaben zu den Haushaltsmitgliedern und Dienern, zur Struktur der Hofämter oder zu den Hofpflichten der Diener und den Verpflichtungen der Gönner enthalten.[8] Sie sind daher eine hervorragende Quelle für die Erforschung nicht nur der adeligen Mentalität dieser Zeit, sondern auch des Entstehungsprozesses von Hofmilieus, der Zugehörigkeit verschiedener sozialer Gruppen zu den Kategorien der Klienten und Diener, des Entstehungsprozesses der Klientel adeliger Mäzene und Mäzeninnen oder der ämtlichen Karrieren von Dienern.[9] Testamentarische Aufzeichnungen zeigen ein sehr vielfältiges Niveau von Vermächtnissen an Dienern und Hausangestellten, die verschiedenen Arten von Vermächtnissen (Geld, Mobilien, Naturalien), aber auch indirekt das materielle Niveau des Erblassers und seine Verbundenheit mit seiner Umwelt. Sie sind ein Zeugnis für die Beziehungen des Patrons zum umgebenden Hof und für sein Wohlwollen und seine Haltung gegenüber den Dienern. Zu beachten ist auch

6 Popiołek (2022), S. 222ff.

7 AGAD, AR XI, Ms. 120, S. 210–212, Punkta ostatniej woli Jaśnie Oświeconej Księżnej Jejmości Pani i Dobrodziejki naszej [Anny Katarzyny z Sanguszków Radziwiłłowej] 25. 03. 1744.

8 Popiołek (2009).

9 Altpolnische Testamente stellen eines der wichtigsten Forschungsgebiete in der polnischen Geschichtsschreibung dar und sind Gegenstand zahlreicher Studien und Quelleneditionen. Siehe z. B. Popiołek (2009); Justyniarska-Chojak (2010); Justyniarska-Chojak (2014); *Justyniarska-Chojak (2015)*, 63, 2015, Nr. 4, S. 637–646; Kubicki (2020). Erwähnenswert sind die zahlreichen Editionen der Quellen: A. Falniowska-Gradowska (1997). Einen wichtigen Platz nimmt die von Paweł Klint zusammengestellte dreibändige Edition der Testamente des Adels von Großpolen ein: *Klint (2008); Klint (2011); Klint (2015); Klint, Rzemieniecki, Węglorz (2018);* Klint, Rzemieniecki (2020); Danowska (2011); Łosowski (2015).

der komplizierte Prozess der Erfüllung der testamentarischen Verpflichtungen durch die Erben und Testamentsvollstrecker, die manchmal angefochten und deren Zahlungsfähigkeit ausgesetzt wurde.

Die letztwilligen Verfügungen des Adels spiegeln den Entwicklungsprozess des Klientelsystems wider, das im polnisch-litauischen Commonwealth des 18. Jahrhunderts seinen Höhepunkt erreichte und fast alle Bereiche des öffentlichen Lebens durchdrang, ebenso wie der personalisierte Hofdienst. Die Verbindungen zwischen den Magnatenfamilien und dem Hof des Kleinadels sowie der Untertanenbevölkerung erwiesen sich mitunter als sehr dauerhaft, was sich zum Beispiel an den Vermächtnissen an diese Personen äußerte.[10] Die Mehrheit der bezeugenden Mäzene zeigte ein weitreichendes Interesse an der Sicherung und »Versorgung« der ihnen treu dienenden Beamten und Bediensteten, an der Zahlung ausstehender Leistungen und Bezüge, an der Erfüllung von Verpflichtungen und sogar an der Gewährleistung von Sicherheit in Form lebenslanger Versorgung (Unterhalt, Zulagen, Verpflegung) oder Bildung der Nachkommen. Es ist bemerkenswert, dass die von den Erblassern getroffenen »endgültigen« Entscheidungen nicht nur aus christlicher Nächstenliebe oder aus Sorge um das Seelenheil, wenn die zeitlichen Angelegenheiten ungeregelt blieben, sondern auch aus Pflichtgefühl gegenüber den langjährigen Dienern getroffen wurden. Eine wichtige Rolle bei dieser Art der Regelung, die die Erblasser motivierte, spielte wahrscheinlich die besondere »ungleiche Freundschaft« zwischen Gönner und Klient, die manchmal über viele Jahre andauerte und auf gegenseitigem Vertrauen und gemeinsamen Interessen beruhte.

Fast alle Erblasser erklären in ihren letztwilligen Verfügungen ihre volle Geisteskraft, was eine Garantie für die Unantastbarkeit der darin gemachten Schenkungen und Empfehlungen an die Erben sein sollte. Dies kann vor allem bei großen Schenkungen an nicht zur Familie gehörende Personen wichtig gewesen sein, die die Erben des Verstorbenen nicht annehmen wollten. Wenn das Testament relativ früh verfasst wurde und der Erblasser Zeit hatte, über seine Entscheidungen nachzudenken, dann sind sie konsequent und konkret. Wenn der Erblasser jedoch krank oder alt war, wurde sein Gedächtnis trügerisch, seine testamentarischen Empfehlungen waren manchmal unvollständig und er erinnerte sich nicht an die »Hintergrundpersonen«, d.h. an Freunde und Diener. Allzu oft war es nicht der Erblasser selbst, der die letztwillige Verfügung niederschrieb, sondern ein Verwandter, eine Vertrauensperson oder ein amtlicher Schreiber, was entsprechende Folgen hatte. Zu beachten ist auch, dass etwaige Vermächtnisse an Diener oder Klienten die letzte Etappe der Erbschaftsregelung darstellen und in den letzten Teil der Dokumente aufgenommen wurden. Manchmal handelt es sich dabei nur um oberflächliche Verabschiedungen und

10 Popiołek (2009), S. 253ff.

Danksagungen »für treue Dienste«, manchmal aber auch um Anordnungen zur Zahlung von Abgaben für Hingabe und Dienste, um zusätzliche Vermächtnisse von beweglichen Sachen, Geld oder sogar um einen Teil des Grundbesitzes oder um die Befreiung von Senior-Leistungen (z. B. von Leibeigenschaft, Miete oder anderen Zahlungen). Franciszek Józef Godziembski, der Landrat und Vertreter des Gutsverwalters von Lidz, verabschiedete sich von »allen meinen Dienern und Hoflehrlingen und allen meinen Untertanen, mit der Bitte, mir alle Kränkungen zu verzeihen und die anderen in ihrem ewigen Vergessen nie zu vernachlässigen...«[11] Eine besitzlose Adlige, Magdalena Aleksandrowiczowa von Wójcickis, bat darum, ihre Bediensteten zu bezahlen, insbesondere »der Frau Jackowska, was ihr zusteht, dem gütigen Ehemann, bitte zurückgeben und allen, die gedient haben, was ihnen zusteht«.[12] Ihr Vermögen erlaubte keine großzügigen Schenkungen, aber ihr Pflichtgefühl gegenüber denjenigen, die ihr dienten, veranlasste Aleksandrowiczowa zu endgültigen Abrechnungen. Das Gleiche gilt für die von ihrem ersten Ehemann empfohlenen Vermächtnisse an religiöse Einrichtungen und Krankenhäuser, die sie nicht erfüllen konnte. Die Angst, das ewige Heil nicht erlangen zu können, spielte in diesem Fall eine entscheidende Rolle und veranlasste Aleksandrowiczowa, ihrem zweiten Ehemann zu empfehlen, diese Vermächtnisse zu erfüllen.[13] Magdalena Buchowiecka hingegen schrieb ausdrücklich nieder: »Meinem Dienstpersonal, das nach meinem Tod hier bleiben wird, mag nach dem von meiner Hand unterzeichneten Register belohnt und vergeben werden.«[14] Stanisław Wołłowicz, Landrat von Pruńsk, stattete jeden der Bewohner seines Gutes mit einer Summe von 100 Zloty und »Nastusia, einer Magd, mit fünfzig Zloty« aus und verpflichtete seine Frau, für die Auszahlung dieser Beträge zu sorgen.[15] Viele Erblasser fühlten sich für die Menschen, die auf ihren Gütern arbeiteten, verantwortlich und versuchten, ihre Erwartungen ungeachtet der Situation, in der sie sich befanden, zu erfüllen. Jan Jakub Zamoyski, Majoratsherr von Zamość, bestand darauf, dass:

> Die Leute, die bei mir in verschiedenen Ämtern dienen, von den wichtigsten bis zu den jüngsten, sollen regelmäßig für das ganze Jahr bezahlt werden, auch wenn das Jahr

11 B PAU und PAN in Krakau, Ms. 1761, Bd. 1, n. p.; Testament von Franciszek Józef Godziembski, geschrieben am 9. Oktober 1776.

12 LNNBU, Sammlung von A. Czołowski, f. 141, o. 3, Ms. 3, S. 16, Testament von Magdalena Aleksandrowiczowa, geb. Wójcicka, geschrieben in Łopienica Kinderowska am 29.09.1707.

13 Ebd., S. 16.

14 B PAU und PAN Krakau, Ms. 3262, S. 2, Testament von Magdalena Łoknicka Buchowiecka, niedergeschrieben in Cieleśnica am 01.03.1647.

15 AGAD, Archiwum Warszawskie Radziwiłłów, Archiv der ausländischen Häuser, Kap. X Ms. 717, S. 2, Testament von Stanisław Wołłowicz, Landrat von Purnia, niedergeschrieben in Lenartów am 20. August 1698.

gerade erst begonnen hat, ohne einen Schilling für den Schaden zu entziehen, den sie angerichtet haben.[16]

Die Gegenstände der Vermächtnisse an Dienstboten und Klienten reichten von Geldbeträgen in unterschiedlicher Höhe bis hin zu einer Vielzahl von beweglichen Gegenständen – Kleidung, Ausrüstung, Waffen, Pferde, Bienenstöcke – aber auch die Bitte um ein lebenslanges Plätzchen und ein Dach über dem Kopf für so genannte »Gracjalisten«, d.h. Menschen, die lange Jahre für ihre Ernährer dienten und in der Regel eine unbedeutende Rente (Gracja) erhielten. Bei den Frauengütern gab es Fälle, in denen ein Mitgift oder Aussteuer für mittellose Mägde, oft Waisen, die ihrer Gönnerin dienten, finanziert wurde.[17] Es war allgemein üblich, Garderobe, Unterwäsche und Alltagsgegenstände des Erblassers unter den Bediensteten und dem Hof aufzuteilen. Die meisten Erblasser schätzten die langjährigen Bemühungen und die harte Arbeit der von ihnen beschäftigten Personen und versuchten, diese Dienste auf die eine oder andere Weise zu entschädigen. Anna Katarzyna Radziwiłł, Kanzlerin von Litauen, fand in dem von ihr gegründeten Kloster – »bei den Frömmlerinnen ist für sie die Andachtszelle von mir bestimmt«[18] – eine sichere Unterkunft und Pflege für ihre Zahlmeisterin im hohen Alter. Die Erblasser empfehlen ihre Leute ihren Angehörigen oder verschiedenen Andachtseinrichtungen, um ihnen Pflege und Unterkunft zu sichern. Zofia Falęcka kümmerte sich als Witwe um die Zukunft ihrer drei Mägde, indem sie sie dem Kloster empfahl, »und besonders Fräulein Agnieszka Gorażdowska, die mir zwanzig Jahre lang diente, zur Achtung der hochwürdigen Fräulein Ksienia empfehle.«[19]

Über die Legaten wurde nicht nur versucht, eine Art Dankesschuld gegenüber diesen Personen zu bezahlen, sondern auch reale Schulden zu begleichen, die manchmal bei ihren Klienten entstanden waren. Regina von Oginskis Pociej (gest. 1704) betonte in ihrem Testament ausdrücklich ihre Dankbarkeit gegenüber einem ihrer Diener und Klienten, ihrem Bevollmächtigten Michał Jacuński, »der so viele Jahre lang mit seinen Bemühungen und seiner Arbeit, gleichwohl zuweilen seine Kosten nicht scheuend, in Tribunalen und verschiedenen Gerichten mit verschiedenen Leuten, aufrichtig und gütig Fälle gefördert, die wichtigsten aus ihren Schwierigkeiten herausgebracht hat.«[20] Sie wies auch deutlich auf die verschiedenen Kategorien von Bediensteten und den Brauch hin,

16 AGAD AZ 2387, S. 11, Testament von Jan Jakub Zamoyski, geschrieben in Zwierzyniec am 12. Mai 1777.
17 Popiołek (2022), S. 138ff.
18 AGAD, AR XI, Ms. 120, S. 212.
19 CPAHU Lviv, C. P. Rel., f. 13, o. 1, Ms. 502, S. 2398, Obligation des Testaments von Zofia Falecka von Koniecpol, geschrieben am 4. August 1707, im Kloster Jarosław.
20 AGAD, Archiv der Familien Pozor und Jelski, Ms. 37, S. 9, Testament von Regina von Ogińskis Pociej, Woiwodin von Vitebsk, geschrieben in Vitebsk am 16.01.1704.

Haushalts- und Dienstregister zu führen, in die die Dauer der Beschäftigung und die fälligen Gebühren eingetragen wurden – »und weil sie mir treu gedient haben, einige in der Öffentlichkeit, andere zu Hause, habe ich sie mit einem von meiner Hand geschriebenen Register für mehrere Jahre gekennzeichnet, sowohl ältere als auch jüngere.«[21] Pociejowa erwähnte Nachlassverwalter, Lakaien, »kleine« Lehrlinge, Frauen und Männer, und alle versuchte sie zu sichern, im Vertrauen darauf, dass ihre Erben und Testamentsvollstrecker diesen Verpflichtungen nachkommen würden.

Ein interessanter Eintrag findet sich im zweiten Testament von Marianna Malachowska, Kastellanin von Inowłódź, geb. Złotkowska, das fast 30 Jahre nach dem ersten Akt ihres letzten Willens[22] verfasst wurde. Marianna Małachowska erwähnte bei ihrem Abschied von dieser Welt zwei arme Mädchen, die sie auf eigene Kosten im Stickereihandwerk ausgebildet hatte, und in ihrem Testament »vermachte« sie diese ihren Töchtern als Untertanen. Ein ähnliches Vermächtnis hinterließ sie zugunsten ihres Enkels, indem sie ihm den Knecht Joseph »schenkte«, der lange in seinen Diensten gestanden hatte.[23] Bezeichnend und relativ selten ist hier das Gefühl der Zugehörigkeit und der Macht über die Dienerschaft, über deren Leben und Zukunft Malachowska verfügen wollte. Eine ganz andere Einstellung zu den Bediensteten und Hofleuten findet sich in der Urkunde des letzten Willens von Marianna Tokarzewska, geb. Zakrzewska (gest. 1757), Kastellanin von Kalisz, die ihren Koch Michał Łoziński schätzte und beauftragte, ihm ohne jede Verpflichtung die Küchengeräte zu geben, »die er für seine Arbeit braucht.«[24] Darüber hinaus zeigte Tokarzewska hier nicht nur guten Willen, sondern auch Wertschätzung für die Verdienste ihres Dieners, »*den ich aus der Leibeigenschaft befreit habe* und dem ich als Lohn für seine aufrichtigen Dienste eine Rolle auf Lebenszeit zu geben versprach, und dazu ist es nicht gekommen, so dass ich ihm, damit er nach meinem Tod eine Anlaufstelle hat, fünfhundert polnische Zloty [gebe].«[25] Die übrigen Bediensteten – den Koch Gotlib, »ein Stadtsohn aus Sarnowa«, Stanisław Łasr, »der mir seit meiner Jugend treu dient«, die Dienstmädchen Konstancja und Regina – versorgte sie großzügig, indem sie ihnen große Geldsummen und einen Teil des Viehs vermachte. In jedem Fall betonte sie deren Verdienste, Treue, Hilfe und Hingabe, die sie als dankbare Ernährerin belohnen wollte. Gleichzeitig forderte sie die Testaments-

21 Ebd., S. 9.

22 ZNiO, Archiv der Familie Wodzicki von Kościeliska, Ms. 11815/III, S. 32, Testament von Marianna Małachowska geb. Złotkowska, Kastellanin von Inowłodzka, niedergeschrieben in Niedźwiedz am 2. Juni 1732.

23 Ebd., S. 32.

24 B PAU und APN Krakau, Ms. 692, S. 194, Testament von Marianna Tokarzewska, geb. Zakrzewska, Kastellanin von Kalisz, niedergeschrieben in Kiekrz am 4. Juni 1757.

25 Ebd., 194–195.

vollstrecker auf, die Mitgift im Falle eines Geldmangels aus dem Verkauf ihrer beweglichen Güter aufzustocken und die Verdienste der Bediensteten unbedingt zu berücksichtigen.[26] In ihrem Testament richtete die Kastellanin ein besonderes Wort der Anerkennung an Fräulein Ludwika Kierska, der »ich viele Verpflichtungen für die Spiele, Mühen und sonstigen Bemühungen zu verdanken habe, die sie oft um meine Gesundheit gemacht hat, so dass ich auch ihr meinen aufrichtigen Dank und meine Anerkennung aussprechen sollte.« Sie vertraute sie Gott an und riet ihren Nachfolgern, sie nicht zu behelligen.[27] Marianna Tokarzewska richtete testamentarisch auch einen Rentenfonds (Gracja) für einen ihrer Bediensteten ein, »der lange im Dienste meines Hauses stand und der am Ende seiner Jahre eine Versorgung aus meinem Erbgut erhalten soll [...], ich vertraue ihm eine jährliche Rente von zweihundert polnischen Złoty an, und solange er dank dem Willen Gottes lebt, fordere ich meine Nachfolger nachdrücklich auf, ihm jedes Jahr pünktlich den oben genannten Betrag aus meinem Erbgut zu geben und auszuzahlen, ich verpflichte sie durch göttliche Barmherzigkeit.«[28] Die Frage der Belohnung der Diener für langjährige Dienste ist ein gesondertes Thema und fällt in die Kategorie des Konzepts des »alten Dieners«, einer Person, deren Leben und Arbeit mit dem Dienst für einen Ernährer von den ersten Jahren bis zum Tod verbunden ist. Die Möglichkeit, sich zu bereichern und »bei Hofe« zu bleiben, war für diese Menschen von entscheidender Bedeutung, da sie mit der »anderen« Welt meist nicht vertraut waren, was ihnen entweder die Chance auf einen gesicherten Lebensabend bot oder sie zu Armut und Tod verdammte. Viele Gönner waren sich der Notwendigkeit bewusst, für den »alten Diener« zu sorgen, und so finden wir in ihren Testamenten die Sorge um ihre Zukunft und eine feste, wenn auch geringe Vergütung. Es gab auch solche Situationen, in denen der Erblasser und der »alte Diener« ein Einvernehmen oder sogar eine tiefe und herzliche Freundschaft pflegten, die sie jedoch aufgrund der Standesunterschiede nicht in der Öffentlichkeit zu zeigen versuchten. Das Testament hingegen war die Gelegenheit, wo diese Beziehungen offengelegt und bestätigt werden konnten. Oft waren diese Beziehungen das Ergebnis des gemeinsamen Militärdienstes, schwieriger Kriegserlebnisse oder politischer Auseinandersetzungen. Andere Quellen, wie zum Beispiel die höfischen Rechnungen, enthalten Einträge zu den Kosten für die Organisation der Beerdigungszeremonie langgedienter Dienstboten, die Deckung ihrer Schulden und die Versorgung der verwaisten Familie.[29]

26 Ebd., S. 195.
27 Ebd., S. 195.
28 Ebd., S. 195.
29 Popiołek (2022), S. 223.

Der Brauch, Beamte und Hofbedienstete für ihre Arbeit und Dienste testamentarisch zu entlohnen, war ein häufiges Phänomen und in manchen Kreisen sogar obligatorisch. Wacław Hoscki, ein Fähnrich aus Wolhynien, begründete seine Vermächtnisse mit der Inschrift »seit den Urgroßeltern charakterisiert es unser Haus der Familie Hoscki, keinem Diener Schaden zuzufügen und sie reichlich zu entlohnen«.[30] Ebenso wie der herzliche Dank für treue Dienste, der an die Hofleute gerichtet ist. In einigen Fällen stoßen wir auf sehr hohe Legaten, sowohl in Geld als auch in beweglichen Gütern. Nicht immer können wir herausfinden, welche Rolle die beschenkte Person an der Seite des Erblassers und des Schenkers innehatte. Józef Antoni Brzuchowski (gest. ca. 1730), Kronengardist und Oberst seiner königlichen Mejestät, machte einem der Männer seines Gefolges ein wertvolles Vermächtnis, indem er schrieb: »Ich nenne Herrn Rymwid mein braunes Pferd, und ich bitte ihn, es von mir anzunehmen und mir bis zum letzten Punkt zu dienen, aus meiner Affektiertheit heraus.«[31] Die beiden Männer müssen ein freundschaftliches und herzliches Verhältnis gehabt haben, und wahrscheinlich auch schwierige Lebenserfahrungen. Wir können nur vermuten, dass ihr Schicksal mit dem Militärdienst verbunden war, denn im weiteren Teil des Testaments bittet Brzuchowski seine Militärkameraden: »An letzter Stelle verabschiede ich mich von den Männern, meiner königlichen Kompanie, mit denen ich fast ein Jahrhundert verbracht habe, sowie von meinen eigenen Männern, wobei ich jeden von ihnen einzeln bitte, wenn ich sie verärgert habe, und ich bitte die Männern, meinem Körper den letzten Dienst zu erweisen [und] mich nach Częstochowa zu geleiten, *praesentes* bei meinem Tod.«[32] Das Bekenntnis des Erblassers unterstreicht die Bedeutung seiner Schenkungen und deutet auf eine starke, männliche Bindung an seine Kameraden hin, die während der Entbehrungen des Krieges und der Landstreicherei entstanden ist. Brzuchowski dankte seiner Frau für die Liebe, die er von ihr erfahren hatte, beschenkte seine geliebten Brüder und Schwestern, richtete aber die letzten Worte seines Testaments an seine Militärkameraden, die ihm auf seiner letzten Reise beistehen sollten.

Der Magnat Wincenty Rzewuski (gest. 1747), Landrat von Olechów, belohnte seine Leute großzügig, indem er zunächst anordnete, dass Stanisław Budzeński, »mein Höfling«, 1800 Złoty erhalten sollte, und dann seine Verpflichtungen gegenüber seinen anderen Bediensteten erfüllte, denen er testamentarisch je 300

30 LNNBU, Sapiehs, f. 103, o. 1, Ms. 6336, S. 7, Testament von Waclaw Hoscki, Fähnrich von Wolhynien, geschrieben im Jahr 1728.

31 AP Kielce, Akta Brzustowskie z Sulgostowa, Sygn. 2, S. 3; Testament von Józef Antoni Brzuchowski, Kronprinz, Landrat von Letyńsk, Oberst seiner Königlichen Hochheit, niedergeschrieben 1729.

32 Ebd., S. 7–8.

Złoty vermachte, zusätzlich zu dem ihnen zustehenden Gehalt[33]. Offensichtlich war Budzyński seinem Gönner sehr verbunden und diente ihm treu. Rzewuski hob in seinem Vermächtnis auch einen anderen Diener hervor: »Herrn Antoni Łopuski, meinem Hofstallmeister, der von Kindheit an in meinen Diensten stand und eine ansehnliche Lehrzeit genossen hat, vermache ich neben seinen Verdiensten fünfhundert Zloty, dem ich, falls durch die Verkürzung meines Lebens keine weitere Beförderung erfolgen sollte, Schutz und Wohltätigkeit seiner Lordschaft zukommen lassen werde. Der Achtung empfehle ich meine Brüder und Wohltäter.«[34] Rzewuski kümmerte sich, wie es sich für einen großzügigen Fürsten gehört, nicht nur um die hohen Beamten seines Hofes, sondern erinnerte auch an die Gesellen, Stubenjungen und Hofhandwerker sowie empfahl, »den Schrankmacher, die Waffenschmiede, den Sticker Elias, den Schneider, seine Höflinge und die Küchenleute«[35] zu bezahlen. Wincenty Rzewuski ließ sich bei seiner Entscheidung nicht nur von der Furcht leiten, wegen der hinterlassenen Schulden und der unbezahlten Landabfindungen verurteilt zu werden, sondern auch von seinem adeligen Stolz, der ihn dazu verpflichtete, für seine Leute zu sorgen. Rzewuski wollte seinen Wohltätern ein dankbares Andenken hinterlassen, aber er schätzte auch die für ihn geleisteten Dienste und Arbeiten. So wurden unter anderem diejenigen in besonderer Weise belohnt, denen er verdankte, ihm zur Seite zu stehen. So belohnte er u. a. Michał Stoiński, den Viceregens der Stadt Mielnik und seinen Bevollmächtigten, für »seine fleißige und großartige Mitarbeit in meinen Interessen über mehrere Jahre hinweg mit tausend polnischen Złoty und meinem rotbraunen Mantel mit schwarzer Scheuerleiste.«[36] Antoni Służewski, »Begleiter des Wappenschildes von dem Kronjuwelenschreiber«, vermachte dem Marschall seines Hofes 800 Złoty. Rzewuski muss einem anderen seiner Diener und Klienten, Michał Zbrożek, einem Fähnrich aus Żwinogród, Abgeordneten am Lubliner Gericht, zu großem Dank verpflichtet gewesen sein, dem er »für sein unter diesen Umständen gelittenes Herz« »mein grünes Fahrzeug mit einem Eibenbaum und einem Messinggestrüpp«[37] schenkte. Vielleicht war es eine Entschädigung für seine Hilfe in den Gerichtsverfahren des Landrats von Olchowiec. Ein Verwandter von Wincenty Rzewuski, Stanisław Mateusz Rzewuski (gest. 1728), Großer Hetman der Krone, bedankte sich bei den Mitgliedern seiner Hofkapelle und erklärte in seinem Testament, »dass es ihnen allen freisteht, entweder bei meinen Söhnen zu bleiben, oder nach ihrem Geschmack

33 CPAHU Lviv, f. 181, o. 2, Ms. 392, S. 2, Testament von Wincenty Rzewuski, Landrat von Olchowiec, niedergeschrieben in Witawa am 20.02.1747.
34 CPAHU Lviv, f. 181, o. 2, Ms. 392, S. 3.
35 Ebd., S. 3.
36 Ebd., S. 4.
37 Ebd., S. 5.

einen Platz bei anderen Herren zu suchen.«[38] Allerdings empfahl er seinen Söhnen zwei Musiker, die er sehr geschätzt haben muss, da er ihnen jeweils 3.000 Złoty vermachte und ihnen erlaubte, den Hof zu verlassen.[39]

Der erbenlose Tod von Elżbieta Zamoyska geb. Wiśniowiecka (1701–1770), Woiwodin von Smolensk, die 35 Jahre lang Witwe blieb[40], machte die Aufteilung des verbliebenen Nachlasses erforderlich. In einem ein Jahr später erstellten Postmortalregister finden wir die Information, dass die darin aufgeführten und in einer Truhe in der Schlosskasse deponierten Gegenstände gemäß dem Willen der Erben an die »dienenden Mägde« gegeben wurden. Wir wissen also nicht, ob dies letztlich der Wille der Verstorbenen selbst war, aber wir können vermuten, dass dies auf ausdrückliche Anweisung der Woiwodin geschah. Unter den Dingen, die in der Schatzkammer deponiert wurden, befanden sich kostbare Kleider – Roben aus französischem Grodetour, Röcke aus türkischem Stoff, Kleider aus Samt, Satinwesten, Seidenmützen, Jupes und Umhänge – die wahrscheinlich in die Hände der Damen aus ihrem Frauenzimmer und dem der Zimmermädchen gelangten.[41] Obwohl wir nichts über den Erhaltungszustand der Gewänder wissen, muss die Garderobe der Woiwodin von großem Wert gewesen sein, dennoch wurde beschlossen, sie an die Hofdamen zu verteilen. Es ist schwierig, die Gründe für solche Entscheidungen zu nennen, ob es sich um eine Art Bindung der alleinstehenden Frau an die Mädchen in ihrer Umgebung handelte, um den Wunsch nach einer zusätzlichen Belohnung für ihre Dienste oder um andere Umstände. Zu den Gegenständen, die den Mädchen geschenkt wurden, gehörten auch Bettwäsche, Tischtücher, weiße schwäbische und bunte Tücher sowie die Nachtmützen, Pumps, Tressen und Fächer der Herzogin.[42] Im Besitz von Elżbieta Zamoyska befanden sich nicht weniger als 43 Paar Satin-, Patina- und Lederschuhe, die nach einer Durchsicht an die Mädchen ausgegeben wurden, wobei nur die zu sehr abgenutzten Schuhe aussortiert wurden.[43] Die Dienste einiger

38 CPAHU Lviv, f. 181, o. 2, Ms. 395, S. 4; Testament von Stanisław Mateusz Rzewuski, Großer Hetman der Krone, geschrieben in Lwów am 24. Oktober 1728.

39 Ebd., S. 4.

40 Zur Stellung der Witwe in der ehemaligen Republik siehe Kicinska (2020).

41 LNNBU, BZNiO, f. 5, op. 1, Ms. 3939/III, S. 69, Register der nach dem Tod von Herzogin [Elżbieta von Wiśniowieckis] Zamoyska Woiwodin von Smoleńsk gebliebenen Sachen, sowohl aus Krzeszów geholten als auch hier auf dem Grund von Bieliny, am 22. Februar 1771 niedergeschrieben. Elżbieta Zamoyska (1701–1770), geb. Wiśniowiecka, Tochter von Katarzyna, geborene Dolska (gest. 1725), Hofmarschallin von Litauen, und Michał Serwacy Wiśniowiecki (1680–1744), Großkanzler von Litauen, heiratete 1722 Michał Zdzisław Zamoyski (gest. 1735), Woiwode von Smoleńsk, nach dem Tod seiner ersten Frau Anna, geborene Działyński.

42 Ebd., S. 74–75.

43 LNNBU, BZNiO, f. 5, op. 1, Ms. 3939/III, k. 81, Register der nach dem Tod von Herzogin [Elżbieta von Wiśniowieckis] Zamoyska Woiwodin von Smoleńsk gebliebenen Sachen, so-

»angesehener Personen« wurden auch belohnt, z. B. durch die Übergabe von Leinentüchern.

Besonders großzügig in seinen Vermächtnissen an Höflinge, Bedienstete und Klienten war Adam Brzostowski (1722–1792), Kastellan von Połock, ein politisch aktiver Mann, Teilnehmer der Konföderation von Bar und Junggeselle des Ordens des Weißen Adlers.[44] Seine letztwillige Verfügung war außer ihrem allgemeingültigen Inhalt mit einem Nachtrag und einer Anlage versehen, die genaue Angaben darüber enthielten, was der großzügige Erblasser wem vermachte.[45] Im *Aditament zum Nachtrag* wurden die Beträge der Summen und Mobilien, einschließlich des Viehs, die Brzostowski den ihm dienenden Personen zukommen lassen wollte, detailliert aufgelistet. Zu den vom Kastellan von Połock Belohnten gehörten die Leute seines Hofes, u. a. der Feldscher Kluszczeński, dem er 500 Złoty vermachte; etwas geringere Summen gingen an den Kanonier Franciszek Grabowski, den Lakaien Józef Jaworowski, den Schreiber Walenty Dombrowski, den unbekannten Wolski und die Hoflehrlinge, darunter ein »abgegebenes Waisenkind«, das er nicht namentlich erwähnt, aber ihm 300 Złoty schenkte, Brygida, die Kaffeemagd, Róża, die Waise, Maciek, der Zuckerbäcker, vier Stallburschen, die Mägde, denen er je eine Kuh vermachte; er beschenkte auch die Vorarbeiter und Hirten, indem er ihnen je eine Färse schenkte, die Köche und die Hofwächter, die je 200 Złoty erhielten.[46] Wir finden hier übrigens eine Gruppe von Hofbeamten und Dienern – Sekretär, Kammerdiener, Lakai, Anrichten, Köche und Kellerwächter – sowie Lanzenreiter und Sängerinnen. Zu den Hofleuten, die mit Vermächtnissen bedacht wurden, gehörten drei Mädchen, denen Brzostowski eine beträchtliche Mitgift (1.000–2.000 Złoty) stifteten Julisia und die bereits erwähnten Sängerinnen Teklusia und Pirecka.[47] Zusätzlich zu den finanziellen Vermächtnissen in Höhe von 100–2.000 Złoty sollten diese Personen an der Verteilung der Garderobe des Kastellans von Połock beteiligt werden. Man muss betonen, dass Erblasser, die eine solche Großzügigkeit und Fürsorge für die ihnen dienenden Menschen zeigten, selten sind. Denn betrafen die Vermächtnisse in der Regel hauptsächlich die unmittelbare Familie, weitere Verwandte und wenige Bedienstete. Die Protektorinnen, insbesondere die kinderlosen, waren großzügig gegenüber ihrem weiblichen Gefolge und schenkten ihren weiblichen

wohl aus Krzeszów geholten als auch hier auf dem Grund von Bieliny, am 22. Februar 1771 niedergeschrieben.

44 AP Przemyśl, AZLK, Ms. 347, S. 1–50, Testament und Ergänzung zum Testament von Adam Brzostowski, Kastellan von Połock, geschrieben in Wieluń am 7. August 1792.

45 AP Przemyśl, AZLK, Ms. 347, S. 7–8, Beilage, auf die ich mit diesem Testament zur besseren Erläuterung verweise, bezeichne ich viele, an die für Kirchen für Messen zu zahlen ist, sowie an verdiente Leute hier und solche, die zu meiner Garderobeabteilung gehören sollen, auch die ich aus der Knechtschaft entlasse.

46 AP Przemyśl, AZLK, rkps 347, S. 8–9, Nachtrag zu dieser Beilage.

47 Ebd., S. 47.

Bediensteten verschiedene Kleidungsstücke. Die Magnatin Konstancja Sapieżyna geb. Radziwiłł (gest. 1756), Kanzlerin von Litauen, zeigte sich großmütig, als sie »in Erinnerung an die Verdienste meiner Hofdamen« ihren Bruder Michał Kazimierz Radziwiłł darum bat:

> Ich vermache Frau Różeńska, meiner Marschallin, tausend Taler für ihre aufrichtige Güte und Dienste, die ich auch zu gleichen Teilen mit anderen Mägden teilen soll; ich vermache meinem Fräulein Helena Jezierska, der Älteren, viertausend polnische Zloty für ihre aufrichtigen Dienste und Güte. Demselben Fräulein Helena Jezierska vermache ich auch die rosafarbenen Kleider mit Silber und die weißen türkischen Kleider mit Gold, die ebenfalls zu gleichen Teilen mit anderen Mägden zu teilen sind.[48]

Die Erblasserin schätzte auch die Dienste anderer Personen in ihrer Umgebung, die sie durch deren treue Dienste rechtfertigte »Herrn Ignacy Terlecki, meinem Hofstallmeister, als einem alten und aufrichtigen Diener von mir, vermache ich tausend Taler.« Maciej Murawski hinterließ sie »ein Paar uniformierte Gehröcke« und empfahl ihn der Achtung seines Bruders, gleichzeitig verpflichtete sie sich, seinen Erben das Archiv ihres Mannes Jan Fryderyk Sapieha[49] zu übergeben. Sie vergaß auch »Magdusia, die treue Dienerin« nicht und Jerzy Czyżewski, die laut ihrem Testament jeweils 500 Złoty erhalten sollten. Die testamentarische Regelung der Angelegenheiten der litauischen Kanzlerin mit ihren Bediensteten wurde durch ein Dankschreiben an ihre treuen Leute und die Anweisung, alle Schulden und Abgaben rasch zu begleichen, gekrönt:

> Allen Mädchen, die mir in meiner letzten Krankheit treu und zuvorkommend gedient haben, gebe ich je 100 Zloty, ebenso den Hajdukes für ihre Dienste in meiner letzten Schwäche, ich bitte, jedem von ihnen drei rote Zloty zu geben; meinen Lakaien, sowie Paweł, meinem Gehilfen, bitte ich, jedem von ihnen 100 polnische Zloty zu zahlen; schließlich bitte ich Euer Ehren, den Hetman WXLit, meinen Bruder und Wohl[täter], um Gottes Willen, keine Anfragen an meine Leute zu stellen, da sie mir alle treu, aufrichtig und ohne Unterlass in meinem Leben gedient haben, und dass alle, die auf meinem Gut gedient haben, ihre Verdienste und Quartiere ohne Unterbrechung bezahlt bekommen, gemäß den Verträgen, die mir zu Recht zustehen…[50]

Unter den beweglichen Gütern, die den Bediensteten vermacht wurden, waren verschiedene Natur- und Nutztiere, z. B. Ochsen, Kühe, Schweine, Schafe, Getreide oder Holz üblich. Jadwiga, geb. Łempicka Godaczewska (gest. 1713), machte ein solches Vermächtnis zugunsten ihrer Dienerin: »Fräulein Anna Żebrowska, meiner Dienerin, schenke ich zum Verdienst des vergangenen Jahres

48 AGAD, AR XI, sygn. 127, k. 117, Testament von Konstancja geb. Radziwiłł Sapieżyna, Kanzlerin von Litauen, geschrieben in Kamieniec Litewski am 5. Dezember 1756.
49 Ebd., S. 117.
50 Ebd., S. 118.

einen Eber in eineinhalb Jahren.«[51] Diese Art von Vermächtnissen war oft das Ergebnis eines Mangels an Bargeld, um Abgaben zu zahlen, und war auch Teil des vorherrschenden Systems der Entlohnung von Dienern für ihre Dienste (so genannte *strawne, barwa, laffa*) gerade mit Naturalien.

In der Regel erfüllten die Ernährer ihre Vereinbarungen und zahlten das versprochene Jahresentgelt oder *strawne* bzw. schenkten ihren Dienern sogar verschiedene bewegliche Sachen oder Kleider. Die treuen Dienste wurden jedoch nicht immer angemessen belohnt, und manchmal wurde die Zahlung der Abgaben durch den plötzlichen Tod der Ernährer behindert, die es versäumten, ein Testament zu machen und ihre Grundstücksverpflichtungen zu begleichen. In Fällen, in denen es unmöglich war, alle Rückstände zu begleichen, vermerkten die Gönner in ihren Testamenten, dass sie ihre Rechnungen mit den Dienstboten zu begleichen hatten. »Meine allergnädigste Frau soll an mein Gut zahlen und was wem zusteht, sowohl von meinen Dienern, als auch von meinen Friedenswächtern und Dienstpersonal, für ihre Verdienste«, wurde von dem jungen Jan Karol Chodkiewicz (1686–1712), Landrat von Wieloń[52], vermacht.

In die testamentarischen Vermächtnisse wurden auch latifundiale Beamte und sogar Leibeigene einbezogen, die von der Pacht und anderen Senior-Verpflichtungen gegenüber dem Erblasser befreit oder sogar aus der Leibeigenschaft entlassen wurden. Es war auch üblich, an die Armen zu denken, die anlässlich der Beerdigung mit Hemden, Wäsche, Leichenschmaus oder Naturalien – Bier, Fleisch, Seife usw. – versorgt wurden.

Allerdings haben nicht alle Erblasser ihre Bediensteten mit Vermächtnissen bedacht. Helena von Gościmińska (gest. 1704), eine Mundschenkin von Sanok, stiftete zwar zahlreiche Vermächtnisse an ihre nahen und entfernten Verwandten und verschenkte auch einige ihrer beweglichen Güter, erwähnt aber die Hofbediensteten nur am Rande und bittet ihren Haushalt um Verzeihung und Gebete: »Ich verabschiede mich von euch, danke euch für eure Dienste, bitte kümmert euch nicht um eure Verletzungen, wenn ich jemanden geschlagen habe, bitte Gott für mich zu bitten.«[53] Gościmińska gehörte wahrscheinlich nicht zu den besonders sanften Mäzeninnen, wenn sie selbst Gewaltanwendung gegenüber ihrer Umgebung erwähnte.

Die Ernährer, die stets mit einem Mangel an Bargeld konfrontiert waren, um verschiedene Zahlungen und Verpflichtungen zu begleichen, gerieten oft in Verzug mit der rechtzeitigen Zahlung von Arbeitslöhnen oder der Rückzahlung von Schulden, die sie bei ihren eigenen Bediensteten gemacht hatten. In eine

51 B PAU und PAN in Krakau, Ms. 684, S. 51, Testament von Jadwiga Godaczewska, geb. Łempicka Godaczewska, geschrieben in Godaczy Zalesie am 17. April 1713.

52 AN Kraków, AMCh Sign. 179, k. 157v., Notizen zum Testament von Jan Karol Chodkiewicz.

53 CPAHU Lviv, C. P. Rel., f. 13, o. 2, Ms. 478, S. 529; Oblatin des Testaments Helena von Ustrzyckis Gościmińska, Sanok Mundschenkin, geschrieben in Przybyszów 14. 10. 1704.

solche Situation geriet einer der Bediensteten des pommerschen Woiwoden Jan Gniński (gest. 1703). In einem Brief an seine verbliebene Witwe, Teresa, geb. Potocka, beklagte sich Dawid Drozdowski: »Ein einfacher und jeder gemeine Mann wird seinen Knecht bezahlen, und ich einem polnischen Senator, der mir 300 Meriten im Jahr zu geben versprach, habe zwei Jahre lang gedient, und so war ich für ihn bequemer als alle Knechte, die er damals um sich hatte, aber ich habe keine Bezahlung genommen«[54]. Solche Situationen traten beim plötzlichen Tod von Ernährern auf, die es nicht schafften, rechtzeitig ein Testament zu verfassen. Daher war der Gedanke einer frühzeitigen Abfassung eines Testaments, der von den Autoren der Handbücher von *ars bene moriendi* im Anschluss an die Lehre der Kirche angeregt wurde, verständlich.

Die Unmöglichkeit, die Bezüge für eine manchmal mehrjährige Tätigkeit zurückzuerhalten, veranlasste die Gutsbediensteten manchmal dazu, ihren Fall vor Gericht zu bringen. Dies tat die verwitwete Marianna Mąkiewiczowa, geb. Milewska, als sie sich an den Gerichtshof in Lublin wandte und die Rückerstattung der ihrem Ehemann für seine Dienste beim Landrat von Knyszyn, dem berüchtigten Grausamkeitsfanatiker Tomasz Czapski (1711–1784), geschuldeten Vergütung in Höhe von 100 Tynfs forderte und noch einige ausstehende Beträge hinzufügte. »Als mein Verstorbener im Interesse von Czapski, dem Landrat von Knyszyn, nach Piotrków und auf andere Straßen fuhr, hat er sein eigenes Geld in Höhe von 71 Tynfs ausgegeben«, schrieb Mąkiewiczowa. Sie listete auch ihre eigenen Schulden bei dem Landrat auf »fertiges Geld, das ich bei der Küchenrechnung zu Recht 350 tf geben musste« und »drei Butterfässer für höfischen Bedarf gegeben, valoris 42 tynfs.«[55]

Auch die andere Seite, d. h. Diener und Klienten, die zugunsten ihrer Gönner testamentieren oder ihre Dankbarkeit gegenüber ihren Ernährern unter Beweis stellen, sollte beachtet werden. Es genügt, einen Auszug aus dem Testament von Katarzyna Drużbacka (geb. Weber, gest. 1722), Vizegouverneurin von Trembowel, zu zitieren, die schrieb: »Ich erkläre mich an dieser Stelle, dass ich mich, so wie ich lebe, so auch sterbe, dem krakauer Herrn [Adam Mikołaj Sieniawski, B.P.], meinem Wohltäter, und der Dame von Krakau [Elżbieta Sieniawska, B.P.], meiner Wohltäterin, unsterbliche Verpflichtung und Dank in jene Welt trage«.[56] Eine Form des Dankes für ihre Fürsorge und Arbeit war die Ernennung von

54 AGAD, AZ, Sign. 606, S. 137, Dawid Drozdowski an Teresa Gnińska, geb. Potocka, aus Danzig 23.07.1703.

55 AP Lublin, Archiwum Trybunału Koronnego, Sign. 154, p. 72, Regestr pretensji Jmć Pani Marianny z Milewskich Mąkiewiczowej do Jaśnie Wielmożnego Jmć Pana Czapskiego, starosty knyszyńskiego 1749.

56 CPAHU Lviv, C.P. Rel., f. 13, o. 2, Ms. 518, S. 2219, Testament von Katarzyna Drużbacka, geb. Weber, Vizekönigin von Trembowel, geschrieben am 22.11.1722.

Ernährern zu Testamentsvollstreckern oder Vormündern der verbliebenen Kinder und Ehegatten oder sogar eines kleinen Vermögens.

Die Frage der testamentarischen Schenkung zugunsten von Hofbeamten und Bediensteten, latifundialen Beamten oder Klienten ist ein äußerst interessantes und umfassendes Problem. Denn sie zeigt die sehr komplexen sozialen Beziehungen im polnisch-litauischen Commonwealth des 18. Jahrhunderts und erschüttert unsere Überzeugung, dass diese Personen völlig von ihren Gönnern abhängig waren. Denn es handelte sich häufiger um Arbeitgeber-Diener-Klient-Verhältnisse als um Herr-Untergebene-Verhältnisse. Eine regelmäßige Vergütung für den Hofdienst war eine weithin akzeptierte und erwartete Form der Regelung gegenseitiger Leistungen. Die Schenkungen und Vermächtnisse an Dienstpersonal und treue Diener waren eine andere Form der Regelung von Leistungen und sollten als besondere Vergütung oder Belohnung behandelt werden. Zu betonen wären auch die Aspekte außer dem Arbeitsvertrag, wie: Vertrauen, Freundschaft, Herzlichkeit.

Zusammenfassung

Legaten für den Hofdienst in den Testamenten adliger Gönner im polnisch-litauischen Commonwealth in sächsischer Zeit

Die letztwilligen Verfügungen des Adels spiegeln den Entwicklungsprozess des Klientelsystems wider, das im polnisch-litauischen Commonwealth des 18. Jahrhunderts seinen Höhepunkt erreichte und fast alle Bereiche des öffentlichen Lebens durchdrang, ebenso wie der personalisierte Hofdienst. Die Bindungen der Magnatenfamilien an die adlige Pfarr- und Untertanenbevölkerung erwiesen sich mitunter als sehr dauerhaft, was sich unter anderem in Vermächtnissen an diese Personen zeigte. Die testamentarischen Vermächtnisse zeigen das sehr unterschiedliche Niveau der Vermächtnisse an Bedienstete und Hausangestellte, die verschiedenen Arten von Vermächtnissen (Geld, Mobilien, Naturalien), geben aber auch indirekt Aufschluss über das materielle Niveau des Erblassers. Sie sind ein Zeugnis für die Beziehung zwischen dem Patron und dem umliegenden Gut sowie für seinen guten Willen und seine Haltung gegenüber den Bediensteten.

Bibliografie

Primärliteratur

Archiwum Główne Akt Dawnych (im folgenden: AGAD):
Archiwum Radziwiłłów (im folgenden: AR) XI, Ms. 120; 127.
Archiwum Zamoyskich (im folgenden: AZ): Ms. 606; 2375; 2387.
Archiwum Prozorów i Jelskich (im folgenden APiJ): Ms. 37.
Archiwum Warszawskie Radziwiłłów (im folgenden AWR), Archiwum Domów Obcych, dz. X Ms. 717.

Archiwum Narodowe w Krakowie (im folgenden AN Krakau):
Archiwum Młynowskie Chodkiewiczów (im folgenden: AMCh): Sign. 179.

Archiwum Państwowe w Kielcach (im folgenden: AP Kielce):
Akta Brzustowskich z Sulgostowa: Sign. 2.

Archiwum Państwowe w Lublinie (im folgenden: AP Lublin):
Archiwum Trybunału Koronnego, Sign. 154.

Archiwum Państwowe w Przemyślu (im folgenden AP Przemyśl):
Archiwum Zamku Leskiego Krasickich (im folgenden: AZLK): Ms. 347.

Zakład Narodowy im. Ossolińskich we Wrocławiu (im folgenden ZNiO):
Archiwum Wodzickich z Kościelisk:, Ms. 11815/III.

Biblioteka Polskiej Akademii Umiejętności i Polskiej Akademii Nauk w Krakowie (im folgenden: B PAU i PAN w Krakowie): Ms. 684; Ms. 692; Ms. 1761, B. 1; Ms. 3262.

Centralne Państwowe Archiwum Historyczne Ukrainy we Lwowie (im folgenden CPAHU Lviv):
Castrensis Premislensis Relationis (im folgenden C. P. Rel.): f. 13, o. 2, Ms. 478; Ms. 502; Ms. 518.
Archiwum Lanckorońskich: f. 181, o. 2, Ms. 392; Ms. 395.

Narodowa Naukowa Biblioteka Historyczna Ukrainy im. W. Stefanyka we Lwowie (im folgenden LNNBU):
Biblioteka Zakładu Narodowego im. Ossolińskich (im folgenden BZNiO): f. 5, op. 1, Ms. 3939/III.
Zbiór Aleksandra Czołowskiego, f. 141, o. 3, Ms. 3.
Zespół Sapiehowie, f. 103, o. 1, Ms. 6336.

Sekundärliteratur

Danowska, Ewa (Hrsg.): *Dług śmiertelności wypłacić potrzeba. Wybór testamentów mieszczan krakowskich z XVII–XVIII wieku* [*Die Sterblichkeitsschuld muss bezahlt werden. Eine Auswahl von Testamenten der Krakauer Bürger aus dem 17. und 18. Jahrhundert*, Übersetzt von B.P.]. Kraków: Wydawnictwo Naukowe Polskiej Akademii Nauk 2011.

Dubas-Urwanowicz, Ewa; Urwanowicz, Jerzy (Hrsg.): *Patron i dwór. Magnateria Rzeczpospolitej w XVI–XVIII wieku* [*Mäzen und Hof. Die Magnaten der Rzeczpospolita im 16. bis 18. Jahrhundert*, Übersetzt von B.P.]. Warszawa: Wydawnictwo DiG, 2006.

Falniowska-Gradowska Alicja (Hrsg.): *Testamenty szlachty krakowskiej XVII–XVIII w.* [*Testamente des Krakauer Adels aus dem 17. und 18. Jahrhundert*, Übersetzt von B.P.]. Kraków: Wydawnictwo Naukowe Polskiej Akademii Nauk, 1997.

Justyniarska-Chojak, Katarzyna (2010): *Testamenty i inwentarze pośmiertne z ksiąg miejskich województwa sandomierskiego (XVI–XVIII wiek) [Testamente und Nachlassinventare aus den Stadtbüchern der Woiwodschaft Sandomierz (16.–18. Jahrhundert), Übersetzt von B.P.].* Kielce: Wydawnictwo Uniwersytetu Humanistyczno-Przyrodniczego.

Justyniarska-Chojak, Katarzyna (2014); *»Wszyscy śmiertelni jesteśmy i dlatego rozrządzamy majętności swoje«. Wybór testamentów z ksiąg miejskich województwa sandomierskiego (XVI–XVIII wiek) [»Wir sind alle sterblich und deshalb verteilen wir unsere Güter«. Eine Auswahl von Testamenten aus den Gemeindebüchern der Woiwodschaft Sandomierz (16.–18. Jahrhundert),* Übersetzt von B.P.]. Kielce: Wydawnictwo Uniwersytetu Jana Kochanowskiego w Kielcach.

Justyniarska-Chojak, Katarzyna (2015): Uwagi na temat edycji testamentów mieszczańskich z województwa sandomierskiego (XVI–XVIII wiek) [Anmerkungen zur Edition von Bürgertestamenten aus der Woiwodschaft Sandomierz (16.–18. Jahrhundert), Übersetzt von B.P.]. In: Kwartalnik Historii Kultury Materialnej Nr. 63, 4, S. 637–646.

Kicińska, Urszula (2020): *W tym osieroconym stanie. Pozycja wdowy w społeczeństwie szlacheckim w Rzeczypospolitej (od schyłku XVII do połowy XVIII wieku) [In diesem verwaisten Staat. Die Stellung der Witwe in der Gesellschaft des Adels im polnisch-litauischen Commonwealth (vom Ende des 17. bis zur Mitte des 18. Jahrhunderts),* Übersetzt von B.P.]. Kraków: Wydawnictwo Naukowe Uniwersytety Pedagogicznego, 2020.

Klint, Paweł (Hrsg.): Testamenty szlacheckie *z ksiąg grodzkich wielkopolskich z lat 1631–1655 [Testamente des Adels aus den großpolnischen Registern von 1631–1655,* Übersetzt von B.P.]. Poznań-Wrocław: Wydawnictwo Historyczne, 2008.

Klint, Paweł (Hrsg.): Testamenty szlacheckie *z ksiąg grodzkich wielkopolskich z lat 1657–1680 [Testamente des Adels aus den großpolnischen Registern von 1657–1680,* Übersetzt von B.P.]. Wrocław: Wydawnictwo Uniwersytetu Wrocławskiego, 2011.

Klint, Paweł (Hrsg.): Testamenty szlacheckie z ksiąg grodzkich wielkopolskich z lat 1681–1700 [Testamente des Adels aus großpolnischen Registern aus den Jahren 1681–1700, Übersetzt von B.P.]. Wrocław: Wydawnictwo Uniwersytetu Wrocławskiego, 2015.

Klint, Paweł; Rzemieniecki, Konrad (Hrsg.): Testamenty szlacheckie ziemi sanockiej z XVII wieku [Testamente des Adels der Region Sanok aus dem 17. Jahrhundert, Übersetzt von B.P.]. Wrocław: Wydawnictwo Uniwersytetu Wrocławskiego, 2020.

Klint, Paweł; Rzemieniecki, Konrad; Węgolorz, Jakub (Hrsg.): Testamenty szlacheckie z ksiąg grodzkich i ziemskich ziemi halickiej z XVII wieku [Testamente des Adels aus den galizischen Grundbüchern der Region Halicz im 17. Jahrhundert, Übersetzt von B.P.]. Wrocław: Wydawnictwo Uniwersytetu Wrocławskiego, 2018.

Kubicki, Rafał (2020): *Testamenty elbląskie. Studium z dziejów miasta i jego mieszkańców w późnym średniowieczu [Elbinger Testamente. Eine Studie über die Geschichte der Stadt und ihrer Bewohner im Spätmittelalter,* Übersetzt von B.P.]. Gdańsk: Wydawnictwo Uniwersytetu Gdańskiego, 2020.

Łosowski, Janusz (Hrsg.). *Testamenty chłopów polskich od drugiej połowy XVII do XVIII wieku [Testamente polnischer Bauern aus der zweiten Hälfte des 17. bis 18. Jahrhunderts,* Übersetzt von B.P.] Lublin: Wydawnictwo Uniwersytetu Marii Curie-Skłodowskiej, 2016.

Maza, Sarah C. (1983): *Servants and Masters in 18th-Century France: The Uses of Loyalty.* New Jersey: Princeton, 1983.

Popiołek Bożena (2009): *»Woli mojej ostatniej Testament ten...« Testamenty staropolskie jako źródło do historii mentalności XVII i XVIII wieku [»Mit meinem letzten Willen dieses Testament...«. Altpolnische Testamente als Quelle für die Mentalitätsgeschichte des 17. und 18. Jahrhunderts,* Übersetzt von B.P.]. Kraków: Wydawnictwo Uniwersytetu Pedagogicznego, 2009.

Popiołek, Bożena (2020): *Dobrodziejki i klienci. Specyfika patronatu kobiecego i relacji klientalnych w czasach saskich [Weibliche Stifterinnen und Klientinnen. Die Besonderheiten des weiblichen Mäzenatentums und der Klientelbeziehungen in sächsischer Zeit,* Übersetzt von B.P.]. Warszawa: Wydawnictwo Uniwersyeteu Pedagogicznego, 2020.

Popiołek, Bożena (2022): *Rytuały codzienności. Dwór szlachecki w osiemnastowiecznej Rzeczypospolitej [Rituale des täglichen Lebens. Der adlige Hof im polnisch-litauischen Commonwealth des achtzehnten Jahrhunderts,* Übersetzt von B.P.]. Warszawa: Wydawnictwo Muzeum Pałacu Króla Jana Sobieskiego w Wilanowie, 2022.

Popiołek, Bożena; Kicińska, Urszula (2017): *Panie Zamoyskie: Anna Franciszka z Gnińskich, Teresa z Potockich i Urszula z Kalińskich – okruchy biografii w świetle korespondencji i aktów ostatniej woli [Die Damen der Familie Zamoyski: Anna Franciszka, geborene Gninska, Teresa, geborene Potocka und Urszula, geborene Kalinska – biografische Skizzen im Lichte der Korrespondenz und testamentarischer Dokumente,* Übersetzt von B.P.] In: Kwartalnik Historii Kultury Materialnej Nr. 65, 1, S. 19–38.

Ronikier, Jerzy (1992): *Hetman Adam Sieniawski i jego regimentarze. Studium z historii mentalności szlachty polskiej 1706–1725 [Hetman Adam Sieniawski und seine Regimenter. Eine Studie zur Mentalitätsgeschichte des polnischen Adels 1706–1725,* Übersetzt von B.P.]. Kraków: Wydawnictwo Universitas, 1992.

Urszula Kicińska

Vermächtnisse an geistliche und kirchliche Einrichtungen in Testamenten aus dem 17. und der ersten Hälfte des 18. Jahrhunderts in Polen[1]

Abstract

Bequests for clergy and church institutions in wills of the 17th and the first half of the 18th century

We can study the everyday life of parish priests and monastic clergy during the Polish-Lithuanian Commonwealth based on many sources, the most popular of which include: correspondence, pious legacies to the Church and people associated with it, and wills. Especially the last mentioned sources had information not only about the financial situation of the people writing them down, but also about the relationships that connected the testator with relatives, friends and the environment in which he lived. Mobilia bequeathed to a given parish were transferred in the form of movable property or cash intended for their purchase. It should be noted that the information appearing in wills is of a relational nature, therefore, in order to obtain a more reliable picture of the relations between patrons, believers and clergy, they must be confronted with other available source material.

Keywords: will, legacies, testator, church, parson
Schlüsselwörter: Testament, Vermächtnis, Erblasser, Kirche, Pfarrer

Urszula Kicińska, Uniwersytet Komisji Edukacji Narodowej w Krakowie, ORCID: 0000-0002-7967-5312.

1 Der Artikel wurde im Rahmen des vom Nationalen Wissenschaftszentrum finanzierten Projekts mit dem Beschluss Nr. UMO – 2021/41/B/HS3/00253 mit dem Titel *Adeliger Frauenhof in der Republik Polen in der sächsischen Zeit. Struktur, Personen, Kultur, Funktionen* erforscht. Die zitierten Abschnitte in diesem Text kommen aus den polnischen Quellen und wurden für die Zwecke des Textes extra von U.K. ins Deutsche übersetzt.

Der Alltag von Pfarrern (Vikaren, Vikarinnen, Pfarrern,[2] Präbendare[3]) und Geistlichen kann unter religiösen, rechtlichen, materiellen, moralischen oder mentalen Gesichtspunkten analysiert werden. Die letztgenannten Aspekte, d.h. Überlegungen zum Verhalten und zu den Einstellungen der Menschen im alten Polen, sind seit vielen Jahren von großem Interesse für die Forschung.[4] Zu ihnen gehört Bogdan Rok, der in seinem Artikel über die Mentalität des polnischen Klerus im 18. Jahrhundert darauf hinwies, dass »Mentalität im Allgemeinen eine Denkweise bedeutet, die auf einem bestimmten Wertesystem beruht, das in einer bestimmten Gemeinschaft gültig ist, und mit ihr verbunden ist eine Reihe von alltäglichen Verhaltensweisen, die für diese Gemeinschaft charakteristisch sind.«[5] Gleichzeitig macht der Autor deutlich, dass der Klerus einen besonderen Stand in der Gesellschaft des polnisch-litauischen Commonwealth darstellte und sich aus den verschiedenen Kreisen rekrutierte – dem Adel, dem Bürgertum und sogar der Bauernschaft, wobei Letztere es besonders schwer hatte, in den klerikalen Stand zu drängen. Anfänglich dominierte das Bürgertum diese Klerusgruppe, während im Laufe der Zeit, insbesondere im 18. Jahrhundert, die Vorherrschaft des Adels und des Bauerntums festgestellt wird. Die soziale Differenzierung des ehemaligen Klerus »beeinflusste wahrscheinlich die Herausbildung einer eigenen Mentalität des gemeinen Pfarrklerus und bestimmter Vertreter der Hierarchie.«[6]

Etwas weniger Informationen über das alltägliche Leben der Geistlichen und Mönche finden sich in der Literatur, die das Funktionieren der Gutshöfe der Magnaten und des Adels beschreibt und vor diesem Hintergrund die Beziehungen darstellt, die zwischen den Besitzern der betreffenden Güter und den auf den Gütern dieser sozialen Gruppe lebenden Priestern sowie den unter ihrem

2 Die Missionare waren verpflichtet, gemeinsam zu leben. Neben separaten Messen und Jahrestagen für die Intentionen der Gründer sollten sie jeden Tag einen feierlichen Votivgottesdienst und ein Marienoffizium, die Passion des Herrn oder die Eucharistie feiern, die nach dem Willen des Gründers stattfinden mussten. Diese Kollegien wurden an Kirchen in großen Städten oder in Zentren mit großem Grundbesitz gegründet, weniger in Dorfkirchen. In der zweiten Hälfte des 18. Jahrhunderts verschwanden die Kollegien der Herrenhäuser an den Pfarrkirchen vollständig. Von ihnen blieb nur die Titulatur des Präbischofs, d.h. des Pfarrers, übrig, die ab dem Ende des 18. Jahrhunderts allmählich eingeführt wurde und die Titulatur des Priesters ersetzte, vgl. Litak (2004: 158, 161).

3 Prebenda ist (lat.: praebenda) ein Teil der kirchlichen Einkünfte, der bestimmten Geistlichen zusteht und aus der Verteilung von Einkünften an einen Kanoniker eines Dom- oder Stiftskapitels als Amtsbezüge hervorgeht. Eine Person, die Einkünfte aus einer Präbende bezog, wurde als Präbendar oder Präbendare bezeichnet, siehe dazu S. Tymosz, Prebenda [Begriff], [in:] Encyklopedia katolicka, Bd. XVI, ed. E. Gigilewicz, Lublin 2012, col. 337–338. Übersetzt mit DeepL.com (kostenlose Version)

4 Siehe Ronikier (1991: 61–74); Ronikier (1992); Sowa (1995); Popiołek (2018).

5 Rok (1993: 41).

6 Rok (1993: 41–42). Siehe auch Pidłypczak-Majerowicz (1993: 57–67).

Schutz stehenden Klöstern bestanden.[7] Dieses Phänomen ist jedoch äußerst wichtig, da, wie Litak betont, die Schirmherren, d.h. die Kollatoren der Pfarrkirchen, sowohl früher als auch im 16. bis 18. Jahrhundert in der gesamten Kirche einen entscheidenden Einfluss auf die Wahl eines Pfarrers hatten. So wie im alten Polen ein Bischofskandidat vom König dem Papst empfohlen wurde, so wurde der Kandidat für das Amt des Priesters oder Pfarrers dem Bischof von einem Gutsbesitzer vorgestellt, der sein Recht auf das Patronat einer bestimmten Pfründe ausübte (Litak 2004:145). Das Patronatsrecht gehörte in der Republik also in erster Linie dem Adel und in viel geringerem Maße dem König und dem Klerus (Szady 2003).

Die Frage nach der Rolle der adligen Grundbesitzer als Schirmherren des Pfarrklerus ist ein äußerst wichtiges Thema, das bisher noch nicht näher untersucht wurde. Die ausführlichste Beschreibung dieses Phänomens stammt von Stojek-Sawicka (2005, 2006, 2008, 2011), die sich auf den katholischen Klerus und dessen Klientelbeziehungen zu den Radziwills von Nieświeski[8] konzentriert. Die Forscherin betonte jedoch, dass »die bisher durchgeführten historischen Analysen der Frage nach den gegenseitigen Beziehungen zwischen den altpolnischen Machteliten und dem Umfeld des damaligen Klerus wenig Aufmerksamkeit geschenkt haben.«[9] Darüber hinaus wies sie darauf hin, dass die Folge eines solchen Vorgehens die Ausrichtung der Forschung auf die Behandlung der gegenseitigen Beziehungen auf der Linie Klerus-Schirmherr[10] in der Kategorie der unilateralen Beziehungen war, in der die Laienvormünder das dominierende Element waren. Die Folge davon war, wie Stojek-Sawicka bemerkt, eine deutliche Abwertung der Rolle des Klerus und seine Entfernung aus dem Bereich der wissenschaftlichen Untersuchung. Die soziale Realität der altpolnischen Epoche war indessen komplizierter, und das angenommene Modell der »einseitigen Beziehungen zwischen den Magnatenhöfen und dem Klerus entsprach nicht immer der historischen Wahrheit.« (Stojek-Sawicka 2006: 398). Es ist jedoch anzumerken, dass zur Klientel des Klerus eines Gutshofes in der Regel auch höherrangige Geistliche gehörten, die in der Umgebung des Gutshofes administrative und seelsorgerische Aufgaben wahrnahmen (Kapläne, Prediger, Leh-

7 Zum Mäzenatentum siehe Abraham (2003); Mączak (2003); Popiołek (2006: 385–395).

8 Siehe Stojek-Sawicka (2005: 163–177); Stojek-Sawicka (2006: 397–416); Stojek-Sawicka (2008: 541–557); Stojek-Sawicka (2011).

9 Stojek-Sawicka (2006: 397).

10 Es bezieht sich auf die »Patronatslinie«, und zwar buchstäblich die Patronats- oder Kundenbeziehung zwischen einem Laienpatron und einem kirchlichen Kunden. In diesem Fall bot der Laienpatron dem Kleriker Schutz. Dabei handelte es sich in der Regel um finanzielle Unterstützung, Schirmherrschaft, Unterstützung in einem bestimmten Umfeld wie einem Gericht. Im Gegenzug versprach der klerikale Klient, d.h. z.B. ein Priester oder Mönch, klerikalen Schutz, d.h. Gebete für die Gesundheit, das Leben oder das Wohlergehen seines Wohltäters.

rer). Im Laufe der Zeit wurde einigen dieser Kleriker immer mehr Vertrauen entgegengebracht, und sie wurden auch mit weltlichen Aufgaben betraut. So übernahmen sie je nach Bedarf politische Missionen, vermittelten zwischen verfeindeten Parteien, vertraten ihre Schirmherren vor kirchlichen Gerichten, organisierten Beerdigungen, verfassten Trauer- und Lobreden und beaufsichtigten den Bau oder die Renovierung von Sakralbauten (Stojek-Sawicka 2006:406). Die oben genannten Pflichten und Privilegien galten jedoch für Laien und Mönche, die in der kirchlichen Hierarchie höhere Posten pflegten. Pfarreien und Vikare kommen in diesen Analysen kaum vor.

Interessante Erkenntnisse zur Mentalität der altpolnischen Gesellschaft hat auch Popiołek gewonnen, die seit vielen Jahren Fragen im Zusammenhang mit der breit verstandenen Tätigkeit adliger Frauen im öffentlichen Raum der sächsischen Zeit analysiert. In den Rahmen dieser Forschung fällt auch die Frage nach ihrer Religiosität und den klientelistischen Beziehungen zwischen Adel und Klerus (wobei der niedrigere Klerus hier nur am Rande behandelt wird) (s. Popiolek 2005:287–300). Ebenfalls in diese Untersuchung einbezogen sind meine Ergebnisse, die die Frage der Beziehungen zwischen den adligen Stifterinnen und den von ihnen unterstützten Orden und Laienklerikern analysierte und den Nachweis erbrachte, dass die von ihnen errichteten Legaten neben der Bereitstellung von finanziellen Mitteln auch ihren persönlichen Zwecken dienten. Denn die Erblasserinnen wollten, dass die von ihnen unterstützten Klöster oder bestimmte Laienkleriker an sie in der lokalen Umgebung erinnern.[11]

Die oben dargestellte, wenn auch kurze Literaturübersicht zeigt, dass die Frage der gegenseitigen Beziehungen zwischen adligen Stiftern und dem Laien- und Mönchsklerus einer intensiven und eingehenden Analyse bedarf. Denn die Beobachtung dieser Beziehungen bietet die Möglichkeit, in den Alltag des Klerus einzutauchen und die gegenseitigen Beziehungen zu beobachten, die die beiden Parteien in klientelistischen Abhängigkeiten verbanden. Es ist auch davon auszugehen, dass die offensichtlichen Defizite in diesem Bereich nicht auf eine Vernachlässigung der Forschung zurückzuführen sind, sondern vielmehr auf Schwierigkeiten beim Zugang zu Quellen, in denen die betreffenden Geistlichen (insbesondere Pfarrgeistliche) nur sporadisch vorkommen.

In den herrschaftlichen Archiven haben sich Quellen erhalten, die die Zusammenarbeit zwischen Stiftern und Laienklerus sowie männlichen und weiblichen Geistlichen belegen. Dabei handelt es sich vor allem um bilaterale Korrespondenzen, Stiftungsunterlagen, Testamente oder Rechnungen, die die für eine bestimmte Pfarrei oder einen Orden geleistete Arbeit bezeugen (vor allem die Pflege des Zustands des Gotteshauses) oder die von den Stiftern oder den mit einer bestimmten Pfarrei verbundenen Personen gekauften Produkte, die für das

11 Kicinska (2020: 417–522); Kicinska (2013); Kicinska (2023: 241–260).

ordnungsgemäße Funktionieren des Klerus notwendig sind, d. h. Lebensmittel, Kleidungsstücke und die Ausstattung des Gotteshauses.

Die Bittschriften sind eine interessante Quelle, um die Nöte des Alltags von Geistlichen und Gemeindemitgliedern zu verstehen. Sie sind besonders wertvoll, weil sie einerseits Belege für die Notlage der Pfarrer, ihre Armut, finanzielle Probleme, militärische Invasionen oder Naturkatastrophen enthalten, die ihre Pfarreien erheblich belasten, und sich andererseits zu einem großen Teil mit der Frage des Fehlverhaltens der Priester befassen – sowohl gegenüber ihren Wohltätern und Stiftern als auch gegenüber der örtlichen Bevölkerung. Es gibt auch solche Suppliken, in denen sich Gemeindemitglieder bei ihren Wohltätern über erlittenes Unrecht durch den Klerus beschweren, darunter auch Übergriffe und Schläge.[12] Es ist erwähnenswert, dass die Suppliken von allen Bewohnern des Gutes verfasst wurden, unabhängig von ihrem Stand oder Beruf. Es waren also Bauern, Bürger, Adlige, Geistliche, Soldaten, Juden, Witwen, Waisen oder einfach alleinstehende Menschen. Unabhängig davon, wer die Bittschriften verfasst hat, kann man darin einen spezifischen Stil, eine dramatische Spannung oder eine weitreichende Unterwürfigkeit erkennen.[13]

Schließlich kann die Situation des weltlichen und klösterlichen Klerus im polnisch-litauischen Commonwealth anhand der Testamente untersucht werden, die als Dokumente mit Rechtskraft nicht nur Informationen über die vermögensrechtliche, familiäre und soziale Situation in den vergangenen Jahrhunderten enthielten, sondern auch über die Beziehungen des Erblassers zu seinen Verwandten, Freunden und der Umgebung, in der er lebte.[14] Dies gibt uns ein gewisses, wenn auch nur annäherndes, aber sehr wertvolles Bild von den Beziehungen, die sowohl in der Familie des Sterbenden als auch in den ihm gehörenden Ländereien herrschten, wo die Herrenhäuser funktionierten und die Pfarrei angesiedelt war. Es ist jedoch zu bemerken, dass von den vielen Infor-

12 Vgl. Kossarzecki, (2020: 93); Stojek-Sawicka, (2011: 16–17).

13 Popiołek, (2018: 67); Popiołek, (2020:151–166). Siehe auch Mączak (1994); Madurowicz-Urbańska, *Supliki chłopskie XVIII w.* (1956); Madurowicz-Urbańska (1982: 259–265); Saczyńska-Vercamer (2013: 187–203).

14 Zahlreiche Informationen zu diesem Thema finden sich in den Editionen der Testamente des Adels, siehe *Testamenty szlachty krakowskiej XVII–XVIII w. Wybór tekstów źródłowych z lat 1650–1799*, 1997, bearb. von A. Falniowska-Gradowska, Krakow; Testamente *von Jan, Tomasz und Jan »Sobiepan« Zamoyski*, 2007, hrsg. von W. Kaczorowski, Opole; *Testamenty szlacheckie z ksiąg grodzkich wielkopolskich z lat 1631–1655*, 2008, hrsg. von P. Klint, Poznan-Wroclaw; *Testamenty szlacheckie z ksiąg grodzkich wielkopolskich z lat 1657–1680*, 2011, hrsg. von P. Klint, Wroclaw; *Testamenty książąt Lubartowiczów-Sanguszków. Wybór tekstów źródłowych z lat 1750–1876*, 2011, bearb. von Marszalska, W. Graczyk, Krakow; M. Wilczek-Karczewska, *Testamenty szlachty wielkopolskiej z XVII*, »Kwartalnik Historii Kultury Materialnej«, Nr. 3-4:2011, S. 333–345; *Testamenty szlachty Prus Królewskich z XVII wieku*, 2013, bearb. von J. Kowalkowski, W. Nowosad, Warszawa; U. Augustyniak, *Testamenty ewangelików reformowanych w Wielkim Księstwie Litewskim w XVI–XVIII wieku*, Warszawa 2014.

mationen, die in den Testamentsunterlagen enthalten sind, die wenigsten über Vermächtnisse an Geistliche zu finden sind. Häufiger findet man Vermächtnisse für einzelne Klöster, Kirchen oder einzelne Mönche und Nonnen, und es gibt nur wenige Aufzeichnungen über Vermächtnisse, die direkt an einen bestimmten Pfarrer gerichtet sind. Stattdessen enthält das Material Aufträge oder Vorschläge für den Bau oder die Renovierung eines bestimmten Tempels und den Kauf bestimmter Gegenstände für eine bestimmte Pfarrkirche oder Kapelle. Die Vermächtnisse wurden der Pfarrei in Form von beweglichen Gütern (z.B. Kleidung für den Klerus, Gewänder und liturgische Gefäße, Schmuck, Kerzen, Wein, Handwerkszeug) oder Bargeld für deren Erwerb übergeben. Darüber hinaus enthalten einige Testamente auch Vermächtnisse über Vieh.

Die häufigste Form der Unterstützung von weltlichen und klösterlichen Geistlichen waren Geldvermächtnisse an bestimmte Geistliche, Pfarreien oder Klöster, mit denen der Erblasser zu Lebzeiten verbunden war (z.B. als Mitglied einer religiösen Bruderschaft oder als Bewohner eines Klosters). In der Regel kümmerte sich eine solche Person um den ordnungsgemäßen technischen Zustand der betreffenden religiösen Gebäude oder steuerte Mittel für deren Reparatur und Renovierung bei. So verhielt sich auch Konstancja Marianna Szczukowa, geborene Potocka, Unterkanzlerin von Litauen, die für ihre Religiosität und Großzügigkeit gegenüber der katholischen Kirche bekannt war. Im Jahr 1729 schenkte sie der Kirche von Radzyń testamentarisch eine Summe von 15.000 Polnischer Złoty, die unter zwei Priestern aufgeteilt und für deren »Nahrung und Kleidung«[15] verwendet werden sollte. Erwähnt werden sollte auch Teofila von Leszczyńska Wiśniowiecka v. Konarzewska (gest. 1757), Kastellanin von Krakow, die 1746 eine Urkunde ausstellte, in der sie erklärte, dass sie angemessene Mittel für die Kapelle der Familie Wiśniowiecki stiften würde, die an der Erzkathedralkirche in Lviv errichtet werden sollte. Gleichzeitig beauftragte die Stifterin den Dekan der Erzkathedrale in Lviv, Pater Marcin Jan Jaszewski, mit dieser Initiative, den sie nicht nur »für das besagte Pfarrhaus« bestimmte, sondern ihm auch eine Spende von 20.000 Polnischer Złoty vermachte. Zur Unterstützung dieses Geistlichen ernannte die Herzogin Pater Franciszek Zagórski zum Vikar, dem sie ein Gehalt von 4.000 Polnischer Złoty zuwies. Beide Summen wurden in dem in der Woiwodschaft Ruskie gelegenen Dorf Kłodzienko hinterlegt, das der Stifterin aufgrund eines Pfandrechts gehörte.[16]

Ein Geistlicher, der in einer Pfarrei tätig war, leistete nicht nur einen seelsorgerischen Dienst an den Gläubigen, sondern genoss bei ihnen oft auch Re-

15 Testament von Konstancja, geb. Potocka Szczukowa, geschrieben in Radzyń am 5. September 1729, Zentrales Staatsarchiv der Ukraine, Zweigstelle Lviv (im Folgenden CPAH Lviv), Fond 181, op. 2, Sp. 2856, K.1–3.

16 Archiwum Główne Akt Dawnych w Warszawie (im Folgenden: AGAD) Archiwum Radziwiłłów VIII Sign. 201, K. 1–5.

spekt und Vertrauen. Aus diesem Grund wurden Priester, wie aus Testamenten hervorgeht, sehr häufig mit der Vollstreckung des letzten Willens der Sterbenden betraut. Als Gegenleistung für diesen Dienst erhielten sie Geldbeträge, bestimmte bewegliche Güter, Pachtgut für einen bestimmten Zeitraum (z. B. bis zur Volljährigkeit der Kinder des Erblassers) oder sie wurden mit dieser Aufgabe betraut, ohne dafür entlohnt zu werden, sondern nur dadurch, dass sie unter den Testamentsvollstreckern genannt wurden. So verhielt sich Agnieszka Poklatecka, geborene Przecławska, die Pater Stanisław Rożnański, den Prior des Karmeliterklosters der Abgeschiedenen in Posen, und Pater Mateusz, Seelsorger an der St. Adalbert-Kirche, als Zeugen und Testamentsvollstrecker benannte.[17] Dasselbe geschah mit Regina Bętkowska, die in ihrem 1678 verfassten Testament angab, dass sie ihr Erbgut im Dorf Łazy (in der Provinz Krakow) vorübergehend dem Pfarrer von Jerzmanów[18] anvertraute.

Eine Reihe von Geistlichen wurde im Testament erwähnt, weil sie die Messe für die Seele des Verstorbenen gelesen hatten. Dies war der Fall bei Piotr Niniewski, der bei der Abfassung seines Testaments im März 1641 darum bat, dass sein Leichnam »in Kalisz in der Werkstatt der Bernardiner, wo sie sich selbst begraben«[19], beigesetzt werden sollte, wofür er dieser Kirche 200 Polnische Złoty als Tribut stiftete. Außerdem schenkte er den örtlichen Bernhardinern, den Reformati, den Franziskanern und den Jesuiten jeweils 15 Złoty für denselben Zweck.[20] Anna Alojzja Chodkiewicz, geborene Ostrogska, Großhetmanin von Litauen, tat dasselbe und verlangte in ihrem 1651 verfassten Testament, dass »keine Gäste bei der Beerdigung anwesend sein sollten.«[21] Die Vorbereitungen für die Zeremonie sollten von Pater Piotr Zakrzewski, dem Pfarrer von Jarosław, übernommen werden, den die Erblasserin anwies, »Laienpriester, nicht Prälaten, zur Beerdigung einzuladen und den Leichnam [...] [von ihr – U. K.] zu geleiten, und jedem Priester dreißig Złoty zu geben und den Transport gesondert zu bezahlen.« Außerdem gab Chodkiewiczowa dem Rektor des Ostrogski-Kollegs 2.000 Pol-

17 Testament von Agnieszka von Przecławska, Witwe von Andrzej Poklatecki, geschrieben am 19. Oktober 1644, [in:] *Testamenty szlacheckie z ksiąg grodzkich wielkopolskich z lat 1631–1655*, 2008, hrsg. von P. Klint, Posen-Wroclaw, S. 104.

18 Testament von Regina Bętkowska, erstmals 1678 verfasst (ergänzt im Februar 1690, eingetragen im Stadtarchiv von Krakow 1692), Nationales Archiv Abteilung Wawel (im Folgenden: ANW), C. C. Rel., 122, K. 2047.

19 Testament von Piotr Niniewski, niedergeschrieben am 19. März 1641, [in:] *Testamente von Adeligen aus den großpolnischen Registern von 1631–1655*, 2008, hrsg. von P. Klint, Poznan-Wroclaw, S. 95.

20 Ebd.

21 Testament von Anna Alojzja von Ostrogska, Witwe von Jan Karol Chodkiewicz, Großer Hetman von Litauen, Woiwode von Vilnius, vom 12. Juni 1651, sowie ihre Leichenverfügung vom 5. Januar 1653 und ein Anhang zum Testament vom 12. September 1651, [in:] *Testamenty szlacheckie z ksiąg grodzkich wielkopolskich z lat 1631–1655*, 2008, hrsg. von P. Klint, Poznan-Wroclaw, S. 154.

nische Złoty, damit, wie sie betonte, »er sie überall hinschickt, damit die Messen für [ihre - U. K.] Seele schnell gelesen werden.« Sie bat auch darum, dass »keine anderen Priester zur Beerdigungszeremonie eingeladen werden, außer den Laien selbst.« Am Tag der Beerdigung sollte der Priester Piotr Ostrogski 2.000 Polnische Złoty erhalten, damit »an diesem Tag [...] überall Messen für die Seele von [...] [ihr - U. K.] gelesen werden.« Außerdem sollte jedes der im Testament erwähnten Klöster (ohne sie namentlich zu nennen) von Łuck, Zasław, Koreck, Dubieńsk, Międzyrzec, Lachowce, Krzemieniec, Sukalsk und Lviv jeweils 100 Polnische Złoty als Entschädigung für Gebete für das Seelenheil der Heiligen erhalten.[22] Ähnliche Anweisungen erteilte Margarete von Chrząstkowska, die Witwe von Mikołaj Dokowski, die in ihrem im August 1656 verfassten Testament darum bat, dass »bei der Beerdigung möglichst nur Priester, Mönche und Arme anwesend sein sollten.« Sie stellte dem Kloster von Kozminsk, in dem ihr Leichnam beigesetzt werden sollte, 100 Polnische Złoty für die Beerdigung und die von den örtlichen Bernhardinern zelebrierten Messen zur Verfügung. Außerdem bestimmte die Erblasserin, dass jeder Priester, der nach ihrem Tod eine Messe in ihrer Intention zelebrieren sollte, »gemäß dem Brauch einen halben Złoty für seine Arbeit [seine - U. K.]«[23] erhalten sollte.

Vermächtnisse an Geistliche oder kirchliche Einrichtungen erfolgten auch auf der Grundlage des Wunsches, in einer bestimmten Kirche beigesetzt zu werden, in der zuvor der Ehepartner, die Kinder oder andere Familienmitglieder des Vermächtnisnehmers beigesetzt worden waren. So verhielt sich Michał Stanisław Łyskowski, der bei der Abfassung seines Testaments im April 1637 der Kirche in Mogilno, in der sein Leichnam beigesetzt werden sollte, 300 Polnische Złoty spendete. Als Gegenleistung für die Feier der Messe und die geistliche Betreuung seiner Seele schenkte er dem in der besagten Kirche residierenden Priester Małkier 600 Taler, und der Vikar Owieciszewski erhielt als Bezahlung für seine Predigt zwei Taler und ein Pferd von geringem Wert.[24] Ähnlich verhielt sich Krystyna Andrzejewska, die in ihrer letztwilligen Verfügung angab, dass sie

22 Testament von Anna Alojzja von Ostrogska, Witwe von Jan Karol Chodkiewicz, Großer Hetman von Litauen, Woiwode von Vilnius, vom 12. Juni 1651, sowie ihre Leichenverfügung vom 5. Januar 1653 und ein Anhang zum Testament vom 12. September 1651, [in:] *Testamenty szlacheckie z ksiąg grodzkich wielkopolskich z lat 1631–1655*, 2008, hrsg. von P. Klint, Poznan-Wroclaw, S. 154.

23 Testament von Małgorzata geborene Chrząstowska, Witwe von Mikołaj Dokowski, vom 20. August 1656, [in:] *Testamenty szlacheckie* z ksiąg *grodzkich wielkopolskich z lat 1657–1680*, 2011, hrsg. von P. Klint, Wroclaw, S. 57.

24 Testament von Michał Stanisław Łyskowski vom 22. April 1637, [in:] *Testamenty szlacheckie z ksiąg grodzkich wielkopolskich z lat 1631–1655*, 2008, hrsg. von P. Klint, Poznan-Wroclaw, S. 64.

»körperlich schwach, aber geistig gesund«[25] sei und darum bat, dass ihr Leichnam bei den Bernhardinern beigesetzt werden solle, denen sie 300 Polnsiche Złoty spendete.[26] Bemerkenswert ist auch ein Dokument von Stanisław Bielczewski, das während der Pest von 1639 verfasst wurde und in dem der verzweifelte Erblasser vermerkt, dass die Pest seine Frau und eine seiner Töchter dahingerafft hatte. Daher bat er die Geistlichen der St.-Stanislaus-Kirche in Kalisz, die genannten Frauen, die »der Herrgott genommen hat [...] und ohne Särge im Garten vor dem Gut liegen, wenn ich ihnen keine Särge als Christlicher geben kann, in den Särgen zu begraben«, wofür er 100 Polnische Złoty versprach und darum bat, dass von dieser Summe »ein Fest und ein Trize für jede von ihnen, also Mutter und Tochter«[27] bezahlt wird. Ein ähnliches Testament machte die verwitwete Agnieszka Poklatecka, geborene Przecławska, die in ihrem 1644 verfassten Testament darum bat, dass ihr Leichnam bei den Jüngeren Karmelitern in Posen begraben werden solle, wofür sie ihnen »rote dreißig Złoty und die Kette, die ich am Hals trage, deren Gewicht rote fünfundfünfzig Złoty beträgt«[28], vermachte.

Es war durchaus üblich, bewegliches Eigentum bestimmten Geistlichen und Mönchen oder Kapellen und Kirchen als deren Ausstattung zu vermachen. Dies ist der Fall von Agnes Łysowa, die in ihrem 1642 verfassten Testament fünf silberne Löffel, eine kleine Blumenvase und einen kleinen silbernen Gürtel an die Kapelle der Jungfrau Maria vermachte, die von den Karmelitern in der Garncarska-Straße in Lviv betreut wurde. Als Votivgabe für die Kirche der Augustinerpatres stiftete die Verstorbene zwei Gemälde mit Goldperlen, und der Bruderschaft des Heiligen Skapuliers schenkte sie ein Kruzifix und zwei Kerzenleuchter aus Messing.[29] Die bereits erwähnte Anna Alojzja Chodkiewicz, geborene Ostrogska, schenkte der Kirche der Jesuitenpatres, in der ihr Leichnam beigesetzt werden sollte, 20.000 Polnische Złoty sowie Gold und Juwelen, darunter Perlen, Steine, Tafelsilber, Schüsseln, Schalen, Liköre, Flakons, Krüge, Schalen, Platten, Teller, Tischleuchter, Schalen, Becher, Kirchenleuchter, Ampullen, Küchenschalen, Glocken und Tintenfässer. Außerdem hinterließ sie aus ihrer Haus- und Zimmerkapelle: alle Gemälde, Kellen, Reliquienschreine, Uhren,

25 Testament von Krystyna Andrzejewska, verfasst nach den mündlichen Aussagen der Zeugen Fabian Janowski und Nikolai Iwanowitsch, CPAH Lviv, C.P. Rel., Fond 13, Beschreibung 1, Spr. 509, K. 305–307, 233.

26 Ebd.

27 Testament von Stanisław Bielczewski aus der Zeit um 1639, [in:] *Testamenty szlacheckie z ksiąg grodzkich wielkopolskich z lat 1631–1655*, 2008, hrsg. von P. Klint, Poznan-Wroclaw, S. 87.

28 Testament von Agnieszka von Przecławska, Witwe von Andrzej Poklatecki, vom 19. Oktober 1644, [in:] *Testamenty szlacheckie z ksiąg grodzkich wielkopolskich z lat 1631–1655*, 2008, hrsg. von P. Klint, Poznan-Wroclaw, S. 104.

29 Testament von Agnieszka Łysowa, geschrieben in Lviv am 8. Dezember 1642, CPAH Lviv, Fond 52, op. 2, Spr. 341, Nr. 10, S. 23–27.

Bücher, Schatullen, Kästchen, Truhen, Polstermöbel, Teppiche (»glatt und aus Seide«) und Kutschen.[30]

Zu den beweglichen Gütern gehörten auch Kleidungsstücke, die an Geistliche vererbt oder einer bestimmten Kirche für verschiedene liturgische Geräte vermacht wurden. Dies war der Ansatz von Katarzyna Grotowska, die bei der Abfassung ihres Testaments im Jahr 1715 festlegte, dass »alles, was von [ihren – U. K.] Gewändern übrig blieb,« an verschiedene Kirchen gehen sollte. Dazu gehörten zwei Damastkleider, die »verschiedenen Kirchen« für Messgewänder gespendet werden sollten, eine Steppdecke und Kitay (Seiden)-Vorhänge, die der Kirche von Sokal für das Bild der Heiligen Jungfrau Maria gespendet werden sollten, und zwei Ringe: ein Diamantring, der dem Kloster der Heiligen Brigid in Sokal gespendet werden sollte, und ein Rubinring, der für das dortige Bild des Blutigen Jesus gestiftet werden sollte. Für die Kirche von Słonim wurden eine gestreifte Kitajak-Steppdecke als »Votivgabe aus den Hochzeitsbetten«; weiße Tücher; ein schwarzes Kleid; fünf Gewänder; eine rote Jupka mit weißem Pelz sowie ein Laken und ein Kopfkissen vermacht. Der Kirche von Słonim hingegen bat die Sterbende, »verschiedene Bänder und Kronen« zu schenken. Außerdem vergaß die Erblasserin nicht, den Geistlichen direkte Geschenke zu machen. Unter ihnen befand sich auch Fräulein Matelska, eine Nonne aus dem Sokal-Kloster der Heiligen Brigid, die von ihr eine schwarze, mit Fell gefütterte Jupka erhielt.[31] Eine interessante Notiz hinterließ auch der bereits erwähnte Piotr Niniewski, der nach seiner Beerdigung eine Totenwache plante und den Kaliszer Bernhardinern, die dafür zuständig waren, Folgendes vermachte: zwei Fässer Bier, zwei Kannen Wein, ein Viertel eines Ochsen, ein halbes Kalb, vier Kapaune, zwei Gänse, Wurzeln und Brot. Den Franziskanern gab er ein Fass Bier und ein Stück Fleisch, den Reformierten ein Stück Fleisch und ein Fass Bier, ein halbes Kalb und einen Krug Wein. Den Klarissen schenkte er ein Viertel Fleisch (er sagte nicht, welches), ein Fass Bier, eine Kanne Wein, ein halbes Kalb, ein paar Kapaune und ein paar Gänse. Die Armen, die »zu […] [seiner – U. K.] Beerdigung zusammenkommen« würden, bat er, jedem sechs Groschen zu geben.[32]

Neben den oben erwähnten beweglichen Gütern wurde Geistlichen, Klöstern oder Pfarreien auch Vieh vermacht, was wahrscheinlich auf den niedrigen Vermögensstand des Erblassers zurückzuführen war, da ihm im Falle seines Todes keine anderen Mittel zur Verfügung standen. Auf diese Weise verfuhr Prokop von Lipe Lipski, ein Landschreiber aus Kalisz, der in seinem 1638 verfassten Testa-

30 Testament von Anna Alojzja von Ostrogscy, Witwe von Jan Karol Chodkiewicz, S. 155–156.

31 Testament von Katarzyna Grotowska vom 25.04.1715, geschrieben in Środopol (oblata), CPAH Lviv, C.B.Rel, fond 1, op. 1, Spr. 305, K. 798–801.

32 Testament von Piotr Niniewski vom 19.03.1641, [in:] *Testamenty szlacheckie z ksiąg grodzkich wielkopolskich z lat 1631–1655*, 2008, hrsg. von P. Klint, Poznan-Wroclaw, S. 96.

ment angibt, dass er dem Pfarrer von Lipe ein Paar Juniec[33] vermacht. In ähnlicher Weise vermachte er ein weiteres Paar Juniec den Bernhardinern. Außerdem vermachte er den Vikaren der örtlichen Pfarrei einen Zehnten von 20 Polnische Złoty für ein Jahr. Darüber hinaus sollte die Witwe des verstorbenen Prokop dem oben genannten Vikar von Lipe beim Bau einer Kammer und bei der Renovierung der Kirche in Luby helfen und einen Parchan in der Nähe des Friedhofs errichten, wofür der Verstorbene zehn Schafe (fünf junge und fünf alte) stiftete.[34] Auch Marianna Ciesielska vermachte der Kirche der Bernhardiner in Sokal Vieh, und zwar einen Ochsen, ein Kalb, mehrere Hühner und Gänse sowie Roggen und Gerste, die nach ihren Angaben aus der diesjährigen Ernte stammen sollten, um dort »in einem einfachen Sarg auf der Schwelle der Kirche ohne jegliche Kosten« beigesetzt zu werden. Darüber hinaus vermachte die Erblasserin den »ehrwürdigen Damen von Sokal« 30 Polnische Zloty, der Pfarrkirche von Sokal 15 Złoty und der orthodoxen Kirche von Wolica zwölf Złoty für Schindeln.[35] Dasselbe tat Zofia Stawska geborene Skąpska, die, als sie Ende April 1648 starb, darum bat, in der Kirche von Dąmbroszyn neben ihrer Mutter begraben zu werden. Als Entschädigung stiftete sie »eine Kuh und einen Leichnam zur Versorgung der Priester und der Armen.« Die zweite Kuh wiederum vermachte sie für die Feier von dreißig Messen für ihre Seele in der Kirche in Dąmbroszyn, wo es einen Priester Andrzej gab, der Testamentsvollstrecker der Erblasserin sein sollte.[36]

Häufig handelte es sich bei dem Vermächtnis von Geld oder der Vererbung beweglicher Güter um eine direkte Unterstützung des betreffenden Geistlichen, was in den Testamenten meist erläutert wurde. Dabei kann es sich um eine Art Entschädigung für den Dienst des Priesters zu Lebzeiten des Erblassers und ein Gebet für seine Seele nach dem Tod gehandelt haben, oder um eine Form der Unterstützung für einen Geistlichen in Not. So ist Zofia Pogorzelska, geborene Smoszewska, v. Witosławska, Kastellanin von Kalisz, die in ihrem im Juli 1658 verfassten Testament 40 Polnische Złoty an die Nonne mit dem Namen Cielecka für den Kauf eines Habits[37] spendete.

---

33 Juniec – ein Jungbullen, der ein Jahr alt geworden ist, s. https://spxvi.edu.pl/indeks/haslo /56304 [Zugriff am 10.10.2023].

34 Testament von Prokop von Lipe Lipski, Landschreiber von Kalisz, vom 6. Februar 1638, [in:] *Testamenty szlacheckie z ksiąg grodzkich wielkopolskich z lat 1631–1655*, 2008, hrsg. von P. Klint, Poznan-Wroclaw, S. 69.

35 Testament von Marianna Ciesielska, geschrieben in Wolica am 29. Juli 1716, CPAH Lviv, C. B. Rel., Fond 1, Beschreibung 1, Spr. 306, S. 469–475.

36 Testament von Zofia von Skąpska, Witwe von Stanisław Stawski, vom 28. April 1648, [in:] *Testamenty szlacheckie z ksiąg grodzkich wielkopolskich z lat 1631–1655*, 2008, hrsg. von P. Klint, Poznan-Wroclaw, S. 131.

37 Testament von Zofia von Smoszewska, Witwe primo voto Andrzej aus Sielce Witosławski und secundo voto Stanisław Pogorzelski Kastelan von Kalisz, vom 17. Juli 1658, [in:] *Testamenty szlacheckie z ksiąg grodzkich wielkopolskich z lat 1657–1680*, 2011, hrsg. von P. Klint, Wroclaw, S. 85.

Es gab auch Situationen, in denen Geistliche in Testamenten erwähnt wurden, weil sie zur Familie des Sterbenden gehörten. In dieser Art von Dokumenten wurde, auch wenn ihnen keine großen Geldbeträge vermacht wurden, manchmal sogar überhaupt kein Geld, ihr täglicher Dienst an den Gläubigen gewürdigt, während gleichzeitig darum gebeten wurde, dass man ihrer im Gebet gedenkt. Auf diese Weise verhielt sich Anna Franciszka Zamoyska, geborene Gnińska (gest. 1704), Großschatzmeisterin der Krone, die in Erwartung ihres Todes in ihrem Testament ihren Bruder, Priester Chrysostom Gniński,[38] Bischof von Kamieniec, erwähnte; die »Hochwürdigste in Gott« Konstancja, geborene Gnińska,[39] Vikarin von Ołobocka, die ihre Schwester war, und ihre Schwägerin Ludwina Zamoyska,[40] Vikarin des St.-Franziskus-Klosters, die sie in ihrem Testament erwähnte, indem sie ihnen »für all ihre Liebe und ihr Wohlwollen und ihre Hilfe bei den Geschäften des Hauses« dankte, aber auch um »unwandelbare Güte [....] und [ihre – U. K.] Seele [...] zu ihren heiligen Gebeten«[41] vorstellte.

Viele Testamente legten auch Wert auf Hilfe bei der Vorbereitung auf den Tod und die erklärte Anwesenheit eines Geistlichen zum Zeitpunkt des Todes. Dies wird von Justyna Chanowska erwähnt, die darum bat, »drei Taler dem Priester zu geben, der mir bei meinem Tod beistehen wird, damit ich auf katholische Weise sterbe.«[42]

Schließlich gibt es auch interessante Vermächtnisse von Geistlichen selbst, die, wie anzunehmen ist, keine Familie hatten oder die schlechte materielle Lage ihrer Mitstreiter kannten und versuchten, sie zu unterstützen, indem sie ihre Besitztümer testamentarisch vermachten. So verhielt sich auch Pfarrer Marcin Bielicki, der Pfarrer von Gosław, der in seinem Testament den zwei Geistlichen Schenkungen vermachte. Dem Pfarrer Jan Witoslawski, Pfarrer von Krzymów, schenkte er eine Priestersoutane. Dem Pfarrer Kazimierz Radziński, dem Konin-Kommandanten, vermachte er Leinen sowie eine feine Satinrolle und zwei Ke-

38 Jan Chryzostom Gniński (gest. 1715), Bischof von Kamieniec, Sohn von Dorota und Jan Gniński, Woiwode von Chelmno, Bruder von Anna Franciszka Zamoyska.

39 Konstancja Dorota Gnińska, Zisterzienserin, Priesterin von Olobock, Tochter von Dorota und Jan Gniński, Woiwode von Chelmno, Schwester von Anna Franciszka Zamoyska, Jan Gniński (ca. 1665–1703), Woiwode von Pommern, und Jan Chryzostom Gniński, Bischof von Kamieniec.

40 Ludwina Zamoyska, Franziskanernonne, Vikarin des Klosters Zamojskie, Schwester von Marcin Zdzisław Zamoyski, Schatzmeister der Krone, Schwägerin von Anna Franciszka.

41 Testament von Anna Franciszka Zamoyska, Großschatzmeisterin der Krone, aufgesetzt in Zamość am 20. Juli 1704. AGAD, Zamoyski-Archiv, Ms. 2375, S. 214–216.

42 Testament von Justyna Chanowska, geschrieben in Cisowo am 5.10.1721; CPAH Lviv, C. P. Rel., fond 13, op. 1, Spr. 514, K. 1379–1380, oblata, Eintrag in Przemyśl records 6.10.1721.

lims, die nach seinem Willen in kleine Gegenstände umgewandelt werden sollten, die kleingeschnitten für die Feier der Liturgie benötigt wurden[43].

Resümee

Wie aus den obigen Ausführungen hervorgeht, sollten Testamente neben dem Schriftverkehr auch als besonders wertvolles Quellenmaterial, in dem wichtige und oft einzigartige Informationen über Pfarr- und Ordenskleriker erscheinen, aufgefasst werden. Diese Dokumente enthalten oft eine Vielzahl von Themen, die Pfarrer betreffen, darunter auch Informationen über Spenden, die direkt an einen bestimmten Laien- oder Ordensklerus bzw. an bestimmte kirchliche Einrichtungen geleistet wurden. Die Analyse dieser Quellen lässt den Schluss zu, dass die Pfarr- und Ordenskleriker in den Augen der Bevölkerung, in deren Umfeld sie wirkten, in der Regel großes Ansehen genossen, so dass versucht wurde, ihnen durch Schenkungen bestimmter Geldbeträge oder beweglicher Güter direkt an sie oder an die von ihnen vertretenen Pfarreien und Klöster zu danken.

Es muss jedoch klargestellt werden, dass die in den Testamenten enthaltenen Informationen relationaler Natur sind. Um ein zuverlässigeres Bild der Beziehungen zwischen den Schirmherren, den Gläubigen und dem Klerus zu erhalten, müssen sie daher mit anderem verfügbaren Quellenmaterial verglichen werden.

Bibliographie

Primärliteratur

Archiwum Główne Akt Dawnych w Warszawie, Archiwum Radziwiłłów [Zentralarchiv für historische Aufzeichnungen in Warschau, Radziwiłł-Archiv, Übersetzt von U.K.], VIII Sign. 201, K. 1–5.

Augustyniak, Urszula (2014), *Testamenty ewangelików reformowanych w Wielkim Księstwie Litewskim w XVI–XVIII wieku [Testamente reformierter Protestanten im Großfürstentum Litauen im 16. bis 18. Jahrhundert,* Übersetzt von U.K], Warszawa: Semper.

Kaczorowski, Włodzimierz (Hrsg.): *Testamente von Jan, Tomasz und Jan »Sobiepan« Zamoyski.* Opole: Verlag der Universität Oppeln.

Klint, Paweł (Hrsg.) : Testamenty szlacheckie z ksiąg grodzkich wielkopolskich z lat 1631–1655 [Testamente des Adels aus den großpolnischen Registern von 1631–1655, Übersetzt von U.K.]. Poznań–Wrocław: Historischer Verlag, 2008.

43 Testament von Pfarrer Marcin Bielicki, Pfarrer von Gosławski, vom 28. Juni 1661, [in:] *Testamente des Adels aus den großpolnischen Grodzki-Büchern aus den Jahren 1657–1680*, 2011, hrsg. von P. Klint, Wroclaw, S. 107.

Klint, Paweł (Hrsg.): *Testamenty szlacheckie z ksiąg grodzkich wielkopolskich z lat 1657–1680 [Testamente des Adels aus den großpolnischen Registern von 1657–1680,* Übersetzt von U.K.], Wrocław: Verlag der Universität Breslau, 2011.

Testament Agnieszka von Przecławska, Witwe von Andrzej Poklatecki, geschrieben am 19. Oktober 1644. In: Klint, Paweł (Hrsg.): *Testamenty szlacheckie z ksiąg grodzkich wielkopolskich z lat 1631–1655 [Testamente des Adels aus den großpolnischen Registern von 1631–1655,* Übersetzt von U.K.], Poznań-Wrocław: Historischer Verlag 2008, S. 104–105.

Testament von Agnieszka Lysowa, geschrieben in Lviv am 8. Dezember 1642, CPAH Lviv, f. 52, op. 2, Spr. 341, Nr. 10, S. 23–27.

Testament von Agnieszka von Przecławska, Witwe von Andrzej Poklatecki, vom 19. Oktober 1644. In: Klint, Paweł (Hrsg.): *Testamenty szlacheckie z ksiąg grodzkich wielkopolskich z lat 1631–1655 [Testamente des Adels aus den großpolnischen Registern von 1631–1655,* Übersetzt von U.K.], Poznań-Wrocław: Historischer Verlag 2008, S. 104–105.

Testament von Anna Alojzja von Ostrogska, Witwe von Jan Karol Chodkiewicz, Großer Hetman von Litauen, Woiwode von Vilnius, vom 12. Juni 1651, sowie ihre Leichenverfügung vom 5. Januar 1653 und ein Anhang zum Testament vom 12. September 1651. In: Klint, Paweł (Hrsg.): *Testamente des Adels aus den großpolnischen Landbüchern aus den Jahren 1631–1655.* Poznań–Wrocław: Historischer Verlag 2008, S. 153–165.

Testament von Anna Franciszka Zamoyska, Großschatzmeisterin der Krone, aufgesetzt in Zamość am 20. Juli 1704. AGAD, Zamoyski-Archiv, Ms. 2375, S. 214–216.

Testament von Justyna Chanowska, geschrieben in Cisowo am 5 X 1721; CPAH Lviv, C. P. Rel., f. 13, op. 1, Spr. 514, oblata, Eintrag in den Przemyśl-Registern am 06.10.1721, K. 1379–1380.

Testament von Katarzyna Grotowska vom 25. April 1715, geschrieben in Środopol (oblata), CPAH Lviv, C.B.Rel, f. 1, op. 1, Spr. 305, K. 798–801.

Testament von Konstancja von Potocka Szczukowa, geschrieben in Radzyń am 5. September 1729, Zentrales Staatsarchiv der Ukraine, Zweigstelle Lviv (im Folgenden CPAH Lviv), Fond 181, op. 2, Spr. 2856, K.1–3.

Testament von Krystyna Andrzejewska nach den mündlichen Aussagen der Zeugen Fabian Janowski und Nikolai Iwanowitsch, CPAH Lviv, C.P. Rel., Fond 13, Beschreibung 1, Spr. 509, K. 305–307.

Testament von Małgorzata von Chrząstowska, Witwe von Mikołaj Dokowski, vom 20. August 1656. In: Klint, Paweł (Hrsg.): *Testamenty szlacheckie z ksiąg grodzkich wielkopolskich z lat 1657–1680 [Testamente des Adels aus den großpolnischen Registern von 1657–1680,* Übersetzt von U.K.]. Wrocław: Verlag der Universität Breslau 2011, S. 56–59.

Testament von Marianna Ciesielska, geschrieben in Wolica am 29. Juli 1716. CPAH Lviv, C. B. Rel., Fond 1, Beschreibung 1, Spr. 306, K. 469–475.

Testament von Michał Stanisław Łyskowski vom 22. April 1637. In: Klint, Paweł (Hrsg.): *Testamenty szlacheckie z ksiąg grodzkich wielkopolskich z lat 1631–1655 [Testamente des Adels aus den großpolnischen Registern von 1631–1655,* Übersetzt von U.K.], Poznań–Wrocław: Historischer Verlag 2008, S. 64–65.

Testament von Pfarrer Marcin Bielicki, Pfarrer von Gosław, vom 28. Juni 1661. In: Klint, Paweł (Hrsg.): *Testamenty szlacheckie z ksiąg grodzkich wielkopolskich z lat 1657–1680 [Testamente des Adels aus den großpolnischen Registern von 1657–1680,* Übersetzt von U.K.]. Wrocław: Historischer Verlag 2011, S. 107–109.

Testament von Piotr Niniewski vom 19.03.1641. In: Klint, Paweł (Hrsg.): *Testamenty szlacheckie z ksiąg grodzkich wielkopolskich z lat 1631–1655 [Testamente des Adels aus den großpolnischen Registern von 1631–1655,* Übersetzt von U.K.], Poznań–Wrocław 2008, S. 94–97.

Testament von Piotr Niniewski, niedergeschrieben am 19.03.1641. In: Klint, Paweł (Hrsg.): *Testamenty szlacheckie z ksiąg grodzkich wielkopolskich z lat 1631–1655 [Testamente des Adels aus den großpolnischen Registern von 1631–1655,* Übersetzt von U.K.], Poznań–Wrocław: Historischer Verlag 2008, S. 94–97.

Testament von Prokop von Lipe Lipski, Landschreiber von Kalisz, vom 6. Februar 1638. In: Klint, Paweł (Hrsg.): *Testamenty szlacheckie z ksiąg grodzkich wielkopolskich z lat 1631–1655 [Testamente des Adels aus den großpolnischen Registern von 1631–1655,* Übersetzt von U.K.], Poznań-Wrocław: Historischer Verlag 2008, S. 69–71.

Testament von Regina Bętkowska, erstmals 1678 verfasst, (ergänzt im Februar 1690, eingetragen im Stadtarchiv von Kraków 1692) National Archives Abteilung Wawel (im Folgenden: ANW), C. C. Rel., 122, K. 2047.

Testament von Stanisław Bielczewski aus der Zeit um 1639. In: Klint, Paweł (Hrsg.): *Testamenty szlacheckie z ksiąg grodzkich wielkopolskich z lat 1631–1655 [Testamente des Adels aus den großpolnischen Registern von 1631–1655,* Übersetzt von U.K.], Poznań–Wrocław: Historischer Verlag 2008, S. 86–92.

Testament von Zofia von Skąpska, Witwe von Stanisław Stawski, vom 28. April 1648. In: Klint, Paweł (Hrsg.): *Testamenty szlacheckie z ksiąg grodzkich wielkopolskich z lat 1631–1655 [Testamente des Adels aus den großpolnischen Registern von 1631–1655,* Übersetzt von U.K.], Poznań–Wrocław: Historischer Verlag 2008, S. 131–132.

Testament von Zofia von Smoszewska, Witwe primo voto Andrzej aus Sielc Witosławski und secundo voto Stanisław Pogorzelski Kastellan von Kalisz, vom 17. Juli 1658, In: Klint, Paweł (Hrsg.): *Testamenty szlacheckie z ksiąg grodzkich wielkopolskich z lat 1657–1680 [Testamente des Adels aus den großpolnischen Registern von 1657–1680,* Übersetzt von U.K.]. Wrocław: Historischer Verlag 2011, S. 95–97.

Marszalska, Jolanta; Graczyk, Waldemar (Hrsg.): Testamente der Herzöge von Lubartowicz-Sanguszko. Eine Auswahl von Quellentexten von 1750–1876 [*Testamenty książąt Lubartowiczów-Snaguszków. Wybór tekstów źródłowych z lat 1750–1876*], Kraków: Verlag des Theologischen Instituts der Missionspriester 2011.

Falniowska-Gradowska, Alicja: *Testamente des Krakauer Adels 17 bis 18 Jahrhundert. Eine Auswahl von Quellentexten aus den Jahren 1650–1799,* Übersetzt von U.K. [*Testamenty szlachty krakowskiej XVII–XVIII w. Wybór tekstów źródłowych z lat 1650–1799].* Kraków: Secesja 1997.

Kowalkowski, Jacek; Nowosad, Wiesław (Hrsg.): *Testamente des königlich-preußischen Adels aus dem 17. Jahrhundert,* Übersetzt von U.K. [*Testamenty szlachty Prus Królewskich z XVII wieku*] Warszawa: DIG1997.

Wilczek-Karczewska, Magdalena: *Testamenty szlachty wielkopolskiej z XVII [Testamente des Adels von Großpolen im 17. Jahrhundert,* Übersetzt von U.K.]. In: Kwartalnik Historii Kultury Materialnej Nr. 3–4, 2011, S. 333–345.

Sekundärliteratur

Abraham, Władysław (1889): Początki prawa patronatu w Polsce [Die Ursprünge des Patronatsrechts in Polen, Übersetzt von U.K.] Lviv: Redaktion von Przegląd Sąd. und Adm.

Kicińska, Urszula (2013): *Wzorzec szlachciany w polskich drukowanych oracjach pogrzebowych XVII wieku [Das Muster des Adels in gedruckten polnischen Leichenreden des 17. Jahrhunderts,* Übersetzt von U.K.*]* Warszawa: DiG.

Kicińska, Urszula (2020): »W tym osieroconym stanie«. Pozycja wdowy w społeczeństwie szlecheckim w Rzeczypospolitej (od schyłku XVII do połowy XVIII wieku) [»In diesem verwaisten Zustand«. Die Stellung der Witwe in der adligen Gesellschaft im polnisch-litauischen Commonwealth (vom Ende des 17. bis zur Mitte des 18. Jahrhunderts), Übersetzt von U.K.]. Kraków: Wissenschaftlicher Verlag der Pädagogischen Hochschule.

Kicińska, Urszula (2023), »*Co moment wyglądałam łaski Pańskiej WM Pani i Dobrodziki« – korespondencja Elżbiety z Lubomirskich Sieniawskiej, kasztelanowej krakowskiej z Joanną Gołyńską, ksienią jarosławskich benedyktynek jako przykład relacji klientalnych w czasach saskich* [»*Immer wieder suchte ich die Gnade Eurer Herrin und Wohltäterin« – der Briefwechsel zwischen Elżbieta Sieniawska, geborene Lubomirska, Kastellanin von Krakau, und Joanna Gołyńska, einer Nonne der Benediktinerinnen von Jarosław, als Beispiel für Klientelbeziehungen in der sächsischen Zeit,* Übersetzt von U.K.]. In: Archiwa, Biblioteki i Muzea Kościelne, Bd. 120, S. 241–260.

Kossarzecki, Krzysztof (2020): *Supliki staropolskie [Altpolnische Bittgebete,* Übersetzt von U.K.]. In: Morawski, Konrad; Pyzel, Konrad (Hrsg.): *Elżbieta Sieniawska. Królowa bez korony [Elżbieta Sieniawska. Königin ohne Krone,* Übersetzt von U.K.]. Warszawa: Museum des Palastes von König Jan III. in Wilanów S. 93–97.

Litak, Stanisław (2004): *Parafie w Rzeczypospolitej w XVI–XVIII wieku. Struktura, funkcje społeczno-religijne i edukacyjne [Kirchengemeinden in der polnisch-litauischen Commonwaelth im 16. bis 18. Jahrhundert. Die Struktur, die sozio-religiösen und pädagogischen Funktionen,* Übersetzt von U.K.]. Lublin: KUL-Verlag.

Mączak, Antoni (1994): *Klientela. Nieformalne systemy władzy w Polsce i w Europie w XVI–XVIII w.* [*Klientelismus. Informelle Machtsysteme in Polen und Europa im 16. bis 18. Jahrhundert,* Übersetzt von U.K.], Warszawa: Semper.

Mączak, Antoni (2003): *Nierówna przyjaźń. Układy klientalne w perspektywie historycznej* [*Ungleiche Freundschaft. Klientelvereinbarungen in historischer Perspektive,* Übersetzt von U.K.]. Wrocław: Verlag der Universität Breslau.

Madurowicz-Urbańska, Helena (1956): *Supliki chłopskie XVIII w. [Bäuerliche Bittgebete 18. Jahrhundert,* Übersetzt von U.K.]. Warszawa: S.N.

Madurowicz-Urbańska, Helena (1982): *Mentalność chłopów polskich w XVIII w. (w świetle suplik królewskich i kościelnych) [Die Mentalität der polnischen Bauern im 18. Jahrhundert (im Lichte der königlichen und kirchlichen Bittgesuche*), Übersetzt von U.K.]. In: Sobótka Nr. 3–4, S. 259–265.

Pidłypczak-Majerowicz, Maria (1993): *Mentalność Duchowieństwa Unickiego* w *Rzeczypospolitej* w *Wiekach XVII i XVIII wieku [Die Mentalität des unikanischen Klerus in der Republik im 17. und 18. Jahrhundert,* Übersetzt von U.K.]. In: Matwijowski, Krystyn

(Hrsg.): *Studia z Dziejów Kultury i Mentalności Czasów Nowoczesnych [Studien zu Kultur und Mentalität der Neuzeit,* Übersetzt von U.K.]. Wrocław: IHUW : WTMH S. 57–67.

Popiołek, Bożena (2005): *Wartości religijne w mentalności kobiet z pogranicza Rzeczypospolitej w czasach saskich [Religiöse Werte in der Mentalität von Frauen aus den Grenzgebieten der Republik in der sächsischen Zeit,* Übersetzt von U.K.]. In: Dolański, Dariusz (Hrsg.): *Religijność na polskich pograniczach w XVI–XVIII wieku [Religiosität in den polnischen Grenzgebieten im 16. bis 18. Jahrhundert,* Übersetzt von U.K.]. Zielona Góra: Verlag der Universität Zielona Góra: in Zusammenarbeit mit Polnische Historische Gesellschaft. Zweig, S. 287–300.

Popiołek, Bożena (2006): *Dobrodziejki i klienci. Z dziejów patronatu kobiecego w czasach saskich [Gönnerinnen und Klientinnen. Aus der Geschichte des Frauenmäzenatentums in sächsischer Zeit,* Übersetzt von U.K.]. In: Dubas-Urwanowicz, Ewa; Urwanowicz, Jerzy (Hrsg.): *Patron i dwór. Magnateria Rzeczypospolitej w XVI–XVIII wieku [Mäzen und Hof. Die Magnaten des Commonwealth im 16. bis 18. Jahrhundert*, Übersetzt von U.K.]. Warszawa:DiG, S. 385–395.

Popiołek, Bożena (2018): *Kobiecy świat w czasach Augusta II. Studia nad mentalnością kobiet z kręgów szlacheckich [Die Welt der Frauen zur Zeit des Augustus II. Studien zur Mentalität von Frauen aus adligen Kreisen,* Übersetzt von U.K.]. Kraków: Wissenschaftlicher Verlag der Pädagogischen Hochschule.

Popiołek, Bożena (2020), *Dobrodziejki i klienci. Specyfika patronatu kobiecego i relacji klientalnych w czasach saskich [Weibliche Stifterinnen und Klientinnen. Die Besonderheiten des weiblichen Mäzenatentums und der Klientelbeziehungen in sächsischer Zeit,* Übersetzt von U.K.]. Warszawa: Museum des Palastes von König Jan III. in Wilanów.

Rok, Bogdan (1993): Mentalność duchowieństwa polskiego w XVIII wieku [Mentalität des polnischen Klerus im 18. Jahrhundert, Übersetzt von U.K.]. In: Matwijowski, Krystyn; Rok, Bogdan (Hrsg.): Studia z dziejów kultury i mentalności czasów saskich [Studien zur Kultur- und Mentalitätsgeschichte der sächsischen Zeit, Übersetzt von U.K.], Wrocław: Verlag der Universität Breslau.

Ronikier, Jerzy (1991): Metodologia historii mentalności w badaniach nad książką i czytelnictwem. [Die Methodik der Mentalitätsgeschichte in der Buch- und Leseforschung, Übersetzt von U.K.]. W: Kocojówna, Maria (Hrsg.): Książka polska w okresie zaborów. Kraków: Gesellschaft der Autoren und Verleger wissenschaftlicher Werke »Universitas«, S. 61–74.

Ronikier, Jerzy (1992): *Hetman Adam Mikołaj Sieniawski i jego regimentarze. Studium z historii mentalności szlachty polskiej 1706–1725 [Hetman Adam Mikołaj Sieniawski und seine Regimenter. Eine Studie zur Mentalitätsgeschichte des polnischen Adels 1706–1725,* Übersetzt von U.K.]. Kraków: Gesellschaft der Autoren und Verleger wissenschaftlicher Werke »Universitas«.

Saczyńska-Vercamer, Monika (2013): Supliki polskich duchownych w archiwach Penitencjarii Apostolskiej (1471–1492) [Bittschriften des polnischen Klerus in den Archiven der Apostolischen Pönitentiarie (1471–1492), Übersetzt von U.K.]. In: Sztylc, Żaneta; ks. Zagórski, Dariusz; Radzimiński, Andrzej; Biskup, Radosław (Hrsg.): Fundamenty średniowiecznej Europy [Die Grundlagen des mittelalterlichen Europas, Übersetzt von U.K.]. Pelpin: Bernardinum-VerlagS. 187–203.

Sowa, Andrzej Leon (1995): Świat ministrów Augusta II. Wartości i poglądy funkcjonujące w kręgu ministrów Rzeczypospolitej w latach 1702–1728 [Die Welt der Minister von Augustus II. Werte und Ansichten im Kreis der Minister des Commonwealth zwischen 1702 und 1728, Übersetzt von U.K.]. Kraków: Akademischer Buchladen.

Stojek-Sawicka, Karolina (2005): *Sakralne fundacje Radziwiłłów w XVIII w. [Sakrale Stiftungen der Radziwills im 18. Jahrhundert,* Übersetzt von U.K.]. In: Matwijowski, Krystyn (Hrsg.): *Czasy nowożytne. Studia poświęcone pamięci prof. Władysława Eugeniusza Czaplińskiego w 100 rocznicę urodzin [Die Neuzeit. Studien zum Gedenken an Prof. Dr. Władysław Eugeniusz Czaplinski aus Anlass seines 100. Geburtstages,* Übersetzt von U.K.]. Wrocław: Historisches Institut der Universität Breslau: Breslauer Gesellschaft der Geschichtsliebhaber, S. 163–177.

Stojek-Sawicka, Karolina (2006): *Duchowna klientela Radziwiłłów nieświeskich w XVIII wieku [Die kirchliche Kundschaft der Radziwills von Nieśwież im 18. Jahrhundert,* Übersetzt von U.K.]. In: Dubas-Urwanowicz, Ewa; Urwanowicz, Jerzy (Hrsg.): *Patron i dwór. Magnateria Rzeczypospolitej w XVI–XVIII wieku [Mäzen und Hof. Die Magnaten des Commonwealth im 16. bis 18. Jahrhundert,* Übersetzt von U.K.]. Warszawa: DiG, S. 397–416.

Stojek-Sawicka, Karolina (2008): Relacje dominikanów i dominikanki ze środowiskiem magnackim w czasach saskich i stanisławowskich na przykładzie rodu Radziwiłłów nieświeskich [Beziehungen der Dominikaner und Dominikanerinnen zur Magnatengemeinschaft in der Sachsen- und Stanislauszeit am Beispiel der Familie Radziwill aus Nieśwież, Übersetzt von U.K.]. In: Mateia, Erwin; Pobóg-Lenartowicz, Anna; Rowińska-Szczepaniak, Maria (Hrsg.): Święty Jacek i dziedzictwo dominikańskie [Der Heilige Jacek und das dominikanische Erbe, Übersetzt von U.K.]. Opole: Verlag der Universität Opole, S. 541–557.

Stojek-Sawicka, Karolina (2011): Duchowieństwo katolickie w życiu Radziwiłłów nieświeskich w XVIII wieku [Der katholische Klerus im Leben der Radziwills von Nieśwież im 18. Jahrhundert, Übersetzt von U.K.]. Toruń: Adam Marszałek Verlag.

Szady, Bogumił (2003): Prawo patronatu w Rzeczypospolitej w czasach nowożytnych [Das Recht des Mäzenatentums in der Republik in der Neuzeit, Übersetzt von U.K.]. Lublin: Wydawnictwo-Drukarnia Liber.

Piotr A. Owsiński / Anna Paluch

Letzter Wille als geschlechtsbedingter Konfessionsausdruck. Versuch einer Vergleichsstudie über die Glaubens- und Bekenntnisfragen in den Testamenten des Adels im Königlichen Preußen des 17. Jahrhunderts

Abstract

Last Will as Confession of Faith in the Gender Dimension. An Attempt on a Comparative Study on the Religious Issues in the Wills of the Nobility in Royal Prussia in the 17th Century

The subject of the following article is the comparison between the faith issues in the wills made by the noble women and noble men in Royal Prussia of the 17th century, in the area of German settlement in the East. The aim of the exploration is to answer the question of how distinctly the sacred world appears in the last wills expressed by the women and by the men. The paper allows to see the similarities and differences between women and men in the context of expressing their spirituality and religiosity in their last wills. The analysis relies on theoretical preliminary considerations on the structure of the will as well as on the functions of its individual components in the light of its validity and effectiveness. The background of the entire exploration are considerations about the transience of human life in the context of the last will.

Keywords: last will, German settlement in the East, God, sacrum
Schlüsselwörter: letzter Wille, Testament, Ostsiedlung, Gott, Geistliches

Religion is a candle inside a multicolored lantern.
Everyone looks through a particular color, but the candle is always there.
Muhammad Nagib[1]
(1901–1984)

Piotr A. Owsiński, Uniwersytet Jagielloński w Krakowie, ORCID: 0000-0001-7862-3345.
Anna Paluch, Kubas, Kos, Gałkowski – Adwokaci sp. k., ORCID: 0000-0001-8488-0006.

1 Muhammad Nagib (1901–1984) – erster Staatspräsident der Republik Ägypten in den Jahren 1953–1954.

1. Einleitendes

Der Ansporn für die nachstehenden Erörterungen zum geschlechtsbedingten Konfessionsausdruck in den Testamenten sind zum einen die in der letzten Zeit häufig erscheinenden Pressemeldungen sowie Beiträge auf den Informationsportalen zu den immer zahlreicheren Appellen, Postulaten, Bestrebungen oder sogar Manifestationen in den europäischen Gesellschaften oder innerhalb ihrer kleineren Kreise, deren Vertreter nicht nur ihr eigenes Leben entsakralisier(t)en, sondern auch nach der Entsakralisierung des allgemeinen öffentlichen Lebens ihrer Gesellschaften trachten. Zum Nachdenken darüber regt zum anderen die Lektüre der Monographie *Kultur des Todes, Kultur des Sterbens* (2016, Originaltitel: *Kultura śmierci, kultura umierania*)[2] an, in der die Frage der Religiosität im Spiegel des Todes, der Krankheit sowie der Bestattungsbräuche und des mit dem Sterben zusammenhängenden Aberglauben untersucht werden. Überdies bewegt der bereits erwähnte Band dazu, die Frage danach zu stellen, wie die Religiosität in der Vergangenheit im Kontext der unvermeidlich mit dem Tod endenden Vergänglichkeit zum Ausdruck kommen konnte. Im Vorliegenden handelt es sich jedoch vor allem um die theoretischen, aber mit den empirischen Beispielen auch belegten Überlegungen zur Frage der Präsenz der Religion und der Religiosität in deren diversen Gestalten und Ausdrücken im Leben der Menschen in Hinsicht auf ihr Geschlecht. In der breiteren Perspektive können solche Erörterungen auf das Gebiet einer breiteren Gemeinschaft und schließlich der gesamten Gesellschaft übertragen werden, die doch aus konkreten Individuen bestehen und sich durch ihre psychischen, psychologischen, sozialen, sprachlichen und kulturellen Eigenschaften charakterisieren. Hinzu kommt noch die ganze Sammlung der mit dem Leben und Funktionieren der Menschen in ihren bestimmten sozialen Rollen und Konstellationen zu einem bestimmten Zeitpunkt, auf einem konkreten geographischen Gebiet sowie in den gegebenen Umständen der externen Bedingtheiten zusammenhängenden Interdependenzen, z. B. Familie, Vorfahren, Nachkömmlinge, Gehöft, Vermögen, Kultur, Geisteshaltung, Religiosität, geopolitische Verhältnisse, wirtschaftliche Bedingungen, usw. Solch eine Existenz des Individuums innerhalb einer kleineren oder größeren Gruppe der Menschen – unabhängig von der Epoche, in der es lebt – setzt u. a. seine Teilnahme entweder an den wichtigen Momenten seines Lebens oder auch an den für seine Familie und schließlich für seine gesamte Gesellschaft relevanten Momenten voraus. In der heutigen Wirklichkeit lässt sich unbestreitbar beobachten, dass die Gesellschaft – oder eine gegebene Kultur – für derartige Momente bestimmte Schemata ausarbeitete, dank denen die Frage der

2 Guzowski, Andrzej, Krajewska-Kułak, Elżbieta, Bejda, Grzegorz (Hrsg.) (2016), *Kultura śmierci, kultura umierania*, Bd. 4. Białystok: Uniwersytet Medyczny w Białymstoku.

Präsenz Gottes und überhaupt des Heiligen in der sinnlich greifbaren Sphäre des Profanen an Bedeutung – zumindest für die sich zu einer Religion bekennenden Menschen – gewann (gewinnt).[3] Gemeint sind Situationen, wenn ein Mensch zur Welt kommt, wenn zwei Menschen die Ehe schließen, oder wenn ein Mensch stirbt und vor Gottes Richterstuhl tritt. In all diesen als Übergang zu interpretierenden Momenten – zumindest in Europa – kommen gewisse Rituale zum Einsatz, die sich auf eine andere außerirdische Realität beziehen. Bei der Namensgebung beim Kind oder bei der Eheschließung reichen heute jedoch nur die Geburtsanmeldung oder die Abgabe der Erklärung beim Standesamt. Die Fragen der Bestattung sind ebenfalls gesetzlich geregelt und verlangen keinen sakralen Rahmen. Allerdings enthalten die oben erwähnten Übergänge etwas, woran sich die säkularisierte Gesellschaft erinnert – oder wonach sie sich geradezu sehnt. Dafür brauchen die sozialen Religionsgruppen ein Ritual, in dem sich nicht selten der performative Gebrauch der Sprache bemerkbar macht.[4] Zu solch einem Schluss kommt auch Eliade (2008: 198f.), indem er feststellt, dass die Zeremonien des Übergangs seit eh und je eine große Rolle im Leben des Menschen spielen. Für ihn ist die Initiation der heranwachsenden Jugendlichen eines der guten Beispiele für einen Übergang (von der Kindheit und vom Knabenalter zur Jugend). Dasselbe betrifft die Geburt, die Eheschließung und den Tod, bei denen bestimmte Rituale vollzogen werden, weil sie sich mit der tiefgreifenden Veränderung des ontologischen und sozialen Zustandes des Menschen verbinden: Das neugeborene Kind existiert nur physisch und soll erst von der Familie und von der Gemeinschaft als deren Mitglied anerkannt werden. Bei der Eheschließung erfolgt ebenfalls ein Übergang, weil der Neuvermählte die Gruppe der Junggesellen verlässt, um künftig ein Ehemann und ein Vater zu werden. Die mit dem Tod einhergehenden Rituale sind viel komplexer, denn es handelt sich hierbei nicht nur um eine ›natürliche Erscheinung‹ (das Leben bzw. die Seele verlässt den Körper), sondern auch um eine ontologische und zugleich soziale

3 Die Bezugnahme auf die heutige Form mancher Ereignisse im Leben des Menschen, wenn sich die zwei Sphären verbinden, im Kontext der gegenwärtigen rechtlichen Regelungen ist beabsichtigt und dient dem Versuch, das im Vorliegenden explorierte Untersuchungskorpus diachron darzustellen und bestimmte Erscheinungen im Anschluss daran zu präsentieren.

4 Hier sind die Rituale der Taufe, der Eheschließung und der Bestattung zu nennen. In den zwei ersteren Fällen lässt sich der Gebrauch der Sprache in der stattfindenden Zeremonie zwecks des Vollzugs eines konkreten Rituals beobachten. In den zu äußernden Formeln werden die performativen Verben gebraucht, die die Tätigkeit zur Zeit ihrer Ausführung beschreiben und somit eine neue Tatsache in der außersprachlichen Realität kreieren, d. h. die Tätigkeit wird durch die Äußerung eines gegebenen Verbs selbst ausgeführt, z. B. in der Taufformeln – *taufen:* [Name des Täuflings], *ich taufe dich im Namen Gottes des Vaters, des Sohnes und des Heiligen Geistes*; in der Eidesformel bei der Eheschließung – *annehmen:* [Name der Braut oder des Bräutigams], *vor Gottes Angesicht nehme ich dich an als meine Frau. Ich verspreche dir die Treue in guten und bösen Tagen, in Gesundheit und Krankheit, bis der Tod uns scheidet. Ich will dich lieben, achten und ehren alle Tage meines Lebens.*

Veränderung der Art des Lebens. Der Vollzug eines konkreten Rituals ist somit als Gelegenheit zu einem Treffen oder einer Versammlung der Bekenner im Namen eines verehrten höheren Wesens anzusehen, was zur Bildung und zur Integration einer Gemeinschaft beiträgt, worauf Durkheim (2012: 43 ff.) verweist. Aus diesem Grund wurden die Rituale nicht nur für die Zwecke der alltäglichen Glaubensakte ausgearbeitet, sondern auch für die Zwecke der Situation, in der ein Gemeinschaftsmitglied einen gewichtigen Moment in seinem Leben erlebt (Giddens 2004: 560 f.). Im Kontext des letztgenannten Übergangs, d. h. des Todes, verbindet sich das Streben nach der Bildung einer Gemeinschaft mit der psychischen, universellen und allen Menschen eigenen Angst vor dem Tod, deren Intensität individuell ist und sich im Laufe der Zeit wegen der eigenartigen und gesellschaftlichen Bedingtheiten verändert. Wie Ariès (2011: 42) oder Florian und Mikulincer (1997: 369 ff.) bemerken, verlor der Tod gegenwärtig seinen ›gezähmten‹ Charakter und wurde zu einem entsetzlichen und herzensbrechenden Ereignis, in dessen Angesicht der Mensch immer einsam bleibt. Da der (eigene) Tod starke Emotionen auslöst, wird der Gedanke darüber aus dem Bewusstsein der Menschen systematisch und konsequent verbannt, wessen Grund in der ubiquitären Domination des Rationalismus und Empirismus bei der parallelen Reduzierung der Bedeutung der Frömmigkeit und Transzendierung liegt (Dutta 2014: 17 f.; Groll 2006: 2). In solch einem Licht soll das Testament als Rechtsgeschäft mit einer ungewöhnlichen emotionalen Färbung wahrgenommen werden. Es verwundert also wenig, dass die Testamentsverfassung naturgemäß eine Notwendigkeit der Konfrontation mit der Perspektive des eigenen Todes voraussetzt und erzwingt, damit die Verfügung von Todes wegen rechtsverbindlich errichtet werden kann.

2. Zielsetzung

Folgt man diesem Gedankengang weiter, muss man feststellen, dass die Herangehensweise an den Tod sowie an das Wesen des Testaments im Laufe der Zeit vielen Umwandlungen unterlag und in der Vergangenheit von der heutigen Wahrnehmung des Todes abwich. Ein vortreffliches Beispiel dafür ist u. a. das polnische *Lehrbuch des christlichen Sterbens* (≈ poln. *Nauka umierania chrzescianskiego*, 1604) von Januszowski (1604: 7, 28), in dem der Leser genau unterrichtet wird, dass die Errichtung des Testaments einer der Bedingungen des ruhigen Sterbens ist, weil es mit einem Tor zu einem guten und ruhigen Tod gleichgesetzt wird (Huszał 1983: 123). Somit war das Testament für den Menschen aus den verklungenen Jahrhunderten nicht nur ein Rechtsgeschäft, welches eine Verfügung von Todes wegen ermöglichte (= weltliche Sphäre), sondern es hatte auch seine Wurzeln im Heiligen (= Übergang ins ewige Leben). Dadurch tritt eben der unmittelbare Zusammenhang des Testaments mit dem Bekenntnis hervor, nämlich in der sprachlichen Ebene der Testamente, was ihren Widerhall in den zahlreichen Anspielungen auf die Religion, in den Überlegungen eschatologischer und vanitativer Natur unter den letztwilligen Erklärungen sowie in der ausgebauten Struktur des damaligen Testaments findet (Popiołek 2009: 17, 31f.).

Die Sprache der gegenwärtigen Testamente lässt generell keine Schlüsse auf die Religiosität ihrer Verfasser ziehen. Der Zusammenhang des letzten Willens mit dem Bekenntnis der Erblasser/-innen ist heutzutage nicht so leicht erfassbar, wie dies in der Vergangenheit der Fall war. Daraus ist zu schlussfolgern, dass sich die persönliche Bedeutung des Testaments im Laufe der Zeit wesentlich veränderte. In der heutigen europäischen Rechtskultur ist die Testamentserrichtung weder Pflicht noch kategorischer Imperativ (Dutta 2014: 417). Sie ist vielmehr ein Akt der freien Entscheidung des Menschen, die im Lichte moralischer und religiöser Normen keineswegs ethisch zu beurteilen ist. Selbst in den Augen eines stark religiösen Menschen ist das Testament heute eher keine Erlösungsbedingung.

In Anknüpfung an die vorstehenden Erwägungen verfolgt der vorliegende Beitrag das Anliegen, die Ergebnisse der Analyse des Inhalts der Testamente von den im Königlichen Preußen des 17. Jahrhunderts wohnhaften adeligen Frauen und Männern darzustellen, um die Frage nach den Differenzen in der Frequenz und Intensität der Konfessionsfragen in den untersuchten Archivalien zu beantworten. Hierbei sei jedoch anzumerken, dass die Studie die Exploration der Glaubens- und Bekenntnisfragen in den historischen privaten und öffentlichen Dokumenten einerseits fortsetzt[5], andererseits die Perspektive der Untersuchung verbreitert, weil diesmal die Unterschiede in der Wahrnehmung des Heiligen im Hinblick auf das Geschlecht der adeligen Testamentsverfasser/-innen in den Forschungsfokus gerückt werden. Dank solch einer Forschungsperspektive wird wiederum der Einblick in die Funktionen des Testaments der Adeligen unter Berücksichtigung ihres Geschlechts sowie in den im letzten Willen zum Vorschein kommenden Modus der Perzeption Gottes und Seiner Heiligen verschafft. Die analysierten archivalischen Testamente sind somit als wertvolle Quelle des Wissens über die Lebenseinstellung – darunter auch über die Religiosität – der sie errichtenden Erblasser/-innen zu betrachten, wodurch die geistliche Dimension der die Verteilung von Geld und Gütern regelnden Schriftstücke hervorgehoben wird. Überdies drücken die Erblasser/-innen im Testament auch ihre endgültige

5 An dieser Stelle sind die Einzelstudien gemeint, die die Untersuchung der Glaubens- und Bekenntnisfragen in den Testamenten der adeligen Männer und der adeligen Frauen (Owsiński / Paluch 2020, 2021) sowie die Analysenergebnisse zum Thema der Präsenz der Konfessionsfragen in den historischen öffentlichen Schriftstücken thematisieren (Owsiński 2018).

Bewertung der sie umgebenden Wirklichkeit, der Verhältnisse zwischen ihnen und ihren Nächsten sowie ihre Gefühle gegenüber den Mitgliedern ihres Familien- und Freundeskreises aus. Die im letzten Willen formulierte Berücksichtigung mancher Personen als Begünstigte der Verfügungen von Todes wegen und die Auslassung der anderen widerspiegeln sowohl die persönliche Einstellung der Erblasser/-innen zu den Familienverhältnissen und den anderen zwischenmenschlichen Beziehungen, die sie zu ihren Lebzeiten pflegten, als auch ihre Bewertung der Lebenshaltung und des Verhaltens anderer Menschen. Aus diesem Grund ist das Testament stets als Ausdruck des Wertesystems der Testamentsverfasser/-innen anzusehen.

3. Untersuchungskorpus und dessen historische Einbettung

Das Forschungskorpus der nachstehenden Analyse bilden 31 Testamente der adeligen Frauen und 71 Testamente, die eigenhändig oder auf Bitte der adeligen Männer errichtet wurden.[6] Alle archivalischen Schriftstücke entstanden im 17. Jahrhundert auf dem Gebiet Preußens Königlichen Anteils. Die Mehrheit der Schriftstücke wurde in polnischer Sprache verfasst, obwohl es auch Testamente gibt, die man auf Deutsch ausarbeitete: ein Testament einer adeligen Frau und drei der adeligen Männer.

Unter Berufung auf die Textherausgeber wurden die Testamente in ihrer Originalsprache ohne Übersetzung sowohl nach den Editionsrichtlinien als auch nach den Hinweisen von Schultze (Kowalkowski / Nowosad 2013: 53ff.) ediert.

Den historischen Hintergrund der Entstehung der analysierten Dokumente bildet die langwierige deutsche Ostsiedlung, von der u. a. das geographische Gebiet Preußens Königlichen Anteils mit seinen vier Verwaltungsbezirken (Woiwodschaft Kulm, Woiwodschaft Marienburg, Woiwodschaft Pommerellen, Fürstbistum Ermland) betroffen war.

Zwar reichen die Anfänge des mittelalterlichen Landesausbaus im Allgemeinen bis in die Herrschaftszeit Karls des Großen (8./9. Jh.) und Ottos I. (10. Jh.) zurück, die als Erste die westslawischen Stämme unterwarfen und deren Gebiete dem Fränkischen Reich und dann dem Sacrum Imperium Romanum einverleibten (Hampe 1921: 16ff.; Zhirmunskij 1965: 62; Eggers 1969: 8; Krasuski 2008: 62; Sochacki 2016: 25ff.; Ludat 2017: 250ff.; Morawiec 2019: 59ff.), aber den Zenit dieser Siedlungsprozesse wird ins hohe Mittelalter (12.–14. Jh.) datiert. Auf den besiedelten Gebieten kam es wiederum zur Neugründung zahlreicher Städte und Dörfer, in die der deutsche mittelalterliche Landesausbau ebenfalls die Auf-

6 In der Analyse werden die gemeinschaftlichen Testamente der Ehegatten (3) nicht mitberücksichtig.

Abb. 1: Preußen Königlichen Anteils (mit Ermland) und das spätere Herzogtum Preußen (ab 1525) (Robert de Vaugondy, Karte von Preußen, 1751, http://his.ermlandfamilie.de/index.php/geschichte-ermlands.html [Zugriff am 21.09.2023])

wärtsentwicklung in allen Lebensdimensionen (u. a. Recht, Verwaltung, Innenpolitik, Alltagsleben) mit sich brachte (Grabarek 2004: 512). Die deutsche Ostsiedlung im Königlichen Preußen ist somit auch als Erscheinung zu begreifen, infolge deren sich die deutschsprachige Bevölkerung auf diesem Gebiet niederließ. Dabei soll jedoch bemerkt und eindeutig konstatiert werden, dass diese Kolonisation in ihrem Wesen vom Charakter der analogen Prozesse in den anderen Teilen Europas (z. B. in Österreich) abwich, weil sie sich durch einen höheren Grad der Heterogenität und Mannigfaltigkeit der siedelnden Bevölkerung kennzeichnete (Owsiński / Paluch 2020: 84). Solche Umstände verursachten folglich, dass das künftige Gebiet Preußens Königlichen Anteils mit den Kolonisten aus den diversen Teilen des deutschsprachigen Raums besiedelt wurde. Aus diesem Grund lässt sich die Gesellschaft Preußens in der Neuzeit vielmehr als Konglomerat der differenten Nationalitäten und Provenienzen betrachten, unter denen die Deutschen gar nicht dominiert haben müssen. Dies bedeutet natürlicherweise nicht, dass es keine Familien mit solchen Wurzeln gab, aber es handelt sich hier darum, dass sie einfach keine Mehrheit bildeten. Die Menschen deutscher Abstammung überwogen eher in den (größten) Städten, während die

Landbevölkerung polnischer, pommerscher, pruzzischer (in Ermland) und auch teilweise deutscher Herkunft war (Owsiński / Paluch 2020: 83, 2021: 81). Nach dem Zweiten Frieden von Thorn (1466) sind wiederum die Versuche der Integration der preußischen Adeligen mit dem übrigen Teil des Polnischen Königreichs beobachtbar (Kowalkowski / Nowosad 2013: 31f.).

Was die Gründung neuer Städte des Königlichen Preußens anbetrifft, so wurde ihnen vorwiegend das Kulmer Stadtrecht (in ganz Preußen)[7] verliehen. Vorfindbar sind aber auch die Stadtgründungen nach Lübischem[8] oder Magdeburger Recht[9]. Die Mehrheit der nach dem Kulmer Recht gegründeten Städte verbindet sich wiederum indirekt mit dem Titel des vorliegenden Sammelbandes, der den mittelalterlichen und neuzeitlichen Testamenten auf dem Gebiet des Magdeburger Rechts gewidmet ist: Das Kulmer Recht wuchs nämlich eben aus dem bereits erwähnten Magdeburger Recht sowie dem vorherigen Sächsischen Recht (Sachsenspiegel) heraus. Das Kulmer Recht ist nämlich als im Jahre 1233 entstandene Variante des Magdeburger Rechts anzusehen. In diesem Jahre erließ der damalige Hochmeister des Deutschen Ordens Hermann von Salza (1179–1239) die Kulmer Handfeste für die Städte Kulm und Thorn, die die älteste Quelle des Kulmer Rechts waren. Später unterlag es, wie jedes Rechtssystem, einzelnen Veränderungen (Uruszczak 2010: 88). Im Lichte der vorliegenden Erörterungen ist vor allem anzumerken, dass ein wichtiger Unterschied zwischen dem Magdeburger und dem Kulmer Recht in den Erbrechtsnormen vorlag: Während das Erstere die Rolle der Erben nur für männliche Abkömmlinge vorsah, ließ das Letztere auch die Töchter und die Verwandten in der Seitenlinie zum Erben zu (Koziełło-Poklewski 1969: 48–60). Der Erbenkreis war also im Kulmer Recht bedeutend breiter. Diese Tatsache ist im hier analysierten Forschungskorpus sichtbar, weil die untersuchten, unter dem Kulmer Recht errichteten Testamente diverse Verfügungen von Todes wegen zugunsten der Frauen enthalten.

4. Theoretische Vorbemerkungen

Bevor auf die Präsenz der Glaubens- und Bekenntnisfragen sowie auf die Unterschiede in der Frequenz und Intensität ihres Vorkommens in den einzelnen Testamenten der adeligen Frauen und Männer eingegangen wird, soll auf das präskriptive Modell des früheren Testaments (= SUPERTESTAMENT) verwiesen werden, weil die Bezüge zum Heiligen an jeder Stelle des letzten Willens anzu-

7 Beispielshalber handelt es sich um die nachfolgenden Städte: Christburg, Gollub, Graudenz, Heilsberg, Kulm, Löbau, Marienburg, Neumark, Preußisch Stargard, Putzig, Rehden, Schlochau, Schöneck, Schönsee, Schwetz, Strasburg, Stuhm, Thorn, Tolkemit, Tuchel.

8 U. a. Braunsberg, Danzig, Dirschau, Elbing, Frauenburg, Konitz.

9 U. a. Kulmsee.

treffen sind. Eben aus diesem Grund verwundert die ausgebaute Struktur dieser Schriftstücke nicht. Das Supertestament bestand nämlich aus den nachstehenden Elementen, unter denen die Anspielungen auf die Sphäre des Heiligen stets vorfindbar sind: 1) Invokation, d. h. Anrufung Gottes oder der Heiligen, im Namen deren das Testament zu errichten war, was übrigens als allgemein gültige Praxis bei der Verfassung von mittelalterlichen Urkunden gilt, und wodurch dem Dokument eine geistliche Dimension sowie ein höherer Rang verliehen werden konnten; 2) Intitulation, in welcher die Erblasser/-innen mehr oder weniger vorgestellt wurden; 3) Promulgation, in der der Aufruf an die Testamentsempfänger enthalten war; 4) Arenga, in der die allgemeinen Motive der Testamentserrichtung sowie die Überlegungen zur Vergänglichkeit des Lebens bzw. zur Unabwendbarkeit des Todes und dessen ungewisser Stunde zum Ausdruck gebracht wurden; 5) mit der Seele sowie der sterblichen Hülle zusammenhängende Disposition, in der die Erblasser/-innen ihre Seele in Gottes Hände legten oder Anweisungen zu deren Bestattung erteilten; 6) das Vermögen betreffende Verfügungen von Todes wegen; 7) Abschied und Warnung bzw. Drohung für diejenigen, die den im Testament ausgedrückten Willen nicht erfüllen wollten; 8) formale Fragen, wie etwa Benennung der Testamentsvollstrecker und der Zeugen, Angaben zum Datum sowie zum Ort der Testamentserrichtung, Unterschriften der Erblasser/-innen und Zeugen (Popiołek 2009: 31f.).

Vor dem oben umrissenen Hintergrund der Errichtung eines Testaments sowie dessen Bestandteile soll nun der Frage der im einzelnen letzten Willen zum Vorschein kommenden Religiosität nachgegangen werden. Besondere Aufmerksamkeit gebietet jedoch die Tatsache, dass die Untersuchung der Frömmigkeit eines konkreten Individuums, einer gegebenen Gemeinschaft oder schließlich einer konkreten Gesellschaft zu keinen einfachen Forschungsobjekten gehört. Dies ist darauf zurückzuführen, dass weder Religiosität noch Glaube mit den (religiösen) Überzeugungen, mit der Weltanschauung oder mit einer bestimmten Verhaltensweise gleichgesetzt werden dürfen. Unter dem Glauben können ebenfalls ein Lebensstil und ein Wirklichkeitsperzeptionsmodus verstanden werden, für welche es äußerst schwer fällt, einen Bezugspunkt zu finden, der später eine definitive, mit der Realität zu konfrontierende Schlussfolgerung formulieren lässt (Szawiel 2008).

Die unten analysierten Abschnitte sind zweifelsohne im Volksglauben und in der Volksfrömmigkeit verankert, an deren Herausbildung aber auch die Vertreter der Stadtbewohner, des niederen Adels und der Geistlichen beteiligt waren: Der Volksglaube und die Volksfrömmigkeit lassen sich doch als keine Domäne nur der niederen Gesellschaftsschichten ansehen und die Hochadelangehörigkeit schließt die Teilnahme an den volkstümlichen religiösen Praktiken des Alltags sowie das Wissen darüber keineswegs aus (Owsiński / Paluch 2020: 85, 2021: 82). Als notwendig erweist sich hierbei die Unterscheidung zwischen der

Geisteshaltung und der Religiosität. Während die Erstere die Merkmale und die Möglichkeiten der Weltwahrnehmung durch die Menschen aus den vergangenen Zeiten betrifft, fokussiert sich die Letztere zusätzlich auf den individuellen Charakter dieser Wahrnehmung. In der Analyse des Religiositätsgrades der Bewohner des einstigen Polnischen Königreichs ist überdies deren religiöse Heterogenität zu berücksichtigen, die in ihrer unterschiedlichen Kultur, in ihrem Bekenntnis sowie in ihren religiösen Gebräuchen zum Vorschein kam (Wiślicz 2004: 98ff.).

Im Fokus des vorliegenden Beitrags steht auch die mit der Volksfrömmigkeit untrennbar verbundene Volkskultur, weil sich die beiden spontan und häufig parallel zur institutionellen Religiosität herausbildeten und in der Sprache, in der Kunst sowie in den unterschiedlichen Traditionen, Gottesdiensten und Pilgerfahrten zum Ausdruck kamen. Im Anschluss daran kann angenommen werden, dass das hier gewählte Forschungskorpus auch die Elemente des Volksbrauchtums und die ganze Fülle von religiösen Praktiken dieser Art beinhaltet. Letztendlich wird es möglich sein, die Reflexe der Interdependenz von der Religion und dem alltäglichen Leben zu beobachten, was der Hauptgegenstand der nachfolgenden Untersuchung ist. Zum Teil decken sich die unten präsentierten Forschungsergebnisse mit den für die Volksfrömmigkeit emblematischen Merkmalen, unter denen die nachfolgenden am meisten anzutreffen sind: ziemlich relevanter Einfluss der Natur auf das Leben des Menschen, Zusammenhang der religiösen Praktiken mit der Landarbeit, gemeinsame Teilnahme an den religiösen Praktiken, Rolle der Tradition, der Familie und der Nachbarschaft als die Gemeinschaft integrierender Impuls, populärer Heiligenkult sowie Ehrfurcht vor der Muttergottes (Szymańska 2023).

In der Hierarchie der himmlischen Einwohner steht Gott immer am höchsten, dem die anderen Himmelswesen folgen: Unter ihnen ist die Gruppe der Heiligen mit der Himmelskönigin an der Spitze am größten. Dabei sei noch zu bemerken, dass die Verehrung des Gedächtnisses der Heiligen auch eine praktische Funktion hatte, denn sie war bei der Bestimmung einer Jahreszeit oder eines konkreten Datums im Kalender behilflich, was mit der Notwendigkeit der in der Landwirtschaft anfallenden Arbeit der Bauern oder des Landadels korrespondierte.

5. Glaubens- und Bekenntnisfragen in den Testamenten der adeligen Frauen und Männer

Die Analyse des Inhalts der unter die Lupe genommenen Verfügungen von Todes wegen weist einleuchtend nach, dass es solche Textpassagen in den Testamenten gibt, die sich indirekt auf drei umfassende Sphären der christlichen Religiosität beziehen. Es handelt sich nämlich um die Anspielungen auf das Wesen Gottes oder auch auf die Himmelskönigin und die Heiligen. Dabei machen sich solche Passus bemerkbar, die mit der Gestaltung und der Organisation des Alltagslebens sowie der Landarbeit im Zusammenhang stehen, wobei die hergestellten Bezüge zum Heiligenkalender ineinander fließen und sich gegenseitig ergänzen.

Die Mehrheit der Testamente sowohl der Frauen [F] als auch der Männer [M] wurde mit der Invokation versehen, in welcher die Erblasser/-innen Gott bzw. die Trinität und bisweilen auch die Muttergottes bereits bei der Errichtung ihrer Testamente anriefen. Bemerkenswerterweise treten hier die Namen der Heiligen niemals auf. Die Form der Invokation selbst – unabhängig von der Sprache, in der sie verfasst wurde – scheint zufällig zu sein und hat aus der rechtlichen Sicht keine Bedeutung, weil die Invokation keinen Einfluss auf die Gültigkeit und Wirksamkeit eines Testaments hat. Dem Diagramm unten ist zu entnehmen, dass die Invokation im vergleichbaren Prozentsatz der analysierten Testamente der Männer und der Frauen vorkommt (68 %–70 %). Ihre Präsenz in den analysierten Schriftstücken konveniert wiederum mit derselben Praxis der Invokationsverfassung in den anderen (auch öffentlichen) Dokumenten (z. B. Dorfwillküren) (Owsiński 2018: 189f.). Die in lateinischer Sprache verfassten Verfügungen bilden hier auch keine Ausnahme, z. B.

[M]		
	(6)[10]	*In nomine Sancte et Individuae Trinitatis. Amen.*
	(9, 16, 29, 52, 78, 98)	*In nomine Domini. Amen.*
	(26)	*Ad perpetuam rei memoriam. In nomine Sanctissimae et Individuae Trinitatis, Patris et Filii et Spiritus Sancti. Amen.*
	(82)	*In nomine Trinitatis et in honorem Beatae Mariae Virginis.*
	(81)	*In nomine Sanctis et Individuae Trinitatis, Patris et Filii et Spiritus Sancti. Amen.*
	(13)	*W imię Pana naszego Jezusa Chrystusa.* [Im Namen unseres Herrn Jesus Christus.]

10 Die Nummerierung der einzelnen Schriftstücke stützt sich auf die Reihenfolge der Testamente in deren Druckedition von Kowalkowski und Nowosad (2013).

(Fortsetzung)

[M]		
	(20, 23, 24)	*W imię Przenajświętszej i Nierozdzielnej Trójcy Świętej, Boga Ojca, Syna i Ducha Świętego. Amen.* [Im Namen der heiligen und unteilbaren Dreieinigkeit, Gottes, des Vaters, des Sohnes und des Heiligen Geistes. Amen.]
	(41, 47, 56, 63)	*W imię Pańskie. Amen.* [Im Namen des Herrn. Amen.]
	(42, 69, 73, 101, 104)	*W imię Trójcy Przenajświętszej. Amen.* [Im Namen der heiligen Dreieinigkeit. Amen.]
	(44, 96, 107)	*W imię Boże. Amen.* [Im Namen Gottes. Amen.]
	(85)	*Im nahmen der Heiligen Hochgelobten Dreyfaltigkeit. Amen!*

[F]		
	(102)	*In nomine Domini. Amen.*
	(1)	*W imię Boże. Amen.* [Im Namen Gottes. Amen.]
	(11)	*W imię Świętej a Nierozdzielnej Trójcy, Boga Ojca i Syna i Ducha Świętego.* [Im Namen der heiligen und unteilbaren Dreieinigkeit, Gottes, des Vaters, des Sohnes und des Heiligen Geistes. Amen.]
	(32)	*W imię Przenajświętszej a Nierozdzielnej Trójcy Świętej. Amen.* [Im Namen der heiligen und unteilbaren Dreieinigkeit. Amen.]
	(36, 37, 40)	*W imię Trójcy Przenajświętszej.* [Im Namen der heiligen Dreifaltigkeit.]
	(50)	*W imię Boga Ojca, Syna i Ducha Świętego. Amen.* [Im Namen Gottes, des Vaters, des Sohnes und des Heiligen Geistes. Amen.]

Das Schaubild 2 zeigt, dass fast ein Drittel (30 %) der testierenden Frauen und fast ein Viertel (23 %) der testierenden Männer Gott in ihren Testamenten loben und Ihn als Objekt der Liebe und Verehrung erwähnen.

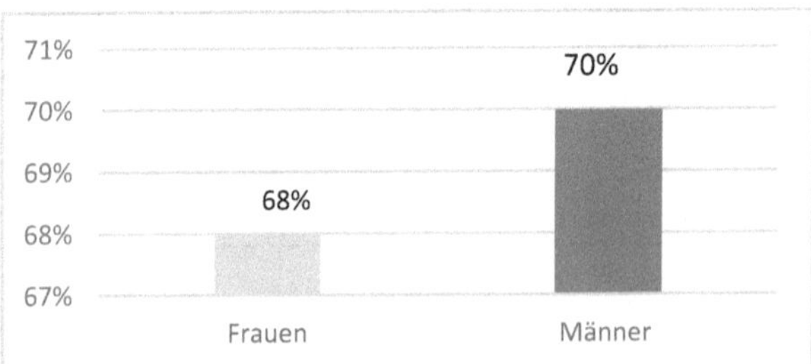

Diagramm 1: Invokation in den Testamenten der Männer und der Frauen

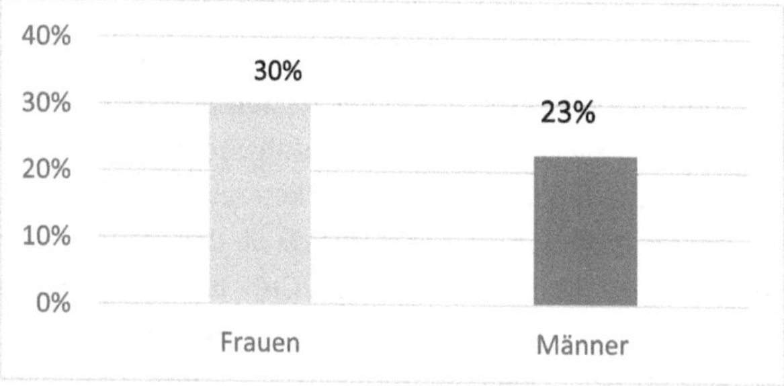

Diagramm 2: Gott als Objekt der Liebe und Verehrung

Die Männer nehmen Gott häufiger als Erlöser und Heiland wahr, was auch das Schaubild 3 belegt. In solch einem Licht erscheint Gott nämlich in 58 % der Testamente der Männer, aber lediglich in 40 % der weiblichen Testamente. Anhand dessen lässt sich die Schlussfolgerung formulieren, dass diese in der Erlösungstheologie relevanteste Funktion Gottes häufiger von den Männern in den Vordergrund gerückt wurde. Eine größere Gruppe der Frauen (31 %) assoziiert dagegen Gott mit dem Richter. Solch eine Assoziation kommt nur in 21 % der männlichen Verfügungen vor (Diagramm 4).

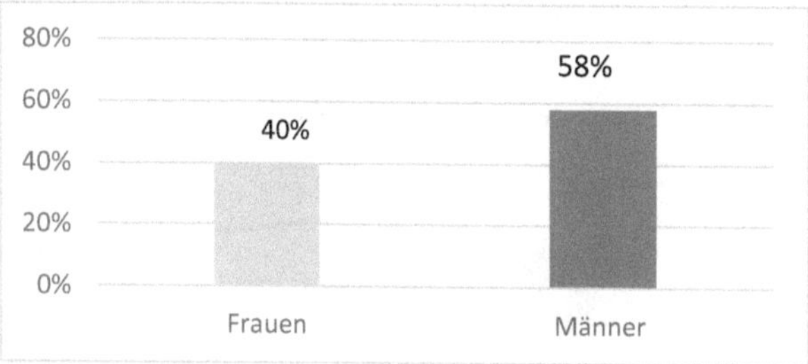

Diagramm 3: Gott als Erlöser und Heiland

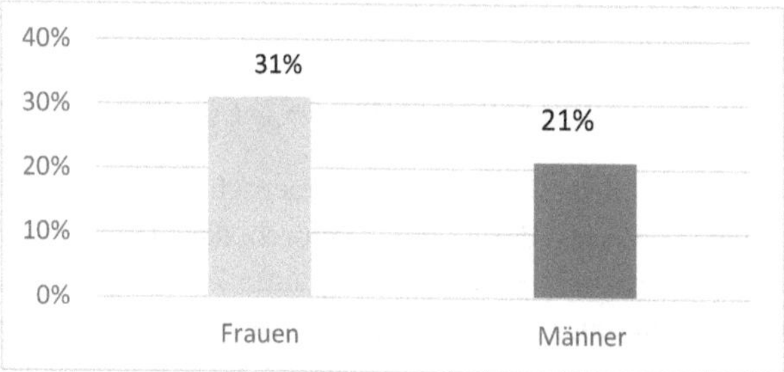

Diagramm 4: Gott als Richter

Die bereits erwähnte, mit der Testamentserrichtung verbundene Notwendigkeit der Konfrontation mit der Perspektive des eigenen Todes (vgl. Kapitel 1) führt nicht selten zur Wahrnehmung Gottes im Kontext der letzten Stunde der Testierenden und deren Übergangs ins ewige Leben. Die nachfolgenden Diagramme präsentieren ausdrücklich diese Tendenz, wobei anzumerken sei, dass viel mehr Männer Gott in diesem Kontext erwähnten. Insgesamt 57 % der testierenden Frauen und 82 % der testierenden Männer erkannten Gott als Betreuer des Menschen im Leben und in dessen Todesstunde (Diagramm 6) sowie als Wesen, in dessen Hände der Mensch seine Seele legt (Diagramm 5). An dieser Stelle ist es auch interessant, dass die beiden Bilder Gottes im Kontext des Todes eines Menschen eher positive, beruhigende und schmerzstillende Assoziationen erwecken.

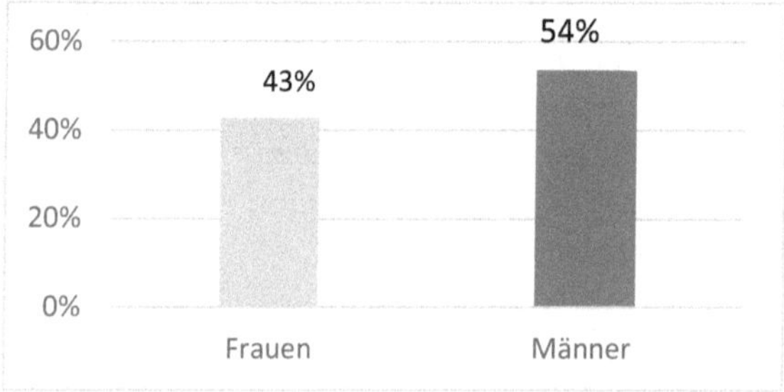

Diagramm 5: Gott als Wesen, in dessen Hände der Mensch seine Seele legt

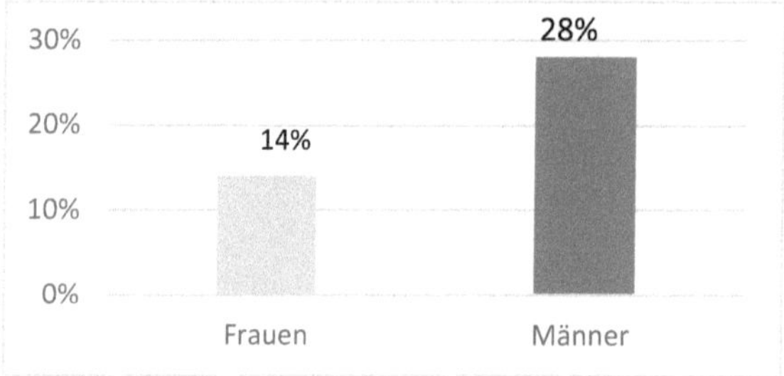

Diagramm 6: Gott als Betreuer des Menschen im Leben und in dessen Todesstunde

In einigen wenigen Testamenten wurde Gott als ein dem menschlichen Handeln größeres Gewicht verleihendes Wesen dargestellt, wodurch das menschliche Handeln einen würdevollen Charakter gewinnt. In Diagramm 7 macht sich bemerkbar, dass bedeutend mehr Männer (42 %) als Frauen (28 %) Gott in diesem Kontext wahrnahmen.

Gott als allmächtiger Schöpfer erscheint im vergleichbaren Prozentsatz der weiblichen und männlichen Verfügungen von Todes wegen (71 %–70 %). Bemerkenswerterweise ist diese Funktion Gottes sowohl unter den Frauen, als auch unter den Männern am meisten anzutreffen.

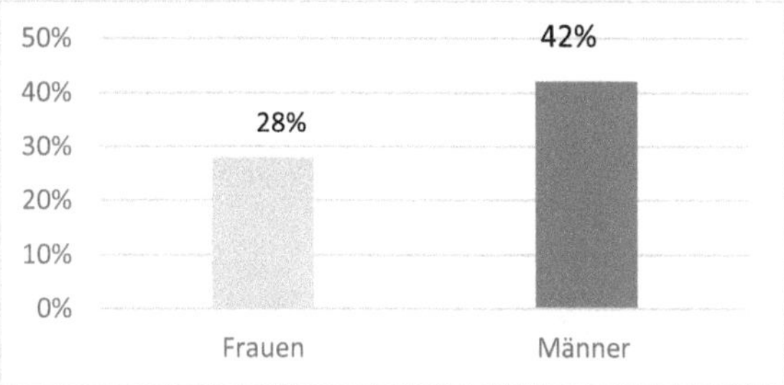

Diagramm 7: Gott als dem menschlichen Handeln größeres Gewicht verleihendes Wesen

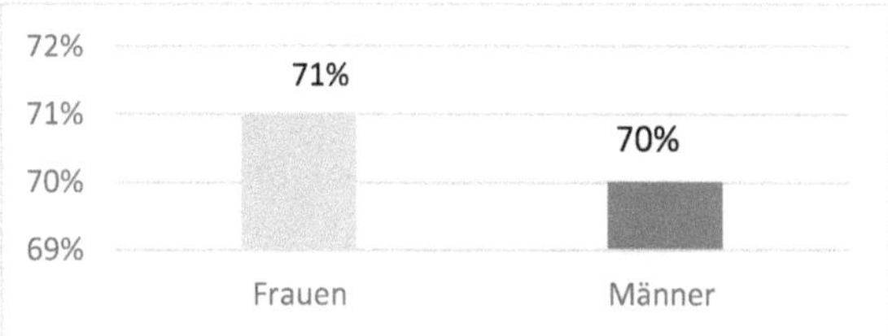

Diagramm 8: Gott als allmächtiger Schöpfer

Die Ergebnisse der Analyse des Inhalts von den Testamenten weisen eindeutig nach, dass sogar ein Fünftel der Männer - aber keine Frau - Angst vor Gottes Ärger (*Ira Dei*) in ihren Verfügungen ausdrückte (Diagramm 8). Dies ist umso interessanter, als die Frauen häufiger als Männer Gott als Richter ansahen (Diagramm 4). Im Fall der Frauen geht die Wahrnehmung Gottes als Richter nicht mit der Angst vor einer Strafe Gottes einher. Infolgedessen lässt sich wiederum vermuten, dass mehr Frauen als Männer das Vertrauen in die göttliche Barmherzigkeit setzen.

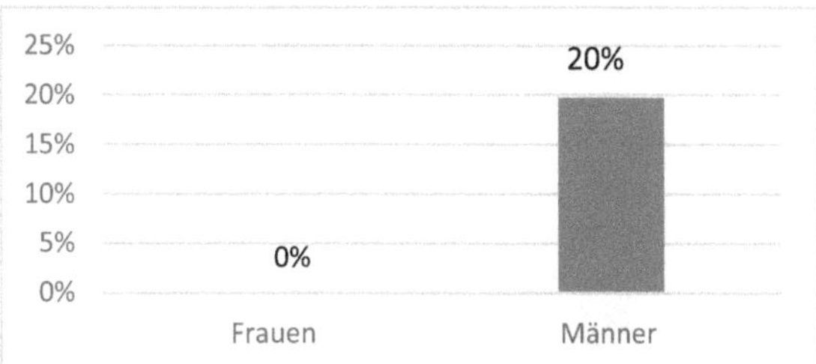

Diagramm 9: *Ira Dei*

Anhand der Daten in Diagrammen 10 und 11 kann man bemerken, dass die männlichen Testamente noch andere Gottesbilder enthalten, die in den Verfügungen der Frauen überhaupt nicht vorfindbar sind: 8 % der Männer assoziierten Gott mit dem Oberhaupt und 11 % mit einem dem menschlichen Leben die Richtung gebenden Wesen. Diese Gottesbilder wurden in keinem der weiblichen Testamente festgestellt.

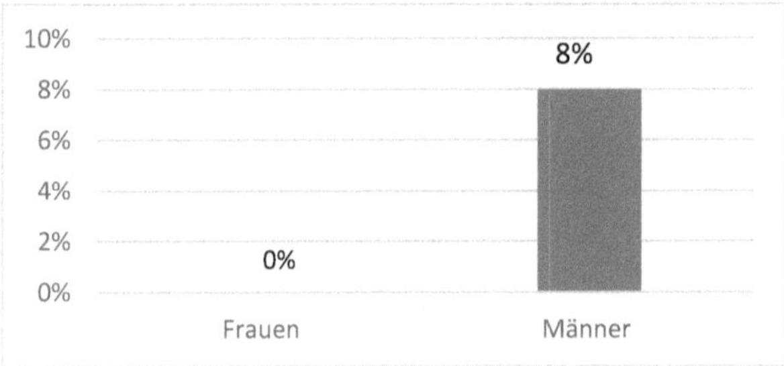

Diagramm 10: Gott als Oberhaupt

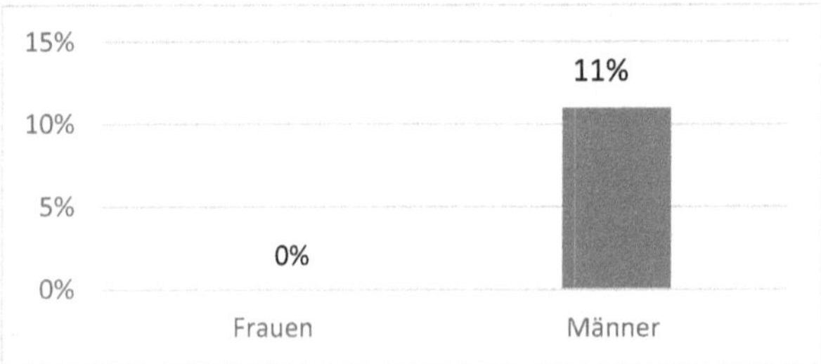

Diagramm 11: Gott als dem menschlichen Leben die Richtung gebendes Wesen

Das Bild der Muttergottes wurde viel häufiger von den testierenden Frauen gezeichnet (Diagramm 12). Dem Schaubild kann entnommen werden, dass sogar ein Fünftel der Frauen die Ehrfurcht vor der Gottesmutter in ihren Verfügungen zum Ausdruck brachte, während nur 7 % der Männer eine solche stilistische Figur benutzten.

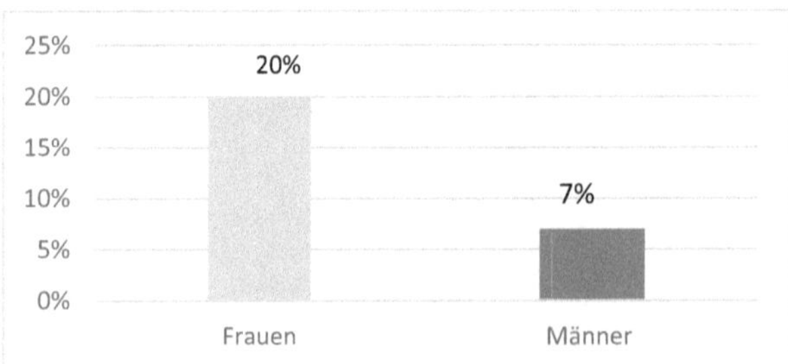

Diagramm 12: Ehrfurcht vor der Muttergottes

Bei einem vergleichbaren Prozentsatz der weiblichen (17 %) und der männlichen (14 %) Testamente wurde die Erwähnung der Heiligen als Bestimmung der Jahreszeit und des konkreten Datums im Kalender festgestellt (Diagramm 13). Anhand dessen lässt sich konstatieren, dass das Geschlecht keinen Einfluss auf die Anwendung des Heiligenkalenders als Bestimmung der Jahreszeit und des konkreten Datums hat.

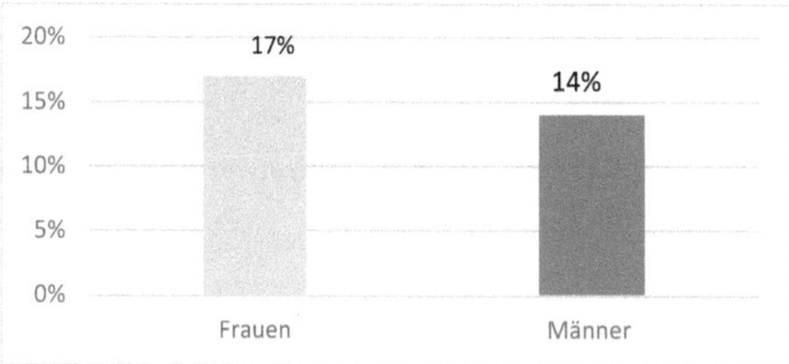

Diagramm 13: Anwendung des Heiligenkalenders als Bestimmung der Jahreszeit und des Datums

6. Abschließendes

Die oben durchgeführte Analyse der Glaubens- und Bekenntnisfragen in den einzelnen, von den adeligen Frauen und Männern errichteten Verfügungen von Todes wegen weist einleuchtend nach, dass sowohl die weiblichen als auch die männlichen Testamente viele Textpassagen beinhalten, die sich auf Gott, Muttergottes, bzw. christliche Heilige beziehen. Es berechtigt zu einer Schlussfolgerung, dass die Bezugnahme auf diese Elemente der christlichen Religion in den Verfügungen von Todes wegen ein in der Gesellschaft verankertes Phänomen war.

Hierbei sei jedoch zu betonen, dass die Anwendung solcher Bezüge eine rein stilistische Funktion hatte und aus der rechtlichen Sicht belanglos war: Die Gültigkeit und Wirksamkeit eines Testaments war von den oben geschilderten Bezugnahmen unabhängig. Deshalb lässt sich feststellen, dass die besprochenen Passus eine strikt religiöse und keine rechtliche Relevanz hatten.

Den Explorationsergebnissen kann auch entnommen werden, dass es einige Unterschiede zwischen der weiblichen und männlichen Wahrnehmung Gottes und überhaupt der Sphäre des Heiligen gibt, wobei jedoch anzumerken sei, dass die Männer mehr Gestalten bzw. Attribute Gottes erkannten und in ihren Verfügungen von Todes wegen äußerten. In beiden Gruppen überwiegt das Bild Gottes als allmächtiger Schöpfer. Unter den vorgefundenen Attributen Gottes wurde die einzige negativ assoziierte Gestalt (*Ira Dei*) nur von den Männern geäußert. Im Perzeptionsmodus der Frauen wurden hingegen lediglich die positiven oder neutralen Bilder Gottes gezeichnet. Das Funktionieren eines Testaments als Ausdruck der Religiosität des bzw. der Testierenden war also ähnlich, aber die konkreten Ausdrucksmittel der Frauen und die der Männer divergieren geringfügig in den einzelnen Schriftstücken hinsichtlich des Geschlechtes der das Testament errichtenden Person.

Quellen

Kowalkowski Jacek / Nowosad Wiesław (2013): *Testamenty szlachty Prus Królewskich z XVII wieku.* Warszawa: Wydawnictwo DiG.

Bibliografie

Ariès, Philippe (2011): *Człowiek i śmierć* [Mensch und Tod]. Warszawa: Aletheia.

Durkheim, Emile (2012): *The Elementary Forms of the Religious Life* [Die Grundformen des religiösen Lebens]. London: George Allen & Unwin Ltd, https://www.gutenberg.org/files/41360/41360-h/41360-h.htm [Zugriff am 16.09.2023].

Dutta, Anatol (2014): *Warum Erbrecht? Das Vermögensrecht des Generationenwechsels in funktionaler Betrachtung.* Tübingen: Mohr Siebeck.

Eggers, Hans (1969): *Deutsche Sprachgeschichte III. Das Frühneuhochdeutsche.* Reinbek bei Hamburg: Rowohlt Taschenbuch Verlag.

Eliade, Mircea (2008): *Sacrum a profanum* [Sacrum und Profanum]. Warszawa: Aletheia.

Florian, Victor / Mikulincer, Mario (1997): *Fear of Death and the Judgment of Social Transgressions. A Multidimensional Test of Terror Management Theory* [Angst vor dem Tod und Bewertung sozialer Transgressionen. Ein mehrdimensionaler Test der Terror-Management-Theorie]. In: »Journal of Personality and Social Psychology« 73 (2), S. 369–380.

Giddens, Anthony (2004): *Socjologia* [Soziologie]. Warszawa: Wydawnictwo Naukowe PWN.

Grabarek, Józef (2004): *Die Ostkolonisation im westslawischen und baltischen Sprachraum bis 1350.* In: Bartoszewicz, Iwona / Hałub, Marek / Jurasz, Alina (Hrsg.): *Werte und Wertungen. Sprach-, literatur- und kulturwissenschaftliche Skizzen und Stellungnahmen. Festschrift für Eugeniusz Tomiczek.* Wrocław: Atut, S. 504–512.

Groll, Klaus Michael (2006): *Ein Zwischenruf zum Jahresanfang: Das kluge Testament als kultureller Akt.* In: Zeitschrift für Erbrecht und Vermögensnachfolge 2, S. 1–2.

Guzowski, Andrzej, Krajewska-Kułak, Elżbieta, Bejda, Grzegorz (Hrsg.) (2016), *Kultura śmierci, kultura umierania* [Kultur des Todes, Kultur des Sterbens], Bd. 4. Białystok: Uniwersytet Medyczny w Białymstoku.

Hampe, Karl (1921): *Der Zug nach Osten. Die kolonisatorische Großtat des deutschen Volkes im Mittelalter.* Leipzig – Berlin: Teubner.

Huszał, Grzegorz (1983): *Przygotowanie do śmierci w XVII wieku* [Vorbereitung für den Tod im 18. Jahrhundert]. In: Roczniki Humanistyczne 31 (1), S. 105–151.

Koziełło-Poklewski, Bohdan (1969): *Kolonizacja - dominium warmińskie* [Kolonisierung - das ermländische Dominium]. In: Biskupiec z dziejów miasta i powiatu. Olsztyn: Pojezierze.

Krasuski, Jerzy (2008): *Historia Niemiec* [Geschichte Deutschlands]. Wrocław - Warszawa - Kraków: Ossolineum.

Januszowski, Jan (1604): *Nauka umierania chrzescianskiego. Tákze iáko kondiącégo Pánu Bogu oddawáć, y czego ná ten czás pilnowáć trzeba. Prʒy tym y prʒykłády o roskoßách niebieskich y mękach Cʒyścowych y piekielnych* [Das Lernen des christlichen Sterbens. Wie man Herrn Gott den Sterbenden anvertrauen soll und worauf man achten muss. Mit den Beispielen der himmlischen Befehle sowie der Qualen des Fegefeuers und der Hölle]. Kraków: Skalski Bazyli.

Ludat, Hans (2017): *Słowianie połabscy i marchie nadłabskie jako problem europejskiej historii* [Polabische Slawen und Marken im Elbgebiet als Problem der europäischen Geschichte]. In: Strzelczyk, Jerzy / Krawiec, Adam (Hrsg.): *Powojenna mediewistyka niemiecka* [Deutsche Mittelalterforschung nach dem Krieg]. Poznań: Wydawnictwo Nauka i Innowacje 2017, S. 250–263.

Morawiec, Jakub (2019): *Początki państw. Dania* [Anfänge der Staatsbildung. Dänemark]. Poznań: Wydawnictwo Poznańskie.

Owsiński, Piotr A. (2018): *Zu Konfessionsfragen in ausgewählten deutschen Dorfwillküren in Polen.* In: Kieleckie Studia Teologiczne 17, S. 181–197.

Owsiński, Piotr A. / Paluch, Anna (2020): *Sacrum między profanum, czyli o kwestiach wyznaniowych w testamentach szlachetnie urodzonych kobiet w Prusach Królewskich XVII-go wieku* [Sacrum im Profanum, d. h. zu Konfessionsfragen in den Testamenten der adeligen Frauen aus dem Königlichen Preußen des 17. Jahrhunderts]. In: Kieleckie Studia Teologiczne 19, S. 75–95.

Owsiński, Piotr A. / Paluch, Anna (2021): *Testament jako credo. Obraz Boga, Maryi i świętych w rozrządzeniach ostatniej woli szlachetnie urodzonych mężczyzn w XVII-wiecznych Prusach Królewskich* [Testament als Credo. Zum Bild Gottes, Mariä und der Heiligen in den Verfügungen von Todes wegen der adeligen Männer aus dem Königlichen Preußen des 17. Jahrhunderts]. In: Kieleckie Studia Teologiczne 20, S. 75–94.

Popiołek, Bożena (2009): *Woli mojej ostatniej Testament ten… Testamenty staropolskie jako źródło do historii mentalności XVII i XVIII wieku* [Meinem letzten Willen wird dieser Testament… Altpolnische Testamente als Quelle der Mentalitätsgeschichte des 17. und 18. Jahrhunderts]. Kraków: Wydawnictwo Naukowe Uniwersytetu Pedagogicznego.

Szawiel, Tadeusz (2008): *Religijność ludowa. Perspektywy spojrzenia* [Volksreligiosität. Perspektiven] In: Znak 3 (634), https://www.miesiecznik.znak.com.pl/6342008tadeusz-szawielreligijnosc-ludowa-perspektywy-spojrzenia/ [Zugriff am 22.09.2023].

Szymańska, Aleksandra (2023): *Religijność ludowa i kult świętych* [Volksreligiosität und Kult der Heiligen]. In: Rolniczy Magazyn Elektroniczny 65 (I, II), https://rme.cbr.net.pl/index.php/archiwum-rme/534-stycze-luty-nr-65/kultura-i-tradycje-ludowe13/710-religijno-ludowa-i-kult-witych [Zugriff am 22.09.2023].

Uruszczak, Wacław (2010): *Historia państwa i prawa polskiego, Tom I (966–1795)* [Geschichte des polnischen Staates und Rechts. Band 1 (966–1795)]. Warszawa: Wolters Kluwer.

Vaugondy, Robert de (1751): *Karte von Preußen. In: Historischer Verein für Ermland. Geschichte Ermlands*, http://his.ermlandfamilie.de/index.php/geschichte-ermlands.html [Zugriff am 21.09.2023].

Wiślicz, Tomasz (2004): *Religijność wiejska w Rzeczpospolitej szlacheckiej. Problemy i trzy przybliżenia* [Volksreligiosität in der Königlichen Republik. Probleme und drei Standpunkte]. In: Barok 11 (2), S. 97–118.

Zhirmunskij, Viktor M. (1965): *Istorija nemeckogo jazyka* [Geschichte der deutschen Sprache]. Moskva: Vysshaja shkola.

Isabell Alexa Hesse

Testatorin – Vollstreckerin – Zeugin – Erbin: Frauentestamente und Frauen in Testamenten im spätmittelalterlichen Regensburg

Abstract

Testatrix - Executrix - Witness - Heiress: Women's wills and women in wills in late medieval Regensburg

Over a third of Regensburg's late medieval citizens' wills are women's wills and women also play an important role in the wills of men in Regensburg. This study examines women in their roles as testators, executors, witnesses and heirs on the basis of 214 wills made by Regensburg citizens between the years of 1308 to 1511. It compares actual testamentary practice with the legal provisions laid down, identifies gender-specific differences and traces the circumstances of the female citizens of Regensburg who appear in this broad corpus of sources.

Keywords: women's wills, medieval wills, testatrix, Regensburg

Schlüsselwörter: Frauentestamente, mittelalterliche Testamente, Testatorin, Regensburg

Testamente stellen zu jeder Zeit eine Quellengruppe dar, die wichtige Erkenntnisse für verschiedene Disziplinen liefert: Sie geben unter anderem Aufschluss über materielle Kultur, sozial- und rechtsgeschichtliche Entwicklungen, zu bestimmten Zeiten bevorzugte Frömmigkeitsformen, Kommunikationsstrategien und soziale Beziehungen der Testatorinnen und Testatoren. Zudem sind sie bedeutende Quellen für die Untersuchung von Lebenssituationen und Handlungsräumen von Frauen verschiedener gesellschaftlicher Gruppen zu unterschiedlichen Zeitpunkten.

Im Folgenden sollen spätmittelalterliche Bürgerinnen- und Bürgertestamente aus der freien Reichsstadt Regensburg in den Fokus genommen und hinsichtlich der Kategorie ›gender‹ untersucht werden.[1] Dabei geht es vor allem um die

Isabell Alexa Hesse, Graduiertenkolleg 2337 »Metropolität in der Vormoderne«, Universität Regensburg, ORCID: 0009-0003-5030-749X.

1 Eine Untersuchung ausgewählter Frauentestamente aus Regensburg lieferte bereits Berta Ritscher (1995: 55–63). Vertiefte Arbeiten über Frauentestamente existieren zudem für diverse Städte, darunter Hamburg, Lübeck, Lüneburg, Venedig, Wien und Worms: Linda Guzzetti

Fragen: Wie verhält sich die reale Testierpraxis von Frauen zu den in den Testamentsordnungen festgelegten Bestimmungen? Welche Rollen nehmen Frauen in den Testamenten ein und unterscheiden sich diese zwischen Frauen- und Männertestamenten? In welchen Lebensumständen befanden sich die Testatorinnen typischerweise, wenn sie ein Testament erließen?

Für Regensburg sind weit über 200 Testamente aus dem 14. und 15. Jahrhundert überliefert, bis ins 19. Jahrhundert etwa 3.800 weitere; ein bedeutender Bestand für diesen Zeitraum im deutschen Vergleich.[2] Beachtet werden muss, dass es sich bei den erhaltenen Regensburger Testamenten des Spätmittelalters zumeist um solche handelt, die aufgrund von nachfolgenden Problemen (z. B. bei der Vollstreckung oder wegen konkurrierender Erbansprüche) von der Ratskammer archiviert worden sind;[3] es ist also von einer weitaus höheren Gesamtzahl an Testamenten aus dieser Zeit auszugehen.

Die nachfolgenden Untersuchungen stützen sich auf ein Editionsvorhaben, in dem insgesamt 214 Regensburger Bürgerinnen- und Bürgertestamente aus den Jahren zwischen 1308 und 1511, darunter auch einige wenige Kodizille[4], berücksichtigt sind.[5] Von diesen 214 Testamenten stammen 135 von Männern, 78 von Frauen und eines von einem Ehepaar, Anna und Franz Huber, die 1501 gemeinsam testierten.[6] Anna Huber hinzugenommen ergibt das für Regensburg 79 spätmittelalterliche Frauentestamente von 75 Testatorinnen; Diemut Löbel testierte 1341 und 1346,[7] von Margarethe Reich sind Testament und Kodizill von 1463[8] erhalten und Adelheid Mäller (1380) sowie Anna Venderer (1472) testierten nach erneuter Eheschließung jeweils noch einmal unter ihrem neuen Namen (Adelheid Spitzer [1390] und Anna Hohenpogner [1473]).[9] Etwas über ein Drittel

(1998); Christine Kleinjung (2009: 65–85); Luisa Sophia Maass (2018) und Kathrin Pajcic (2013).

2 Für eine detaillierte Einführung zu den mittelalterlichen Bürgerinnen- und Bürgertestamenten s. Thomas Paringer und Olivier Richard (2005: 197–234, hier 199). Walter Hartinger (1993: 41–72) untersuchte die Regensburger Testamente des 14. Jahrhunderts hinsichtlich patrizischer Frömmigkeitsformen.

3 Vgl. Paringer / Richard (2005: 206f.).

4 Kodizille sind kurze Zusätze zu Testamenten, die nachträglich erlassen wurden.

5 Die »Edition der Regensburger Bürgertestamente des Mittelalters (1308–1511). Kritische und kommentierte Ausgabe« [Arbeitstitel] ist zum Abfassungszeitpunkt dieser Arbeit (Februar 2024) noch nicht erschienen. Texte der Edition werden jetzt und im Folgenden mit ihrer Nummer in der Edition sowie ihrer Archivsignatur zitiert.

6 Testament Anna und Franz Hubers, 1501, Nr. 209 (BayHStA RT, Nr. 1943 [Fasz. 54–1]).

7 Testamente Diemut Löbels, 1341, Nr. 8 (BayHStA RRUrk, Nr. 652) und 1364, Nr. 11 (SpAR Urk, Nr. 1555).

8 Testament Margarethe Reichs, 1463, Nr. 174 (BayHStA RT, Nr. 2484 [Fasz. 71–2] sowie Kodizill Margarethe Reichs, 1463, Nr. 175 (BayHStA RT, Nr. 2483 [Fasz. 71–3].

9 Testamente Adelheid Mällers, 1380, Nr. 71 (BayHStA RRUrk, Nr. 2308) bzw. Adelheid Spitzers, 1390, Nr. 77 (BayHStA RRUrk, Nr. 3007) und Anna Venderers, 1472, Nr. 192 (BayHStA RT,

der aus Regensburg überlieferten spätmittelalterlichen Testamente stammen also von weiblichen Erblasserinnen, eine durchaus hohe Zahl im europäischen Vergleich, wenn auch nicht die höchste. In Lübeck wurden vergleichsweise nur ca. ein Sechstel der erhaltenen Testamente von Frauen erlassen;[10] in Venedig hingegen machen Frauentestamente sogar die Mehrzahl des Überlieferungsbestandes aus.[11]

Die überwiegende Mehrheit der 79 Regensburger Frauentestamente stammt von Witwen (50), acht von verheirateten Frauen (vier davon bereits in zweiter Ehe), bei sieben weiteren ist unklar, ob die Testatorin verheiratet oder verwitwet war. Hinzu kommen sechs Testamente von ledigen Frauen und acht weitere, die nicht näher zugeordnet werden können, aber vermutlich ebenfalls von ledigen Frauen stammen, weil weder Ehemann noch Kinder im Testament erwähnt werden. Der Familienstand der Testatorinnen ist vorwiegend für Frauen aus den ratsfähigen Familien der Stadt verifizierbar, weil diese in ihren Testamenten fast immer auf ihren Ehemann, ihren Witwenstatus oder im Falle lediger Frauen auf den Vater verwiesen. Schwieriger nachweisbar ist der Familienstand von Bürgerinnen, die nicht der städtischen Elite Regensburgs angehörten; diese verzichteten oft auf solche Angaben.

Anhand dieser Erhebung wird bereits deutlich, dass die Regensburgerinnen ihre Testamente bevorzugt erließen, nachdem sie in den Witwenstand eingetreten waren. Dieser Umstand spiegelt allerdings nicht das zu der Zeit geltende Regensburger Testamentsrecht[12] wider, das allen Bürgerinnen der Stadt erlaubte, ein Testament zu erlassen. Eine erste Regelung über die Testamentsverfassung erfolgte am 21. Juli 1320, in der festgehalten wurde,

> *daz daz ein gemaines reht sei allen unsern purgern und purgerinne, richen und armen, swer sin geschåft schaffet und versigelt under sinem insigel oder under mer insigeln, daz dazselb geschåft ståt und unzerbrochen beleibe, als ez von wartt ze warttt ist verschriben.*[13]

An anderen Stellen des Statuts ist lediglich von *purgern*, nicht aber von *purgerinne* die Rede. Im Jahr 1362 folgte eine Ergänzung der Testamentsordnung, die v.a. regelte, dass fortan nur noch Regensburger Bürger als Testamentsvollstrecker eingesetzt werden konnten. In der Ordnung von 1320 wurde die Erwählung von solchen Ausrichtern zwar explizit festgesetzt, aber nicht weiter einge-

Nr. 1232 [Fasz. 34–29]) bzw. Anna Hohenpogners, 1473, Nr. 194 (BayHStA RT, Nr. 1943 [Fasz. 54–1]).

10 Maass (2018: 88).

11 Guzzetti (1998: 226).

12 S. ausführlich zur Entwicklung des Regensburger Testamentsrechts Paringer / Richard (2005: S. 215–228).

13 RUB I, Nr. 387, S. 214f., hier S. 215.

schränkt. In der Ergänzung wurde zudem ausdrücklich formuliert, dass auch Frauen zu Testamentsvollstreckerinnen ernannt werden können:

> *Ez sol auch dhein unser burger noch burgerinn ir geschafft* [...] *tun* [...] *nur mit unsern burgern und burgerinn, alls das mit alter gewonheit herkomen ist.*[14]

Die beiden Testamentsverfassungen wurden 1385 noch einmal zusammengefasst sowie um einige konkrete Ausnahmefälle ergänzt[15] und blieben bis 1512 aktiv, als die von Kaiser Maximilian I. erlassene Reichsnotariatsordnung allgemeine Testamentsvorschriften festhielt. In Regensburg setzte der Wandel zu dieser neuen Testierform nach Vorbild des römischen Rechts bereits Ende des 15. Jahrhunderts ein.[16] Diese neue Regelung schloss weibliche Zeuginnen von der Berufung aus, was bis dato möglich gewesen war;[17] wenige Sonderregelungen existierten weiterhin, wie etwa das in der zweiten Hälfte des 16. Jahrhunderts aufkommende sog. *Seuchentestament*, bei dessen Erlass zur Vermeidung unnötiger Kontakte mit Erkrankten auch Frauen als Zeuginnen fungieren konnten.[18] Dass es Frauen in Regensburg von Anfang an ausdrücklich gestattet war, eigene Testamente zu erlassen, schlägt sich in der Zahl der überlieferten Frauentestamente nieder.

1308, zwölf Jahre vor dem ersten Statut zur Testamentsverfassung, testierte Diemut Hiltprant[19], die Ehefrau des Leutwein Hiltprant. Obwohl erst in der ergänzenden Verordnung 1362 ausdrücklich formuliert wird, dass auch Bürgerinnen als Testamentsvollstreckerinnen eingesetzt werden können, erwählte Diemut neben ihrem Ehemann und ihrem Bruder auch *mine[r] frŏwen mine[r] můter* zur Ausrichterin. Das Statut von 1362 hielt lediglich schriftlich fest, was längst gängige Praxis war. Zwischen 1308 und 1511 wurden in 46 der 214 untersuchten Testamente weibliche Vollstreckerinnen ernannt und in 18 von 214 weibliche Zeuginnen (wobei nur 10 der 214 Testamente nach der neuen Rechtsnorm abgefasst wurden, die weibliche Zeuginnen von vornherein ausschloss). Regensburger Bürgerinnen nehmen demnach nicht nur eine wichtige Rolle als Testatorinnen und Erbinnen ein, sie sind zudem in Frauen- *und* in Männertestamenten als Vollstreckerinnen und Zeuginnen vertreten. Im Folgenden sollen diese Frauenrollen im Umfeld der Regensburger Testamente genauer beleuchtet und in den Kontext einiger konkreter Beispiele gerückt werden.

14 RUB II, Nr. 466, S. 220.
15 S. BayHStA, RRUrk. 2592 (27. Juni 1385).
16 Vgl. Paringer / Richard (2005: 222). Das erste überlieferte Testament aus Regensburg mit der neuen Form stammt von einer Frau, s. das Testament Elsbeth Paurs, 1485, Nr. 205 (StAR Urk. Nr. 223).
17 Vgl. Paringer / Richard (2005: 224f.).
18 Vgl. Paringer / Richard (2005: 227).
19 Testament Diemut Hiltprants, 1308, Nr. 1 (BayHStA KU Regensburg Niedermünster, Nr. 142).

Frauen als Testatorinnen

Zwar war in Regensburg Frauen in allen Lebenssituationen gestattet, ein Testament anzufertigen, solange sie nur das Bürgerrecht der Stadt besaßen; trotzdem wurde die überwiegende Mehrheit der überlieferten Testamente von Witwen erlassen. Dies ist nicht zuletzt auf die besondere rechtliche Stellung von Witwen zurückzuführen, die es ihnen erlaubte, in Rechtsgeschäften häufiger unabhängig von einem Vormund zu agieren.

Das wird auch in der Siegeltätigkeit von Regensburgerinnen im Spätmittelalter widergespiegelt:[20] Trotz ihrer im Vergleich zu Männern geminderten Rechtsstellung war es Regensburger Bürgerinnen gestattet, ein eigenes Siegel zu führen. Bis 1486 sind 66 weibliche Sieglerinnen bekannt.[21] Peter Urbanek (2003: 23) nennt die Testamentsverordnung von 1320 als maßgebliche Quelle dafür, denn in ihr würden Frauen- und Männersiegel rechtlich gleichgestellt. Allerdings lassen sich Unterschiede im Siegelverhalten ausmachen, denn während die Siegel von verheirateten Frauen fast ausschließlich in Verbindung mit dem Siegel des Ehemannes vorkommen und die Hälfte der wenigen bekannten ledigen Sieglerinnen erst nach dem Tod des Vaters siegelten, erscheinen Witwen oft als alleinige Sieglerinnen.[22]

Die Vermutung liegt nahe, dass nur wenige Frauen zu Lebzeiten des Ehemannes testierten, weil dieser als rechtlicher Vormund der Frau eine Verfügungsgewalt über diese und damit auch über ihre Güter besaß. Luisa Sophia Maass (2018: 89) trifft dieselbe Beobachtung über Frauentestamente der Stadt Lübeck, aus der 13 Testamente verheirateter Frauen erhalten sind. Trotzdem impliziere allein die Möglichkeit, als verheiratete Frau ein Testament ohne den Ehepartner zu erlassen, dass dieser nicht die volle Kontrolle gehabt haben könne.[23] Dasselbe ist für Regensburg zu vermuten, und auch hier, wie in Lübeck, zeigt der Inhalt der Testamente, dass Frauen durchaus über eigenen Besitz verfügen konnten.

Diemut Hiltprant, die bereits erwähnte Testatorin von 1308, besaß eigene Güter und bestimmte auch zu Lebzeiten ihres Ehemannes selbst, an welche Personen und Institutionen sie diese vererben wollte.[24] Diemuts Besitz bestand z. B. aus eigener Fernhandelsware, über die sie selbst verfügen konnte. Das deckt sich mit Urbaneks (2003: 24) Beobachtung, dass die Regensburger Sieglerinnen auch aus dem Kreis derjenigen Frauen stammten, die für ihre Tätigkeit in

20 Vgl. zu Regensburger Bürgerinnen als Sieglerinnen Urbanek (2003: 23–27).
21 Vgl. Urbanek (2003: 23).
22 Vgl. Urbanek (2003: 25–27).
23 Vgl. Maass (2018: 89).
24 S. für eine detailliertere Analyse von Diemut Hiltprants Testament (1308, Nr. 1 [BayHStA KU Regensburg Niedermünster, Nr. 142]) Ritscher (1995: 57–60).

Handelsgeschäften nachweisbar sind, wofür wiederum ein eigenes Siegel dringend benötigt wurde.[25]

Zahlreiche der Regensburger Witwentestamente wurden zeitnah nach dem Tod des Ehemannes erlassen. Irmgard an der Haid testierte Anfang 1327[26] als Witwe des bekannten Gumprecht an der Haid, der erst im Juni 1325 sein eigenes Testament[27] hatte abfassen lassen. Es ist davon auszugehen, dass Gumprechts Tod noch nicht lang her war, als Irmgard ihr eigenes Testament erließ. Noch deutlicher wird diese Dringlichkeit, nach dem Tod des Ehemannes die eigenen Angelegenheiten zu klären und über den eigenen Besitz zu bestimmen, anhand der Testamente Anna Venderers bzw. Anna Hohenpogners. Anna testierte am 16. November 1472[28] und bezeichnet sich in diesem Testament als *witib*; ihr verstorbener Ehemann Werner Venderer hatte am 14. Mai desselben Jahres testiert,[29] muss also binnen des vergangenen halben Jahres verstorben sein. Kurze Zeit darauf, am 15. August 1473, datiert ein weiteres Testament Annas,[30] diesmal unter dem Namen Hohenpogner. Erneut bezeichnet sie sich als Witwe. Ihr zweiter Ehemann, Wolfgang Hohenpogner, hatte fünf Tage zuvor, am 10. August, sein Testament[31] gemacht und war wenig später verstorben. Zwischen Annas beiden Witwentestamenten liegen lediglich acht Monate.

Einen ebenfalls spannenden Fall stellt der der Familie Mäller dar: Margarethe Mäller, die Witwe des Ratsherren Karl Mäller, testierte am 13. November 1380[32] und hinterließ ihrem *sun Lawͤtwein dem Mällär all mein hab, di ich han und lazz.* Sie ernannte ihren Sohn zudem zu einem ihrer beiden Vollstrecker. Kurz darauf, am 19. November 1380, erließ Leutwein Mäller sein eigenes Testament, in dem er seiner Ehefrau Adelheid Mäller Zeit ihres Lebens die Verfügungsgewalt über die gemeinsamen Kinder, das Haus und die hinterlassenen Güter zuspricht:

> *Ich schaff und main auch ernstleich, daz mein vorgenantew hawsfräw, meiner tzwair chind, di ich mit ir han, mit sambt meiner behawsung und aller meiner hab, di ich han und lazz, gewaltig sei und ynn haben sol, di weil si lebt, daz man sei daz allez nicht entwern sol in dhainerlai weis. Und wann mein hawsfraw nicht mer enist und von todez wegen abget, da Got lang vor sei, so sol mein vorgenantew behawsüng und all mein hab pei meinen tzwain chinden beleiben und von ir aynem auf daz ander erben, on gever.*

Auffallend ist die einleitende Formulierung *Ich schaff und main auch ernstlich*; während der erste Teil der Einleitung der üblichen Form der Testamente ent-

25 Vgl. Urbanek (2003: 24).
26 Testament Irmgards an der Haid, 1327, Nr. 4 (Archiv des HVOR, Urk. 27).
27 Testament Gumprechts an der Haid, 1325, Nr. 3 (BayHStA RRUrk, Nr. 327).
28 Testament Anna Venderers, 1472, Nr. 192 (BayHStA RT, Nr. 1232 [Fasz. 34–29]).
29 Testament Werner Venderers, 1472, Nr. 190 (BayHStA RT, Nr. 1944 [Fasz. 54–2]).
30 Testament Anna Hohenpogners, 1473, Nr. 194 (BayHStA RT, Nr. 1943 [Fasz. 54–1]).
31 Testament Wolfgang Hohenpogners, 1473, Nr. 193 (BayHStA RT, Nr. 1944 [Fasz. 54–2]).
32 Testament Margarethe Mällers, 1380, Nr. 68 (BayHStA RT, Nr. 2232 [Fasz. 62–30]).

spricht, stellt der zweite eine zusätzliche Untermauerung des Willens des Testators dar. Womöglich handelt es sich um eine zusätzliche Versicherung, damit Leutweins Verfügung auch wirklich eingehalten wird, denn Adelheid wurde nicht als seine Vollstreckerin ernannt, sondern sogar in die rechtliche Obhut der Geschäftsherren gegeben: *Und also enpfilch ich* […] *mein vorgenantew hausfrawn und meinew tzwai chinder meinen lieben geschäfftherren.*

Am 4. Dezember 1380, nur 16 Tage nach der Datierung von Leutweins Testament, testierte dann seine Ehefrau Adelheid[33] als *Lawͤtwein dez Mällär seligen witib.* Ob sein Tod für die Familie absehbar war, bleibt ungewiss, hatte doch kurz zuvor seine Mutter den Sohn noch als eigenen Testamentsvollstrecker eingesetzt und schien daher erwartet zu haben, dass er diese Rolle auch noch erfüllen würde. Die frisch verwitwete Adelheid Mäller kümmerte sich jedenfalls zügigst um ihr eigenes Testament, immerhin hatte ihr Ehemann ihr sehr nachdrücklich die Gewalt über Kinder und Güter erteilt. Wie von Leutwein gewünscht, vermachte sie den Großteil ihres (zuvor selbst geerbten) Besitzes an die beiden Kinder und bestimmte zudem Konrad Gravenreuther als deren *pfleger.*

Am 23. November 1380 erließ außerdem die *junkchfraw* Peters Mäller ihr Testament.[34] Wie eng Peters mit Margarethe, Leutwein und Adelheid verwandt war, ist unklar, aber sie bezeichnet Leutwein in ihrem Testament als ihren *vatter[n]* und Adelheid als ihre *liebe[n] müme[n].* Peters Vater, Berthold Mäller, wird als verstorben genannt, und zwar an der Stelle, an der formal in den Ehefrauen- und Witwentestamenten der Ehemann angeführt werden würde. Weil Peters ledig war, nannte sie stattdessen den verstorbenen Vater. Womöglich war Berthold zu diesem Zeitpunkt jüngst gestorben und Peters, die nun weder Vater noch Ehemann als Vormund hatte, nutzte das als Anlass, um ihr Testament zu erlassen. Auch andere unverheiratete Regensburger Bürgerinnen machten ihre Testamente oft erst, wenn der Vater ein sehr hohes Alter erreicht hatte oder verstorben war (z. B. Cecilie Woller, *Ulrichs dez alten Wollårs tohtter* […], *dem Got genade*, und Agnes Weintinger, *dez alten Weymptinger tochter, dem Got genade*);[35] Letzteres korrespondiert wieder mit Urbaneks (2003: 27) Beobachtung, dass einige ledige Frauen erst nach dem Tod des Vaters als Sieglerinnen auftreten.

Andererseits fällt auf, dass Peters Mällers Testament Teil der schnell hintereinander folgenden Reihe Mällerscher Testamente ist, die zwischen dem 13. November und 4. Dezember 1380 erlassen wurden. In der Tat findet der zum Zeitpunkt bereits verstorbene Leutwein Mäller wichtige Erwähnung in ihrem

33 Adelheid Mällers Testament, 1380, Nr. 71 (BayHStA RRUrk, Nr. 2308).
34 Testament Peters Mällers, 1380, Nr. 70 (BayHStAR RRUrk, Nr. 2306).
35 Testamente Cecilie Wollers, 1341, Nr. 7 (BayHStA RRUrk, Nr. 638) und Agnes Weintingers, 1349, Nr. 13 (BayHStA RRUrk, Nr. 894).

Testament – Peters hinterließ die Hälfte ihres väterlichen Erbes Leutweins Kindern, *wan dez pin ich in wol schulldig, wan mir mein veter Läwtwein der Mällär all trew und freuntschaft erzaigt hat.* (Peters wird hingegen in Leutweins Testament nicht bedacht und auch in Adelheids Testament lediglich erwähnt, indem diese das Erbe bestätigt, das ihre Kinder von Peters erhalten sollen.) Es ist denkbar, dass Peters nicht etwa auf den Tod ihres eigenen Vaters hin aktiv wurde und ihr Testament machte, sondern dass Leutweins Ableben der Anlass war.

Leutweins Witwe Adelheid testierte zehn Jahre später erneut, nämlich als Adelheid Spitzer,[36] zweite Ehefrau des Ratsherren Arnold Spitzer. Diesmal handelt es sich nicht um ein Witwentestament, sondern Adelheid testierte *mit meins wirttez willen und günst.* In diesem Testament findet auch das Haus, das ihr erster Ehemann ihr vermacht hatte, Erwähnung: […] *mein haws und hof, da ich ynn gewesen pin, daz mich von* […] *meinem wirtt Lawtwein dem Mällär selig an chomen ist* […]. Wie von Leutwein gewünscht sollen die gemeinsamen Kinder das Haus erhalten, das Adelheid offenbar bis zu ihrer Wiederheirat genutzt hatte.

In diesem zweiten Testament sind einige Namen zu finden, die Adelheid bereits beim ersten Mal bedacht hatte, weitere kommen hinzu, allen voran ihr neuer Ehemann Arnold und dessen Bruder. Es handelt sich hierbei nicht um ein Kodizill zu Adelheids Testament von 1380, stattdessen scheint das Testament von 1390 ihr Witwentestament zu ersetzen, und zwar durch eines, das ihrem neuen Status als verheiratete Frau unter der Vormundschaft ihres zweiten Ehemannes entsprach. Vermutlich entstand das Testament sogar auf Arnolds Geheiß hin, der als ihr Haupterbe eingesetzt wurde.

Ein weiterer Anlass für verheiratete Frauen, ein Testament zu erlassen, war eine Bedrohung von Leib und Leben, bspw. durch Schwangerschaft oder Krankheit.[37] Als Diemut Hiltprant 1308 testierte, war sie schwanger, und setzte auch das *chinde, daz ich da trag* als Erbin oder Erben ein, sogar mit Verfügungen darüber, dass das Kind zusätzlich auch von ihrem Schmuck erben solle, wenn es ein *dirnchint*, ein Mädchen also, werden würde.

Als Margarethe Gamerit am 24. Juli 1358 testierte,[38] war sie zwar nicht schwanger, schien aber mit ihrem zweiten Ehemann, der im Testament nur als *der Gamerit* auftaucht, kürzlich ein Kind bekommen zu haben. Dieses *chind, daz ich bey dem Gamerit han,* hatte entweder noch keinen Namen oder Margarethe sah keinen Anlass, den Namen zu erwähnen (wobei ihre beiden Kinder aus erster

---

36 Testament Adelheid Spitzers, 1390, Nr. 77 (BayHStA RRUrk, Nr. 3007).

37 Maass (2018: 91) führt an, dass in Lübeck viele Testamente zur Zeit des Pestausbruchs im 14. Jahrhundert entstanden seien, zudem seien fünf Frauentestamente überliefert, die kurz vor Pilgerreisen erlassen wurden. Weil eine solche Reise mit großen Gefahren einhergehen konnte, sei nicht riskiert worden worden, dass man auf der Reise ohne abgeschlossenes Testament verstarb.

38 Testament Margarethe Gamerits, 1358, Nr. 30 (BayHStA RRUrk, Nr. 1165).

Ehe namentlich genannt werden). Ob Margarethe nach der Geburt so geschwächt oder erkrankt war, dass ihr baldiger Tod vorhersehbar war, bleibt unklar. Womöglich hatte die Geburt des gemeinsamen Kindes mit dem zweiten Ehemann auch zu Streitigkeiten über Erbangelegenheiten geführt, weswegen Margarethe aus Absicherungsgründen ein Testament erließ.

Margarethe nennt sich in ihrem Testament nicht als die Ehefrau des Gamerit, sondern als *Otten dez Wollær tochtter an der Hayd.* Sie betont wiederholt, auch an Stellen, an denen es für die Form der spätmittelalterlichen Testamente aus Regensburg nicht üblich ist, dass ihr Geschäft genau so ausgerichtet werden solle, *als hie her nach geschriben stet.* Scheinbar befürchtete sie, dass ihr zweiter Ehemann das Testament anfechten würde (dass dieses Testament in den Ratsakten archiviert wurde, spricht dafür, dass in der Tat Probleme bei der Vollstreckung auftraten). Nicht nur bestellt Margarethe Gamerit ihrem verstorbenen Ehemann Konrad Setzer einen Jahrtag, sie vermacht auch ihren beiden Töchtern ihr *haus und hofstat gelegen vor Sand Alban, da ich selb inne pin.* Scheinbar lebte Margarethe zum Zeitpunkt dieses Testaments in ihrem eigenen Haus, nicht bei ihrem zweiten Ehemann. Weiterhin bittet sie ihre Geschäftsherren, ihr Geschäft auszurichten *Got ze lob, meiner sel, meines wirtes, herren Chunrat dez Setzzer, sel und allen gelaubigen seln ze hilff und ze trost.* Der Gamerit findet in solchen Stellen keine Erwähnung und erbte lediglich einige wenige materielle Güter, darunter den Ehering, den sie von ihm erhalten hatte, sowie das Erbe des unbenannten Kindes, sollte dieses vor ihm sterben. Ein letzter Wunsch Margarethes verdeutlicht das schlechte Verhältnis zwischen ihr und ihrem zweiten Ehemann dann endgültig: *ich main und will, daz man meinen wirt den Setzzer aus grab und in zu mir in mein grab leg.* Das Testament Margarethe Gamerits zeigt ebenso wie das von Adelheid Spitzer die Notwendigkeit für Frauen, im Falle einer Wiederheirat ihre Angelegenheiten neu zu klären und konkurrierende Ansprüche aus der Zeit der vorangegangenen Ehe(n) und der aktuellen miteinander zu arrangieren.

Frauen als Testamentsvollstreckerinnen

Im spätmittelalterlichen Regensburg war es durchaus üblich, eine Frau zur Testamentsausrichterin zu bestimmen; zwar wurde erst in der Testamentsverfassung von 1362 explizit verschriftlicht, dass auch Regensburger Bürgerinnen diese Rolle einnehmen konnten, in der realen Praxis war dies aber bereits seit den frühesten überlieferten Zeugnissen gängig – Diemut Hiltprant ernannte 1308, also schon vor Erlass der ersten Testamentsordnung von 1320, ihre Mutter zur Vollstreckerin. Mehr als ein Viertel der dieser Untersuchung zugrunde liegenden Frauentestamente führen mindestens eine weibliche Ausrichterin an, bei den

Männertestamenten handelt es sich um etwas weniger als ein Fünftel. Es kommt allerdings kaum vor, dass ausschließlich weibliche Testamentsvollstreckerinnen genannt sind.

Zudem zeichnet sich deutlich ab, welche Frauen als Ausrichterinnen bevorzugt werden: Bei Männertestamenten ist das in fast allen Fällen die eigene Ehefrau. Konrad vor Bruck[39] machte 1350 seine *frawen Petersen, meiner hausfrawn* zusammen mit seinem Pfarrer Ulrich und dem Stadtkämmerer Konrad Dürnsteter zur Vollstreckerin. Einige Monate später testierte Konrad noch einmal,[40] ohne eine weibliche Testamentsausrichterin zu ernennen, seine Ehefrau Peters war zu diesem Zeitpunkt bereits verstorben. Auch Konrads gleichnamiger Sohn, der 1357 testierte,[41] ernannte seine Ehefrau, Lucey vor Bruck, zur Ausrichterin.

1463 testierte Gabriel Vatersteter[42] und erwählte neben drei Regensburger Bürgern auch *Petronella, meine[r] liebe[n] hawsfraw[en]* zu seiner Testamentsvollstreckerin. Im Gegensatz zu den genannten Männern stellt er seiner Ehefrau aber ganz deutlich frei, selbst zu entscheiden, ob sie diese Aufgabe erfüllen möchte:

> *Ob aber Petronella mein benannte haüsfraw nicht mit gschäfftfraw sein wollt, es wär von irs leibs plödikait, allter und kranngkhait oder von anndrer ursach wegen, wie sich dy begäbe oder genannt würd, so sol mon sy der müe hierinne vertragenn und dannoch all sach mit irem wißenn hanndlen.*

Offenbar war Gabriel die Mitwirkung seiner Frau an der Testamentsvollstreckung sehr wichtig, sollte sie doch sogar über das Vorgehen informiert werden, selbst wenn sie sich gegen das Ausrichterin-Sein entschiede oder aus anderen Gründen verhindert wäre.

Im Gegensatz dazu stehen neben Männertestamenten, in denen die Ehefrau schlichtweg nicht zur Vollstreckerin ernannt wird, vor allem jene, in denen die Verfügungsgewalt über die Ehefrau sogar ausdrücklich an die vollstreckenden Männer übertragen wird, wie z. B. 1405 bei Ulrich Gumprecht:[43] *Und also enpfilch ich mein vorgeschribens geschäfft und mein egenantew hausfrawn und mein tochter und all mein hab, di ich in lazz, austzurichten* […].

In selteneren Fällen werden auch Frauen, die in einem anderen Verwandtschaftsverhältnis als einem ehelichen zum Testator stehen, von Männern zur Testamentsvollstreckerin ernannt, wobei es sich fast ausschließlich um sehr nahe Verwandte handelt; bspw. machte Heinrich Peysinger 1346[44] neben seinem

39 Erstes Testament Konrads (1) vor Bruck, 1350, Nr. 18 (BayHStA RRUrk, Nr. 912).
40 Zweites Testament Konrads (1) vor Bruck, 1351, Nr. 21 (BayHStA RRUrk, Nr. 933).
41 Testament Konrads (2) vor Bruck, 1357, Nr. 28 (BayHStA RRUrk, Nr. 1139).
42 Testament Gabriel Vatersteters, 1463, Nr. 176 (BayHStA RT, Nr. 1179 [Fasz. 34–33]).
43 Testament Ulrich Gumprechts, 1405, Nr. 92 (BayHStA RT, Nr. 1697 [Fasz. 46–1]).
44 Testament Heinrich Peysingers, 1346, Nr. 10 (BayHStA RRUrk, Nr. 788).

Schwiegersohn und seiner Ehefrau auch seine Tochter Elsbeth zu seiner Ausrichterin. Noch seltener ist überliefert, dass Männer Bürgerinnen als Vollstreckerinnen wählten, die lediglich in einem entfernteren oder keinem nachweisbaren Verwandtschaftsverhältnis zu ihnen standen. Der 1412 testierende Heinrich Pfister[45] ernannte nicht seine Ehefrau, sondern seine *liebe[n] swiger Kathrein [die] Schreiberynn* zu seiner Ausrichterin. Kathrein und seine anderen beiden Geschäftsherren sollten *meiner hausfrawn und meinen chinden mit dem gut, das ich in gemaint und geschafft han, vor sein nach iren trewn, als verer des mein hausfraw an si begert.* Der Ehefrau schien gestattet zu sein, Wünsche an die Vollstreckenden heranzutragen, ihr selbst kam die Rolle jedoch nicht zu. Allerdings scheint es sich bei Kathrein um eine ihrer Freundinnen gehandelt zu haben, jedenfalls nutzt Heinrich die Formulierung: *meiner swiger und anderer meiner hausfrawn frewnd.*

Die Regensburger Bürgerinnen neigten in ihren Testamenten viel eher dazu, auch Frauen aus der entfernteren Verwandtschaft oder nicht verwandte weibliche Vertraute zu ihren Vollstreckerinnen zu bestimmen. Die Frauentestamente stellen deswegen auch ein wichtiges Zeugnis für die Beziehungsnetzwerke dar, die unter den Frauen einer Familie bzw. den Frauen einer bestimmten sozialen Gruppe entstanden sind. Am häufigsten wurden die eigenen Töchter (z. B. bei Kungund Peysinger 1357[46]), Schwestern (z. B. bei Irmgard an der Haid 1327 und Diemut Löbel 1341) oder Tanten (z. B. bei Diemut Löbel 1341 und Kathrein Leutzenrieder 1367[47]) zur Testamentsvollstreckerin ernannt; auch Mütter (z. B. bei Diemut Hiltprant 1308) sind auszumachen.

Während Mütter und Tanten oft unabhängig von ihrem männlichen Vormund als Testamentsvollstreckerinnen auftraten (vermutlich auch, weil diese in vielen Fällen bereits verwitwet waren), wurden Töchter des Öfteren in Verbindung mit dem Schwiegersohn zur Ausrichterin erklärt, so z. B. im Testament Kungund Peysingers, die *Heinrich de[n] Paumburger, meine[n] aidem, und Elspet[en], seine[r] hausfrow[en], meine[r] tochter* zu ihren Vollstreckenden macht. Auffallend ist hier, dass Elsbeths Rolle als Ehefrau von Kungunds Schwiegersohn an erster Stelle betont wird, das Verwandtschaftsverhältnis zu ihrer Mutter wird erst an zweiter Stelle genannt.

Aber auch Frauen, die offensichtlich enge Vertraute der jeweiligen Testatorinnen waren, ohne aus der engeren oder weiteren Verwandtschaft zu stammen, tauchen in Frauentestamenten als Vollstreckerinnen auf; so ernannte 1412 Ottilie Wild[48] ihre Dienerin Elsbeth, die auch mehrfach im Testament bedacht wurde, zu

45 Testament Heinrich Pfisters, 1412, Nr. 108 (BayHStA RT, Nr. 300 [Fasz. Nr. 9]).
46 Testament Kungund Peysingers, 1357, Nr. 25 (BayHStA RRUrk, Nr. 1123).
47 Testament Kathrein Leutzenrieders, 1367, Nr. 41 (BayHStA RRUrk, Nr. 1571).
48 Testament Ottilie Wilds, 1412, Nr. 109 (BayHStA RT, Nr. 3386 [Fasz. 97–14]).

ihrer Ausrichterin, die diese Rolle zusammen mit dem Ratsherrn Ludwig Sitauer und Erhart Reich ausüben sollte. Obwohl in so gut wie allen Fällen weiblicher Testamentsvollstreckerinnen mindestens ein zusätzlicher männlicher Ausrichter ernannt wurde, entsteht wie in diesem letzten Beispiel wiederholt der Eindruck, dass es sich bei den Frauen um diejenigen handelte, denen sich die Testatorinnen wirklich anvertraut hatten.

Kathrein Leutzenrieder etwa verfügte, dass neben dem Stadtkämmerer Ulrich Woller und dem Ratsherrn Leupolt Gumprecht auch ihre Tante Elsbeth Tollinger Geschäftsausrichterin sein sollte. An früherer Stelle hatte sie ihrer Tante die Anweisung gegeben, ihr nicht im Testament vermachtes Gut zu verwalten und zu verkaufen. Zudem spricht sie von *aller anderer meiner hab, swo ich die han und swie die genant ist, besucht und unbesucht, als die selben mein hab wol waiz mein liebeu mum fraw Elspet die alt Tollingerinn, die ich ir geweist und gezaigt han, als ez mein tochtter auch wol waiz.* Während die beiden Männer vor allem ihrer relevanten städtischen Ämter und des damit einhergehenden Einflusses (auch in Rechtsangelegenheiten) wegen zu Vollstreckern ernannt wurden, waren es die Kathrein nahestehenden Frauen, mit denen bereits Gespräche über die Hinterlassenschaften der Testatorin geführt worden waren und denen über den besten Umgang mit diesen Gütern Bescheid zu wissen vertraut wurde.

Ein ähnlicher Fall liegt bei dem Testament von Adelheid Piburger von 1364[49] vor, die zwar ausschließlich männliche Vollstrecker wählte, die Kontrolle über einen bestimmten Teil ihres Erbes aber dennoch ihren beiden Töchtern übergab:

> *Ich schaff und will auch, waz ich beraitschaft umb mein sel und meinen armen freünten geschaft han, die schüllen mein geschäft herren antwurten und enpfelhen meinen zwain töchttern Elspeten der Lösennäpfinn und Alhaiten der Streicherinn, daz si die mit der geschäft herren wizzen geben und tailen an die stet, da ich si hin geschaft und gemaint han* [...]

Man kann vermuten, dass männliche Testamentsvollstrecker aufgrund ihrer im Vergleich zu den Bürgerinnen besseren rechtlichen Stellung in der Stadt bevorzugt wurden, weil durch sie die adäquate Vollstreckung des Testaments nach Willen der Testatorinnen und Testatoren am ehesten gewährleistet werden konnte. Während Männer, sofern sie überhaupt eine weibliche Ausrichterin erwählten, diese Rolle überwiegend der eigenen Ehefrau zukommen ließen, ernannten Frauen ihre Vollstreckerinnen aus einem breiteren Kreis von weiblichen Verwandten und Freundinnen, denen vertraut wurde, im besten Sinne der Testatorin zu handeln. Eine Notwendigkeit, zur rechtlichen Absicherung der Testamentsvollstreckung mindestens einen zusätzlichen männlichen Ausrichter zu

49 Testament Adelheid Piburgers, 1364, Nr. 38 (BayHStA RRUrk, Nr. 1445).

ernennen, obwohl die weiblichen Vollstreckerinnen meist besser über den Willen der Testatorinnen instruiert waren, bestand offenbar trotzdem.

Frauen als Zeuginnen

Frauen treten in den spätmittelalterlichen Testamenten Regensburgs deutlich häufiger als Testamentsvollstreckerinnen (in insgesamt 46 von 214 untersuchten Testamenten) auf, sind aber nur in 18 von 214 untersuchten Testamenten zu Zeuginnen berufen, also in 18 von 204 Fällen, bevor die neue Testamentsordnung weibliche Zeuginnen von vornherein ausschloss. Dabei beriefen zehn Frauen und acht Männer eine weibliche Zeugin.

Höchstwahrscheinlich geht dieser geringe Befund auf den Umstand zurück, dass Regensburger Bürgerinnen zwar prinzipiell die Möglichkeit hatten, ein eigenes Siegel zu führen, diese aber realiter eher von den Frauen wahrgenommen wurde, die geschäftstätig waren.[50] Hinzu kommt die bereits bezüglich der Testamentsvollstreckenden formulierte Beobachtung, dass Männer aufgrund ihrer besseren rechtlichen Stellung offenbar bevorzugt wurden, um die Gültigkeit und die korrekte Ausrichtung eines Testaments zu gewährleisten. Das führt dazu, dass weibliche Zeuginnen innerhalb des untersuchten Quellenkorpus nur selten auftauchen, obwohl Männer- und Frauensiegel in der Ergänzung zur Testamentsverfassung von 1362 rechtlich gleichgestellt erscheinen.[51]

In den meisten Testamenten decken sich die Zeugen mit denjenigen Männern oder zumindest einem Teil der Männer, die zu Testamentsausrichtern erwählt worden waren; ebenso verhält es sich mit den wenigen weiblichen Zeuginnen, die ebenfalls aus dem Kreis der Vollstreckerinnen berufen wurden. Die Zeuginnen bei Frauen- und Männertestamenten standen also in denselben Beziehungsverhältnissen zu den Testatorinnen und Testatoren, die bereits für Vollstreckerinnen aufgezeigt werden konnten. Dazu kommen Inhaber wichtiger städtischer Ämter wie Stadtkämmerer oder Schultheißen, die oft als Zeugen fungierten, ohne zusätzlich Vollstrecker zu sein.

In einigen wenigen Fällen wurden weibliche Zeuginnen berufen, die über kein eigenes Siegel verfügten. Auf diesen Umstand wurde mit einer festen Formel hingewiesen; die siegellose Frau wurde dann unter die Siegel der ebenfalls zu Zeugen berufenen Männer gefasst. Ein Beispiel dafür ist im Testament Hans Ingolsteters auf Tunau[52] zu finden, dessen Ehefrau, Vollstreckerin und Zeugin Margarethe Ingolsteter sich mit der Formel *So verpind ich mich offtgenanteu fraw*

50 Vgl. Urbanek (2003: 24).
51 Vgl. RUB II, Nr. 466, S. 220.
52 Testament Hans Ingolsteters auf Tunau, 1361, Nr. 33 (BayHStA RRUrk, Nr. 1317).

Margret di Ingolsteter[inn] under di gagenwürtigeu insigel mit meinen trewen allez daz ze laisten [...] der Zeugenliste anschließt. Auch Gottfried Preumaisters[53] Ehefrau Kathrein lässt die Siegel ihrer männlichen Mitausrichter für sich gelten: *So hon ich, obgenante Katrein Prewmaisterynn, nicht insigels und verpind mich under die obnverschribenen insigel* [...].

Frauen als Erbinnen

Sowohl in den untersuchten Männer- als auch Frauentestamenten tauchen zahlreiche Frauen als Erbinnen auf. Dabei sticht die Tendenz der weiblichen Testatorinnen heraus, auch Frauen aus ihrem weiteren sozialen Umfeld (z. B. entfernte Nichten, Ehefrauen entfernt verwandter Männer, Dienerinnen oder Frauen, die in keinem ersichtlichen Verwandtschaftsverhältnis zu ihnen standen) in ihrem Testament zu bedenken, während die männlichen Testatoren überwiegend Frauen als Erbin einsetzten, die in einem engeren Verwandtschaftsverhältnis (v. a. Ehefrauen, Töchter und Schwestern) zu ihnen standen.

Vor allem in den Frauentestamenten wird immer wieder ein Bestreben deutlich, die eigenen Töchter durch das Erbe für die Zukunft abzusichern. Während Söhne zumeist als die Haupterben auftraten, erhielten Töchter oft Geld für ihre Aussteuer.[54] Auch Angelegenheiten wie die künftige Vormundschaft über die Tochter (diese fiel oft an männliche Verwandte oder Freunde des Vaters und nicht selten an einen oder mehrere der Geschäftsherren) und die künftige Unterbringung der Tochter konnten im Testament geklärt werden.

Die 1321 testierende Offmei Woller[55] machte ihre Tochter Cecilie Woller zu ihrer Haupterbin, sogar ihre drei Häuser

> [...] *deu schaff ich alleu dreu miner tohtter Cecilien, also daz si den nutz, den zins und auch di fruhtt von in allen drein alle jar gåntzlichen in nemen schol, di weil si lebt, und schol noch mach auch si nieman an denselben zwain håusern und an den gartten irren noch engen, swaz si mit ir rehten dar an tun wil, di weil si lebt.*

Erst im Falle von Cecilies Ableben solle das Erbe auf Offmeis Sohn Heinrich Woller übergehen, stürbe dieser allerdings vor seiner Schwester, solle Cecilie entscheiden, was mit dem Erbe geschehen würde, nicht *sineu chint noch anders nieman dhein reht noch dhein ansprache.* Ritscher (1995: 61) merkt an, dass es sich bei Heinrichs Ehe um eine nicht standesgemäße gehandelt habe und Offmei vermutlich die Güter der Familie gegen einen Zugriff der unstandesgemäßen,

53 Testament Gottfried Preumaisters, 1406, Nr. 97 (BayHStA RT, Nr. 517 [Fasz. 14–36]).
54 Vgl. mit ähnlichen Beobachtungen zu Lübeck Maass (2018: 96).
55 Testament Offmei Wollers, 1321, Nr. 2 (BayHStA RRUrk, Nr. 273/1 und Nr. 273/2); vgl. auch Ritscher (1995: 61).

angeheirateten Verwandtschaft hatte absichern wollen. Cecilie Woller hinterließ ihrem Bruder und seiner Frau in ihrem eigenen Testament[56] dann das von der Mutter vorenthaltene Erbe; zudem bedachte sie in ihrem Testament vor allem weibliche Verwandte.

Friedrich Lauterbeck testierte 1362[57] und hinterließ detaillierte Bestimmungen zur Absicherung seiner fünf Töchter: Die beiden Nonnen Margarethe und Kathrein erhielten das Geld aus einem Leibgedingsvertrag[58], der auf die beiden abgeschlossen war. (Friedrich vermachte auch Sophie, der Schwester seiner Ehefrau Margarethe, das Geld aus einem Leibgedingsvertrag, der auf Margarethe abgeschlossen war. Hier wird deutlich, dass der Vater bzw. Ehemann, der rechtliche Vormund also, derjenige war, der über die Renditen verfügen konnte, die seine Töchter bzw. Ehefrau aus ihren Verträgen erhalten sollten.)

Friedrichs andere Töchter, Christin und Anna, sollten Nonnen im selben Kloster wie ihre beiden Schwestern werden. Nur Elsbeth, die scheinbar älteste, erhielt Geld für eine Verheiratung, das eigentlich aus einem Leibgedingsvertrag ihres Bruders Peter stammte, der ebenfalls in ein Kloster eingetreten war – *Und ich main und wil auch, daz man die selben mein tochtter Elspeten einem mann geb mit irer hab.* Friedrich fügte hinzu, dass seine Testamentsvollstrecker auch mit Anna *ze tun mit heirat nach iren trewn waz si wänen*, Christin jedoch auf jeden Fall ins Kloster eintreten solle.

Friedrichs Immobilien, ein Hof in Burgweinting und ein Haus in der heutigen Zandtengasse, gingen zu gleichen Teilen an seine Ehefrau Margarethe und die drei Töchter Elsbeth, Anna und Christin. Friedrich und Lienhart, zwei weiteren seiner Söhne, wurde sogar geboten, dass sie ihr recht geringes eigenes Erbe nur erhalten würden,

> *als lang untz daz er sich verzeich aller anderer meiner hab, di ich han und lazz swie di genant ist besuht und unbesuht und auch mein hausfrawn und iren drei tochtter, di ich mit ir han, mit der hab, di in noch her nach schafft und main, mit run sitzzen lazze und an all irrung und hindernüzze.*

Ein anderer Fall, in dem die Tochter ausdrücklich gegen einen konkurrierenden Anspruch bzw. gegen fremden Zugriff auf ihr Erbe abgesichert wurde, ist im Testament Mechthild Eisneinpeters[59] zu finden. Mechthild vermachte *ihrer lieben tochter Elspeten der Tzerrenschawbynn mein aigen haws und hofstat, da ich*

56 Testament Cecilie Wollers, 1341, Nr. 7 (BayHStA RRUrk, Nr. 638); vgl. hierzu Ritscher (1995: 62).

57 Testament Friedrich Lauterbecks, 1362, Nr. 35 (BayHStA RRUrk, Nr. 296).

58 Leibgedingsverträge konnten mit der Stadt Regensburg abgeschlossen werden; es handelte sich dabei um eine Art Darlehen, das die Stadt von ihrem Vertragspartner bekam, im Gegenzug erhielt dieser später eine Art Rendite. Auch Bürgerinnen war es gestattet, Leibgedingsverträge abzuschließen. Vgl. dazu Ritscher (1995: 55).

59 Testament Mechthild Eisneinpeters, 1404, Nr. 91 (BayHStA RT, Nr. 1125 [Fasz. 32–42]).

selb ynn pinn, daz sol si ir lebtag ynn haben und nach irm tod sol es erben auf iren chint. Weiterhin hinterließ sie Elsbeth

> […] *fumfhundert guldein, da sol si erib und aigen umb chauffen, wes si gelüstt und was ir gefellet, und si sol auch dann di güt, di si darumb chaufft, und das haws allez selben ynn haben und di vännd von den selben güten nyessen und furschiessen und da mit tün und lassen, waz sy will* […]

Elsbeths Mutter bemühte sich in ihrem Testament, sicherzustellen, dass deren alleiniger Zugriff auf das umfangreiche Erbe garantiert war. Sie betonte, *das si weder ir man noch niemand anders darn nicht irren sol, und des sullen ir mein geschafftherren vor sein, als ich in getraw* und:

> *Auch ist tzu wissen, das mein aidem der Jordan alles seins henntgutz und was im tzu meiner tochter versprochen ist worden, alles tzu rechter weil und tzeit verricht und gewert ist, das er auf mein güt und hab nichtz tzusprechen hat, dann was ich von meiner rechten trewn wegen gein im gein seiner hausfrawen und gein irn chinden tün. Ich schaff und main auch, das mein tochter di Cerrenschawbynn allez dez gütz, das ich ir und irn chinden gemaint und geschaft han, und des eribs und aigens, das darumb chaufft wirt, allein gewaltig sol sein, da mit tzu tün und tzu lazzen nach iren trewn, was si wil, und von den ränntten und vännden furschiessen, als vil si mag, und darein sol ir niemand sprechen* […]

Mechthild hielt solche starken, wiederholten Absicherungen, um den Ehemann und Vormund ihrer Tochter von einem Zugriff auf das Erbe auszuschließen, offensichtlich für notwendig. Wieder ist aufgrund der Archivierung dieses Testaments in den Ratsakten davon auszugehen, dass es bei der Vollstreckung in der Tat zu Problemen gekommen sein muss.

Nicht nur Töchter, auch die Ehefrauen der männlichen Testatoren wurden in den Testamenten umfangreich bedacht und vor allem hinsichtlich ihres Wohnortes abgesichert. Während in einigen Fällen die Verwitwete für den Rest ihres Lebens über ihr Erbe verfügen konnte, war dieses in zahlreichen anderen Testamenten daran gebunden, dass sie unverheiratet bleiben würde. Bei einer Wiederheirat ging die Frau in die Vormundschaft des neuen Ehemannes über, womit dieser auch finanziell für sie verantwortlich wurde. Oft enthalten die Testamente Bestimmungen dafür, was mit dem Erbe einer Frau geschehen sollte, wenn diese erneut heiratete.

Konrad Dürnsteter hinterließ in seinem Testament von 1406[60] diverse Immobilien. Er vermachte seiner Ehefrau Margarethe Dürnsteter *Sarching*[61] *mit aller tzugehorung, das si daz ir lebtag sol ynn haben und nyessen und nutzzen.* Konrad bestimmte seiner Witwe zudem einen Wohnort im Stadtinneren, ein

60 Testament Konrad Dürnsteters, 1406, Nr. 94 (BayHStA RT, Nr. 1048 [Fasz. 29–1]).
61 Sarching ist heute Ortsteil der Gemeinde Barbing im Landkreis Regensburg. Vermutlich geht es um einen Hof, den Konrad Dürnsteter in Sarching besessen hat.

haws und hofstat gelegen tzu Regenspurg in Scherer Strazz, da ich selben ynn pin, mit aller tzugehorung, nichtz ausgenomen. Dieses Haus hinterließ er seinen beiden Söhnen, die *sullen si* [Margarethe] *sey pei in in dem haws lazzn ir lebtag,* allerdings nur *ob mein hausfraw unverheiratt beleibt.* Dass Margarethe das Haus zwar bewohnen, aber nicht besitzen sollte, ersparte Konrad weitere Bestimmungen dazu, wie mit der Immobilie zu verfahren sei, wenn Margarethe wieder heiraten würde.

Im Gegensatz zu den vorherigen Beispielen steht das Testament Heinrich Nördlingers[62], der seiner Ehefrau Anna ausdrücklich jegliches Erbe verwehrte:

> *Auch bechenn ich, das ich meiner hausfrawen, des Haüsman tochter, nichtz schuldig pin und schaff und main ir auch meins gütz gar nichtz und pin ir auch des nicht schuldig, weder von trewen noch von rechtens wegen, wann si mich umb mein güt und mich und sy umb trew und er pracht hat, das laider mäniklich wissenlich ist.*

Anna Nördlinger, die in Heinrichs Testament nicht einmal namentlich genannt, sondern nur als *des Haüsman tochter* bezeichnet wird, hatte ihren Mann seinem Testament nach betrogen, was die Begründung für den Ausbleib eines Erbanteils für Anna war. In zweiter Ehe heiratete sie Peter Mürer, der nicht das Regensburger Bürgerrecht innehatte. Aufgrund der ihr nachgesagten Untreue und ihres geschädigten Rufs war eine Ehe mit einem Bürger für sie wohl nicht mehr möglich; trotzdem wurde Anna in einem Ratsbeschluss ein Erbanteil am Nachlass ihres verstorbenen Ehemanns zugesprochen.[63]

Interessanterweise setzte Heinrich auch seine schwangere Dienerin Anna als Erbin ein, ebenso deren ungeborenes Kind, und erließ dazu ausführliche Bestimmungen:

> *Ich schaff Annen, meiner dienerynn, und dem chind, des sy swanger ist, ob das tzu der werlt cümbt, das di selben mein dienerynn und das chint, ob si sich erberklich hellt nach iren trewen, mein geschafftherren von meinem gut fursehen, das si dester pas hin chomen und wie si mein geschäfftherren nach irn trewen fursehent und was si in von meinem güt gebent, daran sullen si ain benugen haben. Wolten si des nicht tůn und mein geschäfftherren verrer noten oder dringen oder jemand anders von iren wegen, so sullen si ir noch dem chind meins gütz nichtz geben noch vollgen lazzen.*

Wenn auch kein eindeutiger Nachweis dafür überliefert ist, lässt diese Passage die Vermutung zu, dass Heinrich Nördlinger der Vater dieses ungeborenen Kindes sein könnte. Sollte das der Fall sein, stellt sein Testament ein aussagekräftiges Zeugnis für die Unterschiede im Umgang mit Untreue bei Frauen und Männern im spätmittelalterlichen Regensburg dar.

62 Testament Heinrich Nördlingers, 1417, Nr. 122 (BayHStA RT, Nr. 2397 [Fasz. 69–2]).
63 S. dazu RRUrk. vom 29. September 1419.

Vor allem in den Testamenten sehr wohlhabender Bürgerinnen und Bürger wurden des Öfteren unterschiedlich hohe Geldbeträge zur Verheiratung lediger junger Frauen der Stadt bestimmt. Das betrifft nicht nur Frauen aus dem direkten familiären oder zumindest sozialen Umfeld der Testatorinnen und Testatoren; diese erhielten ihr Heiratsgut zumeist als Erbanteil. In anderen Fällen wurden Geldsummen gestiftet, von denen nicht näher benannten, meist armen Frauen die Heirat ermöglicht werden sollte. Eine solche Bestimmung findet sich z. B. im Testament Hans Kastenmairs von 1437[64], der sogar alljährlich *dreÿn erbern junkfrawen, di sich dann erberlich und junkfraulichen halden und gehalden haben und die von der stat tzu Regennspurg pürttig sind, zu statten komen süllen tzu heiraten.* Die 1420 testierende Witwe Anna Sitauer[65] referierte das Testament ihres Ehemannes Thomas Sitauer, der ihr *hundert pfunt Regenspurger pfenning* hinterlassen hatte, *junkchfrawn damit zu verheiratten.* Anna bestätigte in ihrem Testament die Erfüllung von Thomas' Willen und listete die Frauen auf, die Anteile des Geldes als Heiratsgut erhalten hatten, darunter eine Tochter Seidel Portners, die scheinbar aufgrund fehlender Mittel für eine Verheiratung bereits ins Kloster Viehbach eingetreten war:

> […] *des selben geltz han ich geben sechzehen pfunt Gorgen in dem Hirss tochter und sechtzehen pfunt des Hofkircher tochter und sechtzehen pfunt Peter des Ingolsteter tochter und sechtzehen des Horndler mume und sechzehen pfunt Seidel des Porttner tochter, klosterfrawn zu Viechpach, und zehen pfunt Märkchel des Pleidner tochter und zehen pfunt Hannsen des Maler des Kursner tochter, des Grunn Goltsmid hausfraw.*

Abschließend sei zu bemerken, dass auch hinsichtlich der materiellen Güter, die in den Testamenten vermacht wurden, geschlechtsspezifische Unterschiede festzustellen sind. Sowohl Männer als auch Frauen erbten Hausrat (z. B. Geschirr oder Bettzeug), Frauen jedoch mit sich deutlich abhebender Häufigkeit. Ausschließlich an Männer wurden Harnische und andere Rüstungsteile vermacht, Kleider und Schmuck hingegen gingen überwiegend an Frauen. Wurde ein ungeborenes Kind als Erbin bzw. Erbe eingesetzt, konnten unterschiedliche Bestimmungen getroffen werden, je nachdem, welchen Geschlechts das Kind sein würde. So vermachte Diemut Hiltprant ihrem *chinde, daz ich da trag,* geschlechtsunabhängig zehn Pfund, fügte aber hinzu: *ob iz ein dirnchint* [ein Mädchen] *sei, so sol man swaz ich von leinwat han und von chleinǒden und von gepende, daz sol man under die drei diern geliche tailen.*

64 Testament Hans Kastenmairs, 1437, Nr. 148 (BayHStA RT, Nr. 631 [Fasz. 18–12]).
65 Testament Anna Sitauers, 1420, Nr. 132 (BayHStA RT, Nr. 2966 [Fasz. 86–2]).

Zusammenfassung

Aus dem spätmittelalterlichen Regensburg ist eine beachtliche Zahl an Frauentestamenten überliefert. Regensburger Bürgerinnen testierten bereits vor Erlass der Regensburger Testamentsverfassung von 1320 und traten von Anfang an als Testamentsvollstreckerinnen in Frauen- und Männertestamenten auf; seltener sind sie als Zeuginnen auszumachen, was vermutlich auch dem geschuldet war, dass die meisten Regensburger Bürgerinnen kein eigenes Siegel führten.

Die meisten Frauentestamente wurden von Witwen erlassen, die eine bessere rechtliche Stellung innehatten als ledige und verheiratete Frauen, welche unter der Vormundschaft ihres Vaters oder Ehemannes standen. Die Witwen testierten meist zeitnah nach dem Ableben des Ehemannes, so dass über dessen hinterlassenes Erbe schnellstmöglich Bestimmungen getroffen werden konnten. Unverheiratete Frauen testierten häufig erst dann, wenn der Vater bereits verstorben war. Verheiratete Frauen gerieten offenbar vor allem in nachfolgenden Ehen in die Notwendigkeit zu testieren, besonders wenn aus ihrer Witwenzeit ein Testament existierte, in dem der neue Ehemann und mögliche gemeinsame Kinder natürlich noch nicht bedacht waren.

Sowohl Bürgerinnen als auch Bürger ernannten Frauen zu Testamentsvollstreckerinnen, wobei weibliche Ausrichterinnen in Frauentestamenten häufiger auftauchen als in Männertestamenten. Wenn überhaupt wählten Männer fast ausschließlich die eigene Ehefrau zur Vollstreckerin, sehr selten andere weibliche Verwandte. Frauen ernannten ihre Vollstreckerinnen aus einem weiteren sozialen Umfeld, wobei auch hier nahe Verwandte wie Töchter, Mütter oder Tanten am üblichsten waren. Ältere, höchstwahrscheinlich bereits verwitwete Testamentsvollstreckerinnen schienen aufgrund ihrer Unabhängigkeit von einem Vormund bevorzugt zu sein, Töchter treten als Vollstreckerin häufig in Verbindung mit dem Ehemann auf.

Genderspezifische Unterschiede bei dem vermachten Erbe können v.a. hinsichtlich materieller Güter festgestellt werden, z.B. wurde Frauen bevorzugt Schmuck und Hausrat vermacht. Es war selten, dass Frauen als Haupterbinnen eingesetzt wurden, kam aber in Sonderfällen vor. Vor allem Frauen neigten dazu, in ihren Testamenten zahlreiche weibliche Erbinnen zu bestimmen.

Vor allem in Bezug auf Ehefrauen und Töchter wurde stark darauf geachtet, diese nach dem Tod des Ehemannes oder der Eltern abzusichern. Männer fügten dabei meist zusätzliche Bestimmungen bei, wie mit dem Erbe der Ehefrau im Falle ihrer Wiederheirat verfahren werden sollte. Sowohl Frauen als auch Männer trugen Sorge um das Heiratsgut ihrer Töchter und trafen Bestimmungen zu deren Verheiratung oder Eintritt ins Kloster. In einigen Fällen wurde zusätzlich darauf geachtet, das Erbe einer Frau gegen fremde Zugriffe, z.B. durch ihren Ehemann oder männliche Verwandte, abzusichern.

Bibliografie

Quellen

RUB I, Nr. 387. In: *Regensburger Urkundenbuch 1. Urkunden der Stadt bis zum Jahre 1350.* München: Verlag der königlichen Akademie, S. 214f.

RUB II, Nr. 466. In: *Regensburger Urkundenbuch 2. Urkunden der Stadt 1351–1378.* München: Verlag der königlichen Akademie, S. 220.

Sekundärliteratur

Kleinjung, Christine (2009): *Das Diesseits und das Jenseits ordnen. Männer- und Frauentestamente aus dem Spätmittelalterlichen Worms.* In: Der Wormsgau 27, S. 65–85.

Guzzetti, Linda (1998): *Venezianische Vermächtnisse. Die soziale und wirtschaftliche Situation von Frauen im Spiegel spätmittelalterlicher Testamente.* Stuttgart / Weimar: J.B. Metzler.

Hartinger, Walter (1993): *Patrizische Frömmigkeit. Aufgrund von Testamenten der Reichsstadt Regensburg im 14. Jahrhundert.* In: Bauer, Ingolf (Hrsg.): *Frömmigkeit. Formen, Geschichte, Verhalten, Zeugnisse. Lenz Kriss-Rettenbeck zum 70. Geburtstag.* München: Deutscher Kunstverlag, S. 41–72.

Maass, Luisa Sophia (2018): *Spätmittelalterliche Testamente aus Lübeck und Hamburg.* In: Sarnowsky, Jürgen (Hrsg.): *Wahrnehmung und Realität. Vorstellungswelten des 12. bis 17. Jahrhunderts.* Göttingen: Vanderhoeck & Ruprecht.

Pajcic, Kathrin (2013): *Frauenstimmen in der spätmittelalterlichen Stadt? Testamente von Frauen aus Lüneburg, Hamburg und Wien als soziale Kommunikation.* Würzburg: Königshausen & Neumann.

Paringer, Thomas / Richard, Olivier (2005): *Die Testamente der Reichsstadt Regensburg aus Spätmittelalter und früher Neuzeit. Entstehung – Überlieferung – Quellenwert.* In: Archivalische Zeitschrift 87, S. 197–234.

Ritscher, Berta (1995): *»Ich Diemut … tun chunt«. Frauen der städtischen Oberschicht des 14. Jahrhunderts als Erblasserinnen.* In: Kätzel, Ute / Schrott, Karin (Hrsg.): *Regensburger Frauenspuren. Eine historische Entdeckungsreise.* Regensburg: Friedrich Pustet, S. 55–63.

Urbanek, Peter (2003): *Wappen und Siegel Regensburger Bürger und Bürgerinnen im Mittelalter (bis 1486). Ein Katalog der Wappen und Siegel mit einer Untersuchung zum Siegelrecht und zum Wappen- und Siegelgebrauch.* Regensburg: Stadtarchiv Regensburg.

Thomas Pöpper

Understatement. Zu einem unterschätzten Problem des frühneuzeitlichen (Künstler:innen-) Testaments

Abstract

Understatement. On an underestimated problem of the early modern (artist's) will

The article focusses on a methodological problem. How to deal with the potential bias that wills not only explicate, but also eloquently imply? Based on the exemplary case of the last will and testament of the early Renaissance sculptor Andrea Bregno (1418–1503), it can be shown that what is possibly the most valuable of the negotiated bequests is literally hidden between the lines: a world-class collection of antiquities, including, for example, the most famous antiquity in the world to this day, the *Belvedere Torso*. If one had only the will, but no other sources from the testator's circle, the few words that are lost on the subject would be dismissed as almost irrelevant. This illustrates – albeit in an extreme case – a hitherto underestimated challenge in interpreting wills. The article should be understood as a plea in favour of scrupulous source criticism.

Keywords: (Artists') Testament, Early Modern Period, Method, Andrea Bregno, Collection of Classical Antiquities

Schlüsselwörter: (Künstler:innen-) Testament, Frühneuzeit, Methode, Andrea Bregno, Antikensammlung

Hinführung

Es heißt, der Tod habe immer Konjunktur. Das stimmt wahrscheinlich, wenn auch vorderhand die Redeweise von der Börsenhausse und, damit zusammenhängend, die gedanklich vollzogene Ökonomisierung der Letzten Dinge befremden können. Im Blick auf die mit dem Tod, genauer mit dem Lebensende assoziierten Testamentserrichtungen scheint die Formulierung akzeptabel. Geht es hier doch vorrangig, wenngleich nicht ausschließlich (Stichwort: Seelenheil), um die Verteilung, genauer um das zielgerichtete Weiterreichen des irdischen, materiellen Besitzes eines Erblassers oder einer Erblasserin an zumeist nahestehende Personen oder Institutionen. Testamente sind ihrem Wesen nach Er-

Thomas Pöpper, Westsächsische Hochschule Zwickau / Fakultät Angewandte Kunst Schneeberg.

klärungen, genauer Verfügungen von Todes wegen, aber keine Verträge. Das heißt, sie stellen einseitige und mittels Auflagen, Bedingungen und Klauseln bewehrte Lenkungsversuche dar. So soll zum Beispiel nicht selten die Erbmasse unter den Berechtigten beziehungsweise Begünstigten nicht (allzu) kleinteilig aufgeteilt und damit versprengt werden. Vielmehr begegnet man häufig dem mehr oder minder explizierten Wunsch, die Erbmasse en bloc und damit auch postum in als Einheiten erkennbaren Konvoluten weiterzugeben. Dies wohl auch, um im postmortalen Diesseits dauerhaft mit der Person, sprich mit dem Namen des Testators beziehungsweise der Testatorin verbunden zu bleiben (Stichwort: Memoria). Für den Wunsch nach dauerhafter Kohäsion der Erbmasse (oder bestimmter Teile davon) mag es auch praktische Gründe geben – wir werden gleich darauf zurückkommen. Der ›freie Wille‹ der Erbenden zählt hier jedenfalls wenig und das Testieren an sich ist auch keinem – wie auch immer definierten – Gerechtigkeitsideal verpflichtet. Man könnte sagen, Testamente postulieren ein ins Futur ausgezogenes Eigentumsrecht unter der Form eines legalen (also gesetzmäßigen), wenn auch nicht immer legitim scheinenden (ethischen, moralischen Anforderungen gemäßen) Einmischungsanspruchs in die Rechte und Pflichten Lebender. Lassen wir unter anderem die Optionen des Widerrufs oder der Anfechtung außer Acht, so ließe sich umgangssprachlich sagen, dass Testamente potentielle Handlungsvektoren darstellen. Künftige Tote formen durch sie das diesseitige (Nach-)Leben, genauer die Wahrnehmungsbedingungen ihres Gedenkens. Dessen Kapital ist die Erbmasse und seine Akteure und Akteurinnen sind die Erbenden. Die umgekehrte Transzendenz – die Wirkrichtung führt gewissermaßen vom Jen- ins Diesseits – macht die Textgattung des Testaments so faszinierend. Aufschlussreich in individualhistorischer Perspektive sind beispielsweise nicht nur die psychologischen, mentalitäts- beziehungsweise religionsbezüglichen Implikationen. Auch für allgemeingeschichtliche Ableitungen in puncto der orts- und zeitbedingten Wirtschafts- und Rechtnormen sowie der philologischen beziehungsweise linguistischen Vehikel, die zu ihrer Kodifizierung eingesetzt werden, ist die Gattung in besonderer Weise ergiebig. Werden hier doch das – im weitesten Sinn – Mindset, sprich die Grundannahmen, Erwartungen und Hoffnungen der Testierenden mehr oder weniger kalkuliert und juristisch (auf die Anwendbarkeit von Normen bedacht) beziehungsweise juridisch (deren sittlich-moralische Herleitung betonend) als Letzter Wille auf den Begriff gebracht. Zumindest im besten Fall. Die Realität, auch die historische, insbesondere die frühneuzeitliche, sieht zuweilen anders aus – Juristen, Juristinnen und Testamentsforschende können ein Lied davon singen.

Problem

Damit kommen wir zu jenem Umstand, den das Folgende als Problem apostrophieren und mit einer Lösungsskizze versehen möchte. Die soeben gebrauchte Redewendung ›auf den Begriff bringen‹ nämlich suggeriert irreführenderweise, dass der Letzte Wille nicht nur formgerecht (ggf. sogar notariell beglaubigt), sondern regelmäßig auch eindeutig und klar, das heißt exakt und unmissverständlich expliziert wird. Sollte das nicht der Fall sein – und es ist nur selten der Fall! –, wird eine Auslegung erforderlich, sei es dem Wortlaut oder den äußeren Umständen nach (z. B. mittels Würdigung des Kenntnisstandes im Zeitpunkt der Errichtung). Das Ziel ist die Ergründung des wahren Willens des oder der Testierenden. Bei einer sogenannten ergänzenden Testamentsauslegung wird anders als bei der erläuternden Auslegung nicht der wahre, sondern der mutmaßliche Wille des oder der Erblassenden erforscht. Hierbei lautet die Leitfrage: Was hätte diese:r wohl gewollt, wenn bei der Testamentserrichtung dieses oder jenes bereits bekannt beziehungsweise als nachmals problematisch erkannt worden wäre? Solche und andere Zweifelsfälle – und das bedeutet zumeist auch: Streitfälle – gehören zum Alltagsgeschäft in Nachlassangelegenheiten. Nicht selten wird dabei die im heutigen deutschen Recht sogenannte Andeutungstheorie oder -formel relevant. Sie verlangt, dass alle Umstände, die außerhalb des Wortlauts des Testaments liegen, aber für die (ergänzende) Ermittlung des Letzten Willens maßgeblich sind (oder gehalten werden), innerhalb des Dokuments wenigstens angedeutet sein müssen, um als Willenselement Gewicht zu erhalten. Der Einfachheit halber – und weil wir kein Jurist sind – nennen wir diesen Fall im Folgenden den implizierten Willen, oder kürzer noch: das Implizierte. Dass auf Andeutungen abstellende Auslegungen – im vor allem geisteswissenschaftlichen Sprachgebrauch auch griffig Interpretationen genannt – zu Dissens führen können, Nachlassgerichte beschäftigen und Forschungsdebatten befeuern, ist hinlänglich bekannt.

Aufgabe

Wie aber in der frühneuzeitlichen Testamentsforschung, die regelmäßig kaum detaillierte Erkenntnisse über die näheren und weiteren Umstände ihrer Gegenstände hat, mit dem nur andeutungsweise Gesagten, wenn nicht beredt Camoufliertem oder gar Verschwiegenem umgehen? Mehr noch, wie das solcherart Implizierte überhaupt identifizieren? Offenkundig geht dieser Fall über die Methode der normalen, längst aber nicht mehr gewohnheitsmäßig skrupulös durchgeführten historischen Quellenkritik hinaus und ist mit ihren Instrumenten, wenn überhaupt, nur schwer zu greifen.

Um es gleich vorwegzunehmen: Eine Art To-Do-Liste zum Erkennen und Auslegen, sprich zum Lesen und Interpretieren von nur andeutungsweisen testamentarischen Willenserklärungen wird und kann hier nicht vorgelegt werden. Unsere Absicht ist ungleich bescheidener. Das Folgende soll nur auf das in der Forschung regelmäßig unterschätzte Problem aufmerksam machen. Wir taufen es der Einfachheit halber auf einen international verständlichen Namen: das Understatement. Was genau wir darunter verstehen, wird weiter unten erörtert werden.

Künstler:innen-Testamente

Bevor wir die selbstgestellte Aufgabe anhand eines konkreten, hier beispielhaft ausgewerteten Testaments angehen wollen, sei kurz auf die spezielle Gattung eingegangen, der es zuzurechnen ist, dem Künstler:innen-Testament. Fokussiert man das Forschungsinteresse auf diese personen- beziehungsweise berufsbezogene Gattung, so lässt sich vermuten, dass eine spezifisch künstlerische (Dé-) Formation professionnelle (berufliche Entstellung bzw. Ausbildung) des Testierens in den Blick gerät – hier verstanden als (z. B. kunstförmiger) Schreibakt und (ggf. künstlersoziologisch informierte) Denkbewegung zugleich.

Das jedenfalls war die erkenntnisleitende These, die unsere Kollegin Nicole Hegener (†) und wir in verschiedenen Publikationen, darunter auch eine gemeinsame, zu beweisen versuchten.[1] Heute, mehr als ein Dutzend Jahre später, darf das Künstler:innen-Testament als Quellengattung sui generis gelten, und zwar in allen Epochen unserer Fachdisziplin, das heißt in Alter, Mittlerer, Neuerer und Neuester Kunstgeschichte. Zahlreiche Forschungsangänge, denen der 2012 vorgelegte Sammelband *Der Künstler und sein Tod. Testamente europäischer Künstler vom Spätmittelalter bis zum 20. Jahrhundert* als Initial diente, konnten dies bestätigen, sei es auf (künstler:innen-)monografischem oder (testaments-)kasuistischem Weg.[2] Soweit wir diese in vielfacher Hinsicht sehr heterogenen Perspektiven auf Testamente und Nachlassangelegenheiten überschauen, scheint es eine ausgemachte Sache zu sein, dass sie regelmäßig eine

1 Vgl. z. B. Hegener 2007; Dies. 2012 bzw. Pöpper 2007; Ders. 2008 a und Ders. 2012 sowie Hegener/Pöpper 2012.

2 Hegener/Schwedes 2012 (der Band geht zurück auf eine vom Verfasser mitorganisierte Tagung im Jahr 2007). – Eine Recherche in der Datenbank http://www.kubikat.org (bzw. https://aleph.mpg.de/F?func=file&file_name=find-b&local_base=kub01), einem kooperativen bibliografischen Informationsangebot für das Fach Kunstgeschichte, ergibt mit dem Schlagwort »Testament« knapp 200 Treffer (Stand Mai 2024). Auch zu den Großen der italienischen Kunstgeschichte lässt sich zuweilen noch Neues vermelden; siehe z. B. zuletzt zu Donatello (gest. 1466) sowie Giuliano (gest. 1516) und Antonio da Sangallo (gest. 1534) Rossi 2022: 8–11 bzw. Belli 2022: 180–183, 185–190 (Erst-Edition).

mögliche Eigenart von (Künstler:innen-)Testamenten, wenn auch nicht gänzlich außer Acht lassen, so doch unterschätzen: das Understatement der Testierenden. Gemeint ist damit die (demütige beziehungsweise vornehme) Zurückhaltung, die (rhetorische) Abschwächung, die (falsche beziehungsweise affektierte) Bescheidenheit oder auch die (bewusste) Herabsetzung und (intentionale) Unterbewertung der Erbmasse – also alles das, was wir weiter oben versuchsweise unter dem Begriff des Implizierens subsumiert haben.

Andrea Bregno

Das Problem sei exemplarisch an dem Testament eines lombardischen, in Rom tätigen Künstlers der Frühneuzeit illustriert.[3] Er heißt Andrea Bregno (Osteno/Como 1418–Rom 1503) und wurde für damalige Verhältnisse – und nicht unpassend für einen Marmorbildhauer – steinalt.[4] Wir ersparen uns hier aus Platzgründen jeden weiteren Hinweis auf die Vita, das Werk und den kunstgeschichtlichen Rang und stellen nur fest: Zeitgenossen sahen in Bregno einen der besten Bildner seiner Zeit. Mehr noch, er sei vom Schlage des alten Polyklet gewesen, vermeldet das anspielungsreiche Epigramm seines Grabmals (Rom, Santa Maria sopra Minerva) (siehe Abbildung 1). Derartige Gemeinplätze werden in der Epigrafik des römischen Künstlergrabmals seltener aufgesucht, als man vorderhand glauben könnte. Der Vergleich mit dem Großmeister der griechischen Klassik, so topisch er auch klingen mag, hat doch ein spezifisches Gewicht. So wird das womöglich auf einer Totenmaske beruhende Porträt des Künstlers gerahmt von allerlei bedeutungsvollen Bildhauerei- und Maß- beziehungsweise Prüfwerkzeugen – darunter unter anderem ein Stechzirkel, eine Winkellehre, ein Senklot sowie ein Maßband mit römisch-antiker Skale. Letzteres ist möglicherweise die erste nachantike Rekonstruktion des Standardlängenmaßes eines palmus maior überhaupt.[5]

3 Rom, Archivio di Stato, Collegio dei Notari Capitolini, Petrus de Meriliis, Nr. 1112 (1494–1516), fol. 378r ff. (Testament, datiert 8.07.1503), 380v–383v (Kodizille, datiert 7. bzw. 18.09.1503). – Der folgende Abschnitt basiert zum Teil auf einem Referat, das der Verfasser unter dem Titel »Lapidarium oder Antiquarium? Zur Antikensammlung Andrea Bregnos (1418–1503), dem Torso vom Belvedere und Michelangelos Lehrmeister« im Rahmen der Online-Tagung *Künstlersammlungen. Objekte, Ordnungen, Programmatiken*, veranstaltet vom Zentralinstitut für Kunstgeschichte in Kooperation mit der Ludwig-Maximilians-Universität, beide München, am 12./13. November 2021 gehalten hat; eine Publikation ist in Vorbereitung (Pöpper [im Druck]).

4 Vgl. zu Bregno und seinem Testament bzw. seiner Sammlung Kühlenthal 2024: I, 148–173; Ders. 2002 (es sei an dieser Stelle angemerkt, dass Kühlenthal eine Konzeption von der Stilentwicklung des Werks, aber auch von der Persönlichkeit Andrea Bregnos verfolgt, die mit der des Verfassers im Detail konfligiert); Caglioti 2016; Pöpper 2010: 306–324 (mit der älteren Literatur) bzw. Rausa 1997 und Strauch 2016.

5 Vgl. zur Wiederentdeckung des palmus maior im Bregno-Kreis zusammenfassend Pöpper 2010: 282–286.

Insbesondere die Kontrollinstrumente sind daher, wie schon das Sprachbild, als eine Bildmetapher auf Polyklet anzusehen, jenen Künstler, dem eine einflussreiche theoretische Abhandlung über die Metrik von Statuen verdankt wird. Diese wurde nicht erst, aber doch vermehrt in der Frühneuzeit buchstäblich maßgeblich im Bemühen um harmonische Proportionen – wenngleich mehr in Humanisten- denn in Künstlerkreisen. Der in römischen Kopien mehrfach erhaltene Statuentypus des *Doryphoros* (Speerträgers) gilt seitdem als die ideale Repräsentation beziehungsweise didaktische Illustration des sogenannten polykletischen Kanons.[6]

Abbildung 1: Antonio Bregno u. a. (?), Grabmal des Andrea Bregno (gest. 1503), 1506, Marmor, Rom, Santa Maria sopra Minerva (aus: Pöpper 2010: 270)

6 Vgl. zum Grabmal und seiner Inschrift Pöpper 2023 a (mit der älteren Literatur).

Der somit nicht nur vollmundig, sondern auch hintersinnig und gelehrt geehrte Andrea Bregno zählte zu den meistbeschäftigten und renommiertesten Künstlern in der zweiten Hälfte des 15. Jahrhunderts. Humanisten und vor allem Kleriker, darunter Bischöfe, Kardinäle und sogar Päpste, zählten zu seiner Kundschaft. Man könnte sagen, die von Bregno entwickelten, hoch verfeinerten skulpturalen Kleinarchitekturen – vor allem Grabmäler, Altarretabel und -ädikulen – zählten für lange Zeit zum Goldstandard, vor allem, aber nicht nur in der Ewigen Stadt.[7] Ein Auftrag, dessen Vollendung mehrfach zu scheitern drohte, führte den schon hochbetagten Bregno sogar einmal in eine Art Zweckgemeinschaft mit dem noch sehr jungen, aber bereits gut beleumundeten Bildhauer Michelangelo – einem Künstler, der von Anfang an in einer anderen Liga spielte, sozusagen in der italienischen Serie A.[8] Das Bildwerk, um das es ging, ist der sogenannte *Piccolomini-Altar* (eigentlich ein Grabmal) im Dom zu Siena, eine der größten Skulpturen der Frührenaissance überhaupt. Übrigens, auch der ›divino‹ (göttlich) geheißene Michelangelo musste – oder wollte – hierüber den Meißel sinken lassen. Die einzige Probe von Bregnos Kunst in der Toskana hat bis heute ein unerfülltes Schicksal (auch als Grabmal blieb das Monument ungenutzt).[9]

Doch zurück zu Bregno. Privat verkehrte der Bildner in elitären Kreisen. Pomponio Leto, seinerzeit der führende Latein-Epigrafiker, Protoarchäologe und Gründer der *Accdemia Romana*, stand Bregno wortwörtlich nahe. Er war sein Nachbar am Quirinalshügel.[10] Der erste Präfekt der Vatikanischen Bibliothek, Bartolomeo Sacchi, genannt Il Platina, und der Kunstsachverständige zur Beurteilung der Sixtina-Fresken, Bartolomeo de Bollis, ebenfalls ein Bibliophiler und Familiar Papst Julius' II., dürfen zu Bregnos Freunden gezählt werden. Letzterer hat wohl auch das erwähnte Grabepigramm gedichtet und fungierte als Bregnos Testamentsvollstrecker. Giovanni Santi, der Vater Raffaels, hat Bregno mit seiner sogenannten Reimchronik, der *Cronaca rimata*, sogar ein papiernes Denkmal gesetzt – ob aus echter Bewunderung oder aus Reimnot, sei dahingestellt.[11] Auch die charmante Annahme, dass Andrea Bregnos unstrittige Schlüsselrolle in den frühneuzeitlichen Humanisten- und Künstlerkreisen Roms zu seiner Verewigung in der Herzkammer des Renaissance-Papsttums, sprich der Sixtinischen Kapelle, führte, ist einstweilen unbeweisbar. Einige Forschende wollen Bregnos Porträt im Staffagepersonal der Wandfresken, namentlich in Pietro Peruginos *Schlüsselübergabe* gesichtet haben (blau gewandete Figur mit

7 Vgl. Pöpper/Tolnai 2018.

8 Vgl. Pöpper 2021; Ders. 2023 b.

9 Vgl. hierzu Zöllner/Thoenes/Pöpper 2007: 410f., Kat.-Nr. S9a–d (Frank Zöllner); Pöpper 2010: 87–107.

10 Vgl. hierzu De Nicola 2020.

11 Vgl. hierzu Butler 2009.

Stechzirkel) (siehe Abbildung 2). An derartige Geistersichtungen mag glauben, wer will.[12]

Abbildung 2: Pietro Perugino, Schlüsselübergabe, ca. 1481/82, Fresko, Detail, Vatikanstadt, Sixtinische Kapelle (Foto: commons.wikimedia.org, gemeinfrei)

Antikensammlung

Lassen wir das Namedropping und Mutmaßen. Sicher ist das Folgende: Bregno umgab sich in seinem römischen Haus (im Bereich der heutigen Via della Dataria, unweit des Trevibrunnens gelegen) nicht nur mit den seinerzeit prominentesten, sondern auch mit bis heute denkwürdigen Antiken, darunter der *Adonis-Sarkophag* (heute Mantua, Palazzo Ducale), der augusteische *Laren-Altar* und, last, but not least, der wohl zu Recht als unbegreiflich apostrophierte *Torso vom Belvedere* (beide Vatikanstadt, Vatikanische Museen; der *Torso* dort

12 Vgl. Pöpper 2010: 57.

ehedem im Belvedere-Hof aufgestellt, daher sein Name) (siehe Abbildung 3). Als Binse der Forschung gilt zu Recht, dass es sich bei dieser Sammlung (ital. *collezione*)[13] nicht nur um eine der frühesten bekannten und identifizierbaren, sondern auch um eine der bedeutendsten eines Frührenaissance-Bildhauers handelt. Dabei beansprucht nicht vor allem ihr Umfang Geltung. Den Quellen nach zu urteilen war sie überschaubaren Zuschnitts. Groß, wenn nicht im übertragenden Sinn immens, war sie in Hinsicht auf die Qualität und Relevanz der hier zusammengetragenen marmornen Antiquitäten (ital. *anticaglie*).

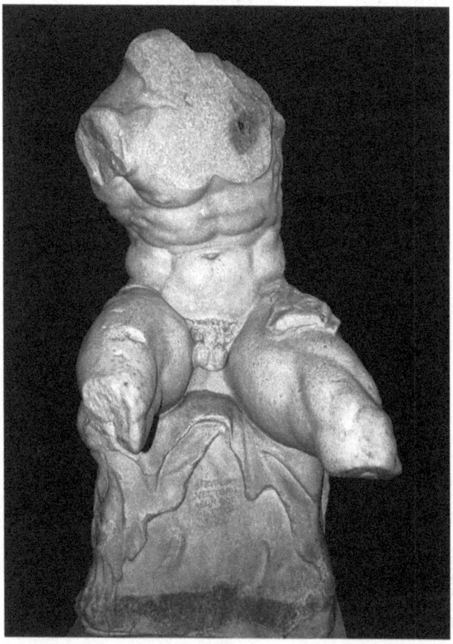

Abbildung 3: Apollonios von Athen, sogenannter Torso vom Belvedere, 1. Jahrhundert v. Chr., Marmor, Vatikanstadt, Vatikanische Museen (Foto: Jean-P. Grandmont/commons.wikimedia.org, CC BY-SA 3.0)

Woher wir das wissen? Aus einer Recherche, an der nunmehr fast ein halbes Dutzend Generationen von Forschenden beteiligt waren – beginnend 1883 mit der ›Entdeckung‹ Bregnos beziehungsweise 1901 mit dem Auffinden seines Testaments.[14] Beharrlich zog man seitdem immer weitere Kreise um die Person. Immer breiter wurden dabei das Oeuvre, immer tiefer die künstlerischen Bezugnahmen und immer dichter die sozialen Netze ergründet. Freilich, dabei kam

13 Im Folgenden werden der Einfachheit halber beide Begriffe, Sammlung und *collezione*, nebeneinander und synonym gebraucht. Für eine Problematisierung und Unterscheidung siehe Pöpper [im Druck].

14 Siehe Schmarsow 1883; Von Schmidt/De Wahl 1901.

das eine oder andere Mal auch der Zufall zur Hilfe – wie beispielsweise 1989 beim Aufstöbern der Testamentskodizille, mithin knapp 90 Jahre nach dem Fund des zugehörigen, aber für die Kunstgeschichte einigermaßen unergiebig gebliebenen Testaments.[15]

Der Forschungsgang kann hier nicht im Detail nachgezeichnet werden. Lediglich die Ergebnisse, sofern sie für unseren Gegenstand von Belang sind, seien im Folgenden kurz referiert; diskutieren können wir sie nicht: Besagte *collezione* – sofern es sich um antike Marmorskulpturen handelte – wird zu einem Großteil von dem Bologneser Maler und Bildhauer Amico Aspertini (um 1475–1552) in das nach seinem heutigen Verwahrort *Codex Wolfegg* genannte Zeichenbuch übernommen, das heißt, nach in Bregnos römischen Haus vor 1503 angefertigten Skizzen akribisch ins Reine gezeichnet und teilweise beschriftet (Wolfegg/Oberschwaben, Schloss) (siehe Abbildung 4). Ähnlich war das Vorgehen weiterer, teilweise bis heute anonym gebliebener Künstler, die zeitgleich um 1500 vor allem, aber nicht nur den *Torso* nach dem Original kopierten.[16] Auch eine Reihe früher bildnerischer Adaptionen, zumeist in nur schwer datierbaren Kleinbronzen nach dem *Torso*, und sogar textliche Erwähnungen belegen, dass Bregnos Antiken in toto veritable Attraktionen darstellten. Man könnte wohl ohne allzu viel Übertreibung von einer römischen Sehenswürdigkeit sprechen.

Zur literarischen Quellengruppe rechnen unter anderem eine Inschriftensammlung, ein Rom-Itinerar und ein Poem.[17] Letzteres, *Antiquarie prospet[t]iche romane* betitelt, wurde vielleicht schon zur Mitte der 1490er-Jahre von einem Maler aus dem Umkreis Leonardos da Vinci in 133 Strophen verfasst (Leonardo ist der Inkunabeldruck gewidmet; er besaß ihn nachweislich auch). Es preist Bregnos *collezione* als die erste (!) von 16 Adressen in der Ewigen Stadt (13. Terzine).[18] Und das genannte Itinerar fordert (Kunst-)Pilgernde sogar imperativisch auf: »andate in c[h]asa mastro Andrea marmorario et vedrete […]« (geht zum Haus des Steinbildhauers Andrea und seht…).[19]

Neben die zahlreichen elaborierten und hochgestimmten grafischen beziehungsweise literarischen Zeugnisse Dritter treten vergleichsweise einsilbige Selbstzeugnisse – vorausgesetzt, man möchte das notarielle Testament und seine Kodizille überhaupt als solche rubrizieren. Denn, wohlgemerkt, sie sind nicht autograph niedergelegt, sondern in einer professionellen (nicht immer gut lesbaren) Protokollkladde auf uns gekommen. Sie sind auf (mitunter etwas unge-

15 Siehe Maddalo 1989: 109. – Die Kodizille (491 bzw. 1.072 Wörter lang) übersteigen den Umfang des Testaments deutlich (999 Wörter).

16 Vgl. hierzu Schweikhart 1986: 98, 154; Fischer-Pace 2003: 44–49; zum *Torso* im Allgemeinen siehe Wünsche 1998.

17 Vgl. Strauch 2016: 299.

18 Vgl. Tura 2016; Agosti/Isella 2006 (Edition).

19 Vgl. Fantozzi 1994: 22, 57f. (Edition).

Abbildung 4: Amico Aspertini, sogenannter Codex Wolfegg, fol. 42, Schloss Wolfegg, Sammlung der Fürsten zu Waldburg-Wolfegg (aus: Schweikhart 1986: Taf. XV [Detail])

schliffenem) Mittellateinisch verfasst, nicht im gesprochenen italienischen Vulgare. Und sie sind durch und durch imprägniert von juristischer Diktion und Verklausulierung. Natürlich sind sie zuerst ein Werk des Notars, nicht des Testators selbst (das generelle Problem der Urheberschaft von Notartestamenten sei an dieser Stelle aber nicht weiter verfolgt).[20]

Bevor wir damit zu unserem Gegenstand im engeren Sinn kommen, halten wir Folgendes fest: Nimmt man alle die oben genannten Zeugnisse zusammen, so ist die Bregno-*collezione* widerspruchsfrei rekonstruierbar. Demnach befanden sich um das Jahr 1500 in seinem Besitz:[21] i) Der bereits erwähnte, exzellent erhaltene antoninische *Adonis-Sarkophag*;[22] ii) eine wegen ihrer speziellen Bild-Text-

20 Vgl. hierzu Pöpper 2010: 367–378 (Edition).

21 ›Besitz‹ hier verstanden als juristischer Terminus und in Abgrenzung zu ›Eigentum‹. Zu den Gründen für diese Unterscheidung an dieser Stelle siehe Pöpper [im Druck].

22 Abbildungen und eine Skizze zum Forschungsstand zu einzelnen Antiken, ihrer Rezeption und Provenienz bietet die Datenbank *Census of Antique Works of Art and Architecture Known in the Renaissance* der Humboldt-Universität zu Berlin (https://database.census.de). Zum

Kombination seit dem 15. Jahrhundert viel beachtete, heute verlorene hadrianische *Grabstele* des Thraex-Gladiators Marcus Antonius Exochus;[23] iii) der im *Codex Wolfegg* und weiteren Nachzeichnungen wiedergegebene, bereits erwähnte *Laren-Altar*, dessen Motiv das zentrale Thema der römischen Staatsreligion darstellt, die Apotheose (nicht unwahrscheinlich ist übrigens, dass man im 16. Jahrhundert, fehlgeleitet durch eine Inschrift, überzeugt war, der Altar sei niemand Geringerem als Kaiser Augustus oder dessen Genius dediziert);[24] iv) ein bislang nicht identifiziertes *Statuen- oder Relieffragment* eines Unterschenkels mit aufwendiger Schnürsandale, wobei besonders die vestimentäre Realie, die von Imperatorenfiguren bekannt ist, detailliert ausgearbeitet gewesen zu sein scheint und, wohl deshalb, von mehreren Zeichnern minuziös kopiert wurde;[25] v) eine offenkundig großformatige und seinerzeit wohl vollständig erhaltene, heute aber nicht sicher zu identifizierende *Henkelvase mit Greifen*, die allein Aspertini zweifach nachzeichnete;[26] vi) zwei stattliche Hermen, nämlich eine gut erhaltene *Körperherme* des Halbgottes Herkules und eine weibliche *Mantelherme* (beide in Neapel, Museo Archeologico Nazionale);[27] vii) ferner, wenn auch nicht vollends gesichert, so doch sehr wahrscheinlich jene *Apoll-Herme*, die sich noch heute in Rom befindet (Villa Medici);[28] sowie viii) der bereits mehrfach genannte *Torso*.[29]

Um den Rang dieser *collezione* wenigstens schemenhaft zu illustrieren, sei nur das Folgende hinsichtlich der letztgenannten Skulptur festgestellt: Man wird ohne Übertreibung sagen dürfen, dass die abendländische Kunst und Ästhetikgeschichte ohne ihre Kenntnis und Lesart als ein Paradigma des Altertums einen gänzlich anderen Verlauf genommen hätten – und wahrscheinlich ist schon das eine Untertreibung. Erinnert sei nur an Auguste Rodins (1840–1917) epochal gewordene *Torso*- beziehungsweise Fragment-Adaptionen – mit ihnen lässt die Kunstgeschichte das Zeitalter der modernen Bildnerei beginnen – oder an Johann Joachim Winckelmanns »auf das Ideal« gelenkte *Torso*-Beschreibung (1759),[30] die man, etwas überspitzt vielleicht, aber nicht zu Unrecht, als das

Nachweis wird im Folgenden jeweils die stabile Identifikationsnummer angegeben; hier CensusID 158000. Umfassende archäologische Informationen stellt die Datenbank *iDAI.objects arachne* des Deutschen Archäologischen Instituts bereit (https://arachne.dainst.org). Die stabilen Einträge werden, wo sinnvoll, wie folgt angegeben: arachne.dainst.org/entity/ […], hier 1215498 [letzter Zugriff auf alle im Folgenden angeführten Einträge am 22.05.2024].

23 CensusID 157304; vgl. Strauch 2016: 301f.

24 CensusID 159219; arachne.dainst.org/entity/1081150; zur Inschrift siehe Zanker 1969: 213f.

25 CensusID 159092.

26 CensusID 159223; vgl. hierzu De Angelis d'Ossat 2008: 272f.

27 CensusID 59906, 59907, 157622 und 160858.

28 CensusID 160859.

29 CensusID 46098, 151526; arachne.dainst.org/entity/1080638.

30 Borbein 2011: 71.

Gründungsdokument einer »Kunstgeschichte als Trauerarbeit vor versehrten Körperbildern« gedeutet hat.[31] Wie dem auch sei, nicht zuletzt wegen des dem *Torso* nicht erst im 18. Jahrhundert zugeschriebenen Totalitätsanspruchs, die Kunst selbst zu materialisieren, das heißt, die Idee und Essenz von Skulptur an und für sich zu verkörpern, gilt der etwas beriebene und teilweise abgewitterte Mannesrumpf als eine der wichtigsten, jedenfalls als eine der bekanntesten Antiken überhaupt – und das bemerkenswerterweise nicht obwohl, sondern weil er ein Fragment ist. Wahr ist auch, Bregno hat die Skulptur bereits um 1500 besessen, lange bevor Michelangelo sie im 16. Jahrhundert mittels Legendenbildung und Anverwandlung populär machte – und wahrscheinlich hat jener diesen erst auf sie aufmerksam gemacht. Doch das ist eine andere Geschichte.[32]

Testament, Kodizille und Erbauseinandersetzung

Im Rom auf der Wende vom 15. zum 16. Jahrhundert stellte dieses Antiquarium, wohlgemerkt: die Altertumssammlung eines ›Privatmannes‹, eines Handwerkers zumal, eine veritable *collezione* mit konziser Narration dar – sozusagen eine Sammlung mit einer Message. Das ist zumindest die These, für die wir andernorts argumentiert haben.[33] Sollte sie sich bewähren, ließe sich womöglich mit Fug und Recht von einer Exposition, einer Art Display avant la lettre sprechen. Bregnos Antiquarium besaß jedenfalls einen repräsentativen, vielleicht auch didaktischen Charakter und war halböffentlich zugänglich. Anders wären die zahlreichen oben genannten grafischen und literarischen Quellen nicht zu erklären. Auch wenn das Wesen dieser Exposition als sinnstiftendes, kohärentes beziehungsweise holistisches Konvolut verloren ist, bleibt der exquisite Rang der Einzelstücke bis heute beeindruckend. Als Erbmasse war diese *collezione* zweifellos von einem unermesslichen ideellen, sicher aber auch von einem beträchtlichen monetären Wert – genauere Quantifizierungen sind schlechterdings nicht möglich. Es ist daher nur eine Vermutung, dass diese Sammlung einen wertvollen, wenn nicht gar den wertvollsten Teil der Erbmasse des Bildners darstellte, eine Erbmasse, die immerhin auch einige Immobilien, Grundstücke, darunter ein Weinhang, sowie umfänglichen Hausrat und Dergleichen mehr umfasste.[34]

31 Grave/Locher/Wegner 2007: 7.

32 Vgl. hierzu Pöpper [im Druck].

33 Pöpper [im Druck].

34 Pöpper 2010: 367–384, Nr. 11–16. Eine zweite, nicht näher bezeichnete Gruppe von »statuas, figuras et ymagines« (die Begriffe sind offenkundig redundant; sinngemäß: [antiken?] Bildwerken) soll unter Freunden (»eius amicis«) verteilt werden, und zwar nach Gutdünken des Testamentsvollstreckers. Wahrscheinlich handelte es sich hierbei um kleinformatige

Bregnos Letzter Wille, niedergeschrieben im Jahr 1503, wenige Wochen vor seinem Tod, macht von dieser staunenswerten *collezione* nicht viel Aufhebens. Im Gegenteil, von einzelnen Stücken ist hier nicht die Rede. Die Nachlassregelungen zählen offenbar darauf, dass der Kreis der Begünstigten weiß, worum es sich handelt. So liest man lediglich von »gemmis et pecuniis et monetis et rebus aliis aureis et argenteis ac lapidibus et statuis tam novis quam antiquis et tam marmoreis quam tiburtinis, quam etiam alterius minere« (antiken [?] Gemmen, Münzen und sonstigen goldenen oder silbernen Dingen sowie neuen und antiken Steinen und Statuen, seien diese aus [antikem?] Marmor, aus [neuem] Travertin oder sonstigem Gestein).[35] Diese notariell einigermaßen umständlich formulierte, buchstäblich lapidare Aufzählung ist alles, was wir über die *collezione* und ihre marmornen Prachtstücke, die *anticaglie*, erfahren. Wohlgemerkt, beide Begriffe, *collezione* und *anticaglie* (oder Dergleichen), verwendet das Testament auch gar nicht. Es spricht nur von »lapidibus et statuis« – wobei nicht auszuschließen ist, dass die Wortkombination als Duplikation, das heißt als Redundanz zu verstehen ist. Möglicherweise meint sie nicht Zweierlei – Steine und Statuen –, sondern bezeichnet die steinernen Statuen mit einer Art Gattungsbegriff. Lediglich das Material ist einer näheren Erwähnung wert: Marmor (Karbonat), Travertin (Kalkstein) oder anderes Gestein.

Wir können hier nicht weiter auf das ansonsten übrigens sehr umfangreiche und ausführliche notarielle Testament und seine in kurzem zeitlichem Abstand niedergelegten Kodizille eingehen. Nur so viel dazu: In unserer enggesetzten Edition füllen diese insgesamt 2.562 Wörter mehr als fünf Druckseiten – ausreichend, um aus den fast schon pittoresken Schilderungen von Haus und Hof vor dem geistigen Auge ein genrehaftes Tableau von Bregnos Wohnstatt erstehen zu lassen.[36] Die Hingabe, mit welcher der von Mauern eingehegte Garten, das kleine Hühnergatter und der hölzerne Schuppen, der Dachboden, der Brunnen, ferner das Bettzeug sowie das Besteck und sogar einzelne Kleidungs- und Schmuckstücke und Dergleichen mehr gelistet werden, diesen Grad von Explizierung also wünschte man sich im Blick auf die *anticaglie*!

Eine Marginalie sei in diesem Zusammenhang noch angeführt. Es handelt sich um eine nicht in Rom, sondern in dem knapp 350 Kilometer Luftlinie entfernten Ferrara aufgesetzte Erbauseinandersetzung.[37] Es ist ein Glücksfall, dass sie der Forschung bekannt und die Verbindung zu ›unserem‹ Bildner hergestellt wur-

Stücke, die vielleicht in einem ›studiolo‹ (Arbeitszimmer) verwahrt worden waren und als Souvenirs zu verstehen sind; vgl. Pöpper 2010: 374.

35 Pöpper 2010: 373, Nr. 12.

36 Pöpper 2010: 367–384.

37 Ferrara, Archivio di Stato, Archivio Notarile Antico, Benedetto Lucenti, Nr. 233, fol. 2, c. 293 und 3 (1504). – Pöpper 2010: 378–384 (Edition), 378f.; Pöpper 2007.

de.[38] Das Dokument wirft ein Schlaglicht auf den Alleinerben der *anticaglie*. Dieser ist ein Verwandter Bregnos – und, im übertragenden Sinn wenigstens, ein No-Name der Kunstgeschichte. Der ansonsten unbekannt gebliebene Steinmetz, der den Taufnamen (Giovanni) Antonio trägt, war zum Zeitpunkt von Bregnos Tod nicht in Rom ansässig, und die Reise dorthin konnte er sich aus finanziellen Gründen nicht leisten. Ob er sein Erbe antrat, ist im hohen Maß fraglich. Es will vielmehr den Anschein haben, dass die *collezione* nach dem Tod des Erblassers in Rom verblieb, womöglich in der Obhut der Witwe und Erbin des Wohnhauses, einer gewissen Catarina (der Mutter von Bregnos früh verstorbenem Sohn; sie wird um einiges jünger gewesen sein). Aber warum trat Antonio womöglich sein Erbe nicht an? Weil der Transport und die Veräußerung der Antiken zu umständlich schienen (ein Beispiel: der massige *Torso* allein misst 159 x 84 cm und wiegt 1.500 kg bzw. 1,5 t)? Oder weil der mittellose Erbe sie aus Pietätsgründen nicht veräußern wollte? Oder doch eher, weil er nichts mit ihnen anzufangen wusste und sie ihm – horribile dictu – egal waren? Oder mehr noch, sah und verstand er, redensartlich gesprochen, die wertvollen Antiken vor lauter Steinen nicht?

Wir können es nicht wissen. Sicher scheint nur, dass erst nach Catarinas Tod, vielleicht um das Jahr 1521, Bewegung in die Sache kommt. Die *collezione* gerät jedenfalls, soweit sich das rekonstruieren lässt, nicht vor dem Beginn des dritten Jahrzehnts des 16. Jahrhunderts und damit mindestens zwei Dezennien nach Bregnos Ableben in Auflösung und wird unwiderruflich verstreut. Die genauen Umstände sind unbekannt. Ein Testament Catarinas, sollte es je existiert haben, ist nicht erhalten. Übrigens, manche der *anticaglie* blieben für immer in der Stadt (wie etwa der *Torso*, wenngleich er in päpstlichen Besitz wechselte), einige sogar lange Zeit im unmittelbaren Nahfeld der ehemaligen Werkstatt des Bildhauers (wie z.B. die *Grabstele*). Andere tauchten ins Dunkel der (Provenienz-)Geschichte ab, sei es für lange Zeit (wie z.B. die *Apoll-Herme*) oder sei es für immer. Wieder andere traten weite Reisen an (z.B. letztlich nach Mantua und Neapel). Doch sollen uns diese Migrationsbewegungen hier nicht weiter beschäftigen – sie sind Gegenstand eines neuen, eigenständigen Forschungszweigs.[39]

Understatement

Kommen wir nun zu unserem eigentlichen Thema, das in der Überschrift sogenannte Understatement. Wir können uns ihm vorerst nur in Frageform nähern: i) Spricht aus dem Testament, das die *anticaglie* offenkundig unter Wert als

38 Vgl. Franceschini 1997: II.2, 601f., Nr. 736f.
39 Vgl. Strauch 2016: 303.

»lapidibus et statuis« bezeichnet – oder sollte man besser sagen: bagatellisiert – eine selbstdistanzierte, vorderhand bestrickend wirkende Zurückhaltung des Menschen Bregno? Gehörte Untertreibung womöglich zu seinem Mindset, war sie also eine seiner Persönlichkeitseigenschaften? Vielleicht ist sie auch religiös motiviert und stellt eine Form der Demut vor – schämte er sich vielleicht seines ›heidnischen‹ Antikenbesitzes? All das ist nicht ausgeschlossen, scheint aber doch in Würdigung der Gesamtumstände extrem unwahrscheinlich. Dessen ungeachtet hatten schon die Editoren des Testaments vor über 120 Jahren Bregno das Epitheton des »simpatico maestro« (sympathischen Meisters) verliehen – und es scheint, als hätte es seitdem die Forschung für sich eingenommen.[40] ii) Oder ist das Gegenteil zutreffend und handelt es sich bei der Formulierung vielmehr um eine Form von eher unsympathischer, weil affektierter Bescheidenheit – war sie also nichts mehr als eine effekthaschende Geste? Wollte Bregno mit seinem Besitz, wie vielleicht schon zu Lebzeiten, so auch im Letzten Willen, nachgerade kokettieren? Machte es ihm womöglich Spaß, sein Hab und Gut möglichst klein scheinen zu lassen, um als Eigner umso größer zu wirken? Auch hier spricht die Würdigung der Gesamtumstände gegen eine solche Annahme. Jedenfalls haben wir kein positives Indiz dafür. iii) Oder wird die damals wie heute stupende Antikensammlung ganz bewusst nur implizit erwähnt, nämlich beiläufig und andeutungsweise in einer aufzählenden Reihung (und somit allenfalls als eine Art unbeträchtliches Teilkonvolut erkennbar), um sie auf diesem Weg zu camouflieren? Sollte sie womöglich derart vor Ansprüchen Dritter geschützt werden – etwa vor solchen Begehrlichkeiten, die genau dieses Konvolut von *anticaglie* hätten adressieren können? Ist hier eine strategisch kluge Verschlagenheit zu erkennen oder gar eine Täuschungsabsicht zu unterstellen? Und, möchte man dies bejahen, wäre diese Taktik Bregno selbst oder eher seinem Notar zuzutrauen? Auch nach heutigen Maßstäben könnte man die auffällig vage und beredt einsilbige Formulierung als geschickten, weil undurchsichtigen, nicht aber eigentlich krummen juristischen Winkelzug betrachten. Er ist legal, nicht aber unbedingt legitim. iv) Oder verbietet sich solch eine psychologisierende (i), moralisierende (ii) oder inkriminierende (iii) Beurteilung dem Grunde nach, weil für den Handwerker Bregno seine *collezione* (und anders als sein Hausstand) ganz fraglos und selbstverständlich, sozusagen gewohnheitsmäßig zum Werkstattinventar gehörte? Als gewissermaßen betrieblicher (nicht persönlicher) Vermögenswert mag die Vererbung en famille, namentlich an besagten, in Ferrara ansässigen Antonio, zusammen mit allerlei Steinmetzwerkzeugen, Leiter-

40 Von Schmidt/De Wahl 1901: 417. – Zu dem Bild passt auch, dass Bregno seiner Haushälterin ein Grabmal setzte; es dürfte sich dabei um ein Unikat in jeder Hinsicht handeln (schon Grabmäler für hochadelige Frauen sind im quattro- und cinquecentesken Rom rar); siehe Pöpper 2008 b.

gerüsten sowie Rohstoffen, sprich Marmorgestein, nie zur Disposition gestanden haben. Ein Explizieren könnte so schier entbehrlich gewesen sein. Bregno (und seinem Notar) schien es womöglich nur ›normal‹ die Antiken ungeachtet ihres Wertes (von dem der Notar auch keine Kenntnis haben musste) nicht gesondert zu erwähnen.

Wenn man nun Letzteres bejahen möchte – und dafür könnte Einiges sprechen –, erheben sich sofort die Fragen nach dem berufspraktischen Anwendungsbezug und künstlerischen Mehrwert der *collezione:* Waren die *anticaglie* – jede für sich oder, mehr noch, en groupe – Muster oder vorbildhafte Lehrstücke? Standen sie solcherart als Referenzwerke für technische Spitzenleistungen oder auch, auf einer abstrakteren Ebene, für unterschiedliche Skulpturentypen und -gattungen? Waren sie also von einem sinnstiftenden, vielleicht didaktischen Charakter? Sicher ist, jener Teil der Erbmasse, dem die *anticaglie* angehören, sollte unbedingt en bloc, als eine Einheit an Antonio vererbt werden – das geht aus einer Reihe von konditionierenden, durchaus fantasievollen Verfügungen des Testaments hervor, die wir hier aus Platzgründen nicht erörtern können. Dass Antonio mit an Sicherheit grenzender Wahrscheinlichkeit sein Erbe – vielleicht sogar gerade wegen der Schwere der Auflagen – gar nicht erst antrat, steht buchstäblich auf einem anderen Blatt (Stichwort: Erbauseinandersetzung). Nimmt man aber die testamentarische Kohäsionsauflage als wahren Willen des Erblassers ernst, so ließe sich fragen, ob die *collezione* in Bregnos Augen nur als Konvolut eine Emergenz ausprägte – etwa in Sinn eines, sagen wir es ruhig: exemplarischen, didaktischen, jedenfalls illustrativen Kanons? Kaum zufällig wird bei diesem Begriff der Gedanke zurückgehen zu dem Über-Namen Polyklet, mit dem Bregno in seinem Grabepigramm gewiss nicht zufällig belegt wurde. Galt doch dieser antike Bildner des 5. vorchristlichen Jahrhunderts – wir wiederholen es – als der Begründer des statuarischen Kanons schlechthin.

Doch lassen wir die kunstgeschichtlichen Spezialfragen und mehr noch die vielleicht allzu geistabenteuernden Spekulationen hier außen vor.[41] Und stellen wir auch das oben angedeutete Problem der Ergründung des sogenannten wahren beziehungsweise des mutmaßlichen Willens mittels Auslegung hintan. Schließlich geht es uns hier nicht um das Bregno-Testament als Baustein der Renaissance-Kunstgeschichte und auch nicht um das Psychogram eines ihrer profiliertesten Protagonisten.

41 Siehe hierzu Pöpper [im Druck].

Ableitungen

Betrachten wir alleine die allgemeinen Ableitungsmöglichkeiten für die frühneuzeitliche Testamentsforschung. Hierzu ist festzustellen: Ohne eine in weiten (Um-)Wegen mäandernde Untersuchung (z. B. Aufspüren der grafischen und literarischen Zeugnisse zur *collezione*) und eine interdisziplinäre Recherche (z. B. Identifikation der Antiken) sowie eine mühevolle Kärrnerarbeit (z. B. systematische Durchforstung unterschiedlichster Quellenfundi und Archive), kurz ohne eine maximal skrupulöse Analyse aller Umstände der ›Causa Bregno‹ wäre hier kaum etwas zu gewinnen gewesen. Ganz zu schweigen davon, dass es darüber hinaus eines Zufallsfundes bedurfte (Beiziehung der lange Zeit unbekannten, im Notariatsarchiv unentdeckt gebliebenen Kodizille). Aber auch ohne die Rekonstruktion des weitverästelten Stammbaums und der familiären Netzwerke Bregnos, das heißt, ohne den aufgliedernden Nachvollzug der prosopografischen Kreise, in denen er sich bewegte, bliebe Wesentliches im Verborgenen. Hier sei nochmals an die andernorts verhandelte Erbauseinandersetzung erinnert. Denn, wie heißt es doch so schön (wenngleich unsauber gereimt): Das Testament sagt (bestenfalls) wie es *gedacht*, die Erbauseinandersetzung indes wie es *gemacht* wurde. Ohne all dies (und noch manch Anderem) wäre im absichtlich oder unabsichtlich Implizierten der Wörtchen »lapidibus et statuis« eine der bedeutendsten Antikensammlungen der Frühneuzeit im Vagen geblieben. Mehr noch, wir wüssten nahezu nichts von ihrer ehemaligen Existenz!

Ob und, wenn ja, inwieweit der geschilderte Casus ein Einzelfall ist oder ob wir hier nur die Spitze eines Eisberges gesichtet haben, ist einstweilen nicht abzuschätzen. Sollten wir wetten müssen, würden wir auf Letzteres setzen. Das Beispiel Andrea Bregnos deutet mit Nachdruck auf den blinden Fleck: Das nolens volens Implizierte birgt die Gefahr eines kapitalen Bias, nicht nur, aber besonders in der Textgattung des Testaments. Von der – in rezenten Publikationen zuweilen nur noch stiefmütterlich behandelten – Quellenkritik wird es ohnehin nur unzulänglich erfasst. Und werden in die Untersuchung nicht die gesamten Umstände und das engere und weitere Umfeld des Testieraktes beziehungsweise des Testators oder der Testatorin mit in den Blick genommen, drohen Verzerrungen und Verkennungen – mit weitreichenden Folgen. Der Appell kann daher nur lauten, einigermaßen unkonkret und altklug zugleich: Cavete! Ein Patentrezept hierfür kann es aber nicht geben, leider.

Bibliografie

Agosti, Giovanni / Isella, Dante (2006): *Antiquarie prospetiche romane.* 2. Aufl. Mailand: Fondazione Pietro Bembo.

Belli, Gianluca (2022): *Famiglie e identità sociale nella biografia di Giuliano e Antonio da Sangallo.* In: Mitteilungen des Kunsthistorischen Instituts in Florenz 64.2, S. 162–191.

Borbein, Adolf H. (2011): *Über die rechte Art, ›die Augen zu öffnen‹. Karl Philipp Moritz zu Winckelmanns Statuenbeschreibungen.* In: Bruer, Stephanie-G. / Rößler, Detlef (Hrsg.): *Festschrift für Max Kunze. ›…die Augen ein wenig zu öffnen‹. Der Blick auf die antike Kunst von der Renaissance bis heute.* Ruhpolding: Rutzen, S. 71–77.

Butler, Kim E. (2009): *La ›Cronaca rimata‹ di Giovanni Santi e Raffaello.* In: Mochi Onori, Lorenza (Hrsg.): *Raffaello e Urbino. La formazione giovanile e i rapporti con la città natale.* Ausstell.-Kat. Urbino, Galleria Nazionale delle Marche. Mailand: Electa, S. 38–43.

Caglioti, Francesco (2016): *La ›connoisseurship‹ della scultura rinascimentale. Esperienze e considerazioni di un ›romanista‹ mancato.* In: Albl, Stefan / Aggujaro, Alina (Hrsg.): *Il metodo del conoscitore. Approcci, limiti, prospettive.* Rom: Artemide, S. 125–152.

De Angelis d'Ossat, Matilde (2008): *La conoscenza dell'antico. Scultori e collezionisti a Roma nel XV secolo.* In: Crescentini, Claudio / Strinati, Claudio (Hrsg.): *Andrea Bregno. Il senso della forma nella cultura artistica del Rinascimento.* Florenz: Maschietto, S. 265–275.

De Nicola, Flavia (2020): *Nuove acquisizioni sulla prima attività romana di Michelangelo Buonarroti connessa con l'Umanesimo dei Pomponiani.* In: Icoxilòpoli 2, S. 605–636.

Fantozzi, Agnese (1994): *Nota d'anticaglie et spoglie et cose maravigliose et grande sono nella cipta de Roma da vederle volentieri (B.I.A.S.A. Ms. 51 A).* Rom: Alma Roma.

Fischer-Pace, Ursula V. (2003): *Codex Wolfegg.* In: Mayer, Bernd M. / Falk, Tilman (Hrsg.): *Europäische Meisterzeichnungen aus der Sammlung der Fürsten zu Waldburg-Wolfegg.* Ausstell.-Kat. Ravensburg: Städtische Galerie.

Franceschini, Adriano (1997): *Artisti a Ferrara in età umanistica e rinascimentale. Testimonianze archivistiche.* Ferrara: Corbo 1993–1997, Bd. II.2.

Grave, Johannes / Locher, Hubert / Wegener, Reinhard: *Einleitung. Der versehrte Körper der Kunst.* In: Dies. (Hrsg.): *Der Körper der Kunst. Konstruktionen der Totalität im Kunstdiskurs um 1800.* Göttingen: Vandenhoeck & Ruprecht, S. 7–12.

Hegener, Nicole (2007): *Im Angesicht des Todes. Die zwei Testamente des Baccio Bandinellis.* In: Herzog, Markwart / Hollberg, Cecilie (Hrsg.): *Seelenheil und irdischer Besitz, Testamente als Quellen für den Umgang mit den ›letzten Dingen‹.* Konstanz: UVK-Verl.-Ges., S. 213–228.

Hegener, Nicole (2012): *›Diligentia in minimis maxima‹. Testament und Nachlaß des ›kleinen Michelangelo‹ Don Giulio Clovio.* In: Dies./Schwedes 2012: 105–193.

Hegener, Nicole / Pöpper, Thomas (2012): *Mit dem Tod an Bord. Künstlertestamente als Quellen der Kunstgeschichte und Künstlersoziologie.* In: Hegener/Schwedes 2012: 11–52.

Hegener, Nicole / Schwedes, Kerstin (2012) (Hrsg.): *Der Künstler und sein Tod. Testamente europäischer Künstler vom Spätmittelalter bis zum 20. Jahrhundert.* Würzburg: Königshausen & Neumann.

Kühlenthal, Michael (2024): *Memoria in Stein. Das römische Wandgrabmal der Frührenaissance.* 2 Bde. München: Hirmer.

Kühlenthal, Michael (2002): *Andrea Bregno in Rom.* In: Römisches Jahrbuch der Bibliotheca Hertziana 32 (1997/1998), S. 179–272.

Maddalo, Silvia (1989): *Collezionismo antiquario e studio dell'antico nella bottega di Andrea Bregno.* In: Arte e documento 3, S. 100–109.

Pöpper, Thomas (2007): *Sicherung des Seelenheils und Verteilung des irdischen Besitzes im Spiegel einer ferraresischen Erbauseinandersetzung von 1504.* In: Herzog, Markwart / Hollberg, Cecilie (Hrsg.): *Seelenheil und irdischer Besitz, Testamente als Quellen für den Umgang mit den ›letzten Dingen‹.* Konstanz: UVK-Verl.-Ges., S. 199–211.

Pöpper, Thomas (2008 a): *›Meine Anverwandten haben nichts zu erben‹. Max Klingers Testamente. Wortlaut und Kommentar.* In: Langer, Pavla / Pataki, Zita Á. / Pöpper, Thomas (Hrsg.): *Max Klinger. Wege zur Neubewertung.* Leipzig: Plöttner, S. 201–208.

Pöpper, Thomas (2008 b): *›ob fidem domesticae cvrae‹. The sculptor as ›Pater Familias‹ and his own patron or Matthias Corvinus' milk-sister, Andrea Bregno's housekeeper and a forgotten epitaph.* In: Crescentini, Claudio / Strinati, Claudio (Hrsg.): *Andrea Bregno. Il senso della forma nella cultura artistica del Rinascimento.* Florenz: Maschietto, S. 389–399.

Pöpper, Thomas (2010): *Skulpturen für das Papsttum. Leben und Werk des Andrea Bregno im Rom des 15. Jahrhunderts.* Leipzig: Plöttner.

Pöpper, Thomas (2012): *›Corriger la fortune‹ oder ›laisser-faire‹. Max Klinger, Georg Kolbe und Georg Wrba im Spiegel ihrer Nachlaßregelungen.* In: Hegener/Schwedes 2012: 309–333.

Pöpper, Thomas / Tolnai, Tamara (2018): *Le eccezioni confermano la regola. Collaborazioni e ›famiglie‹ di monumenti sepolcrali nella scultura romana del Quattrocento.* In: Crescentini, Claudio / Risaliti, Sergio (Hrsg.): *La scuola scultorea romana del Quattrocento.* Rom: Erreciemme, S. 41–57.

Pöpper, Thomas (2021): *Michelangelos Requisiten. Beobachtungen zum ›Bacchus‹ (Florenz), zum ›Hl. Petronius‹ (Bologna) und zu einem Seligen des ›Jüngsten Gerichts‹ (Vatikanstadt), Text zweier Vorlesungen.* [Zwickau: Westsächsische Hochschule/Eigenverlag].

Pöpper, Thomas (2023 a): *Una nuova proposta sull'epigrafe funeraria di Andrea Bregno e alcune ipotesi per future ricerche.* In: Moizi, Mirko / Spiriti, Andrea (Hrsg.): *Scultori dello stato di Milano (1395–1535).* Mendrisio: Academy Press, S. 190–203.

Pöpper, Thomas (2023 b): *Skandalöse Dionysien. Zu Michelangelos ›Bacchus‹ als Theaterfigur und seiner ›tazza‹ als Requisit. Nebst einer Anmerkung zu Jean Cocteaus Illustrationen seiner gleichnamigen Tragikomödie.* In: Olchawa, Joanna / Saviello, Julia (Hrsg.): *Requisiten. Die Inszenierung von Objekten auf der ›Bühne der Kunst‹.* Merzhausen: ad picturam, S. 97–116.

Pöpper, Thomas (im Druck): *Lapidarium oder Antiquarium? Zur Antikensammlung Andrea Bregnos (1418–1503), dem ›Torso vom Belvedere‹ und Michelangelos Lehrmeister.* In: Keuper, Ulrike / Kuhn, Léa (Hrsg.): *Künstlersammlungen. Objekte, Ordnungen, Programmatiken* (Arbeitstitel).

Rausa, Federico (1997): *Un nuova disegno con marmi antichi della collezione di Andrea Bregno.* In: Xenia Antiqua 6, S. 153–158.

Rossi, Gianni (2022): *La casa che Donatello comprò a Figline (e la scoperta delle sue ultime volontà).* In: Prato. Storia e Arte 130/131, S. 5–14.

Schmarsow, August (1883): *Meister Andrea.* In: Jahrbuch der Preußischen Kunstsammlungen 4, S. 18–31.

Schweikhart, Gunter (1986): *Der Codex Wolfegg. Zeichnungen nach der Antike von Amico Aspertini.* London: The Warburg Institute / University of London Press.

Strauch, Timo (2016): *›in casa di maestro Andrea scarpellino‹. Die Antikensammlung des Bildhauers Andrea Bregno und ihre Einbindung in die ›Census‹-Datenbank.* In: Das Altertum 61, S. 297–308.

Tura, Adolfo (2016): *Paralipomeni prospettici. Ancora sulle Antiquarie stampate a Roma alla fine del Quattrocento.* In: Gutenberg-Jahrbuch 91, S. 75–80.

Von Schmidt, J. / De Wahl, Tom (1901): *Il testamento di Andrea Bregno.* In: Arte 4, S. 417f.

Wünsche, Raimund (1998): *Der Torso. Ruhm und Rätsel.* In: Ders. (Hrsg.): *Der Torso. Ruhm und Rätsel.* Ausstell.-Kat. München: Staatliche Antikensammlungen und Glyptothek, S. 21–100.

Zanker, Paul (1969): *Der Larenaltar im Belvedere des Vatikans.* In: Mitteilungen des deutschen Archäologischen Instituts, Römische Abteilung 76, S. 205–218.

Zöllner, Frank / Thoenes, Christof / Pöpper, Thomas (2007): *Michelangelo, 1475–1564. Das vollständige Werk.* Köln u. a.: Taschen.

Ileana-Maria Ratcu

Körper und Seele in den Testamenten und Teilungsprotokollen der Siebenbürger Sachsen im 16. Jahrhundert

Abstract

Body and soul in the wills and division protocols of the Transylvanian Saxons in the 16th century

This article deals with a particular type of document in the Transylvanian Saxon tradition, the division protocols, which in some ways are similar to wills. These documents are a valuable source for various types of research: historical, sociological, linguistic and dialectal studies. Several wills, which sometimes appear alongside the division protocols, are also discussed in this work. It is revealing that there is a difference in the attitude of the testators before the reform and after the implementation of the reform. Before the reform, the emphasis was on eternal life and the immortality of the soul, whereas some 60–70 years later the attitude was more pragmatic and there was a greater interest in movable and immovable property.

Keywords: Transylvania, wills, divisoral letters, Reformation, Transylvanian Saxons
Schlüsselwörter: Siebenbürgen, Testamente, Teilungsprotokolle, Reformation, Siebenbürger Sachsen

1. Vorbemerkungen

Das rumänische Nationalarchiv verfügt über einen reichhaltigen und beeindruckenden Schatz an historischen Urkunden, die in den jeweiligen administrativ-territorialen Zweigstellen – 42 Kreiszweigstellen sowie anderen Abteilungen des zentralen Nationalarchivs – aufbewahrt werden. Kennzeichnend für die auf dem Gebiet Rumäniens aufbewahrten Achivalien ist die Vielfalt der Urkundensprachen, was als Ergebnis der historischen Ereignisse und der Zusammensetzung der Völker und Kulturen sowie deren hierorts jahrhundertelange Beziehungen zu betrachten ist. Vom Mittelalter bis in die Neuzeit gibt es in der ehemaligen Walachei / rumänisch Ţara Românească und in der Moldau / rum.

Ileana-Maria Ratcu, Universitatea din Bucureşti, ORCID: 0000-0002-6866-1548.

Moldova) außer den rumänischen im kyrillischen Alphabet geschriebenen Urkunden slawische, lateinische, türkische, neugriechische und sogar deutsche Urkunden. In Siebenbürgen / rum. Transilvania lässt sich eine veränderte Konstellation feststellen. Während in der Walachei / rum. Ţara Românească und in der Moldau / rum. Moldova vor der Etablierung des Rumänischen das Altslawische[1] als Urkundensprache gut vertreten war, war in Siebenbürgen bis ins 15. Jahrhundert zuerst die lateinische Sprache die vorherrschende Urkundensprache, auch wenn die Schriftlichkeit sich hierzulande um einige Jahrhunderte später als in West- und Mitteleuropa durchgesetzt hatte. Ab dem 15. Jahrhundert kommt das Deutsche in den siebenbürgischen Urkunden immer öfter vor und etwa hundert Jahre später auch das Ungarische. Darüber hinaus erscheinen das Rumänische, Altslawische, aber auch das Neugriechische (vor allem in der Neuzeit) als Urkundensprachen in den siebenbürgischen Archiven vor, auch wenn ihr Anteil im ausgehenden Mittelalter reduziert ist.

2. Die deutschsprachigen Urkunden auf dem Gebiet Rumäniens

Die deutschsprachigen Urkunden haben eine historisch bedingte Verbreitung auf dem Gebiet Rumäniens. In Siebenbürgen / rum. Transilvania befinden sich die meisten und auch ältesten deutschsprachigen Urkunden, während im Banat und in der Bukowina / rum. Bucovina deutschsprachige Urkunden erst Ende des 17. Jahrhunderts bzw. in der zweiten Hälfte des 18. Jahrhunderts (nach 1774) vorkommen. Die Hauptaussteller der deutschsprachigen Urkunden in Siebenbürgen / rum. Transilvania waren die Siebenbürger Sachsen, wobei Ende des 17. Jahrhunderts die von den österreichischen Behörden ausgestellten deutschsprachigen Urkunden an Bedeutung gewinnen. Durch eine starke Kolonisation der Habsburger werden im Banat durch mehrere Wellen die so genannten Banater Schwaben angesiedelt. Fast in derselben Zeit war eine kleinere ethnische Gruppe, die Sathmarschwaben, in den Kreisen Sathmar / rum. Satu Mare, Sălaj und Maramuresch / rum. Maramureş ansässig. Nach der Annexion der Bukowina / rum. Bucovina in die österreischische Monarchie (1774/1775) kamen deutschsprachige Beamte aus mehreren Regionen des Habsburgerreiches, darunter auch Zipserdeutsche, die sich im 19. Jahrhunder aus der Slowakei in der Bukowina, aber auch in die Maramuresch niederließen. Diese interessante multikulturelle Kulturlandschaft der deutschsprachigen Gemeinden auf dem

1 In der Moldau und der Walachei wurden die ältesten Urkunden in slawischer Sprache verfasst, wobei in der Moldau westrussische, vor allem ukrainische, aber auch polnische und tschechische Einflüsse und in der Walachei eher mittelbulgarische und mittelserbische Einflüsse festzustellen sind. Vgl. Mitu (1963: 156ff.).

historischen Gebiet Rumäniens wird von den Bessarabiendeutschen und den Dobrudschadeutschen[2] ergänzt.

Die Siebenbürger Sachsen, Banater und Sathmarer Schwaben, Banater Berglanddeutsche, Landler, Zipser, Buchenlanddeutsche, Bessarabiendeutsche, Dobrudschadeutsche sowie die Deutschen im rumänischen Altreich, unter dem Sammelbegriff »Rumäniendeutsche« bekannt (Sava 2022: 72), haben folglich unterschiedliche Ansiedlungsgeschichten auf dem Gebiet des heutigen Rumäniens, was sich in den von ihnen ausgestellten Urkunden widerspiegelt.

3. Die deutschsprachigen Urkunden in Siebenbürgen / rum. Transilvania

Die ältesten deutschen Siedler, die dem Ruf des ungarischen Königs Géza (1130–1162) folgten, und vornehmlich aus dem westmitteldeutschen (mittelfränkischen) Raum nach Siebenbürgen / rum. Transilvania kamen, wurden in den damaligen und späteren lateinischen Urkunden als *saxones* bezeichnet. Später war die landesübliche Bezeichnung für diese Ansiedler »Siebenbürger Sachsen«, die bald als Selbstbezeichnung galt. Ihre Sprache, das Siebenbürgisch-Sächsische, ist nicht mit dem binnendeutsch sächsischen Dialekt zu verwechseln. Die Urkundensprache in Siebenbürgen war bis Anfang des 15. Jahrhunderts ausschließlich Latein[3], aber auch in den lateinischen Urkunden kamen deutsche Anthroponyme, Toponyme, Hydronyme und spezifische Werkzeugbezeichnungen vor. Mit der Zeit entwickelte sich sogar eine deutsch-lateinische Zweisprachigkeit in den mittelalterlichen Kanzleien, bis das Deutsche das Lateinische aus seiner Stellung als universale Urkundensprache verdrängte. Es handelt sich allerdings um ein europäisches Phänomen, das in Siebenbürgen mit einer gewissen Verspätung im Vergleich zu West- und Mitteleuropa zum Ausdruck kam. Durch die weitere Verwendung der lateinischen Sprache in den Einleitungs- und Schlussformeln, in der Datierung sowie in einigen festen Ausdrücken wird das Nebeneinanderbestehen der zwei Urkundensprachen, Deutsch und Latein, fortgesetzt. Die siebenbürgisch-sächsische Schriftsprache – genau wie auch in anderen deutschen Sprachgebieten – war trotz einer gewissen Struktur und der

2 Die Dobrudschdeutschen (Dobrudscha / rum. Dobrogea) kamen eigentlich aus Bessarabien / rum. Basarabia. Sie wurden ursrpünglich von Katharina der Großen durch den Kolonisationsbrief von 1763 im unteren Wolga-und Schwarzmeergebiet angesiedelt. https://www.bpb.de/themen/migration-integration/russlanddeutsche/252006/von-der-anwerbung-unter-katharina-ii-bis-1917/ [Zugriff am 21.04.2024].

3 Die älteste deutschsprachige Urkunde, deren ganzer Text ausschließlich in deutscher Sprache verfasst wurde, stammt aus dem Jahr 1411 und bezieht sich auf einen Hausverkauf durch Mathias Tromenauer von der Basz aus Hermannstadt/ rum. Sibiu. Vgl. Ratcu (1997: 66).

Formelhaftigkeit der Urkunden eine recht uneinheitliche Erscheinung (Klaster-Ungureanu 1986: 267).

Das Siebenbürgisch-Sächsische ist dem Rumäniendeutschen untergeordnet. Unter dieser Bezeichnung ist der überregionale Sprachgebrauch der deutschsprachigen Volksgruppen aus Rumänien zu verstehen, die ursprünglich aus verschiedenen deutschsprachigen Regionen stammen und sich zu unterschiedlichen historischen Zeiten auf dem Gebiet Rumäniens angesiedelt haben. Die internationale Anerkennung dieser Varietät des Deutschen ist Ioan Lăzărescu zu verdanken, der sie durch mehrere Beiträge und durch die Mitwirkung am Variantenwörterbuch des Deutschen (Ammon, Bickel et al. ^{2}2016) etabliert hat. Obwohl das Rumäniendeutsch nicht über den Amtssprachenstatus verfügt, wird es in der Schule, Kirche, in der Presse – in der schriftlichen Presse und im Fernsehen und Radio –, sowie in der Literatur verwendet, sodass das Kriterium der Standardsprachlichkeit erfüllt ist (Lăzărescu 2013: 370).

Keineswegs ist das Siebenbürgisch-Sächsische als ein homogenes Sprachsystem zu betrachten. Vielmehr ist es ein heterogenes Gebilde von zahlreichen Mundarten. Getrennt vom binnendeutschen Raum entwickelte sich die siebenbürgisch-sächsische Varietät als ein komplexes Dia-System mit eigenen diatopischen und diastratischen Subsystemen: Jede Ortschaft verfügte über eine eigene Mundart, wobei die Ortsmundarten von der ländlichen Bevölkerung gesprochen und in großem Ausmaß von den städtischen Zentren geprägt wurden (Hermannstadt / rum. Sibiu, Kronstadt / rum. Braşov, Schäßburg / rum. Sighişoara, Bistritz / rum. Bistriţa) (Ratcu/Lăzărescu 2017: 21). Trotz vieler Gemeinsamkeiten im Bereich der grammatischen Strukturen und der Lexik unterscheidet man zwischen dem sprecherreicheren südsiebenbürgischen Mundartgebiet und dem nordsiebenbürgischen Mundartgebiet um Bistritz / rum. Bistriţa und im Nösnerland / rum. Ţara Năsăudului und Sächsisch Reen / rum. Reghin im Reener Ländchen.

Das Siebenbürgisch-Sächsische weist hauptsächlich Merkmale eines westmitteldeutschen, vor allem mittelfränkischen Dialektes auf, der später ostmitteldeutsche – durch die Bekehrung der Siebenbürger Sachsen zum Protestantismus – und oberdeutsche – durch die historisch-politischen Beziehungen zu der Habsburger Monarchie – Einflüsse erfuhr. Der Kontakt zum Rumänischen und zu anderen Minderheitensprachen, insbesondere dem Ungarischen führte zu zahlreichen Kontaktbildungen.

4. Die siebenbürgischen Teilungsprotokolle (›Teilbriefe‹)

Schon während der lateinisch-deutschen Zweisprachigkeit gab es eine vielfältige Überlieferung des Siebenbürgisch-Sächsischen, die sich in den folgenden Jahrhunderten weiterentwickelte. Während die lateinischen Urkunden über ein langes, kompliziertes und feierliches diplomatisches Formular verfügten, waren die ersten deutschsprachigen Urkunden eher einfache Schriften wie Briefe, Pfandbriefe, Kaufbriefe, Geleitbriefe usw. Allmählich werden die deutschsprachigen Urkunden vielfältiger und immer komplexer. Es erscheinen Frei-und Lehnbriefe, Adelsdiplome, Protokolle, Teilungsprotokolle, Verträge, Eheverträge, Testamente, Bittschriften, Berichte. Der Brief ist die am häufigsten vertretene Textsorte, die offensichtlich unter mehreren Erscheinungsformen vorliegt.

Eine bereits erwähnte Kategorie betrifft die Teilungsprotokolle, die den Testamenten einigermaßen ähnlich sind und mit denen sie oft in Verbindung gebracht werden. Sie umfassen Verzeichnisse der Vermögensgegenstände, sodass man aufgrund dieser Quellen ein Inventar der wichtigen und nützlichen Gegenstände der Siebenbürger Sachsen aus dem späten Mittelalter und der frühen Neuzeit erstellen kann. Nicht nur Prachtgegenstände und Schmuck, sondern auch Alltagsgegenstände kommen in Frage. Gegenstand dieser Protokolle waren die Aufteilung des Nachlasses einer verstorbenen Person zwischen den Kindern oder zwischen Witwe bzw. Witwer und Kindern, wobei interessanterweise auch die Stiefkinder berücksichtigt wurden und ihr Erbteil mütterlicher- oder väterlicherseits bekamen. Der Unterschied zu den Testamenten besteht darin, dass die Teilungsprotokolle nach dem Tod einer Person abgeschlossen, während die Testamente in der Anwesenheit des Besitzers ausgestellt wurden. Es gibt Situationen, in denen ein Testament schon vorlag und es natürlich bei der Teilung erwähnt und berücksichtigt wurde.

5. Terminologie der Teilungsprotokolle

Im Siebenbürgisch-Sächsischen wird diese Kategorie von Urkunden »Teilbriefe« genannt, eine Bezeichnung die heutzutage veraltet und nicht mehr üblich ist. Teilungsprotokoll ist der geläufige Terminus dafür. Die Teilbriefe wurden durch Teilherren verfasst, die Mitglieder oder Beauftragte des mittelalterlichen Stadtrates waren. »Die Teilherren waren jene Geschworenen, denen besonders die Durchführung der Erbschaftsgelegenheiten, Verlassenschaften und dergl. oblag« (Kaindl 1907: 292). Das Teilungsamt oder das Divisorat (eine Bezeichnung, die eindeutig lateinischer Herkunft ist), eine der Stadtverwaltung untergeordnete Einrichtung, leitete die Tätigkeit der Teilherren.

Wenn man in den Wörterbüchern der deutschen Gegenwartssprache nachschlägt, sind diese Termini nicht anzutreffen. Sie kommen im Grimmschen Wörterbuch, manchmal in veränderter Form vor. Das mask. Nomen ›Teilbrief‹ wird mit der Eintragsinformation »theilungsurkunde« (1393) erläutert. Die lateinische Bezeichung für diesen Terminus ist ›litterae divisionales‹[4], sodass man behaupten kann, dass der Terminus ›Teilbrief‹ eigentlich eine Lehnübersetzung ist. Infolge der geringen Beschätigungen mit den Teilungsprotokollen ist die rumänische Terminologie nicht einheitlich. Termini wie ›scrisoare de împărţeală‹, ›scrisoare de împărţire‹, ›scrisoare divizorală‹, ›scrisoare de partaj‹ (Iacob 2015: 13) werden abwechselnd benutzt.

Statt ›Teilherr‹ trifft man im Grimmschen Wörterbuch den Terminus ›Teiler‹ an, bei dem die erste Bedeutung für uns von Belang ist. Im mhd. war der Theiler »einer der theilt, partitor, distributor, divisor«.[5] ›Teilchen‹ bedeutete in den siebenbürgisch-sächsichen Teilungsprotokollen »Erbteil«. Verwendet wurden auch die Nomen ›Drittheil‹ und ›Zweitheil‹, die die Erbteile mütterlicherseits bzw. väterlicherseits darstellten. Die Formen ›Drittheil‹[6] und ›Zweitheil‹ oder ›Zweitel‹ kommen auch im Grimmschen Wörterbuch vor, wobei das mhd. ›zweitel‹[7] durch die ›Hälfte‹ verdrängt wurde.

Durch die Bearbeitung der siebenbürgisch-sächsichen Teilungsprotokollen konnte man feststellen, dass die Wortfamilie von ›Teil‹ gut vertreten ist. Die Derivate »Teilung«, »Teilchen«, die Komposita »Teilbrief«, »Teilherr«, »Dreiteil« und »Zweiteil« sowie das Verb »teilen« werden oft in den untersuchten Urkunden verwendet.

6. Die Teilungsprotokolle – Korpuserstellung

In den siebenbürgisch-sächsischen städtischen Zentren, Hermannstadt / rum. Sibiu, Nösen / rum. Bistriţa und Kronstadt / rum. Braşov werden ab der zweiten Hälfte des 16. Jahrhunderts Stadtbücher überliefert. Im Laufe der Zeit hat die Verwaltungspraxis unterschiedliche Typen städtischer Register entwickelt, die man nach unterschiedlichen Kriterien klassifizieren kann. Die Stadtbücher dienten vor allem zur Aufzeichnung privater Rechtsakte und deren Entstehung und Verbreitung hängt zum einen von der Entwicklung der Schriftlichkeit und

4 Glosar de termeni şi expresii din documentele latine privind istoria medie a României, Institutul de Istorie Cluj, o. J., S. 106.
5 https://woerterbuchnetz.de/?sigle=DWB&lemid=T03273 [Zugriff am 21.04.2024].
6 https://woerterbuchnetz.de/?sigle=DWB&lemid=D04925 [Zugriff am 21.04.2024].
7 https://woerterbuchnetz.de/?sigle=DWB&lemid=Z12975; https://woerterbuchnetz.de/?sigle=DWB&lemid=Z12980 [Zugriff am 21.04.2024].

zum anderen von der Diversifizierung der Verwaltung ab.[8] Somit entstanden in den größeren Städten spezialisierte Stadtbücher: Ratsbücher, Finanzbücher, Steuerbücher, Gerichtsbücher, Protokollbücher usw. Die Teilungsprotokolle wurden in Stadtbüchern aufgezeichnet. Bislang wurden nicht sehr viele siebenbürgische Stadtbücher publiziert.[9]

Vergleicht man die erwähnten Teilungsprotokolle, die aus der gleichen Zeitspanne stammen, ist leicht festzustellen, dass die Urkunden aus Bistritz / rum. Bistriţa und aus Kronstadt / rum. Braşov viele Gemeinsamkeiten aufweisen, indem sie sowohl die beweglichen als auch die unbeweglichen Güter verzeichnen, und die aus Hermannstadt / rum. Sibiu sich eher auf die Häuser und manchmal auch auf die Landgüter beziehen. Die beweglichen Güter werden in den Hermannstädter Teilungsprotokollen nicht erwähnt.

Die Bistritzer Teilungsprotokolle aus dem 16. Jahrhundert (1574–1602), auf die ich mich beziehe, werden in fünf heute in Klausenburg / rum. Cluj-Napoca archivierten Bänden oder Stadtbüchern aufbewahrt.[10] Der Bistritzer Archivbestand ist jedoch viel umfangreicher, denn die Aufzeichnungen reichen bis ins 19. Jh. (1802) (Vlaşin 2010: 420). Die Hermannstädter[11] bzw. die Kronstädter[12] Protokolle werden an ihren Ausstellungsorten aufbewahrt. Näher wird im vorliegenden Beitrag das erste Bistritzer Stadtbuch, nämlich die Teilungsprotokolle und Testamente aus dem Jahr 1574 betrachtet. Dieses Jahr wird von mir im Folgenden bevorzugt behandelt, denn aus diesem Jahr stammen nicht nur Teilungsprotokolle, sondern auch einige Testamente, die in demselben Stadtbuch eingetragen wurden.

8 https://www.leo-bw.de/themenmodul/sudwestdeutschearchivalienkunde/archivaliengattungen/amtsbucher/stadtbucher [Zugriff am 21.04.2024].

9 Hier eine Auswahl der Neuerscheinungen: »zu urkundt in das Stadtbuch lassen einschreiben«. Die ältesten Protokolle von Hermannstadt und der Sächsischen Nationsuniversität (1522–1565). Edition und Einleitung von Mariá Pakucs-Willcocks, Schiller Verlag, Hermannstadt – Bonn, 2016; Das Gerichtsbuch des Kronstädter Rates (1558–1580), Herausgegeben von Julia Derzsi, aldus Verlag, Kronstadt, 2016.

10 Kreisdirektion des Nationalarchivs Klausenburg / Cluj, Bestand Rathaus der Stadt Bistritz / Bistriţa, IIId, Teilbriefe (Protocoale de împărţire), Bd. 1 (1573–1576), Bd. 2 (1575–1579), Bd. 3 (1586–1598), Bd. 4 (1592–1598), Bd. 5 (1599–1602).

11 Kreisdirektion des Nationalarchivs Hermannstadt/ Sibiu, Bestand Rathaus der Stadt und des Stuhls Hermannstadt, Teilungsprotokolle, Bd. 2.

12 Kreisdirektion des Nationalarchivs Kronstadt/ Braşov, Bestand Rathaus der Stadt Kronstadt, Divizorat, Concepte, 16.

7. Die Struktur und der Inhalt eines Teilungsprotokolls

Das Formular eines solchen Teilungsprotokolls folgt einer gewissen Struktur. Titel, Datum, Ort, die anwesenden Personen (Familie, Nachfolger, Teilherren, Zeugen) und die Erläuterung der Teilung, in der jedes Familienmitglied mit Anspruch auf Erbfolge erwähnt wird, folgen nacheinander. Der Titel wurde größer und mit fetten Buchstaben geschrieben und sollte nur den Namen des Erblassers (»Casper Schaller«, »Margaretta Hans Gassnerin«, »Velten Netter«, »Mertten Budicker«) oder der Hauptbeteiligen (»Endres Zigler sein Edem«[13] Peter Angerer) umfassen. Manchmal erscheint auch der Wohnort im Titel neben dem Erblasser: z. B. »Gromes Teutschen im Krebelt[14]«, »Achacz Weber im Krebelt«. Gleich nach dem Titel erscheint das Datum (den 6. Martii), manchmal werden religiöse Feste erwähnt: »Am abent Epiphaniae«, »Am Donnerstag nach Bartholomej«, »Am Donnerstag nach Michaelis«, »Am Tag Nicolaj«, »Am ersten Sonntag des Advents«. Interessant ist auch die Bezeichnung des Monats Dezember: »Am 4. Tag des Christmonats«, die alternativ zur heutigen Bezeichnung erscheint »Den 2. Tag des Decembris«.

Je nach Situation werden mehr oder weniger anwesende Personen genannt: »So hat der Endres Zigler seines Edem piter Angerer und seiner tochter Sophia yrer abgestorbenen Mutter Otilia bekennes drittel aussgeben [...]« (Bl. 50v)

> »Also hatt die Thugentsame fraw Catarina Die piter Teudschen ÿren 2 Stiff Kindern piter und Anna und yrem rechten erbling Mertten, ÿres abgestorbenen Vatters piter Teudsches bekennes czweyttel aussgeben an allen beweglichen und unbeweglichen gütter, in kegenwart der Teihern als Jacob Reimers, Lucas Sadtlers, Achaz Schusters vnd Tomas Rodelts [...]« (Bl. 52)

oder

> So hat die thugentsame fraw Greta Gromes Teudtschin im Krebelten in Kegenwart der Teilhernn und ÿres freundes Mechels Teudtsch vom Penteck, ÿren 5 Kindern Greta, Anna, Adam, Tomas vnd der vngerborner Wesen ÿres abgestorbenes Vaters Gromes Teudtsches, bekennes czweyttel an allen beweglichen etc. Darbeÿ ist auch gewest Velten Wener vom Oberwalndorff vnd Sunno Czekel dieser frawen bruder [...]« (Bl. 60)

Nach dem Vater bekommen die Kinder die Hälfte des Vermögens, nach der Mutter nur ein Drittel. Es ist interessant, dass die Stiefkinder und auch die ungeborenen Kinder berücksichtigt werden. Gleichzeitig werden zwischen den Familienmitgliedern Schulden geregelt:

---

13 »Edem« ist die dialektale Form für ›Eidam‹, veraltet für Schwiegersohn.

14 Krebelt ist die Bezeichnung eines verschwundenen Dorfes in der Nähe von Bistritz/ rum. Bistriţa.

»Item dem piter Weischer ist nun nich schuldig fl. 28. Die geldt hatt der Ehrbar ratt abgeschlagen, derweil er nitt den schuldt brieff hatt kunden auffgeben, Item gescheen am Mittwoch für Andree Im 75 Jar. Daran ist dem Michel zu teyl worden fl 9 denar 67 vnd dem Gergen fl 8 d 57.« (Bl. 107).

Sehr oft werden Gegenstände: »Item der Vrsel und der Anna ein beth und einen heuben pfyl[15] mitteinander [...] Idem der Barbara ein aechtels kann vnd 2 kleine schisselchen; Item Der Vrsel Ein new gross czinen schissel« (Bl. 55) oder auch wertvollere Güter vergeben: »ein kornblumich alt klein hefftel« (Bl. 106v) als Schmuckstück.

Manchmal gibt es komplizierte Familienangelegenheiten, dadurch stellt dieser Urkundentyp eine wichtige Quelle dar, um die ganze Struktur und Konstellation einer siebenbürgisch-sächsischen Familie verstehen zu können:

»Am Tag Nicolaj So hat die Thugentsame fraw Anna Mertten Budickerin ÿren Steÿff Kindern Gerg Piter vnd Michel ÿres abgestorbenes Vatter czweittel ausgeben; Man sol aber wissen das der Mechel erstlich seiner Mutter Dorothea drittel und seines Vatters czweitel entffangen hat; dannach die andere 2 Kinder haben eine andere Mutt(er) gehabt Catarina mitt name(n) welchen Kindern ÿrer Mutt(er) drittel auch ist ausgeben worden; demnach auch ÿres vatters czweÿttel« (Bl. 106v).

Erst nach dieser Klärung der Familienbeziehungen werden die Güter verteilt und in dem Teilungsprotokoll eingetragen. Es gibt mehrere Kategorien von Gegenständen, die in den Teilungsprotokollen eingetragen werden: Schmuckstücke (Heftel, Borten, silberne Becher und Löffel), Betten, »Leinengerät« oder »Leinrat«, d.h. Leinengewebe, Bettwäsche; dann Zinngefäße, Küchenutensilien, eisernes Gerät, Hausrat, Möbelstücke, Kleidung u.a.m. (Ratcu 2019: 118).

Die Erben bekommen: Kannen (khan), Schüsseln (schyssel), Teller (scheiben), Pfannen (pfan / fan), Mörser mit Stößeln, Kessel. Oft werden sie näher beschrieben und unter der Kategorie »Gemein Hausrath« genannt. Es gibt unterschiedliche Größen, manchmal mit verschiedenem Zierrat versehen: »Item den 2 Kindern auffs drittel 2 echtels kann und ein gross czinne schyssel... Item einen grossen spes und ein kupffern pfan« (Bl. 106v). Dass diese Küchenutensilien unentbehrlich für den siebenbürgischen Alltag waren, beweist deren ausführliche Beschreibung und auch die Tatsache, dass manchmal sogar altes, gebrauchtes Kochgeschirr vererbt wurde. Die Adjektive »gut« , »schlecht« oder » alt« als Beschreibung der jeweiligen vererbten Güter weisen auf deren Zustand hin: »ein gutt pfan« (Bl. 106), »2 gutt beht czeichen« (Bl. 104), » ein new thrun«, (Bl.105), »2 schlecht schwartz tisch« (Bl. 113).

Nach den beweglichen Gütern werden schließlich unbewegliche Güter wie Häuser, Grundstücke, Baum-und Weingärten zur Sprache gebracht:

15 Siebenbürgisch-Sächsisch für Kissen.

»den 2 kindern 2 bomgertelchen auf mettesdorffer hattert[16] eines vnder gokesch wenckel vnd der ander in dem wolffs loch bevor ist geben worden [...] Item den 2 Kindern am Weingarten an der Burg welche für die Mutter verkaufft haben fl 16 kumpt den 2 Kindern fl 7 d 73. Die Mutter sol in das gelt erlegen. Dem Mechel ist ein teyl abgerechnet worden. Derweil er zuvor vom Vatt(er) fl 15 enttpfangen hatt. Item am Baumgartt am Galperg vngeteyl vnd der farb kessel. Das Haus wurde evaluiert, verkauft und eingeteilt: »Item das Hauss haben die frenndt durch eygen verwilligung der Mutter eingeschetzt für fl. 80«. (Bl. 107)

8. Vereinzelte Testamente im Bistritzer Stadtbuch

Das erste Bistritzer Stadtbuch beinhaltet außer Teilungsprotokollen auch einige Testamente. Ein solches Beispiel ist das Testament von Clara Schwartz Endersin. Genau wie im Falle der Teilbriefe wird in dem Stadtbuch der Titel mit großen und fetten Buchstaben markiert: »Schwartz Endersin Testament«. Dann folgt das Datum und die anwesenden Personen: »Den Nechsten Sonntag für Laurentj Im 1574 Jar Es hatt die thugentsame fraw Clara Schwartz Endersin dis nachfolgende Testament gethan, in Kegenwartt de Piter Schneyderer vnd Niclos Rodelt etc.«. Dann werden die Familienmitglieder erwähnt und die Güter, die ihnen zugeschrieben werden: Schmuck (»Heftel«, Gürtel, Spangen), Kleidung (»grisschl kirsch«, »Igler rock«), Haushaltgüter (»besten Becher, die best schissel vnd die best czinnen kan«) (Bl. 80).

Ein weiteres Testament in demselben Bistritzer Stadtbuch regelt den Nachlass von Catarina, der Frau von Jacob Reymer. Das Testament wird in Anwesenheit von Zeugen aufgesetzt: die ehrbaren Leute »Baltazar Goldschmidt, Achacz Reymer vnd Fabian bÿrkocher«. Bewegliche und unwegliche Güter werden berücksichtigt:

Herr Jacob Reymerin Testament
Dem nechsten freytag nach Laurentj So hat die thugentsame fraw Catarina Jacob Reÿmerin in Kegenwarth der Ehrbarer leutt als Baltazar Goldschmidt, Achacz Reymer vnd Fabian bÿrkocher das nachfolgende Testament gethan, nemlich
Von ersten: So bescheÿdt ich meÿnen Hern dem Her Jacob: auss allen meynen guttern beweglich vnd umbeweglich, auss meÿnem Drÿttel ein Drittel:
Item: meÿner tochter Catarina den horlis mantel mitt dem Goldbortten: sampt den spangen:
Item: man soll ÿr auss dem Hoffen die hochheyt zu richten und da gaben: als ein gonesch blo tisch tuch zur gaben; et einen gutten heuben pfÿl sampt newer bloer czeichen et ein best sampt der czeichen: und 2 Schloÿer, vnd der Catarina kleydung sol man ÿr sampt dem geschmeidt vngestimmelt bleÿben (Bl.81)

16 »Hattert« ist der siebenbürgisch-sächsiche Terminus für Gemarkung, die gesamte Bodenfläche eines Dorfes, einer Gemeinde usw.

Wie die Teilungsprotokolle sind die Testamente in dem Bistritzer Stadtbuch sachlich, sie beruhen nicht auf der Beziehung des Menschen zu Gott, der Unsterblichkeit der Seele, dem ewigen Leben. Es gibt keinen Hinweis auf Krankheit und Leiden und die Erlösung von Not und Schmerzen. Nur eine Urkunde aus demselben Jahr aus dem Band 2, die auch veröffentlicht wurde (Ratcu 2013: 37) spricht über Krankheit, Sterbebett und Andacht. Interessanterweise denkt der sterbende Erblasser nicht an Kleidungs- oder Schmuckstücke, die er der Familie hinterlassen will, sondern an unbewegliche Güter, nämlich einen Obstgarten, den er den Armen und Kranken hinterlassen will. Den zweiten Obstgarten überlässt er seiner Frau unter der Bedingung, dass sie ihn zu Lebzeiten nicht verkauft und dass er zum Wohle der Armen verwendet wird.

> Mir Filius Weber, vnd Velten Bottscher mittburger dieser Stadt Nösen Bekennen offentlich für iederman, vnd menigklich, Das mir nemlich bittlicher weyss halben sein beruffen worden, von dem ehrbar(e)n man, Mechel Keintsch, in seine behausung, für sein Kranckbeht, vnd hatt vns gebetten das mir seines Testamentes vnd letzten Willens eindechtig vnd gewisse Zeugen solten sein; Vnd es hatt der benantt erhbar man, Mechel Keintsch, baldt für seinem abschiedt mitt wissen und willen, seiner Hauswirtin aus eygner guttwillickeytt, im Testament, den armen leutten im Seich haus bescheidt, seinen Bomgarten am Lempisch, welcher zu nehst bey des Herr Alberts erb ist.
> Darnach hatt er den armen leutten ins Spital auch einen Bomgarten gelassen, welcher am Hamberg ist: dis hatt er aber mitt solcher condition gethan, Das nemlich sein Hauswirtin diesen Bomgert, so lang brauchen soll, so lang sie kan, aber sie soll nicht frey sein, diese Bomgertten zu verkauffen noch durch Wechsel, den armen leutten zu entcziehen. Dis hatt sein Hauswirtin, in vnserem beysein, guttwillicklich nachgeben und gelobt.
> Zu grösserm glauben vnd mehrer sicherheytt, So haben mir obbenanter menner, als beruffene, vnd geordnet Testamenter, vnser gewönligen Insiegel hie unten auffgedruckt.
> Datum am Sonntag Jubilate, im Jar 1574.[17]

9. Ein Testament aus dem Jahr 1505–1512

Eine der ersten veröffentlichten Urkundensammlungen der Siebenbürger Sachsen ist Friedrich Müller zu verdanken, der 122 Aufzeichnungen und Urkunden auswählt und publiziert. Diese schriftlichen Quellen aus dem 12. bis 16. Jahrhundert stellen wahre deutsche Sprachdenkmäler aus Siebenbürgen dar. Die von Friedrich Müller zusammengetragene Urkundensammlung wurde 1884 veröffentlicht und erfuhr 1986 dank der Bukarester Germanistin Grete Klaster-

17 Kreisdirektion des Nationalarchivs Klausenburg / Cluj, Bestand Rathaus der Stadt Bistritz / Bistriţa, IIId, Teilbriefe (Protocoale de împărţire), Bd. 2 (1575–1579), Bl. 87v.

Ungureanu einen unveränderter Nachduck der Erstausgabe mit einem Nachwort und Glossar.[18]

Zu diesen veröffentlichten Texten zählt auch ein umfangreiches Testament, das spannende Einblicke in diese Textsorte gibt. Der Text wurde um 1505–1512 datiert und ist das Testament einer wohlhabenden Witwe, Ursula Meister Paulin:

> »Ich Vrsula, Meister Paulin mit wohlbedachtem mut vnd gutter Vernunft meiner güter, lass ich dieses Testament. Zum Ersten befehl ich meine seel in die hend des Allmechtigen Gotte, Vnd setze zu erben meiner güter, meine brüder vnd schwestern« (Müller 1986: 176).

Diesem Testament kann man entnehmen, dass Ursula eine kinderlose Ehe hatte. Aufgrund ihres Reichtums werden mannigfaltige wertvolle Gegenstände aufgezählt. Auch ist die große Anzahl an Nutznießern auffällig: Es sind in erster Linie ihre fünf Geschwister, eine Nichte, Verwandte (der Bruder des verstorbenen Gatten), dann religiöse Einrichtungen (eine Kapelle, ein Kapitel, die Gemeinschaft der »schwarzen Nonnen«), Geistliche, ihre Diener und Dienerinnen. Es ist ersichtlich, dass den Verwandten eher Kleider, Schmuck und Haushaltsgüter zugeteilt werden, wobei die kirchlichen Institutionen eher unbewegliche Güter bekommen. Allerdings ist die Beschäftigung der Erblasserin für ihr ewiges Leben aufschlussreich. Dadurch dass sie die Kirche stark beschenkt, und vor allem durch die Erwähnung der Seelbäder (»Vnd bitte sie beide dass sie wollen lassen machen vor mich 4 seelbad vnd aufm predigstul vor mich bitten lassen 5 jar«), kann man den Schluss ziehen, dass Ursula die religiöse Vorbereitung der Seele für wichtig erachtete.

10. Der Einfluss der Reformation auf die Testamente und Teilungsprotokolle

Ein weiterer interessanter Aspekt, der im Bezug auf die Teilungsprotokolle hervorgehoben werden muss, ist die Erwähnung der Bibel als Erbgut. Sie erscheint eher selten, im ersten Bistritzer Stadtbuch als »Teutsche Bibel« nur einmal, im Jahr 1574, indem der Erbe Recht auf die Hälfte des Buchwertes hat. Im zweiten Bistritzer Stadtbuch auch nur einmal, im Jahr 1576, wobei auch andere Bücher erwähnt werden. Im dritten Bistritzer Stadtbuch wird die Bibel als Erbgut dreimal berücksichtigt: die Teusche Bibel (1586), die fünf Geschwistern hinterlassen wurde, und auch eine lateinische Fassung (1589). Hans Maurer hinterließ

18 Friedrich Müller, Deutsche Sprachdenkmäler aus Siebenbürgen. Aus Schriftlichen Quellen des zwölften bis sechzehnten Jahrhunderts, Kriterion Verlag, Bukarest, 1986. Unveränderter Nachdruck der Erstausgabe von 1864, Herausgegeben mit einem Nachwort und Glossar von Grete Klaster-Ungureanu.

1589 viele Schulden, die durch bewegliche Güter bestritten wurden, darunter auch eine lateinische Bibel. Sicherlich war im 16. Jahrhundert der Besitz einer Bibel ein Zeichen nicht nur von Frommheit, sondern auch von Wohlstand. Anbrosius Hendel, der Schreiber der Stadt Bistritz war, verfügte sogar über eine Bibliothek, die er seinem Sohn im Testament hinterließ.[19] Dass die Siebenbürger Sachsen im Besitz der ins Deutsche übersetzten Bibel waren und sie manchmal über mehrere Bücher verfügten, ist eine klare Folge der Reformation. Ein Vergleich der Testamente zeigt auch, dass der Text, der zu Beginn des 16. Jahrhunderts geschrieben wurde und noch nicht von der Reformation betroffen war, sich in größerem Ausmaß dem Geist und der Seele widmet als die anderen Texte der zweiten Hälfte des 16. Jahrhunderts, die pragmatischer sind und sich vornehmlich mit dem alltäglichen Leben beschäftigen.

11. Schlussfolgerungen

Die Teilungsprotokolle stellen ein überaus wichtiges Reservoire an historischen, soziologischen, linguistischen und dialektalen Informationen dar. Sie sind mit den Testamenten vergleichbar. Interessanterweise sind die meisten Testamente, die in den untersuchten Bistritzer Stadtbüchern vorkommen, sachlich und nüchtern. Nur das ältere Testament einer wohlhabenden Witwe Anfang des 16. Jahrhunderts beinhaltet Hinweise auf das ewige Leben. Ein Grund wäre, dass die Reformation Anfang des 16. Jahrhunderts in Siebenbürgen noch nicht durchgeführt wurde. Man bedenke, dass der Humanist und Gelehrte Johannes Honterus, der siebenbürgisch-sächsische Kirchenreformator (1498–1549), diese Arbeit bis 1505–1512 nicht hätte vollenden können. Allerdings scheint die Reformation in der zweiten Hälfte des 16. Jahrhundert viel ausgeprägter durchzuschlagen – die Teutsche Bibel wird als Erbgut in den Teilungsprotokollen erwähnt und sowohl die Teilungsprotokolle als auch die Testamente der Siebenbürger Sachesen spiegeln eine deutliche pragmatischere Auffassung vom Leben wider. Sowohl unbewegliche als auch bewegliche Güter werden in allen Einzelheiten in diesen Urkundentypen aufgezeichnet.

19 Kreisdirektion des Nationalarchivs Klausenburg / Cluj, Bestand Rathaus der Stadt Bistritz / Bistrița, IIId, Teilbriefe (Protocoale de împărțire), Bd. 3 (1586–1598), Bl. 181–186.

Bibliografie

Primärliteratur

Unveröffentlichte Urkunden

Kreisdirektion des Nationalarchivs Klausenburg / Cluj, Bestand Rathaus der Stadt Bistritz / Bistriţa, IIId, Teilbriefe (Protocoale de împărţire), Bd. 1 (1573–1576), Bd. 2 (1575–1579), Bd. 3 (1586–1598), Bd. 4 (1592–1598), Bd. 5 (1599–1602).

Kreisdirektion des Nationalarchivs Hermannstadt / Sibiu, Bestand Rathaus der Stadt und des Stuhls Hermannstadt, Teilungsprotokolle, Bd. 2.

Kreisdirektion des Nationalarchivs Kronstadt / Braşov, Bestand Rathaus der Stadt Kronstadt, Divizorat, Concepte, 16.

Veröffentlichte Urkunden

Friedrich Müller (^{2}1986): *Deutsche Sprachdenkmäler aus Siebenbürgen. Aus Schriftlichen Quellen des zwölften bis sechzehnten Jahrhunderts.* Bukarest: Kriterion Verlag (Unveränderter Nachdruck der Erstausgabe von 1864, Herausgegeben mit einem Nachwort und Glossar von Grete Klaster-Ungureanu).

Ratcu, Ileana-Maria (2013): *Deutschsprachige Urkunden aus Siebenbürgen (15. –19. Jh.). Urkundensprache – Paläographie – Handschriftenkunde.* Saarbrücken: AV Akademikerverlag.

Sekundärliteratur

*** Glosar de termeni şi expresii din documentele latine privind istoria medie a României [Glossar der Termini und Ausdrücke aus den lateinischen Urkunden zur rumänischen mittelalterlichen Geschichte – Übersetzung I.-M. R.], Institutul de Istorie Cluj, o. J.

Ammon, Ulrich, Bickel, Hans, Lenz, Alexandra N. (^{2}2016): *Variantenwörterbuch des Deutschen. Die Standardsprache in Österreich, der Schweiz, Deutschland, Liechtenstein, Luxemburg, Ostbelgien und Südtirol sowie Rumänien, Namibia und Mennonitensiedlungen.* Berlin: de Gruyter.

Derzsi, Julia (Hrsg.) (2016): *Das Gerichtsbuch des Kronstädter Rates (1558–1580)*, Kronstadt: aldus Verlag.

Iacob, Dan Dumitru (2015): *Avere, prestigiu şi cultură materială în surse patrimoniale. Inventare de avere din secolele XVI–XIX.* [Vermögen, Prestige und materielle Kultur in patrimonialen Quellen. Vermögensverzeichnisse aus dem 16. bis 19. Jahrhundert – Übersetzung I.-M. R.] Iaşi: Editura Universităţii »Alexandru Ioan Cuza«.

Kaindl, Raimund (1907): *Geschichte der Deutschen in den Karpathenländern. Geschichte der Deutschen in Ungarn und Siebenbürgen bis 1763.* Gotha.

Klaster-Ungureanu, Grete (Hrsg.) (1986): Nachwort Unveränderter Nachdruck der Erstausgabe von 1864 von Friedrich Müllers: *Deutsche Sprachdenkmäler aus Siebenbürgen. Aus Schriftlichen Quellen des zwölften bis sechzehnten Jahrhunderts.* Bukarest: Kriterion Verlag, S. 267–271.

Lăzărescu, Ioan (2013): *Rumäniendeutsch – eine eigenständige, jedoch besondere Varietät der deutschen Sprache.* In: Schneider-Wiejowski, Karina/Kellermeier-Rehbein, Birte/ Haselhuber, Jakob (Hrsg.): *Vielfalt, Variation und Stellung der deutschen Sprache.* Berlin: de Gruyter Mouton, S. 369–389.

Mitu, Mihai (1963): *Termeni de origine polonă în documentele slavo-moldoveneşti* (1388–1517) [Termini polnischen Ursprungs in slawisch-moldauischen Dokumenten – Übersetzung I.-M. R.]. In: Romanoslavica, VIII, S. 155–224.

Pakucs-Willcocks, Mariá (2016): *»zu unrkundt in das Stadtbuch lassen einschreiben«. Die ältesten Protokolle von Hermannstadt und der Sächsischen Nationsuniversität (1522–1565).* Hermannstadt – Bonn: Schiller Verlag.

Ratcu, Ileana-Maria (1997): *Die sprachliche Analyse einer siebenbürgisch-sächsischen Urkunde aus dem 15. Jahrhundert.* In: Temeswarer Beiträge zur Germanistik, I, S. 66–70.

Ratcu, Ileana-Maria, Lăzărescu, Ioan (2017): *Bezeichnungen von Küchenutensilien und Gefäßen in siebenbürgischen Urkunden am Beispiel der Bistritzer Teilbriefe aus dem 16. Jh. und anderer deutschsprachigen Urkunden des späten Mittelalters und der frühen Neuzeit (16.–17. Jh.).* In: Joanna Szczęk & Marcelina Kalasznik (Hrsg.): *Intra-und interlinguale Zugänge zum kulinarischen Diskurs II.* Landau: Verlag Empirische Pädagogik, S. 7–15.

Ratcu, Ileana-Maria (2019): *Die siebenbürgischen Teilungsprotokolle aus dem 16. Jahrhundert. Die Wortfamilie von »Teil« in den Bistritzer Teilunsprotokollen (Teilbriefen).* In: Mihaela Şandor/Alwine Ivănescu (Hrsg.): *Deutsche Regionalsprachen in Mittel/und Südosteuropa.* Berlin: Peter Lang, S. 117–124.

Sava, Doris (2022): *Deutsch in Siebenbürgen. Zwischen Bewahrung und Anpassung.* In: Ioana Maria Cusin, Ioana Hermine Fierbinţeanu, Ileana-Maria Ratcu (Hrsg): *Rumäniendeutsch, Identität(en) und Lebensbilder. Siebenbürgen und Altreich.* Berlin: Wissenschaftlicher Verlag Berlin, S. 72–167.

Vlaşin, Florin (2010): *Preocupări privind arhivele în zona Bistriţei până în 1918* [Überlegungen zu den Archiven im Bistriter Gebiet bis 1918 – Übersetzung I.-M. R.]. In: Revista Bistriţei, XXIV/2010, S. 417–420.

Webographie

https://www.bpb.de/themen/migration-integration/russlanddeutsche/252006/von-der-anwerbung-unter-katharina-ii-bis-1917 [Zugriff am 21.04.2024].

https://woerterbuchnetz.de/?sigle=DWB&lemid=T03273 [Zugriff am 21.04.2024].

https://woerterbuchnetz.de/?sigle=DWB&lemid=D04925 [Zugriff am 21.04.2024].

https://woert44erbuchnetz.de/?sigle=DWB&lemid=Z12975 [Zugriff am 21.04.2024].

https://woerterbuchnetz.de/?sigle=DWB&lemid=Z12980 [Zugriff am 21.04.2024].

https://www.leo-bw.de/themenmodul/sudwestdeutsche-archivalienkunde/archivaliengattungen/amtsbucher/stadtbucher [Zugriff am 21.04.2024].

Autor:innenverzeichnis

Peter Ernst, ao. Univ.-Prof. Mag. Dr., Universität Wien, Forschungsschwerpunkte: Grammatik, Historische Linguistik, Namenkunde, Pragmatik, Phraseologie, Wissenschaftsgeschichte, peter.ernst@univie.ac.at.

Isabell Alexa Hesse, M.A., DFG-Graduiertenkolleg 2337 »Metropolität in der Vormoderne«, Universität Regensburg, Forschungsschwerpunkte: mittelalterliche Städte und Metropolen (insbes. Regensburg und Nürnberg), städtische Eliten im Spätmittelalter, mittelalterliche Stadtchronistik, mittelalterliche Familienbücher, mittelalterliche Bürger- und Bürgerinnentestamente, Isabell.Hesse@geschichte.uni-regensburg.de.

Urszula Kicińska, Univ.-Prof. Dr., Universität der Nationalen Bildungskommission in Krakau, Institut für Geschichte und Archivwesen, Forschungsschwerpunkte: Neuere Geschichte Polens, Mentalitätsgeschichte, Geschichte der Familie und der Stellung der Frau in der adligen Gesellschaft des polnisch-litauischen Commonwealth, Thanatologie, Paränetik sowie die Funktionsweise und Organisation der adligen Frauenhöfe, urszula.kicinska@up.krakow.pl.

Tim Krokowski, Dr., Rheinische Friedrich-Wilhelms-Universität Bonn, Forschungsschwerpunkte: Varietätenlinguistik, Historische Soziolinguistik / Historische Pragmatik, Textlinguistik, Astrolinguistik, krokowski@uni-bonn.de.

Thomas Krzenck, Dr. phil., Historiker und Übersetzer, Forschungsschwerpunkte: böhmische Geschichte des Spätmittelalters, Geschichte der Stadt Brünn, Hussiten, Bürgertestamente, Thomas-krzenck@t-online.de.

Erika Mayerová, PhDr./PhD., Philosophische Fakultät der Comenius Universität Bratislava, Institut für Germanistik, Niederlandistik und Skandinavistik, Forschungsschwerpunkt: deutsche mittelalterliche Handschriften, erika.mayerova@uniba.sk.

Claudine Moulin, Prof. Dr., Universität Trier / Fachbereich II – Germanistik, Forschungsschwerpunkte: Sprachgeschichte, Book and Manuscript Studies, Sprachwandel, moulin@uni-trier.de.

Piotr A. Owsiński, Dr. habil., Jagiellonen-Universität Krakau, Forschungsschwerpunkte: Geschichte der deutschen Sprache, historische Grammatik des Deutschen, Phonologie, Graphematik und Morphologie des Mhd. und Fnhd., Textlinguistik, Politolinguistik, Onomastik, piotr.owsinski@uj.edu.pl.

Anna Paluch, Dr., Rechtsanwaltskanzlei Kubas, Kos, Gałkowski – Adwokaci sp. k. in Kraków (Krakau), Forschungsschwerpunkte: Erbrecht sowie sprachliches Weltbild der rechtlichen Terminologie unter dem kontrastiven (deutsch-polnischen) Aspekt, anna.aleksandra.paluch@gmail.com.

Thomas Pöpper, Prof. Dr., Westsächsische Hochschule Zwickau / Fakultät Angewandte Kunst Schneeberg, Forschungsschwerpunkte: Italienische und deutsche Spätmittelalter- und Renaissance-Kunst (v. a. Andrea Bregno, Michelangelo; Cranach d. Ä. und d. J., Dürer, Peter Breuer) sowie Kunst des 19./20. Jahrhunderts (v. a. Klinger, Uhde), Skulpturen (v. a. in Rom), Zeichnungen (v. a. 16. Jhd.) und Altarretabel (v. a. in Sachsen), italienisches Nachkriegsdesign und europäische Designtheorie; E-Mail: thomas.poepper@fh-zwickau.de.

Bożena Popiołek, Univ.-Prof. Dr., Universität der Nationalen Bildungskommission in Krakau, Forschungsschwerpunkte: Geschichte der Frühen Neuzeit, Mentalitäts- und Kulturgeschichte des 18. Jahrhunderts, Familien- und Frauengeschichte, Testamentskunde, Klientelismus, Frauenhof des Adels im 18. Jahrhundert, bozena.popiolek@up.krakow.pl.

Jerzy Rajmann, Prof. Dr., Universität der Nationalen Bildungskommission in Krakau, Forschungsschwerpunkte: polnische Geschichte des Mittelalters, darunter besonders die Geschichte des Krakauer Bürgertums, Geschichte der angrenzenden Fürstertümer in Schlesien und Kleinpolen, lokale Ordens- und Heiligengeschichte. jerzy.rajman@up.krakow.pl.

Ileana-Maria Ratcu, ao. Univ.-Prof. Dr., Universität Bukarest, Synchronische und diachronische Linguistik, Rumäniendeutsch, deutsche Urkundensprache in Rumänien, Interkulturalität in Siebenbürgen und in der Bukowina, maria.ratcu @lls.unibuc.ro.

Stephan Selzer, Prof. Dr., Helmut-Schmidt-Universität / Universität der Bundeswehr, Forschungsschwerpunkte: Spätmittelalterliche Geschichte, Sozial- und Wirtschaftsgeschichte, stselzer@hsu-hh.de.

Joanna Smereka, Dr., Jan Kochanowski Universität Kielce. Forschungsschwerpunkte: Deutsche Sprachgeschichte, historische Grammatik insb. des Fnhd., historische Textlinguistik, deutsche Kulturgeschichte, spätmittelalterliche Handschriften, joanna.smereka@ujk.edu.pl.

Libuše Spáčilová, Prof. PhDr., Dr., Philosophische Fakultät der Palacký-Universität Olomouc, Forschungsschwerpunkte: Historiolinguistik – Textlinguistik, Soziolinguistik, Onomastik, Lexikographie, spacillav@volny.cz.

Józef Wiktorowicz, Prof. Dr., Universität Warschau, Forschungsschwerpunkte: deutsche Sprachgeschichte, historische Grammatik des Deutschen, historische Textlinguistik, j.wiktorowicz@uw.edu.pl.